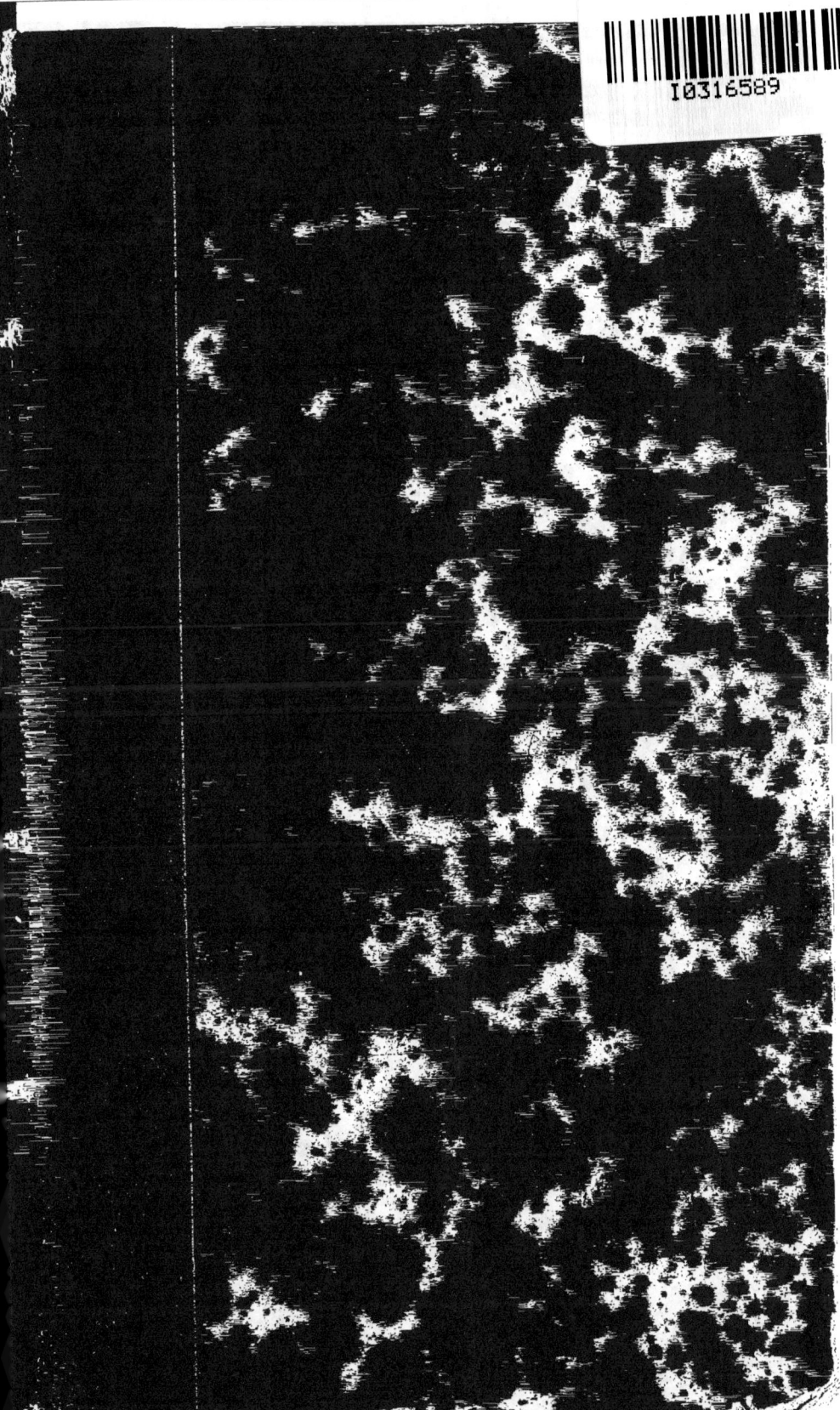

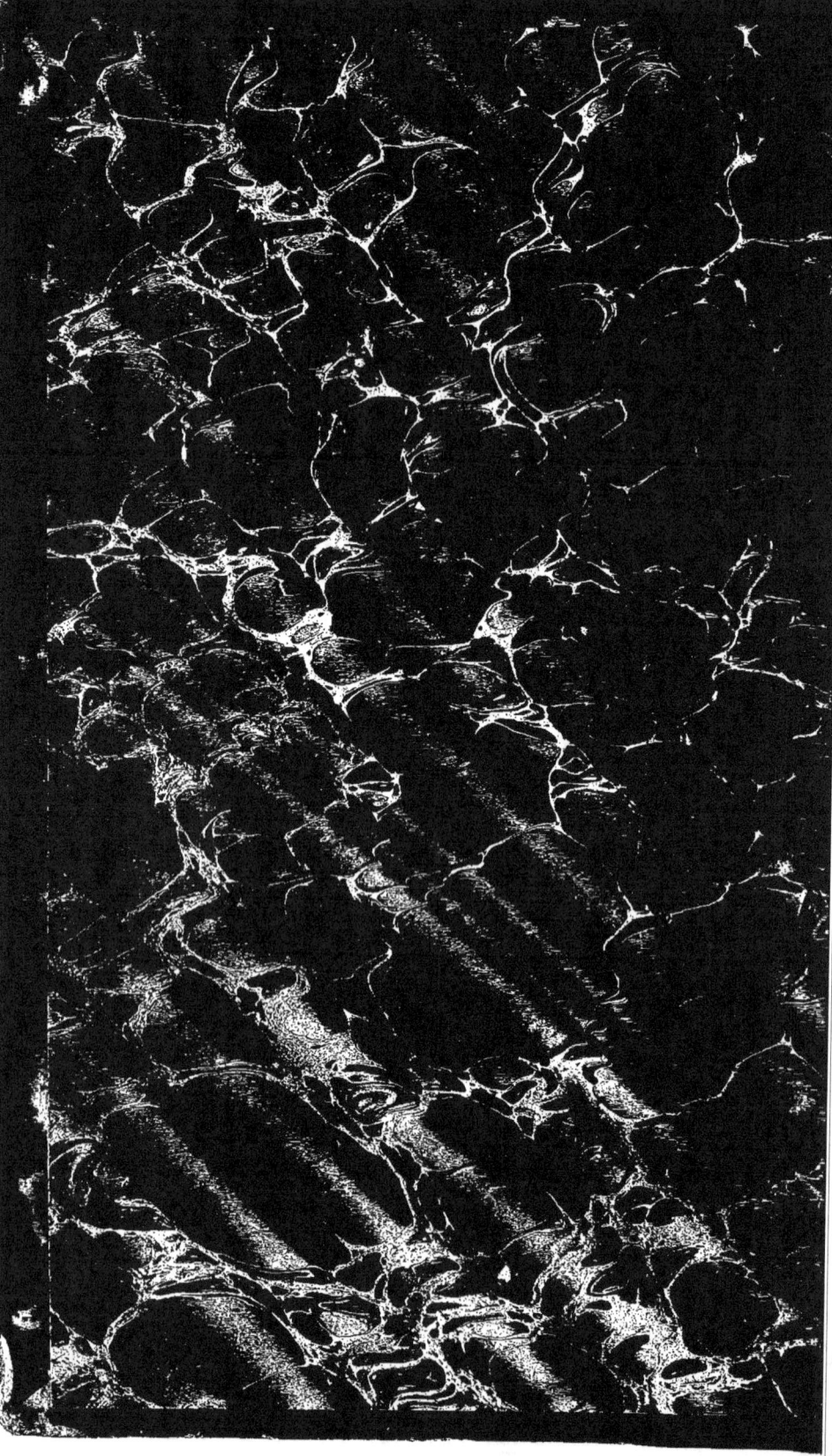

G

DROIT MUNICIPAL

DANS L'ANTIQUITÉ

PARIS. — DE SOYE ET BOUCHET, IMPRIMEURS, 2, PLACE DU PANTHÉON.

DROIT
MUNICIPAL
DANS L'ANTIQUITÉ

PAR

FERDINAND BÉCHARD

ANCIEN DÉPUTÉ
AVOCAT AU CONSEIL D'ÉTAT ET A LA COUR DE CASSATION

PARIS
DURAND, LIBRAIRE-ÉDITEUR
7, RUE DES GRÈS, 7

1860

TABLE DES MATIÈRES

INTRODUCTION.

Droit et sociabilité. Justice et concorde. Unité politique. Liberté des cités. Pouvoir absolu. Gouvernements mixtes. Principe municipal. Liberté. Egalité. Fraternité. Propriété. Autorité. Souveraineté politique. Patriarcat et Patriciat. Tribus et monarchies absolues. Municipe antique. Son origine d'après Bodin. Ecole stoïcienne. Obstacles à ses succès. Avantages du municipe antique. Municipe au moyen âge. Ses origines et ses formes. Centralisation moderne. Etat des libertés civiles dans le midi de l'Europe. Résurrection, progrès et décadence du municipe Italien. Bienfaits du principe municipal en Italie. Unitarisme Italien. Fédéralisme Italien. Affranchissement des municipes Italiens. Etat des libertés civiles dans le nord de l'Europe. Corporations municipales et *self-government* britanniques. Centralisation française. Dépeuplement des campagnes et excès d'accroissement de Paris. Nécessité et difficultés d'une réforme municipale. 1

LIVRE Ier
DES SOCIÉTÉS ET DES PROPRIÉTÉS PRIMITIVES.

CHAPITRE Ier. — DU PATRICIAT, DU CLAN, DE LA TRIBU ET DES MODES PRIMITIFS D'OCCUPATION DE LA TERRE.

Principe d'association. Famille patriarcale. Patriciat. Clan. Tribus nomades et sédentaires. Communauté primitive et négative du sol. Droit d'occupation des biens vacants. Domaine commun et domaine privé. 1

CHAP. II. — DU DISTRICT ADMINISTRATIF ET DU PARTAGE DES TERRES DANS LES EMPIRES D'ORIENT.

Transformation du patriciat en monarchie absolue. Défaut d'indépendance et d'autonomie du district administratif. Capitales des empires d'Orient. Monarchie Egyptienne. Propriété, partage et transmission des terres dans l'Inde antique et en Egypte. 16

CHAP. III. — DU MUNICIPE ET DE SES PROPRIÉTÉS.

Municipe antique, considéré dans ses rapports avec la terre sur laquelle il est établi et avec l'unité nationale dont il fait partie. Universalité de ses éléments. Perpétuité de son principe. Diversité de ses formes. Egalité et concorde entre ses membres. Mœurs privées et publiques développées par l'esprit de famille et de cité. Rapports du municipe avec la religion. Propriété privée et publique et idées de droit, de légalité, de justice qui s'y rattachent. Opinion publique dans la cité. Harmonie entre la cité et l'Etat. Lien entre le droit municipal et le droit politique. 23

CHAP. IV. — DES MUNICIPES HÉBREUX ET PHÉNICIENS.

Conquête par les Hébreux de la terre de Chanaan et partage du sol entre les tribus Israélites. Transformation par les institutions de Moïse de ces tribus en corps de nation. Rapports entre la famille et le municipe hébraïque. Constitution de la cité. Citoyen. Prosélyte (*Guer*). Habitant (*Tochab*). Passager forain (*Nocri*). Grand conseil ou sanhédrin. Président (*Naci, Chophet*) et autres dignitaires. Attributions du grand conseil. Conseils d'anciens, élus par les tribus et les villes, et institués par le Sénat supérieur. Grand sacerdote (*Cohengadol*). Sacerdotes et lévites. Prophètes et orateurs publics. Tribunal ordinaire. Tribunal des anciens des villes. Sénat ou grand conseil. Police et hommes d'autorité (*Choterins*). Juges et Rois. Lois de Moïse sur le partage des terres, sur les successions et sur la disponibilité des biens. Inviolabilité du droit de propriété de la part des rois d'Israël. Droit des pauvres sur les récoltes. Restrictions à l'accroissement immodéré des terres. Progrès économiques de la nation Israélite comparés à l'immobilité des tribus. Changements introduits par Salomon dans le système économique des Israélites. Accroissement de Jérusalem *Reine des provinces*. Influence du municipe Hébreu, dans les tribus et les cités de la Phénicie. Régime municipal de Sidon, Tyr, etc., et changement qu'il opéra dans la constitution politique de la Phénicie. 37

LIVRE II

DES CITÉS, DES AMPHICTYONIES ET DES COLONIES DE LA GRÈCE EN ITALIE ET DANS LES GAULES.

CHAP. Iᵉʳ. — DES CARACTÈRES GÉNÉRAUX DU GOUVERNEMENT DE LA GRÈCE.

Tribus primitives de la Grèce et transformation de ces tribus en monarchies. Attributions des Rois (βχσιλεες), et tributs qu'ils perçoivent dans la Grèce des temps héroïques. Distinction, dans la Grèce historique, des pouvoirs législatif, exécutif et judiciaire, et mode de participation à ces trois pouvoirs, des Rois, de l'aristocratie et du peuple. Isopolitie des cités grecques. Prérogatives du droit de cité et moyens de l'obtenir. Rapports entre le citoyen et l'Etat. Conditions matérielles et morales des cités grecques. Transformation des monarchies grecques en républiques aristocratiques; πολεις et δημοι ou κῶμαι. Substitution de l'oligarchie des riches à celles des eupatrides. Décadence des aristocraties de la Grèce. Avènement de la démocratie. Guerres intestines. Démagogues devenus tyrans. *Aisymnetes* ou dictateurs élus. Alternatives d'ochlocratie et de despotisme. 59

CHAP. II. — DE LA DIVISION DU PEUPLE DANS LES CITÉS EN TRIBUS OU PHYLES, EN PHRATRIES ET EN γεναι; DES CONSEILS PUBLICS ET DES MAGISTRATURES DE LA GRÈCE.

Origine, composition et distinction des Phyles, des Phratries et des γεναι. Rapports entre le droit de cité et les Phyles ou Phratries. Diverses classes de citoyens. Participation des citoyens aux pouvoirs publics. Magistrats des cités. Formes, conditions de leur élection, caractères de leurs attributions, durée de leurs fonctions. 82

CHAP. III. — DES CITÉS ET DU TERRITOIRE DE LA CRÈTE.

Crète primitive et législation de Minos. Partage du territoire envahi par les Doriens entre les particuliers et l'Etat. Esclaves adonnés à la culture des champs. Citoyens des villes et principe dorique de l'égalité. Collége des Χοσμοι; chef du collége (Pρoτoχοσμος). Conseil suprême de la cité (Βουλη, γερουσια). Assemblée du peuple. Discipline des mœurs. Initiation des jeunes crétois au droit de cité. Tables communes et sissythies. Ligne entre les cités crétoises (*Syncrétisme*). Excès d'indépendance des cités de la Crète, insuffisance du lien fédéral et inconvénients d'une triple capitale. Cupidité et perfidie des Crétois. Réduction de la Crète en province Romaine. 90

CHAP. V. — DES CITÉS ET DU TERRITOIRE DE LACÉDÉMONE.

Gouvernement mixte de Lacédémone d'après les lois de Lycurgue. Cinq tribus Spartiates subdivisées en villages et districts. *Homœes* et *Hypoméionnes*. Lacédémoniens ou Περιοικοι. Ilotes. Assemblée du peuple. Rois de Sparte. Sénateurs (γεροντες). Ephores. Impôt. Milice et corps d'élite *Scirites*. Navarque et ses subordonnés. Education publique. Partage du territoire et transmission des biens. 97

CHAP. VI. — DES CITÉS ET DU TERRITOIRE DE L'ATTIQUE.

Autochtonie des Athéniens. Erection d'Athènes en capitale. Institutions de Cécrops et de Triptolème. Progrès de la centralisation sous l'impulsion de Thésée. Division du peuple en ευπατριδαι, γεομωροι et δεμιουργοι. Essai malheureux des lois de Dracon. Classification des Athéniens, par Solon. Magistratures. Colléges ou εταιριαι. Gouvernement de la tribu (φυλη) et sa division en Phratries et Demes. Phylarque, phratriarque et démarque. Acquisition, concession, perte du droit de cité. Métœques ou étrangers non admis au droit de cité. Esclaves des citoyens et des cités. Assemblées des Phyles, des Phratries et des Demes. Assemblées générales du peuple ou ecclesies. Composition et attributions du Sénat. Orateurs. Archontes. Divers magistrats préposés à l'administration des cités, à la perception des revenus publics et à la levée des impôts. Héliastes. Aréopage. Décadence des mœurs et institutions de Solon. Dictature de Pisistrate, expulsion de ses fils et rétablissement des lois de Solon. Réformes démocratiques de Clisthene. Règne de Périclès. Réduction de l'Attique en province romaine. Causes de la fin commune de tous les Etats de la Grèce.   108

CHAP. VII. — DES AMPHICTYONIES.

Confédération amphictyonique des Grecs. Ligues Achéenne, Etolienne, Béotienne. Confédération des colonies grecques de l'Asie. Ligne des Lyciens. Avantages et imperfections du congrès amphictyonique et de la ligue Achéenne.   130

CHAP. VIII. — DES COLONIES GRECQUES DE L'ITALIE ET DES GAULES.

Régime municipal des colonies grecques de l'Italie. République des Locriens. Colonie Chalcidienne de Rhégium. Gouvernement de Thurium et de Sybaris. Constitutions de Tarente, Héraclée, Cumes, Crotone. Tyrans de Syracuse et autres villes de la Sicile. Colonies de la Corse et de la Sardaigne. Gouvernement municipal et fédératif des Sabins, des Latins, des Osques, des Samnites, des Etrusques. Rapports entre le droit municipal de l'Etrurie et le droit municipal Romain. Influence du régime des cités grecques sur la constitution des colonies de Massalie, de Nemausus, du Lugdunum et en général du midi des Gaules.   139

LIVRE III.

DU RÉGIME MUNICIPAL ROMAIN.

CHAP. Ier. — DU MUNICIPE ROMAIN EN FACE DE LA CITÉ GRECQUE ET DANS SES RAPPORTS AVEC L'UNITÉ POLITIQUE DE ROME.

Lutte d'influence dans l'Italie méridionale entre la civilisation Grecque et la civilisation Romaine. Caractères essentiels du municipe Romain considéré dans ses rapports avec l'unité politique. Atteintes portées au droit de cité et à la constitution mixte de la république par l'unitarisme démocratique du régime impérial. Progrès du despotisme malgré les obstacles que lui opposent les efforts de quelques empereurs en faveur des droits des cités. Pouvoir des Césars considéré sous les trois rapports de la légitimité de son origine, de la moralité de ses actes et de son utilité sociale. 150

CHAP. II. — DE LA CONSTITUTION PRIMITIVE DE ROME ; DES TROIS ORDRES ; DES COMICES ; DES MAGISTRATURES.

Ville et champ de Rome, considérés comme unités élémentaires de la cité. *Pagi, vici, oppida, castella* compris dans son territoire. Constitution primitive de Rome et des autres cités de la confédération latine. Division du peuple en trois ordres. Division de l'ordre des plébéiens par tribus, par cens, par races et par ordres. Comices par curies, par centuries et par tribus. Sénat romain. Ordre des chevaliers. Magistratures et magistrats ordinaires et extraordinaires. Consuls, censeurs, dictateurs, tribuns du peuple, tribuns des soldats, préteurs et autres fonctionnaires publics avec leurs auxiliaires. Multiplication des magistratures municipales, rapport de ces magistratures avec le sénat, le peuple et les empereurs. 184

CHAP. III. — DES LOIS MUNICIPALES ROMAINES.

Sources des lois municipales. Lois primitives non écrites. Lois Papyriennes. Lois des douze tables. Populiscites. Plébiscites. Sénatus-consultes. Droit Prétorien. Codes Grégorien et Hermogénien. Code Théodosien. Corps de droit de Justinien. 199

CHAP. IV. — DU DROIT DE CITÉ ROMAIN ET DU PATRONAGE.

Bienveillance des rois de Rome envers les peuples vaincus. Concessions du droit de cité avec ou sans droit de suffrages. Guerre Marsique. Loi Julia. Loi qui ordonne l'expulsion des étrangers autres que les Italiens. Loi Pompéia. Loi des triumvirs, qui confère le droit italique à la Gaule cisalpine. Facilité croissante des empereurs dans la concession du droit de cité. Extension du droit de cité à tout l'univers. Origine et domicile, double base du droit de cité. *Civis ingenuus municeps. Incola.* Attributs du *jus quiritium* et du *jus civitatis. Jus libertatis. Jus gentilitatis. Jus censûs. Jus militiæ. Jus tributorum et vectigalium. Jus suffragiorum. Jus honorum. Jus connubiorum. Jus patrium. Jus testamen-*

torum. Jus tutelarum. Maxima, media et minima capitis deminutio. Patronage et *jus applicationis.* 207

CHAP. V. — DES DROITS LATIN, ITALIQUE, GAULOIS CISALPIN ET PROVINCIAL.

Division de l'Italie et droits de cité correspondants. Droits des *Latini veteres*, des *Latini coloniarii* et des *Latini juniani*. Origine et caractères du droit italique. Immunité des impôts. Priviléges du *dominium*. Indépendance municipale. Droit de la Gaule citérieure. Droit municipal des provinces; distinction des offices politiques et des offices municipaux. 230

CHAP. VI. — DES COLONIES ROMAINES, LATINES ET ITALIQUES.

Origines diverses des colonies. Lois agraires des colonies. Distinction des terres coloniales : *ager limitatus, ager divisus, ager assignatus, ager occupatorius. Possessiones. Agri nuncupati. Prædium. Ager arcifinalis. Subsecivum.* Colonies romaines. Colonies latines et italiques. Administration des républiques des colonies. Magistrats des colonies : duumvirs, censeurs, édiles, questeurs. Patrons des colonies. 247

CHAP. VII. — DES MUNICIPES, DES PRÉFECTURES, DES VILLES LIBRES ET ALLIÉES, DES FORA ET DES CONCILIABULA.

Différences des municipes et des colonies dans leur origine, dans leurs rapports avec Rome, dans leur régime civil et municipal, dans leur régime politique. Caractères des préfectures. Différences entre les villes libres et les villes alliées. Caractères des *fora* et des *conciliabula*. 259

CHAP. VIII. — DES CURIES ET DES DÉCURIONS.

Origine des mots : curie et décurion. Sources du décurionat. Assemblée des curiales : curie ou ordre. *Album curiæ*. Attributions des décurions. Identification des décurions avec les curies. Caractère purement honorifique du décurionat. Avantages qu'il conférait et charges qui pesaient sur lui. Asservissement des décurions sous les empereurs. Efforts impuissants faits par eux pour se soustraire à ces fonctions. 268

CHAP. IX. — DES HONNEURS MUNICIPAUX.

Définition de l'honneur municipal. Fonctionnaires à qui cette dignité appartenait. Incapacités. Incompatibilités. Immunités. Distinction des magistrats municipaux des provinces et des magistrats de Rome. Proconsuls ou préteurs. Questeurs. *Legati.* Duumvirs. *Principales. Decemprini. Decaprotes. Ædiles. Curatores reipublicæ.* Défenseurs de la cité. 279

CHAP. X. — DES SERVICES MUNICIPAUX.

Définition du service municipal (*munus*). Distinction des offices municipaux. Caractères des offices personnels, des offices patrimoniaux et des offices mixtes. *Legati. Syndici* ou *curatores ad lites. Susceptores. Irenarchæ* et *Limenarchæ. Curatores ad colligendos civitatum publicos redditus. Calendarii, frumenti, operum, balneorum, aquæductus. Exactores, curatores annonæ comparandæ, pistrinorum. Olearii. Nyctostrategi. Scribæ, archeotæ, censuales. Censitores. Tabularii. Acta municipalia.* Nomination aux services municipaux, incapacités, immunités et *actio injuriarum*. Magistrats honoraires. 290

CHAP. XI. — DU MUNICIPE CONSIDÉRÉ COMME PERSONNE CIVILE; DES POUVOIRS DES SYNDICS ET AUTRES MANDATAIRES ÉLUS.

Constitution du municipe en personne civile. Mode de nomination, immunités, attributions des syndics élus par la cité, Durée de leurs fonctions, étendue et limites de leur mandat et de leur responsabilité. Variations de ces principes. 303

CHAP. XII. — DE *l'imperium mixtum* ET *merum* DANS LES CITÉS.

Définition de l'*imperium mixtum* et de l'*imperium merum*. Jugements privés et jugements publics. Droits du préteur : *jus edicendi, jus vocandi, jus prehendendi*. Tribunal du préteur, explication des trois mots : *Do, dico, addico*. Album du préteur. Juridiction des œdiles plébéiens et des œdiles curules. Eléments du droit de juridiction : *Notio, vocatio, coercitio, judicium, executio*. Délégation de ces droits. Concentration de toutes les juridictions dans les mains de l'empereur. *Judices (procuratores, exactores)*. Hiérarchie administrative du Bas-Empire. 308

CHAP. XIII. — DU DROIT DE PROPRIÉTÉ DANS SES RAPPORTS AVEC LE DROIT DE CITÉ, ET DU DOMAINE ÉMINENT.

Res privatæ divisées en *res mancipi* et *res nec mancipi*. Domaine quiritaire. Son caractère politique. Hérédité. Mancipation. Tradition. Usucapion. *Cessio in jure. Emptio sub corona. Auctio. Lex.* Abrogation par Justinien du droit quiritaire et de la distinction des biens. Doctrines stoïciennes sur le domaine bonitaire. Inviolabilité, liberté, unité du droit de propriété chez les Romains. *Res publici juris*. Choses du droit divin (sacrées, religieuses, saintes). Choses du droit humain (communes, publiques, *universitatis*.) Etendue et limites du domaine éminent des princes sur les propriétés privées et publiques. 318

CHAP. XIV. — DE L'ACQUISITION ET DE LA DÉLIMITATION DES BIENS DES CITÉS.

Nécessité des propriétés et des taxes municipales. Capacité d'acquérir des cités, diverses sortes de biens des cités. *Agri vectigales et non vectigales.* Usufruits. *Prædium. Hortus. Villa. Lapidicinæ. Cretifodinæ. Arenæ. Metalla. Agri compascui. Excepta. Subseceiva. Communalia, proindivisa. Consortia. Vicanalia. Divisores agrorum, auctores divisionis, assignationis conditores. Agrimensores.* Plan d'un *ager provincialis.* 333

CHAP. XV. — DE L'ADMINISTRATION DES REVENUS ET DE L'ALIÉNATION DES BIENS DES CITÉS.

Diverses sortes de revenus des cités. Tenures vectigaliennes. Emphytéoses. Baux ordinaires à la chaleur des enchères. Pécules des esclaves. Droits de péage. Nécessité de leur autorisation par le prince. *Edulia. Venalitia.* Intérêts des sommes prêtées. Garanties données aux cités contre les officiers chargés du maniement de leurs fonds. Conditions nécessaires à la validité de l'aliénation des biens des cités. Progrès du pouvoir despotique des empereurs sur les biens des cités. 345

CHAP. XVI. — DE L'APPROVISIONNEMENT DES CITÉS ; DE L'ANNONE, DE LA TESSERRE FRUMENTAIRE ET DU CONGIARIUM.

Annone. Préfet de l'Annone. Appariteur du pouvoir annonaire. Loi Julia de *annona*, Loi *Cassia Terentia frumentaria*. Droit au pain civil. Accroissement du nombre des pauvres volontaires. Distributions de denrées et de *sesterces. Congiarium.* Dépenses des cités de l'Empire, pour satisfaire aux lois frumentaires. Charité volontaire des chrétiens. Aumôniers. Legs pieux. Loi du travail imposée aux indigents. Lois contre les mendiants valides. Contraste des deux législations payenne et chrétienne, dans tout ce qui touche à la substance des indigents. 354

CHAP. XVII. — DES ÉTABLISSEMENTS D'INSTRUCTION ET DE BIENFAISANCE PUBLICS.

Importance des écoles municipales. Libre concurrence de ces écoles avec les auditoires impériaux. Nomination et destitution des professeurs par l'ordre des décurions. Traitements qui leur étaient alloués. Immunités dont ils jouissaient. *Hospitalia, valetudinaria* domestiques des Romains. Origine chrétienne des hôpitaux publics. *Xedonochia, nosocomia, geronticomia,* etc. 360

CHAP. XVIII. — DES TRAVAUX PUBLICS DES CITÉS.

Contribution générale des habitants aux travaux publics des cités. Institution des *curatores operum*. Emploi des fonds. Police des travaux, aqueducs, égoûts, bains, nymphées, naumachies. Respect du droit de propriété privée. Règlementation des eaux publiques. Concessions d'eaux aux particuliers. Distribution des eaux entre les usages publics et les usages privés. Servitudes d'utilité publique, concernant les eaux. *Curatores aquarum, curatores cloacarum, etc. Familia publica. Familia cæsaris. Villici. Castellarii. Siliquarii. Aquileges. Aquitectores.* Tribut des bains publics et des concessionnaires d'eaux privées. Chemins publics, chemins privés, chemins vicinaux, *curatores viarum*. Multiplication des voies romaines et des ponts. Voie de l'interdit ouverte à tous contre ceux qui nuisaient à l'usage des chemins. Imprescriptibilité des voies publiques. 366

CHAP. XIX. — DES JEUX ET DES SPECTACLES PUBLICS.

Jeux publics des Romains, moins solennels que ceux des Grecs. Cirques et jeux qui s'y donnaient. Jeux scéniques. Histrions. Théâtres. Dépenses des cités pour les jeux et les spectacles publics. 377

CHAP. XX. — DES IMPOTS LEVÉS SUR LES CITÉS; DES EXACTIONS FISCALES ET DES SPOLIATIONS DES EMPEREURS.

Tribut et vectigal. Trois sortes de tributs : *in capite, proportione census, temerarium*. Trois sortes de vectigal : *portorium, decumæ, scriptura*. Forme de ces taxes. *Publicani, mancipes, prædes, magister societatis*. Impôt sur les provinciaux : *census capitis, census soli, provinciæ stipendariæ, provinciæ vectigales*. Immunités du droit italique. Immutabilité du tribut des provinces stipendiaires. Variations du vectigal, forme de cet impôt. Despotisme fiscal qui pesait sur les provinces, complicité forcée des décurions, efforts de ces magistrats pour se dérober à leurs fonctions. Concussions impunies des officiers de l'empire. Spoliations des biens des cités par l'abus du domaine éminent des empereurs et par les lois caducaires, les réunions des biens vacants, les confiscations, etc. 382

CHAP. XXI. — DE L'AGRICULTURE, DES LATIFUNDIA, DU COLONAT, DES COLLÉGES ARTIFICUM ET OPIFICUM.

Vie des anciens Romains, partagée entre les travaux des champs et ceux de la guerre. Origine des *latifundia*. Lois agraires, moyens employés pour les violer. Origine et caractères du colonat. Transformation des terres arables en pâturages, extension du travail servile, dépopulation des campagnes. Disettes et émeutes. Terres létiques et limitanées. Ruine de l'agriculture, épuisement du fisc. Solidarité des curiales en matière d'impôts. Colonat perpétuel. Biens des cités épuisés par le fisc, ravagés par la soldatesque, usurpés par les empereurs. Règlements sur les corps d'arts et métiers. 392

CHAP. XXII. — DE LA MILICE DANS SES RAPPORTS AVEC LE RÉGIME MUNICIPAL.

La légion, cité armée. Conditions pour y être admis. Troupes auxiliaires. Innovations dans la composition des légions. Aggravation par les empereurs du fléau des armées mercenaires. Cohortes prétoriennes. Influence des conquêtes lointaines sur la constitution des armées impériales. Priviléges et abus du prétorianisme. Troupes ripuaires et limitanées. Causes de la transformation de la milice nationale en troupes mercenaires et influence qu'elle exerça sur la décadence de l'empire. 408

CHAP. XXIII. — DE LA RELIGION DANS SES RAPPORTS AVEC LA CITÉ ; DES DIEUX ÉTRANGERS ; DU JUDAÏSME ET DU CHRISTIANISME A ROME ; DE LA PAROISSE ÉPISCOPALE ; DE L'ÉVÊQUE DÉFENSEUR DE LA CITÉ.

Identification de la religion avec la cité et abus qu'en fit l'aristocratie. Sacrifices municipaux et sacrifices privés. Censeurs magistrats des mœurs. Invasion de dieux étrangers. Dissolution des mœurs et décadence de l'Etat. Compensation providentielle dans la tolérance du judaïsme et du christianisme. Persécutions religieuses. Origine des paroisses. Premiers affranchissements des esclaves. Influence du clergé croissant parallèlement à l'avilissement du décurionat. Bienfaits du christianisme dans l'ordre civil, municipal et politique. Evêques défenseurs des cités. Tendance des clercs et des curiales à se confondre. Confusion des deux puissances. Absence du principe de liberté dans la législation du Bas-Empire. 416

LIVRE IV

DU RÉGIME MUNICIPAL GALLO-ROMAIN.

CHAP. Ier. — DES CITÉS DE LA GAULE AVANT L'INVASION ROMAINE.

Origines diverses et tendance vers l'unité des peuples primitifs de la Gaule. Gaulois. Germains et Ibériens. Druides, chevaliers, plébéiens. Famille gauloise. Transformation des tribus en cités. Caractères de la cité Gauloise. *Pagi, urbes, oppida, vici, ædificia, villificationes.* Nation une, composée de cités libres. Villes du milieu. Agriculture. Confédérations des cités. Revenus des cités. Gouvernement municipal. Sénats. Factions et clientèles. Election et attributions des chefs et des magistrats. Etats généraux et provinciaux. Clans gaulois. Germe des institutions municipales et représentatives. 435

CHAP. II. — DE LA PROPRIÉTÉ DANS LA GAULE AVANT L'INVASION DES ROMAINS.

Biens mobiliers et immobiliers. Déplacement annuel des possessions. Habitations. *Curtis, Sala.* Propriétés publiques et privées. Terres de l'Eglise, des chefs, des nobles. Terres libres et serviles. Conservation du patrimoine des familles. Baux à *Convenant french.* Sociétés de labourage. 455

CHAP. III. — DE LA RÉDUCTION DE LA GAULE EN PROVINCE ROMAINE ET DU RÉGIME MUNICIPAL GALLO-ROMAIN EN GÉNÉRAL.

Fondation d'*Aquæ-sextiæ* par les Romains. Colonie à Narbonne. Prise et pillage de Tolose. Gaule narbonnaise, soumise au régime provincial. Incursions d'Arioviste en Belgique. Guerres entre les Arvernes et les Eduens. Triomphes de César contre Arioviste et Vercingétorix. Gaule chevelue conquise et divisée en Aquitanique, Celtique et Belgique. Politique conciliante de César. Atteintes portées par Auguste à l'autonomie des cités gauloises. Création de six provinces. Subdivision de ces provinces en cent quinze cités gallo-romaines. Gaule, province impériale. Unité administrative. Préfet des Gaules. Révolte batave. Triomphe de l'élément Romain sur l'élément Celtique. Omnipotence de l'Empereur et de ses officiers. Progrès parallèles de la concentration du pouvoir politique et du développement de Républiques municipales dépendantes de *l'imperium.* Influence du christianisme. Evêques défenseurs des cités. Coutumes et lois romaines dans l'ordre municipal. 463

CHAP. IV — DU RÉGIME MUNICIPAL GALLO-ROMAIN MÉRIDIONAL.

Création et division de la Gaule narbonnaise. Prépondérance du régime colonial dans cette province. Droit italique des cités de Lyon et de Vienne. Colonies latines. Origines du régime municipal de Vienne, Valence, Grenoble, Aix, Arles, Orange, Avignon, Nîmes, Saint-Gilles, Aigues-Mortes, Narbonne, Toulouse, et des villes de la Marche Espagnole. De l'Aquitaine aux temps de César, d'Auguste, de Dioclétien et de Valentinien. Cités de la première Aquitaine. Bourges, et les villes de son territoire. Cités et castra de l'Auvergne. Cités de Rodez, d'Albi, de Cahors, de Limoges, du Gévaudan, du Velay. Cités de la seconde Aquitaine : Bordeaux,

Agen, Saintes, Poitiers, Périgueux, etc. Cités de la troisième Aquitaine (*Ausci, Tarbelli, Convenæ, Consoranni, Lapurdum*, etc.). Régime municipal de l'Aquitaine et en général de la Gaule méridionale. 488

CHAP. V. — DU RÉGIME MUNICIPAL GALLO-ROMAIN SEPTENTRIONAL.

Transformation des tribus germaniques en cités sous l'influence du droit Romain. Statuts et priviléges des cités germaniques. Du régime municipal de la Séquanaise sous la domination Romaine. Des villes libres ou municipales et des colonies des deux Germanies. Du *Belgium* et des cités des Bellovaques, des Suessones, etc. Du régime municipal de Saint-Quentin, Amiens, Arras et des peuples de la Flandre, du Cambrésis et du Hainaut sous la domination Romaine. 518

CHAP. VI. — DU RÉGIME MUNICIPAL GALLO-ROMAIN CENTRAL.

Bibracte (Augustodunum) capitale des Eduens. Lyon cité Italique. Feurs. Macon, etc. Régime municipal de Nevers, de Tours, d'Orléans, d'Angers, du Mans. Armorique : Rouen, Evreux, Caen, Coutances, Avranches, etc. Divers Etats de la Bretagne. Peuples libres et alliés de la Gaule Celtique. 532

CHAP. VII. — DE LA DÉCADENCE DES INSTITUTIONS MUNICIPALES GALLO-ROMAINES, ET DE L'INVASION DES BARBARES.

Influence du despotisme des empereurs sur l'administration de la Gaule. Plaintes de la municipalité Eduenne à l'empereur Constantin. Réaction du monde barbare contre la tyrannie impériale. Destruction des cités gallo-romaines par les barbares. 544

ERRATA

P. 97, 103, 130, 139, *au lieu de :*	ch. V, VI, VII, VIII,	*lisez :*	ch. IV, V, VI, VII
P. 489, l. 19.	—	patriciens,	— praticiens.
P. 492, l. 2.	—	prêtre,	— préteur.
P. 285, l. 11.	—	déposer,	— déporter.
P. 303, l. 27.	—	aream,	— arcam.
P. 336, l. 13.	—	ararum,	— aratrum.
P. 361, l. 8.	—	ce ne fut pas,	— ce fut.
P. 368, l. 7.	—	nymphes,	— nymphées.
P. 385, l. 1.	—	la vingtième,	— la vingtième partie.
P. 398, l. 14 et 15,	*lisez :* sterilia,	partes,	alia.

INTRODUCTION

I. — Les anciens révéraient dans la philosophie politique la science qui donne des lois aux législateurs. Machiavel en a fait un art au service des ambitieux, qui usent indifféremment de tous les moyens justes ou injustes, pour parvenir à leur but. Sous l'influence des théories égoïstes qu'il a propagées, les uns prêchent le pouvoir absolu appuyé sur la raison d'État, les autres la liberté absolue soutenue par l'insurrection. Tous oublient que, dans le gouvernement des sociétés, le droit seul est absolu.

<small>§ 1er Théorie du droit municipal.</small>

Le droit n'est pas, selon la définition fausse et impie des fatalistes (1), la volonté de Dieu manifestée par le succès. Le simple fait ne crée le droit ni dans l'ordre privé, ni dans l'ordre public (2). Le droit a son essence propre, indépendante des lieux, des temps et de la fortune. Le *droit*, dit le législateur romain (3), *est la science du juste et de l'injuste, des choses divines et humaines*, c'est-à-dire des rapports nécessaires entre Dieu et l'homme, entre l'homme et ses semblables.

<small>Droit, sociabilité justice, concorde.</small>

Droit et sociabilité sont deux idées correlatives. C'est du principe platonique de sociabilité et non du principe de la guerre de tous contre tous, enseigné par Hobbes et Spinosa, que découlent, selon Grotius (4), le droit naturel et le droit des gens. « Le

---

(1) Il diritto (o jus) no e altro che il volere di Dio, identico con cio ch'è voluto di Dio. (DANTE, *della monarchia*, lib. II, cap. XI, p. 56.)

(2) BALMÈS, *Le protestantisme comparé au catholicisme*.

(3) Jurisprudentia est justi et injusti scientia, divinarum et humanarum rerum notitia. (ULPIEN.)

(4) *De jure belli et pacis*, prolégomènes.

a

droit, dit ce savant rénovateur de la jurisprudence, est la manifestation de la sociabilité de l'homme et de la volonté de Dieu; il ne se règle point sur l'intérêt, mais sur la justice qui défend les agressions violentes, commande la bonne foi, même entre les belligérants (1), et ne permet que les peines nécessaires au salut social (2). »

Platon définit la politique : la science qui prend soin des hommes, avec ou sans lois, librement ou par contrainte (3) : « Les rois, sont pour lui comme pour Homère, les *pasteurs des peuples*, et il confond presque leur œuvre avec celle de l'éducation et de la formation des caractères. Selon Platon la prudence est la vertu spéciale des magistrats, le courage celle des guerriers, la tempérance celle des artisans et des laboureurs (4). La vertu fondamentale de l'État, c'est la justice. Dieu est le commencement, le milieu et la fin de tous les êtres; il marche toujours en ligne droite, conformément à sa nature, en même temps qu'il embrasse le monde; la justice le suit, vengeresse des infractions faites à la loi divine. Quiconque veut être heureux doit s'attacher à la justice, marchant humblement et modestement sur ses pas (5). »

Aristote considère aussi le droit ou le juste comme la règle et le but de l'association politique (6), et ses conceptions, moins idéales mais plus pratiques que celles de Platon, réalisent les rêves du maître en plaçant dans la famille, la propriété et la religion, la triple base d'un gouvernement régulier (πολιτεία) dont la puissance tempérée et placée à égale distance du despotisme oriental et de la démocratie athénienne, admet une liberté

---

(1) Tantum vero abest ut admittendum sit (quod quidam fingunt) in bello omnia jura cessare, ut nec suscipi bellum debeat nisi ad juris consecutionem, nec susceptum geri nisi intra juris ac fidei modum. (*Ibid*, 25.)
(2) *Ibid.*, liv. II, ch. xx, *de pænis*.
(3) Ἐπιμελητικὴν τέχνην. *Pol.*, p. 288 et 325.
(4) *Rép.*, I, II, p. 79, 90, 91; I, III, p. 155; I, IV, p. 183, 188, 190.
(5) PLATON, *Lois*, I, XVIII, p. 354.
(6) POL., 1, c. I, § 13.

modérée, appuyée sur la vertu politique, c'est-à-dire sur le dévouement des citoyens à l'État (1).

Le plus éloquent organe des doctrines stoïciennes, Cicéron, rattache l'idée du droit à celle de la loi naturelle et d'une philosophie transcendante : « La loi, dit-il, est la raison suprême, gravée en notre nature, qui prescrit ce que l'on doit faire et ce que l'on doit éviter : développée et perfectionnée dans l'esprit de l'homme, cette raison est la loi.... Le nom que les Grecs ont donné à la loi signifie : *chacun le sien*, et en latin *choisir*. Pour eux, la loi c'est l'équité; pour nous, le choix : deux caractères également précieux de la loi. Si cette définition est exacte, et, selon moi, elle l'est, c'est à la loi que commence le droit. La loi, en effet, est la force de la nature; elle est l'esprit, la raison du sage; elle est la règle du juste et de l'injuste (2). « Où il « n'y a point de justice, il n'y a point de république, dit saint « Augustin (3); car sans justice, il n'y a point de droit, et sans « droit point de peuple, si l'on admet la définition de Cicéron, « qu'un peuple est une multitude assemblée pour vivre sous un « droit *convenu*. Les royaumes, sans la justice, ne sont que de « grands brigandages (*magna latrocinia*). »

La concorde est, comme la justice, un corollaire du principe de sociabilité. *Tout est commun entre amis... Un ami est un autre soi-même*, disait Pythagore (4), dont les doctrines, empruntées aux instituts sacerdotaux de l'Orient, furent les prémices de la sagesse grecque. De cette idée humanitaire, Socrate s'élève encore plus haut; il reconnaît, entre l'homme et Dieu, une société, un commerce d'hommages et de secours. Des liens d'amitié unissent le ciel et la terre; une même société enchaîne l'homme et Dieu, dit Platon (5), qui, par ces belles paroles, semble pressentir le double précepte du christianisme sur lequel

---

(1) Οὐκ ἂν εἴη μία ἀρετὴ πολίτου καὶ ἀνδρὸς ἀγαθοῦ. *Pol.*, liv. III, ch. II, § 3.
(2) *De legib.*, liv. I, VI.
(3) *De citate Dei.*
(4) Diogen. Laert., VIII, 10. Porphyr., v. p. 33.
(5) Gorg., p. 133

reposent, selon Bossuet (1) et Domat (2) les fondements du droit public.

Au principe de l'union des hommes en Dieu que la philosophie platonicienne pose dans l'ordre moral, correspond, dans l'ordre politique, le principe d'association. « L'impuissance de la vie « isolée force, dit Platon (3), les hommes à se rapprocher les « uns des autres, à associer leurs forces et à s'aider mutuelle- « ment. »

Tout prouve, dit Aristote (4), que l'homme a été destiné par la nature à vivre en société; les autres animaux n'ont que la voix, lui jouit de la parole, et les sentiments qu'elle exprime constituent en s'associant la famille et l'Etat.

« D'où dépend, dit Sénèque (5), notre sûreté, si ce n'est des « services mutuels que nous nous rendons ? Certainement il n'y « a que ce commerce de bienfaits qui rende la vie commode, et « qui nous mette en état de nous défendre contre les insultes et « les invasions imprévues... Otez la sociabilité, et vous détruirez « en même temps l'union du genre humain d'où dépendent la « conservation et le bonheur de la vie. »

Unité politique. II. — De ces notions générales du droit les anciens dédui- saient le principe d'unité des associations politiques. Socrate voit dans cette unité la perfection du gouvernement (6). « Oui, dit Platon, l'Etat a une vraie unité qui consiste dans l'harmonie des volontés et l'équilibre des intérêts. »

Le prototype de l'unité politique est représenté par Cicéron (7) sous les traits du roi du ciel qui, d'un signe de tête, ébranle tout

---

(1) *Politique sacrée*, liv. I, art. 1ᵉʳ.
(2) *Traité des lois*, liv. I, ch. 7.
(3) *Rép.*, liv. II, p. 79.
(4) *Polit.*, liv. I, c. I, § 9.
(5) *De benef.*, IV, c. XVIII.
(6) ARISTOT., *Polit.*, liv. II, ch. II.
(7) Sive hæc ad utilitatem vitæ constituta sint a principibus re- rum publicarum, ut rex putaretur unus esse in cœlo, qui nutu, ut ait Homerus, totum Olympum converterit; idemque et rex, et pa- ter habeatur omnium. (CIC., *De rep.*, I, XXXVI).

— v —

l'Olympe, et est en même temps le souverain et le père de toute la nature.

L'apôtre des gentils, saint Paul, reproduit le dogme unitaire de la philosophie antique en étendant au genre humain ce que les philosophes païens disent de l'Etat. « Il y a plusieurs membres, « dit-il, mais tous ne font qu'un seul corps. Il n'y a ni gentil, « ni juif, ni circoncis, ni incirconcis, ni barbare, ni Scythe, ni « esclave, ni libre, mais Jésus-Christ est en tous (1). Tout le « genre humain est ordonné dans l'unité, *totum genus ordinatur* « *ad unum*... Qu'ils soient un, dit l'évangéliste saint Jean, afin « qu'ils soient tous ensemble; comme vous êtes un en moi et « moi en vous, qu'ils soient de même un en vous... Je leur ai « donné la gloire que vous m'avez donnée, afin qu'ils soient un « comme nous sommes un ».

Cette idée de l'unité que Platon exagère jusqu'à l'absolutisme et à la communauté des biens, des femmes et des enfants, Aristote l'adopte, mais la restreint dans de justes bornes. Selon lui, l'unité absolue est la ruine de l'Etat (2). Si on la voulait pousser à bout, on serait obligé de réduire la cité à la famille et la famille à l'individu, car c'est lui qui a le plus d'unité. Ramener l'Etat à l'unité absolue, c'est vouloir faire un accord avec un seul son, un rhythme avec une seule mesure (3). Le Psalmiste exprime le principe tempéré de l'unité de l'Eglise par ces mots : *Adstitit regina circumdatâ varietate*, et saint Paul enseigne aux Corinthiens que le principe de l'unité ne doit pas porter atteinte à la liberté des cités qui sont, dit-il, par rapport au corps social ce que les membres sont par rapport au corps de l'homme (4).

Liberté des cités.

III. — Au principe municipal qui découle de ces prémisses, le faux platonisme du moyen âge et des temps modernes, a prétendu substituer le principe du pouvoir absolu. Le prince de

Pouvoir absolu.

---

(1) I, *Corinth.*, XII, 12.
(2) *Pol.*, liv. II, c, I, § 4. Ενουμένη μία οὐδὲ πόλις ἐστίν, *Ibid.*, § 7, οὐ γὰρ γίνεται πόλις ἐξ ὁμοίων.
(3) Liv. II, c. II, § 9.
(4) *Corinth.*, ch. XII.

Machiavel et de Fra-Paolo Sarpi est investi d'une puissance sans frein et ne connaît d'autre justice que celle de se maintenir prince; le Léviathan de Hobbes est l'expression abstraite de la toute-puissance de l'Etat, sous quelque forme qu'elle se produise, et cumule tous les attributs de la souveraineté : le triple droit de gouverner, de juger et d'administrer, et la propriété universelle des biens. Mais ces théories monstrueuses sont désavouées par leurs auteurs mêmes. Machiavel condamne, dans ses discours sur Tite-Live, le pouvoir absolu qu'il préconise dans *le Prince*, et Hobbes limite les conséquences de l'obéissance aux ordres du maître par le droit de résistance qu'il reconnaît aux sujets.

Le despotisme ou l'insurrection, telle est, en effet, l'alternative qu'offrent aux nations les doctrines de l'absolutisme et du communisme qui dérivent elles-mêmes de la prépondérance de la raison d'Etat sur la justice. Les gouvernements absolus, quoique forts et tranquilles en apparence, sont en réalité toujours menacés des excès d'un principe unique que rien ne modère, et les Etats sur lesquels le pouvoir pèse avec trop de force, quelque soit celui qui l'exerce, roi, aristocratie ou peuple, sont facilement et rapidement entraînés vers le plus détestable système de république (1).

Quelle base scientifique prétendrait-on, d'ailleurs, donner au pouvoir absolu?

Est-ce le patriarcat?

Mais la puissance paternelle elle-même n'est pas une puissance absolue; elle varie et doit varier selon les temps et selon les lieux. On voit partout cette puissance se modifier selon les institutions politiques; Lycurgue à Sparte l'annihile presque; les décemvirs à Rome la proclament illimitée. Ces deux législations, quoique contradictoires en apparence, ont été sages l'une et l'autre, car elles se sont merveilleusement adaptées aux conditions générales d'après lesquelles la famille devait concourir au

---

(1) Nempe ita est: cum istius modi civitates feriantur nimia vi et nulla rerum temperatione cohibeantur, facili et proclivi cursu ad simillimum ac deterrimum rei publicæ genus delabuntur. (Cic., *De rep.*, I.)

but général de la cité, en fortifiant à Sparte l'autorité souveraine de l'Etat, et à Rome la puissance du patriciat, cette clef de voûte de la constitution politique.

Quand la constitution romaine a été modifiée, la puissance paternelle a subi des modifications analogues. Autre chose, d'ailleurs, est la constitution domestique et l'autorité du père de famille, autre chose est la constitution municipale ou politique et le pouvoir du chef de la cité ou de l'Etat. Dès que les rapports sociaux s'étendent et se multiplient, il est nécessaire de varier les combinaisons administratives ; et, quel que soit le respect que mérite, à tous les degrés de la hiérarchie sociale, le principe de l'unité, il doit être évidemment plus tempéré dans la cité et dans l'Etat que dans la famille. Aussi l'histoire, d'accord avec la philosophie, nous montre-t-elle, à mesure des progrès de la civilisation, les tribus fixées au sol et converties en municipes se donnant librement des lois et des magistrats, par l'effet d'un consentement commun, tacite d'abord et consistant seulement en la coutume, puis exprès et consacré par des lois écrites aussi diverses que les usages correspondant aux variétés infinies des races, des climats, des caractères des peuples, et des territoires habités par eux.

C'est par conséquent une double erreur que celle des absolutistes (1) qui, voyant dans les chefs des États les continuateurs héréditaires des patriarches, confondent sous le niveau d'un pouvoir également absolu les constitutions domestique, municipale et politique. Ces constitutions sont essentiellement distinctes les unes des autres; elles peuvent varier dans leurs formes, pourvu qu'elles respectent les principes de la justice et de la concorde, seuls immuables, seuls éternels.

A la théorie du patriarcat, considérée comme origine du pouvoir absolu, Hobbes a substitué je ne sais quelle prétendue abdication d'un prétendu droit absolu de tous sur toutes choses en faveur des chefs des États ; mais qu'est-ce que ce pacte abstrait,

---

(1) FILMER, *Du patriarche*. — L'abbé THOREL, *De l'origine des sociétés*, etc.

par lequel, selon la doctrine de Hobbes (1), les hommes auraient aliéné à tout jamais leurs droits individuels en faveur de ce *dieu mortel*, de ce *Léviathan* autorisé à user d'une puissance sans frein, non seulement pour protéger les citoyens, mais pour disposer arbitrairement de leurs libertés, de leurs biens, de leurs vies mêmes? C'est une création fantastique appuyée sur une fausse appréciation du droit naturel et tendant à justifier et à rendre irrévocables toutes les usurpations sanctionnées par une possession oppressive des personnes et des propriétés des faibles par les forts.

Que si, à ce pacte de renoncement absolu, inconditionnel, à tous les droits naturels de l'homme en faveur de l'État, on substitue, avec J.-J. Rousseau, un *contrat* dont le but soit *de défendre et de protéger de toute la force commune la personne et les biens de chaque associé, et par lequel chacun, s'unissant à tous, n'obéisse pourtant qu'à lui-même et reste aussi libre qu'auparavant*, on pose un problème insoluble, quoique l'auteur du *Contrat social* se flatte de l'avoir résolu (2).

En effet, si, par ce prétendu contrat, le peuple et le souverain se lient de manière à mettre tout en communauté, même les droits naturels, et à rendre l'État l'arbitre suprême de toutes choses, le communisme et l'absolutisme en dériveront nécessairement. Que si l'aliénation des droits du peuple n'est que provisoire et subordonnée à l'accomplissement par l'État de ses devoirs politiques, de sorte que tout peuple, mécontent de son gouvernement, puisse s'insurger contre lui, le renverser et punir de l'exil ou du régicide le chef de l'État, *l'appel au ciel* dont parle Locke, c'est-à-dire le droit des révolutions, deviendra, comme on ne l'a que trop vu, un état social permanent.

Pouvoir absolu ou révolution, tels sont les deux termes entre lesquels oscillent les sociétés agitées par ce problème abstrait de la souveraineté qui met, d'abord par la théorie et ensuite par la

---

(1) LEVIATHAN, *de Hom.*, c. XIV et XV, *De civ.*, lib. I, c. II, IX, c. III, XXVI.
(2) *Contrat social*, liv. I, ch. VI.

pratique, en état de guerre perpétuelle l'Église et l'État, les peuples et les gouvernements, et qui n'a jamais été résolu que par le droit de la force.

IV. — Les anciens ne méconnaissaient ni l'importance politique de l'État qu'ils exagéraient même à certains égards, ni le droit des peuples à *consentir* les lois auxquelles ils obéissaient; mais ils ne cherchaient pas à résoudre le problème de la souveraineté politique par les principes transcendants dont l'antagonisme a coûté tant de sang aux peuples modernes. L'expérience leur avait appris à ne voir dans la souveraineté qu'une question de fait non de droit; ils admettaient indistinctement, selon les circonstances locales, la légitimité des trois formes de gouvernement, monarchique, aristocratique ou démocratique, et accordaient même la préférence aux gouvernements mixtes formés de ce triple élément.

Gouvernements mixtes.

Les deux plus grands philosophes politiques de l'antiquité, Platon et Aristote, s'accordent à louer les gouvernements de transaction où se tempèrent l'un par l'autre les divers éléments sociaux. Telle est aussi la pensée d'un historien qui a vu de près et qui a comparé avec sagacité et justesse les constitutions de la Grèce et la constitution romaine, de Polybe.

La meilleure constitution politique, dit Cicéron, est celle à laquelle concourent le roi, les grands et le peuple, et qui n'irrite point par les châtiments des cœurs fiers et farouches (1). Tacite voit aussi dans cette forme politique l'idéal des gouvernements, tout en désespérant de le voir se réaliser (2).

Le génie le mieux pénétré de la politique du moyen âge, l'Ange de l'École, saint Thomas d'Aquin, et le publiciste le plus éminent des temps modernes, Montesquieu, reconnaissent aussi dans l'his-

(1) Statu esse optimo constitutam rempublicam quæ ex tribus generibus illis, regali et optimati, et populari, confusa modice. nec puniendo irritet animum immanem ac firmum. (CIC., *De rep.*, II, 23.)

(2) Cunctas enim nationes principes aut primores aut populi regunt. Mixta autem et constituta ex his tribus reipublicæ formis haud facile evenire, vel si evenit, haud diuturna esse potest. (*Annal.*, lib. III, § 33.)

toire, cette pierre de touche des théories sociales, l'excellence des gouvernements mixtes où la royauté, l'aristocratie, la démocratie se trouvent combinées par des lois qui redressent la balance du pouvoir toutes les fois qu'elle incline trop vers une de ces formes.

[Principe municipal.] V. — Or quel est le caractère essentiel des gouvernements mixtes ? C'est la participation des citoyens à l'administration publique, non d'après les principes d'une liberté effrénée et d'une égalité chimérique, mais dans la mesure de facultés naturellement inégales et subordonnées dans leur exercice à l'autorité des lois.

Le partage des pouvoirs publics entre l'État et les citoyens est une nécessité politique et sociale. De même que chaque membre du corps de l'homme concourt à imprimer, par les fonctions qu'il remplit, le mouvement et la vie à l'organisme individuel, de même dans l'organisme social, chaque citoyen doit participer aux services publics ; ce qu'Aristote exprime par ces mots : Τω μετεχειν κρίσεως καὶ ἀρχης, et ce que les Romains ont reproduit par l'abréviatif *municeps*, dérivé de *muneris particeps*.

Quand une cité naissante ne serait encore composée que de six individus, on les verrait déjà, dit Platon (1), se livrer à diverses fonctions sous l'inspection de l'autorité. La nature nous ayant donné à chacun des talents différents, à celui-ci la force, à celui-là l'adresse, à l'un du génie, à l'autre de l'éloquence, il est évident qu'elle nous a destinés à divers emplois.

Ainsi sous l'empire des lois protectrices du travail qui est la première des lois sociales, l'antiquité nous montre l'organisation providentielle des grades divers et des ordres distingués de telle sorte que les moindres d'entre eux rendent en respect aux plus élevés ce qu'ils en reçoivent de bienfaits, et qu'ainsi se maintiennent, par la diversité même, la concorde et l'union de tous.

« Une cité, disent les canons de la primitive église, ne peut subsister si l'on ne maintient la différence des ordres, car chaque créature ne peut pas être gouvernée d'une manière égale, comme

(1) *Traité de la République*, liv. II.

le prouve l'exemple des milices célestes composées des anges et des archanges, inégaux en dignité, dont l'harmonieux ensemble compose la cité de Dieu (1). »

« En musique, dit Cicéron, la flûte ou la lyre, ou le chant et la voix forment de sons différents une harmonie où la moindre dissonnance blesse une oreille délicate et exercée ; l'ensemble et l'accord de cette harmonie naît surtout de l'heureux mélange des tons les plus opposés (2). Ainsi, l'homme d'Etat, en balançant par un heureux équilibre tous les ordres depuis les plus élevés jusqu'aux plus humbles, fait naître de la combinaison des extrêmes l'accord politique. Ce qu'on appelle harmonie dans le chant est, en politique, la concorde, gage le plus sûr et le plus solide de la stabilité d'un gouvernement, et il est absolument impossible qu'elle existe sans la justice (3). »

Telles sont les lois immuables et indépendantes des formes du gouvernement politique auxquelles l'ordre social est soumis;

(1) Ad hoc summi Dispensatoris provisio gradus diversos et ordines constituit esse distinctos, ut, dum reverentiam minores potioribus adhiberent, minoribus potiores dilectionem impenderent, vera concordia fieret, et ex diversitate contextio. Non enim universitas poterat alia ratione subsistere, nisi magnam eam differentiam ordo servaret, quia quæque creatura in una eademque qualitate gubernari non potest, quod nos cœlestium militiarum exemplar instruit, quia dum sunt angeli et archangeli, liquet quod non sunt æquales, sed in potestate et ordine differunt alter ab altero.

(2) Ut enim in fidibus aut tibiis, atque ut in cantu ipso ac vocibus, concentus est quidam tenendus ex distinctis sonis, quem immutatum, aut discrepantem aures eruditæ ferre non possunt ; isque concentus ex dissimillimarum vocum moderatione concors tamen efficitur et congruens : sic et summis et infimis et mediis interjectis ordinibus, ut sonis, moderata ratione civitas consensu dissimillimorum concinit; et quæ harmonia a musicis dicitur in cantu, ea est in civitate concordia, arctissimum atque optimum in omni republica vinculum incolumitatis ; eaque sine justitia nullo pacto esse potest. (CIC., *de Repub.*, II, XLII.)

(3) Præterea mundus optime dispositus est, cum justitia in eo potissima est; unde Virgilius, commendare volens illud sæculum quod suo tempore surgere videbatur, in suis Bucolicis cantabat,

Jam redit et virgo, redeunt Saturnia regna.

Virgo namque vocabatur, justitia quam et Astream vocabant. (DANTE ALLIGHIERI, *De Mon.*, liv. I, c. XIII.)

les sentiments moraux développés par ces lois, qu'ils soient innés ou acquis, se lient aux principes de droit, de sociabilité, de justice et de concorde, qui sont les éléments primitifs et nécessaires des sociétés; et c'est dans la famille et dans la cité que ces sentiments peuvent trouver leur satisfaction et leur aliment.

Un régime municipal, libéralement ordonné, tend à faire prévaloir la liberté du bien sur la licence du mal, l'égalité devant la justice sur la tyrannie du nivellement, la fraternité sur l'état de guerre, le droit de propriété sur le communisme, l'autorité morale sur la force matérielle, l'ordre et la liberté politiques sur l'esprit de révolution, d'anarchie et de despotisme.

Liberté.

VI. — Le plus beau don que Dieu ait fait à l'homme en le créant, c'est la liberté de la volonté dont les créatures intelligentes ont été toutes et seules dotées (1). Cette liberté ne se développe dans des conditions régulières qu'à l'aide des influences morales qui naissent dans les cités libres, des idées de famille, de propriété, de droit, de loi, de justice. Plus ces influences prennent d'empire, plus la liberté gagne de terrain. Un peuple corrompu qui recouvre sa liberté, dit Machiavel (2), ne peut que très-difficilement se maintenir libre, et l'échelle de la répression politique monte jusqu'à la tyrannie, à mesure que la répression morale s'abaisse, et que la licence rompt tous ses freins. *Esprit de famille, esprit de corps, esprit de cité, esprit de patrie, esprit de religion, esprit public, enfin âme de la société, principe de sa vie, de sa force et de ses progrès*, tel est l'antidote qu'on peut trouver dans les libertés civiles à l'égoïsme, cette maladie des vieux peuples, à la soif de l'or, au luxe, à la corruption des mœurs, au vertige des ambitions et des ardentes jalousies.

(1)   Lo maggior don che Dio per sua larghezza
        Fesse creando, è alla sua bontate
        Piu conformato, è quel ch'ei piu apprezza,
        Fu della volunta la libertate,
        Di che le creature intelligenti.
        E tutte e sole furo et son dotate.
                          (DANTE ALLIGHIERI.)

(2) *Discours sur Tite-Live*, liv. I, ch. XVII.

Les libertés civiles (*civitatis*) se composent de la liberté des concitoyens pour l'amélioration des cités, et, dans une sphère plus élevée, de la liberté des enfants de Dieu pour l'exercice du culte, pour la propagation de la vérité par la prédication et l'enseignement, pour la pratique de la charité. Elles forment dans leur ensemble la liberté sainte, si bien définie par un orateur chrétien (1) ; *le mouvement sans entraves des volontés dans le bien.*

Un peuple qui renonce à ces libertés vitales et qui se repose sur son gouvernement du soin de penser et d'agir pour lui, prive la société de son plus puissant moteur, de la libre et courageuse initiative des citoyens. « Une cité, dit Spinosa (2), où la paix n'est obtenue que par l'inertie des citoyens, et où ils sont conduits comme des troupeaux et n'apprennent qu'à servir, est plutôt une solitude qu'une cité. » La vie municipale est la source de la vie publique, et c'est dans la commune que doit se faire l'apprentissage des droits et des devoirs politiques. Que si, pour prévenir l'abus des libertés civiles, on courbe les cités sous le joug d'une centralisation énervante, l'activité des esprits, l'énergie des caractères se relâchent et s'affaiblissent, les riches mendient *les fonctions publiques*, et les pauvres le *droit au travail*. La cupidité, l'ambition, la soif du plaisir s'emparent de toutes les classes ; chacun cherche à s'élever en rampant, et le respect intelligent de l'autorité morale, qui est l'âme des gouvernements libres, est remplacé par le culte aveugle du pouvoir, avec ses alternatives d'obéissance servile et de révolutions anarchiques.

VII. — Le régime municipal, essentiellement divers parce qu'il est libre, maintient l'égalité des citoyens devant la justice tout en tendant à effacer les inégalités naturelles. La nature, dit Vauvenargues, n'a rien fait d'égal. L'égalité n'existe dans la société que sauf la différence des facultés, des fortunes, des rangs (3),   *Egalité.*

---

(1) Le P. Félix, *Conférences de Notre-Dame de Paris* (1859).
(2) *Théolog. polit.*, c. xx.
(3) Dieu lui-même des rangs forma la chaîne immense
   Qu'un atôme finit, que l'Éternel commence.   (Delille.)

des races, sauf enfin l'inégalité. L'égalité, dit un philosophe (1), ne sera pas même parmi les justes dans le séjour de la félicité qui leur est préparé ; car il est dit dans l'Évangile : *Il y a plusieurs demeures dans la maison de mon père.*

Instituée de Dieu pour exciter la charité et l'esprit de sacrifice, en même temps que pour encourager le travail, cet unique élément honorable de progrès social, l'inégalité des conditions est un élément providentiel de la destinée humaine. Mais si l'on n'admet point l'égalité de fortune, si l'égalité des facultés intellectuelles est une chimère, du moins l'égalité des droits doit exister entre les citoyens d'un même Etat. Car, qu'est-ce que l'Etat, sinon une communauté de droits (2) ? La justice, dit Platon, consiste à ramener les choses inégales à l'égalité.

C'est en obéissant à cette loi sociale que les priviléges des patriciens de l'antiquité et des seigneurs du moyen-âge durent s'effacer peu à peu, dans les municipes ouverts à la plèbe émancipée, devant les progrès incessants de cette égalité relative qui fait abstraction complète de la qualité des concitoyens dans la jouissance des avantages attachés à la vie commune et dans le support des charges municipales, mais qui, loin d'exclure les distinctions sociales, en fait au contraire le stimulant le plus actif de l'honneur.

L'honneur, en effet, cette chose que Platon (3) appelle divine, excellente, vit de préférences et de distinctions. C'est en ce sens que Montesquieu le considère comme le principe essentiel des monarchies. C'est en ce sens que Cicéron dit (4) que si Athènes, privée de son Aréopage, a été à certaines époques

---

(1) BALLANCHE, *Essai sur les institutions sociales.*

(2) Si enim pecunias æquari non placet ; si ingenia omnium paria esse non possunt ; jura certe paria debent esse eorum inter se qui sunt cives in eadem republica. Quid est enim civitas nisi juris societas ? (CIC., *De rep.*, I, XXXII.)

(3) Θεῖον γὰρ ἀγαθὸν ἡ τιμή.

(4) Si Athenienses quibusdam temporibus, sublato areopago, nihil nisi populi decretis agebant, quoniam distinctos dignitatis gradus non habebant non tenebat, ornatum suum civitas. (CIC., *De rep.*, 1, 27.)

gouvernée par les décrets du peuple, elle n'a pu conserver son éclat, parce que rien ne distinguait le mérite. *La noblesse*, dit Porphyre, *est un honneur décerné à la vertu et perpétué dans les familles illustrées par les services éclatants de leurs aïeux* (1).

Il y a une noblesse personnelle, c'est celle qui, selon Juvénal, consiste dans la vertu (2), mais il y a aussi une noblesse de race, c'est celle que le philosophe de Stagyre définit ainsi : *Est enim nobilitas virtus et divitiæ antiquæ.* Virgile et Tite-Live nous montrent dans l'invincible et pieux Enée (3), descendant de Dardanus, premier roi d'Illion, le digne fondateur du peuple que sa noblesse prédestinait à l'empire du monde.

Aussi la noblesse héréditaire était-elle honorée des Romains, mais à la condition d'être en même temps personnelle.

La loi romaine définissait l'honneur municipal : *reipublicæ administratio cum dignitatis gradu.* Cet honneur était transmissible, mais les descendants des magistrats anoblis (*veteres homines*) devaient, pour le conserver, exercer eux-mêmes les magistratures (4).

Dans notre ancienne monarchie, l'échevinat et les magistratures judiciaires conféraient la noblesse après une ou deux générations, mais la noblesse de robe ne se conservait que dans les familles de magistrats.

La noblesse militaire se composait de ducs (*duces*) qui commandaient aux armées, de *marquis* qui gardaient les marches des frontières, de comtes (*comites*) qui présidaient aux plaids comme lieutenants des rois, de *barons*, grands seigneurs investis de la puissance féodale. Dans notre organisation politique les titres de marquis, de comtes, de vicomtes, et surtout de barons,

---

(1) Nobilitas nihil aliud est quam claritas, splendorque majorum, honor virtutis præmium.

(2) Nobilitas sola est atque unica virtus. (Juvénal.)

(3) Rex erat Æneas nobis, quo justior alter,
Nec pietate fuit, nec bello major et armis.
Dardanus Iliacæ primus pater urbis et author. (Virg.)

(4) En Chine, la noblesse conférée par l'empereur anoblit les ancêtres, mais n'anoblit pas les descendants.

ne sont plus qu'un souvenir historique plus ou moins justifié. Le titre de *duc* a encore une valeur politique reconnue par l'opinion, quand il a été conquis sur le champ de bataille dans une guerre juste et nécessaire. Quant à la noblesse de robe, la seule peut-être qui ait laissé quelques descendants, elle sera réhabilitée du jour où l'ordre municipal et l'ordre judiciaire auront reconquis dans l'Etat le rang honorifique que leur assigne l'esprit pacifique de notre siècle.

L'esprit d'égalité envieuse qui, en supprimant les dignités (1), étouffe l'honneur en germe, incline déjà à faire place à un sentiment plus équitable de hiérarchie. On commence à reconnaître les dangers du système de fausse égalité qui tend à mettre dans la famille le père à la merci des enfants, dans l'atelier le patron à la merci des ouvriers, dans la commune le propriétaire à la merci des paysans, dans l'Etat le trône lui-même à la merci des multitudes. Soixante-dix ans de révolution ont abouti à faire comprendre que toute société doit être gouvernée par sa tête; mais c'est des entrailles mêmes du peuple, et par les franchises municipales que doit sortir la restauration des supériorités sociales (2).

Fraternité. VIII. — La fraternité, cette aspiration sublime de l'humanité, que les stoïciens avaient pressentie par cette belle parole d'Ulpien : *Societas jus quodammodo fraternitatis in se habet* (3), et que le Christianisme a tout à fait réalisée trouve une satisfaction solide et durable dans la cité qui n'est en quelque sorte que la famille agrandie. Dans les communes traditionnelles un lien de parenté unit presque tous les habitants, et les anciennes familles y exercent, quand elles le veulent, un patronage héréditaire. Le voisinage établit d'ailleurs entre les concitoyens des rapports affectueux. La cité, dit saint Augustin (4), est une multitude

(1) *Ipsa æquabilitas est iniqua, cùm nullos habet dignitatis gradus.* (Cic., *De repub.*, 1, 27.)
(2) *Ab imis fundamentis restauratio.*
(3) D. XVII, liv. I, 2, 63.
(4) *Aliud civitas non est quam concors hominum multitudo.* (Aug., *De civit. Dei*, I, 15.)

d'hommes réunis par la concorde. La vraie fraternité est celle qui s'établit d'elle-même dans le sein des communes libres formées par l'action du temps. La grande commune dictatoriale de Cambon et de Robespierre, que rêvent encore aujourd'hui quelques adeptes du socialisme, n'est qu'une utopie barbare et sanglante.

IX. — Le droit de propriété, cette loi fondamentale des sociétés politiques, remonte par ses origines à celle du municipe. La communauté primitive et négative du sol s'était transformée dans les tribus en possessions collectives et perpétuellement variables ; dans les monarchies absolues, où régnait la détestable maxime : *omnia regum*, la propriété était essentiellement précaire. L'établissement du municipe à demeures fixes, et son incorporation à la terre et à l'Etat, rendirent la propriété stable et sacrée. « Tu ne voleras pas, dit Moïse, dans le septième commandement, aux Israélites à peine fixés dans la terre de Chanaan et constitués en corps de nation. » « Vos fontaines, dit Salomon, doivent faire couler leur eau au dehors, mais vous en demeurez les maîtres. » Au droit de propriété consacré par ces paroles, Platon préfère l'utopie de la communauté des biens.

Aristote considère, au contraire, le droit de propriété comme inhérent à la famille et à la cité (1), mais il l'exagère au point de justifier par lui l'esclavage. Aux yeux de Cicéron la propriété primitive repose non sur le droit naturel, mais sur le fait de l'occupation, et la justice commande de respecter également les propriétés communes et les propriétés privées. Les républiques et les cités sont surtout établies pour garantir la propriété (2). Dans toutes les constitutions de la Grèce, sauf dans celle des Spartiates qui, par la violation des propriétés privées, furent amenés à violer les droits de l'humanité, la propriété était sa-

Propriété.

---

(1) Ἡ κτῆσις μέρος τῆς οἰκίας ἐστί. *Pol.*, liv. 1, c. XI, § 4.
(2) Sunt privata nulla natura... veteri occupatione qui quondam in vacua venerunt... hanc enim ob causam maximè utsua tenerent civitates et respublicæ constitutæ sunt. Nam etsi duce natura, congregabantur homines, tamen spe custodiæ rerum suarum urbium præsidia quærebant. (Cic., *De off.*)

crée. A Rome, le droit de cité et le droit de propriété étaien identiques. La loi des Douze Tables consacre le *jus dominii* (1). A côté du *dominium ex jure quiritium* dérivé du partage de l'*ager publicus* de Rome, droit exclusif dans l'origine (2), s'élève plus tard, sous la protection des préteurs et sous l'influence de la philosophie stoïcienne, le droit bonitaire, protecteur des longues possessions (3). Quiritaire ou bonitaire, le droit de propriété devient, par ses applications diverses aux choses *communes, publiques, universitatis*, ainsi qu'au domaine privé, l'un des éléments essentiels du droit municipal antique. C'est par la protection contre l'abus du domaine éminent, de ce droit élevé par le christianisme à la hauteur d'un droit naturel que la civilisation a fait chez les peuples libres des progrès inconnus de ceux qui ont vécu sous le régime insouciant des tribus ou sous le joug spoliateur des monarchies absolues.

Autorité. X. — La cité administrée librement dans ses intérêts temporels par les chefs de famille élus par leurs concitoyens, et dans ses intérêts spirituels par les ministres du culte, emprunte à la famille et à la religion leur force morale, et devient ainsi l'âme de l'État.

L'autorité municipale a un double caractère, correspondant à sa double origine : elle est religieuse et paternelle. La religion a présidé au berceau de tous les États ; elle est le principe générateur des constitutions politiques. Quelque histoire qu'on interroge, c'est toujours un oracle qui fonde les cités (4), c'est toujours un oracle qui annonce la protection divine et les succès du héros fondateur. Cécrops, en fondant Athènes, investit les rois du pontificat. Lycurgue consulte l'oracle de Delphes, et

---

(1) Quum aliquis suæ rei nexum aut mancipium fecerit, uti nominaverit locutus pactusve fuerit, ita jus esto.

(2) Aut enim ex jure Quiritium unusquisque dominus erat, aut non intelligebatur dominus. (Gaïus, 11, § 40.)

(3) Quam autem habeat æquitatem, ut agrum multis annis, aut etiam ante sæculis possessum, qui nullum habuit, habeat : qui autem habuit, amittat. (Cic., *De off.*, 11, 22, 23.)

(4) *Du principe générateur des constitutions politiques*, par M. le comte de Maistre, p. 313.

rattache sa législation à une tradition religieuse. Numa-Pompilius consulte la nymphe Égérie, et attribue un tel empire aux pontifes et aux auspices, que le sénat n'agit qu'après les avoir consultés, et qu'un mot des augures suffit pour rompre les comices, pour forcer les consuls d'abdiquer leur dignité et pour abroger une loi établie contre les règles (1). A cette base historique et philosophique de la cité s'en réunit une autre, l'autorité des chefs de famille, dont la puissance domestique est l'œuvre de Dieu même, et qui concourent tous à élire les représentants de la cité. Cette autorité bienfaisante, et d'origine divine, procède par la persuasion plus que par la force, et ses agents désarmés commandent l'obéissance volontaire des citoyens. Partout où elle défaille, règne un pouvoir purement humain, armé de la force matérielle et qui tend à transformer les nations en troupeaux d'esclaves, travaillant pour l'homme déifié par la superstition populaire, qui personnifie l'État et absorbe la Société. Telle est l'histoire universelle du despotisme oriental.

La physionomie des peuples libres est toute autre. A Rome, d'où nous est venu le modèle impérissable du régime municipal, ce qui faisait surtout la force de la république, c'était le respect des citoyens pour les lois qu'ils avaient consenties, pour les magistrats qu'ils avaient élus. La force physique d'un consul romain, qui se réduisait ordinairement à douze licteurs, avait, dans les cas extraordinaires, des milliers d'auxiliaires qui accouraient spontanément pour prêter main forte à l'autorité. En Angleterre et aux États-Unis, dont le *self-government* repose sur les garanties qu'offre à tous les droits des citoyens l'administration autonome et responsable des cités, un constable obtient, en montrant sa baguette, l'appui de tous les citoyens présents. En Suisse, où le citoyen qui discute, vote et fait la loi, la respecte et la fait respecter, on est frappé, dans les assemblées et dans les fêtes publiques, de l'absence presque complète d'agents de police et de gendarmes.

(1) GRAVINA, *Esprit des lois romaines*, tome II, p. 296. MACHIAVEL, *Discours sur Tite-Live*, liv. Ier, ch. XII.

Il n'en est pas de même là où l'État cherche son point d'appui, non dans la coopération active de la cité, mais dans une armée semblable à celle d'un conquérant étranger, campé au milieu d'une nation vaincue et révoltée. Ce qui domine, quand l'idée du pouvoir tend à éclipser l'idée du droit, c'est la raison d'État plutôt que la justice morale ; c'est le droit de la force plutôt que la force du droit. Plus l'action d'une administration qui ne relève que d'elle-même, se concentre, plus les forces vitales de la société s'affaiblissent.

Une administration centralisée outre mesure peut être comparée à une roue à grand rayon, qui, mue par une force directement appliquée à l'axe, est destinée à mouvoir une multitude de roues inertes posées à l'extrémité de sa circonférence. Le souverain est la puissance primitive d'impulsion. L'administration générale, secondée par l'armée et par la police, est la grande roue mise en mouvement, et les cités sont les roues inertes marchant par ce moteur étranger.

Un prince intelligent et actif trouve des ressources dans ce mécanisme pour découvrir, par les milliers d'yeux d'une police vigilante, les trames des conspirateurs, et pour réprimer d'un signe du télégraphe, à l'aide de forces disciplinées, les attentats à la paix publique.

Ce système est favorable à l'unité des vues et à la promptitude des entreprises d'un pouvoir que servent des corps administratifs enrégimentés sous une discipline quasi-militaire.

A la voix du prince, tout obéit et se meut régulièrement : peuple, armée, magistrature, clergé, et la merveilleuse facilité avec laquelle les impôts, même celui du sang, se recouvrent, grâce à l'unité de l'administration financière et militaire et à la perfection de la comptabilité, permet à la volonté souveraine de faire converger vers les grandes entreprises et les grands travaux publics toutes les forces vives du pays. Mais ce système a un double vice ; il se prête trop aux fantaisies de l'arbitraire et trop peu à la libre expansion des influences sociales.

Tout se tient, tout s'enchaîne dans l'organisme social. La satrapie dans la cité, c'est le despotisme dans l'État ; c'est, en politique, le culte du maître avec son cortége d'avides et serviles adulateurs, et le mépris souverain des principes; c'est, en industrie, la machine aveugle au lieu de l'outil intelligent; c'est, dans les lettres et dans les arts, le réalisme au lieu de l'idéal; c'est, dans les mœurs privées et publiques, la civilisation passant en quelque sorte de l'âme au corps, et altérant, par l'abus du luxe et des jouissances matérielles, les conditions morales et économiques des sociétés.

XI. — L'autorité municipale est l'unité élémentaire de la souveraineté politique, le point d'appui de l'équilibre entre les diverses forces sociales, et par suite le principe le plus fécond de la paix publique et de l'harmonie des pouvoirs. *Souveraineté politique.*

La souveraineté, c'est-à-dire le droit de donner des lois à un peuple, est-elle de droit divin ou de droit humain? Procède-t-elle de l'autorité patriarcale ou du libre consentement de tous? Est-elle une ou divisible? Peut-elle ou non être déléguée? Est-elle absolue ou limitée, amissible ou inamissible? Tous ces problèmes, presque insolubles en théorie générale, peuvent être puissamment aidés dans leur solution pratique par le principe municipal. La puissance de faire des lois, dit excellemment saint Thomas d'Aquin (1), appartient à la multitude tout entière ou à celui qui représente la multitude (*vel totius multitudinis, vel alicujus gerentis vicem*); mais pour que cette souveraineté soit légitime, il faut qu'elle émane d'une multitude ordonnée de telle sorte que tous participent dans une certaine mesure au gouvernement. *Ut omnes aliquam partem habeant in principatu* (2).

Quel que soit le caractère, monarchique, aristocratique, démocratique ou mixte, du corps politique investi de la puissance législative, la cité, indépendante de lui dans une certaine mesure, peut contrarier ou au moins modifier l'effet de la volonté souveraine par l'influence morale que les magistrats municipaux puisent dans la connaissance des intérêts et des désirs de leurs con-

(1) *Summ. theol.*, q., X, c. a., 3.
(2) *Ibid.*, q. c. V, a. 1.

citoyens et par la facilité qu'ils ont de les transmettre au gouvernement.

Telle est la vertu des institutions municipales douées d'une vie réelle que, quoique leur fin directe et perpétuelle ne se rapporte qu'aux intérêts circonscrits d'une portion des citoyens, leur but indirect et accidentel est de coopérer aux fonctions du corps politique. Ce sont des unités élémentaires universelles qui usent de leurs propres forces pour le bien général de la société, tandis que les corporations et associations légalement constituées dans un but spécial, par exemple pour le culte, l'enseignement ou la bienfaisance, ne peuvent exercer une influence considérable en dehors du cercle de leur action. Ces institutions se meuvent d'ailleurs dans un orbite d'où elles ne peuvent ni diminuer la souveraineté politique, ni altérer la constitution. Elles n'ont pas identiquement la même fin que l'État, mais elles marchent à côté du gouvernement dont elles dépendent à quelques égards, sans lui être assujettis d'une manière tellement complète qu'il soit possible par exemple d'enlever aux cités la gestion de leurs intérêts locaux pour en investir le pouvoir central.

Lorsque l'administration des cités et le gouvernement de l'État sont confiés aux mêmes mains, le souverain est impuissant à réprimer les abus de l'administration, et les cités à se défendre contre les usurpations de l'Etat, puisque les magistrats, chargés de punir les prévarications, ont les mêmes intérêts que ceux qui les ont commises. L'équilibre politique ne peut donc s'établir que par la distinction des institutions politiques et des institutions municipales qui trouvent dans la cité leurs sources, leurs moyens d'action et leur but bien défini, et qui, quoique soumises à l'action directe du gouvernement dont elles restent indépendantes dans une certaine mesure, lui offrent un point d'appui pour guider l'administration et réprimer ses abus.

« Les justes royautés, dit Bodin, sont maintenues par la mé-
« diocrité de certains états, corps et communautés bien réglés.
« Aussi le tyran s'efforce de les abolir, sachant bien que l'union
« de ses sujets entre eux est sa ruine inévitable. » L'impuissance où sont les cités de réagir efficacement contre les abus

administratifs constitue le véritable despotisme de l'Etat. La science appelle despotique l'ordre politique dans lequel la loi constitutionnelle ne bride pas efficacement la volonté du souverain ; mais les peuples appellent despotique le gouvernement auquel manque le contre-poids de la réaction des citoyens contre les excès de pouvoir de l'administration. Leur opinion à cet égard ne change pas, alors même que la constitution n'est pas despotique, et réciproquement ils ne sentent ni ne condamnent le despotisme constitutionnel, s'ils y trouvent le moyen de résister aux tyrannies locales.

La commune autonome est le correctif le plus énergique de la démocratie politique, en même temps que le frein le plus puissant du despotisme.

« Si les formes démocratiques peuvent être appliquées quelque part sans inconvénient et sans danger, dit un publiciste genevois (1), c'est dans le gouvernement des communes. Ces intérêts sont de ceux que les masses comprennent. Les questions que ces intérêts font naître sont en général de celles que le peuple est capable de traiter, parce qu'il en connaît les éléments et parce que la solution qu'elles reçoivent doit avoir une influence immédiate sur son bien être. D'ailleurs, cette solution devant toujours se rattacher à des principes généraux posés par les lois de l'Etat, il ne s'agit guère pour la commune que de sanctionner l'application qui a été faite de ces lois, d'après les besoins de la localité, par les autorités communales. Enfin, l'élection de ces autorités étant faite par un collège unique, peut toujours être l'expression vraie de la majorité. Il n'y a point lieu ici à ce fractionnement de l'élection, qui a pour effet de vicier le système représentatif dans son principe, et de faire du suffrage universel une déception. La démocratie s'introduit-elle dans le gouvernement de l'Etat même, j'y vois un motif de plus pour désirer qu'elle soit, et surtout qu'elle ait été auparavant dans les communes ; car le gouvernement des intérêts locaux devient alors comme une école préparatoire où le peuple se

---

(1) M. CHERBULIEZ, *De la démocratie en Suisse*, t. I, p. 215.

forme à l'exercice de la souveraineté, s'accoutume aux formes et aux garanties dont cet exercice doit être entouré, apprend enfin à connaître, soit ses propres intérêts, soit les hommes qui sont capables de le représenter dans la législation de l'Etat. »

§ 2. Droit municipal dans l'antiquité.

XII. — L'excellence du principe municipal est démontrée par l'histoire des peuples libres de l'antiquité depuis le jour où Moïse ayant distribué la terre de Chanaan et réparti l'administration des affaires publiques entre les tribus des fils d'Israël, commença la transformation des patriciens héréditaires en aristocrates citoyens, des familiers en bourgeois, du régime des castes en un système de représentation mobile et universelle, jusqu'au jour où l'empire romain expia ses usurpations des droits et des biens des cités libres en succombant sous le poids de son excessive puissance plutôt que sous les coups des Barbares.

Au milieu des systèmes, des utopies mêmes qu'ont enfantés les caprices de la fantaisie, l'ordre naturel des sociétés apparaît sous la formule historique et philosophique par laquelle Aristote nous montre la cité ou l'Etat naissant de l'association des villages, formés eux-mêmes par l'association des familles (1). Seulement la formule d'Aristote est incomplète, en ce qu'elle confond la cité et l'Etat, tandis que l'Etat se forme par l'association des cités.

Patriarcat et patriciat.

Dieu, auteur de toutes choses, tire l'homme du néant, la femme de l'homme, et le genre humain d'un mariage unique. De là, la famille patriarcale, gouvernée par un chef que Dieu même a associé à la création et dont l'autorité participe de l'autorité divine.

Dans la suite des temps, le patriciat, cette seconde phase des sociétés primitives, où l'autorité du chef est plus étendue mais moins absolue que celle du patriarche, se modifie dans des sens divers.

Tribus et monarchies absolues.

La tradition, les livres saints et les historiens profanes nous montrent chez les peuples sémitiques de l'Orient, les patriarcats bibliques des régions de l'Euphrate et les tribus de l'Arabie et de la Tartarie formant de petites associations jalouses d'abord de leur indépendance, mais obligées par les nécessités de leur existence de se grouper tantôt en confédérations, tantôt

(1) Arist., *Polit.*, liv. I, c. I, § 1, 7, 8.

en monarchies absolues. Sous la première de ces formes, elles conservent intactes leur organisation intérieure et leur autonomie. Sous la seconde, elles se dissolvent, et le grand chasseur Nemrod réunit autour de lui dans des villes sur lesquelles il s'attribue tous les droits de l'État des compagnons et des sujets qui répudient les diversités originelles d'organisation demeurées inaltérables dans les régions de la Mésopotamie, de l'Arabie et de la Médie où le patriciat et la tribu continuent à régner sans opposition dans les conditions de leur constitution primitive.

XIII. — Tandis que les tribus nomades ou sédentaires, et les monarchies absolues avec leurs castes, leurs corporations et leurs districts administratifs, gouvernés par les agents directs du pouvoir central, se partagent en Orient des peuples condamnés à la barbarie du désert ou à l'esclavage dans les grandes villes, en Occident, au contraire, l'esprit municipal, dont les lois de Moïse contiennent le germe, se développe dans les institutions de la Grèce et de Rome libres et élève le progrès social au plus haut point que puisse atteindre la raison humaine.

Municipe antique.

Pour les Romains, comme pour les Grecs, la source de toutes les jouissances, le principe des droits et des devoirs, l'instrument de la civilisation matérielle, intellectuelle et morale, le souverain bien, c'était la cité. Cette idée, associée aux principes de droit, de sociabilité, de justice, de concorde, a concouru à maintenir les mœurs privées et publiques qui ont fait la force et la gloire des républiques de la Grèce et de Rome dans leurs beaux jours. C'est sur la base de la cité que Cicéron a édifié son *Traité de la République*, et a, à l'exemple du grec Polybe, proposé comme le meilleur modèle de gouvernement, la constitution romaine, appuyée à la fois sur ses mœurs antiques et sur ses grands hommes, également éloignée du despotisme qui excite à la révolte, et de la liberté sans frein qui engendre la servitude, et formée par un juste équilibre du mélange des trois meilleurs systèmes de république (1).

---

(1) Quod erit æquatum et temperatum ex tribus optimis rerum publicarum modis. (Cic., *De rep.*, 1, 45.)

Son origine, d'après Bodin.

L'origine et la généalogie de ce gouvernement par les mœurs, appuyé sur le principe municipal et composé d'éléments multiples, est parfaitement expliqué par un publiciste du seizième siècle partisan de la philosophie de Platon et de la politique d'Aristote. « L'origine des corps et colléges, dit Bodin (1), est venue de la famille, jusqu'à ce que la multitude ne se pouvant plus loger, ni vivre en même lieu, fut contrainte de s'écarter plus loin ; et peu à peu les villages étant faits bourgs et séparés de biens et de voisinage, sans lois, sans magistrats, sans principauté souveraine, entraient aisément en querelle... qui fut cause d'environner les bourgs de fossés, et puis de murailles telles qu'on pouvait, et s'allier ensemble par sociétés, les uns pour défendre leurs maisons, biens et familles de l'invasion des plus forts ; les autres pour assaillir et chasser ceux qui s'étaient accommodés, piller, voler et brigander : car le plus grand point d'honneur et de vertu qui fut entre les hommes, dit Plutarque, était de massacrer, tuer, ruiner les hommes ou les rendre esclaves... Cette licence et impunité de voler contraignit les hommes qui n'avaient encore princes ni magistrats de se joindre par amitié pour la défense les uns des autres et faire communautés et confréries, que les Grecs appellent φρατρίας et φρατορες *fratres*, ceux qui puisaient en même puits qu'ils appelaient φρεαρ, comme *paganos*, qui sont villageois, usent de la même fontaine que les Doriens appellent *paga*. Ainsi la société et communauté entretenait l'amitié, comme la flamme sacrée, qui montra sa première ardeur entre le mari et la femme : puis des pères et mères aux enfants et des frères entr'eux, et de ceux-ci aux proches parents et des parents aux alliés, et peu à peu se fut refroidie et du tout éteinte si elle n'eût été rallumée, nourrie et entretenue par alliances, communautés, corps et colléges : l'union desquels a maintenu plusieurs peuples sans forme de république ni puissance souveraine : comme on voit au livre des Juges où il est écrit que le peuple hébreu fut longuement sans princes,

---

(1) *République*, ch. VIII, liv. III, *Des corps et colléges, états et communautés*.

ni magistrats, vivant chacun à son plaisir en toute liberté ; mais ils étaient entretenus par communautés de familles et lignées, et lorsqu'ils étaient poursuivis par les ennemis, les états des lignées et communautés s'assemblaient et faisaient un chef auquel ils donnaient puissance souveraine, à savoir celui que Dieu avait inspiré. Ainsi de plusieurs lignées et familles unies ensemble se faisait une république par le moyen de la puissance souveraine. C'est pourquoi, les premiers princes et législateurs qui n'avaient pas encore découvert les difficultés qu'il y a de maintenir les sujets par justice, entretenaient les confréries, colléges et communautés afin que les parties et membres d'un même corps de république étant d'accord, il fût plus aisé de régler toute la république, comme nous voyons que fit Numa, roi et législateur des Romains, qui établit confréries et colléges de tous métiers, et à chacune confrérie ordonna certains patrons, curés et sacrifices particuliers, après avoir aboli le nom des Sabins qui se divisaient aucunement des Romains. Et depuis on fit aussi une confrérie des marchands et leur fut baillé Mercure pour patron : à l'exemple de Solon, qui fit sa loi que toute confrérie et communauté seraient permises, avec pouvoir de faire statuts tels qu'ils voudraient, pourvu qu'il ne fût rien fait contre les lois publiques. Lycurgue aussi, non-seulement permit, mais encore étroitement commanda d'entretenir telles communautés tant générales que particulières, et que tous les sujets prissent leur réfexion en colléges de quinze à quinze, qu'ils appelaient φιλιτια pour l'amitié jurée qu'ils avaient les uns aux autres : comme aussi en toutes les villes de la Grèce, il y avait de semblables confréries qu'ils appelaient εταιριας, comme en Italie, les mêmes colléges étaient appelés *sodalitia*, pour l'union, fréquentation et amitié qu'ils avaient entr'eux, buvant et mangeant ensemble la plupart du temps, et n'ayant d'autres juges qu'eux-mêmes s'il y avait quelque différend entre les compagnons associés, connaissant que l'amitié est le seul fondement de toute société, et beaucoup plus requise entre les hommes que la justice : car la justice qui jamais n'est ployable, retenant sa droiture, fait souvent les amis ennemis ; et l'amitié cédant de son droit, établit la vraie justice naturelle : attendu que le seul but de toutes les lois divines et humaines est d'entretenir l'amour entre les hommes et des hommes envers Dieu. Ce qui ne se peut faire que par fréquentation et d'union ordinaire. »

École stoïcienne.

XIV. — Ces principes de sociabilité, de justice, de concorde, essentiellement inhérents au régime municipal, sont ceux que les philosophes de l'école stoïcienne cherchaient à faire prévaloir à Rome. Le chef de cette école, issue de l'école socratique, Labéon, était, selon Tacite (1), ami d'une incorruptible liberté, et, selon Pomponius (2), plein d'une noble confiance en son génie et en son savoir. Au nom de la raison qui devint, grâce à ce jurisconsulte et à ses disciples, l'âme du droit romain, si justement nommé par Lemaistre *la raison civile des sociétés*, le droit naturel, c'est-à-dire celui que la raison naturelle établit entre tous les hommes (3), celui qui est toujours équitable et bon (4), qui s'appuie sur la substance des choses et sur la vérité plutôt que sur l'opinion (5), celui contre lequel la raison d'état ne peut prévaloir (6), corrigea peu à peu les abus du droit civil des Douze tables et de la domination jalouse du patriciat et de la cité. C'est à l'influence du stoïcisme que remontent l'adoucissement de la puissance paternelle, laquelle, dit Adrien (7), doit consister dans la piété et non dans la rigueur excessive ; l'affranchissement des femmes de la tutelle des agnats (8), et leur protection contre leurs engagements inconsidérés et les atteintes

---

(1) Labeo incorruptæ libertatis. (TACITE, *Annal.*, III, 75.)

(2) Labeo ingenii qualitate et fiducia doctrinæ qui et in cæteris operis sapientiæ operam dederat, plurima innovare instituit. (POMP., *de O. J.*, § 47.)

(3) Jus quod naturalis natio inter omnes homines constituit. (GAÏUS.)

(4) Jus quod semper est æquum et bonum, id est jus naturale.

(5) Substantia id est, veritas potius quam opinio. (PAUL.)

(6) Ratio civilis jura naturalia corrumpere nequit. (GAÏUS.) — Il n'y a pas de droit contre le droit. (BOSSUET.)

(7) In pietate, non in atrocitate consistere debet.(*Dig.*, XLVIII, 95.)

(8) Fœminas vero perfectæ ætatis in tutela esse fere nulla pretiosa ratio suasisse videtur. (GAÏUS, I, § 157, 190)

portées à leur honneur (1). Les stoïciens firent prévaloir la bonne foi dans les conventions sur la rigueur des formules : « Il est « grave, disait Ulpien, de manquer à sa foi, car le contrat tire « son origine de l'affection réciproque et du désir de se rendre « service, et la société repose sur un certain droit de frater- « nité (2). » La sévérité excessive des lois pénales fut aussi condamnée par les belles maximes d'Ulpien et de Trajan (3), qui témoignent à la fois de la réaction spiritualiste contre les doctrines épicuriennes et des tempéraments introduits au nom de l'humanité dans le système des imputations et des responsabilités solidaires. Les stoïciens aimaient la liberté, et résistèrent énergiquement à la domination des dictateurs et des triumvirs. Le sang d'Ulpien, versé par la garde prétorienne, est une noble protestation du droit contre la force brutale. Selon le droit naturel, est-il dit, dans les Institutes de Justinien, tous les hommes naissent libres (4). La liberté est une chose inestimable, et la plus favorable de toutes ; la servitude, dit Ulpien, nous la comparons presque à la mort. La servitude établie dans le droit des peuples est une propriété contre nature (5). L'égalité, la fraternité sont aussi des maximes introduites dans le droit romain par les jurisconsultes formés à l'école de Cicéron (6).

XV. — Deux ordres de causes, les unes sociales, les autres politiques ne permirent pas aux sociétés antiques de recueillir tous les fruits des maximes de leurs philosophes ; ce furent, d'un côté, l'esclavage et le polythéisme ; de l'autre l'excès d'isopolitie des cités de la Grèce et l'excès de concentration de l'*imperium* des Romains.

Obstacles à ses succès.

(1) *Sénatus-consulte Velléien*, et 28° titre du *Digeste*, 7, 15.
(2) *Digeste*, liv. XVII, II, 63.
(3) *Digeste*, XLVIII, 19, 5. *Ad rescriptum Trajani*.
(4) Jure naturali omnes homines liberi ab initio nascebantur. (*Instit.*, liv. I, t. II, § 2.)
(5) Servitutem mortalitati fere comparamus. (ULP.) Servitus est constitutio juris gentium, quo quis dominio alieno contra naturam adjicitur. (GAÏUS, *Comm.*)
(6) Quod ad jus naturale attinet, omnes homines æquales sunt. Inter nos cognationem quamdam natura constituit. (PAUL.)

L'esclave, dit Aristote (1), est celui qui, *par la loi de nature*, ne s'appartient pas à lui-même, mais qui, tout en étant homme, appartient à un autre homme. Il est l'homme d'un autre homme. Aux yeux du philosophe donc, l'esclavage n'est pas seulement un fait, c'est un droit, et c'est sur ce droit monstrueux que repose l'organisation non-seulement du patriciat, sous l'empire duquel l'esclave se distingue de la personne du familier, en ce qu'il n'a aucun droit et est assimilé à une chose, mais encore dans la cité grecque et le municipe romain qui comptent à peine un tiers ou un quart de citoyens libres.

C'est dans les bornes de la cité ainsi restreinte à une minorité souvent infime de la population que les anciens circonscrivaient l'idée de la patrie et de la religion. Les dieux eux-mêmes étaient pour chaque homme des concitoyens, et le culte dépourvu de toute influence morale, un instrument politique, en même temps qu'une source intarissable de corruption.

Des mœurs dégradées par la servitude du plus grand nombre et par le polythéisme de tous portaient en elles un principe de décadence irrémédiable. Un peuple corrompu est indigne et incapable de la liberté. « Après l'expulsion des Tarquins, dit ex-
« cellemment Machiavel (2), Rome put acquérir soudain et con-
« server sa liberté. Mais après la mort de César, de Caligula,
« de Néron, après l'extinction de tous les Césars, il lui fut impos-
« sible, je ne dis pas de la conserver, mais d'en ranimer la
« moindre étincelle. Des résultats si opposés dans des événe-
« ments semblables et qui se sont passés dans la même cité,
« viennent uniquement de ce que le peuple romain, sous le rè-
« gne des Tarquins, n'était point encore corrompu, tandis que,
« dans les derniers temps une profonde corruption infectait
« tout l'empire. A la première époque, pour affermir l'Etat et
« inspirer la haine des rois, il suffit de faire juger que Rome ne
« souffrirait jamais de voir personne régner dans ses murs;

---

(1) *Polit.*, liv. I, c. II, § 7. Ὁ γὰρ μὴ αὑτοῦ φύσει, ἀλλ' ἄλλο, ἄνθρωπος δὲ φύσει, δοῦλός ἐστιν. Ἄλλου δ'ἐστιν ἄνθρωπος.
(2) *Discours sur Tite-Live*, liv. I, ch. XVII.

« tandis qu'à la dernière, l'exemple et le stoïcisme d'un Brutus,
« appuyé de toutes les légions de l'Orient, ne purent décider
« les Romains à conserver la liberté qu'à l'exemple du premier
« Brutus il venait de leur rendre. Cette corruption avait été in-
« troduite dans le corps de l'Etat par le parti de Marius, et
« César, devenu chef suprême, sut tellement aveugler la multi-
« titude qu'elle n'aperçut point le joug qu'elle même s'impo-
« sait. »

Deux causes politiques opposées affaiblirent d'ailleurs vis-à-vis de l'étranger les républiques de la Grèce et l'empire romain. Limitées dans les bornes étroites de la cité et privées d'un lien fédératif assez puissant pour les maintenir en corps de nation, les premières s'épuisèrent dans des guerres civiles qui les livrèrent à la domination étrangère. A Rome, au contraire, dont l'impérieuse politique s'étendit toujours avec ses conquêtes, le principe de l'unité fut exagéré jusqu'au point d'absorber l'Etat dans la personne du prince et le monde entier dans une ville. De là, la résistance d'abord et puis l'invasion des Barbares, puis enfin la création des nouveaux Etats de l'Europe formés des débris du monde romain. La double ruine des républiques de la Grèce et de l'empire romain est résultée de deux excès contraires ; l'excès d'autonomie des républiques de la Grèce (1), vaincues par leurs dissensions intestines plus que par les armées étrangères, et l'excès de concentration de l'empire romain croulant sous la réaction du monde barbare qu'il opprimait.

XVI. — Que si, malgré les vices divers qui poussaient les sociétés antiques à leur ruine, ces sociétés ont offert pendant tant de siècles le spectacle d'une brillante civilisation, elles le doivent en grande partie à leur droit municipal. *Avantages du municipe antique.*

C'est donc une étude d'une utilité éminemment pratique que celle de la cité grecque et du municipe romain, considérés non seulement en eux-mêmes, mais encore dans leurs origines qui sont le municipe hébreu et le municipe phénicien.

Ces institutions primitives sont en quelque sorte les rudiments

(1) Αὐτόνομον. αὐτόδικον, αὐτοτελῆ. (THUCYDIDE.)

de la civilisation des peuples libres de l'antiquité, et si l'on y ajoute l'étude des cités gauloises, qui ont été le berceau de notre système gallo-franc de monarchie représentative, on aura en quelque sorte, réunis dans un même cadre, les prolégomènes de la science que les Grecs appelaient αστυνομία, et les Romains : *Jus municipale.*

§ 3. Municipe au moyen âge. Ses origines et ses formes.

XVII. — L'histoire du moyen âge nous montre aussi, après la double révolution du cinquième et du dixième siècle, la liberté municipale, unissant, pour le salut de la civilisation, le clergé, la noblesse et le peuple, et créant, sous la protection d'un pouvoir central et modérateur, des cités indépendantes dans une certaine mesure, dont la réunion sous diverses formes devient à son tour l'unité élémentaire des monarchies et des républiques aristocratiques ou populaires.

On voit se dégager du chaos de la conquête, dans la première période, et de l'anarchie féodale, dans la seconde, le pouvoir temporel représenté par le roi, le pouvoir spirituel représenté par l'évêque, et, à la base de la pyramide sociale, couronnée par cette double auréole, la paroisse, ce germe chrétien de la commune affranchie. C'est ainsi qu'apparaissent, dans tous les États de la vieille Europe, les éléments d'un gouvernement mixte, inspiré par l'esprit de liberté commun à tous les peuples d'origine germanique, tels que les Lombards en Italie, les Francs dans les Gaules, les Suèves et les Danois dans le Nord, et réglé par les formes romaines ; c'est ainsi que s'établit entre l'Église et l'État une alliance fondée, non sur les principes de dépendance servile du Bas-Empire, mais sur le principe évangélique : *Rendez à César ce qui est à César et à Dieu ce qui est à Dieu.*

XVIII. — Le régime municipal du moyen âge a des origines très-diverses : ce sont les lois écrites des Romains, les coutumes des peuples germaniques, les actes des évêques, les chartes et les diplômes des rois et des empereurs. De nombreux villages furent fondés à titre d'alleux ou de bénéfices par les chefs des bandes victorieuses ; les territoires envahis furent partagés dans des conditions diverses entre les peuples conquérants, dont les lois personnelles se mêlèrent aux lois territoriales de Rome ; les populations esclaves ou serves furent progressivement affranchies, et l'on vit revivre dans les paroisses régénérées par l'épiscopat, les traditions du municipe, épurées par le christianisme et empreintes d'un caractère plus large et plus élevé que celui de la cité antique, dégradée par l'esclavage et corrompue par le polythéisme.

Rome païenne, cette reine des cités de l'idolâtrie, était tombée, mais déjà l'Église, assemblée dans cette grande Babylone, saluait le monde par la voix de Pierre (1), et l'œuvre de la régénération sociale était commencée. « Ce qui frappe le plus dans les révolutions de ces temps demi-barbares, dit M. Guérard (2), c'est l'action de la religion et de l'Église ; le dogme d'une origine et d'une destinée commune à tous les mortels, proclamé par la voix des évêques et des prédicateurs, fut un appel constant à l'émancipation des peuples. Il rapprocha toutes les conditions et ouvrit la voie à la civilisation moderne : quoiqu'ils ne cessassent de s'opprimer, les hommes se regardèrent comme les membres d'une même famille et furent conduits, par l'égalité religieuse, à l'égalité civile et politique. De frères qu'ils étaient, ils devinrent égaux devant la loi, et de chrétiens, citoyens. Cette formation s'opéra lentement, graduellement, comme une chose nécessaire, infaillible, par l'affranchissement continu et simultané des personnes et des terres. L'esclavage, que le paganisme, en se retirant, remit aux mains de la religion chrétienne, passa d'abord de la servitude au servage, puis il s'éleva du servage à la main-morte, et de la main-morte à la liberté (3). »

Le municipe revêtit, d'ailleurs, des formes très-variées : italiques dans le midi, germaniques dans l'est et le nord, celti-

---

(1) Salutat vos ecclesia, quæ est in Babylone collecta.
(2) *De la condition des terres et personnes au moyen âge.*
(3) Voyez le beau travail de M. OZANAM *sur la civilisation chrétienne chez les Francs*, les ouvrages de M. GUIZOT, le *Mémoire* de M. TROPLONG, *De l'influence du christianisme sur la législation*, l'*Histoire du droit français*, de M. LAFERRIÈRE, t. I, p. 267 ; l *Histoire du droit municipal* de M. RAYNOUARD, t. I, p. 140.

ques et anglo-saxonnes dans le centre et dans l'ouest de la France.

XIX. — Charlemagne, Germain de naissance et Romain d'idées et de sentiments, tenta, par la double institution des *scabini* et des *missi dominici*, de centraliser le pouvoir sans uniformiser les peuples, en s'abstenant de toucher à leurs intérêts purement locaux (1) ; il échoua dans cette entreprise prématurée, et la société féodale se forma des débris de son vaste empire.

XX. — L'histoire municipale de la période féodale est aussi diverse que les traditions et les caractères des populations. OEuvre commune du clergé et du peuple en Italie, l'autorité municipale s'y partagea naturellement entre l'évêque et les habitants. En Allemagne, la puissance du seigneur se fortifia par la protection qu'il accorda aux cités. En France et en Espagne, le roi et les communes contractèrent une étroite alliance; et c'est ainsi que, dès les premiers siècles du moyen âge, on put pressentir, d'un côté, la démocratie catholique italienne et le gouvernement féodal germanique, se divisant en une foule de petits États, les uns fiefs, les autres républiques ; et d'un autre côté, la monarchie française ou espagnole, triomphant, par le secours de ses rois et de ses populations, de la puissance seigneuriale, mais aboutissant l'une et l'autre à la monarchie absolue. L'Angleterre seule fonda, malgré l'organisation féodale de ses comtés, un gouvernement représentatif appuyé sur des institutions locales et électives graduées depuis le *borough* et la cité, jusqu'au parlement.

Voltaire a signalé dans une phrase incisive les rapports originaires qui existaient entre les parlements anglais sous Guillaume le Conquérant et ses successeurs immédiats, et les parlements en France, depuis Hugues Capet jusqu'au quatorzième siècle. « La « France et l'Angleterre, dit-il, ayant été longtemps adminis- « trées sur les mêmes principes, ou plutôt sans aucuns principes, « et par des usages tout semblables, d'où vient qu'enfin ces deux

(1) RAYNOUARD, *Histoire du droit municipal*, t. II, ch. XII.

« gouvernements sont devenus aussi différents que ceux du
« Maroc et de Venise? » On peut répondre : Ce qui a empêché
les États-Généraux de France de devenir un parlement national
permanent, ce n'est pas, comme l'ont pensé quelques écrivains
de l'école constituante (1), la co-existence des Etats particuliers
des provinces conquises, c'est l'absence de lien politique d'une
part entre ces Etats et les assemblées municipales, de l'autre
entre ces États et les États Généraux.

Les *Knights of the shire*, c'est-à-dire l'union des classes aristocratiques et populaires dans les paroisses, les bourgs, les cités, la chambre des communes, la chambre des pairs, tel est, selon la remarque de Hume, le nœud de cette constitution anglaise, dont la propriété est la pierre angulaire (2), et où chacun participe aux charges communes dans la mesure de ses intérêts. Telle était aussi la base de l'édifice municipal dans nos provinces les plus renommées par la sagesse de leur administration. En Provence et en Languedoc, par exemple, les corps politiques des communautés d'habitants, les assemblées de vigueries ou de diocèses, les États provinciaux ne votaient pas par ordres, mais à la pluralité des suffrages (3) ; ces assemblées étaient de véribles *communes*, analogues à celles d'Angleterre ; elles étaient composées de représentants de la classe des propriétaires fonciers et taillables, entre lesquels les nobles prenaient rang comme les roturiers, sans aucune distinction de rang. J'ai essayé de décrire ailleurs les caractères de l'élection et les attributions de ces assemblées, qui composaient la hiérarchie municipale : je me borne à renvoyer aux sources (4) où j'ai puisé les principes

---

(1) BARNAVE, *Esprit des édits enregistrés au parlement de Grenoble*. FRISEL, *Vue de la constitution d'Angleterre*.

(2) Quoniam Gulmundus quadraginta hodarum terræ dominium minime obtineret, licet nobilis esset, inter proceres tunc numerari non potuit. (*Histoire du monastère d'Ely*, liv. II, ch. XL.)

(3) BOULAINVILLERS, t. VI, p. 257.

(4) *Lois municipales du Languedoc*, par ALBISSON, 7 vol. in-4°. *Traité de l'administration de Provence*, par M. DE CORIOLIS. Voyez aussi une excellente étude *sur la fin de la constitution provençale*, par M. DE RIBBES.

empruntés par l'Europe du moyen âge au droit municipal de l'antiquité.

Ces principes essentiels de la civilisation, c'est de la France que l'Angleterre les recueillit (1) ; elle y trouva les éléments de ses libertés politiques et de son gouvernement représentatif. La France les vit aussi consacrés par la célèbre ordonnance de 1335, comparée sous certains rapports à la grande charte anglaise ; et, comme le remarque M. de Châteaubriand (2), en cinquante ans, depuis la première convocation des États, sous le roi Jean, les principes politiques se développèrent avec une force et une clarté qu'il aurait été impossible de prévoir. Les États de 1355, eurent des idées beaucoup plus nettes des droits d'une nation, que le parlement britannique n'en avait alors : mais l'admirable organisation municipale des pays d'États ne pénétra pas dans les pays d'élection, qui restèrent deshérités du droit de former des assemblées et de s'administrer librement.

§ 4. Centralisation moderne. — Louis XI exploita, dans l'intérêt du pouvoir absolu, les obstacles que rencontra la monarchie représentative dans les vices de l'organisation municipale et féodale. Richelieu, cet inflexible ministre, en qui M. Augustin Thierry (3) a signalé l'homme de la révolution, préparant les voies de la société nouvelle, Louis XIV, ce grand monarque qui résumait tout en sa personne, et qui pouvait dire : « l'État c'est moi, » confisquèrent successivement au profit du pouvoir central les états particuliers, les constitutions municipales, tout ce qu'avaient stipulé comme droits les pays agrégés à la couronne, tout ce qu'avait créé la bourgeoisie dans son âge héroïque (4); et la royauté mise hors de page, se crut libre et souveraine, tandis qu'elle était à la veille de succomber, isolée et privée d'appui, sous le poids de sa propre puissance.

XXI. — Un éminent et regrettable écrivain a rendu l'ancien

---

(1) *Gallia causidicos docuit facunda Britannos.*
(2) *Études historiques,* t. IV, p. 122.
(3) *Essai sur la formation du Tiers-État,* p. 168.
(4) *Ibid.,* p. 174.

régime responsable de la grande faute de la révolution française, de l'unitarisme démocratique (1). Ce jugement, sévère peut-être, n'est pas dépourvu de justice.

L'exemple de la monarchie administrative de Louis XIV s'est propagé dans toute l'Europe, et pour détruire le privilége, a détruit la liberté.

L'Assemblée constituante a usé de son pouvoir absolu pour mettre la raison d'état au-dessus du droit, de la vérité, de la justice absolue; c'est ce que reconnaissent enfin, vaincus par l'évidence des faits, les écrivains les moins suspects de prédilection pour l'ancien régime (2). « Une fois la notion de l'État « déchaînée, on n'a plus compté avec elle, dit M. Renan. « L'aberration de Louis XIV a entraîné comme conséquence « immédiate, la révolution française. La pure conception de « l'antiquité a repris le dessus; l'État est redevenu souverain « absolu : on s'est laissé aller à croire qu'une nation peut être « heureuse, pourvu qu'elle ait un bon code. On a voulu fonder « avant tout un État juste, et l'on ne s'est pas aperçu que l'on « brisait la liberté, que l'on faisait une révolution sociale, que « l'on posait les bases d'un despotisme semblable à celui de « Rome. »

Un autre libre penseur, M. Charles Dolfus, s'écrie à son tour : « Cette grande assemblée constituante, à laquelle nous devons « tant de conquêtes durables, a implicitement fourni la base de « la centralisation actuelle, en préparant le terrain par le nivel« lement absolu des existences provinciales ; elle a invité l'Em« pire à faire peser sur ce sol, d'où elle avait déraciné jusqu'aux « dernières traditions, la masse écrasante de son administration « autocratique. Déjà emportée par le génie de l'uniformité révo« lutionnaire, qui, plus tard, devait rompre ses dernières digues, « l'assemblée constituante, qui voulait être sage et prévoyante, « n'avait pas conscience de l'œuvre fatale à laquelle elle prépa-

---

(1) M. DE TOCQUEVILLE, *L'ancien régime et la révolution.*

(2) M. RENAN, *Philosophie de l'histoire contemporaine.* — *Revue des Deux-Mondes*, 1ᵉʳ juillet 1858.

« rait ainsi les voies. Sa pensée était à la liberté, mais sa main,
« à son insçu, applanissait les voies à la dictature. »

« Les opinions varient beaucoup sur la marche de la révolution, *où des hommes éminents ont voulu reconnaître l'action d'une force absolument irrésistible, à l'encontre des choses et des hommes.*

« Pour moi, avec tout le respect que je professe pour des autorités éminentes, je reste convaincu que la dictature de la convention, celle du comité de salut public, et toutes les dictatures qui, sous un nom ou l'autre, se sont produites dans notre pays jusqu'à ce jour, après des intermittences très-fugitives de libéralisme, ont été, sinon engendrées, du moins favorisées au plus haut degré par la destruction des communautés traditionnelles, qui auraient pu faire contrepoids à l'entraînement révolutionnaire concentré dans Paris, et livré sans remède à l'audace triomphante des minorités violentes, toujours prêtes à tout risquer pour le pouvoir. Les provinces abolies, la France restait désarmée contre sa capitale, transformée dès-lors en champ de bataille.

« L'assemblée constituante, qui, dans une pensée de liberté, abolit radicalement les existences provinciales, improvisa également, dans une pensée de liberté, le système des départements, basé sur une nouvelle division territoriale de la France. Double erreur et double contradiction entre le fait et l'idée !

« On se méprendrait entièrement, si l'on voyait dans le système départemental imaginé par la constituante la création d'individualités administratives. Tracés, pour ainsi dire, au compas, dans la poussière des provinces, les départements ne pouvaient être en réalité que des circonscriptions électorales, et non de véritables existences administratives. On n'improvise pas ces dernières ; il faut qu'elles naissent d'elles-mêmes et s'organisent suivant l'existence des localités et la communauté des intérêts, selon la puissance des mœurs, des habitudes et des souvenirs. Toute association locale offre, dans son existence et son développement, l'image réduite de l'association nationale : sur échelle moindre, ce sont les mêmes éléments qui sont appelés à la former. Comment les semences nouvelles, jetées à la hâte sur la surface du pays dévasté, auraient-elles pu s'implanter et s'épanouir en des organismes vivants, dans la sphère mathématique où on les avait enfermées ? Rien ne répugne plus que la ligne du géomètre à la spontanéité de la vie. »

Les idées actuelles de l'école néo-libérale étaient proclamées dès 1790, par l'illustre Portalis, alors modeste assesseur de la ville d'Aix (1), et Mirabeau lui-même les exprimait avec véhémence, en rendant compte à l'assemblée constituante de ses inutiles efforts pour faire cadrer les nouvelles divisions administratives avec les besoins réels de la France (2). Mais à cette époque, les esprits les plus éminents étaient sous le charme, et les royalistes constitutionnels condamnaient comme les démocrates, les anciennes divisions provinciales, qui leur paraissaient une entrave à la nouvelle organisation que la France allait recevoir (3). La révolution tenait, en effet, par-dessus tout, à effacer tous les souvenirs d'histoire, tous les préjugés résultant de la communauté des intérêts et des origines. « Tout doit être « nouveau en France, s'écriait Barrère dans une lettre au mar« quis de Latresne, et nous ne voulons dater que d'aujourd'hui. »
« Vous n'aurez plus, disait à son tour le communiste Cambon, d'administrations municipales, qui, avec des fonds particuliers, pourraient avoir l'idée de se séparer *de la grande commune*. La France, ajoutait Delpierre dans la discussion des lois relatives au partage des biens communaux, la France est une république

---

(1) Les hommes sont formés par leurs habitudes : l'esprit public ne peut naître et germer qu'au milieu d'une association commune d'intérêts divers. Les villes libres doivent vivre en communauté comme les individus. Une existence isolée et solitaire étoufferait tout principe d'intérêt général, en donnant trop d'énergie à l'intérêt particulier. Dans la société politique, tout ce qui tend à isoler, tend à dissoudre. (*Mémoire manuscrit.*)

(2) J'ai tenté de refaire de mille manières les divisions administratives ; j'ai mis les surfaces, tantôt en triangles, tantôt en carrés ; mais c'est en vain que j'ai épuisé toutes les figures géométriques ; la distribution inégale de la population et des richesses se jouait de mes efforts. (*Discours à l'Assemblée constituante.*)

(3) Telle est l'opinion exprimée par M. Mounier à l'Assemblée constituante, et répudiée par son fils devant la Chambre des pairs, le 14 mars 1837.

une et indivisible. Or, convient-il à cette république, qui se présente sous l'usage d'un faisceau de toutes les volontés et de tous les intérêts réunis, qu'il y ait dans son enclave des corporations dotées, qui, s'interposant entre l'État et ses membres, ne sont propres qu'à diviser la grande association en autant de petits gouvernements secondaires qu'il y a de villages et de hameaux, à alimenter l'esprit fractionnaire et municipal que la constitution a voulu détruire, à compliquer la pensée et à gêner la marche des administrations publiques? Nous avons cru qu'il fallait autant qu'il était en nous, faire disparaître de dessus le territoire français ces propriétés bâtardes, dont l'existence ne se concilie pas plus avec l'organisation de notre régime politique qu'avec la tranquillité des communes et la prospérité de l'agriculture. »

XXII. — C'est sous ce concert d'anathèmes révolutionnaires qu'a succombé l'œuvre séculaire des institutions municipales et provinciales, et que s'est élevé, aux applaudissements de la foule, l'édifice gigantesque de la centralisation. Vainement quelques esprits isolés ont-ils protesté contre cet attentat permanent à la vie sociale des peuples. On les a appelés rétrogrades, fauteurs de priviléges, partisans des vieux abus; et leur voix impuissante a crié dans le désert. Peu à peu cependant, désabusés par l'expérience, des hommes éminents ont reconnu le péril d'un système qui ne peut aboutir qu'au despotisme et au communisme, et l'on a prêté l'oreille aux regrets tardifs de M. Guizot disant : « On parle beaucoup de la centralisation, de l'unité administrative ; elle a rendu d'immenses services à la France. Nous garderons beaucoup de ses formes, de ses règles, de ses maximes, de ses œuvres; mais le temps de sa souveraineté est passé. Elle ne suffit plus aujourd'hui aux besoins dominants, aux périls pressants de notre société. Ce n'est pas au centre seul, c'est partout qu'est aujourd'hui la lutte. Partout attaquées, il faut que la propriété, la famille, toutes les bases de la société soient partout fortement défendues, et c'est trop peu pour les

(1) *De la démocratie en France*, ch. VI, p. 19.

défendre que des fonctionnaires et des ordres venus du centre, même soutenus par des soldats. »

XXIII. — La question de la décentralisation n'intéresse pas seulement aujourd'hui la France, elle intéresse l'Europe entière. « C'est une question immense, dit, dans un ouvrage récent, un savant et pieux écrivain (1) ; c'est la question qui maintient dans presque toute l'Europe cet état de malaise pour le présent et d'alarmes pour l'avenir, que peuples et rois sentent également sans le comprendre, et qui les pousse également à leur perte. »

Depuis que l'odieuse maxime : *Chacun pour soi, chacun chez soi*, a chassé du droit public de l'Europe l'idée chrétienne et municipale, l'abus de la force tend à prévaloir dans les relations internationales. On a cessé de croire à cette maxime de Bodin, « *que ce n'est pas la grandeur qui fait la république, mais l'établissement d'une puissance souveraine, et que le chef de trois familles est aussi bien roi que le plus grand monarque de la terre.* » Chaque État ne pèse plus dans la balance politique que du poids de ses armées et du budget qui les entretient, et les nationalités, les trônes, les territoires, tout est à la merci des puissants. De là, les crimes politiques, tels que le partage de la Pologne, la tyrannie anglaise en Irlande, la domination de l'Autriche en Hongrie et en Italie.

Au dedans comme au dehors, règne un pouvoir unique et absolu, celui de la force : tantôt les peuples énervés subissent le joug du despotisme, tantôt, surexcités par la fièvre révolutionnaire, ils le brisent et restent en proie aux convulsions de l'anarchie.

Entre ces deux termes extrêmes, il semble qu'il n'y ait plus de place pour un état social organisé régulièrement. Aussi une inquiétude vague règne-t-elle dans les esprits, et presque tous les États de la vieille famille européenne, livrés dans des mesures diverses aux oscillations de deux principes extrêmes, cherchent-ils péniblement les conditions du repos.

(1) Le R. P. VENTURA, *Essai sur le pouvoir public*, ch. XIII, § 69.

§ 6.
État des
libertés
civiles dans
le midi de
l'Europe.

XXIV. — Les révolutions politiques sont peu favorables, en général, aux libertés civiles, et celles qui ont ébranlé les États du midi de l'Europe ont porté une rude atteinte à leurs vieux régimes municipaux.

Le Portugal a perdu ses franchises paroissiales sous l'influence de l'Angleterre, cette habile ménagère, qui sait le prix des libertés traditionnelles, et qui les veut pour elle-même, mais non pour les autres.

L'Espagne a vu s'altérer, sous les étreintes successives de l'absolutisme monarchique et du pseudo-parlementarisme, les *fueros* et les *ayuntamientos*, qui avaient jeté un si vif éclat dans son histoire au moyen âge, et qui ont presque disparu sous l'habit d'emprunt dont des lois, calquées sur nos lois françaises, ont revêtu l'administration communale et provinciale (1).

L'Italie, tombée sous le joug de la domination, tantôt germanique, tantôt française, n'a plus conservé, en quelque sorte, que l'ombre de ses municipes ; il est permis de douter que ces terres classiques du droit de cité préfèrent à jamais une centralisation exotique au régime municipal qui a été le berceau de leur nationalité.

XXV. — Déjà, en Italie, est engagée une lutte qui rappelle celle des États-Unis d'Amérique, des colonies espagnoles, de la Belgique, de la Grèce, et dans laquelle, plus heureuse que la Pologne et la Hongrie, dont le principe de nationalité est concentré dans des castes de nobles et de magyares, l'Italie peut s'aider avec succès de la puissance d'expansion de ses municipes.

Quelques considérations sur l'origine, les caractères et l'avenir de ces municipes, dans leurs rapports avec la nationalité italienne, et avec le mouvement de réaction qui se manifeste dans toute l'Europe en faveur des libertés civiles opprimées par les gouvernements absolus et par les dominations étrangères, ne paraîtront peut-être pas déplacées dans une introduction à l'étude d'institutions dont le municipe italique a été en quelque sorte le nid.

(1) V. le *Droit administratif espagnol*, par D. Manuel Colmeiro, et les lois de 1823, 1836, 1845, etc.

XXVI. — La resurrection miraculeuse du municipe italien, à l'image d'un arbre vigoureux battu par l'orage, et qui, spontanément, avec le secours de la nature, se revêt de nouveaux rameaux, les ressources que puisa dans cette institution régénérée la nationalité italienne, soit que, dans les guerres contre les Lombards, elle opposât à la conquête une résistance imprévue et sans exemple dans les siècles, soit qu'après la fin des hostilités elle vît renaître sans distinction des pays conquis et des pays libres, les vieux éléments de ses institutions primitives ; le rétablissement progressif de l'accord du peuple et de la noblesse, des familiers et des patriciens, des vassaux et des barons, du pouvoir temporel et de l'autorité religieuse dans une œuvre commune de restauration sociale : tel est, du sixième au onzième siècle, le spectacle que nous offre l'histoire de la Péninsule. *Résurrection, progrès et décadence du municipe italien.*

Dès les temps les plus reculés, le municipe italien apparaît tantôt sous la forme de tribu ou de clan, comme chez les Liguriens, les Gaulois, les Vénitiens et les autres peuples voisins des Alpes, tantôt sous la forme du patriciat, comme chez les Étrusques, les Latins, les Samnites et autres peuples du centre et du midi de l'Italie. Ces associations primitives transformées en municipes, s'emparèrent, dès qu'elles furent ouvertes à la plèbe émancipée, non-seulement de l'édilité et de la police locale, mais de l'église, du tribunal, de l'armée, du trésor public, de toutes les branches du pouvoir exécutif et législatif ; et lorsque, au moment de l'invasion des barbares, la cité romaine se décomposa dans une longue agonie, c'est dans le sein des municipes que se recueillit le peu de forces de l'humanité languissante, et que se forma, entre les laïques et le clergé, l'alliance qui, après avoir d'abord ralenti et puis arrêté les progrès de la conquête, finit par absorber les vainqueurs dans la nationalité italienne.

Quelle leçon historique, que le parallèle entre l'Italie des quatre siècles qui suivirent l'invasion lombarde, et l'Italie des onzième, douzième et treizième siècles (1) !

(1) V. PAGNONCELLI, *Sull' antichissime origine e successione dei*

Dans la première période, on voit régner successivement sur les populations indigènes, les Lombards, les Grecs orientaux, les Francs, les Arabes et les Normands ; on voit s'agiter à la fois sur la scène politique, les tribus, les districts, les patriciats, les fiefs, les corporations, les nationalités barbares ou dégénérées, les républiques et les monarchies, occupant tantôt une province, tantôt une autre. La Sicile est la proie des Sarrasins ; la Campanie et la Pouille, l'Exarchat et Rome, refusent d'obéir aux Lombards. Le nord de l'Italie n'est soumis aux Francs que de nom. C'est de ce chaos que surgit, aux onzième et douzième siècles, une nouvelle Italie, différente, sous beaucoup de rapports, de l'Italie antique, mais semblable à elle en ce que le régime municipal est la base et la forme de sa constitution politique. Dès lors, la cité italienne s'organise comme la cité romaine de l'antiquité, et après s'être affranchie de la domination étrangère, réprime la puissance seigneuriale de ses barons et multiplie les communes qui, quoique faibles et humbles, ont la puissance d'alléger le joug de la servitude féodale et de contenir les seigneurs dans les limites légales d'une magistrature dont ils ne peuvent abuser sans péril, parce que le municipe vassal est immédiatement secouru par les municipes indépendants.

XXVII.—A cette période de progrès dans la civilisation, succède, il est vrai, une période de décadence causée par les divisions intestines qui livrent les cités italiennes, tantôt au régime des podestats, tantôt à la domination des républiques souveraines. Veuves des grands citoyens qui les avaient élevées si haut, ces cités deviennent la proie de quelques despotes, qui restreignent, dans l'intérêt de leur étroite puissance, les libertés civiles et le nombre des citoyens. De là, tous les fléaux de la politique machiavélique : la corruption des cours, les crimes des petits souverains, l'audace des *bravi*, l'injustice des tribu-

---

governi municipali nelle città Italiane, 2 vol., Bergamo, 1823. — Charles HEGEL, *Histoire de la constitution des villes d'Italie, à dater de l'époque de la domination romaine jusqu'a la fin du douzième siècle*. — SCLOPIS, *De Longobardi in Italia. Memorie dell' acad. di Torino*, tom. XXXIII.

naux, la vénalité des condottieri, la perfidie des diplomates, les conspirations toujours renaissantes, les conflits toujours imminents. La république démocratique de Florence, avec son *collége*, son *conseil du peuple*, son *conseil commun* et ses *huit prieurs*, tombe sous le joug des Médicis, puis est livrée aux déchirements des factions, pour retomber plus tard sous la domination d'une *balie* uniquement composée des créatures de ses anciens maîtres. L'aristocratique république de saint Marc, divisée en peuples inégaux en dignité municipale, les uns, *optimo jure cives*, les autres, municipes libres, les autres, sujets, voit diminuer, sous l'influence délétère du despotisme exercé par son conseil des Dix, tous les avantages de son riche sol, de son délicieux climat, du nombre et de la beauté de ses ports, du caractère industrieux et guerrier de ses habitants, et finit par perdre à la fois sa liberté et son indépendance.

XXVIII. — Mais ce n'est pas le principe municipal qui est responsable de tous ces malheurs ; c'est, d'une part, sa lutte, quelquefois malheureuse, contre le principe féodal qui, en Italie, comme en Allemagne, était un principe de division, tandis qu'en réunissant sous le sceptre de leurs rois héréditaires, leurs communes libres et leurs provinces fortement constituées, l'Espagne et la France devenaient deux puissantes monarchies. C'est, d'autre part, la transformation des municipes simples en gouvernements souverains, cherchant à étendre leur action hors des limites de la cité, et usant, pour assouvir une ambition souvent injuste, des moyens odieux de la politique machiavélique. *Bienfaits du principe municipal en Italie.*

« Il est beau, s'écrie un patriote italien (1), de voir, aux époques les plus malheureuses de l'histoire de l'Italie, ses oppresseurs contraints, par la résistance de la cité, d'abandonner à la magistrature municipale la direction presque exclusive, non-seulement des rapports strictement locaux, mais encore de beaucoup d'autres qui semblent appartenir à l'administration générale. Il est beau de voir la vie publique, disparue du corps politique, se concentrer dans le municipe, où noblesse, clergé et

(1) Ricci *Del municipio*, etc. Livorno, 1847.

peuple, doctes et ignorants, institutions et coutumes, passé et présent, tout, enfin, concourt à un seul but, à fermer l'accès du sanctuaire populaire national au despotisme administratif et à la domination étrangère.

« Ces offices municipaux, dont l'exercice suscite souvent de mesquines ambitions, rattachaient à la terre natale, les grands, qui, sans ce lien, auraient probablement émigré. Ces vanités et ces antipathies municipales, qui opposaient quelquefois aux bonnes choses un obstacle invincible, résistaient victorieusement aux usurpations de l'administration générale, et tempéraient le despotisme. Cet esprit étroit de localité, maudit trop souvent sous le nom de *municipalisme*, opposait la force d'inertie de la cité entière à la violence de l'État, dont les actes les plus monstrueux produisaient des maux partiels et passagers, mais laissaient inaltérable la substance de la civilisation.

« Que si l'Italie eût été privée de l'asile municipal, rien n'aurait pu la sauver. Les langues de la France, de l'Espagne et de l'Allemagne auraient envahi Naples, Turin et Milan. Venise et Gênes auraient élevé leurs dialectes à la dignité des idiômes écrits ; les capitales, en absorbant toutes les forces des provinces, les auraient placées sous l'autorité de maîtres nationaux et étrangers, qui s'en seraient servis pour partager la nation selon les exigences de la politique. La noblesse et le clergé de chaque province, en se séparant du municipe, se seraient érigés en castes et en corporations, à l'imitation du clergé et de la noblesse d'outre-mont, et auraient introduit en Italie la mauvaise semence des antipathies entre les classes ; tandis qu'au sein de la servitude commune, l'égalité naturelle de la vie publique entretint au cœur des plus forts comme des plus faibles l'espérance et le désir de reconquérir l'indépendance. »

Les libertés municipales, maintenues en Italie, même sous les gouvernements absolus, et la domination étrangère, ont d'ailleurs, jusqu'à un certain point, compensé la perte des libertés politiques par la prospérité matérielle et par les progrès littéraires, scientifiques et artistiques inhérents aux libertés civiles.

Le système municipal des divers États de l'Italie apparaît encore au commencement de notre siècle, aussi libre que ceux de la Suisse, des États-Unis et de l'Angleterre. Au sein de la ville éternelle, et sous la protection d'un gouvernement paternel, les libertés municipales romaines ont subsisté jusqu'à l'invasion française, telles à peu près qu'elles existaient au moyen âge. Les cités annexées aux États pontificaux, sous la réserve de leur autonomie, de leurs coutumes, de leurs propriétés, s'administraient et se gouvernaient en quelque sorte elles-mêmes sous la tutelle du Saint-Siége, sans être soumises à d'autres impôts qu'à quelques redevances payées au trésorier de l'Église. Chaque province pourvoyait aux frais de la justice locale, et veillait à l'administration générale par son sénat de quarante membres, chefs des quarante plus anciennes familles du pays. Le gouvernement, réduit à sa double fonction naturelle, celle de juger et de combattre (1), n'intervenait dans les affaires des communes par la congrégation appelée *congregazione del buon governo*, que pour les empêcher de se ruiner par des aliénations imprudentes. Le même tribunal jugeait le contentieux entre province et province, entre commmune et commune, entre les communes et les particuliers de la commune (2).

Tous les états du centre et du nord de l'Italie avaient des constitutions semblables à celles des États-Romains. Ceux de Lombardie et du Piémont, par exemple, naguères réunis en un seul par les chances imprévues de la guerre, jouissaient avant l'invasion française de leurs libertés traditionnelles.

Le statut municipal de l'État milanais édicté le 30 décembre 1755, sous le règne de l'impératrice Marie-Thérèse (3), conciliait dans une juste mesure les intérêts locaux, qui avaient

---

(1) Suscitabit Dominus judices (*Judic.*, II). Tu eris dux super Israel.

(2) Voyez l'*Histoire de la papauté* de RANKE, t. II, ch. IV, et l'*Essai sur le pouvoir public*, du R. P. VENTURA.

(3) Voyez l'analyse de ce statut dans le *Correspondant* de 1852: *Lois municipales de l'Italie.*

pour organe l'assemblée générale des possesseurs de fonds soumis à l'impôt, et les députés chargés de représenter le triple intérêt de la propriété foncière, du commerce et de la population, et les intérêts politiques confiés aux podestats et aux chanceliers délégués.

Les lois municipales données à la Sardaigne par Victor-Amédée et par son fils Charles-Emmanuel, étaient calquées sur les lois romaines (1); elles se composaient de trois règlements généraux, l'un du 15 septembre 1738, pour les communes de la Savoie; l'autre, du 15 juin 1775, pour les communes du Piémont; le troisième, du 7 octobre 1783, pour les communes du duché d'Aoste.

Grâce à cette sage législation, fruit de la liberté conquise dans le moyen âge, les villes et les campagnes rivalisaient de zèle pour imprimer à l'agriculture, aux manufactures et au commerce un élan prodigieux. Les paysans étaient libres et associés par le colonage au bénéfice de l'exploitation, tandis que, dans le reste de l'Europe, ils étaient attachés à la glèbe. N'attendant leur revenu que de la terre et de leur travail, ils perfectionnaient les assolements et multipliaient les irrigations dans la fertile Lombardie; ils couvraient d'oliviers et de vignes les collines de la Toscane; ils mettaient les riches campagnes de Pise à l'abri des inondations par d'intelligents travaux de défense; et l'on voyait de toutes parts, sur la côte qui s'étend de Livourne jusqu'à l'Ombrone, dans la campagne de Rome et ailleurs, de nombreux et puissants villages, fermés de murs, fortifiés, où les paysans, égaux aux citadins quant aux droits civils, avaient des armes, un trésor commun, une administration régie par des magistrats de leur choix.

Tandis que la classe agricole vivait dans les champs des fruits de la terre qu'elle gagnait par son travail, les habitants des villes préparaient dans les manufactures les produits bruts du sol, les soies, les laines, le lin, le chanvre, les pelleteries, les métaux, l'alun, le soufre, le bitume, ou bien s'adonnaient aux nombreux

(1) *Préambule de l'édit du 7 avril 1770.*

ses et importantes fonctions du commerce pour rassembler de la mer Noire, de l'Afrique, de l'Espagne, des pays du Nord, les matières premières, et pour les distribuer, transformées et mises en œuvre, à toutes les nations de la terre. Les familles les plus illustres de Florence, de Venise, de Gênes, de Lucques, de Bologne, participaient aux travaux de l'industrie et du commerce ; leurs capitaux y fructifiaient, et leurs fortunes, incessamment accrues par leur activité, se répandaient en riches salaires sur les artisans et les artistes. De là, ces magnifiques palais, bâtis par de simples citoyens, qui l'emportent par leur étendue, par l'épaisseur colossale de leurs murailles, sur ceux des empereurs romains. De là, les chefs-d'œuvre d'architecture, de sculpture, de peinture, des édifices publics. De là aussi (car tout se lie dans l'histoire de la civilisation), les merveilleux progrès de la culture intellectuelle de l'Italie.

Le savant historien des républiques italiennes (1) n'hésite pas à attribuer ces progrès dans tous les genres à l'esprit libre et divers des institutions muncipales. « Avec une seule capitale, dit-il, les Italiens n'auraient formé qu'une seule école ; les mêmes préjugés, les mêmes erreurs, devenus dominants par le talent d'un professeur, l'intrigue d'une cabale ou la protection d'un maître, se seraient répandus uniformément sur toute la contrée. On aurait cru ne pouvoir penser, écrire, parler purement la langue qu'à Rome, par exemple, comme en France on croit ne pouvoir le faire qu'à Paris. La poésie italienne y aurait perdu de son originalité et de sa variété ; mais le dommage aurait été surtout senti par les provinces, qui, n'espérant plus d'illustration, n'auraient plus contribué aux progrès de l'esprit, et, en retour, n'en auraient point ressenti le bénéfice. Dans le quinzième siècle, il n'y eut pas de chef-lieu d'un État indépendant, quelque petit qu'il fût, qui ne comptât plusieurs hommes distingués : il n'y eut pas de ville sujette, quelque grande qu'elle fût, qui en conservât un seul dans son sein. Pise, malgré sa décadence, était une ville bien plus riche, bien plus peuplée, bien

---

(1) M. de Sismondi, tome XII, page 32.

plus considérable qu'Urbin, que Rimini, que Pesaro ; mais Pise, une fois assujettie aux Florentins, n'a plus produit un homme marquant dans la littérature ou la politique : tandis que les petites cours de Frédéric de Montefeltro, à Urbin ; de Sigismond Malatesta, à Rimini ; d'Alexandre Sforza, à Pesaro, rassemblaient chacune plusieurs philosophes et plusieurs littérateurs. Ferrare et Mantoue n'étaient point supérieures en populations à Pavie, à Parme et à Plaisance ; mais autour de la résidence du gouvernement, dans les premières villes, brillait tout le lustre des arts, de la poésie et de la science, tandis que, dans tout le duché de Milan, la ville de Milan seule possédait la même illustration. Le royaume de Naples était un exemple plus frappant encore de la dépression des provinces, lorsqu'une capitale s'élève à leurs dépens. Dans ce beau royaume, qui comprenait seul un tiers de la nation italienne, qui, plus que tout le reste de la Péninsule, était favorisé par la nature, et qui, n'ayant qu'une seule frontière, et pour voisin que l'Église, était moins exposé aux ravages de la guerre qu'aucun autre État de l'Italie, la capitale seule avait participé au mouvement qui, dans le quinzième siècle, avait ranimé la culture des lettres et de la philosophie ; malgré la faveur d'Alphonse, malgré le crédit des grands littérateurs qui formèrent sa cour, aucun homme de talent n'avait ouvert d'école dans les villes si nombreuses et si heureusement situées de la Calabre et de la Pouille. Ces provinces appartenaient encore à la barbarie, et jusqu'à nos jours elles n'ont point ressenti l'influence de la civilisation européenne. »

Unitarisme italien.

XXIX. — Le municipe, cette unité élémentaire et féconde de la civilisation et de la nationalité italienne, a été altéré dans ses principes essentiels à la suite de l'invasion française et sous l'empire des lois qui mirent les municipes dans la dépendance immédiate des préfets et des sous-préfets (1). C'est de cette époque que datent, en Italie, les gouvernements vraiment absolus, puisqu'ils ne sont plus même tempérés par les franchises

---

(1) Le municipalità dipendono immediatamente del perfetto ò vice-perfetto. Lege del 24 juglio 1802, art. 49, 50 et 51. (BOLLETTINO *della republica italiana.*)

municipales, et l'unitarisme démocratique, qui, sous prétexte d'affranchir les populations du despotisme des princes, soit nationaux, soit étrangers, tend à les soumettre à la tyrannie des démagogues.

La plupart des démocrates italiens croient pouvoir emprunter à l'Angleterre le mécanisme multiple de ses institutions politiques, et demander en même temps à la France le système d'unité administrative, dont l'expérience du premier Empire aurait dû les désabuser. Se flatteraient-ils d'échapper, même sous un prince national, aux dangers de l'antagonisme entre deux principes contradictoires, dangers que la France parlementaire a vu se réaliser? Comptent-ils pour rien les sacrifices qu'imposeraient les nécessités d'un état centralisé aux libertés civiles qui composent presque toute leur histoire; et leur convient-il d'arborer le drapeau de l'unité politique, sans s'inquiéter des obstacles qu'opposeront nécessairement les traditions historiques et les mœurs diverses de leur patrie au choix d'un même prince, d'une même capitale, d'un même symbole de gouvernement?

L'histoire nous montre, il est vrai, l'Italie réunie sous le sceptre de Rome, passant indivise sous la domination des Goths, puis gouvernée presque toute entière par les rois de France ou par les empereurs; et les Romains du moyen-âge, faisant appel à l'ombre du grand nom de Rome pour rétablir la primauté de l'Italie parmi les nations, et demandant même à l'Allemagne un autre Justinien, sous l'empire duquel (1) les municipes auraient une existence autonome, participeraient, dans une certaine mesure, à l'exercice du pouvoir législatif, et éliraient, dans leur propre sein, des magistrats investis de l'administration locale, à la manière des décurions qui, au déclin de l'Empire, exerçaient sous l'*imperium* politique des Romains les charges municipales du pays où ils étaient nés. Mais, qui pourrait songer à évoquer aujourd'hui les vieux souvenirs du gibelinisme?

(1) Rex valeat, quidquid capit obtineat super hostes
Imperium teneat, Romæ sedeat, regat orbem
Princeps terrarum, ceu fecit Justinianus.
(MURAT. *Script. rer Ital.*, p. 666 et seq.)

Fédéralisme italien.

D'autres théoriciens (1), persuadés que l'histoire donne des exemples, non des oracles, et que c'est dans les besoins du présent qu'il faut chercher les éléments de la constitution politique de l'Italie, ont conçu la pensée d'une fédération permanente entre ses États, sous la présidence honoraire du Saint-Siége. Mais, sans rechercher quel pourrait être, en présence d'une suprématie purement honorifique, le chef de la fédération italienne, n'y a-t-il pas en l'état des choses, de graves obstacles à l'idée même de la confédération?

Ce serait assurément un progrès pour l'Italie que de soumettre à un régime uniforme ses monnaies, ses poids et mesures, ses postes, ses douanes, et, à plus forte raison, les intérêts collectifs de sa défense territoriale, sans altérer l'autonomie de ses municipe et l'indépendance de ses États. Mais il est douteux que cet idéal du fédéralisme soit en ce moment réalisable.

Il ne peut exister de fédération qu'entre des peuples libres et capables d'organiser par eux-mêmes un congrès qui, tout en respectant l'indépendance et l'autonomie de chacun des membres de l'union, représente la république entière dans toutes les choses d'intérêt commun, et qui ait, pour l'exécution des volontés générales, ses magistrats, son armée, sa marine, ses tribunaux, concourant à mettre le Corps fédéral en rapport direct avec les citoyens pour toutes les choses de sa compétence. Toute fédération dépourvue de ce caractère, n'est qu'une ligue.

Dans l'antiquité, les ligues achéenne et lycéinne devinrent des fédérations du jour où les villes, instituant un parlement et déléguant à des magistrats indépendants l'administration du corps entier, créèrent en dehors d'elles-mêmes un véritable pouvoir législatif et exécutif. La ligue des amphyctions resta au contraire à l'état de ligue, parce que, malgré les attributions souveraines dont le conseil général était investi, il n'avait cependant pas la plus précieuse de toutes, le droit d'administration.

(1) Le R. P. VENTURA, *Essai sur le pouvoir public*, ch. XIII, *Napoléon III et l'Italie*.

Dans des temps plus rapprochés de nous, la république des Pays-Bas a été une fédération, et l'anse teutonique une ligue. Le parlement des Pays-Bas était souverain, puisqu'il disposait d'une administration énergique, qui avait, en droit comme en fait, la force suffisante pour conduire à un but commun les terres confédérées, et pour donner au corps politique une vie unique et individuelle. Au contraire, le conseil de l'anse était, si l'on veut, législateur suprême dans les causes déférées à son autorité par le pacte fédéral, mais il n'était pas investi de l'administration, qui appartenait aux membres de la ligue, et il restait, dans le plus grand nombre de cas, impuissant à gouverner, comme l'avait été le conseil amphyctionique.

La Suisse, dans sa constitution primitive, était plutôt une ligue qu'une confédération. Le pouvoir législatif appartenait en effet aux cantons, dont chacun avait un droit égal de suffrage dans le *Vorort*, et ne pouvait être contraint par des moyens coërcitifs, dépendants de l'État. On a pu craindre, il y a dix ans, que les efforts faits depuis le commencement de ce siècle pour remédier à l'excès de l'indépendance cantonale, ne fissent prévaloir sur le principe traditionnel de la liberté helvétique, le despotisme exotique d'une démagogie unitaire. Mais, entre ces deux excès, on a su saisir un moyen terme; et la Suisse, sans abdiquer ses lois et ses mœurs antiques, s'est rapprochée dans sa constitution fédérale du modèle des États-Unis. Mais pourquoi la république helvétique a-t-elle réalisé sans secousse ce progrès social? Parce que ses mœurs traditionnelles ont scellé depuis huit siècles la précieuse alliance de l'ordre et de la liberté, et parce que, trouvant dans cette situation privilégiée, un double rempart contre la révolution fomentée par l'unitarisme démocratique, et contre les atteintes extérieures qui pourraient la menacer, la Suisse a pu fortifier son unité politique sans compromettre ses libertés. Ce peuple énergique et sensé a accompli ses réformes intérieures par la centralisation progressive des règlements militaires, financiers, économiques, d'un intérêt général, mais ces restrictions au droit de souveraineté cantonale n'ont pas ébranlé le principe conservateur de l'autonomie. Chaque canton est resté maître de son système constitutionnel, de sa législation civile, commerciale, criminelle ; chaque canton a été, comme par le passé, également représenté dans une assemblée unique, la Diète fédérale ; et grâce à l'harmonie qui n'a pas cessé d'exister entre son principe fédératif et la libre administration de ses cantons et de ses communes, la Suisse est restée, sauf quelques exceptions regrettables, un modèle de paix, de liberté et d'indépendance.

L'Italie est-elle prête pour une évolution de ce genre? Est-ce de l'unité politique qu'elle doit d'abord se préoccuper? N'a-t-elle pas à résoudre préalablement un autre problème, celui de l'affranchissement de ses municipes encore courbés sous des gouvernements absolus et sous la domination étrangère?

L'idée d'une fédération permanente entre les États de l'Italie n'a été réalisée à aucune époque de son histoire.

Dans les grandes associations de ses municipes primitifs, tous les membres conservaient intacte leur propre souveraineté, et l'exerçaient pleinement dans leur propre territoire ; ils concouraient, il est vrai, par leurs conseils et leur assistance aux choses d'un intérêt général, mais ils ne relevaient d'aucun état, d'aucun corps souverain.

L'Italie du moyen âge, comme celle de l'antiquité, n'a vécu en quelque sorte que de la vie municipale, et l'esprit d'indépendance individuelle y a étouffé l'esprit d'association, qui, au-delà des monts, en Angleterre par exemple, a opéré tant de prodiges. De là l'impuissance des fédérations et la durée éphémèr des ligues lombarde et véronaise.

La ligue lombarde obtint d'abord des succès rapides, qui lui procurèrent chaque jour de nouveaux associés. Venise, Vérone, Vicence, Padoue, Trévise, Ferrare, Brescia, Bergame, Crémone, Milan, Lodi, Plaisance, Parme, Modène, Bologne, prêtèrent le serment de la confédération (1), et forcèrent l'empereur, par leur attitude énergique, de quitter secrètement l'Italie et de retourner en Allemagne.

(1) MURATORI, *Dissert.* XLVIII, t. IV, p. 261, rapporte le serment des confédérés.

Le moment était opportun pour transformer une ligue passagère en une fédération permanente. Les villes sortaient de leurs ruines et se relevaient florissantes. L'empereur, chassé de l'Italie, ne les menaçait que de loin. Le danger d'une invasion nouvelle n'était cependant pas conjuré ; il fallait le prévenir en créant un lien, un centre d'action entre ces petits États trop faibles pour résister isolément. Une république fédérative pouvait naître en Italie de la ligue lombarde, comme elle naquit plus tard en Suisse, dans les Pays-Bas et en Amérique, des ligues contre le duc d'Autriche, Philippe d'Espagne et Georges III. Soit défaut de lumières, soit égoïsme local peut-être, les villes d'Italie ne surent pas s'élever à la pensée de restreindre leur indépendance particulière au profit des libertés générales, en confiant à un congrès la gestion des intérêts collectifs, et surtout des relations étrangères des États confédérés. Elles crurent avoir assez fait en s'obligeant par serment à ne faire ni paix, ni trêve, avec l'empereur, et à le poursuivre par les armes s'il rentrait en Italie (1). Les consuls et les podestats des villes délibéraient en commun sous le titre de *recteurs* des sociétés des villes, mais leurs résolutions n'étaient pas définitives, et ils les soumettaient au retour dans leur patrie aux délibérations du peuple de chaque cité (2) ; on ne songea pas même à l'établissement d'une diète permanente autorisée à fixer d'une manière souveraine le contingent des divers États, en armes et en contributions, et à protéger l'Italie contre les dissensions intestines et contre le péril de l'invasion étrangère.

Le même phénomène s'est reproduit de nos jours durant la crise de cinq ans qui fut terminée par la bataille de Marengo. Les municipes de l'Italie avaient alors la pleine liberté de s'organiser à leur gré, caressés comme ils l'étaient des deux parties contendantes ; et si l'esprit provincial y avait été quelque peu vivace, ils auraient saisi l'occasion propice de se réunir en fé-

---

(1) Neque pacem, neque treagam, neque guerram recruditam cum imperatore faciam. (MURATORI, *Dissert.* XLVIII, p. 265, 266.)
(2) MURATORI, *Ant. Ital.* XLVIII, p. 269.

dération. Tout les y invitait, leur organisation républicaine, la garantie d'indépendance résultant des divisions de leurs ennemis, la crainte qu'ils ne se réunissent au détriment de l'Italie. Mais il fallait adopter un État central, une capitale, et les traditions, ainsi que les jalousies réciproques, y mirent obstacle.

Ce dont l'Italie du moyen âge s'est montrée si peu capable, comment pourrait-elle le faire aujourd'hui? est-ce qu'aujourd'hui, comme alors, l'Italie n'est pas dépourvue d'esprit provincial? Est-ce qu'il est possible de ranimer sa vie politique autrement que par les municipes, qui, formés par le concours spontané des citoyens et sans coopération de l'État, ont acquis leur personalité en vertu de leurs propres traditions, se sont fortifiés par le consentement de leurs enfants, à qui ils ont procuré tous les avantages de la vie civile commune, et ont joui seuls et si longtemps d'une pleine autonomie dans l'administration de leurs intérêts locaux? Par leurs magistrats élus, ces municipes ont toujours rempli les offices relatifs au culte, à l'instruction, à l'édilité, à la bienfaisance, à l'hygiène, à la perception des impôts, à l'administration des revenus communs. Par leur représentans, ils se sont mis partout en rapport, comme de simples individus, avec l'état, quelle que fût la forme de son gouvernement, lui ont demandé protection et secours, pour le libre exercice de leurs droits et de leurs attributions, et lui ont laissé le soin d'assurer et de défendre la vie du corps politique. Mais ils n'ont jamais formé par leur agrégation, des corps intermédiaires entre eux et l'état; ils auraient craint par là de diminuer leur bien-être et leur liberté au dedans, sans acquérir plus de sécurité et d'indépendance au dehors. A-t-il existé, cependant, chez aucun peuple, un lien fédéral, autrement qu'entre des souverainetés divisées en plusieurs parties autonomes? Les pays-bas, les États-Unis ne se sont-ils pas divisés en communes et en districts; et peut-on citer un seul exemple de fédérations entre de grands corps politiques qui n'aient été subdivisées?

A ne considérer donc que les antécédents historiques, et abstraction faite même des obstacles qu'oppose à une confédération italienne l'unitarisme, soutenu à la fois par l'instinct révolutionnaire de la centralisation et par la complicité intéressée d'une puissance plus disposée à exploiter l'Italie qu'à l'organiser, les peuples de l'Italie, ces peuples d'artistes, de savants et de poëtes, sont plus antipathiques à la création d'un corps fédéral, qu'à celle d'un corps unitaire, soutenu par un prince national et même étranger.

D'ailleurs, la première condition d'un gouvernement fédéral, c'est l'autonomie des peuples qui concourent à le former. Où règne le pouvoir absolu, le lien fédéral n'est possible qu'entre les gouvernements, et ce lien ne peut qu'aggraver la servitude des peuples. A ce nouveau titre, la fédération des États de l'Italie offre, dans l'état actuel des choses, un véritable danger. Ce serait, au lieu d'une société de peuples libres, une sorte d'assurance mutuelle entre des gouvernements hétérogènes par leurs traditions, leurs constitutions, leurs mœurs, leurs usages : l'un, plus que jamais hostile aux races latines et à l'Italie ; un autre, considéré comme n'étant italien qu'à demi ; la plupart d'entre eux, subissant un protectorat étranger, qui ne leur laisserait pas la liberté de leurs mouvements ; tous obligés, pour maintenir une union factice et contre nature, de comprimer et de diriger les aspirations populaires, dont la liberté est, en quelque sorte, l'âme des fédérations.

Avant de songer à fédérer les États de l'Italie, il faut s'occuper de l'affranchissement de ses municipes. La question de la décentralisation est préalable à celle de l'unification, sous quelque forme qu'elle se produise.

XXXI. — Les peuples de l'Italie, réintégrés dans leurs libertés, sauront bien veiller, par eux-mêmes, au soin de leurs intérêts politiques. L'expérience leur a prouvé le danger de leurs dissentions, et, de l'aveu de ceux qui les connaissent le mieux, les libertés publiques sont le vrai moyen d'établir un trait d'union entre eux et un principe de nationalité. *Affranchissement des municipes.*

Les rancunes entre les républiques dominatrices et les municipes sujets, ont laissé des traces, sans doute, malgré la cessation de la dépendance ; et les rivalités de voisinage, entre les cités égales, subsistent. Mais, rendues sages par l'expérience et stimulées par les progrès de la civilisation, les populations italiennes resserrent, chaque jour, les liens de leurs associations fraternelles. La tendance vers un rapprochement triomphe de jour en jour des souvenirs des vieilles querelles, et les rapports intellectuels et commerciaux, toujours plus fréquents, accroissent le sentiment de la nationalité, né de l'identité de langue et de religion, et fortifié par la communauté d'intérêts. Ce besoin d'union et de nationalité trouve, dans le municipalisme, un lien, non un dissolvant; et c'est de la réunion en un patrimoine commun des richesses et des gloires particulières de leurs municipes, rendus à leur liberté première, que les vrais patriotes de l'Italie attendent leur régénération politique.

« Les étrangers, accoutumés à chercher dans l'État la source et la règle de la vie sociale, dit un publiciste cité plus haut, ont peine à comprendre cette vie italienne, qui a pour commencement et pour fin le municipe, qui y trouve sa raison d'être, sa loi, ses conditions de durée. Mais le peuple italien n'en persistera pas moins dans sa voie, et restera immobile, plutôt que d'en suivre une autre.

« Les Italiens demandent à haute et unanime voix l'indépendance de leur patrie, parce qu'ils comprennent que leurs municipes ne peuvent jouir d'une vie pleine et parfaite sans l'union au dedans et l'indépendance au dehors. Mais ils comprennent que pour pouvoir consacrer toutes leurs forces aux réformes politiques ils doivent écarter avant tout les désordres sociaux qui ont troublé, dans ces derniers temps, la plupart des États de l'Europe. Ils comprennent que l'union, et non l'antagonisme des classes, fait la force et la durée des nations, et ils confient au municipe, cette forme antique et inaltérable de leur vie politique, le soin de développer le mouvement lent, mais infaillible qui doit, dans un temps donné, leur rendre l'indépendance et la liberté. »

Chaque nation, chaque corps politique a, dans l'unité élémentaire qui le constitue, sa règle générale de stabilité. L'Arabie s'est immobilisée dans ses tribus, l'Inde, dans ses castes, la Chine dans ses corporations de mandarins, l'Italie dans le municipe. Le municipe simple est l'unité élémentaire de la nation italienne. La vie intérieure de l'Italie a commencé, continue et durera dans le municipe ; sa vie intérieure n'a été et ne sera bonne qu'en s'harmonisant avec lui. Le municipe est en Italie, selon l'expression de Mably, le *lest du vaisseau de l'État*.

XXXII. — Ici s'élève un redoutable problème : A qui sera-t-il donné d'assurer le repos, la liberté, l'indépendance de l'Italie ? Est-ce à ses gouvernements anciens et héréditaires ? Est-ce à des gouvernements nouveaux, proclamés par la révolution triomphante où imposés par l'étranger ?

On ne saurait se dissimuler que de déplorables malentendus ont excité des défiances et des haines entre des gouvernements qui ont eu le tort, peut-être, de s'isoler de populations accoutumées à participer à tous les actes de la vie publique, et des peuples que le ressentiment surexcité par des exemples et des conseils étrangers, a encouragés à chercher la liberté dans la révolution. Mais ces causes d'irritation, fomentées par les ambitieux et les anarchistes, cèderaient aisément à de hautes et magnanimes influences ; et si un congrès européen, s'inspirant de la pensée du droit, s'interposait généreusement entre les peuples et les gouvernements de l'Italie, il serait plus facile de les concilier qu'il ne l'est de les armer les uns contre les autres par de ténébreuses intrigues. Ce qui importe à l'Italie, ce n'est pas de détrôner ses princes héréditaires et de confier aux chances de l'élection ou aux fantaisies diplomatiques, le remaniement de sa carte territoriale et le choix de ses gouvernements : c'est de conserver ses anciens États et de consolider partout l'ordre traditionnel, en le réconciliant avec le principe de liberté. Ce qui importe à l'Italie et au monde, c'est de clore l'ère des révolutions, en protégeant contre les caprices des multitudes, des trônes dont la chûte serait le signal de nouveaux désastres, et en groupant autour d'eux tout ce qui reste dans ces municipes où bat le cœur de l'Italie, de familles honorables et dévouées au bien du pays. C'est de l'Italie surtout qu'on peut dire que la liberté y est ancienne, et le despotisme nouveau.

Le principe, le nœud de la liberté de l'Italie, c'est la souveraineté temporelle du Saint-Siége, consacrée par le respect des siècles, et appelée, dans un avenir peut-être prochain, à faire rentrer par son exemple dans le droit public de l'Europe, les principes de droit, de justice, de charité, qu'en a malheureusement exilés la politique machiavélique. Où donc, en effet, si ce n'est à Rome, retrouverait-on, au sein des défaillances morales de toutes les chancelleries de l'Europe, la sève de vie chrétienne nécessaire au salut social ? Loin *que l'autorité catholique, fondée sur le dogme, ne puisse pas se concilier avec l'autorité conventionnelle, fondée sur les mœurs publiques, les intérêts humains, les besoins sociaux* (1), ces mœurs, ces intérêts, ces besoins ne reposeront, dans des conditions durables, que sur cette base. Il est de *l'essence* de la politique et de l'administration du Saint-Siége de concilier, dans une juste mesure, l'autorité, la liberté, l'égalité, la fraternité, tous ces principes transcendants de la vie sociale, et d'harmoniser les droits de la souveraineté politique avec l'autonomie et l'indépendance des peuples. Né de la reconnaissance enthousiaste de ces peuples délivrés de l'invasion des barbares et du despotisme des empereurs et des exarques par les saint Léon et les saint Grégoire, la royauté pontificale n'a cessé de s'identifier avec les intérêts moraux et matériels des populations. Protestation vivante de la foi contre le scepticisme, de l'esprit de dévoûment et de charité contre l'égoïsme, de la loyauté et de la fidélité aux engagements, contre la duplicité et la fourberie, du droit sacré de la faiblesse contre la violence du fait accompli, elle trouve dans l'accord de l'esprit et des principes du chef de l'Eglise avec la conduite du chef temporel, la seule force qui puisse, par l'ascendant de la vertu, conjurer à la fois les périls de la tyrannie des Théodose et de la fureur des Attila; la seule doctrine qui puisse, dans la lutte intellectuelle engagée entre le bien et le mal, dissiper les ténèbres du socialisme et faire briller la vérité de tout son éclat. La souveraineté temporelle du saint-siége est la clef de la voûte de l'édifice so-

(1) Objection de la brochure : *Le Pape et le Congrès*, p. 9.

cial de l'Italie et de l'Europe, en même temps que la gardienne inaltérable de la liberté.

D'où sont partis, sinon du Saint-Siége, les premiers accents de la réaction contre le système de concentration du pouvoir qui partout, mais en Italie moins qu'ailleurs, a succédé à la période féodale? Grégoire XVI hésita-t-il à accepter le mémorandum du 21 mai 1831, par lequel l'Europe avait proposé contre les menées révolutionnaires, le concours des délégués des communes et des provinces à l'administration publique? Ne dota-t-il pas ses États en 1838, d'une loi municipale conçue dans un esprit libéral; et si le succès ne couronna qu'à demi ses généreuses pensées, n'est-ce pas aux insurrections démagogiques qu'il faut l'imputer? Pie IX n'a-t-il pas renouvelé plusieurs fois la tentative d'un gouvernement représentatif appuyé sur des consultes locales et sur une consulte d'État, et ne l'a-t-on pas entendu proclamer dans son *motu proprio* du 14 octobre 1847, et dans son statut fondamental de l'État Romain du 14 mars 1848, des intentions dont les attentats de la république romaine ont seuls empêché l'accomplissement?

Certes, on n'obtiendra pas de la cour de Rome l'introduction dans ses États d'une législation civile attentatoire à l'indissolubilité du lien conjugal, et à l'autorité domestique; d'un système représentatif fondé, comme le propose un publiciste (1), sur le plus démocratique ou plutôt sur le plus subversif des principes, l'élection par la voie du sort (2); mais elle n'adoptera pas davantage les conseils de ceux qui lui proposent *de garantir les droits de ses sujets par le cœur du souverain plutôt que par l'autorité des lois et des institutions, de n'avoir ni représentation nationale, ni armée, ni presse, ni magistrature, et de régner sur un pays à jamais déshérité de cette noble part d'activité qui,*

---

(1) M. le duc DE VALMY, *Revue Contemporaine* du 15 nov. 1859.
(2) ARISTOTE, *Polit.*, liv. IV, ch. IX, et SCHOEMANN, *Antichità Greche*, p. 385, apprécient à sa juste valeur ce triste système d'élection de la démocratie athénienne, reproduit avec le même succès dans la république de Florence.

dans tous les autres est le stimulant du patriotisme et l'exercice légitime des supériorités du caractère (1).

L'agitation fiévreuse de la démocratie athénienne, et le calme asiatique d'une *oasis de repos et de recueillement où l'on ne pourrait prétendre ni à la gloire du soldat, ni à celle de l'orateur ou de l'homme d'État*, sont également antipathiques au caractère traditionnel et libéral des institutions pontificales, si bien louées par l'homme éclairé qui a, en des temps difficiles, dignement représenté à Rome, l'honneur et les intérêts de la France (2).

XXXIII. — Reconstituer la cité par la famille, et l'État par la cité, à l'aide d'un système de représentation graduelle des intérêts et des droits individuels et sociaux, et participer, tous et chacun, selon des traditions séculaires, à toutes les fonctions de la vie publique, voilà ce que veulent aussi les peuples de cette Italie où notre système de concentration politique et administrative ne prévaudra jamais sur la civilisation poétique dont les brillants vestiges subsistent encore dans ses municipes, ses palais ducaux, ses églises de marbre et d'or décorées des chefs-d'œuvre de l'art, ses écoles savantes et ses établissements charitables. Les dominations et les influences de l'étranger n'ont excité qu'un esprit factice de révolution parmi ces populations inaccessibles jusqu'à ce jour aux ravages des fausses doctrines ; et du jour où l'Italie serait rendue à elle-même, elle n'aspirerait qu'à vivre en paix et en liberté sous le toit protecteur de ses institutions traditionnelles.

A peine le jour de la délivrance a-t-il lui pour les Lombards, que leur premier élan s'est porté vers la restauration et le perfectionnement de leur régime municipal. L'exposé des motifs de la loi du 23 octobre 1859, sur l'organisation communale et provinciale est un heureux présage de l'influence que peuvent exercer dans le royaume Lombardo-Sarde, les traditions pures du municipalisme italien, substituées à l'imitation d'une centra-

---

(1) *Le Pape et le Congrès*, p. 18.
(2) M. DE CORCELLES, *Du gouvernement pontifical. Correspondant*, 25 août 1856.

lisation exotique. Le ministre y rend hommage au principe d'unité politique auquel les grands peuples modernes doivent leur force, leur sûreté et leur prospérité, et qui est devenu désormais le dogme des peuples de l'Italie, dont les rivalités et les passions municipales, tendent de plus en plus à s'éteindre. Mais il signale en même temps l'attachement de ces peuples au principe de liberté sans lequel la concentration politique n'aboutirait qu'à dessécher les sources de la vie civile de tout l'Etat. Il proteste énergiquement contre le fédéralisme, non peut être sans quelque arrière pensée d'ambition, mais en tout cas parce que, dit-il, les populations italiennes n'auraient pas la force nécessaire pour assurer leur autonomie dans une confédération (1).

« Rappelant ensuite l'immense service rendu par les franchises municipales à l'Italie et à l'Europe, et les causes d'une décadence, due moins à l'abus de la liberté qu'à l'absence d'un lien qui réunit les communes en corps de nation, et les rendît capables de résister au choc extérieur, il propose un plan d'organisation combiné de manière à exciter tous les intérêts, toutes les activités, toutes les capacités à concourir au gouvernement de la commune. Les conditions du cens abaissé à un chiffre minime, la forme des élections garantie contre le désordre et le despotisme, la durée limitée des charges, la division des attributions, tout concourt à introduire dans le municipe les éléments essentiels de l'ordre représentatif, lequel se reproduit ainsi pour la garantie de tous les droits et de tous les intérêts en montant du cercle rudimentaire de la commune jusqu'à celui du parlement.

« Mais comme la commune ne serait pas pourvue de garanties suffisantes, pour résister isolément aux atteintes du pouvoir politique, la loi institue la province sur le même type et attribue

---

(1) Il federalismo, quale forma interna, vuol essere respinto siccome un pericolo e pel Regno e per l'Italia, poichè se l'Europa s'innalza oggi al grande concetto di una federazione di nazioni, essa riconosce altresi che queste non avranno la forza necessaria per assicurare la propria autonomia nel novello consorzio, ove i loro ordini interni, non sieno fortemente constituìti nell' unita. (*Préambule de la loi* du 23 octobre 1859.)

aux pouvoirs qui en émanent, la représentent et en défendent les intérêts, la haute tutelle des communes, de manière que toutes les affaires communales, sauf les recours aux conseils du roi, se terminent dans l'intérieur de la sphère provinciale, là seulement où on peut avoir une connaissance suffisante de la nature des affaires de ce genre, et de l'importance vraie des intérêts qui en sont l'objet.

« La province donc, soit qu'on la considère dans la forme des élections, d'où sort le droit provincial, soit qu'on la considère dans les attributions de ce pouvoir, se présente comme une grande association de communes destinées à pourvoir à la tutelle des droits de chacune et à la gestion de leurs intérêts collectifs, soit matériels, soit moraux.

« C'est de la province que ressortissent les institutions d'instruction publique, de charité et de bienfaisance fondées pour l'avantage des populations, *car il convient, sous peine de voir tarir les sources de la charité individuelle, de soustraire ces institutions à l'ingérance souveraine de l'État, et d'enlever à celles-ci le caractère menaçant pour la liberté qu'elles tendent à prendre là où elles sont placées sous l'ombre, peu propice, du pouvoir politique.*

« Et comme l'action provinciale ne doit jamais entraver l'action politique du gouvernement qui sera d'autant plus fort et d'autant plus respecté qu'il aura moins d'occasions d'intervenir dans les choses pour lesquelles il a une moindre compétence que les pouvoirs municipaux, le pouvoir royal, d'ailleurs fortement constitué et représenté partout selon la forme constitutionnelle, agit partout avec le concours effectif du pays. Le gouvernement siége, au moyen de ses délégués, à la tête de la commune et de la province, moins pour réfréner que pour favoriser l'évolution des libertés dans les conditions légales, moins pour y faire sentir la main de l'autorité centrale que pour y faire sentir l'avantage de la voir voisine, prompte et compétente. En somme, les gouverneurs, les intendants et les autres officiers publics institués par cette loi pour diriger les provinces et les diverses parties, se présentent simultanément comme les organes du gouvernement vis-à-vis des populations, et comme les organes de celles-ci vis-à-vis du gouvernement ; et c'est par eux que doit s'affermir la tutelle des droits respectifs, ainsi que l'accord des éléments de la monarchie représentative. »

Telle est la théorie d'une loi qui, malgré ses imperfections pratiques au point de vue de la circonscription arbitraire des provinces, se recommande par ses principes essentiels, directement opposés à ceux du socialisme centralisateur, et rappelle les études de la république de Bodin, bien plus que les firmans des généraux du premier empire. Puissent les gouvernements italiens persévérer dans la voie où les engage ce premier pas !

La politique anglaise s'est opposée et continuera à s'opposer à cette tendance, en faisant briller aux yeux des populations éblouies, le mirage de l'unitarisme révolutionnaire ; mais cette politique égoïste et pleine d'embûches excite, en Angleterre même, l'indignation des honnêtes gens. « Italie, Italie ! » s'écrie un de ses écrivains, âme généreuse, esprit éminent (1), « n'écoute pas
« cette politique aveugle, qui voudrait réunir toutes tes cités, en
« deuil de leurs républiques, dans un seul empire ; fausse,
« pernicieuse illusion ! Ton seul espoir de régénération est dans
« la division ; Florence, Milan, Venise, Gênes, peuvent être
« libres encore, pourvu que chacune de ces villes soit libre ;
« mais ne songe pas à la liberté du tout avec des parties esclaves ;
« le cœur doit être le centre du système, le sang doit circuler
« librement partout. Et dans la vaste communauté que tu rêves,
« on ne voit qu'un géant faible et bouffi, dont le cerveau est
« imbécile, dont les membres sont morts, et qui paye en ma-
« laise et en faiblesse la faute d'avoir voulu dépasser les pro-
« portions naturelles de la santé et de la vigueur. »

En France comme en Angleterre, tout ce qu'il y a d'esprits élevés répudie la politique révolutionnaire et envahissante à l'égard de l'Italie, et quiconque se ressouvient des atteintes por-

---

(1) Sir Edward Bulwer Lytton. *Les derniers jours de Pompéi*, chap. III, p. 108.

— LXVI —

tées dans les premières années de ce siècle à ses constitutions municipales par les lois recueillies dans le bulletin de sa république et empruntées à notre législation de l'an VIII, peut s'étonner de voir figurer, parmi les réformes proposées, le rétablissement des libertés municipales, c'est-à-dire un état de choses diamétralement opposé à l'esprit centralisateur de la révolution française. Dieu, qui se joue des desseins des hommes, voudrait-il faire sortir d'une guerre soudainement entreprise, soudainement terminée, et dont le but est encore indécis, l'affermissement chez les peuples qui ont le bonheur d'en jouir, et le rétablissement chez ceux qui en sont privés, de ces libertés civiles qui ne marchent pas le fer à la main à la destruction des gouvernements, mais dont la bienfaisante influence anime, conserve et développe les grands principes sociaux !

§ 6.
État des libertés civiles dans le nord de l'Europe.

XXXIV. — Les gouvernements du nord de l'Europe paraissent, eux aussi, se poser avec une sollicitude imprévue le grand problème qui consiste à concilier l'unité politique et les libertés municipales.

Trois petits États, régis par des formes politiques diverses, ont su, malgré l'exiguïté de leurs territoires, maintenir leurs libertés civiles et leurs régimes municipaux. Les populations de la Suisse se sont préservées des influences extérieures par une neutralité toujours respectée, et par le respect des vrais principes de l'administration intérieure (1). La Belgique (2) et la Hollande (3), ont dû, en grande partie le salut de leurs lois et de leurs mœurs antiques aux descendants de ces familles patriciennes qui, à l'exemple du bourgmestre d'Anvers Van Huerc, sauvèrent, en les achetant par un pieux fidéi-commis, les édifices publics et les richesses qu'ils contenaient, vendus à l'encan par les commissaires de la révolution française. Mais la plupart des

---

(1) Voyez les lois municipales des divers cantons, édictées en 1832, 1847, 1848, et le rapport de M. BLOECH sur les lois communales du canton de Berne, du 9 juin 1851, etc.
(2) Voyez la *Revue provinciale*, par M. DE KERGOLAY, *Institutions communales de la Belgique*, t. II, p. 321 et 425.
(3) Constitution néerlandaise de 1848, ch. IV, sect. 3.

autres États du nord de la vieille Europe, formés des débris de l'empire d'occident, sont en proie à une agitation presque égale à celle de l'Italie. On parle de réformes dans la Confédération germanique, et dans les rapports de l'Autriche avec quelques-uns des États qui font partie de son vaste empire. Quelle peut être la base de ces réformes sinon la réaction contre le principe de l'absolutisme au nom du principe municipal?

Les franchises communales et provinciales de l'Allemagne du moyen age (1) avaient été abrogées en Prusse par Frédéric Ier, qui avait supprimé toutes les autorités électives et les avait remplacées par des conseillers des contributions, fonctionnaires royaux, chargés à la fois du règlement et de la perception des impôts. Un grand ministre, le prince de Stein, compléta par la loi des villes (*stadte-ordnung*), du 19 novembre 1808, le système d'émancipation qu'il avait commencé en abolissant le servage, les maîtrises et jurandes, en affranchissant le sol des charges féodales, et en instituant la *landwehr*. Cette loi, et celle du 17 mars 1831 qui l'a révisée, sont en quelque sorte les chartes municipales de la Prusse et des autres États de l'Allemagne qui en ont reproduit les dispositions essentielles (2). Ces lois reposent sur deux principes: l'élection populaire confirmée par le chef de l'État, et la libre administration des intérêts locaux, par les mandataires élus, sauf l'intervention du gouvernement en cas de conflit, soit entre les intérêts des communes et ceux des administrateurs ou de l'Etat, soit entre ceux des générations présentes et des générations futures. Les provinces reconquises par les traités de 1815, n'ont joui du bienfait de ces lois que depuis

---

(1) Voyez l'*Histoire politique et juridique de l'Allemagne*, par M. Eichhorn, et la *Dissertation* de M. Van Bosse, De regiminis municipalis origine, progressu et presenti conditione in Francia, Germania, etc. Amsterdam, 1834.

(2) Voyez les lois municipales du royaume de Saxe, du 2 février 1832, de la Bavière, du 17 mai 1818 et de 1834; du Wurtemberg, du 1er mars 1822 et du 15 mars 1828; du duché de Hesse, du 30 juin 1831; du duché de Bade, du 31 décembre 1831, de 1832 et de 1836, etc.

le 17 mars 1831 (1); et c'est, chose remarquable, à dater de cette époque, que ces provinces animées auparavant de l'esprit français sont redevenues prussiennes, tant il y a de rapport entre les franchises locales et l'esprit de nationalité ! La loi autrichienne du 17 mars 1849 et les lois prussiennes du 11 et du 17 mars 1850 semblaient avoir fixé, dans un sens conservateur et libéral, les institutions municipales de l'Allemagne. Il en a été autrement, surtout en Autriche, et l'on ne saurait se dissimuler que les mouvements politiques qui se sont manifestés dans plusieurs provinces de cet empire, ont eu pour principale cause les atteintes rétrogrades portées à leur autonomie, à leurs mœurs et à leurs usages. Aussi peut-on en tenir pour certain que s'il s'accomplit une réforme dans la Confédération germanique, elle prendra pour drapeau, d'une part, l'affranchissement des États secondaires de l'hégémonie des deux puissances qui se disputent la prépondérance dans la diète ; de l'autre, au sein des grands comme des petits États, l'extension des libertés civiles. Telle est l'aspiration populaire qui vient de se manifester dans la fête nationale de Schiller à laquelle l'Allemagne entière a pris part et qui a adopté la double et significative devise : *Unité et Liberté*. Tel sera, il faut espérer, le symbole des représentants des dix-sept millions d'hommes dont se composent les petits États dans les conférences inaugurées par celle de Wurtzbourg ; et l'Autriche elle-même, que de salutaires avertissements paraissent avoir éclairée sur les dangers de l'autocratie, au point de la faire songer à rendre même aux municipalités et aux comitats de la Hongrie, les libertés civiles dont elles les avait dépouillés ; l'Autriche comprendra que les réformes qu'elle médite dans l'administration intérieure de l'Empire, n'atteindront le but qu'autant que des changements analogues auront été opérés dans ce vieux corps germanique, dont les divisions sont pour l'Allemagne une cause de faiblesse et d'embarras perpétuels.

(1) Voyez dans le tome III de la *Revue française et étrangère*, le tableau des lois communales de l'Allemagne, p. 451 et 517.

XXXVI. — Serait-il vrai qu'en opposition à ce mouvement général, la politique palmerstonienne prépare à l'Angleterre, comme l'en accuse le parti Tory (1), *une administration puissamment et vigoureusement centralisée?*

§ 7. Corporations municipales et *self-government* britanniques.

De tous les États de l'Europe, celui qui respecte le plus *chez lui* la libre initiative des citoyens, des corporations, des bourgs, des cités, c'est l'Angleterre. Londres était un municipe romain, et le corps de ses aldermens remonte à la période saxonne. Les chartres de Guillaume le Conquérant, respectèrent les priviléges des *legales homines* et les libres constitutions des bourgs et des villes. Depuis cette époque, comme auparavant, l'histoire de l'Angleterre est celle d'un gouvernement à la fois libre et traditionnel (2). Les lois municipales anglaises les plus récentes, celle par exemple du 9 septembre 1835, consacrent le droit de cité dont elles subordonnent l'exercice au domicile, à un cens modique et à l'accomplissement de quelques charges locales. Le corps des *aldermens* ou anciens, renouvelé chaque année par tiers, nomme et destitue le maire, le clerc de la ville, le trésorier, le shérif, le coroner, tous les fonctionnaires municipaux, veille à la police par une commisssion de sûreté publique qui institue les constables, administre les hôpitaux et tous les autres établissements d'un intérêt local. Tel est le régime des communes libres ou corporations municipales. Les paroisses ou petites communes placées dans la circonscription des communes libres, participent à tous leurs droits; les autres sont placées sous la tutelle des juges de paix. Au-dessus des communes et des paroisses s'élève le comté, institution analogue à nos anciennes provinces.

De toutes les monarchies de l'Europe, le gouvernement anglais est celui qui participe le moins à l'administration intérieure, et qui par cela même obtient le plus facilement une obéissance prompte et spontanée. Quelque tourmentée, quelque divisée d'intérêts, quelqu'attristée des imperfections de l'ordre social que soit la cité, l'État vit tranquille et sans crainte au mi-

(1) *Discours de M. d'Israëli.*
(2) The history of the borougs and municipal corporations. London, 1835.

lieu des agitations et des menaces d'un peuple puissant par le nombre et par la violence des passions; et il a bien raison de vivre tranquille, car il a ses fondements établis, comme sur un roc, sur un système de libertés dont la coopération vaut plus que celle d'une armée.

La puissante Angleterre assise, comme Éole, sur un rocher élevé, se préserve des tempêtes qu'elle déchaîne sur le continent par le respect des lois et des usages séculaires qui consacrent son autonomie et son *self-government*. C'est sur ses institutions municipales, c'est sur ses paroisses incorporées et investies du règlement de ce qui touche au paupérisme, à l'instruction publique, à tous les intérêts sociaux que repose son système de représentation politique. Son aristocratie organisée dans les comtés, son clergé fortement constitué, ses bourgeois réunis autour de leurs cités et de leurs paroisses; telles sont les institutions principales qui concourent à préserver l'Angleterre de tout péril, et qui, par l'absence presque complète d'administration, développent merveilleusement l'esprit d'autonomie, grâce auquel elles deviennent le centre et le point d'appui d'une action intelligente et bien ordonnée de la cité. Quand l'anglais passe les mers et s'établit au sein des populations ennemies, ou dans un désert, quelques mois ne se sont pas écoulés avant que, guidé par l'instinct et l'habitude de l'autonomie, il n'ait ordonné un corps politique capable de vie interne et d'expansion à l'extérieur.

C'est une gloire éclatante de la race britannique de savoir triompher par sa vertu intrinsèque de mille et mille ennemis, et des obstacles domestiques et étrangers dont un seul suffirait souvent à bouleverser un État. Grâce d'ailleurs à l'harmonie qui existe entre les forces sociales qui composent l'État, un simple appel aux miliciens et aux constables volontaires suffit pour comprimer une insurrection populaire, bien que les prolétaires soient de beaucoup plus nombreux que ceux qui possèdent, et soient en proie à tous les maux de la misère et de l'abaissement civil et moral. Non, la race Anglo-Saxonne n'abdiquera pas la puissance d'initiative individuelle qui, grâce aux libertés civiles et politiques dont elle jouit depuis tant de siècles, l'a élevée au niveau des plus grandes nations du monde.

XXXVII. — Chaque peuple a son génie, ses traditions, ses aspirations, et ce serait une entreprise impolitique et insensée que de vouloir assouplir à l'isopolitie des cités italiennes, ou au régime aristocratique de l'Angleterre ou de l'Allemagne, l'esprit démocratique et unitaire de la France. Chez nos ancêtres les Gaulois, trois peuples divisés par la langue, les mœurs, les coutumes, tendaient déjà se réunir en un seul, et le régime libre des cités se conciliait avec la souveraineté politique des rois entourés de la caste des nobles et de la corporation des Druides. Le régime monarchique s'établit en France dès les premiers siècles, et c'est en vain qu'un esprit éminent a prétendu retrancher quatre cents ans de l'histoire de la royauté française. C'est dans les fonds baptismaux de Reims, qu'est le berceau de notre monarchie; et l'histoire de la France depuis le règne de Clovis jusqu'à celui de Louis XIV, n'est en quelque sorte qu'un long effort pour réunir et confondre en une seule nation les territoires, les langues, les lois, les mœurs, les usages des peuples conquis et successivement annexés. L'œuvre de l'unité nationale a eu sans doute ses intermittences. Traversée par les épreuves qui ont détruit l'œuvre de Charlemagne, elle a été reprise par l'abbé Suger et par saint Louis, défendue par les armes de Duguesclin et de Jeanne-d'Arc, continuée par la politique de Louis XI, de Henri IV, de Richelieu et de Mazarin, et a atteint l'apogée de la puissance et de la splendeur dans le plus grand siècle de notre histoire. Mais quelque regrettables qu'aient été les atteintes du pouvoir absolu de nos rois aux institutions politiques de la monarchie représentative dont la célèbre ordonnance de 1335 avait consacré les principes, l'ancien régime de la France admettait dans une certaine mesure les franchises communales, les États diocésains et provinciaux, la juridiction souveraine des parlements, la liberté des conciles et des assemblées du clergé, tous ces grands corps intermédiaires qui s'interposaient incessamment entre l'autorité royale et les libertés de la nation.

§ 8. Centralisation française.

L'unitarisme révolutionnaire a cru accomplir un progrès social en détruisant les associations, qui étaient pour le gouvernement des barrières et des points d'appui. Il n'y a plus aujourjourd'hui ni compensation, ni tempérament à la formidable puissance d'envahissement du pouvoir central, sinon dans l'insurrection toujours imminente des multitudes ; et réduit à ses propres forces, le gouvernement le mieux intentionné se trouve dans l'absurde et douloureuse position d'être contraint, pour faire le bien qu'il désire, à éviter les violences et à braver les menaces.

Les dangers de l'omnipotence administrative qui avaient frappé de bons esprits sous le régime parlementaire, ont pris un nouveau degré de gravité, depuis que la tribune et la presse ont cessé de leur faire contre-poids, et la France est sur la pente de ces civilisations d'où les agents moraux disparaissent pour faire place uniquement aux agents matériels.

J'ai essayé sous trois gouvernements successifs de signaler les abus de ce système sous divers rapports (1). Ces abus apparaissent aujourd'hui sous une face nouvelle, indiquée récemment par les statistiques officielles (2).

Dépeuplement des campagnes et excès d'accroissement de Paris.

Nos campagnes se dépeuplent, et nos communes rurales, en proie au double fléau de l'émigration des cultivateurs et de l'absentéisme des propriétaires, n'ont plus, en général, pour maires que des agents des préfets.

(1) *Essai sur la centralisation administrative* (1837). *La Commune, l'Église et l'État* (1849). *De l'administration de la France et des principaux États de l'Europe* (1850). *Lois municipales des Républiques de la Suisse et des États-Unis d'Amérique* (1852). *De l'état du Paupérisme en France et des moyens d'y remédier* (1853).

(2) Le recensement de 1856 constate que dans cinquante-quatre départements, par un déplacement extérieur de département à département, il y a eu en France, pendant la période quinquennale de 1851 à 1856, une diminution de population de 370,000 personnes qui, des campagnes se sont portées dans les villes, et que la population du département de la Seine s'est accrue, dans le même intervalle, de 305,000 âmes. Voyez les ouvrages de MM. Léonce DE LAVERGNE et LEPLAY, *sur la Population et l'Agriculture*, celui de M. Jules BRAME, *sur le Dépeuplement des Campagnes*, etc., etc.

La plupart de nos villes de province, malgré leurs conseils municipaux électifs, ne se considèrent pas plus que nos villages, comme dotées d'institutions municipales réelles. Réduites à n'être que des colonies de fonctionnaires publics, elles voient avec tristesse leurs hommes d'élite émigrer vers la capitale, et leur argent s'engouffrer dans les caisses de ses établissements financiers.

La Babylone moderne s'avance, au contraire, toujours plus brillante, englobant dans le rayon progressif de son octroi les communes suburbaines, s'étendant au delà même de son enceinte fortifiée, par d'immenses réunions de *villas*, et, attirant dans son sein les classes riches par les jouissances du luxe et par le charme des mœurs élégantes; les esprits éclairés par l'attrait de la vie intellectuelle; les industriels, les commerçants, les spéculateurs par l'espoir de fortunes rapidement acquises; les ouvriers par les riches dotations des travaux publics et par l'appât des salaires élevés; les pauvres, par l'exemption des impôts et par les largesses de l'assistance publique.

Tout gravite en France vers la grande ville où siègent le gouvernement et l'administration générale. Paris n'est plus seulement la tête et le cœur de la nation, le centre de son activité politique, militaire, administrative, le foyer de sa vie littéraire, artistique, scientifique. L'émule de Rome et d'Athènes aspire à éclipser les magnificences de Babylone et à faire oublier les délices de Capoue et de Sybaris. Tout tend, par une pente fatale, à s'y concentrer : travaux publics, industrie, commerce, écoles, musées, bibliothèques, théâtres, trésor, bourse, banque nationale et internationale, crédit foncier, crédit mobilier, assurances, tontines, caisses de services fondées et patronées par l'État ; tous les intérêts s'y agitent ; toutes les passions bonnes et mauvaises y sont en ébullition ; tout y monte ou s'y précipite sous le coup du *branle divers de fortune*, dont parle Montaigne; et de ce vaste foyer rayonnent de tous côtés, avec une vitesse électrique, les mœurs, les modes, les lettres, les arts et les révolutions parisiennes.

XXXVIII. — Le faste des capitales flatte la vanité, mais,

épuise la vie des nations, qu'il condamne à prélever sur le plus net de leurs revenus les impôts directs et indirects destinés à alimenter le luxe des courtisans, à solder l'armée des fonctionnaires publics, et à fournir aux frais du trésor du *pain* et des *jeux* au Peuple-Roi. Les capitales vastes et peuplées sont d'ailleurs des foyers de corruption, et ce n'est pas seulement l'image de la société romaine que reflètent ces vers de Plaute :
« Au sein d'une grande cité, dans une population nombreuse,
« quand on a triomphé des ennemis, et qu'on jouit des loisirs
« de la paix, on n'a rien de mieux à faire que d'aimer, si l'on a
« de quoi payer ses amours (1). »

L'aimant du sensualisme et les habitudes cachées expliquent en partie les progrès de la population parisienne, comme ils expliquaient ceux de Rome, aux temps de Plaute et de Juvénal. Les familles aristocratiques, bourgeoises ou artisanes qui composent la partie traditionnelle de cette population, offrent les mêmes garanties des moralité et de concorde que celles du reste de la France, dont elles ne se distinguent que par une urbanité plus exquise. Mais, grâce à la masse flottante des cosmopolites la vraie population parisienne tend de plus en plus à s'absorber dans un monde interlope d'aventuriers et d'aventurières qui, attirés par les jeux de bourse ou par l'appât des plaisirs à vendre ou à acheter, étalent le luxe éphémère et les mœurs luxurieuses que les romanciers et les auteurs dramatiques nous dépeignent avec des couleurs quelquefois outrées. A voir cette multitude toujours croissante d'étrangers, on dirait de la capitale, non plus d'un grand Etat, mais du monde ; et à entendre dans les lieux publics, dans les salons, dans les ateliers, tant de langues étrangères et d'idiômes bâtards, on se demande si, dans la confusion d'une autre Babel, la langue française, si justement fière d'elle-même, ne court par le risque de se corrompre.

(1) Postremó in magno populo, in multis hominibus
 Re placida atque otiosa, victis hostibus,
 Amare oportet omneis, qui, quod dent, habent.
(PLAUT., *Truculentus*, act. I, sc. 1.)

XXXIX. — L'affluence à Paris de l'aristocratie de province, date surtout de l'époque où nos rois dépeuplaient les châteaux pour embellir une cour dont l'éclat rejaillissait sur la France. Mais l'aristocratie de cour n'a plus de raison d'être aujourd'hui. La distinction des manières est à peu près le seul débris de son antique splendeur, et c'est pour la noblesse de province un faible dédommagement de la perte de ses privilèges, que le plaisir d'habiter cette ingrate capitale dont la bourgeoisie et le peuple sont toujours coalisés contre elle, quelque soit le gouvernement ; et où, réduite à vivre du revenu de ses terres, elle est éclipsée dans le monde même des plaisirs par les spéculateurs que le jeu de la *prime* et l'industrie *du report* ont enrichis d'immenses fortunes mobilières.

Aussi, nos *veteres homines*, à la vue de leurs fortunes hâchées de génération en génération, et menacées par les progrès d'un luxe impossible, commencent-ils à tourner les yeux vers leurs châteaux en ruines, vers leurs manoirs abandonnés. La plupart se résignent à passer aux champs la saison d'été ; mais vienne l'hiver, cette saison des rudes travaux et des souffrances des pauvres paysans, ils désertent leurs terres où ils laissent à leur place des intendants dont l'âpreté surexcite le socialisme et courent à Paris oublier dans le tourbillon d'un monde frivole les devoirs austères et les sympathies douloureuses où serait, s'ils savaient l'y chercher, le secret de leur influence. Un jour viendra, il faut l'espérer, où tout-à-fait désillusionnés des charmes d'une capitale devenue le caravanserail de tous les touristes du globe, nos grands propriétaires se fixeront dans leurs terres, et où les hommes des classes moyennes, industriels, avocats, artistes, hommes de lettres, rentreront dans les villes de province qu'ils ont quittées, éblouis par les attraits de la capitale.

De nombreux et importants travaux d'archéologie et d'histoire paraissent dessiner en ce sens le mouvement des esprits ; et tandis qu'un poëte aimé des parisiens provoque les applaudissements sympathiques de la jeunesse en s'écriant : Repeuplons la campagne et dépeuplons la rue, des deux extrémités de la France, le barde breton et le troubadour provençal chantent dans la vieille langue du pays les joies du travail et de la famille, les bienfaits et les pompes de la religion, et s'efforcent ainsi de retenir au foyer natal les paysans qui, dédaigneux de la vie sobre et dure des champs émigrent dans les villes où les attire l'appât des salaires des travaux publics et de l'industrie, et qui, après quelques années perdues dans la vie de Bohême, mêlés à la tourbe nomade des vagabonds de tous les pays, toujours prêts à servir d'instrument aux révolutions quelles qu'elles soient, ne rapportent dans leurs villages que la contagion de mœurs dépravés et d'idées anti-sociales.

XL. — Le déclassement des populations pourrait amener s'il persévérait, un fléau plus redoutable encore. Le recensement de 1856 constate que l'accroissement de la population générale a été cinq fois moins fort dans la période de 1851 à 1856 que dans la période de 1841 à 1846. Trois causes accidentelles, la guerre, le choléra, la disette ont pu contribuer à ce résultat déplorable, mais des causes permanentes n'y auraient-elles pas leur part?

De tous temps la proportion des mariages a été moins grande, la proportion des naissances moins élevée et le rapport des enfants naturels aux enfants légitimes plus considérable dans les villes que dans les campagnes, et à Paris que dans les autres villes. Mais jamais peut-être le nombre et la fécondité des mariages n'avaient subi un décroissement aussi sensible qu'en ce moment. La moyenne des naissances qui était, il y a soixante-dix ans, de 4,19 par mariage, n'est plus aujourd'hui que de 3,19. La fécondité conjugale a donc diminué, en moins d'un siècle, d'un quart, mais elle a surtout diminué dans les grandes villes où la moyenne est de quinze pour cent inférieure à la moyenne des campagnes et des villes de moins de 20,000 âmes réunies.

L'intérêt de l'agriculture si étroitement lié à celui de la population exige d'ailleurs qu'on rappelle dans les campagnes les bras qui y manquent, tandis qu'il y a surcroît de population ouvrière dans les grandes villes. Partout en effet, la décadence de l'agriculture a été considérée comme une calamité publique, et il ne faut pas oublier que les *latifundia*, ces immenses déserts qui prirent la place des champs cultivés, furent la ruine de l'Italie.

Notre sol arrivé au dernier degré de morcellement subit en ce moment des transformations qui pourraient altérer un jour les conditions de la propriété productive. L'agriculture, épuisée à la fois par la cherté de la main d'œuvre et par l'énormité de l'impôt et écrasée d'ailleurs par la double concurrence de l'industrie et de l'agiotage, est presqu'entièrement abandonnée des classes moyennes qui cherchent dans les revenus des valeurs mobilières les moyens de vivre confortablement. Les familles de propriétaires qui peuplaient autrefois les villages se dispersent dans les villes, et les paysans qui ont pris leur place en achetant à crédit leurs terres sont obligés eux-mêmes d'aller demander à l'industrie le complément de revenu indispensable à leur existence que leur refuse l'agriculture. De là les émigrations qui amènent l'appauvrissement de la terre végétale par la diminution du travail nécessaire à sa fécondation. De là, la création, à l'aide du superflu des richesses conquises par l'industrie, le commerce et l'agiotage, des propriétés de luxe dont tout le produit consiste en un impôt toujours croissant. De là enfin, dans un avenir plus ou moins éloigné, l'absorption par les grands capitalistes d'un sol émietté aujourd'hui en plus de douze millions de parcelles.

Montesquieu vantait il y a un siècle et demi (1) les revenus de l'industrie comparés à ceux de la terre et encourageait le progrès des arts. Mais c'est à tort qu'un publiciste contemporain (2) s'appuie de cette autorité pour chercher dans le luxe un élément de fécondité des sociétés modernes.

Non, ce n'est point le luxe qui enrichit le peuple. L'homme n'est point pauvre pour manquer d'objets somptueux, mais pour manquer de pain, de laine et d'un toit (3). L'industrie de luxe,

---

(1) Lettre persane 106, écrite de Paris le 14 de la lune de Chalval, 1717.

(2) *Revue contemporaine*, t. XXI, p. 199.

(3) *De la Restauration française*, par B. Saint-Bonnet, ch. IV.

pour être utile, ne doit pas nuire à la production agricole qui est elle-même liée d'une manière indissoluble à un bon régime municipal.

<small>Nécessité et difficultés d'une réforme municipale.</small>

XLI. — C'est ce que semblaient naguères comprendre dans les régions gouvernementales des hommes, résolus à chercher le remède au socialisme démagogique ailleurs que dans le socialisme fiscal. Tantôt un conseiller d'État de l'empire (1) imputait à l'excès de la centralisation administrative la décadence de l'agriculture et de la population. Tantôt des amis personnels de l'Empereur (2) se séparaient avec éclat, dans des discours officiels, des traditions du *césarisme* et promettaient à leurs départements l'affranchissement prochain des communes. Tantôt un membre de la famille impériale (3) se plaignait, dans une assemblée publique, de *l'absorption des forces individuelles par la puissance collective, de la substitution du gouvernement aux citoyens pour tous les actes de la vie sociale, de l'affaiblissement de toute initiative personnelle, sous la tutelle d'une centralisation administrative exagérée.*

Malheureusement ces aspirations libérales ont trouvé peu d'échos dans la presse parisienne, dont certains organes défendent la centralisation comme le plus puissant auxiliaire de la démocratie, et d'autres, comme le boulevard inexpugnable du gouvernement ; et les espérances d'une réforme municipale semblent s'être, sinon évanouies, du moins éloignées.

L'autorité du fait accompli, cette religion des peuples fatigués des discordes civiles ; la résistance d'un personnel de cinq cents mille fonctionnaires résolus à combattre à outrance *pro aris et focis* ; le dédain des propriétaires pour des fonctions qui ne sont ni honorifiques ni salariées ; la torpeur des provinces assouplies au joug, et plus avides de repos que de liberté ; enfin et surtout, l'aversion du peuple souverain contre les influences aristocrati-

---

(1) M. LEPLAY (*Population et agriculture*).

(2) MM. DE PERSIGNY et DE MORNY, *Discours prononcés en 1858 aux conseils généraux de la Loire et du Puy-de-Dôme.*

(3) Le prince NAPOLÉON JÉROME, *Discours à l'Exposition de Limoges.*

tiques qu'il considère comme liées au régime municipal, tout conspire en France contre une réforme qui aurait sérieusement pour objet de faire refluer, dans tous les membres du corps social, l'excès de vie de la capitale.

XLII. — Mais, n'est-il pas possible que le remède naisse de l'excès même du mal (1), et que, sous l'empire d'une volonté constitutionnellement souveraine, la France recouvre à l'improviste, comme dédommagement ou même comme pierre d'attente des libertés politiques, la portion précieuse des libertés civiles, dont la privation cause depuis si longtemps son malaise?

Une réforme municipale est nécessaire, donc elle est possible, malgré les résistances obstinées de quelques-uns. La politique s'accommode d'elle-même aux besoins des temps. Au moyen âge, le serf devait être détaché de la glèbe et dirigé vers les villes, pour y faire prospérer l'industrie. C'est le but qu'atteignirent saint Louis et Philippe le Bel, en créant, l'un les corps d'arts et métiers, l'autre les bourgeoisies. Mais, quand les progrès de l'industrie et de la centralisation dépassent une certaine limite, il faut rétablir l'équilibre entre les champs et les villes, entre les provinces et la capitale.

XLIII. — Or, on chercherait vainement à opposer des obstacles matériels et directs au déclassement des populations. Que d'efforts le sénat romain n'a-t-il pas faits pour mettre des bornes à la facilité de changer de cité et à l'attrait, toujours croissant, du séjour de Rome?

« Si cela continuait à être permis, disait-on, en peu de lustres les villes se trouveraient dépeuplées, les campagnes désertes, et les unes et les autres ne pourraient pas fournir un soldat (2). » Mais, la faible barrière que les sénatus-consultes opposèrent à l'invasion du torrent, n'en empêcha pas les débordements et les irrémédiables ravages.

---

(1) Deterrimum genus finitimum optimo. (Cic., *de Rep.*, I, 42.)
(2) Quod si permittatur, per paucis lustris futurum ut deserta oppida, deserti agri nullum militem dare possent. (Tite-Live, XLI-VIII.)

L'histoire de Paris, depuis la fin du seizième siècle, n'est pas sans quelque analogie avec l'histoire de Rome, aux jours de ses progrès matériels et de sa décadence morale.

Sire, écrivait un prévôt des marchands, François Miron, à Henri IV : « Vous avez tort d'attirer à Paris tant et tant d'arti-
« sans et manouvriers; votre capitale doit être cité de luxe et
« ville des beaux-arts, et non autre ; si les pauvres sont en ma-
« jorité, ils deviendront le marteau et votre couronne l'enclume,
« ce qui m'a donné à réfléchir. » Henri IV hésitait à se rendre et continuait à faire bâtir des cités ouvrières. « Où donc avez-
« vous la tête, mon cher Sire, lui écrit Miron, que vous appe-
« liez à son de trompe tant d'ouvriers étrangers à Paris? Faites
« de vos villes secondaires des cités commerçantes et artisanes,
« c'est bien pensé; mais Paris, votre capitale, cité ouvrière et
« ruche d'artisans, c'est poser votre couronne sur un tonnelet
« de poudre, pour y mettre le feu vous-même. » Henri IV insista. « Cher Sire, écrivit au roi le courageux échevin, permet-
« tez que je me retire : en jurant fidélité au Roi, j'ai promis de
« soutenir la royauté. Or, Votre Majesté me commande un acte
« pernicieux à la royauté, je refuse. »

« Compère, répondit Henri IV, vous êtes vif comme un han-
« neton, mais à la fin de compte, un brave et loyal sujet. Soyez
« content, on fera vos volontés, et le Roi de France ira long-
« temps encore à votre école de sagesse et de prud'hommie. Je
« vous attends à souper et vous embrasse, Henri. » Ni la prud'homie des magistrats municipaux, des Buisson, des Miron, des Flesselles, ni les bonnes intentions de nos rois n'ont suffi pour empêcher le prodigieux développement de la centralisation parisienne.

XLIV. — Je n'oserais pas proposer, malgré mes doutes à ce sujet, de diminuer au lieu de l'accroître, l'attrait de la capitale du monde civilisé. Quelque exorbitant que puisse paraître un budget de 103 millions affecté à une seule ville, j'applaudis, non sans quelques réserves, aux travaux qui ont transformé les rues étroites et tortueuses et les impasses infects de la boueuse Lutèce en boulevards aérés, en squares verdoyants, en rues larges et alignées. Mais peut-être dans la reconstruction d'une ville de quatorze siècles faudrait-il se préoccuper plus qu'on ne l'a fait jusqu'ici des idées que rappellent les monuments et les traditions municipales du vieux Paris. Dans l'antique cité de Philippe-Auguste et de Saint-Louis, apparaissent entre les deux bras du fleuve fréquenté par les nautes parisiens, l'Eglise de Notre-Dame, le Palais-de-Justice, autrefois le palais des rois, la Sainte-Chapelle, l'Hôtel-Dieu, comme pour attester l'esprit de religion, de justice, de charité, de notre vieille monarchie. Sur les bords du fleuve sont, d'un côté, les écoles du quartier latin, de l'autre l'Hôtel-de-Ville entouré des rues consacrées à l'édilité parisienne. Près de ces monuments du moyen âge, survivent dans les quartiers de l'ancienne aristocratie quelques débris des hôtels somptueux que l'action du temps transforme chaque jour en maisons bourgeoises. La ville nouvelle a aussi ses monuments symboliques. C'est le prosaïque temple de Plutus, ce sont les immenses bazars construits à la place des petites boutiques traditionnelles, ce sont les palais où trônent les compagnies financières entourées d'armées de commis dont l'uniforme administratif remplace les livrées bariolées des anciens seigneurs. L'éclat prodigieux de notre civilisation matérielle et la décadence parallèle de notre civilisation morale, respirent en quelque sorte dans les monuments de Paris.

Une étude attentive des transformations de la grande ville, révèle une autre plaie sociale, c'est l'antagonisme des classes dans la confusion des éléments de la hiérarchie sociale.

Le propre du municipe libre est de rapprocher, sans les confondre, des hommes de classes diverses, livrés à des occupations analogues et toujours disposés à se soutenir et à s'entre-aider. Le lien de la cohabitation est un puissant élément de concorde entre les classes de la société, distinctes d'ailleurs les unes des autres par l'éducation, les mœurs, le langage.

Le régime des préfectures tend au contraire à substituer à l'ordre dans la variété, l'uniformité dans le pêle-mêle. Plus de distinctions professionnelles dans l'organisation des quartiers, des rues, des habitations. Plus de ces costumes nationaux qui

f

s'harmonisent à la fois avec la physionomie distincte des rac[es]
et avec la diversité des conditions. Nulle autre hiérarchie so[-]
ciale que l'échelle des revenus. Mais au centre, la ville des r[i]-
ches et autour d'elle, comme une ceinture de fer et de feu, [la]
ville des pauvres avec son immense population nomade d'[où]
pourraient sortir à un jour donné de nouvelles hordes de ba[r-]
bares.

De là, bien plus que de son étendue peu supérieure à celle [de]
Boston et de New-York et inférieure à celle de Londres, [la]
nécessité où l'on s'est trouvé de priver Paris de ses libert[és]
municipales, tout en laissant à cette *capitale des révoltes* [la]
puissance révolutionnaire dont elle a si souvent abusé pou[r]
troubler le repos du monde. De là les progrès d'un régim[e]
de commissions municipales déjà étendu à la seconde ville [de]
France et qui a failli l'être à la vieille cité phocéenne, tand[is]
qu'il faudrait au contraire s'engager résolument dans la vo[ie]
progressive de l'affranchissement des communes.

Que deviendrait, en effet, devant une autre invasion de bar[-]
bares cette France sans institutions municipales, sans esprit pu[-]
blic et ne vivant en quelque sorte que de la vie de Paris ? Contr[e]
cet immense péril, il n'y a qu'un préservatif possible, c'est [la]
reconstitution, dans les provinces et dans les communes, de l'a[-]
ristocratie à la fois traditionnelle et personnelle des talen[ts]
consciencieux, des caractères éprouvés, des familles consacré[es]
par les vertus héréditaires.

Association et *patronage* sous l'influence de l'esprit municipa[l]
et chrétien, tel est le drapeau que notre jeunesse doit arborer e[n]
opposition au triple dogme emprunté par les philosophes d[u]
dernier siècle à l'école de Machiavel : *Matérialisme en doctrine[,]
égoïsme en morale, isolement en politique.*

Il est difficile sans doute de gouverner par l'idée du DROIT, u[n]
peuple qui livré depuis plus d'un siècle au hasard des révolu[-]
tions, ne reconnaît en quelque sorte d'autre principe que l[e]
FAIT ACCOMPLI.

Mais des réformes législatives appropriées aux temps, peu[-]
vent guérir des plaies sociales invétérées ; et s'il est vrai que le[s]

derniers des Romains aient échoué dans leurs tentatives pour régénérer des mœurs gangrénées, et qu'en présence d'une corruption inouïe dans les annales du monde, le despotisme des Césars soit devenu un mal nécessaire, dans d'autres États, et à Rome même, dans des circonstances moins désespérées, les efforts des réformateurs ont obtenu des succès que nous permettent d'ambitionner nos souvenirs historiques et l'état actuel de nos mœurs.

XLV. — Nous avons atteint par plusieurs siècles d'efforts non interrompus, l'apogée de l'unité politique. La France est la nation la plus compacte de l'Europe par l'unité du territoire, de la langue, des lois, des mœurs, et c'est là le double secret de sa supériorité militaire et de sa puissance d'initiation ; mais ce peuple soldat ne doit pas, ne peut pas abdiquer ses libertés civiles au point d'être gouverné comme un régiment.

Les citoyens, dit excellemment le poëte Florentin (1) ne sont pas faits pour les consuls ni la nation pour le roi, mais au contraire les consuls sont faits pour les citoyens et le roi pour la nation ; et de là il suit que quoique le consul et le roi soient, par rapport à la voie, les seigneurs des autres, néanmoins par rapport au terme, ils sont leurs ministres, et c'est surtout le monarque qui doit être le ministre de tous. Respectons, aimons dans le monarque l'autorité suprême appuyée sur les lois fondamentales, et s'appliquant elle-même à aimer ce qui convient à tous (2) ; mais gardons-nous, sous peine de compromettre notre dignité et même notre existence nationale, de voir dans le chef de l'État le prince de Machiavel ou le Léviathan de Hobbes.

Jouissons de la grandeur, de l'éclat de notre capitale, mais

---

(1) Non enim cives propter consules nec gens propter regem, sed e converso consules propter gentes... hinc etiam patet quod, quamvis consul sive rex respectu viæ sint domini aliorum, respectu autem termini aliorum ministri sunt, et maxime monarcha qui minister omnium procul dubio habendus est. (DANTE ALLIGHIERI, *de Monarchia*, lib. I, c. XIV.)

(2) Disciplina imperandi est amare quod omnibus expedit. (*Lettre de Dante, Epist.*, 9, § 9.)

n'exagérons pas outre mesure, sa population et sa puissance absorbante.

Un sénateur, membre de l'Institut, annonçait il y a deux ans, avec une espérance enthousiaste en portant un toast amical au lord-maire de la cité de Londres, que Paris aurait en 1860, trois millions d'habitants. Londres en a presque autant, mais Londres n'est pas une ville unique obéissant au grand ressort du pouvoir central ; Londres est une réunion de municipalités autonomes, et, en dehors de la cité, le lord-maire n'a aucun pouvoir. En Angleterre, chaque cité, chaque bourg, chaque paroisse vit de sa vie propre ; et l'esprit national, dont la chambre des lords et la chambre des communes offrent la double expression, résume les libertés aristocratiques et populaires. Dans de telles conditions politiques, l'excès de population d'une capitale n'a pas les mêmes inconvénients que dans un Etat où l'abus de la centralisation a tari en quelque sorte toutes les sources de la vie locale et dont la constitution administrative a pour prototype Ninive ou Pékin.

Trente-huit mille communes composent la nation française. Chacune d'elles a droit à sa part de vie et de liberté, car chacune d'elles fournit à l'État la puissance de son contingent de sacrifices, et a ses mœurs privées et publiques, sa part d'influence.

On oublie trop à notre époque, disait naguères un membre éminent de l'épiscopat, que les grandes cités ont été créées d'abord par les fils de Caïn, tandis que les enfants des justes conservaient la vie pastorale. C'est par les petites cités, par les plus petites, que s'édifie l'humanité. C'est à Bethléem qu'est né le Sauveur du monde, et c'est à Nazareth qu'il a été élevé. Petite ou grande, rurale ou urbaine, la commune chrétienne est le microscome des sociétés vraiment libres, et c'est de l'union hiérarchique des assemblées municipales que doivent être formées les assemblées nationales, chargées de concourir avec les chefs des États aux progrès de la civilisation.

C'est pour propager ces idées que j'ai étudié les principes du droit municipal de l'antiquité et du moyen âge, dans le travail dont je soumets la première partie au public, non-seulement comme un sujet d'études rétrospectives, mais comme un modèle d'institutions pour l'avenir. Les temps changent, mais il y a dans le gouvernement des sociétés, des principes immuables ; ce sont ceux qui, aux yeux des anciens, constituaient la loi naturelle, et qui, pour nous, sont inscrits en caractères divins dans les tables du Décalogue. Ces principes respectés, dans une certaine mesure, par les peuples libres de l'antiquité, et qui ont fait, de la civilisation chrétienne du moyen âge et des temps modernes un modèle impérissable, constituent le droit *municipal*, droit qui s'allie avec toutes les constitutions politiques, et dont, au sein de formes infiniment variées, le principe essentiel et immuable repose sur la triple base de toutes les sociétés : *religion, famille, propriété.*

TABLE

§ Iᵉʳ. Théorie du droit municipal. — Droit et sociabilité. Justice et concorde. Unité politique. Liberté des cités. Pouvoir absolu. Gouvernements mixtes. Principe municipal. Liberté. Égalité. Fraternité. Propriété. Autorité. Souveraineté politique.

§ II. Droit municipal dans l'antiquité. — Patriarcat et Patriciat. Tribus et monarchies absolues. Municipe antique. Son origine d'après Bodin. École stoïcienne. Obstacles à ses succès. Avantages du municipe antique. XXIV

§ III. Municipe au moyen age, ses origines et ses formes. XXXII

§ IV. Centralisation moderne. XXXVI

§ V. État des libertés civiles dans le midi de l'Europe. — Résurrection, progrès et décadence du municipe Italien. Bienfaits du principe municipal en Italie. Unitarisme Italien. Fédéralisme Italien. Affranchissement des municipes italiens XLII

§ VI. Etat des libertés civiles dans le nord de l'Europe. LXVI
§ VII. Corporations municipales et self-government britanniques. LXIX

§ VIII. Centralisation française. — Dépeuplement des campagnes et excès d'accroissement de Paris. Nécessité et difficultés d'une réforme municipale. LXXI

LIVRE IER

DES SOCIÉTÉS ET DES PROPRIÉTÉS PRIMITIVES

CHAPITRE PREMIER

DU PATRICIAT, DU CLAN, DE LA TRIBU ET DES MODES PRIMITIFS D'OCCUPATION DE LA TERRE.

§ 1er. — Les anciens, privés du flambeau de la révélation, n'avaient sur l'origine des sociétés humaines que des notions confuses et incertaines.

Épicure disait qu'il avait été un temps où les hommes erraient dans les bois comme les bêtes fauves, ne connaissant ni religion, ni devoir humain, ni mariage, ni enfants légitimes, étrangers à toute pensée de droit et d'équité. « En ce temps-là, sans doute, ajoutait-il, un grand homme, un sage pensa qu'il y avait dans l'esprit des hommes des ressources pour améliorer leur sort, et il rassembla sous des toits champêtres les hommes dispersés dans les bois, et, les ramenant à un genre de vie utile et honnête, de sauvages qu'ils étaient, il les rendit doux et policés. » Ces erreurs, accréditées par Cicéron lui-même dans quelques ouvrages de sa jeunesse (1), et même de son âge mûr (2),

---

(1) Cic., *De Invent.*, I, 2. — (2) *De Oratore*, I, 8.

furent répudiées par lui dans les écrits de sa vieillesse empreints de la philosophie sévère du Portique. Sans s'élever jusqu'à la notion d'un mariage unique, source des sociétés, Cicéron y condamne cependant l'hypothèse d'un état sauvage primitif et admet l'état de société comme l'état *naturel* de l'homme (1).

La nécessité physique et morale du principe d'association est proclamée aussi par les Livres saints. Il est écrit dans la Genèse que l'homme ne doit pas s'isoler (2). *Væ soli!* s'écrie l'auteur du livre de la Sagesse, et l'Ecclésiaste : « Le frère aidé de son frère est comme une ville forte. Voyez comme les forces se multiplient par la société et les secours mutuels. Si quelqu'un est trop fort contre un seul, deux pourront lui résister ; une corde à trois cordons est difficile à rompre. »

L'Écriture nous montre d'ailleurs, comme le remarque saint Augustin (3), la femme créée de l'homme, afin que tout le genre humain dérivât de la même source, et que, dans la société humaine s'étendant d'une maison à une ville et d'une ville à l'univers, tous les hommes, unis par un lien de parenté, eussent les uns pour les autres une mutuelle affection.

La société primitive, nécessaire, universelle, c'est donc la famille réunie sous la tente du patriarche qui donne comme *père* des lois à la société domestique et juge les différends qui s'élèvent dans son sein, qui observe comme *prêtre* les rites sacrés et offre à Dieu les sacrifices, et qui

---

(1) *Multitudinis autem prima causa coeundæ est non tam imbecillitas quam naturalis quædam hominum quasi congregatio; non est enim singulare nec solivagum genus hominum.* (CIC., *De Rep.*, I, 5. Voyez aussi SÉNÈQUE, *De Benef.*, IV, 18.)

(2) *Non est bonum hominem esse solum.*

(3) *De Civitate Dei*, l, XII, c. XXI ; l, XIX, c. VII.

comme *roi* défend la cité et fait la paix ou la guerre (1).

L'autorité du patriarche ($\pi\alpha\tau\rho\iota\alpha\rho\chi\eta\varsigma$) se perpétue dans le fils aîné, et à mesure que la famille s'étend, l'autorité absolue devient de plus en plus tempérée dans le patricien héréditaire, et dans le chef même électif du clan ou de la tribu.

Le *patriciat*, ce régime constitutionnel des temps primitifs, associe les *familiers* à l'exercice de l'autorité. Un collége sacré assiste le pontife (*pontifex*) dans l'accomplissement des sacrifices et forme autour du chef de la tribu comme un collége d'État qui coopère à la direction des entreprises, à la prononciation et à l'exécution des jugements. Les familiers se divisent en hommes libres et en esclaves; et selon que les circonstances extérieures sont favorables aux progrès de la liberté ou à ceux de l'autorité, le patriciat se transforme soit en clan ou en tribu, soit en district administratif.

L'autorité du chef de clan est, comme celle du chef de tribu, limitée par les droits des membres de l'association, droits tantôt conquis par la force, tantôt concédés volontairement. Mais le chef de clan, ordinairement héréditaire, conserve par la noblesse dont il s'entoure plus d'autorité que le chef électif de la tribu.

Dès la plus haute antiquité comme de nos jours il y a des tribus nomades, il y en a de sédentaires. Tandis que Caïn menait en famille une vie errante, Énos, Hénoch, habitaient les villes, cultivaient les terres d'alentour et se livraient aux différents arts. Tandis que Jabel errait avec ses troupeaux, Jubal et Tubalcaïn résidaient dans les cités où ils travaillaient à différents métiers qui exigeaient une vie sédentaire. Tandis qu'Abraham, Jacob et autres pa-

---

(1) Vico, *Scienza nuova*, lib. II.

triarches menaient une vie ambulante, il y avait, partout où ils voyageaient, une multitude innombrable de familles à demeures fixes. Ces différences caractéristiques, qui existaient dans les tribus bibliques, se retrouvent encore dans les tribus de notre temps. En Algérie, les Bédouins mènent une vie nomade sous des tentes mobiles; les Kabyles sont établis dans des villages (1).

(1) Chez les Kabyles du Djurjura, chaque village est administré par sa *djemmâa*. La *Kharouba* est la réunion des maisons d'une même famille. Elle comprend tous les individus rapprochés entre eux par des liens de parenté ou d'alliance et se trouve représentée dans les assemblées par son *dehman*. Quant aux *euguals*, le nombre en est proportionné à celui des habitants du village ; chaque *Kharouba* en désigne un ou plusieurs, suivant l'importance de son effectif ; on les choisit parmi ceux qui sont réputés pour leur sagesse et leur expérience.

L'*amin*, sauf en ce qui concerne les amendes qu'il prononce d'après le *Kanoun*, ne peut rien faire par lui-même; résumant le pouvoir exécutif, il est le bras de la *djemmâa*, mais il doit la consulter sur toutes les affaires.

L'*oukil* est l'agent financier de la commune; il tient un registre sur lequel il doit inscrire toutes les recettes et dépenses concernant la commune, en présence de la *djemmâa* qui le contrôle.

Les *dhamans* aident l'*amin* dans l'exercice de ses fonctions; ils servent d'intermédiaires entre lui et la *Kharouba*, et sont responsables devant la *djemmâa* de l'éxécution des décisions qu'elle prononce.

Les *euguals*, qui forment le conseil de la tribu, sont grandement considérés; leur avis a un grand poids, ils sont consultés sur tout.

La *djemmâa* ainsi constituée se réunit une fois par semaine, généralement le vendredi soir, et extraordinairement si les circonstances l'exigent.

Ces assemblées nombreuses sont, comme toutes les réunions populaires, souvent bruyantes; mais on tomberait dans une grave erreur si l'on croyait que la confusion seule y règne. Le Kabyle a l'habitude de la vie politique, et la police des séances est réglée.

La vie matérielle du clan et de la tribu est heureuse, grâce à l'absence de besoins factices, et la fragilité même du lien qui unit leurs membres est une garantie de concorde et de stabilité; car si quelque cause accidentelle vient à troubler la bonne harmonie, l'association se divise sans effort en deux associations dont chacune continue à vivre d'une vie distincte et complète. Le chef étant d'ailleurs dans la dépendance des associés, l'esprit d'égalité est, dans des mesures différentes, le caractère dominant de l'association. Ce caractère se reproduit sous les formes les plus diverses, et rend impossible l'existence d'une force autre que celle des associés pour qui l'autorité du chef fut créée, alors même qu'elle n'a pas de limites légales et qu'elle est héréditaire.

Les idées de justice et de morale se développent dans le clan et dans la tribu dans des proportions trop étroites pour satisfaire pleinement aux besoins de la nature humaine. Le christianisme n'a jamais pu s'établir, malgré le zèle apostolique développé pendant des siècles par les missionnaires, au milieu des chasseurs d'Amérique, des pasteurs de l'Arabie, et des Curdes ou Turcomans, pasteurs, marchands ou agriculteurs. La religion universelle s'adapte mal à la circonscription d'affections et de droits, qui forme le caractère essentiel de la tribu et du clan.

Le désir de l'égalité, la frugalité, la simplicité du costume, l'antipathie contre les choses et les idées de l'étranger, concourent à empêcher les progrès économiques de ces deux genres d'association.

Les pouvoirs judiciaire et administratif de la *djemmâa* sont parfaitement déterminés par le *Kanoun* établi.

Comme tribunal, elle rend la justice en appliquant les règles tracées par l'*ada*, c'est-à-dire par la coutume, et ce droit coutumier est aussi différent du Koran que le peuple kabyle est différent du peuple arabe. (*Moniteur* du 16 mai 1858.)

Les tribus modernes de l'Arabie et de la Mésopotamie ne diffèrent en rien, au point de vue économique, de celles dont parle la Bible. Aujourd'hui, comme alors, le commerce fait par les caravanes manque d'aliments faute de produits et à cause du peu de besoins du peuple, et trouve d'ailleurs de graves obstacles dans les jalousies et les disputes des associations indépendantes. Aujourd'hui, comme alors, on voit le commerce, l'industrie, les arts se développer à mesure que, par l'influence des municipes et par la puissance de l'État, les tribus vont en se dispersant. Les municipes phéniciens et hébreux, ainsi que les monarchies de l'Assyrie et de l'Égypte dans les temps anciens, et les principautés Persanes, Osmanes et Mamelucks, dans les temps plus récents, ont marché du même pas à la destruction des tribus et à l'extension des relations commerciales. Au contraire, depuis que la Perse et la Turquie ont commencé à décroître politiquement et industriellement, la vie populaire s'est concentrée dans les tribus et les clans, à tel point que si la main de Dieu n'intervient, on peut craindre que ces pays ne retournent, dans un temps prochain, aux conditions antérieures à la formation des empires, et que sur les ruines des palais ne s'établissent de nouveau les tentes des tribus nomades.

Un caractère de la tribu non moins essentiel que l'égalité, c'est l'autonomie. On peut détruire la tribu, on ne peut ni la courber sous le joug ni la réglementer. Les despotes de l'Orient qui peuvent d'un signe, d'après la loi, la contraindre à changer de demeure, la dépouiller, l'anéantir, et qui ont si souvent abusé de leurs droits, n'ont jamais tenté cependant de soumettre l'organisation intérieure de la tribu aux magistratures générales, parce qu'ils ont cru la chose impossible. Tous sans exception la considèrent comme un être réellement plutôt que fictivement indivisible;

ils lui demandent les impôts et les services publics, ils lui confient la police de son territoire, ils la rendent collectivement responsable des délits de ses membres, ils mettent en réquisition son contingent dans la milice, et lui laissent le choix de ses officiers; et si quelquefois ils la trouvent rebelle, ils la punissent tout entière, à moins que les auteurs de la rébellion ne rachètent son pardon en se sacrifiant spontanément. Dévier de ces maximes, c'est donner la main à la destruction de la tribu, ou provoquer sa résistance désespérée. Les Cosaques ont fait un grand pas vers la transformation de leurs tribus en communes, en acceptant les magistrats russes, et les habitants du Caucase soutiennent depuis un demi-siècle une guerre de géants plutôt que de faire ce premier pas. Ceux-ci ne tarderont pas à perdre, ceux-là veulent conserver leur autonomie primitive. Sur des associations pareilles la souveraineté peut être despotique, le gouvernement peut faire sentir une action terrible, mais l'administration ordinaire ne peut exercer aucune influence.

Le lien qui unit les membres de la tribu est tout idéal et ne dépend ni de circonstances de lieux et de temps, ni de causes extérieures. Il naît du besoin d'une défense réciproque. Il est consolidé par l'égalité et par la poursuite d'un même but, et devient lui-même à son tour le principe de la perpétuité de l'association. Les idées qui ont présidé à sa formation ne peuvent changer sans que la tribu ne se dissolve.

L'immobilité dans la tribu, première conséquence du caractère du lien, produit de son côté l'immutabilité dans sa manière d'être. En Europe, les Français, les Anglais, les Allemands, les Italiens et les Espagnols diffèrent entre eux non-seulement par le langage, mais par les institutions, par les mœurs, par les usages. Tous les Arabes sont à peu près les mêmes, soit qu'ils habitent le Maroc, l'Égypte ou l'Arabie. Le Bédouin de l'Algérie est en tout semblable à celui de l'Arabie, et le Curde conserve dans le Corasan les habitudes de ses frères demeurés dans leurs montagnes natives. La tribu est inaccessible aux autres éléments de l'humanité, parce que les conditions de l'association ne pourraient changer sans que les idées fondamentales qui la constituent ne fussent altérées.

La tribu nourrit une antipathie invincible contre le corps politique, dans lequel elle voit une force tendant perpétuellement à altérer sa nature et à détruire son propre lien. On peut la considérer comme la plus mauvaise des unités politiques.

« Malgré mes recherches, dit un écrivain qui a observé de près les tribus arabes de l'Algérie, je n'ai pu découvrir aucune trace de lien social entre les diverses tribus. Elles forment toutes des agglomérations à part et indépendantes les unes des autres. Rien n'oblige un scheick à déférer aux volontés d'un autre. On ne connaît aucune hiérarchie parmi les Arabes, et cependant ils ont des habitudes aristocratiques, ils conservent fidèlement les traditions de famille et connaissent la filiation de tous ceux qui portent des noms connus dans le pays. Moïse, sentant que les Israélites ne pourraient jamais former un corps de nation s'ils restaient nomades, multiplia les lois cérémonielles qu'il leur dicta. Il voulait par ce moyen les centraliser, et c'est à peine s'il réussit. »

De là découlent deux conséquences : d'un côté, la tribu se plie avec peine aux exigences de l'unité politique et s'en affranchit aussitôt que l'occasion s'en présente ; d'un autre côté, le corps politique, l'État, lutte contre elle sans relâche jusqu'à ce qu'il l'ait détruite ou contrainte de retourner à l'indépendance primitive.

Toutefois la tribu conserve les caractères de la nationalité qui sont compatibles avec son isolement politique, et elle les conserve malgré les changements de climat, de demeure et de rapports extérieurs. L'Arabe africain ne se distingue de l'Arabe asiatique par aucun signe important. Ce n'est pas là, il est vrai, la nationalité complète, l'unité politique de la France ou de l'Angleterre, mais c'est un acheminement à ce but final.

Entre la famille patricienne et la tribu les analogies sont grandes, mais les différences sont encore plus grandes. Elles sont l'une et l'autre unités universelles. Mais les seigneurs patriciens, disposés à s'associer entre eux pour tenir sous leur sujétion les familiers, inclinent à former une unité politique plus que les chefs de la tribu qui ne peuvent trouver dans l'association de plus grands éléments d'autorité et qui peuvent au contraire y perdre la portion de pouvoir qui serait déléguée à l'État. Le patriciat n'est donc pas antipathique à l'unité politique, quoiqu'il ne coopère pas pleinement à ce but, tandis que la tribu lui est décidément contraire.

§ 2. — La communauté primitive et négative des biens de la terre est un fait concomitant avec la tribu et le clan, ces formes primordiales des sociétés humaines.

« La terre est à moi, dit le Seigneur dans l'Ancien Testament; hommes, vous êtes des étrangers à qui je la loue (1). »

Le travail de l'homme est la condition attachée par la Providence à la jouissance de ses bienfaits.

La terre a reçu de Dieu la force d'engendrer les arbres

---

(1) EXODE, c. 9. *Ut scias quia Domini est terra.* — LEVIT., c. 23, *Terra non vendetur in perpetuum quia mea est, et vos advenæ et coloni mei estis.* — DEUTERON., c. 10. *En Domini tui cælum est, et cælum cæli, terra et omnia quæ in ea sunt.*

et les herbes (1); mais la terre inculte ne produirait que des ronces et des épines (2).

C'est pourquoi, selon la parole du prophète royal, Dieu a donné la terre aux enfants des hommes pour la cultiver, la posséder et la peupler (3). C'est pourquoi la Genèse (4) nous montre Adam chassé du paradis et Noé sorti de l'arche cherchant leur nourriture dans la culture des champs.

Toutefois les hommes ne possèdent rien en propre; ils ne sont que les administrateurs des biens de Dieu qui les leur ôte quand bon lui semble (5). La communauté négative des biens de la terre constitue donc l'état social primitif. *Sunt privata nulla natura*, dit Cicéron.

Dans les temps primitifs, le sol est ouvert à tout le monde et nul n'a intérêt à l'occuper en particulier. Abraham, revenant d'Égypte où il s'était retiré pendant la famine qui désola le pays de Chanaan, cheminait avec Loth, son neveu, qui avait aussi des brebis, des bœufs et des tentes; et comme il y eut querelle entre les pasteurs du bétail d'Abraham et les pasteurs du bétail de Loth, Abraham dit à Loth : « Je te prie, qu'il n'y ait point de disputes entre moi et toi, entre mes pasteurs et les tiens, car nous sommes frères. Tout le pays n'est-il pas à ta disposition? Sépare-toi, je te prie, d'avec moi. Si tu prends la gauche, je prendrai la droite, et si tu prends la droite, je m'en irai à la gauche. » Et Loth, levant les yeux, vit toute la plaine du Jourdain qui, avant que l'Éternel eût détruit Sodome et Gomorrhe, était arrosée partout, et Loth choisit pour lui toute la plaine du Jourdain et celle du côté de l'Orient. Ainsi ils se séparèrent

---

(1) Genes., I. — (2) Genes., III.
(3) *Terram autem dedit filiis hominum.* Psalm. 113. *Multiplicamini et replete terram et subjicite eam.*
(4) Genes., II. — (5) Euripide, *Les Phéniciennes*, v. 553.

l'un de l'autre, Abraham demeura au pays de Chanaan, et Loth dressa ses tentes jusqu'à Sodome.

C'est ainsi que la communauté négative de la terre se transforme par l'occupation, par le travail, par les conventions expresses ou tacites entre les hommes, en droit de propriété exclusive. De là le droit du premier occupant. *Veteri occupatione ut qui quondam in vacua venerant.* De là deux genres de domaines, le domaine commun et le domaine privé, également respectables. Un des devoirs de la justice, dit Cicéron (1), c'est d'user des choses qui sont en commun, et de ne disposer en maître que de ce qui est à nous en propre. Or, il n'y a rien qui appartienne naturellement à telle ou telle personne plutôt qu'à toute autre ; mais le droit de propriété que l'on a sur certaines choses vient, ou de ce que l'on s'en est emparé le premier comme firent ceux qui s'établirent au commencement dans des lieux inhabités, ou de ce qu'on les a conquises par les armes, ou des lois, ou des conventions que les particuliers font ensemble, ou des chances du sort.

Lorsque les choses étaient encore en cet état de communauté négative, qu'elles étaient communes à tous les hommes sans qu'aucun en fût propriétaire, ce n'est que par la possession que chacun commença à acquérir un domaine de propriété. *Jure occupationis, quod enim nullius est primo occupanti videtur.* (L. 8, ff. *De acquis. rer.*)

Le droit d'occupation, cette source primitive du droit de propriété privée ou publique, n'existe qu'à deux conditions. Il faut 1° que la chose dont on s'empare ne soit pas de celles qui par leur essence doivent rester communes à tous les hommes, telles que l'air, la lumière du soleil, la pleine mer ; qu'elle soit susceptible d'être possédée et

---

(1) *De Officiis*, lib. V, cap. VII.

qu'elle soit occupée réellement. Il faut 2° que la chose ne soit pas déjà occupée, qu'elle soit vacante au moment où le premier occupant *venit in vacua.*

Les biens *vacants* sont, dans l'acception la plus générale, les biens sans maîtres, *bona aberrantia quæ nullius sunt.* Dans les sociétés naissantes, ces biens appartiennent au premier occupant comme prix du service rendu par lui à la société en utilisant un bien sans valeur. Si un homme ramène à la vie une terre morte, elle est à lui, dit Mahomet (1). Locke rapporte (2) qu'en Espagne un homme peut labourer, semer, récolter dans un terrain auquel il n'a aucun droit. Les habitants, loin de le troubler, se regardent obligés envers lui pour avoir fécondé par son industrie une terre déserte et avoir ainsi ajouté à la richesse de tous. La loi coloniale impose à chaque propriétaire, dans l'Amérique septentrionale, l'obligation de mettre en valeur et de cultiver dans un temps fixé une portion déterminée de ses terres, et, au cas de défaut de sa part, déclare que ces terres négligées pourront être adjugées au défricheur. Cette loi, dit Adam Smith (3), sans avoir été rigoureusement exécutée, a cependant produit quelque effet (4).

L'histoire des temps primitifs, soit antérieurs, soit postérieurs au déluge universel, nous montre les formes simultanées et diverses de l'occupation du sol. Certaines familles parcourent avec leurs troupeaux les champs inoccupés et incultes, sans qu'on remarque presque aucune trace d'établissement permanent. D'autres vivent de la

(1) *Revue de législat.*, t. XV, p. 60.
(2) *Du gouvernement civil*, chap. V, § 36.
(3) *Richesse des nations*, liv. IV, chap. VII, t. II, p. 182.
(4) Le labourage au Champart autorisé par la coutume du Nivernais est fondé sur le même principe.

chasse, d'autres se livrent au labourage, d'autres pillent leurs voisins. Des guerres s'allument incessamment entre les tribus nomades et les tribus sédentaires. Celles-ci se disent maîtresses du sol et exigent des tribus errantes le loyer des pâturages. Celles-là résistent et inquiètent les laboureurs et les cités. Isaac veut s'établir dans les campagnes d'Abimélech qui, pour le forcer de s'éloigner, fait combler les citernes où s'abreuvent ses troupeaux. Il transporte ses tentes à Gerara, et les habitants de la vallée repoussent ses troupeaux des fontaines. Dans les mœurs des patriarches la propriété privée et permanente est exceptionnelle.

Cependant la Genèse rapporte quelques exemples de querelles pour des puits dont il paraît que la propriété exclusive et héréditaire appartenait de droit à celui qui les avait creusés ou qui s'en était attribué l'usage.

Abraham réclame contre les serviteurs d'Abimélech un puits qu'il avait creusé, et veut que sept jeunes brebis en soient le témoignage. Isaac revient dans le même lieu, retrouve le puits creusé par son père et le réclame (1).

Abraham achète pour 400 sicles d'argent un champ et une caverne pour y ensevelir la dépouille de celle qui avait été la compagne de sa vie et la mère d'Isaac. Jacob donne cent agneaux en échange de la propriété d'un champ.

Les objets de la possession et de la propriété collective sont très-divers. Outre les choses insusceptibles d'appropriation privée et dont l'usage est commun à tous les hommes, telles que l'air, la chaleur, la pluie, le vent, la mer avec ses sels, ses plantes, ses poissons, ses coquillages, ses rivages même, il y a chez chaque peuple des choses publiques, ce sont : les fleuves, les rivières, les sources, les

---

(1) GENÈS., XXI, 30 ; XXVI, 15.

ruisseaux, les carrières de pierre, de plâtre, de marbre, les mines métallifères cachées dans les profondeurs de la terre, les pâturages et les forêts qui en couvrent la surface. La terre, avec la force végétative dont elle est douée, est susceptible d'être défrichée et appropriée par le travail à une jouissance exclusive. Mais plus on remonte le cours des âges, plus la proportion des choses communes par rapport aux choses appropriées est considérable.

L'état de communauté des biens naturels fongibles persiste, dit un écrivain (1), tant que la population demeure clair-semée, et qu'elle trouve dans la nature des ressources bien supérieures à ses besoins. Il ne présente alors ni inconvénients ni dangers. On abuse sans doute des libéralités de la Providence ; trop souvent on abat l'arbre pour en avoir les fruits ; mais les forces réparatrices de la nature sont assez puissantes encore, comparativement aux pertes, pour combler et les vides que fait l'imprévoyance et ceux que commande la nécessité. Le nombre des consommateurs s'accroît-il, l'intérêt général exige qu'on retire les biens naturels du domaine commun. Si, dans les pays où la population est dense, on laissait chacun libre de chasser et de pêcher entièrement à sa guise, les bois et les campagnes, les ruisseaux et les rivières seraient bientôt dépeuplés. Si chacun pouvait barrer ou détourner, selon sa fantaisie ou son intérêt, le cours des eaux, on ne tirerait pas de ce bien précieux tous les services qu'il peut rendre, comme agent de fécondité ou de force motrice, parce que l'abus qu'en ferait l'un empêcherait l'autre d'en user, parce que la retenue faite par celui-ci rendrait inutile le barrage construit par celui-là, parce que les digues et autres travaux de dé-

---

(1) M. DE METZ NOBLAT, *Les origines du droit de propriété*. (*Correspondant* du 25 janvier 1854.)

fense d'un riverain nuiraient au riverain opposé, etc., etc. S'il était loisible à chacun d'exploiter les filons qu'il jugerait à propos d'attaquer, personne ne voudrait faire les avances et les travaux préparatoires qu'exige le travail des mines, dans la crainte de voir ces travaux rendus inutiles et ces avances infructueuses, par la concurrence d'un survenant qui viendrait s'installer à côté du premier arrivé, traverser ses plans et lui disputer le terrain. Même observation pour les carrières. Pour les prairies naturelles, si chacun pouvait y mener ses bestiaux quand bon lui semble, les herbages seraient foulés et impropres au pâturage avant d'avoir eu le temps de pousser. Quant aux forêts, ce serait bien pis encore. On manquerait bientôt totalement ou presque totalement de bois, si on laissait chaque individu libre d'aller abattre ce dont il aurait besoin pour se chauffer ou pour tout autre emploi. Il est donc absolument nécessaire que les sociétés, une fois parvenues à un certain point, s'opposent au gaspillage des biens naturels, gaspillage inévitable, si on ne leur donnait pas des gardiens, et si on n'en réglait pas l'usage.

L'appropriation du sol est la conséquence naturelle des progrès de la civilisation; dès qu'Ismaël eut cultivé un champ, il en fut le maître de droit naturel, et dès qu'il eut établi ses douze enfants dans diverses portions des champs déserts, ils devinrent également comme lui, par leur travail, les maîtres absolus chacun de la portion qu'ils cultivèrent (1). Dans les commencements où la terre était encore en friche, chaque patriarche fut le maître absolu de partager ses domaines comme il le jugea à propos, et tel fut, dans chaque pays, le pouvoir suprême du *premier propriétaire*. Mais avant que la cul-

(1) *Nombres*, XXVI, 53, 54, 55.

ture pût s'étendre au loin, on conçoit aisément qu'entre ces cités naissantes disséminées çà et là dans les plaines, il resta des terrains vagues et de vastes déserts qu'on laissa longtemps en friche faute de bras, et qui ne pouvaient servir qu'à faire paître les bestiaux. Ces terrains étaient parcourus par des familles ambulantes dont l'unique occupation était d'élever de nombreux troupeaux qu'elles vendaient aux familles fixées. Tels furent, avant le déluge, les descendants de Jabel, *pastor ovium*, et après le déluge, ceux d'Abraham et de Jacob et autres patriarches qui vivaient sous des tentes, et conduisaient leurs bestiaux de vallées en vallées et de déserts en déserts, comme on le voit dans l'histoire de Josèphe (1).

De là la distinction originaire des propriétés collectives, c'est-à-dire exploitées en commun, sous l'autorité des chefs de tribus, et des propriétés particulières divisées entre les familles et jouies par elles à titre privé.

CHAPITRE II

DU DISTRICT ADMINISTRATIF ET DU PARTAGE DES TERRES DANS LES EMPIRES DE L'ORIENT.

§ 1ᵉʳ. — Quelque épaisses que soient les ténèbres qui entourent le berceau des monarchies absolues de l'Orient, on peut hardiment conjecturer que cette forme de gouvernement fut une extension du patriciat primitif.

(1) JOSÈPHE, *Antiquités judaïques*, chap. VIII, § 18.

La tribu se transforme difficilement en corps politique. Elle ne peut croître en effet ni en nombre ni en richesses au delà de limites restreintes, parce que d'un côté ses membres se séparent aussitôt que la vie commune leur est incommode, et parce que d'un autre côté les inégalités inévitables qui naissent des grandes richesses et la difficulté de faire tendre à un même but un grand nombre d'hommes égaux dissoudraient inévitablement la tribu si elle ne se subdivisait. La famille patricienne au contraire peut croître en nombre et en richesses d'une manière illimitée, parce que le lien qui unit ses membres, imposé par l'autorité, est indépendant de la volonté des familiers qui ne peuvent, comme les membres de la tribu, se détacher les uns des autres pour former une autre association. Il n'y a donc pas dans la constitution naturelle du patriciat la même antipathie contre le corps politique que dans celle du clan ou de la tribu.

Le patriciat se plie d'ailleurs à tous les changements de sentiments et d'idées qui ne diminuent pas l'autorité suprême du chef, et, s'alliant tantôt avec l'esclavage domestique, tantôt avec la servitude de la glèbe, il se transforme ici en gouvernement despotique, là en fief ou en municipe. La tribu reste au contraire immuable et impénétrable ; la loi ne peut en détruire le principe et le lien, parce qu'aucune loi ne peut faire que ses membres n'aspirent pas à l'égalité qui est l'essence même de l'association. La destruction de la tribu ne peut résulter que d'une corruption intérieure destructive de l'égalité, ou de causes extérieures telles que la guerre et la conquête. Dans le premier cas, la tribu reste soumise, mais non identifiée à l'État à qui elle apporte plus de faiblesse que de force et contre lequel elle ne cesse de lutter, comme le prouve l'histoire des tribus primitives du Curdistan et de la Perse qui obéissaient nominalement aux rois de Babylone et de Suze, et qui, en réalité, se gouvernaient elles-mêmes, et comme on le voit aujourd'hui encore chez leurs descendants sous la domination plus apparente que réelle du sultan et du shah. Que si un peuple divisé en tribus est envahi par l'étranger et soumis par la force des armes, la tribu doit être détruite comme l'ont été les clans de l'Écosse par l'Angleterre, sous peine d'être une cause perpétuelle de troubles et de résistance au gouvernement.

Quelle que soit au surplus l'origine d'un gouvernement despotique, et quelque diverses qu'en soient les formes accidentelles, son caractère permanent et essentiel est le défaut d'indépendance et d'autonomie de ses districts administratifs. Un conseil d'État nommé par le prince et privé de toute influence politique, des satrapes, des juges, des fonctionnaires publics qui, sous des noms fastueux, ne sont en réalité que des domestiques du palais, tel est le personnel de l'administration servile organisée dans les districts de l'Empire et contre laquelle les lois n'offrent d'autre garantie que le bon plaisir du monarque.

Le gouvernement obtient du district administratif une obéissance passive plutôt qu'une coopération active au bien général ; et c'est là le secret de la faiblesse des corps politiques dont le district administratif est l'unité élémentaire. C'est ce qui explique les triomphes de quelques bourgades de la Grèce peuplées de citoyens passionnés, éloquents, artistes, guerriers, sur les monarchies de l'Orient, qui leur étaient si supérieures en forces matérielles ; c'est ce qui fait comprendre comment le Bas-Empire, quand ses municipes furent devenus des instruments de fiscalité et ses décurions des chefs d'esclaves, tomba dans l'atonie et mourut de langueur plutôt que par le fer des barbares, malgré la perfection matérielle de son administration et l'immensité de ses ressources. C'est ce qui fait que de nos jours l'Égypte et la Chine, ces deux merveilleux modèles de gouvernement oriental, soutenus des unités de district les plus parfaites que l'Asie connaisse, ont révélé leur débilité en cédant aux attaques d'un petit nombre de soldats européens à peine dignes du nom d'armée.

Ce qui distingue surtout la civilisation de l'Orient, c'est le luxe des capitales où étaient entassées d'immenses agglomérations d'esclaves.

Thèbes aux cent portes, Ninive aux quatre cents tours, Babylone et ses murs élevés, ses jardins suspendus, ses temples et ses palais magnifiques, qu'est-ce que tout cela sinon des corps sans âmes symbolisés dans les bêtes extranaturelles de l'Apocalypse ? Quand le monarque assyrien, parcourant les somptueux palais dont il avait enrichi Babylone, s'écriait rempli d'admiration : N'est-ce pas là cette Babylone dont j'ai fait le siége de mon empire, que j'ai bâtie dans ma puissance et dans l'éclat de ma gloire ? l'armée victorieuse de Cyrus était à la veille de camper sous les murs de cette capitale.

L'une des monarchies antiques de l'Orient, l'Égypte, a cependant laissé dans la mémoire des hommes des traditions morales et des exemples de législation. L'autorité des rois n'y était pas absolue, et leur vie publique et privée était entourée de gênes salutaires. Les lois d'Osiris réputées d'origine divine punissaient de mort le meurtrier, le parjure, le calomniateur, le lâche qui ne défendait pas un homme attaqué lorsqu'il pouvait le sauver. Nul ne pouvait être inutile à l'État : chacun s'inscrivait dans un registre et déclarait sa profession : une fausse déclaration était punie de mort. La liberté individuelle était respectée ; on n'arrêtait pas même les débiteurs ; mais quiconque violait un engagement, prêté selon la coutume, sur le gage sacré du corps de son père, était réputé infâme et privé de sépulture.

La nation égyptienne était partagée en trois classes selon Strabon et Isocrate, dans son éloge de Busiris, et en cinq classes selon Diodore de Sicile, savoir : les prêtres, les guerriers, les laboureurs, les artisans et les pasteurs. Sésostris divisa l'Égypte en provinces ou *nomes* subdivisés en *toparchies*, et les *toparchies* en *cantons*. Les chefs de ces circonscriptions administratives étaient tous nommés par le roi, l'intervention du peuple dans les affaires publiques était à peu près nulle. Les castes, ou plutôt les classes des prêtres et des guerriers, étaient associées au gouvernement ; mais les rois, quoique assujettis à des devoirs minutieux, savaient faire tourner au profit de leur propre autorité l'influence de la religion et la bravoure des guerriers.

§ 2. — La propriété indienne a donné lieu à deux systèmes exagérés : l'un de Niehbur qui pense que le roi était, dans l'Inde, propriétaire unique du sol ; l'autre, d'un historien allemand, Schlosser, qui a cru y voir en pratique une espèce de communauté de biens. Un publiciste français (1) a vu avec plus de raison dans la propriété indienne, partagée indistinctement entre toutes les castes et exactement défendue contre toutes sortes de dévastations (2) et d'usurpations par des lois civiles et religieuses (3), pleines de prévoyance à l'endroit de la limitation et du bornage (4), les caractères antiques de la propriété collective, mais n'y a pas reconnu ceux de la propriété royale de tout le sol. Toutefois, l'attribution des terres à des corps qui ne mouraient jamais, leur

(1) M. Giraud, *Recherches sur le droit de propriété chez les Romains*, chap. I, p. 16.
(2) *Lois de Manou*, liv. 8, sl. 238,240 et suiv. (p. 287 de la trad. franç.).
(3) *Ibid.* lib. 8 sl. 52 et *alibi passim; ibid.* lib. 8, sl. 264 (p. 291).
(4) *Ibid.*, lib. 8, sl. 245 et suiv. (p. 288 et suiv.).

imprescriptibilité (1), leur conservation dans les familles par le droit d'aînesse (2), rendaient la propriété immuable.

On a cru à tort que les pasteurs étaient méprisés en Égypte (3) : la fertilité des pâturages y avait au contraire multiplié les troupeaux (4), et les pasteurs qui vivaient dans les marais et les terres incultes se rendaient souvent par leur esprit de sauvage indépendance redoutables aux Pharaons (5). Mais à mesure que la civilisation faisait des progrès, on partageait les terres, on les limitait, on les cultivait, plutôt que de les laisser abandonnées à une vaine pâture.

Le partage des terres égyptiennes a donné lieu à trois systèmes. Strabon (6) atteste qu'elles furent également partagées entre les cultivateurs, les prêtres et les guerriers. Selon Diodore de Sicile (7), une part fut attribuée aux guerriers, une part aux prêtres, une part au roi, de sorte que la classe des laboureurs aurait été exclue du droit de propriété et réduite au colonage. Hérodote (8) complique la difficulté en disant que Sésostris fit le partage de tout le territoire entre tous les Égyptiens, ce qui indiquerait que

---

(1) Pour toute chose dont on a eu la jouissance sans pouvoir produire aucun titre, les titres seuls font autorité et non la jouissance. (*Lois de Manou*, lib. 8, sl. 200, p. 281.)

(2) L'aîné, lorsqu'il est éminemment vertueux, peut prendre possession du patrimoine en totalité, et les autres frères doivent vivre sous sa tutelle, comme ils vivaient sous celle du père.

(3) Pastoret, *Histoire de la Législation*, t. II, c. vii, p. 130.

(4) Diodore, I, § 36.

(5) Ils sont bientôt les plus forts, disait un Pharaon en parlant des Hébreux pasteurs en Égypte ; hâtons-nous de les chasser, de peur qu'ils ne s'arment contre nous. (*Exode*, chap. i, vers. 9 et 10).

(6) Livre 17, § 3 (tom. VI, p. 447 et 449, édit. Siebenkus, et t. III, p. 231, édit. Corar.)

(7) Livre I, § 73 et 74, p. 217 et 219. T. I, édit. Ripont.

(8) Hérodote, ii, § 109 (tom. I, p. 382, édit. Schweies).

le territoire était la propriété du roi. M. de Pastoret (1) concilie tous ces témoignages en distinguant les époques, et cherche notamment, dans le récit de la Genèse relatif à l'administration de Joseph en Égypte (2), une preuve de l'appropriation du sol en faveur du roi et de la transformation des Égyptiens en fermiers recevant pour prix de leur travail une partie du revenu des terres.

Quoi qu'il en soit, des documents authentiques récemment découverts (3) prouvent qu'en Égypte le droit de propriété privée était entouré de garanties : d'où l'on peut conclure que si la caste, ou, selon M. Ampère (4), la *classe* des agriculteurs y fut momentanément dépouillée, elle rentra plus tard dans ses droits primitifs, quoique écrasée sous le fardeau des impôts. L'hérédité des professions qui était sinon obligatoire, du moins usuelle, la mainmorte, le droit d'aînesse, tout ce qui tend à rendre stables les familles et les propriétés, était au surplus en usage en Égypte comme dans toutes les monarchies de l'Orient, et se retrouve même, sauf quelques différences caractéristiques, dans l'état primitif des peuples de l'Occident, et particulièrement des habitants de la Gaule.

(1) *Histoire de la législation des Égyptiens*, t. II, 2, c. v.
(2) *Genèse*, chap. xxxvii, vers. 15 et suiv.
(3) *Papyri græci taurinensis musei Egyptii, editi atque illustrati ab Amedeo Peyron (Taurini*, 1826 et 1827 in-4°. *Journal des Savants*, 1827 et février 1828.)
(4) *Des Castes et de la transmission héréditaire des professions dans l'ancienne Égypte.*

CHAPITRE III

DU MUNICIPE ET DE SES PROPRIÉTÉS.

Le municipe antique, dit le savant M. Guérard (1), rappelle la *cité*, comme la commune du moyen âge rappelle le *fief*. On y voit non des serfs, des mercenaires soulevés par la misère, mus uniquement par les intérêts matériels, rachetant par des abonnements injurieux à leur dignité morale, les premières nécessités de la vie, mais des citoyens libres exerçant dans toute leur plénitude des droits naturels, ne supportant que les charges de l'Etat qu'ils ont consenties, ne devant pas d'autres services que des services publics.

Cité, république, peuple, municipe, tous ces mots, synonymes dans la langue de l'antiquité, expriment une même pensée, celle d'une multitude d'hommes associés sous l'empire d'un droit qu'ils ont *consenti* en vue de l'utilité commune (2).

Le principe municipal repose, comme le terme *municeps, muneris particeps*, l'indique, sur la participation aux mêmes droits et aux mêmes charges de familles établies à demeure fixe dans un même lieu, qui confient à des magistrats temporaires la représentation et la direction de leurs intérêts communs.

Ce principe est complexe, il consiste dans le droit de nommer les représentants de la cité, et de gérer librement,

(1) *Polyptique d'Irminon*, prolégomènes, p. 107.
(2) *Est populus non omnis hominum cœtus quoquo modo congregatus, sed cœtus multitudinis juris consensu et utilitatis communione sociatus* (CIC. *de Rep.* 1, 25).

par eux et par les assemblées générales, les affaires publiques ; la loi positive règle ce droit, mais ne le crée pas.

La même cause, dit Domat, qui a réuni les hommes en société pour subvenir aux besoins de chacun par le concours et l'assistance de beaucoup d'autres, a produit les premières sociétés des villages, bourgs et villes. Nous lisons dans les Écritures saintes que du sel fut répandu sur la terre où s'étaient élevées des villes. Pausanias et Thucydide ont décrit la création spontanée des villes grecques et Tite-Live nous montre les fondateurs des colonies romaines traçant, vêtus de pourpre, avec un sillon de charrue au soc d'airain et en invoquant les dieux indigètes, la circonférence des villes nouvelles (1).

Le municipe, constitué dans ses conditions naturelles, est la plus parfaite des unités élémentaires politiques.

Son caractère principal et indestructible, c'est son union indissoluble avec la terre sur laquelle il s'est formé, et avec la grande association politique dont il fait partie comme l'espèce du genre. De ce caractère principal dérivent tous les autres, qui sont secondaires et accessoires.

1° Il n'est pas possible d'habiter une terre sans comprendre que la cohabitation avec les autres citoyens engendre des rapports nécessaires avec eux, et sans incliner à faire partie de l'association réunie dans le but de les régler. De là la tendance perpétuelle de tous les habitants à vivre ensemble dans le municipe.

Réciproquement, il n'est pas possible qu'une association, réunie pour satisfaire les besoins nés de la cohabitation, n'aspire pas à attirer dans son sein tous ceux qui participent à ces besoins : de là la tendance perpétuelle du mu-

---

(1) Voyez une dissertation de M. Blanchard dans les *Mémoires de l'Académie des Inscriptions*, t. III.

nicipe à embrasser sans distinction tous les habitants.

Le municipe approche d'autant plus de la perfection qu'il exclut moins d'habitants. L'*universalité* est l'un de ses éléments essentiels.

On ne doit donc considérer comme parfaitement conforme à la nature des choses, ni le municipe grec ou italien de la haute antiquité, composé de patriciens entourés d'une foule innombrable de clients et d'esclaves impatients du joug qui pèse sur eux, ni le municipe du moyen âge où domine le baron entouré de serfs attachés à la glèbe. Mais le patriciat et le fief ont été des transitions nécessaires à un ordre de choses dans lequel, malgré les obstacles qui semblaient s'opposer d'une manière invincible à la réintégration dans le sein du municipe des éléments qui en étaient exclus, une représentation d'abord fictive et incomplète a fini par amener une représentation réelle et complète, et par suite une police de la cité capable de satisfaire à l'*universalité* des intérêts.

Ce n'est pas que l'universalité des habitants du municipe doive nécessairement concourir à l'élection des représentants de la cité. L'histoire nous prouve que trois systèmes ont été en vigueur pour la composition de la représentation municipale. Tantôt l'État a choisi, tantôt les habitants ont élu, tantôt le sort a décidé. Aucune de ces trois formes n'est en contradiction avec l'essence du principe municipal. Quoique l'élection soit assurément de beaucoup la plus conforme au but de l'association, elle n'est pas toujours le meilleur moyen d'assurer ses prérogatives respectivement à l'État, comme on peut s'en convaincre en comparant le régime municipal français, où elle a été en vigueur, avec celui de l'Italie, où les représentants du municipe ont été souvent désignés par le sort ou par le gouvernement. Les formes de l'élection peuvent également varier, sans que le caractère essentiel de l'*universalité* soit enlevé au municipe.

2° Un second caractère du municipe, c'est la *perpétuité de son principe* au sein de ses formes variables. La cohabitation permanente dans un même lieu crée des besoins et des rapports tellement nécessaires que l'association qui en résulte est indestructible, quelles que soient les altérations produites par les révolutions politiques intérieures ou par les invasions étrangères. Les communes antiques de la Grèce et de l'Italie, une fois ouvertes à la plèbe émancipée, usurpèrent presque toutes les fonctions reservées à l'État dans l'enceinte de leur territoire. Le culte, la justice, l'armée, le trésor public, la loi elle-même tombèrent, comme la police locale et édilitienne, dans les mains des chefs des municipes, et l'État ne fut plus qu'une confédération de cités. A ce principe d'anarchie succéda plus tard, par une réaction inévitable, un despotisme tel qu'au moment de l'invasion des barbares les municipes, malgré leurs apparences d'autonomie, étaient devenus des instruments de tyrannie et d'exactions fiscales. Ces deux excès en sens inverses, par l'effet desquels le régime municipal fut si profondément dénaturé, n'ont pas empêché que le germe de cette institution précieuse, conservé en Italie, en Espagne et dans les provinces romaines de la France sous la domination des Francs et des Lombards, comme il l'a été dans la Grèce osmane, dans l'Inde mongole, dans le Mexique espagnol, ne se soit conservé et développé à l'insu et même contre le gré des conquérants et des seigneurs qui, dans l'affranchissement des esclaves et des serfs, cherchaient surtout un moyen de faire cultiver leurs terres et de percevoir des impôts, et qui sont devenus par là les instruments de la fusion providentielle de la civilisation romaine et de la civilisation germanique.

3° L'*égalité* et la *concorde* entre les membres du municipe sont les conséquences naturelles de la satisfaction donnée par cette institution à l'universalité des intérêts et de la perpétuité de son principe.

L'égalité dont il s'agit n'est pas l'égalité politique et sociale qui se rapporte à la composition de l'État, à la distribution des richesses, à l'exercice des droits de citoyen ; c'est l'égalité relative au but spécial de l'association municipale, c'est celle qui consiste en la jouissance accessible à chacun des avantages de l'association dans un sens conforme à sa position ; de sorte que le chef de l'État lui-même contribue aux charges municipales pour avoir droit aux chemins, aux eaux, à toutes les choses du domaine public municipal, et pour profiter des institutions d'édilité, d'éducation, de salubrité publique, etc.

Que si en effet le privilége, quant à la jouissance des avantages locaux, vient à s'introduire dans le municipe, aussitôt s'engage une lutte intestine, et si l'égalité n'est pas rétablie, l'association est atteinte au cœur et est toujours en danger de mort. C'est ce que démontre en Angleterre et en France l'étude attentive du municipe féodal où s'établit sur les communes avilies la domination absolue des seigneurs qui, ailleurs, en Italie par exemple, furent contraints de transiger en laissant aux communes l'indépendance de leur vie intérieure, et en ne se réservant que la haute main sur leur administration et la direction des affaires extérieures de l'État. Cette égalité relative est tellement nécessaire à la vie civile et sociale du municipe que le christianisme lui-même ne put pas, sans son secours, affranchir les serfs et fonder des institutions libérales.

L'association communale se divise d'elle-même en petites associations qu'inspire le désir d'atteindre avec le secours de ses semblables les biens qu'on ne pourrait obtenir par ses seules forces. Plus une association est restreinte, plus l'homme s'y rattache avec promptitude et spontanéité, parce qu'il en aperçoit plus clairement les avantages. Il subit la nécessité des grandes associations, mais il a pour les petites une inclination naturelle. C'est là une des mille manifestations de la loi en vertu de laquelle l'homme, faisant de sa personnalité le centre de l'univers, préfère les rapports immédiats aux rapports médiats qu'il ne connaît et n'apprécie que par le moyen des premiers.

L'habitude de la vie commune engendre d'ailleurs l'*amitié*, sentiment non moins nécessaire que celui de la justice, et plus favorable encore à la paix et à l'union des hommes. Car la justice sévère, inflexible, engendre souvent le ressentiment; l'amitié plus souple relâche de la rigueur du droit, se prête aux caractères et va jusqu'à rendre les lois inutiles. De là les ligues et les confréries fondées dans les villes de la Grèce ; de là les associations professionnelles de Rome, et ces autres sociétés appelées *sodalitia* qui n'avaient d'autres liens que la fréquentation et l'amitié que la table entretient : de là les *agapes* et le *baiser de paix* des premiers chrétiens, symbole et gage d'amitié dont nous avons conservé l'usage.

La *fraternité* est en quelque sorte l'âme de la vie de la commune et de toutes les associations secondaires qui s'y rattachent. Nous n'en citerons qu'un exemple emprunté à un pays de l'Europe où la vie communale a une grande puissance : « Dans chaque ville ou bourgade de la Suisse, dit un écrivain (1), chaque espèce de profession a sa maison commune où elle s'assemble pour les festins communs. Les querelles, les procès s'y vident à l'amiable. On dit que la sentence s'écrit avec de la craie sur la table desservie. Si la bonne foi, compagne de l'amitié, s'y trouve, elle donne

---

(1) *Des corps politiques*, liv. V, chap. III, p. 10.

plus de force à ces frêles caractères que n'en ont ceux que nous traçons avec l'encre sur le parchemin. »

Ce n'est pas que dans la commune, comme dans la famille elle-même, des discordes ne puissent naître. Sur le plus petit comme sur le plus vaste théâtre, l'ambition, la cupidité, la haine, l'envie, trouvent leur place ; l'antagonisme de ceux qui possèdent et de ceux qui ne possèdent pas, les coalitions, les partis religieux et politiques, les piéges tendus par les sycophantes au peuple crédule et ignorant, toutes ces causes et d'autres encore peuvent altérer, surtout dans de grandes crises sociales, l'harmonie des membres de la famille communale ; mais ces causes de corruption sont occasionnelles et transitoires plutôt qu'essentielles et permanentes. L'identité des intérêts, les rapports de bon voisinage, la similitude des sentiments, tout ce qui tend à perpétuer la cité, sert de contre-poids aux passions mauvaises, et les bons rapports finissent par se rétablir.

4° L'esprit de cité a subi des modifications bien profondes depuis le patriarcat des premiers âges jusqu'à nos jours ; mais ce qui, malgré les différences des lieux, des temps, des lois générales, subsiste inaltérable, c'est que, dans les populations attachées aux traditions et au sol, règnent l'amour de l'ordre et de la paix, l'habitude du travail, le sentiment de la liberté et de la dignité personnelle, uni au respect du droit et de la justice, à l'honneur, au sentiment de la fraternité, tandis que les populations nomades sont des foyers d'oisiveté, de corruption et de troubles.

5° Les *mœurs privées* que développe l'esprit de famille et de cité sont la véritable source des *mœurs publiques*.

« C'est par la petite patrie, disait l'illustre Portalis devant le Conseil d'État de l'Empire, que l'on s'attache à la grande. » — « Le patriotisme qui naît des localités, écrivait Benjamin Constant à une époque où les abus de la centralisation ne nous avaient pas encore conduits jusqu'aux frontières du communisme, ce patriotisme est aujourd'hui le seul véritable. Il faut attacher les hommes aux lieux qui leur présentent des habitudes et des souvenirs ; et pour atteindre ce but, il faut leur accorder dans leurs domiciles, au sein de leurs communes, autant de bien-être et d'importance politique qu'on peut le faire sans blesser l'intérêt général. »

Le respect de la loi, l'esprit de la vraie liberté, l'amour de la patrie, toutes ces vertus s'allient, se soutiennent les unes par les autres et toutes ont, en quelque sorte, leurs fondements dans la cité. C'est là que s'acquièrent les sentiments, que se développent les rapports, que se recrute la force nécessaire pour s'élever du particulier au général.

Les sources secrètes du *patriotisme* se cachent de préférence dans l'unité élémentaire, où naît et se développe le germe de cette communauté de vues et de sentiments, qui lie le passé au présent et qui constitue le moi perpétuel des nations. Le triple lien qui résulte de la communauté des mœurs, des traditions et des intérêts, rattache la famille à l'État. Ceux qui croient à l'antagonisme de l'esprit de localité et de l'esprit national commettent une grave erreur. La commune est l'école élémentaire de la vie publique. Là se nourrissent et se fortifient les idées de patrie, de droit, de cité inaliénable, de concours du peuple à l'action du gouvernement, de communauté d'intérêts entre les sujets, d'aptitude des particuliers à s'occuper de la chose publique, d'indépendance nationale. Partout, au contraire, où manque l'élément municipal, le lien national se relâche et le patriotisme succombe. La Pologne a péri malgré le dévouement héroïque de sa noblesse, et c'est en vain que les Hongrois s'agitent pour réunir en un seul corps de nation les peuples qui vivent dans l'unité d'une famille semi-féodale, sous la puissance d'un chef magyare. Ce qui a manqué à la Pologne comme à la Hongrie, c'est le concours à l'œuvre nationale d'un peuple fortement uni par le lien municipal. L'histoire nous montre de nombreux exemples de peuples conquérants qui ont favorisé les institutions communales dans l'unique but de faciliter et d'assurer la police générale et la perception des impôts. C'est ce qu'ont fait les Ottomans en Grèce, les mahométans dans l'Inde, les Espagnols dans le Mexique, les Francs dans les Gaules, les Lombards en Italie. Qu'est-il arrivé? Les institutions communales sont devenues, dans les mains des vainqueurs, un instrument énergique de gouvernement; mais elles ont conservé intacte la nationalité des vaincus, malgré leur condition misérable. Dans ces humbles associations s'est renfermée la vie politique du peuple vaincu tout entière, s'est conservé le dépôt des traditions, s'est organisée secrètement une résistance perpétuelle contre le vainqueur, et se sont préparées de nouvelles destinées. La nation s'y est recomposée, et a reconquis par degrés son double droit de cité et de nationalité. La commune a une puissance énorme d'unification en ce qu'elle tend à réunir en un seul faisceau tous les éléments constitutifs de la nationalité.

La commune prête à l'État l'appui d'une force morale qui n'a d'autres limites que celles qui résultent du consentement et de la coopération de tous, et dont la force matérielle ne doit être que le complément. L'état social le plus parfait serait celui dans lequel le pouvoir central n'aurait d'autre force que celle qu'il puiserait dans l'assentiment de la cité. Les gouvernements qui approchent le plus de la perfection sont ceux où l'on gouverne le moins par la force, le plus par les mœurs.

6° Les libertés municipales s'allient merveilleusement avec le *christianisme*, car l'Église veut l'unité dans la variété : *Adstitit regina circumdata varietate* (Ps. xliv); la commune et la paroisse sont sœurs, et l'autorité morale des ministres de la religion et des chefs de famille représentants de la cité concertant librement leurs efforts, en vue de l'utilité générale, exerce sur le bien-être et la moralité des populations une influence meilleure qu'un pouvoir uniquement appuyé sur la force matérielle.

7° Dès que la commune est constituée, la *propriété communale* s'établit nécessairement. Tout être moral, tout corps, toute communauté d'habitants doit, à l'exemple de la famille, pourvoir à son existence par le travail, et jouir nécessairement de la triple faculté d'acquérir, de posséder, d'aliéner, et par suite d'établir des impôts et de contracter des emprunts pour les besoins de son administration ; c'est là un droit naturel que la loi civile peut limiter, réglementer, mais non détruire, et qui est la véritable source de la propriété collective.

Entre les particuliers et les corps ou communautés il n'y a qu'une différence quant au droit de propriété ; c'est que ce droit, illimité pour les premiers au point de leur permettre d'user et d'abuser de la chose, a pour limite dans les seconds les droits des futures générations. De là l'incapacité d'aliéner d'une manière absolue et la qualification de *gens de mainmorte*, énergiquement expressive de cette incapacité dans les corps et communautés dont l'existence se perpétue par la subrogation toujours successive des personnes qui les composent ou les administrent.

Ainsi le pâturage, la terre culte, l'église, le presbytère, l'école, l'hospice, toutes les propriétés rurales et urbaines de la commune sont aussi sacrées que les propriétés individuelles soit pour l'État, soit pour les administrateurs des communes.

La *propriété privée* obtient dans le municipe les mêmes

garanties que la propriété commune. D'un côté, l'association des propriétaires protége leur droit contre les convoitises des non-propriétaires ; de l'autre, les passions de chaque propriétaire sont contenues par la crainte de perdre sa propriété. Une alliance naturelle se forme d'ailleurs entre la propriété et la famille, en ce que la continuation du père dans les enfants fait participer ceux-ci à la propriété paternelle perpétuée par la succession. De là un nouveau stimulant à la production, une nouvelle garantie à la richesse, de nouveaux fondements à la cité. Celui qui n'a rien envie d'abord la propriété dont il est privé ; mais il use de la liberté du travail et du commerce pour acquérir ce que les autres possèdent. De là des rapports avantageux et des sentiments de modération réciproques entre ceux qui ont et ceux qui n'ont pas ; de là l'idée de l'utilité universelle de la propriété qui devient ainsi le pivot de la cité, s'idenfiant avec toutes ses formes, animant tous ses mouvements, dominant les esprits et les cœurs des pauvres qui espèrent acquérir, des riches qui veulent conserver, donnant un but à l'action de tous et contenant les passions de chacun par le double frein de la crainte et de l'espérance.

Du respect de la propriété naissent à leur tour les idées de *légalité*, de *droit*, de *justice*, et les *sentiments moraux* que ces idées développent. La cité se fonde sur ces principes, elle se gouverne par les mœurs et par le sentiment de l'honneur. Sous les yeux de ses proches et de ses voisins on devient meilleur : tout y rappelle au devoir, tout y commande le respect des autres et de soi-même. La discipline intérieure de la famille et de la commune tient lieu de police, et la crainte de l'infamie est un ressort plus puissant que celle des peines matérielles. Ce ressort moral s'affaiblit loin de la terre natale et du foyer domestique. Débarrassé d'une censure salutaire, on se livre à ses mauvais penchants avec plus de facilité ; le cœur se déprave, l'esprit se trouble, et la pente insensible qui conduit du vice au crime est rapidement parcourue.

Ramenez dans leurs villages les existences déclassées qui pullulent dans les grandes villes, et vous aurez beaucoup fait pour leur régénération morale.

8° La commune, être collectif, a besoin, pour vivre conformément à sa nature, *convenienter naturæ*, comme dit Vatel, du secours journalier des membres qui la composent, et elle ne pourrait pas l'obtenir si leurs sentiments n'étaient pas empreints d'un caractère commun et n'avaient pas le même but, les mêmes tendances.

Un individu ne peut pas, sans l'appui de ces jugements d'habitude qui forment le sens commun des peuples, régler sa conduite privée par les seules lumières de sa raison ; à plus forte raison le peuple serait incapable de diriger, sans ce secours, les affaires publiques dont les plus sages et les plus habiles n'ont pas des idées claires et complètes. La cité doit avoir et a, en effet, pour base, un certain fonds d'idées et de sentiments qu'on appelle *l'opinion publique*, et que Mably compare ingénieusement et avec justesse, au lest qui préserve le navire du naufrage, et qui sert de point d'appui et de modérateur à la force d'impulsion. Cette opinion publique, sujette à de si grandes erreurs dans ce qui s'élève au-dessus de la sphère locale, est, au contraire, pleine de sagesse dans tout ce qui touche aux intérêts et aux mœurs de la cité. Elle est la gardienne sévère des vertus domestiques, du droit de propriété, de la religion des tombeaux, nécessités naturelles de la vie morale et économique qu'on trouve, selon la remarque de Vico, dans tous les pays et dans tous les temps. Dans la vie communale rien n'est en quelque sorte individuel : sentiments, pensées, mœurs, costumes même (1), tout est collectif. N'interrogez pas ailleurs la voix du peuple, elle n'est que là.

La perfection d'un corps politique est sans doute un rêve des gens de bien, beaucoup plus qu'une réalité. Les passions individuelles forment un obstacle perpétuel à l'établissement et au maintien des vrais principes. D'un côté, le souverain et les magistrats inclinent à abuser du pouvoir déposé dans leurs mains; de l'autre, les citoyens préfèrent les avantages présents et spéciaux du désordre aux avantages éloignés et généraux de l'ordre. De là, des coalitions d'intérêts particuliers contre l'intérêt général. De là, la corruption des sources de la vie sociale, tantôt par le souverain qui veut disposer du corps politique comme de sa chose, tantôt par les magistrats qui considèrent leurs attributions comme des droits, non comme des devoirs, et qui applaudissent aux usurpations du souverain quand ils y trouvent la base et la garantie de leurs propres empiétements, tantôt, enfin, par les citoyens qui, pour se soustraire au despotisme qu'ils appréhendent, ont recours à l'insurrection et à la violence. Alors, au lieu d'être deux alliés concourant ensemble au bien général, la commune et l'État deviennent deux ennemis en présence. L'État, abusant de sa force, provoque la résistance illégale de la cité; la guerre s'engage avec ses alternatives de succès et de revers, et toutes les conditions de l'équilibre politique étant livrées au hasard, la constitution devient, selon les chances du combat, tantôt républicaine, tantôt monarchique, tantôt mixte.

(1) Autrefois chaque commune avait en quelque sorte son uniforme. C'était une garantie morale. Le roi de Wurtemberg a essayé de faire revivre les anciens costumes villageois, en accordant une prime aux communes qui les reprendraient.

Les révolutions opérées dans la souveraineté se reproduisent au sein de l'administration générale ; mais ces révolutions qui bouleversent de fond en comble les États où la commune, représentée par un agent du gouvernement, dominée ou protégée, si l'on veut, par un préfet et par un ministre, dépouillée de toute influence directe sur les affaires publiques, n'est plus que l'une des roues administratives et a perdu complétement toute vie propre et indépendante ; ces révolutions n'ébranlent pas la constitution sociale des nations qui possèdent dans leurs institutions locales un boulevard inexpugnable contre toutes les attaques soit du dedans soit du dehors.

Le peuple, réuni et organisé dans ses communes, constitue en quelque sorte le *substratum* de l'État, et en conserve inaltérables les bases fondamentales. Rien ne l'ébranle de ce qui arrive à la surface ; rien ne peut changer les règles statutaires de la commune : les mariages, les propriétés, les successions, l'industrie locale, le culte, l'instruction, la police, la santé, les rues, les eaux, etc. Les changements produits par les révolutions se restreignent aux rapports généraux de la politique ; et, comme le caractère national et civil d'un peuple s'élabore et se conserve par la vertu des rapports privés et immédiats, la commune est le vrai principe, la base de la nationalité. C'est par les institutions locales que l'Angleterre et l'Allemagne ont toujours triomphé des révolutions politiques ; c'est par les institutions locales que la Suisse a vu, malgré les échecs temporaires de la fortune, son existence nationale traverser les siècles ; c'est par les institutions locales que l'Italie a conservé sa nationalité primitive à travers les révolutions, les guerres civiles, les invasions et tous les fléaux de la domination étrangère.

Qu'on ne croie pas que la surcharge des attributions

administratives soit pour le gouvernement de l'Etat un moyen de force. Au contraire cette multiplicité de devoirs qui partage les ministres et leurs agents entre les soins administratifs et les préoccupations politiques, qui les oblige à épuiser en détails d'hygiène, de voirie, etc., la force et l'intelligence qu'ils devraient réserver pour le gouvernement de l'État, cet excès d'attributions, loin de fortifier le pouvoir, l'affaiblit et le déconsidère; plus le pouvoir central se renfermera dans ses attributions naturelles, plus il sera fort et respecté.

CHAPITRE IV

DES MUNICIPES HÉBREU ET PHÉNICIEN.

§ 1er. — S'il est vrai, comme nous l'avons dit, que le double caractère fondamental du municipe consiste en son union indissoluble avec la terre sur laquelle il se forme et avec l'entité nationale dont il devient l'unité élémentaire, il faut reconnaître qu'en fixant les tribus israélites errantes dans la terre de Chanaan et en les réunissant en un seul peuple, *Israël*, sous l'invocation d'un seul Dieu, *Jéhovah*, Moïse posa dans le monde, seize siècles avant notre ère, les bases fondamentales du régime municipal.

Franchissez la montagne, dit ce grand législateur à douze chefs qu'il choisit parmi les douze tribus, en arrivant aux frontières de la terre promise. Examinez le pays et ses habitants, voyez s'ils sont forts ou faibles, en petit ou en grand nombre, s'il y a beaucoup de villes murées ou s'ils vivent dans les tentes, si le sol est gras ou maigre, couvert ou dépouillé d'arbres (1). Moïse rappela ensuite aux Hébreux que la terre appartenait à Dieu qui la donnait aux hommes pour la faire fructifier (2). Et puis la terre promise fut partagée entre les tribus d'Israël, en y comprenant les étrangers qui s'étaient établis parmi elles (3).

Avant de passer le Jourdain, deux tribus de pasteurs, celles de Ruben et de Gad, demandèrent qu'on les mît en possession des pays de Jæser et de Galaad, fertiles en pâturages, ce qui leur fut accordé en leur adjoignant la moitié de la tribu de Manassé.

Le peuple tout entier, y compris ces tribus qui laissèrent leurs familles et leurs troupeaux en deçà du fleuve, pour marcher en armes à la tête de leurs frères, conquit la terre de Chanaan, et les fils d'Israël ayant été convoqués à Silo, Josué leur dit : Choisissez dans chaque tribu trois hommes que j'enverrai pour décrire, mesurer et partager la terre (4), et ces *agrimensores*, que nous retrouverons dans

---

(1) Considerate terram qualis sit : et populum qui habitator est ejus, utrum fortis an infirmus, si pauci numero an plures ; ipsa terra bona an mala ; urbes quales, muratæ an absque muris; humus pinguis an sterilis, nemorosa an absque arboribus. (*Nomb.*, XIII, 18, 19, 20.)

(2) Terra mea et vos advenæ, et coloni mei estis. O Israël ! ecce terram quam Dominus tuus dat tibi. (*Levit.*, XXV, 23. *Deuteron.*)

(3) Et dividetis terram istam vobis per tribus Israel : et mittetis eam in hæreditatem vobis et advenis qui accesserint ad vos, qui genuerint filios in medio vestrum, et erunt vobis sicut indigenæ inter filios Israel. Vobiscum divident possessionem in medio tribuum Israel. In tribu autem quacumque fuerit advena, ibi dabitis possessionem, ait Dominus. (Ezechiel, XLVII, 22.)

(4) Congregatique sunt omnes filii Israel in Silo... ad quos Josue ait... Eligite de singulis tribubus ternos viros ut mittam eos et pergant atque circumeant terram et describant eam juxta numerum cujusque multitudinis; cumque surrexissent viri, præcepit eis Josue.

les colonies grecques et romaines, tracèrent le plan de la terre et la divisèrent en portions dans lesquelles la fertilité du sol fut compensée par son étendue. Le travail de ces experts fut revisé par les anciens, qui retranchèrent de Juda une partie pour la donner à Siméon (1). Les sept lots ayant été augmentés ou réduits selon la population des tribus, on les tira au sort : la tribu de Siméon eut le bourg de Bersabée qui marqua la limite septentrionale de la république ; la tribu de Juda fut mise en possession d'Hébron, d'Engaddi, de Bethléem, etc ; la tribu de Benjamin comprit dans ses limites Jérusalem, Guilgal, Ramal, Gabaon, Jéricho. A la tribu de Dan échurent Emmaüs, Modin, Joppé (aujourd'hui Jaffa). Dans la tribu d'Ephraïm se trouvèrent Sichem et Silo. Le reste du territoire fertile de la Judée, qu'on estime à trois millions d'avoures (2), fut partagé entre les tribus d'Issachar, de Nabulon, d'Azer, de Nephtali, etc. Les tribus divisèrent ensuite leurs terres en sections, et les sections en familles (3).

§ 2. — Matériellement constituée par le partage du sol, la nation israélite fut dotée par Moïse d'une véritable constitution d'*Etat*, comme la nomme Bossuet, laquelle fut librement acceptée par Israël.

Rejetant le principe égyptien du dualisme et ne voyant qu'un seul Dieu, *Jéhovah*, qu'un seul peuple, *Israël*; per-

---

Itaque perrexerunt et lustrantes terram, in septem partes diviserunt, scribentes in volumine. (Josué, XVIII, 1, 4, 9. — Josèphe, *Antiq. jud.*, l. IV, ch. VIII.)

(1) Hæc est hæreditas filiorum Simeon juxta cognationes suas; in possessione in funiculo filiorum Juda ; quia major erat; idcirco filii Simeon possiderunt in medio hæreditatis eorum. (Josué, XIX, 8, 9.)

(2) Josèphe *contre Appion*, liv. I, ch. VIII.

(3) Voyez pour les détails Josué, XIII, XX ; Josèphe, *Antiq. jud.*, l. IV, ch. VIII.

suadé d'ailleurs, comme l'a dit Socrate (1), que le plus grand bien qui puisse arriver à un Etat, c'est l'unité parfaite, Moïse ne fit pas dépendre cette unité des volontés d'un seul. L'unité d'Israël, *ce peuple, qui se lève et qui répond et agit comme un seul homme*, se combine, dans les institutions de ce grand législateur, avec le principe du libre concours des citoyens aux actes de la vie publique, principe que l'apôtre saint Paul a exprimé en ces termes : *Que celui qui se sent appelé à la prophétie, au ministère, à enseigner, à exhorter, prophétise, soit ministre, enseigne, exhorte : que l'œil remplisse ses fonctions sans dédaigner la main, que la tête remplisse les siennes sans mépriser les autres parties* (2). « Les Israélites, dit l'abbé Fleury, jouissaient de la liberté chérie des Grecs et des Romains. Dieu lui-même leur avait dit : C'est moi qui vous ai retirés de la maison d'esclavage et qui ai rompu le joug dont vous étiez accablés, pour vous faire marcher tête levée (3). » Les Hébreux étaient égaux et frères; les étrangers qui s'affiliaient devenaient frères; ceux qui, sans adopter toute leur constitution, vivaient parmi eux, étaient des amis.

La cité hébraïque n'était que l'extension de la famille patriarcale perfectionnée par les institutions de Moïse. Le mariage d'un enfant d'Israël était une fête pour ses proches, ses amis, ses concitoyens; cette fête durait sept jours, image des sept jours de la création. « Les Juifs, ces jours-là, dit l'abbé Fleury (4), étaient si parés que David, pour exprimer la beauté du soleil, n'a pas trouvé de plus digne comparaison que celle d'un époux. « Vivez dans la joie

---

(1) ARISTOT., *Polit.*, liv. II, ch. II.
(2) *Epître aux Romains*, XII, 1 ; *aux Corinthiens*, XII.
(3) Ego... qui confregi catenas cervicum vestrarum ut incederetis erecti. (*Lévitique*, XXVI, 13.)
(4) *Mœurs des Israélites*, XIV.

et la *fécondité* avec la femme que vous avez choisie dans votre jeunesse, disait la loi aux époux (1). Pourquoi vous abandonner à une étrangère et reposer sur son sein ? » Le célibat réprouvé, le mariage honoré, l'adultère sévèrement puni, la polygamie tolérée, tout concourait chez les Hébreux à l'accroissement de la population. « Un peuple nombreux, dit le livre des Proverbes, est la gloire d'un roi : le petit nombre de ses sujets en est la honte... les enfants de leurs enfants, voilà la vraie couronne des vieillards (2). »

Le fils d'Israël était conduit, dès l'âge de cinq ans, dans les assemblées publiques pour entendre lire la loi et discuter les choses d'intérêt public; à dix-huit ans il se mariait (3), à vingt ans il était soldat, sans cesser d'être citoyen. La cité se recrutait en outre des étrangers affiliés. L'individu qui voulait y être incorporé déclarait ses intentions devant trois juges au moins, et devenait, après les cérémonies d'usage, *guer* (prosélyte, étranger de justice). Le prosélyte, *guer*, sera semblable à vous devant Jéhovah, s'écrie Moïse. *Ecce talis fit per omnia instar Israelitæ*, disent les docteurs (4). Le *tochab*, simple habitant, étranger des portes ou de domicile, avait, comme l'*incola* romain, de moindres droits que le citoyen. Le passager ou forain était désigné par le mot *nocri*. La loi mosaïque étant, selon l'expression de Bossuet (5), fondée sur la première de toutes les lois qui est celle de la nature, tout le peuple avait consenti expressément au traité; tout citoyen pouvait remplir des fonctions publiques. Chez les Hébreux, point de priviléges de castes, point de ces outrageants mé-

(1) *Proverbes*, V, vers. 15, 18, 21.
(2) *Proverbes*, XIV, vers. 28 ; XVII, vers. 6.
(3) *Exod.*, X, 2 ; XII, 26.
(4) SCHICKARD, *De jure regio Hebræor.*, cap. V, p. 127.
(5) *Polit. sac.*, I, XV, 2 et 6.

pris d'un ordre pour l'autre : tout y ramenait à l'égalité naturelle (1). Les distinctions sociales ne résultaient que de la sagesse et de la science éprouvées : *Nobilitas cognita virtus*. La constitution des Hébreux tendait à l'utilité générale et non à celle de quelques particuliers (2).

§ 3. — Le sénat hébreu, appelé aussi *sanhédrin*, était l'organe vivant des volontés et des besoins de la nation. C'est de ce grand conseil des anciens du peuple que sortait la loi pour tout Israël : *A Senatu egreditur lex omni Israeli*.

Le grand conseil était composé de soixante-dix sénateurs et d'un président. Ces sénateurs étaient élus parmi les docteurs et les sages. « En ce temps-là, dit Moïse rappelant aux Hébreux la première composition du grand sanhédrin, je vous dis : Choisissez parmi vos tribus des hommes savants, prudents et de bonne renommée. Je les établirai pour chefs, et vous me répondîtes : Cette proposition est acceptée (3). » Les *sacerdotes* ne faisaient pas nécessairement partie du sénat, mais n'en étaient pas exclus.

Le président du sénat, appelé aussi tantôt *naci* (le prince), tantôt *chophet* (le juge), était choisi par le sénat à la majorité des voix. A sa droite était le doyen d'âge, sous le nom de *père de la maison du jugement*, à sa gauche un vice-président appelé *sage* ; les autres sénateurs se rangeaient des deux côtés en demi-cercle, selon l'ordre de leur promotion : les *scribes* ou greffiers avaient des places particulières ; il y avait aussi des messagers (4). Les fonctions des

---

(1) *Lettres de quelques Juifs portugais et espagnols à M. de Voltaire*, t. IV, lettre 3, § 4.
(2) Legem accommodatam esse ad totam gentem communiter, non ad singulos.
(3) *Deutéronome*, I, 13 et 14.
(4) MAIMONIDE, *de Synedriis*, cap. I, 653.

sénateurs étaient gratuites et ne pouvaient être héréditaires.

Le grand conseil siégeait en permanence, et délibérait en présence du peuple, tandis qu'en Égypte tout était secret. On opinait à haute voix en commençant par les plus jeunes ; dans les questions ordinaires la simple majorité suffisait, mais dans les grandes questions d'intérêt public et pour les condamnations capitales, l'unanimité des suffrages était nécessaire.

Le sénat avait l'initiative de toutes les résolutions importantes, mais il les soumettait à l'assemblée du peuple qui les convertissait en lois. « Enfants d'Israël, s'écriaient alors les anciens, vous voici tous, délibérez entre vous et donnez votre avis (1). » Les assemblées des tribus avaient d'ailleurs elles-mêmes le droit de proposer les lois. « En ce temps-là, dit Moïse aux Hébreux, je vous fis une proposition et vous l'acceptâtes... ensuite vous vîntes me proposer vous-mêmes quelque chose qui me sembla bon, et je l'exécutai (2). »

Le sénat faisait la paix et déclarait la guerre *arbitraire* par opposition à la guerre contre les Chananéens qui était réputée inévitable. Quand la paix était résolue, sa décision suffisait ; dans le cas contraire, l'assemblée générale du peuple jugeait la question (3).

Le sénat désignait le grand *sacerdote* et l'instituait de concert avec cette assemblée. Il décrétait les impôts et prescrivait la destination du trésor de l'État renfermé dans le sein même du temple. La ville ou le temple ne pouvait être étendu que par ses ordres (4). Le sénat veillait à la construction et à la réparation des édifices publics, prési-

(1) Adestis omnes filii Israel ; decernite quid facere debeatis. (*Jug.*, XX, 7.) — (2) *Deutéronome*, I, 14, 22.

(3) Mischna, IV, *de Synedriis*, cap. I, § 5.

(4) Urbs atriumve, nonnisi his jubentibus, amplificatur. (Mischna, *ibid.*)

dait au dénombrement du peuple et à la tenue régulière des registres dont l'exactitude devait être surveillée par le pontife. Il connaissait, comme interprète politique de la loi, de toutes les grandes questions de droit public, des différends de tribus à tribus, des concussions des fonctionnaires publics, des crimes d'État. Les prophètes, les sacerdotes, les chefs militaires, les sénateurs eux-mêmes pouvaient être appelés devant cette assemblée et jugés par elle (1).

§ 4. — Tandis que le grand conseil veillait aux intérêts généraux d'Israël, chaque tribu, chaque ville avait un petit conseil formé de ses anciens qui s'occupait de ses intérêts particuliers et de son administration. Ces sénats secondaires, dont les jeunes gens suivaient régulièrement les séances sous le nom d'auditeurs, assis sur trois rangs au-dessous des anciens pour y faire l'apprentissage de la vie publique, étaient élus par les tribus et les villes, et institués par le sénat supérieur (2). Ces petits conseils, composés de vingt-trois à soixante-onze membres, servaient d'intermédiaires entre les tribus et le grand conseil qui était en quelque sorte le nœud d'une république fédérative. C'est par eux que le grand conseil transmettait les ordres qui intéressaient l'ensemble du peuple, soit à l'égard de l'étranger, soit à l'égard d'une ou de plusieurs tribus en révolte; le grand conseil leur transmettait toutes les instructions nécessaires à l'accomplissement de leur mission. Le juge suprême avait le droit de les présider, et de s'assurer s'il ne s'y passait rien de contraire à l'intérêt général, mais il ne pouvait pas s'immiscer dans leur administration qu'ils exerçaient sous leur responsabilité.

(1) Tribus, pseudo-prophetes, sacerdos magnus, nonnisi ex istorum judicum concessu judicantur. (MISCHNA, *ibid.*)

(2) Synedria tribuum nonnisi magni Synedrii nutu instituuntur. (MISCHNA, *de Synedriis*, t. IV, c. I, § 5.)

« Chaque page du Deutéronome, dit M. Salvador (1), prouve que les anciens des villes, bien distincts de leurs juges ordinaires, de leurs sacerdotes et de leurs chefs, dirigeaient ces villes comme les anciens des tribus dirigeaient les tribus, et les anciens d'Israël tout le peuple. Cent vingt familles de population suffisaient, au dire des docteurs, pour obliger une commune à former son conseil... L'interprétation de la loi appartenait à ces assemblées *municipales* en ce qui concerne l'intérêt particulier de leurs cantons, mais elles renvoyaient au conseil supérieur toutes les questions importantes. Outre leurs fonctions administratives, les *anciens* d'Israël exerçaient, comme les censeurs et le tribunal domestique à Rome, comme les vieillards de Sparte et d'Athènes, les fonctions de juges des mœurs... Durant les jours consacrés, la présence de ces vieillards qui écoutaient avec un respect religieux la lecture de la loi et les exhortations des orateurs, faisait sentir aux jeunes citoyens l'importance des sujets qui s'y traitaient et communiquait aux assemblées le caractère calme et mesuré qui convient à des hommes libres. »

§ 5. Moïse, craignant que les douze tribus et leurs sénats particuliers ne fussent entraînés à faire prévaloir l'intérêt de leurs provinces sur l'intérêt général, répandit la tribu de *Lévi* parmi les douze autres, et en fit un centre de conservation et d'union au moyen du conseil des *sacerdotes* qu'il institua sous la présidence du pontife ou grand sacerdote (*cohengadol*). Celui-ci vivait sous le même toit que le grand conseil qui tenait ses séances dans une portion du temple. Investis d'une magistrature sacerdotale héréditaire, les enfants de Lévi veillaient avec un grand appareil à la conservation de la loi, et ramenaient à elle, en la remettant sous leurs yeux, les tribus qui paraissaient

(1) *Institutions de Moïse*, t. I, p. 189.

disposées à s'en écarter. Ils demeuraient eux-mêmes sou mis au principe de l'égalité devant la loi. *Lex major s* *cerdotio.* La loi commande au sacerdoce, tel est le prin cipe (1). Le grand sacerdote était jugé par le grand con seil (2). Les *sacerdotes* avaient pour auxiliaires les *lévit* qui participaient aux cérémonies du culte, veillaient à garde du temple, et expliquaient au peuple, le jour du sa bat, la loi dont ils faisaient une étude constante.

§ 6. — Les prophètes et les orateurs publics, qui se cons déraient comme possédant l'*esprit de Dieu,* avaient le dro de protester devant le peuple contre les abus de pouvoir c les résolutions imprudentes du grand conseil, et l'inter vention du peuple dans toutes les grandes questions r. menait les pouvoirs publics dans leurs limites naturelle

C'est dans les assemblées publiques, aux jours d sabbat, aux premiers jours du mois lunaire et dans l convocations solennelles, que les prophètes, dit Calmet (3 haranguaient le peuple et reprenaient les désordres et l divers abus qui se glissaient dans la nation. Les prophè tes pouvaient être eux-mêmes accusés soit de parler a nom des dieux inconnus ou étrangers, soit d'avancer d choses matériellement fausses ou contraires à la loi, et i étaient jugés par le sénat et toute l'assemblée du peupl

§ 7. — L'organisation judiciaire se confondait presqu chez les Hébreux, avec l'organisation administrative; il avait trois tribunaux : le tribunal ordinaire, le conseil d anciens des villes et le grand conseil.

Le tribunal ordinaire était composé de trois juges cho

---

(1) MISCHNA, t. IV, *Capita patrum.* (Sentences des père c. VI, § 5.

(2) Sacerdos magnus nonnisi LXXI judicum, (MISCHNA, *de Syn driis,* t. IV, cap. I, § 5, p. 213.)

(3) *Dissertation sur les écoles des Hébreux,* § 11, 111.

sis, un par chaque plaideur, et le troisième par les deux juges, parmi des hommes d'une science et d'une probité éprouvées, que l'assemblée avait désignés par imposition des mains (1). Ce tribunal tenait ses séances aux portes des villes ou sur le bord des chemins, et jugeait les contestations civiles ainsi que les affaires criminelles de médiocre importance; il pouvait condamner au fouet et à l'amende. Le tribunal des *anciens des villes* connaissait de toutes les contestations où il s'agissait de discuter le sens de la loi. Ce tribunal était composé de vingt-trois membres du petit conseil appartenant à des professions différentes et tous susceptibles d'être récusés. Les anciens des tribus avaient aussi la police des mœurs; ils avaient seuls le droit de prononcer la peine capitale et ne se prononçaient dans les cas difficiles qu'après avoir pris l'avis du sénat et du grand sacerdote.

Le sénat ou grand conseil interprétait *législativement* la loi (2), jugeait les crimes d'État et avait seul le droit de faire comparaître le grand sacerdote accusé d'une action entraînant la peine capitale, les sénateurs, les prophètes et les chefs militaires. Il nommait les commissions qui devaient punir les villes et les tribus accusées de s'être livrées à l'idolâtrie (3). Ses fonctions étaient plus politiques que judiciaires.

§ 8. — Les hommes chargés de veiller à la police des villes, sous la direction des magistrats, sont ainsi définis par Maimonide (4) : sous le nom de *choterins* sont désignés les hommes notables d'Israël qui, tenant à la main une verge ou

(1) MISCHNA, *de Synedriis*, t. IV, c. III.
(2) Inde lex egrediebatur, efflabaturque in totum populum Israeliticum. (GUÉMARE, *Babyl. de Synedriis*, c. X, f° 88.)
(3) MISCHNA, *de Synedriis*, t. IV.
(4) *De Synedriis*, c. I.

une courroie, parcourent les places et les rues, et entrent dans les boutiques pour vérifier les poids et mesures, et déférer les délinquants au tribunal qui doit les juger selon leurs fautes. Ces hommes *d'autorité*, comme les appelle *Isaïe*, exerçaient gratuitement leurs fonctions et obtenaient, quand c'était nécessaire, l'appui moral et matériel de tous les citoyens d'Israël.

Telle est l'organisation politique, mêlée d'aristocratie, de démocratie et de théocratie que Moïse substitua chez les Hébreux au régime primitif des tribus : espèce de communauté religieuse et nationale bien préférable aux gouvernements ou barbares ou despotiques de l'Orient.

§ 9. — Les *juges* qui furent investis de l'autorité suprême, depuis Moïse jusqu'à l'avénement de la royauté, n'avaient pas, comme le remarque M. de Pastoret (1), la puissance souveraine ; ils ne portaient pas le diadème, ils n'étaient pas entourés de satellites nombreux, on ne levait pour eux aucun tribut... Ce n'est que lorsqu'il fallait combattre qu'on leur laissait toute l'autorité, même le droit de vie et de mort.

Convaincus de la nécessité de concentrer de plus en plus leur action militaire, les Israélites demandèrent à Samuël un roi qui pût imposer des tributs, faire de nouvelles lois et exercer, dans toute sa plénitude, un pouvoir monarchique et héréditaire. « Voici, leur dit Samuël, quel sera le droit du roi qui vous gouvernera : il prendra vos fils pour conduire ses chariots, il s'en fera des gens de cheval et les fera courir devant son cheval ; il en fera ses officiers pour commander, les uns mille hommes et les autres cent ; il prendra les uns pour labourer ses champs et pour recueillir ses blés, les autres pour lui faire des armes et des chariots ; il fera de vos filles des parfu-

(1) *Histoire de la législation*, t. III, p. 79, 85, 89, 90.

meuses, des cuisinières et des boulangères ; il prendra aussi ce qu'il y aura de meilleur dans vos champs, dans vos vignes, dans vos plants d'oliviers et le donnera à ses serviteurs ; il vous fera payer le dixième de vos blés et des revenus de vos vignes pour entretenir ses eunuques et ses officiers ; il prendra vos serviteurs, vos servantes, et les plus jeunes et les plus forts avec vos ânes, et les fera travailler pour lui ; il prendra également le dixième de vos troupeaux ; vous serez comme ses esclaves ; vous crierez alors contre votre roi, et le Seigneur ne vous exaucera pas, parce que c'est vous-mêmes qui avez demandé un roi. » Le peuple insista malgré ces menaces, et Samuël désigna Saül ; et lorsque celui-ci eut fait ses preuves, tout le peuple se leva dans l'assemblée générale de Guilgal, et fit Saül roi devant le Seigneur, et se livra aux réjouissances (1). La forme de la royauté subsista jusqu'à la prise de Jérusalem.

§ 10. — Le double lien de la famille et de la cité fut fortifié par les institutions de Moïse sur le partage des terres, sur les successions et sur la disponibilité des biens. Le partage de la terre de Chanaan fut fait conformément à ce précepte : « Quand vous serez en possession de la terre promise, vous la partagerez au sort par *familles* et par tribus, de manière qu'on en donne une plus grande portion à ceux qui seront en plus grand nombre, et une moindre à ceux qui seront moins nombreux (2). »

La conservation du fonds primitif, dans les tribus et dans les familles, fut garantie par les lois de Moïse sur les successions. Toute fille, héritière d'une propriété, était

---

(1) Perrexit omnis populus, in Galgala et fecerunt ibi regem Saül coram Domino... et lætatus est Saül et cuncti viri Israel. (1 *Rois*, XI.)

(2) *Nombres*, XXVI, 53, 54, 55.

tenue de se marier avec un homme de sa tribu, afin que les héritages ne fussent point transportés d'une tribu dans une autre. Lorsqu'il n'existait ni descendants ni ascendants, la succession passait aux frères ou à leurs descendants ; à défaut, aux oncles paternels ; à défaut, aux parents les plus proches. Le premier-né mâle recevait une portion double des autres, sur les biens du père seulement. Le *lévirat*, c'est-à-dire l'obligation de prendre pour femme la veuve de son frère, avait pour but de donner un successeur au défunt, et d'empêcher ainsi que les biens ne sortissent de la famille. Le droit laissé à tout citoyen de disposer de ses biens, était restreint par la triple institution de la faculté du rachat, du retrait lignager et du jubilé de cinquante ans. Excepté pour les maisons sises dans les villes closes, toute vente était dissoute de plein droit en l'année jubilaire. « Dès que la cinquantième année sera arrivée, dit la loi, on publiera que tout homme reprenne sa possession et retourne dans sa famille. En conséquence, lorsque vous ferez quelque vente ou quelque achat de biens-fonds, vous fixerez le prix en raison du nombre d'années qui se sont écoulées depuis la dernière année jubilaire (1). » Le jubilé mettait obstacle à l'accumulation des biens. Le prophète Isaïe redoutait les *latifundia*, qui perdirent Rome et l'Italie. « Malheur à vous ! s'écriait-il, qui joignez maison à maison et qui approchez un champ de l'autre, de manière à absorber tout le terrain et à vous rendre seuls possesseurs du pays. Jéhovah dit : Vos maisons vastes seront

---

(1) Sanctificabisque annum quinquagesimum... Ipse est enim jubilæus. Revertitur homo ad possessionem suam et unusquisque ad familiam pristinam... quando vendes quippiam civi tuo, vel emes ab eo, ne contristes fratrem, sed juxta numerum annorum jubilæi emes ab eo, et juxta supputationem frugum vendet tibi. (*Lévit.*, XXV, 10, 14.)

désolées, vos palais resteront sans habitants (1). » Les princes de Juda, s'écrie aussi le prophète Osée, ne se sont occupés qu'à transporter des bornes pour agrandir leur héritage ; je répandrai ma colère comme un torrent, di t l'Éternel, je serai pour eux comme un lion qui tombe sur sa proie, et je rentrerai dans ma demeure, jusqu'à ce qu'ils se reconnaissent coupables et qu'ils cherchent ma présence (2).

La tribu de Lévi ne participa point au partage de la terre promise, qui fut divisée en onze lots (3). Moïse lui donna en dédommagement les prémices des fruits qui lui étaient, dit le Deutéronome (4), offerts dans une corbeille. Les enfants de Lévi jouissaient, outre la dîme des fruits, de maisons et de jardins dans quarante-huit villes ou bourgs répandus dans les diverses provinces, afin qu'ils pussent faire entendre partout aux Hébreux le droit et la loi (5).

Chez les Hébreux, le roi n'avait pas le droit de violer la propriété des citoyens.

Notre roi, dit le prophète Samuël, nous jugera, sortira à notre tête et fera la guerre pour nous (6); mais, dit le

(1) Væ ! qui conjungitis domum ad domum, et agrum agro copulatis, usque ad terminum loci : num quid habitatis vos soli in medio terræ ? in auribus meis sunt hæc, dicit Dominus exercituum : nisi domus multæ desertæ fuerint, grandes et pulchræ absque habitatore. (Isaïe, V, 8.)

(2) Facti sunt principes Juda quasi assumentes terminum : super eos effundam quasi aquam iram meam. (Osée, V, 10.)

(3) In terra eorum nihil possidetis, nec habebitis partem in ea.

(4) Cumque intraveris terram, atque habitaveris in ea, tolles de cunctis frugibus tuis primitias, et pones in cartallo, pergesque ad locum, quem dominus tuus elegerit. (*Deutéron.*, XXVI, 1, 3.)

(5) *Nombr.*, XXXV, 2, 8 ; — Josué, XXI, 2, etc.

(6) Rex enim erit super nos et erimus nos quoque sicut omnes gentes ; et judicabit nos rex noster, et egredietur ante nos, et pugnabit bella nostra pro nobis (lib. I, cap, VIII, v. 20.) — Puffendorf., *Droit de la nature et des gens* (liv. VII, chap. VI, § 9).

prophète Ézéchiel (1) : Il ne dépouillera pas ses sujets par la violence, et ne transmettra à ses fils que l'héritage de ses propres biens. L'impie Achab lui-même ne voulut pas disposer de la vigne de Naboth sans son consentement ; et si, cédant plus tard aux conseils de Jésabel, sa femme, il se l'appropria, cette action fut considérée comme la source de ses autres crimes et des maux dont il fut accablé (2). Quand le peuple juif demanda un roi, Samuël leur prédit, il est vrai (3), qu'un jour viendrait où la coutume du roi serait de s'attribuer tout le bien de ses sujets. Mais cette menace prophétique ne constituait pas dans la pensée de Samuël un droit que Moïse avait condamné.

Le propriétaire pouvait librement récolter les fruits de sa terre, mais il ne pouvait ni tondre l'herbe jusqu'à la surface du sol, ni ramasser les épis oubliés. C'était là le patrimoine du pauvre (4).

La sécurité des propriétaires et les restrictions apportées par la loi mosaïque à l'accroissement immodéré des terres imprimèrent un vif élan à l'agriculture, Différents des Grecs, qui livraient à des esclaves la culture des champs, et semblables aux premiers Romains, les Juifs honoraient l'agriculture, comme on le voit par Saül revenant à la charrue après avoir été proclamé roi, et par David porté au trône quand il gardait les troupeaux de son père (5). Les Juifs ne se livraient pas avec un moindre succès à l'industrie,

---

(1) Et non accipiet princeps de hæreditate populi per violentiam, sed de possessione sua hæreditatem dabit filiis suis (cap. XLVI, vers. 17 et 18.)

(2) Voyez ARNISÆUS, *De jure majestatis* (lib. III, cap. I, n°ˢ 3 et 4.)

(3) *Livre des Rois*, chap. VIII.

(4) Cum messueris segetes terræ tuæ, non tondebis usque ad solum superficiem terræ tuæ, nec remanentes spicas colliges (*Lévit.*, cap. VIII, § 9.)

(5) *Rois*, XI, 5 ; XVII, 11.

aux arts, au commerce; et leur supériorité, sous ces différents rapports, sur les tribus contemporaines s'explique en partie par l'assurance générale et mutuelle formée entre les citoyens natifs ou étrangers, les villes et les tribus, sous l'empire de ce précepte sublime de fraternité, applicable, non il est vrai, à l'étranger forain (*nocri*) (1), mais au citoyen et à l'étranger habitant (*guer*) : « Quand ton frère, devenu pauvre, tendra vers toi ses mains défaillantes, tu le soutiendras ; *aussi* l'étranger habitant, afin qu'il vive, et tu ne prendras de lui ni l'intérêt pour l'argent ni surcroît pour les denrées (2).

§ 11. — Les progrès économiques de la nation israélite contrastent avec l'immobilité improductive des tribus. Obéissez aux lois, travaillez avec zèle, et vous deviendrez riches, et Dieu vous bénira (3). Ainsi avait parlé Moïse, et les livres des prophètes témoignent du soin que mettaient les Hébreux à féconder leurs collines et à perfectionner la culture de leurs champs (4). L'industrie et les arts ne leur étaient point étrangers, le Pentateuque en fait foi par l'énumération qu'il fait d'une foule d'objets de luxe (5), et Vinckelmann l'a prouvé dans sa table des matières de l'*Histoire de l'art*, au mot Hébreux. Quant au commerce, Moïse en avait consacré la liberté, et si les Hébreux ne profitèrent pas de longtemps, à cause de leurs guerres de tribus, de la position favorable de la terre de Chanaan pour lier avec les nations voisines des rapports commerciaux, on les vit cependant, après les conquêtes de David, et sous Salomon, commercer avec les royaumes de Tyr, d'Egypte et de Syrie.

(1) *Deutéron.*, XXIII, 20. — (2) *Lévit.*, XXV, 35.
(3) *Deutér.*, XLVIII ; *Prov.*, IV.
(4) Samuel, XIII, 20 ; Job, XXI, 9, 10 ; Isaïe, II, 3 ; XXV, 10 ; — Regnier, *Agriculture des Juifs*, p. 408.
(5) *Exode*, XXXVII, XXXIX, XXV.

§ 12. — Les Hébreux n'ont pas laissé des monuments de pierre et d'airain tels que ceux de Babylone, de Ninive ou de Memphis. Ces constructions gigantesques sont rarement l'œuvre des peuples libres. Le seul édifice monumental élevé par les Israélites, c'est leur temple, symbole de leur fidélité à leur Dieu et à leur loi. Jérusalem, malgré les avantages que lui donnait sa position géographique, ne s'élevait guère au-dessus des autres villes de la Judée, et quand Salomon voulut en faire *la reine des provinces* et y introduire le luxe des villes asiatiques, en même temps qu'il imprimait au commerce une impulsion disproportionnée avec les ressources de la nation, il introduisit dans l'État des semences de divisions, de révoltes et de faiblesse envers l'étranger.

Salomon changea d'ailleurs le système financier que Maimonide rappelle en ces termes : « Le roi se gardera d'usurper l'argent et l'or de ses sujets, de l'accumuler dans ses trésors et de le faire servir à ses jouissances particulières et à sa vanité ; mais il n'en demandera que ce qui est convenable pour son armée, pour ses serviteurs, ses ministres ; et il déposera le tout dans le trésor de la maison de Dieu, sous la surveillance d'hommes fidèles, afin qu'on puisse y recourir sur-le-champ, suivant les besoins de l'État. »

Moïse s'était appliqué, pour exciter le peuple hébreu à cultiver son territoire et à vivre de ses produits et de leur échange, à diminuer la masse des richesses métalliques et à les faire affluer au trésor déposé dans le sanctuaire. Le dixième de la dîme y était apporté, ainsi que la taxe personnelle d'un demi-sicle (20 à 25 sous), payable annuellement par chaque citoyen (1). Le trésor devenait en outre propriétaire des choses vouées à l'Éternel, sauf la faculté

---

(1) MISCHNA, *de Siclis*, t. II, c. I.

de rachat moyennant la somme déterminée par la loi (1). Le butin et les tributs imposés à l'ennemi étaient aussi un moyen d'alimenter le trésor. Enfin les tribus pouvaient s'imposer, soit pour leurs affaires intérieures, à l'égard desquelles elles formaient autant de petits États, soit pour subvenir aux besoins extraordinaires de la nation.

Salomon, voulant attirer dans la capitale de la Judée l'or et l'argent, destinés surtout à alimenter le luxe oriental de sa cour, divisa la Judée en douze districts qui lui fournissaient chacun pendant un mois les dépenses de son palais et des troupes qui faisaient le service dans Jérusalem. Mais l'énorme quantité d'or qui lui arrivait de toutes parts ne suffisant plus à ses profusions, il fut forcé d'accabler le peuple d'impôts, et quand il succomba, flétri du nom de despote, après avoir eu la renommée d'un sage, dix tribus se révoltèrent contre son fils Roboam, et sa postérité, dit le prophète Semaïa, eût été chassée du trône, sans le souvenir de David. Les nations étrangères, attirées par l'appât des richesses entassées à Jérusalem, cherchèrent l'occasion de s'emparer de ce butin, et c'est ainsi que, grâce à l'oubli des sages lois de Moïse, la Judée, écrasée tour à tour par les exactions des rois d'Assyrie, des rois de Syrie successeurs d'Alexandre, des rois d'Égypte et des Romains, fut dépouillée de sa liberté et de sa nationalité.

§ 13. — Les institutions du peuple hébreu pénétrèrent à divers degrés les peuples de la Syrie, pays borné à l'orient par l'Euphrate, à l'occident par la Méditerranée, au midi par le Liban et la Palestine, au nord par le mont Taurus. Tout ce pays était primitivement gouverné par des patriciens ou des rois dont les pouvoirs étaient divers et qui

---

(1) *Lévitiq.*, XXVII, 15.

se reconnaissaient plus ou moins vassaux de plus grands monarques.

Parmi ces petits États, la Phénicie fut celui qui subit le plus les influences et les affinités du régime municipal des Israélites. La Phénicie était située sur la côte orientale de la Méditerranée, et s'étendait vers le nord depuis la ville d'Aradus jusqu'à l'Euphrate, vers le sud jusqu'au mont Carmel ou Dora, et était bornée à l'est par les montagnes du Liban et de l'Anti-Liban.

Issus de Chanaan, les Phéniciens étaient primitivement divisés en onze tribus indépendantes les unes des autres, mais unies entre elles par une espèce de fédération, sous des rois aussi nombreux qu'il y avait de cités.

Sidon, l'une des villes les plus anciennes du monde, était dans l'origine capitale de la Phénicie. Sa population s'enrichit par le commerce maritime, et s'illustra par ses découvertes dans l'industrie, dans les sciences et dans les arts. Détruite plusieurs fois, entre autres par Artaxerxès III, roi de Perse, elle se releva forte et puissante ; mais elle fut éclipsée par Tyr qui mérita, par la hardiesse de ses navigateurs, par l'intelligence de ses commerçants, par le génie de ses artistes, par la magnificence de ses monuments dont l'architecture rappelait celle des monuments égyptiens, de devenir la métropole phénicienne. A côté de ces deux nobles cités, les historiens et les géographes en mentionnent d'autres : *Sarepta* ou *Zarephath*, dont il est parlé dans l'histoire d'Élie (1) ; *Berytus*, ancien port maritime (2) ; *Byblos*, située sur une éminence voisine de la mer, et célèbre par le culte d'Adonis (3) ; *Botrus*, où les députés des villes de Phénicie s'assemblaient pour délibérer sur les

---

(1) III, *Rois* XVII, 9 ; — *Évang. selon saint Luc*, IV, 23 ; — Josèphe, *Antiquit.*, VIII, 13, 2.
(2) Ptol., V, 15 ; — Strabon, XVI. — (3) Idem.

affaires importantes (1) ; *Aradus*, colonie de Sidon, etc.

L'antiquité de la civilisation des Phéniciens, *les premiers*, dit Lucain (2), *qui fixèrent par des signes durables les accents fugitifs de la parole*, est certaine ; mais l'histoire de l'administration de leurs cités est à peu près inconnue. On ne peut douter cependant de leur autonomie municipale quand on compare leurs progrès dans toutes les branches des connaissances humaines à l'immobilité des tribus et des empires asiatiques.

Chaque cité phénicienne obéissait à un roi. Il y avait des rois de Tyr et de Sidon, de Béryte, d'Aradus, de Byblos, etc. Ces rois primitifs étaient des patriciens investis originairement de tous les pouvoirs, juges de leurs sujets, administrateurs de l'État, chefs de la religion et de la force armée, et dont l'autorité, absolue dans l'origine, subit graduellement des modifications diverses. Le trône était héréditaire, et les fils y étaient souvent associés par leurs pères. L'aîné succédait à son père, mais non pas exclusivement. A défaut d'enfants, le frère succédait à son frère. Un premier ministre, qui recevait du roi le nom de *père*, était le vicaire du prince et le dépositaire de son autorité. Il commandait l'armée et surveillait tous les services publics, mais chaque partie de l'administration avait ses chefs distincts, ses magistrats particuliers. Ainsi le sacerdoce était délégué à des prêtres qui ne servaient pas tous les mêmes dieux, et dont les fonctions étaient aussi variées que les divinités, et chaque État s'administrait dans des conditions spéciales.

Les villes de Tyr et de Sidon furent toujours soumises au même monarque, dont l'autorité dominait sans doute celle des autres rois phéniciens. Le plus ancien de leurs rois,

(1) Diod. de Sic. XVI, 41 ; — Méla, I, 12.
(2) Phœnices primi, famæ si creditur, ausi mansuram rudibus vocem signare figuris.

Abibal, était, à ce qu'on croit, contemporain de Saül (1080). Son fils Hiram apprit à David, qui s'était allié à lui (1), l'art de la navigation et fournit à Salomon des matériaux et des ouvriers pour la construction du temple de Jérusalem. Cette lignée occupa le trône jusqu'à Pygmalion qui gouvernait la Phénicie vers le milieu du neuvième siècle avant Jésus-Christ. Trois siècles après et en l'an 572, les Assyriens envahirent la Phénicie et s'emparèrent de Tyr sous Nabuchodonosor II, après un siége de onze ans. Dès cette époque la royauté fut abolie et remplacée par des *suffètes*, espèce de consuls ou dictateurs annuels qui paraissent n'avoir été que des gouverneurs préposés par les conquérants, sous le nom de *juges*, à l'administration du pays. Ces magistrats étaient Phéniciens et payaient un tribut à l'empire. A la fondation de l'empire des Perses par Cyrus, ils furent remplacés par des rois qui se reconnurent aussi tributaires ou plutôt vassaux du grand monarque, et qu'environnait un conseil chargé de l'administration publique. Dès lors les cités de la Phénicie cessèrent de vivre de leur vie propre, et subirent tour à tour le joug des successeurs d'Alexandre et celui de l'empire romain.

(1) III *Rois*, V, 1.

LIVRE II

DES CITÉS, DES AMPHICTYONIES ET DES COLONIES
DE LA GRÈCE EN ITALIE ET DANS LES GAULES.

CHAPITRE PREMIER

DES CARACTÈRES GÉNÉRAUX DU GOUVERNEMENT DE LA GRÈCE.

L'histoire du droit de cité, des phyles, des phratries, des magistratures de la Grèce, des institutions de ses principaux États et de ses amphictyonies, est liée à celle des origines de notre régime municipal, puisque c'est à une colonie de Grecs, établie cinq ou six cents ans avant Jésus-Christ sur les côtes méridionales de la Gaule, que nos ancêtres ont dû les premiers rudiments de leurs lois et de leurs institutions libres. Jetons donc d'abord un coup d'œil sur les constitutions diverses de ces cités grecques qui, malgré leurs vicissitudes orageuses, ont laissé sur la terre des traces plus brillantes que les empires asiatiques.

§ 1er. — Les peuples primitifs de la Grèce étaient nomades, et l'on a même prétendu que le nom de *Pélasges* leur fut donné parce qu'ils se portaient en troupes successivement dans plusieurs endroits (1). Ces peuples n'apparaissent

(1) STRABON. V, p. 221 ; DENYS D'HALICARNASSE, p. 23.

pas dans la tradition historique comme un corps de nation, mais comme une multitude de *tribus* divisées en trois groupes principaux : les Thraces, les Illyriens et les Pélasges helléniques. C'est l'Égyptien Cécrops qui paraît avoir, vers l'an 1580, réuni les habitants de l'Attique, auparavant nomades, en bourgades, et les avoir fixés au sol et organisés en société. On a cru reconnaître en Grèce, dans les temps anté-helléniques, les influences orientales, surtout celles des Phéniciens qui avaient des colonies dans plusieurs îles de la mer Égée et sur les côtes du continent grec (1). C'est le Phénicien Cadmus qui, vers l'an 1314, fit pour la Béotie ce que Cécrops avait fait pour l'Attique. Danaüs introduisit un peu plus tard à Argos quelques-uns des arts de l'Egypte. Les Mégariens nommaient aussi, parmi leurs anciens princes, un Égyptien du nom de Lelex (2). Telles sont les traditions, un peu ébranlées aujourd'hui, de l'histoire grecque primitive.

Quelque obscurité d'ailleurs que les fables des poëtes aient répandue sur l'âge héroïque qui suivit l'invasion des Hellènes, il est impossible d'en méconnaître le caractère aristocratique. Les chefs de famille deviennent peu à peu des rois (3), et la forme monarchique apparaît dans tous les gouvernements primitifs. Mais les rois grecs ne sont pas comme ceux de l'Asie, des maîtres absolus entourés de castes héréditaires. Ce sont, comme on le voit dans Homère, les plus braves d'entre les braves, réputés les fils des dieux, Διοτρεφέες, Διογενέες, qui jugent et gouvernent avec le

---

(1) *Antichita greche* di Schœmann. *Introduzione*, 9.

(2) *Histoire grecque*, par M. DURUY, ch. II, p. 17.

(3) *Ex natura videtur pagus colonia domus esse, quos vocant nonnulli natosque ac natorum natos. Quapropter et initio a regibus gubernabantur civitates.* — ARIST., *Polit.*, cap. I.

Ex patribusfamilias paulatim facti reges. — PLATO.

concours des vieillards et des sages. La dignité royale passe régulièrement du père au fils, et il y a dans tous les États un certain nombre de princes appelés aussi βασιλεῖς, qu'on distingue du reste du peuple, qui passent pour être aimés des dieux, et qui obtiennent le nom de rois. L'origine historique de ces nobles est très-obscure, mais leur existence n'est pas douteuse. Aristote fait consister la noblesse dans la descendance d'aïeux riches et distingués, dans la possession d'un nom glorieux et d'une fortune considérable (1). La séparation de la noblesse et du peuple, δῆμος, n'est pas, dans l'origine, aussi rigoureuse et aussi odieuse qu'elle l'est devenue depuis dans beaucoup d'États. Le nom de héros, Ἥροες, est accordé aux hommes du peuple qui l'ont mérité, comme aux nobles; et deux esclaves, le gardien de porcs Eumée et le berger Filérius sont appelés δῖοι et θεῖοι (2).

Les rapports de la royauté, de la noblesse et du peuple, ne nous sont révélés, ni par l'*Iliade*, qui ne nous montre dans le roi des rois, Agamemnon, que le commandant supérieur de l'armée grecque, ni dans l'*Odyssée*, où le trône d'Ulysse apparaît vacant depuis un grand nombre d'années. Mais on sait cependant que les nobles formaient un sénat royal, Βουλή, et étaient en conséquence appelés Βουλευταί. Les γέροντες, dont l'histoire fait souvent mention, ne sont pas toujours des vieillards; ce sont des hommes illustres. Dans le sénat des γέροντες se traitent les affaires les plus considérables (3). Le roi les invite à sa table et délibère avec eux (4). On offre ensemble des sacrifices, et on traite avec amitié des intérêts communs. C'est l'origine des tables communes des magistrats et des sénateurs.

Quant au peuple, les réunions sont assez fréquentes;

(1) *Polit.*, IV, 6; V, 1-3. — *Ret.* 11-15. — (2) *Od.*, XIV, 48, 401, 413. — (3) *Odyss.*, II, IX, 574 et suiv. — (4) *Od.*, II, IX, 70.

mais elles ont lieu, non pour voter sur les affaires communes, mais pour entendre les délibérations prises par le γέροντες. Le peuple ne délibère qu'en cas de péril imminent, par exemple, pour se défendre contre un fléau ou une invasion. Le docte Schœmann le prouve par une foule d'exemples (1). C'est au roi qu'appartient le droit de convoquer l'assemblée du peuple. La convocation se fait par le moyen de hérauts. Le roi choisit le lieu qui lui plaît. Celui qui veut haranguer le peuple se lève, et le héraut lui tend le sceptre, pour indiquer que comme orateur il exerce une espèce de ministère public (2). Le droit de parler au peuple paraît n'appartenir qu'aux nobles; du moins ne trouve-t-on dans Homère aucun exemple contraire. L'avis ouvert par l'orateur est approuvé ou désapprouvé par le peuple, toutes les fois que sa coopération est exigée. S'il ne prend point part à la délibération, au moins y assiste-t-il, et influe-t-il par ses murmures favorables ou contraires sur la décision à prendre.

La seconde attribution des rois consiste dans l'administration de la justice, ce qui leur fait donner le nom de δικασπόλοι. Les γέροντες, réunis dans le cercle de pierres polies appelé αγορα, participent au jugement dans les causes que le roi ne doit point juger seul. Le peuple assiste à l'audience et prend part aux débats, mais non à la délibération et au jugement. On trouve dans l'écu d'Achille une curieuse description des formes judiciaires (3).

Le roi conduit l'armée à la guerre, et c'est de cette troisième attribution que découle le nom de Βασιλεύς, — Βασις λεώς.

Aristote (4) joint un quatrième office royal à ceux qui précèdent; c'est l'oblation des sacrifices. Le roi est le pre-

---

(1) *La Græcia d'Omero*, p. 23. — (2) *Od.*, II, 1, 2, 34; XXIII, 567. (3) *Ib.*, XVIII, 497. — (4) *Polit.*, III, 9, 7.

mier pontife, c'est lui qui immole la victime, sans qu'il soit revêtu néanmoins d'un caractère sacré. Le roi continue le patriarche, tout à la fois père, monarque et pontife.

Les tributs du peuple au roi sont, les uns volontaires et variables, les autres fixes et obligatoires. Les premiers sont appelés δωτίναι, les seconds θέμιστες. Le roi a droit en outre à une part du butin, à la part d'honneur, γέρας. Il porte un vêtement de pourpre, mais les diadèmes et les couronnes des rois de l'Asie lui sont étrangers. Le signe distinctif de la dignité royale c'est le sceptre, qui sert d'appui et de bâton de commandant. Les rois grecs ont des esclaves, comme tous les autres particuliers d'une condition élevée, mais les hérauts sont seuls chargés d'un office public auprès d'eux. Chez les rois de la Grèce, on ne retrouve aucune trace de l'adoration servile des despotes de l'Orient.

Tel est le caractère éminemment libéral des constitutions politiques de la Grèce pendant la période héroïque.

La Grèce historique nous apparaît avec ses races diverses, ayant chacune son dialecte et sa constitution particulière. Une tendance commune se manifeste dans tous ces États vers une forme de gouvernement exclusive du pouvoir d'un seul, et admettant dans l'administration de la chose publique un nombre plus ou moins considérable de représentants.

Chez plusieurs peuples, chez les Doriens, par exemple, cette forme a un caractère éminemment aristocratique (1). Toutefois, dit Schœmann (2), ce mot, *aristocratie*, ne doit pas s'entendre d'une classe privilégiée. Les Grecs entendaient par là un gouvernement modéré du peuple, dans lequel on veillait, au moyen d'institutions convenables, à

---

(1) PLAT., Αραῖ., c. 2. Εκ της ακρατου και δωρικης αριστοκρατιας.
(2) *Antichita greche*, t. I, p. 86.

ce que le soin des intérêts publics fût surtout confié à des hommes dignes et éprouvés.

Chaque État possédait d'ailleurs : 1° une assemblée législative où se discutaient les intérêts communs ; — 2° un gouvernement qui imprimait une impulsion rapide à l'exécution de ses lois ; — 3° des tribunaux qui réprimaient les infractions à la constitution, aux lois et aux ordres du gouvernement.

Le mode de participation à ces trois pouvoirs était très-divers. Nulle part, et à aucune époque, la Grèce n'a été soumise à des rois absolus. On voit, pendant la période héroïque, les rois investis d'une autorité limitée, commandant les armées, et offrant les sacrifices aux dieux. Tel est aussi leur caractère pendant la période historique.

Mais les rapports des divers pouvoirs changeaient avec les formes de la constitution, πολιτεία.

Les peuples de l'*Épire* étaient soumis à des monarchies tempérées. Ceux de la *Thessalie* étaient réunis en républiques oligarchiques et confédérées. Les *Étoliens*, indociles et inconstants, avaient des *nomographes*, incessamment occupés à leur fabriquer de nouvelles lois. Les villes de la *Béotie*, placées dans la dépendance de Thèbes, qui était à la tête de leur confédération, flottaient incessamment entre l'oligarchie et la démocratie.

Mégare eut d'abord des rois ; la démocratie y régna ensuite, puis l'oligarchie. Le peuple finit par y rétablir et y maintenir son autorité. *Corinthe* fut gouvernée d'abord par des rois descendants d'Hercule, puis par deux cents citoyens du sang des *Héraclides*, dont l'un, sous le nom de *Prytane*, exerçait la magistrature suprême ; puis par la postérité d'un tyran nommé Cypsilus, laquelle régna soixante-treize ans ; puis enfin par une oligarchie dont le peuple était l'instrument. Les douze villes de l'*Achaïe*, unies par une alliance offensive et défensive et gouvernées par les mêmes lois, obéissaient à un stratége commun, au même sénat. Les villes de l'*Élide* formaient huit tribus, dirigées par un corps de quatre-vingt-dix sénateurs à vie, qui désignaient eux-mêmes aux places qui venaient à vaquer de leur corps. Les *Arcadiens*, peuple grossier, contractèrent, après la bataille de Leuctres, une ligue fédérative qui ne changea rien au gouvernement aristocratique des villes. Les *Argiens* chassèrent leurs rois et se gouvernèrent par un sénat et par une assemblée populaire. Le gouvernement des *Messéniens* était un mélange de royauté et d'oligarchie ; mais le peuple y décidait les affaires en dernier ressort. Les îles de la Grèce, ou *Cyclades*, passèrent de l'état monarchique à l'état républicain.

Au sein de ces innombrables diversités, un caractère commun se manifeste néanmoins dans la forme des gouvernements. Ce sont les rois de l'âge héroïque, fils des dieux, qui règnent d'abord. Puis viennent les nobles qui prétendent aussi à une descendance divine ; puis enfin les sujets. Mais ces nobles qui n'ont plus de maîtres au-dessus d'eux, ne veulent voir au-dessous que des sujets. Les sujets à leur tour, arrivés à plus de bien-être, d'intelligence et de moralité, se croient capables de gérer leurs affaires eux-mêmes. Ils font, contre l'oligarchie, ce que l'oligarchie avait fait contre les rois. Mais pour cette lutte, ils prennent des chefs qui se font tyrans, ici par force ou par surprise, là par le consentement du peuple qui leur donne le pouvoir pour qu'ils lui donnent l'ordre et l'égalité. Ces tyrans aussi passent. Les abus, les violences amènent une révolution nouvelle, cette fois démocratique. Telle est la vie de la Grèce jusqu'à la guerre Médique : les rois d'abord, l'aristocratie ensuite ; puis des tyrans qui s'appuient sur la classe opprimée ou sur des mercenaires, enfin la cité se gouvernant elle-même, ici en accordant davantage aux riches qui possèdent le sol, là en donnant davantage au peuple qui vit de l'industrie et du commerce. Les libertés municipales sauvèrent la Grèce, selon Hérodote, quand elle fut envahie par les Perses; mais il lui manqua, pour triompher de ses dissensions intestines et des armes de l'étranger, un lien fédératif assez puissant pour réunir en corps de nation ces cités libres et autonomes (1), dont les rivalités la livrèrent à la guerre fratricide du Péloponèse, puis aux ravages de la corruption fomentée par l'or de la Macédoine, puis enfin aux faciles conquêtes et à la domination des Romains.

§ 2. — Les cités grecques n'étaient pas des municipes proprement dits, c'étaient des républiques locales. Toute cette Grèce qui a rendu son nom si célèbre, qui s'est distinguée par sa politesse, par son génie dans tous les arts, et même par la gloire de ses armes et l'étendue de sa puissance, n'occupait qu'un petit coin de l'Europe, et son territoire, morcelé par la nature et découpé par les montagnes et par la mer, se divisait en un grand nombre de petits États souverains et indépendants les uns des autres.

Chaque cité avait sa législation spéciale, et le nombre des citoyens était si restreint que dans sa république idéale Platon n'en admettait que cinq mille.

On appelle citoyen, dit Aristote, celui qui a le droit de prendre part aux pouvoirs publics. Les droits du citoyen en Grèce se composaient : 1° du droit de posséder des fonds Εγκῖνσις, droit qui n'appartenait pas à ceux qui n'étaient pas citoyens; 2° du droit de plaider les causes devant les tribunaux sans avoir besoin de patrons; 3° du droit de participer à certains cultes généraux des tribus, et à certains cultes spéciaux des subdivisions de tribus; 4° enfin, du

---

(1) Αυτονουμενα καὶ ελευθερα. Démost., *Philipp.*

droit d'*épigamie*, en vertu duquel les mariages jouissaient de certains droits héréditaires ou sacrés dont les autres mariages étaient privés. Ces droits variaient, selon que la constitution était oligarchique, mixte ou démocratique.

Les Grecs écartaient de l'administration publique les hommes livrés aux occupations mécaniques, parce qu'ils pensaient que le travail matériel accable l'esprit, et que l'activité dirigée uniquement vers le gain est sujette à se corrompre, en substituant l'avarice et l'égoïsme à l'amour du bien public. Une république bien ordonnée, dit Aristote (1), ne doit pas admettre parmi les citoyens des hommes occupés d'arts illibéraux, Βαναυσος. C'étaient des esclaves qui, dans la plupart des États de la Grèce (car chez les Phocéens et les Locriens l'esclavage n'était pas connu), exerçaient les arts mécaniques; mais telle était l'aversion des Grecs contre l'esclavage, que le plus grand nombre des esclaves étaient des barbares.

Toutes les constitutions de la Grèce consacraient en principe le *droit de cité;* mais elles réglaient diversement les déclarations des aspirants, la forme des inscriptions, le mode de recensement, les jugements à rendre en cas de contestation, les concessions à faire aux étrangers, etc. Les Athéniens étaient moins avares du droit de cité que les Spartiates, qui ne l'accordèrent qu'à trois étrangers sous les rois.

Le droit de cité était placé sous la protection du Ζευς ερχειος. Il fallait, pour être admis à ce droit, professer le culte de ce dieu pénate par excellence, à qui étaient confiés les droits de la famille et les sacrifices privés (2), et qui faisait respecter, sous la forme d'un Terme, la limite

---

(1) *Polit.*, III, c. III.
(2) *Igitur proprie ejus tutelæ commissa erant gentilitia jura ac sacra privata* (CREUZER, *Comment.*). HÉROD., p. 1319.

des champs et le droit de propriété, ce solide fondement des lois civiles des Grecs (1).

Les États grecs étaient si nombreux et leurs institutions si variées, qu'on ne saurait entreprendre de parler confusément des rapports établis entre le citoyen et l'État. Les seules constitutions dont on puisse avoir une idée un peu claire, sont celles d'Athènes et de Sparte, et en partie celle de la Crète. Il n'existe pour les autres États que des indications détachées et accidentelles. La majeure partie de celles qu'on trouve dans les scoliastes et les lexicographes a été empruntée à un grand ouvrage d'Aristote, où sont décrites plus de cent cinquante constitutions, non-seulement des peuples grecs, mais des peuples barbares. La perte de ce livre est irréparable. Celui où le philosophe de Stagyre a développé sa théorie politique, ne touche qu'en passant aux institutions de la Grèce; mais comme sa discussion n'est pas purement contemplative, qu'elle marche toujours appuyée sur les faits historiques, et n'abandonne jamais le terrain de la réalité, on peut y puiser des notions exactes sur les rapports entre la cité grecque et le citoyen.

La sécurité des citoyens, appuyée sur le droit qui, selon quelques théoriciens plus récents, est la fin unique et dernière de l'État, n'est, selon Aristote, qu'une condition et un moyen pour atteindre le but. Le but c'est l'ευ ζῆν, le bien-vivre, la vie heureuse et digne, το ζῆν εὐδαιμόνως και κῦδῶς. Il consiste dans la liberté d'agir selon les inspirations de la vertu, c'est-à-dire d'une manière raisonnable et morale. La force interne et les conditions extérieures nécessaires pour atteindre ce but ne se trouvent que dans l'État. La nature même a créé l'homme pour l'État, et tout individu est à l'État ce que la partie est au tout. De même

---

(1) HOM., *Odyssée*, X, 334, 335. PLATO, *de Legibus*, II, p. 9.

que dans un corps organisé il n'y a pas de membre qui ait une force propre et que chacun d'eux est étroitement lié avec les autres parties du tout, de même l'homme est lié avec l'État, et comme l'entier précède la partie, l'État doit précéder l'individu (1). La nature ne produit pas l'individu pour qu'il existe de soi, mais pour qu'il forme une partie de l'entier. C'est pourquoi l'instinct de la sociabilité est inné dans l'homme, qu'une force irrésistible pousse à s'unir avec ses semblables et à former un État.

L'opinion du peuple grec ne s'accordait pas pleinement, peut-être, avec cette théorie philosophique sur l'origine de l'État; mais la conviction que l'individu n'existait pas pour soi-même, mais pour l'État, était cependant plus ou moins adoptée partout, et servait à déterminer entre l'individu et l'État des rapports bien différents de ceux qui existent chez les peuples modernes. Ce qui, aux yeux du philosophe, était une loi de la nature, était, même pour la conscience du peuple, une disposition divine. L'État avait été fondé par les dieux mêmes. Les législateurs des premiers temps avaient reçu une mission divine (2).

Aux yeux du peuple grec, l'Etat n'était donc pas seulement une institution fondée pour garantir la sécurité et les droits des citoyens. Les Grecs cherchaient dans l'État le moyen de développer leurs facultés, et de satisfaire les besoins de leur nature intellectuelle et morale; ils y cherchaient l'occasion des entreprises magnanimes et d'une vie pleine de dignité ; mais leurs opinions sur les moyens pratiques d'atteindre le but étaient très-diverses. A Sparte, l'État était seul père et seul propriétaire. Athènes n'allait pas aussi loin; mais la cité y était cependant si fortement constituée qu'elle dominait dans l'ordre civil l'individu et

(1) *Polit.*, I, 1, 9. — (2) Démosth. c. *Aristocr.* 670, — c. *Aristogit.*, I, 6-16. — Aristid., *Panath.*, p. 213.

la famille, et réglait, dans l'ordre politique, tous les rapports des citoyens. Dans tous les gouvernements de la Grèce se reproduit, au milieu d'une multitude d'opinions diverses sur la *fin* de l'État, une idée commune : l'indépendance, la grandeur, la gloire de la cité. C'est sous l'empire de cette idée, moins élevée sans doute que l'idée chrétienne du moyen âge, mais bien autrement féconde en grandes choses que le culte des intérêts privés, triste apanage de notre siècle, que se sont formés les héros de Marathon et de Salamine, et que la Grèce, triomphante de Darius et de Xerxès, s'est élevée, dans l'estime du monde, à une hauteur disproportionnelle avec l'exiguïté de son territoire. Nous vivons, après vingt siècles, du fruit des conquêtes philosophiques, scientifiques, littéraires, artistiques du peuple grec ; mais ce qui le recommande surtout à notre admiration et à notre reconnaissance, c'est ce profond sentiment de respect pour la liberté et la dignité humaines dont il nous a offert le modèle et auquel nous avons dû comme lui le caractère chevaleresque de notre histoire. Trop heureux si, condamnés, comme il l'a été, à expier par la perte de notre liberté la corruption de nos mœurs et nos dissensions intestines, nous pouvons retrouver un jour dans l'alliance de la foi et de la liberté chrétiennes ce qu'elle a irrévocablement perdu sous la double influence de la ruine du polythéisme et du despotisme du Bas-Empire !...

Toute cité, toute république dans la Grèce, était soumise à quelques conditions réputées indispensables. L'État devait consister dans une réunion de citoyens suffisante pour trouver en elle-même tout ce qui était nécessaire à son existence et à sa conservation (1). Mais pour atteindre ce but il n'est pas indispensable de posséder un vaste territoire.

(1) Aristot., *Econom.*, I, II ; *Polit.* III, 5, 14 ; V, III ; 47. — Plat., *Republ.*, II, p. 369.

Un État trop vaste, dit Aristote, ne conserve pas facilement l'ordre établi par les lois, et, dans les gouvernements réputés les meilleurs, la population et le territoire ne dépassent pas une juste mesure ; il faut seulement que l'État ne soit pas trop petit pour se suffire à lui-même (1). Le meilleur territoire est celui qui produit la plus grande partie des choses nécessaires à la vie, et qui est confiné de manière à lui permettre de se défendre contre l'ennemi. Le territoire grec était en général borné par des frontières naturelles, et produisait les choses de première nécessité. Les habitants, abandonnés à eux-mêmes, n'y auraient pas couru le péril de mourir de faim, que signale avec exagération le poëte Aristophane dans sa comédie des *Acarnaniens*. Le voisinage de la mer permettait d'ailleurs aux Grecs de s'approvisionner, par le commerce, de ce que leur territoire ne produisait pas. Enfin, les Grecs ayant tous un égal intérêt à la prospérité de l'État, une armée aguerrie était toujours prête à le défendre.

La Grèce possédait donc les conditions matérielles sans lesquelles un État ne peut subsister. Elle avait un territoire suffisant, une capitale bien disposée, des habitants industrieux et commerçants, une armée propre à la défendre contre les attaques de ses ennemis.

Tous les législateurs grecs s'efforçaient d'ailleurs de resserrer les liens de la société que les gouvernements despotiques prennent à tâche de dissoudre. Ils la considéraient comme une famille dont les membres doivent être non-seulement conduits par l'amour de la vertu et la crainte de l'infamie, mais encore par le doux sentiment de la tendresse fraternelle, ce qui fait dire à Aristote (2) que ces législations avaient pris plus de soin de l'amitié que de la justice.

---

(1) *Polit.*, VII, 4, 3-8. — (2) Ethic. *ad Nicomed.*, l. VIII, c. I.

Si les hommes s'aiment, dit à ce sujet un savant français (1), ils seront toujours équitables, vérité que n'ont jamais perdue de vue ceux qui donnèrent autrefois des lois aux peuples de la Grèce, et particulièrement Charondas.

Mais chez les Grecs, comme chez tous les peuples païens, la sanction divine manquait au lien de la fraternité humaine. Les anciens demandaient à l'État la discipline morale, dont les sources sont pour nous dans l'Évangile et dans les enseignements de l'Église. Un disciple de Pythagore, interrogé par un père de famille sur le meilleur système d'éducation, lui répondit : faites élever votre fils dans un État bien gouverné. Telle est aussi la pensée de Platon, qui dit qu'un bon gouvernement élève bien l'homme, et qu'un mauvais gouvernement l'élève mal. Aux yeux de ces philosophes, on n'aurait pu penser le contraire sans offenser la dignité de l'État. Ce qui, chez les anciens, correspondait au culte et aux institutions religieuses, était compris dans l'essence de l'État, et n'était qu'une partie ou un membre de cet organisme. Ce n'était pas ce membre à l'exclusion des autres, c'était l'organisme tout entier, qui était d'institution divine, et qui devait former les hommes aux idées humanitaires. Or, le culte officiel et tout ce que l'État comprenait dans l'idée de religion ne pouvait exercer une influence bienfaisante sur les mœurs publiques. La religion des Grecs, qui était, selon son essence et son origine, la religion naturelle (2), contenait beaucoup d'éléments qui pouvaient et devaient peut-être favoriser l'im-

---

(1) SAINTE-CROIX, *Mémoire sur la législation de la Grande-Grèce.* A. 1-42, m. 286, p. 324.

(2) *Non scripta, sed nata lex ; quam non didicimus, accepimus, legimus ; verum ex natura illam arripuimus, hausimus, expressimus, ad quam non ducti, sed facti ; non instituti, sed imbuti sumus.* (Cic. *pro Milone.*, 4).

moralité. Les Grecs croyaient, il est vrai, que leurs dieux, semblables d'ailleurs aux hommes, devaient obéir comme eux aux lois de la justice, de la sagesse et de la bonté; mais l'État n'avait pas de code d'instruction religieuse qui pût nourrir et développer cette croyance; il n'avait que des pratiques de culte qui, dépourvues de toute base morale, étaient impropres à la réveiller.

Il y avait d'ailleurs, dans les institutions politiques, un vice radical, l'esclavage. Dans les constitutions, même les plus démocratiques, sauf deux ou trois exceptions, les citoyens ne formaient que la minorité de la population. Une société constituée de la sorte ne pouvait comprendre en quoi consistaient l'essence et le but de l'État. Aussi Platon, persuadé que l'homme n'était rien que par l'État et ne pouvait atteindre sa fin que dans un État bien ordonné, pensant d'ailleurs qu'aucun des États de la Grèce ne pouvait être considéré comme tel, engageait-il les sages à la retraite et à l'abstention des affaires publiques.

L'esprit politique des Grecs, doublement borné par l'étroite enceinte de la cité et par le nombre exigu des citoyens, ne s'élevait pas à la hauteur d'un véritable patriotisme. Il n'y avait en quelque sorte rien de commun entre Corinthe et Mégare, entre Argos et Sparte, entre Mantinée et Mégalopolis. Aristophane signale, dans sa comédie des *Acarnaniens*, la politique égoïste d'Athènes sans la blâmer. Thucydide ne s'étonne pas qu'Athéniens et Spartiates envoyassent à la fois des ambassades au grand roi, et Hérodote semble trouver naturel que les Ioniens combattissent à Salamine avec les Perses contre les Grecs.

De ces vices inhérents aux constitutions de la Grèce, devaient nécessairement résulter des conflits dont le but tendait moins souvent au bien général qu'à l'intérêt particulier de ceux qui avaient la force en main. Aussi, quoique la liberté fût la passion dominante des peuples de la Grèce, n'y eut-il peut-être pas, au jugement de l'histoire (1), de nation plus vexée par la tyrannie. Toutes ces petites républiques, qui n'auraient eu, pour vivre heureuses et redoutées de leurs voisins, qu'à se défendre contre leurs dissensions intestines, ne cessent de s'agiter, au dedans dans les convulsions des partis, et au dehors dans des luttes toujours orageuses, quelquefois sanglantes, avec les États confédérés. Les confiscations et les proscriptions, prononcées toujours au nom de l'État, deviennent successivement le fond commun de tous les partis, et des révolutions incessantes précipitent les gouvernements, comme sur une pente fatale, de la monarchie à l'oligarchie, et de l'oligarchie à la tyrannie, ou d'un seul, ou, ce qui est pire, d'une multitude.

§ 3. — Des races royales et presque divines avaient longtemps régné sur les États de la Grèce. Or, les écrivains de l'antiquité nous montrent les rois, enivrés de leur pouvoir héréditaire, commettant toutes sortes d'injustices et de violences, s'abandonnant aux plaisirs d'une vie licencieuse et excitant des soulèvements qui se terminèrent par l'abolition de la dignité royale (2). Les nobles, qui, par la naissance, la réputation, la puissance, étaient le plus près du roi, cédèrent les premiers à la jalousie naturelle aux Grecs, et ne voyant pas, après tout, pourquoi ils ne partageraient pas son titre quand ils partageaient sa puissance, firent facilement dégénérer en oligarchie une royauté dont les droits se réduisaient à convoquer et à diriger les assemblées et les conseils, à commander l'armée à la guerre, à offrir des sacrifices, et à jouir des biens de la couronne.

(1) *Histoire de la Grèce*, par Cousin Despréaux, t. V.
(2) *Polit.*, VI, 4-8 et 7-6. Plat. *Leg.* III, p. 690. Aristot. *Polit.*, V, 8-22-23.

L'abolition de la royauté eut pour conséquence la division des États monarchiques en une foule de petites républiques. Dans la haute antiquité, il y avait, autant qu'on peut en juger par les traditions des temps fabuleux, sur tout territoire gouverné par un roi, beaucoup de châteaux entourés de murs, dont l'un était la demeure du roi, et les autres étaient occupés par la noblesse, tandis que le bas peuple habitait la campagne, dispersé dans de petites maisons et dans des cabanes. Homère appelle πολεις ces châteaux fortifiés et établis sur les hauteurs (1). Le mot πολεις signifie, tantôt plusieurs cités formant un district (2), tantôt une seule cité. L'adjectif εὐτειχέος est donné ordinairement aux lieux fortifiés. Le mot *cité*, accompagné des épithètes εὐρυάγυια, εὐρύχορος, n'indique pas toujours une grande ville. Mycènes, qui était la demeure du roi des rois, Agamemnon, était très-petite (3). Quand la royauté tomba, le lien qui tenait unis les possesseurs des divers châteaux d'un territoire fut brisé. L'antique demeure du roi cessa d'être un centre commun; et, de proche en proche, le pays se divisa en une foule de domaines particuliers, indépendants l'un de l'autre, et dont chacun conserva pour centre l'antique πολις. Le mot πολις signifie donc un État indépendant avec son territoire. Bientôt le besoin de se concentrer, afin de pourvoir à la sécurité commune, rendit nécessaire l'agrandissement de la cité. Une grande partie du peuple de la campagne vint habiter autour du château, appelé *Acropole*, ou cité supérieure; et c'est ainsi que se forma la cité inférieure qui, pour plus grande sûreté, fut aussi entourée de murailles. Les autres lieux habités, situés dans le territoire de la πολις, furent des lieux et des villages ouverts ou fortifiés, et devinrent des parties

(1) *Tectis hic Turnus in altis.* (Virg., *Énéide*, liv. VII, 43.)
(2) Strabon, VIII, 336. — (3) Thucyd., 1-10.

du corps politique dont la cité était le centre. On les distinguait de la cité en les appelant δημοι ou κῶμαι. Ces dèmes, quoique indépendants dans tout ce qui concernait leurs intérêts locaux, dépendaient de l'autorité centrale quant aux intérêts communs. Cette autorité siégeait dans la cité même où les habitants de la campagne se réunissaient pour délibérer, toutes les fois qu'il y avait lieu à des assemblées générales. Cette liaison organique de la cité avec son territoire fit donner le nom de πολιται aux membres de l'État qui n'habitaient pas dans la πολις.

Tous ces changements ne se firent pas partout en même temps et d'une manière égale. Le premier exemple paraît s'en être produit dans l'Attique, où Thésée érigea, dit-on, en capitale Athènes, à laquelle vinrent s'ajouter d'autres pays sous le nom de *dèmes*. Ainsi, l'unité de l'État ne fut pas détruite, dans l'Attique, par le renversement du gouvernement royal, tandis qu'en Béotie, au contraire, où existaient les deux seuls royaumes de Thèbes et d'Orchomène, les cités se détachèrent les unes des autres, et formèrent quatorze républiques qui se liguèrent en une seule fédération. De l'ensemble des exemples qu'il puise dans le *Catalogue des navires* (1), Schœmann conclut qu'il se forma deux espèces de cités : les unes entourées de murs et appelées πολεις, les autres ouvertes et appelées κῶμαι, et que, parmi les κῶμαι, les unes faisaient partie d'un grand État qui avait sa capitale et son gouvernement central, et les autres étaient indépendantes et unies seulement entre elles par un lien plus ou moins étroit. Sparte seule faisait exception; cinq bourgades, voisines l'une de l'autre, étaient privées de murs, ce qui les faisait appeler κῶμαι; mais elles étaient liées si étroitement entre elles qu'elles formaient un seul État.

(1) T. II, p. 494-516.

Dans les républiques qui se formèrent après l'expulsion des rois, le pouvoir suprême dut naturellement rester aux mains de ceux qui le partageaient sous le gouvernement royal. Les patriciens grecs se plaisaient à chercher l'origine de leurs maisons dans les temps anté-historiques. « Mon lignage, disait Alcibiade à Socrate (1), remonte à Eurisace, et Eurisace à Jupiter. » Les Éacides de l'Attique, les Pentélides de Mitylène, les Bacchiades de Corinthe, faisaient remonter leurs arbres généalogiques jusqu'aux héros des temps fabuleux, et les continuèrent jusqu'au moment où les droits de la noblesse furent abolis.

Aristote (2) appelle ces nobles qui restèrent, lors de la chute de la royauté, à la tête des républiques, chevaliers, ou combattant à cheval, parce que, dans ces temps-là, la cavalerie était le nerf de l'armée, et que les riches seuls, ou, en d'autres termes, les nobles, pouvaient servir à cheval. Plus tard, les non nobles furent admis aussi dans la cavalerie, et par suite dans l'oligarchie. D'ailleurs, les non nobles s'enrichissaient, les nobles devenaient pauvres, et entraient par cupidité dans les familles des premiers. Peu à peu l'oligarchie des riches succéda à l'oligarchie des nobles. Ceux-ci conservèrent exclusivement le titre d'εὐπατρίδαι, caractéristique de la noblesse de race, tandis que ceux-là prirent le nom de chevaliers. Strabon remarque que leurs droits étaient fondés sur le cens; Hérodote les appelle Ραχεες (gras ou riches). Ailleurs on les appelle γεωμόροι, c'est-à-dire possesseurs du sol. Souvent on les nomme simplement riches, πλουτοι, ευπόροι, οἱ τὰ χρηματα ἐχοντες; les possesseurs des terres sont, selon les anciens politiques, préférables aux capitalistes. Mais néanmoins, dans les républiques commerçantes, les possesseurs de capitaux avaient une grande influence. Toutes ces dénominations, et celles

(1) Plut., *Alcib.*, I, p. 121. — (2) *Polit.*, IV, 10-9.

équivalentes de οἱ ἄριστοι, οἱ καλοὶ καὶ ἀγαθοί, οἱ χαρίεντες, οἱ γνώριμοι, n'indiquaient pas une classe privilégiée, mais des hommes distingués par leur noblesse ou par leur fortune. Il n'y eut plus, à vrai dire, que deux classes d'hommes : les ὁμοῖοι, investis également de tous les droits des citoyens, et le reste du peuple dont les droits étaient moindres. On appelait aussi ευγενεες (bien-nés) tous les citoyens de naissance, même dans les républiques démocratiques, par opposition aux étrangers à qui avait été conféré le droit de cité.

Les causes de la décadence des aristocraties de la Grèce sont analogues à celles qui amenèrent la chute des rois. Ce sont, d'un côté, l'inertie et la présomption des oligarques dont la vie licencieuse les fait déchoir dans l'opinion ; de l'autre, l'irritation du peuple qui n'accepte l'aristocratie que lorsqu'elle se dévoue aux intérêts généraux, et qui la supporte avec impatience, quand il voit l'honneur de ses femmes et de ses filles en péril, ou quand il est exposé à des cruautés et à des violences telles que celles qu'on raconte des Pentélides de Mitylène qui s'en allaient par la ville, jetant à terre, à coups de massue, tous ceux qui offusquaient leur regards (1).

A ces causes générales vinrent s'en joindre de spéciales aux diverses républiques de la Grèce : ici c'étaient des guerres intestines entre les oligarques eux-mêmes, et l'un des deux partis appelant le peuple à son aide ; là c'était l'affaiblissement de la classe dominante par des infortunes particulières, et par suite, la nécessité de l'appel du peuple au pouvoir. Ailleurs l'oligarchie était obligée d'armer le peuple pour la guerre, et le peuple, une fois armé, réclamait de plus grands droits, surtout si les grands s'étaient appauvris, et si le peuple, au contraire, avait augmenté son

---

(1) Aristot., *Polit.*, V, 8-13.

aisance. Dans les constitutions timocratiques, le seul accroissement de l'aisance du peuple explique l'avénement de la démocratie, sans qu'il soit survenu de violentes perturbations. Ceux qui, par la possession du cens, peuvent participer à l'administration publique, augmentent incessamment de nombre, quoique le cens reste le même. Pour maintenir les droits politiques dans les mains de la minorité, il faudrait augmenter le cens, ce qui est tout à fait insolite.

L'avénement de la démocratie divisa toutes les cités grecques en partis sociaux plus encore que politiques. D'un côté, το πληθος, οἱ πολλοι, ὁ δημος; de l'autre, οἱ ολιγοί, οἱ ευποροί, οἱ πλουσιώτεροι, οἱ ἐπιεικεις, οἱ καλοί κ' αγαθοι. De là des conflits sanglants dont les alternatives de succès et de revers aboutissaient à l'oppression, tantôt d'un parti, tantôt de l'autre ; de là les abominables excès tantôt de ces *décadarches* choisis à Sparte pour représenter l'oligarchie parmi les fauteurs les plus fougueux du parti, tantôt de ce peuple d'Argos excité par les démagogues dont Diodore de Sicile flétrit les massacres sous le nom de σκυταλισμος; de là ces proscriptions odieuses et tellement multipliées qu'une seule cité finit, comme le dit Isocrate (1), par compter plus de bannis que n'en comptait auparavant tout le Péloponèse.

La démocratie triomphante écrase les riches d'impôts. Elle exige d'eux des *triérarchies* et des *chorégies* (2), elle distribue à leurs frais le *triobole* au peuple oisif réuni au théâtre et dans les assemblées. Elle exile les propriétaires et distribue leurs biens au peuple (3). Elle diminue l'intérêt de l'argent, convertit le capital en rentes et finit par abolir les dettes (4). Mais malgré tous ses efforts, l'inégalité entre

(1) ARCHIDAM., § 6. — (2) XÉNOPH., *Resp. Athen.* — (3) POLYBE, VII, 10. — (4) IDEM, *Fragm. histor.*, 68.

les citoyens ne cesse de grandir, le nombre des propriétaires se réduit à des proportions infimes, et l'oligarchie, devenue de plus en plus oppressive, pousse en quelque sorte le peuple dans les bras des tyrans.

La tyrannie, chez les Grecs, était un pouvoir cher au peuple, comme la royauté des temps héroïques l'était aux grands, « Tandis que la royauté, dit Aristote(1), est établie pour défendre les grands contre le peuple, le tyran n'a pour mission que de protéger le peuple contre les riches ; le tyran a toujours commencé par être un démagogue, et il est de l'essence de la tyrannie de combattre l'aristocratie. » Tels furent à Corinthe, Cypsile ; à Mégare, Théagène, qui déposséda et exila tous les grands propriétaires ; à Sparte, Cléomène qui abolit les dettes et partagea les terres (2); à Argos, Nabis, dont le premier soin fut de confisquer les biens de l'aristocratie (3). Quelquefois de l'excès du mal naquit le remède, et des hommes éprouvés par leurs talents et leur caractère furent investis d'une mission conciliatrice et réformatrice. Solon à Athènes, Zaleucus à Locres, Charondas à Catane donnèrent des lois sur lesquelles on n'a recueilli que des notions assez incertaines (4). Mais ces lois célèbres ont reparu quelque peu altérées, peut-être, dans les écrits des théoriciens. Aristote (5) donne à leurs auteurs le titre d'$αἰσυμνῆται$, c'est-à-dire de dictateurs élus. Quelques-uns avaient cette charge à vie, d'autres pendant le temps nécessaire à l'accomplissement de leur mission. Denys d'Halicarnasse (6) les compare aux dictateurs romains. Leur pouvoir consistait à corriger les vices de la constitution, sans en altérer l'essence. Mais comment

(1) *Polit.*, V, 8. — (2) Polybe, II, 47. — (3) Tite-Live, XXXII, 38, 40. — ( ) Duruy, *Hist. grecque*, p. 129 à 134.
(5) On a même révoqué en doute l'existence de Zaleucus. Cic. *de Leg.* II, 6-15. — (6) *Polit.*, III, 9-5. —

les maintenait-on dans les limites de leur pouvoir? C'est ce que l'histoire ne nous apprend pas. Ce qu'elle nous apprend beaucoup mieux, c'est que, malgré ces palliatifs, les vices intérieurs des constitutions de la Grèce allèrent toujours se développant, et amenèrent l'affaissement des forces physiques et morales de ces États, autrefois si fiers et si florissants, et leur assujettissement ou au pouvoir ou à l'influence de princes étrangers, jusqu'au moment où la Grèce devint une province romaine.

Dans l'Attique même, Pisistrate, ce tyran populaire, maintint, mais à son profit, les sages lois de Solon (1). C'est surtout dans les cités italiques que les démagogues se multiplièrent et devinrent des tyrans. Télius à Sybaris, Aristodème à Cumes, Amasillas à Reggio, Gélon, Hiéron à Syracuse, exercèrent le pouvoir suprême, mais avec moins d'intelligence et de modération que Cypsile, Ortagoras et Pisistrate. Aussi leur pouvoir fut-il d'une beaucoup plus courte durée, et tombèrent-ils, poursuivis par la haine et le mépris universels.

La chute des tyrans fut suivie, avec des conditions diverses, et dans des proportions inégales, de l'avénement de la démocratie dans la plupart des États de la Grèce. Le principe de l'égalité dans les lois ($\iota\sigma o\nu o\mu\iota\alpha$), de l'égalité dans les honneurs ($\iota\sigma o\tau\iota\mu\iota\alpha$), de l'égalité de la parole dans les assemblées populaires ($\iota\sigma\eta\gamma o\rho\iota\alpha$), s'infiltra peu à peu dans toutes les constitutions politiques. On repoussa la *timocratie* dont les riches s'étaient fait un instrument d'ambition; et comme les garanties morales qu'offrait la démocratie primitive avaient été altérées par la corruption des mœurs, en laissant le champ libre aux démagogues qui flattaient le peuple pour le dominer, on ouvrit les voies à l'*ochlocratie*, c'est-à-dire à cette forme sauvage de gou-

---

(1) *Antiq. Rom.*, V, 73.

vernement, dans laquelle la masse du peuple, sans distinction d'aucune sorte, est appelée à exercer tous les droits politiques et à décider toutes les affaires, et dont l'avénement est presque toujours le prélude de la tyrannie, selon cette belle pensée de Cicéron : *Plerumque ex maxima et effrenata libertate tyrannus gignitur, et illa injustissima et durissima servitus*

CHAPITRE II.

DE LA DIVISION DU PEUPLE DANS LES CITÉS, EN TRIBUS OU PHYLES, EN PHRATRIES ET EN γενχι. DES CONSEILS PUBLICS ET DES MAGISTRATURES DE LA GRÈCE.

§ 1er. — « Les *phratries* et les *phyles* des Grecs, dit un savant contemporain (1), c'est-à-dire les corporations de la parenté et les corporations du métier, ne paraissent et ne se constituent qu'à la dissolution de la tribu. Lorsqu'elles se manifestent, c'est le signe évident d'une révolution opérée au sein de la tribu ; dès ce moment il naît un peuple qui s'assied sur un territoire dans des demeures fixes. »

La division du peuple en φυλαι — phyles ou tribus — et la subdivision des phyles en phratries — φρατριαι — servaient plus ou moins de règle à l'organisation administrative de la cité grecque. Les races diverses produites par la conquête ou les immigrations, les classes de nobles et de non nobles entraient, selon des proportions variables,

---

(1) M. le baron d'EKSTEIN, *De la vie sociale et politique dans la tribu pastorale*. — *Correspondance*, t. XXVI, p. 392.

dans la composition des phyles et des phratries ; on distinguait les tribus ou phyles en tribus locales et en tribus personnelles ; celles-ci constituées selon les affinités de races, celles-là selon les lieux d'habitation. Les tribus personnelles se divisaient ordinairement en φρατριαι. les φρατριαι en γεναι, les γεναι en οικοι ou familles. Les tribus locales se subdivisaient en δῆμοι ou κῶμαι.

Pour pouvoir exercer les droits de citoyen, il fallait appartenir à une tribu, puis à une phratrie ou à un dème. Ces droits avaient différents degrés. Les uns jouissaient de la liberté personnelle, mais ne pouvaient se dire libres politiquement, parce que le gouvernement du pays auquel ils appartenaient leur avait été interdit. Ils habitaient néanmoins la cité, et avaient la faculté d'administrer leurs affaires avec une certaine indépendance, quoique surveillés par le gouvernement de l'État. Ils étaient tenus en outre à certaines contributions et à certains services, spécialement au service militaire en temps de guerre. Nous parlerons de cette classe mitoyenne d'habitants à l'occasion des περιοικοι de Sparte. Les populations qui dépendaient des dominateurs de la Thessalie, les Magnésiens, les Achéens de Pythée, les Étéens, les Dolopes, etc., étaient dans une position analogue. Ils étaient obligés aux tributs et à d'autres prestations, mais exclus de toute participation à l'administration de l'État (1).

Outre cette classe d'habitants personnellement libres, mais sujets de l'État, il y avait dans plusieurs républiques des serfs attachés à la glèbe : tels étaient les ειδῶτες de Sparte, les μνωίται, les κλαρωται, les αφαμιωται de Crète, et les πενεσται de la Thessalie, réduits plus tard en servitude ; on les appelait aussi Θεσσαλικται. Ils payaient l'im-

(1) Cfr. *Antiquit.*, p. 401, note 2, et p. 402, note 5.

pôt du terrain auquel ils étaient liés, et faisaient le service militaire quand ils en étaient requis. Les conquérants s'étaient obligés de leur côté à ne pas les chasser du pays, et à empêcher leurs maîtres de leur ôter la vie. Ces agriculteurs faisaient, malgré l'impôt qu'ils payaient, de telles économies, que plusieurs d'entre eux devenaient plus riches que leurs maîtres. Il y avait aussi à Argos une classe de serfs agriculteurs appelés γυμνησιοι, parce qu'ils suivaient leurs maîtres au camp, revêtus de longues armures, γυμνήτες. Ceux de Sicyone étaient appelés κουνήφοροι. Les Grecs de la basse Italie avaient imposé sous des noms divers un joug analogue aux peuples conquis.

§ 2. — Les citoyens participaient seuls à l'exercice des pouvoirs publics. L'étendue de leurs droits variait selon que la constitution avait un caractère oligarchique ou démocratique. Toutefois on trouve dans tous les États un pouvoir ou délibératif ou consultatif attribué à des assemblées plus ou moins nombreuses, établies d'une manière tantôt fixe, tantôt variable, ici limitées à certains collèges particuliers, là accessibles à tous les citoyens. Les assemblées générales étaient le propre des démocraties ; dans les États oligarchiques, elles étaient ou entièrement défendues, ou admises avec beaucoup de restrictions. Les petits conseils qui, dans les oligarchies, étaient investis d'un pouvoir consultatif ou délibératif, furent appelés γερούσιαι — sénats des vieillards, — et plus tard βουλαι. Les fonctions des sénateurs étaient viagères, tandis que les assemblées démocratiques se renouvelaient tous les ans (1). On les élisait partout. Il n'y a pas du moins d'exemples de sénateurs héréditaires, mais l'élection était limitée à un petit nombre de familles. La manière d'y procéder variait selon les États. Dans quelques uns d'entre eux, il y avait, outre le grand

---

(1) ARISTOT., *Polit.*, VI, 5, 13.

et le petit conseil, une assemblée générale du peuple. Mais cette assemblée n'était appelée à accepter ou à réprouver que ce que le grand conseil avait jugé bon de lui proposer (1). Dans d'autres États au contraire, il n'y avait ni assemblée populaire, ni grand conseil, il y avait seulement un conseil composé de certaines classes de citoyens.

§ 3. — L'administration publique était, comme dans tous les États d'une organisation municipale très-perfectionnée, par exemple à Rome dans l'antiquité, aux États-Unis dans les temps modernes, divisée entre un grand nombre de magistrats. Les ἀγορανόμοι veillaient au commerce, et spécialement à la tenue des marchés. Les ἀστυνόμοι surveillaient les édifices publics, les constructions et la voirie. Les inspecteurs des champs et des bois étaient appelés ἀγρονόμοι, ὕλωροι. Les receveurs et les trésoriers des deniers publics ἀποδέκται et ταμίαι. Les ἱερομνήμονες, ἐπιστάται, μνήμονες, et autres semblables, étaient des magistrats de l'ordre judiciaire. L'administration des choses de la guerre appartenait aux πολέμαρχοι, στρατηγοί, ναύαρχοι, ἱππαρχοι, etc. D'autres magistrats étaient chargés de recevoir les comptes de ceux qui maniaient les deniers publics, sous les noms de λογισταί, εὔθυνοι. Les prêtres et autres fonctionnaires préposés aux sacrifices étaient appelés tantôt ἄρχοντες, tantôt βασιλεῖς, tantôt πρυτάνεις.

Les magistrats les plus éminents étaient ceux qui étaient chargés de réunir et de diriger les assemblées consultatives ou délibératives. Dans les petits États, le même magistrat remplissait quelquefois plusieurs fonctions; dans les grands États, une seule fonction pouvait exiger le concours de plusieurs magistrats. Il y avait des États où des inspecteurs veillaient à la discipline des mœurs, aux jeux, aux femmes, à l'éducation de la jeunesse, etc. L'idéal de cette ad-

(1) SCHOEMANN, p. 132.

ministration était presque réalisé dans la république d'Athènes.

L'autorité des magistrats chargés de réunir les assemblées délibérantes et de faire exécuter les lois passa, dans quelques oligarchies, à un collége d'aristocrates appelés βουλευται, conseillers. Schœmann cite, entre autres, le collége des ἀρτυνοι à Épidaure.

Le titre de βασιλευς apparaît même après la cessation du gouvernement royal, ainsi que celui de πρυτανις,—prince, chef suprême. — Mais le premier n'était chargé que du soin des choses religieuses ; le second était l'un des cinq présidents, dont l'un, nommé Éponyme, donnait son nom à l'année. Pour ces magistrats et pour bien d'autres, les noms anciens subsistent dans la période oligarchique, mais le pouvoir n'est plus le même.

Les noms des magistratures suprêmes étaient très-nombreux. Nous trouvons en Crète et en Thessalie le κοσμος ou κοσμιος et παγος (gouverneur, commandant) ; chez les Locriens, le κοσμοπολις ; en Élide et à Mantinée, au temps de la guerre du Péloponèse, le δημιουργός ; à Corinthe, le επιδαμιουργος ; dans la Béotie, le δημοῦχος ; à Épidaure et à Argos, les αρτυνοι ; à Sparte, les εφοροι, ainsi que dans d'autres cités doriques ; à Corcyre, les νομοφυλακες ; à Athènes, les αρχοντες. Les premiers magistrats de Pergame portent le nom générique de πρυτανες. En Sicile, on les appelle προαγοραι ; en Acarnanie, προεμνονες (1).

La durée des magistratures électives a beaucoup varié, selon les temps et selon les lieux. Elle était généralement limitée à une année, depuis l'abolition de l'oligarchie des nobles. Auparavant elle durait plus longtemps. Plus tard elle fut réduite à un seul semestre. Les magistratures su-

---

(1) Voyez le mémoire de M. Letronne, *Sur les fonctions des magistrats appelés Mnémons, Hiéremnons, Proemnémons.*

prêmes, qui étaient souvent viagères dans les premiers temps, allèrent toujours diminuant de puissance et de durée. Dans les oligarchies, les choix étaient circonscrits dans un cercle de privilégiés. Il y avait dans quelques-unes d'entre elles des charges héréditaires. Dans les timocraties le cens décidait de l'élection. Partout on exigeait de l'élu l'âge de trente ans au moins; les Chalcidiens d'Eubée exigeaient l'âge de cinquante ans. Le droit d'élire n'appartenait pas seulement aux riches, mais à tous ceux qui servaient dans les armes d'élite, quoique dépourvus eux-mêmes des qualités nécessaires pour être élus. Ailleurs on choisissait un nombre déterminé d'électeurs, selon un ordre établi, ou bien on faisait les élections sous l'empire d'un règlement fait par l'assemblée populaire (1). Partout les magistrats étaient tenus de rendre compte de leur administration aux officiers appelés $\lambda o\gamma\iota\sigma\tau\alpha\iota$, $\epsilon u\theta u\nu o\iota$, $\epsilon\xi\epsilon\tau\alpha\sigma\tau\alpha\iota$. Le conseil de l'État et dans les démocraties l'assemblée populaire devaient aussi recevoir ces comptes.

L'exercice simultané de plusieurs charges, ou l'exercice plusieurs fois répété de la même charge sans interruption, était chose défendue dans les États démocratiques et dans quelques États oligarchiques. Les magistratures, autant qu'il est permis d'en juger, étaient gratuites; l'honneur et l'influence qui y étaient attachés étaient une récompense suffisante pour les aspirants qui ne manquaient jamais, et qui étaient d'autant plus nombreux que les charges étaient plus élevées et plus importantes. On ne rétribuait que les offices inférieurs qui étaient, en grande partie, confiés aux esclaves. Aristote pensait même (2) que les charges les plus importantes réservées aux privilégiés devaient être imposées de fortes sommes pour le bien de l'État, afin que l'homme du peuple s'estimât heureux de ne pas les rem-

(1) ARISTOT., *Polit.*, VI, 2, 2, et V, 5, 5. — (2) *Polit.*, VI, 4, 6.

plir. Néanmoins, dans les oligarchies, et plus encore dans les démocraties, on ambitionnait souvent les charges pour s'enrichir (1), parce que, quoique gratuites, elles offraient bien des occasions de gagner de l'argent.

Il paraît que, dans plusieurs républiques, les magistrats étaient nourris aux dépens du trésor public, tantôt en commun, tantôt séparés en colléges, et que ceux qui étaient choisis par les magistrats comme assistants étaient appelés parasites ou compagnons de table de ces magistrats (2).

Les législations de Crète et de Sparte avaient pris des précautions pour faire arriver aux charges publiques les plus dignes et les plus capables, et pour prévenir l'abus du pouvoir et des influences morales des magistrats. Les παιδονόμοι et les γυναικονόμοι veillaient à l'éducation de la jeunesse et à la censure des mœurs. Mais ces mesures devinrent insensiblement odieuses, soit dans les États oligarchiques où les hommes puissants avaient peu de souci de mériter le nom d'aristocrates, soit dans les États démocratiques où on les considérait comme des entraves à la liberté. La discipline se relâcha, et les transgressions restèrent impunies. La surveillance par les γυναικονόμοι sur les actes extérieurs, tels que le luxe des vêtements et des habitations, les dépenses de la table, des funérailles, etc., la conduite des femmes quand elles se produisaient en public, n'arrêta pas les progrès de la corruption intérieure des mœurs.

Les mêmes législations, jalouses de conserver dans les familles nobles et riches la fortune et les avantages qui y étaient attachés, c'est-à-dire l'indépendance, la réputation et l'influence, leur avaient défendu d'aliéner leurs biens, de les grever d'hypothèques et de les partager au delà d'une

---

(1) Isocrat., *Areop.*, c. ix, § 24, 25. — (2) Voy. Schoemann, *Antichità greche*, p. 141, et les autorités citées par lui.

certaine limite. On les accuse même d'avoir mis obstacle par les mesures les plus immorales à la multiplication des héritiers. D'un autre côté, pour empêcher les classes inférieures de nuire à l'oligarchie, elles leur interdisaient l'usage des armes, l'habitation des villes, et les dispersaient dans les campagnes, dans les petits villages (1), et même dans les colonies. Mais chez des peuples de navigateurs et de commerçants, il n'était guère possible de mettre obstacle aux progrès de la population, et d'empêcher que les richesses n'arrivassent aux plus industrieux. Ceux donc qui possédaient le cens entrèrent dans les conseils publics. Dans quelques États, il est vrai, à Thèbes par exemple, on ne pouvait entrer dans les magistratures que dix ans après avoir quitté le commerce, et Aristote (2) considère cette mesure comme sagement aristocratique. Ailleurs on interdisait purement et simplement l'accès des magistratures à quiconque ne faisait pas partie des classes privilégiées, et l'on prohibait sévèrement les alliances entre les nobles et les non nobles. Mais toutes ces barrières furent impuissantes pour empêcher la décadence de l'oligarchie, qui, à dater du septième siècle, céda la place au peuple.

Après ce coup d'œil rapide jeté sur la constitution générale des cités grecques, sur les rapports entre la cité et le citoyen, et sur l'organisation intérieure des phyles, des phratries et des diverses magistratures de la Grèce, essayons de préciser les caractères particuliers des trois constitutions les plus renommées : celles de la Crète, de Lacédémone et d'Athènes, et d'indiquer les avantages et les causes d'insuffisance du lien amphictyonique.

(1) Aristot., *Polit.*, V, 8, 7. — (2) *Polit.*, III, 3-2-4 et 2-8.

CHAPITRE III.

DES CITÉS ET DU TERRITOIRE DE LA CRÈTE.

§ 1ᵉʳ. — Les habitants primitifs de la Crète tombèrent sous le joug des Doriens qui s'établirent dans l'île, mêlés d'étrangers, mais dans des proportions telles que l'élément dorique resta toujours prépondérant. Un héros des temps fabuleux, Minos, avait donné des lois à la Crète, et les républiques qui s'y établirent après la destruction des royautés primitives avaient chacune son territoire, sa capitale, et ses cités moins considérables qui lui étaient assujetties. Au milieu du vaste Océan, dit Homère (1), est la superbe Crète, île féconde, où sont réunis des hommes innombrables, et quatre-vingt-dix villes, qui toutes parlent des langages différents ; elles sont habitées par les Achéens, les Crétois autochthones, héros magnanimes, les Cydoniens, les Doriens, divisés en trois tribus, et les divins Pélasges. Au milieu de tous ces peuples s'élève la grande ville de Cnosse ; c'est là que régna Minos qui, tous les neuf ans, eut des entretiens avec Jupiter.

Le territoire de l'île de Crète était partagé entre les particuliers et l'État. Les champs des particuliers étaient tantôt κλαροι ou κλῦροι, tantôt αφαμιαι. Strabon (XII, p. 542) parle de nombreux terrains appartenant à l'État, dont les produits étaient divisés en trois parts : l'une destinée aux

---

(1) *Odyss.*, l. XIX, v. 172-179.

frais du culte, l'autre aux dépenses du gouvernement, la troisième aux repas en commun ou *Sissythies* (1).

On appelait *aphamiotes* les esclaves qui cultivaient les champs (2). Il y en avait de deux sortes, ceux qui cultivaient un domaine que leur maître continuait d'exploiter par lui-même et ceux qui en étaient comme les fermiers, qui devaient sur leur culture une rétribution plus ou moins considérable, mais à qui restait une partie du produit. Le nom de περιοικοι appartenait peut-être à ces esclaves cultivateurs qui formaient des populations rurales autour des villes doriques; Aristote le leur donne une fois (3). Peut-être aussi y avait-il une troisième classe d'habitants analogue à celle des περιοικοι de la Laconie, mais qui en différait en ce que ceux-ci faisaient partie de l'État de Sparte, tandis qu'en Crète, ils étaient non membres, mais simples habitants des cités. Une portion du fruit des travaux de ces esclaves cultivateurs devait être déposée dans le trésor public (4). Les champs devaient toujours être bien cultivés dans un pays où la propriété était garantie par les lois, où les laboureurs, travaillant pour eux en même temps que pour leurs maîtres, étaient personnellement intéressés à la fécondité des terres. Les esclaves appelés mnotes (μνωιται) étaient des esclaves publics; les uns (εργατονοι) (5) chargés de la sépulture des morts, les autres (καλοφοροι) qui portaient le bois nécessaire pour la préparation des repas communs (6), etc.

Les citoyens des villes étaient égaux, sauf, cependant, quelques familles privilégiées (7) qui formaient une sorte

---

(1) Voyez, sur la Sissythie crétoise, Hulmann et Schœmann.
(2) STRABON, *ubi supra*; ATHÉNÉE, VI, § 18. — (3) *Polit*, II, c. x, p. 332. — (4) PASTORET, *Hist. de la législ.*, t. V, p. 114 et 162.
(5) *Mœurs*, III, c. xiv, et STRABON, XII, p. 542. — (6) *Dosiade*, dans ATHÉN., IV, § 9. — (7) ARIST., *Polit.*, II, 17, 5.

de noblesse. Cette déviation du principe dorique de l'égalité absolue des citoyens se manifesta sans doute, soit au moment de la colonisation de l'île et du mélange des indigènes avec d'autres peuples à qui l'on ne voulut pas concéder des droits égaux, soit par suite de l'inégalité qui survint plus tard dans les possessions. Ceux qui pouvaient tenir un cheval de guerre, étaient appelés chevaliers, appartenaient aux classes riches, et jouissaient en conséquence de quelques priviléges (1).

Les terres des περιοικοι étaient soumises à une taxe particulière dont celles de la classe supérieure étaient exemptes. Les περιοικοι exerçaient librement des industries, mais ne participaient pas, comme ceux de Sparte, à la confection des lois, à l'administration de la justice et au gouvernement de l'État.

§ 2. — A l'administration publique présidait une magistrature suprême, formée d'un collége de dix magistrats appelés κοσμοι ou κοσμιοι, c'est-à-dire ordonnateurs. Ils étaient élus probablement chaque année parmi les familles privilégiées (2). Le chef de ce collége, appelé προτοκοσμος, était éponyme. Pendant toute l'année son nom figurait en tête de tous les actes publics. Une inscription du troisième siècle mentionne des magistrats appelés πρειγιστοι επ' ευνομιαι, et qui remplissaient, à ce qu'il paraît, l'office de censeurs (3).

Le conseil suprême de la cité était formé de sénateurs et était appelé βουλη ou γερουσια. Aristote le compare à la gérusie de Sparte. Les sénateurs étaient élus pour la vie, et n'étaient pas soumis à rendre compte de leurs décisions. Ils obéissaient, non à des lois écrites, mais aux seules inspirations de leur conscience. On est dépourvu de

---

(1) Strab., X, p. 481. — (2) Arist., Polit., II, 7, 5. — (3) Corp. insc., II, p. 398.

toutes notions sur la manière dont ils étaient élus, mais il paraît qu'ils étaient pris ou parmi les cosmes anciens ou désignés, ou du moins parmi les membres des familles privilégiées. (1).

L'assemblée du peuple, à laquelle il était d'usage de déférer ce que les cosmes et le sénat avaient préalablement arrêté, confirmait ou rejetait les projets de loi qu'on lui présentait. Platon (2) loue comme une des meilleures institutions de la Crète l'usage adopté de faire proposer par les jeunes gens les réformes des lois existantes et les mesures à adopter, et de faire prendre par les plus âgés les délibérations qui étaient soumises ensuite aux autorités compétentes.

La discipline des mœurs était surveillée en Crète, mais moins sévèrement qu'à Sparte. L'éducation des jeunes gens avait, comme à Sparte, pour but principal les vertus guerrières et patriotiques. Les jeunes gens restaient jusqu'à l'âge de dix-sept ans dans la maison paternelle, et étaient appelés, tantôt σκοτιοι, tantôt απαγελοι, parce qu'ils ne faisaient pas encore partie de l'αγελα. On leur enseignait dès leur enfance les poëmes renfermant les lois—τας εχ των νομων ωδας,— avec les éléments de la musique, et on les soumettait à un régime sévère. A l'âge de dix-sept ans, ils étaient amenés par leurs pères à la table commune, introduits dans l'αγελα et confiés à la garde du παιδονομος ou αγελατος chargé de diriger leurs jeux et leurs exercices. Ils avaient pour tout vêtement un simple manteau d'hiver et d'été appelé τιδων et couchaient dans des dortoirs communs. Pendant ce temps d'épreuve, les jeunes gens étaient introduits dans la cité où ils recevaient un costume militaire, un bœuf et une tasse. On sacrifiait le bœuf à Jupiter, et un repas avait lieu auquel prenaient part tous les compagnons d'épreuve du nouveau venu. Ceux

(1) *Antiq.*, p. 153. — (2) *De Lege*, l. VII, p. 634.

d'entre les jeunes gens qui avaient capté la faveur d'un adulte et avaient été enlevés par lui, étaient tenus en grand honneur, et appelés même dans un âge plus avancé κλεινοι, c'est-à-dire honorés. L'adulte était appelé φιλητωρ.

L'éducation des jeunes Crétois durait dix ans et finissait par conséquent à l'âge de vingt-sept ans. La loi leur prescrivait alors de contracter un mariage qui avait un caractère politique.

Les jeunes gens devenus adultes s'asseyaient aux tables communes appelées ανδρειαι, — tables des hommes. — Les repas ou Sissythies se tenaient dans un édifice commun, — ανδρειον, — où il y avait autant de tables que l'exigeait le nombre des convives. Les hôtes occupaient une table qui était appelée la table de Jupiter Hospitalier. La caisse de l'État pourvoyait en grande partie aux dépenses des Sissythies. Tout citoyen portait à l'εταιρια dont il faisait partie le dixième de ses revenus. La somme de ces contributions versée dans la caisse de l'État servait à alimenter les Sissythies. Les femmes et les filles même contribuaient aux dépenses de ces repas auxquels présidait sans doute la frugalité, où la portion des jeunes gens n'était que la moitié de celle des adultes. La femme qui présidait à l'ordonnance du repas réservait les meilleurs morceaux à ceux qui s'étaient distingués par leur valeur ou leur prudence. Les hôtes étrangers étaient reçus dans un édifice public appelé κοιμητηριον, et y avaient des dortoirs communs, μητηρια.

Il y avait dans les villes de la Crète, comme dans les autres cités de la Grèce, des *gymnases* consacrés aux exercices du corps et de l'esprit.

§ 3. — Ces villes s'unissaient entre elles par des liens en général peu durables, et contractaient, dans les grands périls qui leur faisaient oublier leurs dissensions intestines, une ligue appelée *syncrétisme* (1). Les différends qui s'élevaient entre citoyens de diverses villes étaient jugés par une sorte d'arbitrage fédéral (2). Les guerres qui éclataient entre les cités amenaient quelquefois des traités. Barbeyrac (3) en cite un, contracté entre les villes d'Hiérapytre et de Prianse, qui témoigne d'un excès d'indépendance municipale. « Des deux côtés, y est-il dit, il y aura droit d'isopolitie et droit de mariage, droit d'acquérir des possessions dans le pays l'un de l'autre, d'avoir part en commun à toutes les choses divines et humaines. Ceux des deux villes qui viendront habiter dans le pays de l'autre, y pourront vendre et acheter, prêter de l'argent, en emprunter, faire toutes sortes de contrats selon les lois établies chez chacun... Le cosme des Hiérapytriens aura entrée dans le sénat de Prianse et dans l'assemblée du peuple avec les cosmes : mêmes prérogatives pour le cosme de Prianse... A l'avenir, ceux qui seront cosmes de l'une ou l'autre ville liront tous les ans l'inscription de cette colonne à la fête des Hyperboïens, et le feront savoir dix jours d'avance. Toute infraction sera punie d'une amende de cent statères, au profit de l'une des deux villes. Si quelqu'un vient à violer les conventions des traités, soit cosme, soit simple particulier, il sera permis à chacun de l'appeler en justice devant le tribunal commun, en taxant l'amende en proportion de l'offense commise ; s'il gagne sa cause, il aura la troisième partie de l'amende, le reste sera pour les villes... A l'égard du lieu où sera établi le tribunal commun, les cosmes d'Hiérapytre et de Prianse choisiront tous les ans une ville à la convenance mutuelle des cités contractantes. »

« On doit être étonné, dit M. de Pastoret (4), que l'idée

---

(1) Καὶ τουτο ἦν καλούμενος ὑπ' αὐτων συγκρητισμος. PLUT., *De fraterno amore*, t. II, p. 418. — (2) Κοινὸν δικαστήριον. — (3) *Histoire des anciens traités*, t. 1, p. 282. — (4) *Hist. de la législ.*, t. V, p. 189.

de former une association plus régulière, plus durable et indépendante des entreprises d'un peuple ennemi, ne se soit pas présentée aux Crétois : un lien fédératif entre les différentes cités eût placé la garantie de chacune dans la force et le lien de tous. Sans doute, le gouvernement aurait pris ce caractère, si la mer n'eût pas séparé la Crète des autres nations. Des peuplades du continent hellénique le tentèrent quelquefois avec plus ou moins de succès et d'étendue ; mais il n'y avait pas de terres limitrophes pour les Crétois ; ils montaient sur des vaisseaux et traversaient la mer, quand ils avaient des ennemis extérieurs à combattre.

Au lieu d'établir une cité prépondérante, une capitale de ses États, Minos avait divisé la Crète en trois parties dans chacune desquelles il fonda une ville principale. En partageant l'île ainsi, en ajoutant par une institution politique à ce que pouvait si aisément favoriser la situation topographique des différentes contrées, ne sema-t-il pas quelques germes d'une division future ? Ne plaça-t-il pas dans l'intérieur même de la Crète ces rivalités ambitieuses qu'il fallait porter au dehors, pour la conservation de la gloire et des possessions acquises au delà des mers qui bordent la Grèce ?

A l'absence d'un lien fédératif assez puissant pour contenir les jalousies réciproques vinrent d'ailleurs se joindre, comme éléments de dissolution, un amour effréné de l'or et un caractère perfide et menteur ; et l'on vit des cités crétoises, vers la fin de la guerre du Péloponèse, divisées par les partis nés de l'inégalité des fortunes et qui s'excluaient réciproquement et avec violence des charges de cosmes, passer d'un régime de liberté modérée à une démocratie absolue (1) ; et, après avoir successivement vendu leurs services aux Romains dans la seconde guerre

---

(1) Δημοκρατίκην ἔχει διάθεσιν. POLYB., l. VI, c. 46.

punique, et aux Lacédémoniens dans leurs guerres contre les Messéniens (1), contracter finalement, dans le premier siècle, avec Mithridate, roi du Pont, et avec les pirates de la Sicile, l'alliance qui les mit en guerre avec les Romains. Vaincus dans cette lutte inégale, ils furent dépouillés par Quintus Métellus de leurs institutions républicaines, et réduits, sous le règne de Claude, en province romaine.

CHAPITRE V.

DES CITÉS ET DU TERRITOIRE DE LACÉDÉMONE.

§ 1ᵉʳ — Les Lacédémoniens étaient gouvernés par des rois, lorsqu'ils reçurent de Lycurgue, à une époque incertaine, mais que les témoignages les plus accrédités fixent à l'an 898 avant J.-C., les lois célèbres qui n'ont jamais été écrites et qui, après avoir été admirées des anciens, ont partagé les sentiments des modernes.

Le gouvernement de Sparte était composé de l'assemblée générale de la nation, d'un sénat inamovible et de deux rois à vie; il offrait ainsi un mélange de démocratie, d'aristocratie et de royauté. Le sénat et les rois délibéraient préalablement sur les lois, qu'ils présentaient ensuite à l'approbation du peuple. Lycurgue, craignant qu'ils ne s'entendissent pour opprimer la nation, leur donna des surveillants dans les éphores.

(1) Τοξότας χρῆσθαι ἐπήγοντο μισθωτούς. PAUSAN., *Messen.*, c. VIII, 1, 2, p. 278.

Les *Spartiates*, corps de guerriers nés d'un père et d'une mère spartiates, étaient divisés en cinq tribus dont chacune avait des subdivisions connues sous les noms de : ωϐη ou κωμη, village ou district. Ils avaient, à l'âge de trente ans, le droit de voter dans les assemblées du peuple, ils pouvaient aspirer à toutes les magistratures et au commandement des armées. Ils se divisaient en *homœes* ou pairs, citoyens appartenant aux plus anciennes familles, et en *hypoméiones* ou inférieurs formant la masse des citoyens. Chaque famille cultivait une certaine étendue de territoire dont la phratrie était propriétaire et en appliquait les produits aux repas pris en commun.

Les *Lacédémoniens* (περιοικοι) habitaient la campagne ou les autres villes de la Laconie. On rangeait dans cette classe les *motakes*, fils d'affranchis élevés avec les fils des Spartiates, et les *néodainodes* ou affranchis. C'était une race mixte composée en partie des Achéens conquis, en partie d'étrangers qui avaient accompagné les conquérants dans leur expédition, ou qui avaient été invités par eux à venir occuper la place des anciens habitants. Ces provinciaux étaient des sujets. Ils ne jouissaient d'aucun des priviléges politiques des Spartiates, selon Muller (1) et Schœmann (2). Leur gouvernement municipal subissait, à ce qu'il paraît, le contrôle des fonctionnaires spartiates (3). Ils cultivaient la partie la plus ingrate du sol et subissaient la plus forte portion des charges publiques, mais le commerce et l'industrie leur appartenaient sans partage.

Les *Hilotes*, anciens habitants de la ville d'Hélos réduits en servitude, tenaient le milieu entre les citoyens et les

---

(1) Dor., III, 2, § 2. — (2) *Antiq. grecque*, p. 113. HERMANN (A. L., p. 44) pense cependant qu'ils votaient par leurs députés à l'assemblée générale. — (3) La question est controversée. SCHOEMANN, *Antiq.*, p. 113; HERMANN, A. L., p. 25.

esclaves. Ils cultivaient comme fermiers les terres des Spartiates, exerçaient les arts mécaniques, et servaient dans la marine comme matelots et dans l'infanterie de terre comme soldats. Ils étaient soumis aux rigueurs d'une police oppressive, et, s'il faut en croire Plutarque, à un système d'assassinat légal connu sous le nom de *cryptie*. Ils pouvaient être émancipés et s'élever par des degrés d'affranchissement successifs de la condition d'esclaves à celle d'hommes libres.

L'assemblée du peuple, qui se tenait dans la ville de Sparte tous les mois à la pleine lune, réglait tous les intérêts religieux et législatifs, et prononçait sur les délits publics. Muller (*Dor.*, III, 2, § 2) pense que les députés des villes de la Laconie et des peuples alliés n'avaient pas le droit d'y voter. On y opinait à haute voix ou par division sur la paix et sur la guerre et sur les réclamations des villes contre leur administration intérieure.

Il y avait à Sparte deux rois qui, quoique appartenant l'un et l'autre à la race d'Hercule, n'avaient droit cependant, comme premiers citoyens d'un peuple libre, qu'à de légères prérogatives et à une garde entretenue aux frais de l'État. Ils présidaient le sénat où leur suffrage était compté double. Ils commandaient les armées, signaient les trêves, recevaient ou congédiaient les ambassadeurs ; chefs de la religion et de l'administration, ils exerçaient plusieurs sacerdoces par eux-mêmes, réglaient le culte public, et consultaient l'oracle de Delphes par le moyen de deux magistrats nommés *Pythiens*. Ils exerçaient une juridiction administrative qui s'étendait même sur les droits civils, notamment sur les formalités de l'adoption, et en vertu de laquelle ils désignaient le parent qui devait épouser une héritière orpheline. Les éphores pouvaient leur infliger des amendes pour de légers délits. S'ils étaient accusés d'avoir trahi l'État, ils étaient jugés par le sénat, les éphores et l'autre roi. Ils renouvelaient chaque année le serment de gouverner selon les lois. La royauté était héréditaire et se transmettait au fils aîné, à son défaut aux fils puînés, aux frères, aux proches, aux parents éloignés, jamais à un membre de l'autre maison régnante.

Les sénateurs (γεροντες), âgés de soixante ans au moins et nommés à vie, composaient, au nombre de trente qui correspondait à celui des Obé et qui comprenait les deux rois, le conseil suprême où se préparaient les affaires de l'État dont l'assemblée du peuple connaissait en dernier ressort, et le tribunal qui jugeait les attentats contre la société punis de la peine capitale. Le sénat ou *gérusie* pouvait seul priver un citoyen du droit de cité.

Les éphores, élus au nombre de cinq chaque année par le peuple, dirigeaient l'éducation de la jeunesse et l'administration générale. L'un d'eux était magistrat *éponyme*, et avait droit, au préjudice des rois, de faire précéder de son nom tous les actes publics. Les éphores réunis jugeaient en premier ressort les affaires civiles et criminelles, d'après une procédure ausssi simple que les lois qu'ils appliquaient. Ils étaient chargés dans la ville de la police générale, veillaient sur les mœurs des citoyens, et sur tout ce qui intéressait l'ordre et la sûreté de l'État. Leur juridiction s'étendait sur les magistrats, sur les rois eux-mêmes qu'ils avaient le droit de déposer, et qui ne recouvraient leur autorité qu'après avoir été absous par un oracle de Delphes.

L'État subvenait aux dépenses publiques par un impôt de capitation dont les pères de quatre enfants étaient dispensés, et par le tribut qu'il exigeait des villes de la Laconie et des villes alliées.

Tout Spartiate était soldat depuis vingt ans jusqu'à

soixante. Les villes de la Laconie et les villes alliées fournissaient leur contingent à l'armée. Une milice de six cents hommes à cheval appelés *scirites*, corps d'élite renommé pour sa bravoure, était fournie par la Sciritide, petite province entre l'Arcadie et la Laconie.

La marine lacédémonienne était gouvernée par un *navarque* et, sous ses ordres, par un *épistoleus* (vice-amiral), par des *triérarques* et *pentécotères* (commandant des trirèmes et des quinquérèmes). Elle avait un intendan général de la flotte (*archigubernète*) des pilotes, des inspecteurs du matériel, des commis aux vivres, des rameurs, des mousses, des charpentiers, etc.

La partie la plus importante des institutions de Lacédémone était l'éducation de la jeunesse. C'était l'Etat qui était chargé d'élever les citoyens dès l'âge de sept ans, époque jusqu'à laquelle les enfants vivaient dans leurs familles. Les exercices du corps, dirigés dans chaque classe par un *irène*, jeune homme arrivé à l'âge de puberté, et distingué par des mœurs et un courage exemplaires, étaient l'occupation exclusive des jeunes gens jusqu'à l'âge de dix-huit ans. L'éducation morale commençait alors et finissait à vingt ans. Les sciences et les arts étaient peu cultivés à Sparte. Les exercices gymnastiques et les leçons morales composaient toute l'éducation.

§ 2. — Lycurgue s'efforça de détruire par la rigueur de ses institutions l'amour des richesses et l'inégalité des fortunes.

Les Héraclides, à leur rentrée dans le Péloponèse, sous le règne du fils d'Oreste, avaient divisé la Laconie en six portions, dont l'une avait été accordée à celui qui leur avait livré le pays. Ils avaient gardé pour eux Sparte, qui était devenue leur capitale. Lycurgue fit neuf mille parts du territoire de Sparte, et les distribua aux citoyens qui l'habitaient ; il partagea en trente mille portions le reste du pays, et les distribua aux habitants de la Laconie. Ce fut une rude atteinte au droit de propriété si respecté par les législateurs de la Grèce (1); mais ce ne fut pas l'établissement de la communauté des terres, ce fut au contraire leur partage entre les familles. La part des hommes pouvait donner un revenu de soixante-dix médimnes, tandis que celle des femmes ne donnait qu'un revenu de douze. Cette inégalité provenait de ce que les hommes devaient fournir aux besoins généraux de la famille et de chacun de ceux qui la composaient. L'État acquérait, à titre de déshérence, les parts qui provenaient de l'extinction des familles et en affectait les revenus aux besoins généraux du culte, de la guerre et de l'administration publique. Socrate prétend, et MM. Barthélemy et de Pauw répètent que les citoyens pauvres furent lésés dans le partage fait par Lycurgue; mais M. de Pastoret (2) trouve cette assertion dénuée de preuves et invraisemblable par la raison que Lycurgue fit le partage pour attacher à ses institutions les moins riches des habitants, cette multitude même que les nouveaux intérêts devaient porter à maintenir la constitution qui les leur assurait, et à qui son nombre donnait les moyens de la défendre avec succès.

Aristote (3) dit qu'il était défendu d'acheter ou de vendre des possessions territoriales, mais qu'on pouvait les donner par testament. M. Giraud (4) le conteste sans citer ses autorités. Il paraît néanmoins qu'il était défendu de diviser la portion reçue originairement (5). On assignait une portion de terre aux nouveau-nés, après les avoir soumis à l'examen corporel qui suivait leur naissance (6). L'entier

---

(1) MEURSIUS, *De Regno Laconico*. — (2) *Hist. de la législ.*, t. V, p. 496. — (3) *Polit.*, II, c. IX, p. 329. — (4) *Du Droit de propriété chez les Romains*. — (5) HÉRACL., p. 505. — (6) PLUT., *Lyc.*, § 32.

patrimoine était attribué au fils aîné dont les frères étaient indemnisés au moyen des portions mises en réserve ou devenues vacantes que l'État leur attribuait.

Les inégalités survenues dans la possession des terres déterminèrent, deux cents ans environ après Lycurgue, la demande d'un nouveau partage (1). Deux rois, Agis et Cléomène, firent successivement de vains efforts pour l'établir. Le premier proposa une ordonnance dont les principaux articles étaient l'abolition de toutes les dettes et une nouvelle distribution des terres à laquelle devaient participer les Spartiates natifs, les habitants voisins de Sparte et même les étrangers que leur âge, leur force et leur éducation rendraient dignes de cette faveur. Repoussé par le sénat et par les éphores, le projet d'Agis échoua, son auteur fut condamné à mort, et Léonidas qui l'avait combattu fut rappelé. Cléomène ne fut pas effrayé du sort d'Agis. Il ordonna, lui aussi, un nouveau partage des terres, mais il fut contraint de s'exiler, et mourut loin de sa patrie, dans les fers d'un roi d'Égypte (2).

CHAPITRE VI.

DES CITÉS ET DU TERRITOIRE DE L'ATTIQUE.

§ 1er.—L'Attique était la province la plus petite du petit pays de la Grèce. Sa population n'a jamais été de plus de trois cent mille ames sur lesquelles il n'y avait que vingt mille citoyens. La destinée glorieuse de cet État si exigu

(1) Arist., Polit., V, c. vii, p. 396. — (2) Plut., Vies d'Agis et de Cléomène, §§ 26 et 36.

s'explique en partie par la configuration de son territoire, placé au centre de la Grèce en regard de l'Asie, des îles de l'Archipel, de l'Afrique, de tout le monde ancien, et touchant à la mer par le port le plus sûr de l'Orient.

Les Athéniens considéraient la terre qu'ils habitaient comme leur mère, leur nourrice et leur patrie (1). Une cigale dans leur chevelure était le symbole de leur autochthonie. Cécrops, leur premier roi, réunit les tribus de chasseurs et de pasteurs, et fit les premiers efforts pour les appliquer aux travaux de l'agriculture (2). Il divisa le pays en douze arrondissements, et fit de Cécropie ou Athènes la principale des bourgades établies (3). Aucune condition n'était imposée alors pour acquérir le droit de cité, il suffisait de venir s'établir en Attique (4). Cécrops, qui était venu d'Égypte, chercha dans des institutions religieuses et morales les éléments de prospérité de sa nouvelle patrie. Il forma quatre tribus. On donna son nom à la première; la seconde tira le sien de l'autochthonie dont les Athéniens s'enorgueillissaient; la troisième et la quatrième, Actée et Paralie, furent ainsi nommées de la situation des rivages au bord desquels résidaient ceux que l'on y comprit.

Triptolème continua l'œuvre de Cécrops, qui, en faisant des laboureurs de ses sujets, les avait rendus sédentaires, et avait constitué la cité sur la double base de la famille et de la propriété. Il fit cultiver et ensemencer le territoire d'Éleusis où il demeurait (5), et institua en l'honneur de l'agriculture les fêtes qui portent le nom de cette ville (6). Ses commandements, rédigés dans le style impératif des lois,

---

(1) ISOCR., *Panég.*, p. 45; CICÉR., *Pro Flac.* § 26. (Parens, altrix, patria.)— (2) SIGON., *Rép. athén.*, l. c. 1. — (3) STRAB., l. IX, p. 397; PAUSANIAS, l. I. — (4) THUCYD., I, § 2, schol. d'Arist., *Guépes*, v. 716. (5) *Ant. grec.* de Gronove, t. VII, p. 113. — (6) MEURSIUS, *Them. Attica*, 1, c. II.

prescrivaient à chacun d'honorer ses parents, d'offrir ses fruits aux dieux, et de ne pas donner la mort aux animaux.

§ 2. — Les lois civiles des Athéniens se sont toujours ressenties du triple caractère que lui assignaient ces commandements. L'autorité paternelle, exercée même par les mères, allait, sinon jusqu'au droit de mort (1), du moins jusqu'au droit de chasser les enfants de la maison et de les déshériter. La dignité du mariage était protégée ; le divorce était autorisé, mais l'époux avait le droit de tuer la femme adultère ; l'adoption était permise, mais les enfants naturels étaient rejetés de la famille.

Les biens étaient nécessairement dévolus à la famille ; il n'était pas permis d'en disposer par testament (2). Les familles, disait Platon, ne sont que dépositaires des biens, et les générations à venir y ont les mêmes droits que les générations éteintes (3). Solon substitua à cette indisponibilité absolue une liberté de disposer plus analogue à l'esprit général des institutions. Mais cette liberté n'existait qu'au préjudice des collatéraux. A l'égard des descendants, l'indisponibilité subsista, et les enfants mâles durent partager l'hérédité par égales parts, sauf le cas d'exhérédation motivée, et à la charge d'adopter l'héritier institué (4).

§ 3. — La division de l'Attique en quatre cantons indépendants correspondant aux régions du sol subsista, telle que Cécrops l'avait établie, jusqu'à l'arrivée des Ioniens, race qui se personnifie pour l'Attique dans les noms d'Égée et de Thésée. Les Ioniens, vainqueurs des Pélasges autochthones, et maîtres de tout le pays, laissèrent subsister les quatre cantons, auxquels ils donnèrent les noms de tribus

---

(1) GAUDIN, *Mémoire sur la législation de Solon.*
(2) PLUT., *In Solone*, § 21. — (3) *Des lois*, IV, § 6. — (4) PLUT., *loc. cit.*; MEURSIUS, *Themis attica.*

des Géléontes, des Hoplètes, des Ægicores, des Argadiens ; mais de ces quatre parties précédemment désunies, ils formèrent un tout par la confédération de douze cités plus particulièrement occupées par la race conquérante, et autour desquelles se groupaient les autres bourgs. Chaque tribu fut divisée en phratries et en γέναι, et bientôt l'Attique devint un Etat par l'institution d'une capitale et d'un pouvoir souverain. Thésée, l'Hercule Ionien, à qui l'histoire attribue cette transformation politique, força, selon Thucydide (1), chaque ville de renoncer à l'indépendance de ses magistrats, de ses prytanées particuliers et de subir l'autorité du prytanée central. La religion consacra ce nouvel état de choses par une fête appelée la fête de la Réunion, τὰ Συνοίκια. Dès cet instant, Athènes devint la plus grande des villes de l'Attique et même de la Grèce (2); mais sa prépondérance laissa subsister l'autonomie des quatre tribus ioniennes, ainsi que leur division en phratries et en γέναι. « Ainsi donc, dit Thucydide, pendant longtemps l'Attique eut des habitans qui, partagés entre divers cantons, vivaient d'une façon autonome, mais même après la concentration opérée par Thésée, ils conservèrent cette coutume primitive ; et la plupart des anciennes familles et de celles qui se formèrent ensuite continuèrent à habiter au sein de leurs domaines et à vivre entourées de tous leurs serviteurs (πανοικησία) dans les lieux où elles avaient toujours vécu, et où se trouvaient leurs sanctuaires particuliers et pour ainsi dire leurs pénates domestiques. Quitter ces demeures héréditaires et changer de canton, c'eût été pour eux quitter leur patrie. » Thésée laissa subsister aussi les bourgs ou dèmes (δῆμοι) qui étaient

---

(1) Ἠνάγκασε, II, 15. — (2) Τὴν πολιν σποράδην καὶ κατὰ κώμας οἰκοῦσαν, εἰς ταύτον συναγαγὼν τηλικαύτην. Ἐποίησεν ὥστ' ἔτι καὶ νῦν ἀπ' ἐκείνου τοῦ χρόνου μεγίστην τῶν Ἑλληνίδων εἶναι. (ISOCR. et THUCYD. II-15.)

en Attique ce qu'étaient les *pagi* romains (1), et dont le nombre, fixé par l'histoire à cent soixante-quatorze a été reduit à cent soixante-deux dans les savantes recherches publiées par M. Hauriot.

Thésée divisa d'ailleurs le peuple athénien en ευπατρι-δαι, descendants d'illustres ancêtres ; γεομωροι, cultivateurs ; δημιουργοι, artisans (2). Ce gouvernement paraît avoir été celui de la Grèce entière dans les temps héroïques. Les rois, en temps de paix, n'avaient que peu de pouvoir sans l'intervention d'un sénat qui répondait aux eupatrides. Les affaires qui intéressaient la nation entière se traitaient dans les assemblées du peuple où étaient sans doute admis les cultivateurs et les artisans.

§ 4. — Dracon fut chargé par les Athéniens, en l'an 624 avant J.-C., de réformer les abus que le régime démocratique de Thésée et de ses successeurs avait introduits dans la république. Mais ses lois écrites, selon l'expression d'un écrivain (3), non avec de l'encre, mais avec du sang, ne convenaient pas à un peuple fier et généreux. Elles tombèrent en désuétude, et après un essai de tyrannie de Cylon dont l'entreprise appuyée par les pauvres fut étouffée, Solon, élevé à la première magistrature, reçut mission de les refondre et d'en faire un nouveau code. Solon respecta l'ancienne division en quatre tribus ou phyles et la subdivision de ces tribus en phratries et en γενη ; mais il étendit les priviléges politiques à tous les citoyens qu'il divisa en quatre classes formées d'après l'échelle des richesses. La première classe se composait des *pentacosiomédimnes*, qui recueillaient cinq cents fois la mesure appelée *médimne* ;

---

(1) Homère donne aux Athéniens seuls le nom de δήμος. Δεμνοι apud Atticos sunt apud nos pagi, dit Festus v° Δεμος.
(2) Plut. *in Thes.*, t. I, p. 23. — (3) M. Gaudin, *Mémoire sur la législation de Solon.*

la seconde classe, des chevaliers; la troisième, des zeugites; la quatrième, des mercenaires (1). Les magistratures étaient réservées aux trois premières classes. Solon permit en outre, par une loi célèbre rappelée dans la loi 4 ff. *De collegiis et corporibus*, et dans laquelle le chancelier Kent voit le fondement des libertés municipales (2), la libre formation des sociétés ou colléges, (ετχιριαι). Les uns se composaient d'hommes de diverses conditions ou professions, — ερανιστων; les autres, d'hommes de la même nation, — δημοται; les autres, d'hommes de la même familles, — γενη; les autres, d'hommes payant le même cens, — υμμοριται; les autres, d'hommes remplissant les mêmes ministères sacrés, — ιεροποοι, αργεωνες; les autres, d'hommes exerçant le même art, faisant le même commerce, — εμποροι (3). La liberté de former et de réglementer ces associations n'avait à Athènes d'autres limites que les prohibitions légales et l'ordre public (4).

(1) Denys d'Halicarnasse prétend qu'anciennement les mercenaires d'Athènes, θηται, étaient traités avec dureté par les eupatrides; mais il confond les citoyens pauvres avec les *métœciens* étrangers, au nombre de 10,000 environ, reçus à Athènes moyennant le payement d'un tribut. Chacun d'eux était obligé de se choisir un patron et de devenir *isotèle*. Les isotèles payaient la même contribution que les citoyens et jouissaient des mêmes droits, excepté de celui de prendre part aux délibérations publiques et de parvenir aux charges de l'État. Les esclaves affranchis devenaient métœciens. (Levesque, *Constitut. de la république d'Athènes*, A. 5, M. 4, 213.)

(2) Kent, *Commentaries on american Law*, v. 1, p. 268.

(3) *Defensiones pro Salinasio ad jus atticum pertinentes.*

(4) « Si autem plebs, vel fratres, vel sacrorum sacramentales, vel nautæ, vel confrumentales, vel qui in eodem sepulcro sepeliuntur, vel sodales qui et multum simul habitantes sunt (enimvero ad negotiationem, vel quid aliud) quidquid hi disponent ad invicem firmum sit, nisi hoc publica lege prohibuerint (L. 4, ff., *De collegiis et corporibus.*)

§ 5. — Chaque tribu athénienne formait en quelque sorte une petite république ; elle avait son magistrat supérieur nommé *phylarque*, parce que la tribu se nommait phyle,— φυλή. Elle avait ses magistrats inférieurs elle élisait dans son sein des citoyens qu'elle chargeait de certaines fonctions. Ce fut ainsi que Démosthène fut nommé par sa tribu pour réparer une portion des murs d'Athènes qui tombait en ruines (1); elle avait ses revenus particuliers, elle en nommait les administrateurs, elle les punissait de la peine du péculat quand ils étaient infidèles (2); elle se convoquait en assemblée par la voix de son phylarque, quand le besoin l'exigeait. Quelquefois il s'agissait, dans ces assemblées, de l'intérêt général de la tribu et de la nominations de ses magistrats, quelquefois de régler certaines cérémonies, quelquefois de nommer à certains sacerdoces, quelquefois aussi de prononcer sur l'état d'un citoyen.

Chaque tribu était divisée en phratries, φρατρίαι, et en bourgs ou dêmes, δῆμοι. On appelait aussi la phratrie ἔθνος, nation ou τριττύς, parce qu'elle formait le tiers de la tribu. Il y a de l'analogie entre la phratrie de l'Attique et la curie de Rome, mais il ne faut pas tout à fait confondre ces institutions. Le chef de la phratrie était appelé phratriarque.

Il y avait dans l'Attique 174 bourgs, dont les chefs s'appelaient démarques, de même que les chefs des phratries s'appelaient phratriarques. Clisthène fit une nouvelle distribution des bourgs dont se composait l'Attique. Le même bourg produisit, en moins de soixante ans, Aristide et Socrate.

Le *démarque* était chargé de cadastrer les propriétés, de recenser les citoyens, de les convoquer en assemblées publiques, de recevoir leurs suffrages, de garder les re-

(1) Eschine, *Advers. Ctesiph.* — (2) Démosthènes, *Contra Theocrit.*

gistres où ils étaient inscrits, ainsi que les étrangers qui avaient conquis le droit de cité, de dresser la liste et de faire l'appel de ceux qui devaient partir quand le service de la patrie l'exigeait, d'ordonner les fêtes instituées pour maintenir la concorde et exciter le patriotisme, de régler la dépense publique, de percevoir l'impôt, les revenus communs et tout ce qui pouvait être dû au trésor public.

§ 6. — C'est à la *phratrie* que le père présentait l'enfant qui était né, en jurant qu'il l'avait eu d'une citoyenne ; on passait aux suffrages ; l'enfant reconnu était inscrit dans le registre commun tenu par le φρατορ (1). Si la phratrie refusait, le père pouvait recourir aux tribunaux. S'il succombait, l'enfant perdait, non-seulement le droit de cité, mais la liberté (2). L'enfant, inscrit dès son bas-âge sur le livre commun, l'était aussi à dix-huit ans sur le livre des *éphèbes*, après avoir prêté le serment civique, et à vingt ans sur le registre du dême, qui se nommait *lexiarchique*. Alors il était majeur, il jouissait de ses droits, gérait par lui-même les facultés du citoyen, entrait dans l'assemblée du peuple, et faisait, dans les armées, partie de la force publique (3).

Chaque année on faisait dans chaque bourg le recensement des citoyens qui le composaient; ceux dont les noms étaient radiés ne pouvaient se faire rétablir que par un jugement (4). Le nombre des citoyens d'Athènes était d'environ 20,000 (5). Chacun pouvait s'en aller, et emporter avec lui sa fortune. Aucun de nous ne s'y oppose, dit Platon, (*in Critone*) en faisant parler les lois, quand nous ou la république ne lui plaisons pas.

---

(1) Isæus, *De hæred. Apollod.*, — Observationes ad jus atticum, p. 104. — (2) Demosth., *Contra Leoch.* — (3) Isæus, *De hæreditate Philoc!.* — (4) Meursius, *Themis. attic.*, c. V. — (5) Demosth., *Contr. Aristog.*

Usurper le droit de cité était un crime tel, que celui qui en était accusé était jeté dans les fers, même avant le jugement (1).

Dans l'origine, tout étranger qui voulait s'établir à Athènes y était admis. Thésée, qui fût l'instituteur du régime populaire, fit des citoyens de tous ceux qui voulurent se fixer dans l'Attique (2). Solon, plus difficile sans être cependant rigoureux, accorda le droit de cité aux bannis politiques, et à ceux qui venaient exercer une industrie à Athènes (3). Clisthène admit dans les tribus dont il avait modifié la constitution antique, telle qu'on la retrouve aux temps de Cécrops et de Solon, des étrangers, et même des esclaves venus du dehors, qui augmentèrent les forces du parti démocratique (4).

On avait d'abord inscrit comme citoyens les enfants nés d'une mère étrangère. Périclès voulut (5) que ces derniers ne pussent jouir du droit de cité. Cette loi d'autant plus rigoureuse qu'on regardait le mariage d'un Athénien avec une étrangère comme un concubinage, aurait, si elle avait été en vigueur, privé Athènes des services de Thémistocle, fils d'une Thrace ou d'une Carienne. Mais Périclès, qui gouverna Athènes pendant quinze ans en maître absolu, proposa lui-même et fit décréter la révocation de la loi, pour pouvoir faire jouir du droit de cité un bâtard qu'il avait eu après avoir eu le malheur de perdre ses deux fils. Après l'expulsion des trente tyrans, sous l'archontat d'Euclide, la dernière loi obtenue par Périclès fut abrogée, et les enfants nés d'une mère étrangère furent de nouveau déclarés illégitimes (6).

Une loi rendue dix ans environ après la mort de Périclès,

---

(1) DEMOST., *Contr. Eubul.* — (2) PLUT., *In Theseo*, t. I, p. 43.
(3) PLUT., *in Solon*, p. 251. — (4) ARIST., *Polit.*, l. III, c. II.
(5) PLUT., *in Pericl.* — (6) ISÉE, success. de Cicéron, p. 74.

réorganisa le droit de cité. Elle ordonna que les contestations sur l'état des citoyens fussent portées devant le dême. Le démarque ou chef du bourg convoquait les citoyens. Celui qui était attaqué devait déclarer à quelle curie il appartenait. On entendait les témoins au sujet de sa descendance, on consultait les registres publics, on opinait ensuite avec des fèves blanches et noires, après avoir prêté serment entre les mains du démarque. L'appel du jugement, s'il était défavorable au réclamant, pouvait être déféré aux tribunaux (1), qui cassaient les décrets du peuple contraires aux lois. S'il succombait, il pouvait être vendu comme esclave, tandis que s'il ne se plaignait pas, le refus de l'inscription était la seule peine qu'il encourût (2).

Le droit de cité pouvait encore être perdu, suspendu même par un jugement qui suivait une accusation intentée. Il pouvait être ensuite rendu à ceux qui en avaient été privés. Aucune profession d'ailleurs n'empêchait de l'exercer. On entendait des orateurs qui avait été comédiens, discuter les affaires de l'Etat à la tribune publique; Aristodème, qui n'avait pas cessé de l'être, fut envoyé plusieurs fois pour traiter de la paix et de la guerre avec Philippe (3).

Le droit de cité n'était, d'ordinaire, concédé aux étrangers qu'individuellement. L'hospitalité était exercée très-largement envers tous, surtout envers ceux avec qui les Athéniens étaient liés de pays à pays par une amitié réciproque. Le droit de cité fut même accordé en diverses circonstances à plusieurs personnes, et même aux habitants d'une ville entière, de Platée par exemple, qui fut rasée par les Thébains 374 ans avant Jésus-Christ. Néanmoins les lois sur les étrangers changent souvent de caractère, selon les intérêts et les passions de ceux qui se disputaient

---

(1) LIBANIUS, somm. du discours de Démosthènes. — (2) DÉMOST. *Contr. Néera.* — (3) PASTORET, *Hist. de la législ.* T. VI, p. 316.

le gouvernement d'Athènes. Isocrate se plaignait de voir prodiguer le droit de cité. Nous sommes fiers, disait-il, de la pureté et de l'antiquité de notre origine, et nous associons à la gloire de nos ancêtres tous ceux qui se présentent, plus facilement que les Lucaniens et les Triballes ne partagent avec d'autres l'obscurité de leur nom. Nos pères, disait Démosthène (1), regardaient le titre de citoyen comme glorieux, vénérable, plus grand que tous les services, et nous le vendons à des hommes perdus, à des fils d'esclaves, à des esclaves.

Les lois finirent par régler la concession du droit de cité. Pour l'obtenir, il fallait être né libre, avoir servi la république et obtenir, sur la demande de mille citoyens, une décision favorable à la pluralité des suffrages à scrutin couvert, dans une assemblée de plus de six mille citoyens. Tout Athénien pouvait attaquer, comme indigne, celui qui avait obtenu la concession du droit de cité. Il pouvait même, après l'absolution de la personne accusée de pérégrinité, la poursuivre encore comme ayant corrompu ses juges pour obtenir d'eux une décision favorable : c'était l'action appelée δωροξενία. Démosthène (2) cite des exemples de révocations prononcées. L'étranger devenu Athénien ne pouvait cependant prétendre ni à l'archontat ni au sacerdoce, mais la porte de ces honneurs était ouverte à ses enfants, s'il avait épousé une citoyenne; le nouveau citoyen faisait présent à la république de certains boucliers d'une forme particulière, qui étaient à l'usage des Perses, et qu'on appelait γέρρα.

§ 7. — Les étrangers non admis au droit de cité formaient la deuxième classe des habitants et étaient appelés *métœques*. Ils étaient, dans les premiers temps de l'existence d'Athènes, agrégés au titre des citoyens, mais on leur

---

(1) *Gouv. de la répub.*, p. 126. — (2) *Contre Eubul.* et *contre Nééra*.

enleva plus tard toute participation au gouvernement, et on les réduisit à exercer le commerce, la navigation, les arts et métiers (1). On ajouta à cette exclusion des humiliations injustes (2); on les soumit à un impôt de capitation de douze drachmes par an, et de six drachmes en sus par chaque enfant. Un métæque qui n'aurait pas acquitté cette imposition eût été exposé à être vendu comme esclave.

Une décision de l'aréopage était nécessaire pour autoriser les étrangers à fixer leur domicile à Athènes. Leurs noms et leur profession déclarés par eux étaient inscrits sur un registre public, avec l'autorisation que l'aréopage leur accordait. Le polémarque était leur juge naturel; ils ressortissaient cependant, pour certains délits, du tribunal des Thesmothètes; ils avaient un temple spécial et un dieu protecteur (3).

Le métæque qui avait négligé de se pourvoir d'un répondant qualifié *prostate* était exposé à la poursuite appelée *aprostasie*, et ses biens étaient confisqués. Les actions judiciaires du métæque étaient poursuivies par son prostate. Ses crimes étaient punis plus sévèrement que ceux des citoyens. S'il tuait un citoyen, il était puni de mort, tandis que le meurtre d'un métæque par un citoyen n'était puni que de l'exil.

Les métæques pouvaient obtenir d'une délibération du peuple la faveur de devenir *isotèles* (4), et dans ce cas, au lieu d'un impôt de capitation, ils ne payaient plus que l'impôt commun à tous les citoyens, mais ils ne devenaient les égaux des citoyens qu'au point de vue de l'impôt; ils n'acquéraient le droit de cité qu'en vertu de concessions

---

(1) XÉNOPHON, *Rép. athén*, p. 693. — (2) *Mémoires de l'Acad. des Inscriptions*, t. XLVIII, p. 182. — (3) *Ibid.*, p. 189 et 192. — (4) SUIDAS et HÉSYCHIUS, au mot *Isoteles*; POLLUX, III, ch. IV, § 56.

spéciales qui ne le leur conféraient même pas sans réserve et dans toute son étendue.

Certains étrangers s'établissaient à Athènes pour y exercer une industrie ou pour jouir des charmes de ce séjour, sans y prendre domicile et sans renoncer à leur patrie. Ils étaient habitants et non domiciliés d'Athènes.

Les affranchis entraient dans la classe des métæques ou des étrangers domiciliés. Ils payaient la même capitation et avaient pour *prostate* leur ancien maître. S'ils lui manquaient de respect, on pouvait les rendre à l'esclavage.

§ 8. — On devenait esclave tantôt par l'effet de l'indigence, en aliénant sa liberté pour toujours ou pour un temps, tantôt par suite d'un jugement qui condamnait à la servitude, tantôt par les malheurs de la guerre ou par les agressions des pirates. La plupart des esclaves venaient des contrées de l'Orient. Les Athéniens étaient moins rigoureux envers leurs esclaves que les autres peuples de la Grèce; ils n'avaient pas sur eux droit de vie et de mort, mais il leur infligeaient des peines corporelles que la loi ordonnait de modérer en temps de guerre. Les esclaves ne pouvaient pas assister à certaines fêtes, il leur était interdit d'entrer dans le temple des Euménides, on ne les admettait pas en témoignage. Ils ne pouvaient ni pratiquer la médecine, ni s'exercer dans les gymnases. On ne leur permettait dans les armées que quelques travaux maritimes. Quant aux arts qu'on leur permettait de cultiver, on les laissait jouir d'une partie du produit de leur travail. L'esclave maltraité par son maître se réfugiait dans le temple de Thésée, et on faisait droit à ses plaintes, si elles étaient fondées.

Les cités possédaient des esclaves qui leur appartenaient en toute propriété, à titre de choses, et qui faisaient **partie** des confiscations prononcées au profit de l'État (1). L'État les revendait, s'il n'avait pas besoin de leurs services.

L'affranchissement des esclaves pouvait venir d'un don du maître; il était prononcé quelquefois par testament; l'esclave pouvait se racheter à prix d'argent. Un décret du peuple pouvait affranchir un esclave qui avait rendu un service important à l'État. L'affranchissement transformait les esclaves en métæques et ne leur conférait par conséquent pas le droit de cité.

§ 9. — Les phyles, les phratries, les dèmes, avaient chacun des assemblées particulières (2), où les citoyens avaient seuls le droit de discuter les intérêts domestiques, civils ou religieux des familles ou des individus dont se composait l'agrégation. Chaque canton avait, comme la tribu, ses sacrifices, ses administrateurs, ses collecteurs d'impôts, son trésor, ses juges même. Théocrine, contre qui plaida Démosthène, avait été condamné dans sa propre tribu pour malversation dans l'administration de ses deniers (3). Ces pouvoirs locaux furent restreints par Thésée, qui s'efforça de subordonner les fractions politiques au corps de l'État. Toutefois les suffrages pour les magistratures, prises à nombre égal dans chaque tribu, se donnaient par tribu même; les serments que prescrivait un décret du peuple se prêtaient ordinairement par tribu et par bourg. Telles étaient les attributions des conseils particuliers des dèmes de l'Attique (4).

Tandis que les *phratries* et les *phyles* délibéraient sur les intérêts locaux, les affaires générales étaient déférées à l'assemblée du peuple qui exerçait sa puissance souveraine dans les *ecclesies* où tous les citoyens avaient le droit

---

(1) DÉMOSTH., *contre Nicostrate.* — (2) DÉMOSTH., *contre Mid.* — (3) DÉMOSTH., *contre Théocr.*; ESCHINE, *Cour.* — (4) NEWTON, *Chronologie corrigée*, p. 186; SAINTE-CROIX, *Gouv. fédér.*, p. 8.

de suffrage. On statuait dans ces assemblées qui se tenaient le 3, le 11, le 20 et le 30 de chaque mois, sur la paix, la guerre, les alliances, les lois, les impôts, le culte, les accusations publiques, les confiscations, les mesures relatives à la sûreté de l'État. Chaque session ordinaire avait un objet spécial. Il y avait, en outre, des sessions extraordinaires, quand l'État était menacé de quelque danger. Elles étaient toutes annoncées par un programme affiché, et inaugurées par une cérémonie religieuse.

§ 10. — Le sénat, composé d'abord de quatre cents, ensuite de cinq cents membres, tirés au sort (1) chaque année, cinquante dans chaque tribu, parmi les citoyens les plus distingués, se partageait en dix classes dont chacune avait tour à tour la prééminence sur toutes les autres. La première classe, dite *des prytanes*, se subdivisait en cinq décuries composées chacune de dix membres appelés *proèdres*, ou *présidents*. Chacun des proèdres présidait à son tour le sénat sous le nom d'*Épistate*. Le sénat prenait d'abord connaissance des affaires, les examinait, les discutait et en faisait ensuite le rapport à l'assemblée générale du peuple qui les décidait souverainement. Dans les occasions importantes, le sénat assistait en corps aux délibérations générales de l'assemblée du peuple qui était présidée par l'épistate et les proèdres, chefs du sénat, et même par tout le peuple.

Des orateurs étaient admis, après un examen sévère sur leur conduite et sur leurs mœurs, à discuter les affaires publiques dans le sénat et dans l'assemblée du peuple. Quand ils abusaient du crédit que leurs talents leur donnaient, ils étaient cités devant un magistrat qui les condamnait à une amende, si leur faute était légère, et les renvoyait devant un tribunal supérieur, si elle était grave.

(1) Le tirage au sort se faisait avec des fèves. (THUCYDIDE, l. VIII, ch. LXVI.)

Les orateurs étaient responsables des mesures qu'ils avaient provoquées, et passibles, entre autres peines, de l'interdiction de la tribune.

Un décret accepté par la majorité des membres du sénat avait force de loi, mais seulement pendant que le sénat qui l'avait rendu était en exercice. Pour avoir une autorité durable, il avait besoin d'être sanctionné par le peuple, qui, après avoir entendu les orateurs, votait tantôt au scrutin, tantôt en élevant les mains. Six mille voix étaient nécessaires pour donner force de loi à certains décrets.

La puissance exécutive, dans la république d'Athènes, était confiée à des citoyens que le peuple élisait chaque année dans ses assemblées. Certaines fonctions étaient conférées par des suffrages, les autres l'étaient par le sort.

§ 11. — La magistrature suprême était celle des *archontes* à qui elle fut transférée à la mort de Codrus, 1132 ans avant Jésus-Christ. L'archontat, d'abord perpétuel, fut réduit en l'an 1068 à une durée de dix ans, et devint annuel soixante-dix ans plus tard.

On ne choisit d'abord les archontes que parmi les Eupatrides ; depuis Solon, ils furent choisis parmi les riches. Aristide, fils de Lysimaque, fit régler qu'on aurait plus d'égard au mérite qu'à la condition. On employa dès lors tantôt la voie du scrutin, tantôt celle du sort ; mais on n'admit que les candidats qui prouvaient, tant du côté de leur père que du côté de leur mère, que leurs aïeux et bisaïeux avaient eu aussi le droit de cité. Leur respect connu pour leurs parents était en quelque sorte le gage de celui qu'ils porteraient à leur patrie ; ils établissaient leurs services par les récompenses qu'ils avaient méritées, et subissaient un double examen sur leur vie antérieure devant le sénat de l'aréopage et le tribunal des Héliastes (1). On

(1) De vita ante acta, si in parentes beneficia contulissent ; si

exigeait que les archontes fussent aussi parfaits de corps que d'esprit (1).

Avant d'entrer en fonctions, les archontes prêtaient serment d'observer les lois et de ne point prétendre à l'érection d'une statue, quelque service qu'ils pussent rendre à la république.

Il y avait neuf archontes. Le premier avait le nom d'*éponyme*, le second celui de *roi*, le troisième celui de *polémarque*; les six autres étaient appelés *thesmothètes* (2).

Les archontes veillaient au culte national et présidaient aux cérémonies religieuses. Ils étaient chargés de la police générale de la république, et de juger, en première instance, les dénonciations publiques et les plaintes des citoyens. L'appel de leurs jugements était, d'après une loi de Solon, porté au tribunal des Héliastes (3). En sortant de charge, ils faisaient approuver les comptes de leur administration, et étaient reçus, après un nouvel examen, au sénat de l'aréopage (4).

Indépendamment des fonctions qui leur étaient communes, les archontes étaient chargés chacun de fonctions particulières. Les trois premiers avaient chacun un tribunal où ils rendaient la justice, accompagnés de deux *proèdres*, ou *assesseurs*.

pro patria, aris, focis arma fuissent ab illis sumpta; si publicis honoribus, meriti in rempublicam collati ergo, donati aliquando fuissent; quas notas consecuti admitti poterant, non aliter. (Postellus, cap. xix, *De Magistr. athen.*, p. 43.)

(1) An integri corporis essent, necne. (Petitus, lib. III, tit. 2 *Legum atticarum*, p. 17.)

(2) Quamvis omnes ἄρχοντες dicerentur, tamen sex θεσμόθεται, unus ἄρχων ἐπωνήμος, alter βασιλεὺς, id est rex, πολεμάρχος, magister militum dicebatur. (Postellus, p. 44.)

(3) Suidas, t. I, p. 346.

(4) In senatum areopagitum, novem viri cooptantur. (Petitus, l. III, tit 2 *Legum atticarum*.)

Le premier archonte, surnommé *éponyme*, avait son nom inscrit en tête des actes publics, et veillait aux intérêts des veuves, des pupilles, des orphelins (1).

L'archonte-roi présidait aux sacrifices publics, réprimait à la fois les délits contre la religion et les excès du sacerdoce, et inspectait les jeux, les fêtes et toutes les cérémonies (2).

Le troisième archonte, dit *polémarque*, était chargé de tout ce qui concernait la guerre, et commandait la droite de l'armée (3). Il punissait les lâches, récompensait les braves, et exerçait sa juridiction sur les étrangers domiciliés.

Les six derniers archontes, ou *thesmothètes*, formaient un tribunal de commerce et de police, et présidaient à l'élection de quelques magistrats inférieurs. Ils fixaient les audiences des cours inférieures et en tiraient les juges au sort. Ils avaient des officiers qui les assistaient dans leurs fonctions, et des gardes qui faisaient exécuter leurs ordres.

§ 12. — Des citoyens élus annuellement se partageaient entre eux la police municipale: les *épimélètes* pourvoyaient à l'arrivage des grains, et les *sitophylarques* en surveillaient la vente; les *opsonomes* étaient préposés à la vente du poisson; les *métronomes* et les *agronomes* qui étaient au nombre de quinze, dix à Athènes et cinq au Pirée, inspectaient les poids et mesures et les marchés publics; les *astynomes* surveillaient les chanteurs, les histrions, et avaient l'inspection des rues et des bâtiments; les *œnoptes* réprimaient le luxe de la table; les *gynæcosmes* faisaient observer

---

(1) Petitus, lib. VI, tit. 7, § 1, p. 43. — (2) Petitus, lib. I, tit. 2, § 12, p. 5; Demosth., *Orat. in pacram*; Pollux, l. VIII, c. viii et xix.

(3) Polemarchus dextram aciei cornu ducito. (Petitus, lib. VIII, tit. 2, p. 53.)

aux femmes la décence et les lois somptuaires; les *onze*, enfin, étaient chargés de la police judiciaire, de la garde des prisons et de l'exécution des sentences de mort. Trois magistrats veillaient à l'éducation des enfants et à leur inscription sur le registre de leur tribu. Les routes, chemins, canaux, ports, monuments et établissements publics construits aux frais de l'État ou de riches particuliers, étaient confiés à la garde d'officiers élus dans leurs tribus respectives. Les *épistates* dirigeaient les eaux; les *adopoies* étaient préposés aux voies de terre; les *teichopoies* avaient la garde des monuments.

Les autres magistrats de l'ordre administratif étaient : les *lexiarques*, au nombre de six, et assistés de trente personnes qui tenaient les registres, constatant les droits politiques des citoyens à se rendre à l'assemblée du peuple ; les *nomophylaces*, ou gardiens des lois et surveillants des votes et des suffrages ; les *syngraphes* ou scrutateurs, au nombre de trente, qui recueillaient les suffrages; les *grammatistes*, ou secrétaires, au nombre de deux par tribu ; les *céryces*, ou hérauts du sénat et du peuple; les *distributeurs du théorique* ou argent donné au peuple pour assister aux fêtes ; enfin, les *démarques*, chefs et administrateurs des tribus.

Les revenus de la république d'Athènes découlaient de plusieurs sources, savoir : les produits du domaine public, les redevances des mines d'argent, un tribu annuel sur les affranchis et les étrangers domiciliés, les amendes et confiscations, les droits de douane, les impôts établis sur la consommation et les courtisanes, les tributs imposés par le peuple ou par le sénat, les emprunts forcés, les dons gratuits. Le sénat imposait chacune des dix tribus; le *démarque* de chaque tribu répartissait l'impôt entre les contribuables ; des collecteurs, ou *prœto-*

res, recueillaient et versaient dans les caisses des trésoriers tous les revenus publics. Ils décidaient en outre les petites difficultés qui s'élevaient entre le fisc et les contribuables ; mais ils laissaient à un tribunal le jugement des affaires graves et la désignation des inquisiteurs, ou *masteres* chargés de poursuivre les recettes par les voies ordinaires, et, en cas de refus, la confiscation des biens. Chaque tribu avait sa caisse administrée par un *tamie*. Un trésorier général pour toute la république, nommé aussi *tamie*, était élu pour cinq ans. C'était le sénat qui réglait et arrêtait leurs comptes en présence de deux contrôleurs choisis, l'un par le sénat, l'autre par les trésoriers. Des compagnies de dix officiers, choisis un dans chaque tribu, tenaient les rôles des contributions, effaçaient, en présence du sénat et du peuple, les noms de ceux qui avaient payé l'impôt et dénonçaient à un tribunal les contribuables retardataires.

Une chambre des comptes, composée de dix magistrats appelés *logistes* et renouvelés tous les ans par le peuple, était chargée de régler les comptes de toute personne qui avait manié les deniers publics. Tout comptable pouvait être traduit par un citoyen devant la chambre des comptes qui le condamnait, s'il y avait lieu, à des restitutions civiles, ou renvoyait l'affaire au sénat ou à tout autre tribunal.

§ 13. — A côté des corps administratifs dont nous venons d'esquisser le tableau, il n'existait à Athènes d'autre corps de magistrature que les tribunaux présidés par les archontes et le corps des *Héliastes* qui renfermait six mille citoyens âgés au moins de trente ans et choisis par le sort sans distinction de fortune, mais à la condition d'avoir bonne renommée et de n'être point débiteurs du trésor public. Ces Héliastes, ainsi nommés parce qu'ils siégeaient sur la place Héliée ou en plein air ($\H{\lambda}\iota\sigma\varsigma$), jugeaient, soit tous ensemble, soit par commission de 500, de 1,000, de 1,500, les causes les plus graves et les délits politiques. Leur nombre les montrait comme la justice en action, et ne permettait pas aux riches et puissants accusés cités devant eux de maîtriser par la vénalité et l'intimidation ce tribunal où siégeait la cité presque entière. Le serment qu'ils prêtaient impliquait l'obligation de juger selon les lois et de punir les auteurs de propositions illégales. Cette institution était un complément et une sanction du pouvoir politique exercé par les assemblées populaires, et comme ils changeaient chaque année, ils étaient bien animés du même esprit que le peuple d'où ils sortaient et où ils rentraient (1).

§ 14. — Le haut conseil de l'aréopage, chargé de la garde des lois et de la surveillance de toute l'administration, dominait la constitution d'Athènes. Cicéron attribue à ce corps le bonheur et la puissance des Athéniens. « Quelque digne, dit-il (2), que Thémistocle soit de sa gloire, quoique son nom ait plus de célébrité que celui de Solon, quoiqu'on cite Salamine comme témoin de sa glorieuse victoire et que sa valeur soit plus vantée que la sagesse du *fondateur* de l'aréopage, ne donnons pas la préférence au guerrier. La victoire de Salamine fut un service ; l'aréopage est un bien durable : c'est le dépôt des lois et des coutumes anciennes. L'aréopage ne doit rien à Thémistocle, et Thémistocle doit beaucoup à l'aréopage : la guerre fut dirigée par la sagesse de ce sénat qu'avait *fondé* Solon. » Solon n'avait pas fondé l'aréopage, dont l'origine se perd dans la nuit des temps fabuleux, et que Pausanias rattache à la célèbre contestation de Mars avec Neptune dont il avait tué le fils Hallirrothius qui avait attenté à la pudeur de sa

---

(1) Duruy, *Histoire grecque*, p. 120. — (2) *Off.*, 75.

fille Alcippe (1). Mais Solon avait rétabli cet auguste tribunal qu'Isocrate (2) et Eschyle (3) nous représentent comme veillant, non-seulement sur l'administration des magistrats, mais sur les mœurs privées des citoyens, et comme un gardien sévère et incorruptible de la justice et des lois. L'autorité, la juridiction de l'aréopage, s'étendaient à tout. Ce tribunal était vraiment l'œil de la république, son conseil suprême et le sage dépositaire de toutes ses lois : *Senatus areopagi rempublicam consilio suo cogito, legesque servato* (4). Toutes les affaires relatives au culte des dieux ressortissaient à sa juridiction, et les *Actes des Apôtres* nous montrent le Sauveur des hommes amené à ce tribunal comme un novateur prêchant une religion inconnue (5). L'aréopage s'occupait de l'éducation de la jeunesse (6). Il faisait exécuter la loi d'origine égyptienne qui obligeait chaque citoyen de faire connaître, sous peine de mort, ses moyens d'existence (7). Il veillait à l'entretien des chemins publics, à la décoration d'Athènes, et à ce que personne n'anticipât sur le terrain des places et des rues (8) ; il s'immisçait même dans le gouvernement extérieur de l'État, et Plutarque dit que la célèbre victoire de

---

(1) PAUSANIAS, l. I, cap. XXII, p. 49, et cap. XXVIII, p. 68, 1696, in-fol. ; OEcumenius, ad cap. 17 *Act. Apost.* — (2) Isocr., *Aréopag.* c. XIV, XVIII. — (3) Eumén., V, 660. — (4) Petitus, lib. II, act. 3, p. 17. — (5) *Act. Apost.*, XVII, 19 et 20.

(6) A senatu areopagitico lecti, juventuti ad temperantiam, morumque honestatem conformandæ invigilant. (Æschines, philosophus, *in Axioco.*)

(7) Qui se vivere legitime non demonstraverit, morte mulctatur. (Prateius, l. XLV, p. 113 et 114 ; Diogenes Laertius, lib. VII, segen. 269, t. I, p. 473.)

(8) Senatus areopagiticus plurimum poterat, viasque curabat ne quis obstrueret, neque præsepimenta ædium longius extenderet. (Heraclides, *De Rebus publicis.*)

Salamine fut facilitée par l'argent qu'il distribua aux soldats (1).

A ces fonctions administratives l'aréopage joignait une juridiction criminelle, surtout en matière de crime d'État (2), et Schœmann (3) pense que la différence entre les aréopagites et les héliastes, quant aux attributions judiciaires, consistait en ceci, que les héliastes ne jugeaient que sur des accusations formelles portées par le demandeur à l'autorité compétente et déjà instruites par celle-ci, tandis que l'aréopage n'attendait pas l'accusation, procédait d'office, soit qu'il eût lui-même découvert le crime, soit qu'il lui eût été dénoncé, instruisait le procès et prononçait la sentence. Le même auteur pense que l'aréopage avait seul le droit de sévir contre les magistrats, et qu'il pouvait mettre son *veto* aux décisions du sénat ou de l'assemblée populaire qui lui paraissaient en opposition avec la constitution de l'État. Il n'avait pas, à la vérité, des moyens coercitifs; mais la haute estime dont il jouissait auprès du peuple y suppléait; et cela dura, dit un écrivain, tant que le peuple ne s'enivra pas du vin de la démocratie. L'aréopage était un collége aristocratique, et il était devenu tel, soit par son origine patricienne, soit par le caractère que lui avait imprimé Solon en lui permettant, dans les élections substituées aux chances du sort, d'exclure *le candidat du collége* quand il croyait avoir quelque raison de le faire (4). Les aréopagites étaient de vénérables vieillards qui siégeaient à côté du temple des Euménides, avaient soin de leur

---

(1) Aristoteles autor est curiam areopagitos militibus in capita octonas drachmas divisisse, eamque potissimam fuisse causam complendæ classis. (Plutarcus, t. I, p. 117.)
(2) Demosth., *De Corona*; Lycurgus, *in Leocrate*.
(3) *Antichita greche*, p. 473.
(4) Cfr. Bergmann, *Comment. ad Isocr. Aréop.*, p. 128.

culte, et qui nommaient les prêtres (ιεροποιοι) pour les sacrifices. Les fonctions de juges qu'ils exerçaient, et dans lesquelles ils se montraient spécialement ministres des Furies (Σεμναι), contribuaient puissamment à les entourer de terreur et de respect, en leur rappelant que la pureté de leur cœur pouvait seule assurer la bénédiction des dieux. Le peuple leur attribuait une origine mystérieuse et les considérait comme liés au salut de la république. « Tranquilles au dedans, dit Isocrate, n'ayant aucun ennemi à craindre au dehors, ils bâtissaient à la campagne des édifices aussi somptueux qu'à la ville ; et lorsque les fêtes solennelles les invitaient à retourner à la cité, la plupart préféraient aux spectacles qui les y attendaient, les plaisirs innocents qu'ils goûtaient dans leurs familles. Ils ne mettaient leur bonheur ni dans la pompe des spectacles et des jeux publics, ni dans les largesses des magistrats ; des mœurs douces et pures et l'abondance des choses nécessaires à la vie faisaient toute leur félicité.

« Heureux les citoyens, s'écrie l'orateur grec, qui vivaient sous un gouvernement aussi sage ! Mais que le temps est changé ! combien la situation actuelle de la république est déplorable ! Comment ne pas s'affliger en voyant des citoyens manquant de tout, obligés d'attendre l'événement d'un procès pour se procurer les choses nécessaires à la vie, tandis que l'État entretient de vils rameurs dans l'abondance et les plaisirs ! tandis que..... Mais je n'ose m'expliquer davantage, j'aurais mille choses à dire qui ne seraient pas à l'avantage de la république.

« Dans les beaux jours de l'aréopage, les choses étaient bien différentes : cet illustre sénat soulageait de sa bourse les malheureux et les protégeait auprès des riches ; il réprimait l'intempérance de la jeunesse par une discipline sévère ; il intimidait l'avarice des magistrats par la terreur des supplices, et il excitait les vieillards à se rendre utiles à la patrie par l'attrait des honneurs et par le respect des jeunes gens. »

La décadence de l'influence de l'aréopage à Athènes eut pour principale cause, comme celle des censeurs à Rome, la contagion de la corruption dont ses membres mêmes furent atteints. « Il est vrai que j'ai un grand ton de magnificence et que je vis dans une grande liberté, disait devant le tribunal de l'aréopage où il avait été traduit pour le désordre de ses mœurs, Démétrius, l'un des descendants du célèbre Démétrius de Phalère. J'ai une maîtresse charmante, je bois les meilleurs vins de Chio ; mais j'ai une fortune qui me permet de me livrer à de grandes dépenses, sans me priver d'aucunes ressources pour l'avenir; je ne suis pas d'ailleurs dans le cas d'avoir à me reprocher des rapines et des adultères comme plusieurs d'entre vous que je puis nommer. »

§ 15. — La décadence parallèle des mœurs et des institutions de Solon amena la dictature de Pisistrate. Cet usurpateur exerça une tyrannie intelligente, glorieuse même, et sut respecter la constitution populaire ; mais ses fils la violèrent et furent chassés d'Athènes en l'an 510 avant notre ère, et le peuple rétablit l'empire des lois de Solon. Un demi-siècle de gloire succéda à cette restauration. Délivrés du joug d'Hippias, les Athéniens, qui avaient acquis la conscience de leurs forces, réclamèrent des droits nouveaux. Clisthène, chef du parti populaire, brisa le cadre des quatre tribus et dissémina les phratries dans dix nouvelles tribus qui ne correspondirent plus à la configuration naturelle du sol. L'ancien système provincial se trouva ainsi détruit et remplacé par des circonscriptions arbitraires, comme il l'a été de nos jours par la création des départements. Les dix tribus reçurent les noms des antiques héros d'Athènes : Erechtée, Egée, Pandion, Léos, Acamos, OEneos, Cécrops, Hippothoon, Ajax, Antiochus. La bataille de Marathon (490) fut le premier élan produit par ce glorieux baptême, et fut suivie des deux plus beaux siècles de l'histoire de la Grèce. Le nombre des tribus s'accrut en l'an 307, époque de la délivrance d'Athènes par Cassandre, de deux tribus nouvelles fondées par Démétrius et par son père Antigone, honorés du titre de dieux sauveurs, et plus tard d'une troisième tribu appelée l'*Adrianique*. Le nombre et la population des dèmes augmentèrent également, et la grandeur de la république athénienne atteignit son apogée sous le règne de Périclès.

Mais la constitution prit alors un caractère de plus en plus démocratique. L'élection des magistrats par le sort remplaça le suffrage universel, ce qui, au jugement d'Hérodote, d'Aristote et de Montesquieu (1), est essentiellement démocratique, surtout dans des villes composées à peine de quelques milliers de citoyens, tous d'éducation à peu près égale. Périclès alloua en outre une solde aux juges et aux membres de l'assemblée populaire ; il porta en outre, avec Éphialte, une atteinte grave à la constitution de l'aréopage en le dépouillant de ses attributions administratives et politiques, et en le réduisant au droit de juger les homicides. A la vérité, l'influence morale de ce vénérable débris des institutions aristocratiques était telle, qu'un siècle après la réforme d'Éphialte, le peuple se soumettait encore aux arrêts par lesquels il cassait ses décisions, comme le prouvent deux faits cité par Demosthène dans son *Discours de la couronne*. Mais les sept *nomophylarques* institués après la réforme de l'aréopage, et investis du droit de *veto* contre les actes des magistrats qui blessaient les

(1) HÉRODOTE, l. III, ch. LXXX ; ARISTOTE, *Politique*, l. IV, ch. IX; MONTESQUIEU, *Esprit des Lois*, liv II, ch. II.

lois existantes, finirent par l'emporter, comme gardiens suprêmes de la constitution d'Athènes, sur l'antique aréopage qui perdit peu à peu, par la concurrence des magistrats démocratiques et salariés, l'ascendant aristocratique dont il avait si longtemps usé pour le bien de la république.

Aussi l'éclat du règne de Périclès, quoique immortalisé par la gloire militaire, par une administration favorable au bien-être et à la grandeur du peuple, par le concours des plus beaux génies dont s'honore l'humanité, n'a-t-il pas désarmé les critiques d'Aristophane qui regrettait, non sans raison, l'influence des Eupatrides et des traditions héréditaires. La corruption croissante des mœurs, la guerre du Péloponèse, l'invasion de l'Attique par les Lacédémoniens, les révolutions produites par les guerres des factions, amenèrent la domination de Lysandre et de ses trente tyrans. Thrasybule, banni par eux, rentra victorieux à Athènes, et la délivra d'un joug odieux. Mais il trouva son commerce détruit, sa population décimée, son territoire en friche, sa marine tombée plus bas qu'au temps de Solon, et le trésor si épuisé qu'il ne pouvait fournir aux dépenses des sacrifices. On retourna d'un commun accord au gouvernement modéré de Solon, et Athènes jouit encore pendant soixante-six ans de sa liberté. Mais Philippe de Macédoine étant devenu, par la victoire de Chéronée, l'arbitre des destinées de la Grèce, les institutions de Solon allèrent toujours en dégénérant jusqu'à l'an 146 avant J.-C., époque à laquelle Athènes fut réduite en province romaine.

Cette fin commune de tous les États, de tous les gouvernements de la Grèce, est justement attribuée à deux principales causes : d'abord à la dépravation toujours croissante des mœurs, irrésistiblement entraînées sur la pente de la démocratie, de sorte qu'il n'y eut plus de citoyens, pas même d'hommes dans les cités, et que, suivant l'énergique expression de Polybe, les Grecs moururent faute d'hommes (ὀλιγανδρια); ensuite à l'incorrigible instinct d'isolement municipal qui était au fond de l'esprit grec et qui, sur ce sol morcelé outre mesure, s'opposa à la formation d'un grand État hellénique. Si cet État eût existé, il n'y aurait pas eu tant de guerres intestines avec leurs déplorables conséquences politiques et morales, et la Grèce eût été invincible ; mais telle était la force de ce sentiment d'indépendance locale, que la Grèce fut ivre d'une folle joie le jour où les Romains proclamèrent que toute ligue était détruite et toute cité rendue à son isolement. Elle se croyait libre alors que commençait pour elle une servitude de vingt siècles (1) !

CHAPITRE VII

DES AMPHICTYONIES.

Douze nations du nord de la Grèce formèrent dans les temps les plus reculés la confédération amphictyonique, pour prévenir les maux que la guerre entraîne à sa suite. C'étaient les Thessaliens, les Béotiens, les Doriens, les Ioniens, les Peerhèbes, les Magnètes, les Locriens, les Octéens, les Phtiotes, les Maléens, les Phocéens et les Dolopes. Il fut convenu que chacune de ces nations enverrait tous les ans des députés à Delphes pour y garder le temple d'Apollon, et pour y former une assemblée qui punirait les attentats commis contre ce temple et contre les droits respectifs des villes confédérées.

Chacune des douze nations envoyait deux députés : l'un,

(1) DURUY, *Histoire grecque*, préface, XVI.

ἱερομνημων, était chargé du soin de la religion ; l'autre, πολαγορας, jugeait les affaires civiles et criminelles. Tous deux ensemble décidaient des affaires d'État. Toutes les villes confédérées s'engageaient à faire exécuter les décrets de l'assemblée. La ligue était cimentée par un serment. Elle n'existait d'abord qu'entre les douze nations, mais elle s'étendit peu à peu à toutes les villes ou bourgades de la Grèce ; et quand il s'agissait de donner son suffrage, la voix du représentant de la moindre bourgade était aussi prépondérante que celle du citoyen de l'une des plus puissantes villes. Seulement les villes *amphictyonides* avaient un double droit de suffrage, c'est-à-dire que chaque ville avait deux voix en la personne de ses deux députés.

L'assemblée des *amphictyons* se tenait au printemps, à Delphes, et en automne, au bourg d'Anthéla, à quelques stades des Thermopyles. On y jugeait les contestations qui s'élevaient entre les villes. L'histoire rapporte divers jugements entre les Athéniens et les Déliens, entre les Lacédémoniens et les Platéens, entre les Thébains et les Lacédémoniens. Les députés des parties discutaient l'affaire. Le tribunal prononçait à la pluralité des voix, et décernait une amende contre les nations condamnées. Le pouvoir des amphictyons ne se bornait pas à juger, il s'étendait jusqu'à déclarer et à faire ouvertement la guerre à ceux qui refusaient d'exécuter leurs jugements. Si la nation condamnée à l'amende n'obéissait pas, l'assemblée pouvait armer contre elle tout le corps amphictyonique ou la plus grande partie de la Grèce.

Outre l'amphictyonie générale, il y avait des ligues particulières dont la plus célèbre est la ligue achéenne. L'Achaïe avait douze villes principales qui étaient chacune la capitale d'un petit État : Dyme, Olénos, Egyre, Hélice, Bura, Ægium, Cérinée, Léontium, Patrès, Pharès, Tritée,

Pellène. Ces villes formèrent par leur confédération le noyau de cette ligue achéenne qui, cimentée par Aratus (251 ans avant J.-C.) et consolidée par Philopœmen, embrassa tout le Péloponèse. Les députés des villes liguées qui avaient des lois, des chefs, des juges, des magistrats communs, s'assemblaient une fois l'an à Ægium pour élire les magistrats et y discuter les intérêts de tous les membres de la fédération, et tenaient en outre, à des époques non périodiques, pour les déclarations de guerre, les traités de paix, la correspondance avec le peuple romain, des sessions extraordinaires. Le pouvoir exécutif appartenait à des δημιοῦργοι élus dans l'assemblée générale, qui formaient le conseil permanent du *stratége* ou général. Le stratége, élu chaque année dans la diète d'Ægium, commandait les troupes, mais ne pouvait les lever ou les mettre en mouvement sans l'autorisation de la diète, et n'avait pas même le droit d'opiner sur les questions de paix ou de guerre. Il exposait dans les assemblées les motifs de convocation, introduisait les ambassadeurs, et proclamait les décrets de la diète. Il avait pour subordonnés le général de la cavalerie et le *grammatiste*, ou secrétaire de la ligue.

Cette ligue ne mettait d'ailleurs aucun obstacle à ce que les villes s'administrassent librement, mais exigeait d'elles une constitution populaire, et leur interdisait toute mission secrète ou patente auprès des puissances étrangères sans le consentement des États confédérés.

Les Étoliens formaient entre eux une confédération à peu près pareille. Leurs diverses peuplades ou villes avaient une assemblée commune, à laquelle probablement n'étaient admis que les hommes d'âge mûr. Cette assemblée, appelée *Panétolicon*, se réunissait tous les ans à Thermos, à l'équinoxe d'automne, décidait alors de la paix ou de la guerre et nommait les magistrats. Outre cette assemblée annuelle, il y avait l'assemblée permanente des *Apoclètes* ou députés, qui formaient un conseil semblable à celui des démiurges en Achaïe, mais plus nombreux. Le premier magistrat était le *stratége*, commandant des forces militaires. Après lui venaient l'*hipparque*, le *grammateus* ou secrétaire, etc. La ligue étolienne s'associait des villes fort éloignées, et leur laissait certainement une grande liberté d'action ; mais dans quelle mesure, on l'ignore. Tous les droits, tous les devoirs n'étaient pas sans doute parfaitement déterminés ; et parmi ces villes il y avait probablement, comme dans l'empire d'Athènes, bien des conditions différentes : des confédérés, des alliés, des sujets tributaires (1).

L'amphictyonie des Béotiens se tenait à Onchiste, dans le temple de Neptune. Sept villes : Hermione, Épidaure, Égine, Athènes, Prasie, Nauplie et Orchomène, formaient une confédération qui se réunissait dans la petite île de Galaurie, dans un temple de Neptune, et qui célébrait des jeux tous les cinq ans à Épidaure. L'amphictyonie de l'Argolide à laquelle participaient les Lacédémoniens, les Messéniens, les Corinthiens et les Mycénéens, se réunissait près d'Argos, dans le temple de Junon. Ces ligues réservaient cependant à chaque ville le droit de se gouverner elle-même, mais dans des conditions telles que leur administration manquait d'unité et de cohésion.

Le fédéralisme démocratique de la Grèce continentale se retrouve dans les Cyclades, cet archipel d'îles qui, après avoir expulsé leurs rois, essayèrent de se constituer en petites républiques, mais qui ne tardèrent pas à passer sous la domination, les unes des Égyptiens, les autres des Crétois, celles-ci des Phéniciens, des Cariens ou des Perses,

(1) Duruy, *Histoire grecque*, p. 706.

celles-là des Athéniens. Les Rhodiens seuls arrachèrent (360 ans environ avant J.-C.) le pouvoir au peuple pour le conférer aux familles riches, et c'est à cette oligarchie, l'une des plus sages de la Grèce, que l'île de Rhodes dut la prospérité de son commerce et sa législation maritime qui a servi de modèle à celle de toutes les nations.

Les colonies grecques de l'Asie offrent, dans l'organisation municipale des cités, dans les amphictyonies, dans le partage de l'autorité politique entre le sénat et le peuple, des caractères analogues à ceux que nous avons constatés. Les colonies de l'Éolie, de l'Ionie et de la Doride, tour à tour libres et gouvernées tantôt par les Perses, tantôt par les Athéniens, conservèrent toujours, sous ces régimes divers, leur religion, leurs lois, l'autonomie de leur administration municipale, même leur système provincial. Les députés des onze villes du continent de l'Éolie et ceux des cinq villes de l'île de Lesbos s'assemblaient dans la ville de Cumes. Les députés de la confédération ionienne, composée de douze villes principales, se réunissaient près d'un temple de Neptune, à peu de distance d'Éphèse. Le promontoire de Triopium était le rendez-vous des États des Doriens où la ville de Gnide, l'île de Cos et trois villes de l'île de Rhodes avaient aussi le droit d'envoyer des mandataires.

La ligue républicaine des Lyciens se formait de vingt-trois cités qui avaient droit de suffrage et dont les députés choisissaient le *Lyciarque* ou général de la ligue, ainsi que les autres magistrats du corps fédératif et les juges qui devaient rendre la justice dans l'année. Le conseil des députés répartissait les impôts. Les Cariens formaient une ligue fédérative semblable. La ligue des Pisidiens, formée de quatre villes principales, prenait le nom de Tétrapole.

Celle des Galates ou Gaulois d'Asie se composait de trois peuples dont chacun était divisé en trois tétrarchies. Il y avait dans chaque tétrarchie un tétrarque ou gouverneur particulier, un juge, un général soumis au juge, et deux commandants en second. La diète générale était composée de douze tétrarques et de trois cents députés, un de chaque tribu.

« Ceux qui instituèrent ces assemblées célèbres, dit Isocrate (1), en parlant des assemblées des amphictyons des Ioniens et des Doriens, sont loués avec justice. Ils nous transmirent cet usage afin que, réunis dans un même lieu, nous pussions nous réconcilier et abjurer tout sentiment de haine, et aussi afin que des prières, des sacrifices communs, en nous rappelant la parenté qui nous lie, vinssent nous inspirer pour l'avenir des dispositions plus amicales, nous engager à renouer d'anciennes hospitalités et à en former de nouvelles. »

Le congrès amphictyonique unit en effet la Grèce au dedans et la rendit redoutable au dehors, tant qu'il ne s'inspira que de l'intérêt général et que ses décisions furent respectées par les Grecs. Mais un jour vient où les Phocéens, mécontents d'un de ses décrets, marchent contre Delphes, s'emparent de la ville et même du temple, et déchirent les registres qui contenaient leur condamnation. La Grèce se divise, Sparte et Athènes prennent parti, et les amphictyons, par qui la Grèce devait être unie, deviennent un élément de guerre.

Il devait en être ainsi, car l'autorité amphictyonique manquait essentiellement d'unité. Chaque État confédéré avait des intérêts différents; quelques-uns d'entre eux fournissaient des troupes à la Perse même. C'est sur elles

---

(1) *Oratio panegyrica*, p. 114. Voir aussi Denys d'Halic., *Antiq. Rom.*, liv. XIV, et Sainte-Croix, *Des anciens gouvernements fédératifs*.

que comptait Cyrus dans l'expédition qui se termina par cette fameuse retraite des Dix-Mille immortalisée par Xénophon, mais qui, malgré la gloire qui en rejaillit sur les Grecs, témoigna du peu de solidité du lien amphictyonique.

L'amphictyonie n'était point une fédération analogue à celle de la Suisse ou des États-Unis d'Amérique. C'était une simple ligue investie, il est vrai, de quelques attributions de la souveraineté, mais dépourvue de la plus précieuse de toutes, du droit d'administration (1). Un lien si fragile ne résista pas à la corruption des mœurs. Quand le souvenir de Solon se fut affaibli à Athènes, et celui de Lycurgue à Sparte, quand l'ambition eut pris la place du dévouement au bien général, la diète amphictyonique fut souvent corrompue, tantôt par l'or de la Macédoine, tantôt par celui des Romains, et les villes prépondérantes, telles que Sparte et Athènes, abusèrent de leurs forces à l'égard de leurs alliés. Sparte entreprit la conquête de la Messénie par esprit de cupidité, et joignit, pour y réussir, la corruption à la violence. Les Athéniens réduisirent en esclavage Naxos, l'une des villes confédérées, s'emparèrent de Salamine, de Délos, d'Oréos, et en chassèrent les habitants, décimèrent Samos, condamnèrent les Æginètes à mort. Que pouvait devenir la ligue amphictyonique au milieu de tant de causes de corruption de son principe?

La ligue achéenne se maintint longtemps dans de meilleures conditions que les autres amphictyonies. Le gouvernement de l'Achaïe était le plus modéré des gouvernements de la Grèce. Les villes, en général petites, cherchaient leurs richesses dans l'agriculture plutôt que dans l'industrie et le commerce. Les factions y étaient moins ardentes que partout ailleurs. On ne trouve nulle part, dit Polybe,

(1) PASTORET, *Histoire de la législation*, Introduction, note A.

plus d'égalité, de liberté et de véritable démocratie. Le peuple élisait le stratége, mais cette magistrature était tellement ruineuse qu'on était obligé de la déférer aux riches (1). L'assemblée générale décidait en outre la paix et la guerre, et jugeait même les stratéges ; mais elle ne se réunissait de droit qu'une fois par an, et hors de là, le peuple ne pouvait être convoqué que par un décret des magistrats et pour un sujet déterminé à l'avance. Le peuple se préservait de lui-même des embarras et des sacrifices auxquels il se serait exposé pour assister aux assemblées (2). Démocratique en apparence, le gouvernement appartenait en réalité au sénat, exclusivement chargé de la politique intérieure.

La ville la plus importante de la confédération achéenne était Mégalopolis, fondée par Épaminondas pour être la capitale de l'Arcadie. L'esprit de ce grand homme et de Philopœmen l'animait. La cité de Mégalopolis détestait le parti populaire, ce parti des brouillons, — τους καχεστάς, comme l'appelle Polybe,—et détestait aussi les tyrans que le peuple adore jusque dans leurs crimes (3). En haine de la démocratie, elle prit parti pour Philippe, père d'Alexandre ; en haine des tyrans, elle se laissa assiéger par Agis, renverser et brûler par Cléomène, sans jamais accepter ni paix ni trêve. L'exemple de Mégalopolis imprima à la politique de la confédération achéenne un caractère aristocratique, et dans la guerre que les Achéens soutinrent contre les Étoliens, les deux esprits politiques entre lesquels la Grèce était partagée se manifestèrent avec évidence.

L'Achaïe fit des efforts glorieux pour faire triompher partout la politique modérée dont elle donnait l'exemple,

(1) POLYBE, IV, 14 ; XXVI, 3 ; XL, 1 ; XXVIII, 7.
(2) POLYBE, XXXVIII, 4.
(3) POLYBE, II, 56, 59.

et qu'admirent avec raison Polybe et Tite-Live. Mais elle fut entraînée malgré elle, pour résister aux Étoliens qui, animés de l'esprit démocratique, sacrifiaient la liberté à la concentration du pouvoir, à dépouiller les villes liguées de toute autonomie, et à investir le pouvoir fédéral d'une autorité tellement absolue, que trois villes de l'Achaïe, menacées de près par les Éléens et non secourues par Aratus, auraient eu tort, selon Polybe (1), d'oser se défendre elles-mêmes.

La ligue achéenne, soit ingratitude, soit aversion exagérée contre le parti démocratique auquel avait passé Philippe de Macédoine, oublia d'ailleurs les services qu'elle avait reçus de ce roi, et passa, en l'an 214, dans les rangs du parti romain, qui était ouvertement celui de l'aristocratie grecque (2). Anéantie soixante ans plus tard par le consul Mummius, après la prise de Corinthe, elle expia elle-même, et fit expier par la Grèce son impolitique ingratitude. C'est de cette époque que date la suppression des *Jeux Isthmiques*, qui avaient lieu tous les trois ans à Corinthe, en l'honneur de Neptune, ainsi que de l'assemblée qui s'y tenait à cette occasion, et qui était composée des Argiens, des Sicyoniens, des Mégariens et des Athéniens.

(1) POLYBE, IV, 60.
(2) Dans votre pays, disait Nabis à Flaminius, la richesse gouverne et tout le reste lui est soumis. (TITE-LIVE, XXXIV, 31.)

CHAPITRE VIII

DES COLONIES GRECQUES DE L'ITALIE ET DES GAULES.

§ 1ᵉʳ. — Les Crétois furent les premiers Grecs qui, sous le règne de Minos, abordèrent en Italie, y fondèrent plusieurs villes et y furent connus sous le nom d'*Iapyges* ou 'de *Messapiens*. Des Chalcidiens, auxquels se joignirent des *Doriens* et des *Ioniens*, vinrent ensuite fonder en Sicile les villes de Naxos, Catane, Léontium, Mégare, Thapse, Hybla, Agrigente, etc. Archias, à la tête d'une colonie de Corinthiens, jeta, en l'an 754 avant Jésus-Christ, les fondements de Syracuse. Enfin les *Chalcidiens*, ayant passé le détroit, bâtirent Rhégium, Sybaris, Crotone, et autres villes grecques de l'Italie.

Le régime commun de toutes ces colonies fut le régime municipal, qui vint se poser dans la Grande-Grèce en face de peuples soumis au régime du patriciat ou de la tribu.

Chacune de ces républiques municipales eut, selon l'origine de ses lois traditionnelles et le caractère de ses législateurs, sa constitution spéciale. Dans toutes, la forme du gouvernement était mêlée d'aristocratie, par un sénat qui se recrutait dans la noblesse, et de démocratie par la participation du peuple aux affaires publiques dans les assemblées nationales.

Zaleucus, se disant inspiré par Minerve, étudia, en l'an 664 avant Jésus-Christ, les lois traditionnelles de la Crète, de Sparte, et la jurisprudence de l'ancien aréopage d'Athènes, et constitua chez les Locriens une république dont le premier magistrat, nommé *cosmopole*, ainsi que la grande prêtresse des sacrifices ou la *pialéphore*, étaient toujours choisis dans les *cent familles* de la noblesse. Cette constitution, remarquable par l'immutabilité des lois, par la censure rigide des mœurs, par l'inaliénabilité des biens, par la proscription du luxe et des dettes usuraires, enfin par l'obligation imposée aux cultivateurs de résider dans leur domicile et de vendre les denrées sur les lieux, n'avait que le nom de démocratie, et dégénéra peu à peu en gouvernement oligarchique.

La colonie chalcidienne de *Rhégium* qui reçut ses lois de Charondas de Catane, l'un des plus anciens législateurs de l'Italie, était d'abord gouvernée aristocratiquement par un sénat de mille personnes, choisies parmi les riches et parmi des magistrats appartenant aux familles messéniennes qui étaient venues se joindre aux premiers fondateurs de la colonie ; mais elle tomba sous la domination de divers tyrans. Prise et saccagée par Denys de Syracuse, elle fut conquise par les Romains, qui la rebâtirent et la soumirent au gouvernement d'un *prytane* ou sénat, dont les membres, appelés *symprytanes*, avaient à leur tête un archonte éponyme et quinquennal. Rhégium fut érigé, après la loi Julia, en municipe romain.

Le gouvernement de *Thurium* et de la molle *Sybaris* était au contraire démocratique dans l'origine, et les magistrats appelés *symboles*, ou conseillers, qui étaient à la tête de ce gouvernement, étaient tirés annuellement des dix tribus qui formaient le corps de la république. Mais le commandement des armées qui était électif et quinquennal étant devenu perpétuel, une oligarchie militaire succéda à la constitution populaire des premiers temps.

La constitution de Tarente, modelée sur celles de la Crète et de Sparte, avait partagé le pouvoir entre deux classes de magistrats, choisis les uns par le sort, les autres par les suffrages, et qui se dévouaient au bien du peuple. Mais, après la guerre des Perses contre la Grèce, cette constitution fut changée, et le gouvernement, sorti des délibérations populaires, appartint à un éphore éponyme que secondaient d'autres magistrats annuels comme lui, appelés *polyanomes*, et dont le nombre n'est pas connu.

Héraclée dépendait de Tarente et avait le même gouvernement.

Cumes, que Strabon considère comme la plus ancienne fondation des Chalcidiens, était heureuse sous son gouvernement aristocratique. Aristodème flatta les jalousies populaires, et parvint par cet artifice à s'emparer du pouvoir. Après sa catastrophe, Cumes recouvra la liberté et le bonheur.

Crotone, fondée par les Achéens, et célèbre par les réformes sociales de Pythagore, et par les agitations que lui suscitèrent Denys l'Ancien et les Brutiens, fut livrée au pillage par Agathocle, tyran de Syracuse, et à la faveur de ses guerres civiles, fut envahie par les Romains.

Les villes de la Sicile, cette riche province où ont dominé tour à tour les *Sicaniens*, les *Sicules*, les *Phéniciens*, les *Grecs*, les *Mamertins*, les *Romains*, avaient originairement adopté la forme républicaine, mais la plupart tombèrent sous le joug de cruels tyrans. Syracuse, gouvernée tour à tour par Gélon, Hiéron, Thrasybule, et qui, après l'expulsion de ce dernier, devint pendant quelques années une démocratie turbulente, tomba, en l'an 348 de Rome, sous la domination de Denys l'Ancien et de son fils Denys le Jeune. Délivrée de ce dernier tyran, une première fois par Dion, ensuite par Timoléon, elle fut gouvernée par une constitution tantôt républicaine, tantôt monarchique, jusqu'au moment où les Romains s'en étant rendus maîtres, ainsi que du reste de la Sicile, en firent une province de leur vaste empire.

Des colonies de nations diverses venues de l'Afrique, de la Ligurie, de l'Asie Mineure, de la Tyrrhénie, peuplèrent aussi les îles de la Corse et de la Sardaigne, avant que les Romains en eussent fait la conquête, en l'an 522 de Rome; et quoique les monuments historiques de cette époque soient peu nombreux, on trouve éparses dans les écrits d'Hérodote et de Diodore de Sicile quelques notions sur les lois et les coutumes diverses de ce mélange de colonies maritimes régies par les lois de la mère patrie, et de peuples méditerranéens adonnés à la vie pastorale et au régime des tribus (1).

Les colonies grecques et tyriennes pénétrèrent en Italie et y propagèrent le gouvernement municipal et fédératif. Les *Sabins*, dont les villes étaient régies par une constitution aristocratique, s'assemblaient près d'un temple de la déesse Féronie, pour traiter de la paix et de la guerre, pour régler les affaires civiles et commerciales, et pour juger les citoyens accusés de haute trahison.

La confédération des Latins, qui se réunissait sur le mont Albain, se composait de vingt-quatre villes, sur lesquelles Albe avait la prééminence, et dont chacune était gouvernée par un sénat aristocratique. Après la destruction d'Albe, la diète des Latins se tint à Ferentinum.

Les Osques avaient, dans chacune de leurs villes, un sénat, une assemblée du peuple et un premier magistrat appelé *medix*. Les députés de ces villes se réunissaient à

(1) Statuti civili e criminali di Corsica da Carlo Gregori, *Leone*, 1843, introduzione, p. II et III.

Éréta, et y arrêtaient les plans de campagne, de concert avec le général de la ligue.

Les Samnites comptaient aussi un grand nombre de villes unies en corps fédératif.

Les *Etrusques* qui avaient, selon l'opinion commune, une origine pélasgienne, formaient une fédération composée de douze villes, dont chacune était la capitale d'un canton appelé *Lucumonie*. Chaque canton était divisé en tribus, ayant chacune son chef particulier. Le chef d'un canton s'appelait lucumon, et l'un de ces douze chefs était généralissime de la confédération. Chaque ville s'administrait elle-même par un sénat et une classe de nobles ou *lars*, parmi lesquels on choisissait les *lucumons*. Ces magistrats (*principes*) dirigeaient pendant la paix l'administration civile. Leurs fonctions n'étaient pas héréditaires, et on ignore si elles étaient viagères ou temporaires. C'est dans la diète nationale qui se tenait à *Voltumna* qu'on traitait de la guerre ou de la paix. Cette diète veillait en outre à la sûreté de chaque ville et aux intérêts généraux de la confédération; il fallait, dans ces grandes assemblées, l'unanimité des suffrages (1).

Le droit municipal de Cœre, l'une des principales villes de la confédération étrusque, importa dans le droit municipal des Romains le système d'autonomie et d'isopolitie des villes grecques (2); et c'est de l'Étrurie que pénétrèrent chez les Romains les pratiques de la Grande-Grèce sur le bornage et la consécration de la propriété territoriale par les prêtres dits *agrimensores*, et ces compascuités communales qui, pratiquées par les Romains,

---

(1) Voy. *Les Étrusques*, par OTTFRIED MULLER, aux pièces justificatives; *Le droit de propriété chez les Romains*, par M. GIRAUD; les *Études sur le droit français*, par M. CHAMBELLAN, p. 71.

(2) FESTUS, V° *Municeps*; SIGONIUS, *De Jure italico*, II, 6.

ont traversé le moyen âge et ont été observées jusqu'à nos jours, soit en Italie, soit dans les autres parties de l'Europe qui ont le mieux gardé les traditions de la domination romaine (1).

§ 2. — Le municipe grec traversa la mer Ionienne, et des colonies venues de Tyr, de Sidon et de l'Archipel, entrèrent dans la Gaule par les embouchures du Rhône, ouvrirent à travers son territoire la grande route d'Espagne, et vivifièrent par un rayon de la civilisation phénicienne et hellénique (2) ces contrées encore sauvages. M. Amédée Thierry, dans ses travaux sur les origines gauloises méridionales, et après lui M. Michelet, nous montrent ces hardis navigateurs fouillant les flancs des montagnes pour y chercher les métaux, vitrifiant le sable des rivières, incendiant les rochers et fondant partout, sous la protection d'Hercule, le dieu civilisateur, des colonies et des cités.

C'est ainsi que des habitants de Phocée, ville de l'Asie Mineure, voisine de Smyrne, dignes descendants de ces anciennes colonies de l'Attique qui, les premières parmi les Grecs, avaient osé risquer sur mer des voyages de long cours et chercher la route du golfe Adriatique et de la mer de Tyrrhénie, s'étant expatriés pour se soustraire au joug des Perses, vinrent s'établir, vers la 59me olympiade (543 environ avant J.-C.), sur les côtes de la Celto-Ligurie (3), laissant aux conquérants leurs murs vides et les cadavres de leurs ancêtres, et apportant dans leur nouvelle patrie leur industrie et leur amour de la liberté.

(1) GIRAUD, *Droit de propriété chez les Romains*, ch. III, Du bornage.
(2) Inter Goezii rei agr. Scrip., p. 55, 66 et alibi passim, BEAUDOUIN, *Jurisp. Rom*; HEINEC., *Antiq. rom*; t. I, p. 44.
(3) JUSTIN, *Histor.*, III, c. IX et LIII; STRABON, liv. IV; TACITE, *Vie d'Agricola*; VALÈRE MAXIME, liv. II.

La république massaliote fut ainsi formée de quelques habitations auprès de Massalie (Marseille), ville maritime que les Phocéens enlevèrent à la domination des Saliens (1). Cette république fonda successivement Nice, Antibes, Hyères, Toulon, Agde, Marseillan, Massillargues, Narbonne, etc., et apprit aux peuples qu'elle avait vaincus et subjugués à entourer leurs villes de murailles, à tailler la vigne, à planter l'olivier (2), tellement, dit un historien, qu'il semblait que la Gaule eût été transportée dans la Grèce plutôt que la Grèce dans la Gaule.

Fille de Phocée, émule d'Athènes, sœur de Rome, Massalie devint une république servie par une aristocratie intelligente et dévouée.

Les citoyens étaient divisés en tribus, et six cents d'entre eux, choisis dans les familles qui jouissaient du droit de cité depuis trois générations, étaient préposés sous le nom de τιμοῦχοι au gouvernement de la ville. Ce grand conseil était viager; un petit conseil vaquait aux affaires de moindre importance (3). Trois présidents étaient investis d'une autorité analogue à celle des consuls romains; personne ne pouvait être τιμοῦχος s'il n'avait des enfants et si sa famille n'était pas, en remontant jusqu'à son aïeul, originaire de la cité.

Plusieurs écrivains anciens et modernes ont admiré l'ordonnance de cette république où les magistrats prévaricateurs étaient déclarés incapables d'exercer aucune charge (4), dont les mœurs étaient pures (5), d'où le luxe était banni (6), dont l'Académie rappelait celle d'A-

---

(1) BOUCHE, *Essai sur la Provence*, t. 1, p. 88.
(2) RUFFI, *Histoire de Marseille*; CHABRIT, *Histoire de la domination romaine dans la Gaule*.
(3) RAYNOUARD, *Histoire du droit municipal*, t. II, p. 191.
(4) BODIN, liv. II, ch. IV. — (5) BODIN, ibid. — (6) STRABON, l. V.

thènes (1), et qui était renommée par l'inviolabilité de sa foi (2).

L'influence des institutions municipales de Massalie n'est pas bien précisée par l'histoire, mais tout porte à penser qu'elle s'étendit de proche en proche dans les colonies déjà fondées et dans celles qui s'établirent sur la grande route de l'Espagne. Les Gaulois, dit Justin, apprirent des Marseillais à adopter un genre de vie plus civilisé, à adoucir la barbarie de leurs mœurs, à cultiver leurs champs, à ceindre leurs villes de murailles. C'est alors qu'ils s'accoutumèrent à vivre par les lois et non par les armes, et à cultiver la vigne et l'olivier (3). Les progrès de cette civilisation, secondés par l'influence d'institutions libres et morales, triomphèrent peu à peu des obstacles que leur opposaient à la fois l'inquiétude et la jalousie des Celtes, l'ambition dévorante des Romains et la rivalité commerçante de Carthage, soutenue par une grande puissance. Préservée par ces difficultés mêmes des fortunes soudaines qui sont l'écueil ordinaire des nations (4), Marseille trouva dans une alliance contractée avec les Romains, vers l'an 340 de la fondation de Rome, le moyen d'affaiblir insensiblement le commerce de Carthage, rival du sien, et de former des liaisons solides dans la Celtique, dont les peuplades fugitives sur des terres incultes ou dans des forêts immenses se fixèrent dans des cités industrieuses et florissantes. On a cru reconnaître dans les statuts de la Provence ré-

---

(1) *Athænopolis Massiliorum*, SABELLUS, STRABON, liv. III.

(2) LUCAIN, liv. V.

(3) Ab his (Massiliensibus) Galli et usum vitæ cultioris deposita et mansuefacta barbaria et agrorum cultus, et urbes mœnibus cingere dedicerunt. Tunc et legibus non armis vivere, tunc et vitem putare, tunc olivam serere consueverunt. (JUSTIN. liv. XLIII, c. IV. — (4) MONTESQUIEU, *Esprit des Lois*, liv. VIII, ch. IV.

digés en langue vulgaire, et dans les chartes latines plus anciennes, ainsi que dans les chartes de la Catalogne quelques expressions qui rappellent la domination des Grecs. J'ai surtout remarqué, dit un écrivain provençal (1), la souscription ancienne d'une charte de l'an 1016, qui m'a paru fort concluante. Sur le rivage voisin de la colonie massaliote d'Empurias, la culture grecque s'est maintenue plus longtemps peut-être qu'auprès des embouchures du Rhône. Nous trouvons dans les diplômes de la Marche hispanique, dès l'an 855, l'indication du *jus aprisionis*, droit d'occupation en vertu d'un fait de défrichement dont l'étymologie est grecque. J'en dirai autant de l'*allasonatio aquarum* dont il est question dans les statuts d'Apt, et qui révèle un ancien règlement de police grecque. Les vestiges de ce genre sont très-nombreux dans les monuments du moyen âge provençal. Les traces en sont isolées sans doute, et dépourvues de liaison ; elles n'attestent la permanence d'aucune institution grecque, d'aucun système législatif ; elles ne peuvent compter au nombre des éléments du droit national, mais elles perpétuent le souvenir d'un brillant rayon de la civilisation hellénique apparu jadis sur l'horizon de la Gaule.

L'influence de la république phocéenne de Marseille s'étendit sur tout le littoral de la Méditerranée et la métropole des *Arécomiques*. Nîmes, dont l'origine remonte, selon Etienne de Bysance et Parthénius de Phocée, écrivains des premiers temps de l'empire, à une colonie phénicienne (2), devint aussi le centre d'une république basée

---

(1) M. GIRAUD, *Hist. du droit français au moyen âge*, t. I, p. 14.

(2) Quelques débris informes du culte phénicien trouvés dans le midi de la Gaule et mêlés au culte druidique confirment cette tradition. On attribue aux Phéniciens Némausus et Alesia. (*Hist. morale de la Gaule*, par Aug. MARTIN, VII.)

sur l'organisation modèle des cités grecques. Tout porte à croire que l'administration publique s'y rapprochait par sa forme de celle de Marseille. Les monnaies de la ville de Nîmes, antérieures à la colonisation romaine, portent la légende grecque : Ναμάσας. Le monument que la tradition désigne sous le nom de temple de Diane, rappelle Diane d'Éphèse, sous les auspices de laquelle l'émigration phocéenne s'était confiée à la mer. La magnifique *cella* de style corynthien qui décore l'ancienne ἀγόρα, ou place publique, a un caractère plus grec que Romain. Jusqu'au dix-huitième siècle, on a attribué à la période grecque la plupart des monuments de Nîmes, et l'histoire atteste que, sous les premiers empereurs, on parlait grec sur le théâtre de Nîmes, et qu'à l'origine du christianisme, on chantait grec dans les églises (1).

L'antique cité des Ségusiens, Lyon, paraît aussi (2) avoir été fondée par des Rhodiens qui, étant venus s'asseoir près des Phocéens de Massalie, furent chassés par eux de leur établissement, et obligés d'aller chercher fortune ailleurs. Mummius et Atepomanus son frère, chefs de ces bannis rhodiens, leur persuadèrent de s'arrêter aux pieds de la haute colline qui porte le nom de Fourvières. Un vol de corbeaux leur ayant paru de bon augure pour la prospérité de leur fondation, ils firent du sommet de la montagne aux corbeaux (lug dunum) le siége de leur petit Empire. Mummius et Atepomanus gouvernèrent d'abord paisiblement la ville qu'ils avaient conquise sur les Ségusiens, mais l'ambition les arma l'un contre l'autre, et Annibal, qui, sorti d'Espagne à cette époque pour aller attaquer les Romains, vint, selon Polybe, se reposer quelque temps sur

---

(1) *Origines municipales de Nîmes*, par Ph° EYSSETTE.
(2) *Histoire de Lyon*, par le P. Ménétrier.

les bords du Rhône, trouva les deux chefs des peuples grecs, nouveaux hôtes de Lyon, en état d'hostilité ouverte, et prit parti pour le frère aîné.

Quoi qu'il en soit, la colonie lugdunoise, vivement éprise, comme la colonie massaliote, de la liberté qui convient à une nation commerçante, se gouverna d'après ses usages qui lui tenaient lieu de lois écrites, et fut florissante à l'abri de son industrie et de son commerce jusqu'au moment où Jules César, venu dans les Gaules pour secourir les Eduens inquiétés par les Helvétiens et les Germains, substitua au régime hellénique de Lyon et des villages qui l'entouraient, le régime provincial des Romains.

De ces observations, qu'on a trop généralisées (1) en groupant autour de Marseille toutes les villes du midi de la France, on est en droit de conclure que les premières origines du régime municipal de la Gaule méridionale ont été des origines grecques. Mais l'influence de la cité grecque sur l'organisation municipale du midi des Gaules, quoique très-réelle, n'a été que secondaire, et c'est surtout dans les lois de Rome qu'il faut chercher les origines de notre régime municipal.

(1) *Histoire du midi de la France*, par M. MARY-LAFON, t. I, p. 679.

LIVRE III.

DU RÉGIME MUNICIPAL ROMAIN.

CHAPITRE PREMIER.

DU MUNICIPE ROMAIN EN FACE DE LA CITÉ GRECQUE ET DANS SES RAPPORTS AVEC L'UNITÉ POLITIQUE DE ROME.

§ 1er. — Les colonies grecques de l'Italie, organisées selon le principe des cités helléniques, et se posant en face de peuples soumis au régime du patriciat ou de la tribu, devaient non-seulement conserver leur propre nationalité, mais encore l'imposer aux peuples au milieu desquels elles s'établissaient. L'Italie méridionale fût donc devenue complétement grecque, si Rome ne l'avait envahie; et la civilisation hellénique aurait gagné de proche en proche le nord de l'Italie et les Gaules.

Mais à côté du peuple grec vint s'établir, dans la grande Grèce et dans la Sicile, ce peuple romain qui, selon l'expression de Senèque (1), établit son habitation partout où il porta ses conquêtes. Rome propagea par ses armes son droit de cité, et par ses colonies, sa nationalité. Deux influences rivales se trouvèrent alors face à face.

Les progrès de Rome s'étaient arrêtés partout où les Romains avaient trouvé un peuple grec nationalement et politiquement organisé et maître de tout le pays. Vainement le conquérant envoyait-il dans les colonies grecques

---

(1) *In consol.*, cap. v.

un torrent d'immigrants; vainement y établissait-il ses magistrats, dictait-il des lois, expédiait-il des armées ; il réussissait par là à constituer l'individualité du corps politique, mais non à identifier la nation vaincue avec la nation victorieuse. Au delà du golfe Adriatique, cette barrière infranchissable des deux civilisations, la prépondérance de la cité grecque demeura inébranlable. La race grecque s'était élevée au-dessus des races de l'Orient par le principe de liberté qu'elle avait mêlé à la civilisation théocratique de l'ancien monde. « La Grèce, dit Montesquieu (1), était redoutable par sa situation, la force, la multitude de ses villes, le nombre de ses soldats, sa police, ses mœurs, ses lois : elle aimait la guerre, elle en connaissait l'art, et elle aurait été invincible si elle avait été unie; elle avait été bien étonnée par le premier Philippe, Alexandre et Antipater, mais non pas subjuguée ; et les rois de Macédoine, qui ne pouvaient se résoudre à abandonner leurs prétentions et leurs espérances, s'obstinaient à la travailler et à l'asservir ».

Les dissensions intestines, nées de l'abus de la liberté et de l'isolement municipal des cités grecques, furent l'instrument à l'aide duquel les rois de Macédoine étendirent peu à peu leurs usurpations et provoquèrent à leur tour l'invasion des légions romaines venues au secours des Etoliens. Vainqueurs de Philippe à la journée des Cynocéphales, les Romains abaissèrent par toutes sortes de voies les Etoliens qui les avaient aidés à vaincre, et ordonnèrent de plus que chaque ville grecque qui avait été à Philippe ou à quelque autre prince se gouvernerait dorénavant par ses propres lois. « On voit bien, dit à ce sujet Montesquieu, que ces petites républiques ne pouvaient être que dépendantes.

(1) *Grandeur et Décadence des Romains*, ch. v.

Les Grecs se livrèrent à une joie stupide, et crurent être libres en effet, parce que les Romains les déclaraient tels.»

Or la prétendue liberté de ces républiques locales, sans cohésion, sans unité, et dans chacune desquelles, selon la remarque de Polybe, les Romains avaient le soin de faire naître deux factions, l'une défendant les lois et la liberté du pays; l'autre, toujours plus puissante, soutenant qu'il n'y avait de loi que la volonté des Romains; cette prétendue liberté n'était qu'un principe d'anarchie et par suite d'asservissement, tandis que les Romains, subordonnant l'autonomie municipale à *l'imperium* politique, trouvèrent dans leur constitution le moyen d'étendre et de maintenir leur domination dans le monde.

« Le caractère de la constitution romaine, dit le dernier écrivain de la Grèce libre (1), a permis à Rome de soumettre l'Italie, la Sicile, l'Espagne et d'entreprendre, Carthage vaincue, la domination universelle. Ce qui distingue essentiellement cette constitution, c'est, dit Roth (2), non l'égalité, mais la diversité. *Neque enim exæquari omnia debere, sed ipsa diversitate constare imperium.* Rome, entre la seconde guerre punique et l'avénement de l'Empire, apparaît comme la tête de toutes les aristocraties de l'Europe. Tandis qu'en Grèce l'esprit de faction étouffe le patriotisme, tandis qu'une démocratie envieuse livre les Etats grecs aux conquérants étrangers, la présence d'Annibal fait cesser à Rome toutes les divisions politiques, l'esprit municipal y vit dans toute son énergie, sans rien céder ni à l'étranger ni à l'esprit de parti. Le Romain respecte les dieux, les lois, les coutumes nationales, et est toujours prêt à prêter main forte à l'autorité et à verser son sang pour la patrie. Ses mœurs antiques et ses grands hommes,

---

(1) POLYBE, VI, 1. — (2) *De re municip. roman.*

telle est, dit son plus vieux poëte, la double base de sa grandeur (1). Le Romain a foi dans l'avenir de sa patrie, il compte sur le dévouement et l'accord de ses concitoyens. Il sait que l'ennemi n'a aucun partisan dans la cité, et il n'est, dit Polybe, jamais plus à craindre que quand il craint.

Ce sentiment profond de la nationalité, uni à un ardent amour de la liberté, produisit une constitution fondée sur une double base : l'unité de l'Etat et la liberté des citoyens. Ce qu'admirait l'élève de Philopœmen, venu à Rome après la ruine de sa patrie, déchirée de ses propres mains plutôt que conquise par l'étranger, c'est ce gouvernement mixte dont on ne sait pas, dit-il, s'il est royauté, aristocratie ou démocratie, et qui repose sur la base inébranlable du municipe.

§ 2. — Le caractère essentiel du municipe romain était, comme celui de la cité grecque, la participation aux honneurs et aux services publics, par des mandataires librement élus, de concitoyens unis entre eux par le lien d'une cohabitation permanente dans le même lieu. Mais tandis que la cité grecque formait un Etat indépendant, le municipe romain était lié à la métropole comme un membre est lié au corps. Qu'on ne cherche pas ailleurs le principe du triomphe de la cité et de la nationalité romaines sur les nationalités rivales.

Des peuples divers par la langue, les usages, les lois et les intérêts, vivaient dans les diverses parties de l'Italie; les uns divisés en tribus et en clans, et unis par des liens politiques extrêmement faibles ; les autres associés sous la domination d'un patriciat sacerdotal et militaire et unis en confédérations ; les autres enfin réunis en petites républiques ou en monarchies représentatives.

(1) Moribus antiquis stat res Romana virisque. (ENNIUS.)

Au milieu de ce chaos s'élève Rome, qui incarnant en elle l'esprit italien, l'étend par les armes des Alpes à la mer, et lui soumet à la fois les barbares et les Grecs. Alors les tribus, les clans, les patriciats, les petites républiques, les monarchies et les confédérations, les nationalités barbares et civilisées, tout tombe en ruines, et un seul édifice social, la cité romaine, domine toute la Péninsule.

Le municipe devient le lien des rapports entre le citoyen et l'Etat ; il recueille les impôts, pourvoit au culte, à la police, à l'instruction publique, administre la justice et réagit à l'occasion contre l'action du corps politique. Dans le municipe réside toute la partie de l'autorité de l'Etat qui est compatible avec la cohésion politique, et la transaction entre les grandes et les petites associations est aussi parfaite que possible.

Le municipe a été, depuis Romulus jusqu'à l'invasion des barbares, la forme essentielle de la nationalité romaine, et quoique bien différent sous le despotisme des empereurs de ce qu'il était sous la liberté monarchique et républicaine, le pouvoir des décurions de Valentinien II et d'Honorius ne diffère pas, quant à ses attributions légales, de celui des décurions antérieurs à l'Empire. Le droit municipal des Romains, droit quiritaire, droit latin, droit italique, droit provincial, dépendait, malgré ses diversités, du principe unique et fondamental de la république romaine; savoir qu'il appartenait au peuple romain de prononcer sur la liberté et sur le droit de cité (1). Il a plu aux dieux, dit Tacite (2), d'établir qu'il appartient aux Romains de donner

---

(1) De jure libertatis et civitatis suum putat pop. rom. esse iudicium et bene putat. (Cic. *in Verrem*, 1.)

(2) Diis placitum ut arbitrium penes Romanos maneret quid

ou d'ôter à leur gré et de ne reconnaître d'autres juges qu'eux-mêmes. Récompenses, peines, priviléges, impôts, immunités, libertés : tels étaient les moyens de domination universelle que Rome avait conquis par sa force militaire, et dont elle avait fait, disait-elle, un instrument de paix générale (1) et de civilisation.

L'unité romaine n'a pas été créée par les empereurs. OEuvre lente d'une politique antique et traditionnelle, elle s'était développée dans le cours des siècles, en s'appuyant à la fois sur la force militaire, sur l'ascendant moral et sur la diffusion des richesses par le perfectionnement incessant des routes, de la navigation et par l'exemple des progrès agricoles et commerciaux. Quoique pleins de respect pour les lois et les mœurs des peuples vaincus; quoique jaloux plutôt de diriger que de gouverner, et d'exercer une puissance supérieure plutôt que souveraine, les Romains veillaient cependant avec une inquiétude incessante à l'intégrité de leurs conquêtes et à l'affermissement de leur empire. Le monde connu se divisait dans ses rapports avec eux en monde sujet, τὸ ὕπεκον et en monde allié, τὸ ἑνοποιόν, et la diversité infinie des conditions administratives et politiques de ces deux mondes était un des instruments de domination les plus efficaces, car elle mettait obstacle aux coalitions qui auraient pu affaiblir le pouvoir central. Les constitutions des peuples vaincus n'étaient que des chartes municipales ; et tous ces sénats locaux, toutes ces assemblées populaires que Rome brisait aussitôt qu'ils lui paraissaient dangereux, qu'elle laissait subsister quand elle n'avait rien à en craindre, n'exer-

darent, vel quid adimerent, neque alios nisi seipsos judices paterentur. (*Ann.*, XIII, 56.)

(1) *Pax Romana*, dit Sénèque; *ne pacem nostram turbarent*, dit Tacite; *immensa pacis nostræ majestas*, dit Pline.

çaient de pouvoir réel que dans la mesure et pour le temps qu'il lui convenait.

Les droits municipaux des cités de l'Italie et des provinces, perpétuellement dépendants de la volonté des Romains, n'avaient donc pas, comme les droits constitutionnels des Etats modernes, un caractère inamissible ; mais ils étaient mieux protégés par la puissance des mœurs qu'ils n'auraient pu l'être par celle des lois. « Par le conseil et par
« la patience, disent les saintes Écritures, les Romains
« s'étaient assujetti de très-lointaines provinces, avaient
« vaincu des rois venus des extrémités du monde... avaient
« imposé à d'autres un tribut... avaient ruiné et soumis à
« leur empire les royaumes et les îles qui leur avaient ré-
« sisté ; tandis que, à l'égard de leurs amis et de ceux qui
« se reposaient avec eux, ils conservaient avec soin leurs
« alliances..., et quiconque entendait prononcer leur nom
« les redoutait... Ils faisaient régner ceux auxquels ils
« voulaient bien donner aide pour régner, chassaient du
« trône ceux qu'ils voulaient en chasser, et ainsi s'étaient-
« ils élevés à une grande puissance. Alors, cependant, nul
« des Romains ne portait le diadème et ne se revêtait de la
« pourpre afin de se rendre plus grand que les autres,
« mais trois cent vingt sénateurs tenaient conseil pour le
« peuple afin d'agir dignement en son nom (1). »

La cité romaine, représentée par son sénat, ses comices, ses magistrats, ses légions, poursuivit sept siècles durant l'œuvre lente et laborieuse de la conquête, de la pacification, de la civilisation du monde, et grâce à sa persévérance, intelligente et modérée, une ville devint le centre de l'univers, moins par la force matérielle que par cet immense ascendant moral qui s'exprimait ainsi en l'an 71 par la

(1) Maccab., II, 3, 4, 11-15.

bouche de Céréalis, général de Vespasien, s'adressant aux peuples de la Belgique : Tout est en commun entre nous ; aimez donc la paix et la ville que vainqueurs et vaincus, nous obtenons au même titre : *Omnia in communi sita sunt; proinde pacem et urbem quam victi victoresque eodem jure obtinemus, amate et colite* (1).

L'unité, tel fut aussi le but final de la politique des Empereurs ; mais l'unité sans la liberté, sans les distinctions aristocratiques ; l'unité par la force ; l'unité par l'égalité.

De là, des différences capitales entre la monarchie que la république romaine remplaça, en conservant toutes ses institutions sociales, et la monarchie qui succéda, sous le nom d'Empire, à la république, dont elle répudia les exemples traditionnels.

Le poëte favori de Mécène (2) et le satyrique Juvénal (3) regrettent hautement sous l'Empire les institutions de la royauté et des premiers temps de la république.

Cicéron déplore la chute de cette admirable constitution de Romulus, qui avait conservé, dit-il, toute sa solidité pendant deux cent quarante ans, et félicite le sénat d'avoir, après l'expulsion des rois, maintenu la république dans une situation telle que, chez un peuple libre, peu de choses se faisaient par le peuple, et presque tout par sa propre in-

---

(1) Tacite, *Histoire*, liv. IV, ch. LXXIII ; D. Bouquet, t. I, p. 445.

(2) Romulum post hos prius an quietum
Pompili regnum memorem, an superbus
Tarquinii faces, an Catonis.....
Nobile lethum.
(Horace, liv. I, ode 12.)

(3) Quis totidem erexit villas ? Quis fercula septem
Secreto cœnavit avus ? (Juv., *Sat.* 1.)
Sufficiunt tunicæ summis ædilibus albæ.
(Juv., *Sat.* 3.)

fluence, par sa politique et ses précédents, et que le pouvoir des consuls, annuel dans sa durée, était monarchique par sa nature et par ses droits (1).

Tacite condamne sans distinction d'origine toutes les atteintes portées aux lois et aux mœurs antiques par les Gracques et les Saturnins, ces brouillons du peuple (2); par Sylla, dictateur qui abolit ou bouleversa les lois anciennes (3); par Lépide, qui étala ses propositions turbulentes; par les tribuns qui recouvrèrent le pouvoir d'agiter le peuple en ce temps où l'on faisait des lois non plus pour tous, mais pour chaque particulier, et où plus l'État se corrompait, plus les lois se multipliaient (4); par Pompée, qui, choisi, à son troisième consulat, pour réformer les mœurs, offrit des remèdes plus intolérables que le mal, et qui, auteur et infracteur lui-même de ses propres lois, perdit par les armes ce qu'il défendait par les armes; enfin, par César Auguste, qui, assuré de sa puissance, abolit ce qu'il avait ordonné dans son triumvirat, et établit des institutions qui donnèrent à la fois à Rome la paix et un maître (5).

(1) Tenuit igitur hoc in statu senatus rempublicam temporibus illis, ut in populo libero pauca per populum, plenaque senatus auctoritate, instituto ac more gererentur atque uti consules potestatem haberent tempore duntaxat annuam, genere ipso ac jure regiam. (CIC., *de Republ.*, II, XXI et XXII.)

(2) Hinc Gracchi et Saturnini turbatores plebis. (TACITE, *Ann.*, III, 27.)

(3) Sulla dictator abolitis vel conversis prioribus legibus. (*Ibid.*)

(4) Statim turbidis Lepidi rogationibus neque multo post tribunis reddita licentia, quoque vellent populum agitandi jamque non modo in commune, sed in singulos homines latæ quæstiones, et corruptissima republica plurimæ leges. (*Ibid.*)

(5) Sexto demum consulatu Cæsar Augustus potentiæ securus quæ triumviratu jusserat abolevit, deditque jura queis pace et principe uteremur. (*Ibid.*, XXVIII.)

Un historien contemporain de Tacite, Florus, juge du même œil que lui les transformations successives des lois et des mœurs romaines. « Toutes les séditions, dit-il (1), ont eu pour principe la puissance des tribuns ; colorant leur ambition du prétexte de protéger le peuple dont la défense leur était confiée, ils captaient l'affection et la faveur de la multitude par des lois sur le partage des terres, la distribution des grains et l'administration de la justice. Elles avaient toutes une apparence d'équité. Quoi de plus équitable, en effet, que de rendre aux plébéiens leurs anciens droits usurpés par les patriciens, et d'empêcher un peuple, vainqueur des nations et maître de l'univers, d'être exilé loin des autels et des foyers paternels ? Ce peuple étant devenu pauvre, n'était-il pas juste qu'il subsistât aux frais du trésor public ? Quoi de plus propre à établir l'égalité que de balancer l'autorité acquise aux sénateurs par le gouvernement des provinces, en déférant à l'ordre équestre l'éclatante prérogative de juger sans appel ? Cependant ces réformes eurent des résultats funestes, et la malheureuse république devait être elle-même le prix et le salaire de sa ruine. En effet, le droit de juger, transporté des sénateurs aux chevaliers, anéantit les tributs, c'est-à-dire le patrimoine de l'empire, et l'achat des grains aux frais de l'État épuisait le trésor, ce nerf de la république. Enfin, pouvait-on rétablir le peuple dans ses domaines sans ruiner les possesseurs actuels, qui faisaient aussi partie du peuple, et qui, tenant ces biens de leurs ancêtres, semblaient y avoir acquis par prescription un droit héréditaire ? »

Ainsi parlaient, agités par des pressentiments sinistres, des écrivains que le règne de Trajan lui-même n'avait pu

---

(1) Flori epitome rerum Romanorum, lib. III, XIII.

séduire, et dont le grand Bossuet a reproduit les pensées, quand, montrant à son royal élève Rome au commencement dans un état monarchique établi selon ses lois primitives, ensuite dans sa liberté, et enfin soumise encore une fois au gouvernement monarchique, *mais par force et par violence*, il signale entre les deux époques cette différence, que dans l'une, l'amour de la patrie et des lois retenait les esprits, tandis que dans l'autre, tout se décidait par l'intérêt et par la force (1).

Montesquieu voit, comme Bossuet, la principale cause de la grandeur de Rome dans la suite non interrompue d'hommes d'État et de capitaines qui la gouvernèrent dans les premiers siècles, dans son amour de la liberté, dans l'attachement du sénat aux lois et aux mœurs antiques (2).

§ 3. Quelques publicistes contemporains s'élèvent cependant contre la tradition des siècles, et, détracteurs du temps monarchique et aristocratique de Rome, en même temps qu'admirateurs de la démocratie impériale, ils voient dans l'avénement de l'Empire le triomphe du peuple souverain sur les priviléges injustes et tyranniques du patriciat, la fin des discordes civiles et l'inauguration d'un gouvernement *un* et fort, qui, par son ordre administratif, sa centralisation puissante, et l'union intime de la société avec

---

(1) Qui peut mettre dans l'esprit des peuples la gloire, la patience dans les travaux, la grandeur de la nation et l'amour de la patrie, peut se vanter d'avoir trouvé la constitution d'État la plus propre à produire de grands hommes. Ce sont, sans doute, les grands hommes qui font la force d'un empire. Si Rome en a plus porté qu'aucune ville qui eût été avant elle, ce n'a point été par hasard, mais parce que l'État romain était, pour ainsi parler, du tempérament qui devait être le plus fécond en héros. (*Discours sur l'histoire universelle*, 3ᵉ partie. Révolutions des empires.)

(2) *Grandeur et Décadence des Romains*, ch. I et IV.

le christianisme a préparé les assises immortelles de la domination chrétienne (1).

L'avénement de l'empire à Rome a eu sans doute sa raison d'être, et le principe d'autorité, quelque exagéré qu'il fût en lui-même et quelque monstrueux qu'en aient été les abus, était peut-être rendu nécessaire par les guerres des factions dans les derniers temps de la république.

L'orgueil du patriciat reçut une leçon méritée dans l'issue fatale à ses priviléges de la lutte de plusieurs siècles qu'il soutint contre les plébéiens. — L'aristocratie des nobles et des chevaliers qui succéda, après sa défaite, à celle des patriciens, expia par sa propre ruine ses usurpations de l'*ager publicus*, ses usures, ses *latifundia*, la corruption de ses magistrats, la tyrannie de ses proconsuls, les exactions de ses publicains, toutes les causes diverses de la décadence de l'agriculture, des misères du colonat, de la dépopulation des campagnes. La division des ordres, source première de tous ces maux, dut cesser, selon la remarque de Cicéron (2), par l'autorité d'un maître absolu ; mais comme la République avait son faible inévitable, c'est-à-dire la jalousie entre le peuple et le sénat, la nomarchie des Césars avait aussi le sien, et ce faible était la licence des soldats qui l'avaient faite (3).

Un État peut changer de deux manières : ou parce que la constitution se corrige, ou parce qu'elle se corrompt. S'il a conservé ses principes, et que la constitution change, c'est qu'elle se corrige : s'il a perdu ses principes, quand

---

(1) *Revue contemporaine*, juillet et août 1855.
(2) Prenez garde, disaient les aruspices, interprétés par Cicéron (*de Aruspicum responsis*, 19, 25), prenez garde que les discordes des grands ne finissent par donner l'empire à un seul.
(3) Bossuet, *Discours sur l'histoire universelle*, 3ᵉ partie.

la constitution vient à changer, c'est qu'elle se corrompt (1).

Le principe démocratique et unitaire de l'égalité, qu[i] substitué aux distinctions aristocratiques, fut le caractè[re] essentiel de la révolution opérée par les empereurs dans l[es] lois de Rome (2), précipita, loin de l'arrêter, la décaden[ce] des lois et des mœurs.

C'est ce que révèle l'histoire de cette administration r[o]maine dont un jurisconsulte du dernier siècle nous repré[-] sente le symbole primitif dans ces deux statues du Capitol[e,] la Grandeur et la Félicité entrelacées, et tenant enchaîné[s] à leurs pieds les intérêts, les passions, les préjugés, les lois[,] les mœurs même, et dont la formule sous les empereur[s] se réduisit à faire des caprices, quelquefois monstrueu[x,] d'un homme, l'unique loi du monde romain (3).

Les panégyristes des institutions impériales de Rom[e] vantent surtout la sagesse administrative du Haut-Empire[.] « C'est de cette époque, dit M. Amédée Thierry (4), qu[e] paraît dans le monde romain l'administration *régulière* e[t] *savante*. Les principes succèdent alors à l'ancien arbitrair[e] illimité; et des lois véritables, fondées sur l'intelligence de[s] besoins publics et sur l'équité, viennent remplacer, dan[s] la gestion des affaires provinciales, les expédients d'un gou[-] vernement de conquête et de spoliation. Le progrès d[e] l'unité administrative suivit le progrès de l'unité politique[.]

(1) Montesquieu, *De l'Esprit des Lois*, liv. XI, ch. xii.
(2)   Fecisti patriam diversis gentibus unam
    Proficit injustis te dominante capi.
    Dumque offers victis proprii consortia juris,
    Urbem fecisti quod prius orbis erat.
                                    (Rutil. Num.)
(3) Prost de Royer, V° *Administration*.
(4) *Mémoire sur l'administration centrale dans l'empire romain*. *Revue de législation*. Septembre 1843, p. 701.

et l'on vit s'organiser, pièce à pièce, dans des conditions toutes nouvelles pour l'humanité, la centralisation la plus habile peut-être, mais certainement la plus vaste qui fût jamais. »

Il faut distinguer ce que confond dans un éloge commun l'historien de l'administration de l'empire romain, pour faire impartialement aux hommes et aux institutions la part d'éloge et de blâme qui leur est due.

« Le gouvernement monarchique, dit Montesquieu (1), a un grand avantage sur le despotique. Comme il est de sa nature qu'il y ait sous le prince plusieurs *ordres* qui tiennent à la constitution, l'État est plus fixe, la constitution plus inébranlable, la personne de ceux qui gouvernent plus assurée. »

Tel était l'état de Rome monarchique et républicaine avec ses trois ordres, avec ses comices, avec son régime municipal, où les honneurs, les magistratures, les charges multipliées maintenaient la chose publique dans un équilibre que les séditions, les guerres civiles, troublaient quelquefois, mais qui se rétablissait de lui-même, grâce à la puissance du patriotisme qui animait tous les ordres, tous les corps, tous les citoyens.

Avec la république disparaissent les inconvénients de la liberté : plus de rivalités et de divisions intérieures des ordres et des corporations, plus d'intrigues électorales, plus d'abus de pouvoir des hommes puissants envers le peuple. La paix, l'ordre, succèdent aux agitations et aux troubles. Mais cette paix, c'est la servitude (2).

§ 4. — Le peuple et l'armée sont, dès le triomphe de César, les deux seules puissances restées debout avec la

---

(1) *Esprit des Lois*, liv. V, ch. II.
(2) *Servitutem faciunt pacem appellant.* (TACITE.)

sienne. Le symbole de cette révolution sociale apparaît dans ce banquet de 198,000 convives rassemblés par le vainqueur de Pharsale autour de 22,000 tables, auxquelles le falerne est distribué par amphores, et le vin de Chio par tonneaux. « C'est bien l'empire qui commence ! s'écrie l'historien des Césars. Ces magnificences toujours mêlées de sang, même sous le dominateur le plus doux, cet avilissement de la vieille Rome, cette prostitution de sa noblesse, cet abaissement de ses dignités, ces caresses mêlées de crainte pour le peuple et pour l'armée, cette accumulation de flatteries sur un seul homme, cette déification du souverain, cette importance des familiers du palais, même sous un maître comme César : voilà bien tous les symptômes de l'époque impériale. »

Ces symptômes s'affaiblirent sous le règne d'Auguste. L'heureux triumvir qui, après avoir triomphé des meurtriers de César, pacifié l'Italie et reculé par ses conquêtes les limites du nord et de l'orient de l'empire, d'un côté jusqu'au Zuyderzée, de l'autre jusqu'aux sables d'Arabie, s'appliqua avec succès à guérir les plaies de la république. Auguste chercha ses moyens d'organisation dans les traditions de la vieille Rome plus que dans les idées nouvelles. « Proclamez l'unité du monde, lui disait l'épicurien Mécène, cet aristocrate converti au principe d'un pouvoir unique, démocratique et égalitaire; appelez tous les hommes libres au droit de cité, les notables de toutes les provinces à l'ordre équestre et au sénat. Effacez sous ce grand niveau ces différences infinies de lois, d'usages, de gouvernement local. De cette agrégation de petites républiques, faites une monarchie une et puissante, établissez l'unité des poids, des monnaies, des mesures, un seul impôt égal pour tous, applicable à tous. Vendez ces vastes et peu productifs domaines que l'État possède dans les provinces; constituez une banque qui soutiendra par ses prêts l'industrie et l'agriculture (1). »

Le système de fausse et artificielle unité préconisé par Mécène ne fut pas immédiatement mis à exécution par Auguste, qui s'appliqua au contraire à conserver, en les purifiant, les distinctions de la vieille Rome, mais qui ne réussit pas mieux par la douceur, dans l'accomplissement de cette œuvre, que Sylla n'y avait réussi par la violence. Le sénat fut réformé, les moins dignes et les plus pauvres en furent exclus, les lois contre les mésalliances des sénateurs et des fils de sénateurs furent renouvelées, les habitudes usuraires des chevaliers furent réprimées (2), la discipline militaire fut rétablie, les prérogatives du droit de cité furent garanties. Auguste refusa de les prodiguer, pensant, dit Suétone, que le noble sang du peuple romain ne devait pas être corrompu par le mélange du sang étranger et servile (3). Le pouvoir d'affranchir, de faire d'un esclave un Romain, fut soumis à des restrictions et assujetti aux anciennes formes (4). L'antique cité patricienne ressuscita avec tous ses insignes, avec ses places réservées dans les lieux publics, avec ses costumes, avec ses mœurs ennemies du luxe et des *latifundia* (5), avec ses encouragements à l'agriculture, aux nombreuses familles, à l'indissolubilité et à la pureté du mariage (6). J'ai proposé à la république, disait Auguste (7), les exemples oubliés de nos aïeux. Au-

(1) *Histoire de Dion*, liv. XII, p. 647.
(2) Suétone, 35, 38, 41. — Loi Julia *De maritandis ordinibus*.
(3) Magni existimans sincerum atque ab omni colluvie perigrini ac servilis sanguinis incorruptum sudore populum. (Suet., 40.)
(4) L. Fuzia Caninia, L. Ælia Sentia.
(5) Laudato ingentia rura, exiguum colito.
(6) L. Julia *De adulteriis et de pudicitia*. L Pappia Poppea.
(7) Exempla majorum exolescentia jam ex nostra republica imitanda proposui.

guste ne redoutait pas les souvenirs de la liberté. Horace et Virgile louaient impunément devant lui le républicain Caton (1), et flétrissaient Catilina, l'ennemi de la république (2). Tite-Live vantait la liberté aristocratique de l'ancienne Rome, et son maître en riait en l'appelant *Pompéien*. La littérature du siècle d'Auguste est toute imprégnée de l'esprit des premiers âges de Rome. Le droit de suffrage, ce *palladium* de la liberté auquel Jules César avait porté atteinte en vue de la dictature perpétuelle qu'il méditait, fut rétabli par son successeur dans ses conditions primitives (3).

Mais l'avis de Mécène prévalut sur un point capital : la privation des citoyens et des sujets de Rome du droit de porter les armes, et la substitution des corps de troupes soudoyées aux milices des cités. Il y eut sous ce rapport, dit l'historien Dion (4), des changements faits immédiatement par Auguste, d'autres au bout de quelque temps, d'autres enfin qui ne s'exécutèrent que sous ses successeurs.

Dès le règne d'Auguste les cohortes prétoriennes, choisies de préférence entre les citoyens les plus pauvres et par conséquent dans les dernières classes, pourvu que les

(1) Et Catonis... nobile lethum et cuncta
Terrarum subacta præter atrocem animum Catonis.
(HORACE.)

(2) Et te, Catilina minaci,
Pendentem scopulo.
(VIRGIL., *Æneid.*)

(3) .... D. Augustus comitiorum pristinum jus restituit (SIGON., *De ant. jur. civ. Rom.*, lib. I.)

(4) Mœcenatis consilium prætulit; non tamen omnia statimque is suasisset agere instituit... Ideoque alia confestim mutavit, alia postea temporis : nonnulla etiam sequentibus imperatoribus perficienda reliquit. (Extrait de l'*Histoire de Dion*, liv. III, p. 647.)

soldats eussent la force et l'âge requis (1), furent enrôlées pour seize ans et les légions pour vingt ans. Les soldats soudoyés par les empereurs durent passer tout leur temps de service dans les camps sous la discipline militaire, et, après ce temps accompli, durent recevoir, chaque prétorien 20,000 pièces de récompense, et chaque légionnaire 12,000.

Au culte éteint de la royauté, Auguste fit donc succéder celui de la force, symbolisé dans les cohortes prétoriennes.

L'altération progressive et la destruction du *droit de cité*, c'est-à-dire de la dignité romaine, du patriotisme, des mœurs antiques ; le niveau de l'égalité démocratique s'abattant indistinctement sur toutes les supériorités sociales, et inaugurant une époque d'écrasement pour toute valeur personnelle, d'humiliation pour toute intelligence, toute conscience, toute foi, aussi bien que pour toute gloire, toute ambition, toute noblesse ; les *patresfamilias* quittant la faux et la charrue pour courir aux théâtres de Rome où ils se plaisaient plus, dit Varron (2), qu'au milieu des moissons et des vignes ; le nombre et la fécondité des mariages diminuant chaque jour avec la population des campagnes, malgré les lois *Julia* et *Pappia Poppea* ; le luxe, cette lèpre des États comme des particuliers, prenant des proportions colossales : voilà ce que portait dans ses flancs l'avénement à l'empire du prince déifié par la flatterie des

---

(1) Itaque hæc mea est sententia, ut robustissimi omnes, quique sibi alendis quam minime sufficiunt, in exercitus conscribantur, ac in armis exerceantur, reliqui omnes ab armis et re bellica vacent. (Extrait de l'*Histoire de Dion.*)

(2) Igitur quid nunc intra murum fere *patresfamilias* correpserunt, relictis falce et aratro, et manus movere maluerunt in theatro ac circo quam in segetibus et vinctis. (Varro, *de Re rustica*; Columelle, liv. I, Préf.)

courtisans ; voilà ce qu'envisageaient ceux qui résistaient en désespoir de cause à une nécessité qu'il leur était impossible de ne pas voir, et que la génération précédente avait entendu prédire par l'orateur Antonius.

On veut réhabiliter de nos jours ce que Caton a condamné en se donnant la mort, quoiqu'il ne se fît pas illusion sur la liberté qu'il appelait une vaine ombre (1) ; ce que Cicéron avait prévu depuis quatorze ans, mais en refusant de l'accepter (2) ; ce que Salluste a flétri malgré le profit qu'il en retirait pour alimenter ses désordres ; ce que César et Auguste ont essayé, mais en vain, de corriger en faisant revivre, autant qu'ils l'ont pu, les lois et les mœurs des anciens Romains. On accuse Cicéron, Horace, Florus, Tite-Live, d'un patriotisme étroit. On reproche à Tacite une *misanthropie passionnée*, une intelligence bornée de l'esprit philosophique de l'époque où il a vécu ; ces accusations sont imméritées.

§ 5. — Les tendances de l'empire romain, dissimulées, combattues même à quelques égards par Auguste, éclatèrent librement sous Tibère. Consulté sur la question de savoir si la loi *Julia*, rendue contre ceux qui avaient diminué la majesté du peuple, s'appliquait au crime de lèse-majesté de l'empereur, il répondit froidement : *Observez les lois*. La loi fondamentale, unique, à dater de cette époque, c'est la divinité de l'homme que la peur s'est donné pour maître ; c'est le despotisme simple et brutal appuyé sur l'égoïsme et sur l'immoralité d'un sénat devenu, par les motifs les plus vils, l'instrument de la tyrannie d'un peuple qu'il suffisait d'amuser et de nourrir (3),

---

(1) Et inanem prosequor umbram.
(2) Att. VIII; Fam. VI, 6, VIII, 3.
(3) Ego efficiam ne sit aliqua sollicitudo Romana ; vacate ludis,

de prétoriens toujours prêts à tuer ceux qu'ils avaient élevés au trône.

A la vue de ces hommes qu'un pouvoir trop envié précipite dans l'abîme, et dont les honneurs accumulés sur leurs têtes hâtent le naufrage (1), Juvénal s'écrie avec une vertueuse indignation : Depuis qu'on n'achète plus nos suffrages, rien ne nous touche. Ces Romains qui distribuaient naguère les faisceaux, les légions, tous les honneurs enfin, languissent aujourd'hui dans un honteux repos : du pain et les jeux du cirque, voilà l'objet unique de leurs désirs inquiets (2).

La guerre civile elle-même n'est plus pour ce peuple amolli et corrompu par le despotisme qu'un spectacle. Les combattants, dit Tacite, en racontant la lutte engagée dans Rome entre Antoine, général de Vespasien, et les soldats de Vitellius, avaient pour spectateur le peuple qui, comme aux jeux du cirque, les encourageait tour à tour par ses cris et par ses applaudissements. Si l'un des partis pliait, si des soldats se cachaient dans les boutiques ou se réfugiaient en quelque maison, la populace venait prier avec instance de les en arracher et de les égorger, et s'emparait de la plus grande partie de leurs dépouilles ; car, tandis que le soldat était occupé à massacrer et à verser le sang, le peuple enlevait le butin... Déjà des armées avaient combattu dans notre ville, deux fois quand Sylla et une fois quand Cinna furent victorieux, et alors il n'y avait pas eu moins de cruauté ;

vacate circensibus, nos publicæ necessitates teneant, vos occupent voluptates. (Extrait de la *Vie de Firmus*, par VOPISQUE.)

(1) Quosdam præcipitat subjecta potentia magnæ invidiæ ; mergit longa atque insignis honorum pagina.

(2) Jampridem ex quo suffragia nulli vendimus, effudit curas; nam qui dabat olim imperium, fasces, legiones, omnia, nunc se continet, atque duas tantum res anxius optat, panem et circenses. (JUVÉNAL, sat. X.)

mais maintenant il y régnait la plus inhumaine insouciance : pas un seul instant les plaisirs ne furent interrompus ; c'étaient comme des joies ajoutées à ces jours de fête ; ils bondissaient, ils jouissaient, heureux des malheurs publics et sans nul souci des partis rivaux (1).

Auprès de ce peuple avili, Caligula, Claude, Néron, n'obtinrent pas moins de faveur que César et Auguste. Le secret de leur popularité, c'est la proscription des races, des institutions et des mœurs antiques ; c'est l'anéantissement des derniers restes du droit de cité au profit de la race servile, et du droit de propriété au profit des délateurs et des favoris du palais.

Les Trajan, les Titus, les Antonins n'ont pas eu seulement le mérite de corriger les vices de cette constitution despotique par la douceur et l'équité de leur gouvernement personnel ; ils ont, comme le remarque le publiciste qui a le mieux analysé le régime municipal des Romains, rétabli, autant qu'ils l'ont pu, dans les conditions politiques de leur époque, les prérogatives du droit de cité.

Tout en regrettant l'atteinte portée à la liberté et à la dignité municipales par la confiscation du droit de suffrage, ce principal attribut du droit de cité, ainsi que de la plupart des priviléges dont jouissaient les municipes avant

(1) Aderat pugnantibus spectator populus, atque in ludicro certamine hos, rursus illos clamore et plausu fovebat. Quotiens pars altera inclinasset, abditos in tabernis, aut, si quam in demum perfugerant, erui jugularique expostulantes, parte majore prædæ potiebantur : nam milite ad sanguinem et cædes obverso spolia in vulgus cadebant... Conflixerant ante armati exercitus in urbe, bis L. Sulla, semel Cinna victoribus, nec tum minus crudelitatis : nunc inhumana securitas, et ne minimo quidem temporis voluptates intermissæ : velut festis diebus id quoque gaudium accederet, exsultabant, fruebantur; nulla partium cura malis publicis læti (TACIT., *Hist.*, lib. III, n° 83.)

que toutes les villes de l'empire fussent confondues sous le niveau de l'égalité, Roth (1) trouve une sorte de compensation de la perte de la république dans les soins que mirent les bons empereurs à constituer, à embellir, à administrer les cités. Les princes qui succédèrent immédiatement à Auguste, uniquement occupés à détruire les vieilles institutions, ne purent pas, dit-il, rétablir l'ordre municipal. Mais Trajan et ses successeurs, Adrien et les Antonins, s'appliquèrent avec soin non-seulement à corriger le droit public et le droit civil, mais encore à imprimer aux affaires municipales un caractère dont la sagesse et la grandeur sont empreintes à la fois dans des monuments dont les ruines excitent encore l'admiration du monde, et dans des lois dont l'autorité est aussi impérissable que celle de la raison.

Les siècles qui suivirent ces règnes bienfaisants en recueillirent les fruits, et tandis que les barbares menaçaient déjà l'empire, et qu'une suite de mauvais princes semblait s'acharner à sa ruine, tout était tranquille au dedans, grâce à l'excellence des constitutions locales. Les tributs se recouvraient avec facilité; les affaires se faisaient, et tout florissait comme en pleine paix. Les empereurs qui succédèrent à Antonin le Philosophe publièrent un assez grand nombre de lois sur les matières municipales, et quelques érudits ont supposé même qu'il fut rendu une loi municipale générale. La dignité des décurions fut augmentée par Adrien (2).

Les Antonins rendirent un grand nombre d'édits pour confirmer les droits des cités.

La prospérité de l'empire, sous le règne des bons princes, s'étendit aux cités, ou plutôt c'est par la bonne

---

(1) *De re municip. Rom.* — (2) L. 20, ff. *De pœnis.*

administration des cités que celle de l'empire fut assurée. Les tributs, qui n'étaient pas excessifs, étaient affectés aux besoins communs, et particulièrement, comme dans les premiers temps de Rome, au service militaire. C'était par les revenus des cités, et non par des impôts prélevés sur les citoyens, qu'on pourvoyait à l'administration. Les édifices publics, les murailles, les chemins, les aqueducs, les jeux même n'épuisaient pas le trésor : les cités avaient été pourvues de tout dans les temps antiques ; les bons empereurs veillaient à ce que leurs biens ne fussent pas dissipés. Il n'était pas besoin d'impôts pour faire les ouvrages publics, les municipes les faisaient eux-mêmes. Personne ne devenait décurion malgré soi. Il était quelquefois nécessaire de rappeler dans les curies des administrateurs qui les abandonnaient, mais c'étaient des cas exceptionnels : les lois 2, 3, 5 et 13 du Digeste *de Decurionibus*, prouvent qu'à cette époque la charge du décurionat était recherchée comme un honneur.

§ 6. — Une tâche encore plus élevée fut impartie par la Providence à Constantin et aux autres empereurs qui eurent la gloire d'associer le christianisme à l'empire.

Gibbon (1) et Roth (2), si sévères d'ailleurs envers Constantin, qu'ils accusent d'avoir fait servir les richesses publiques à ses passions personnelles et à son luxe asiatique, d'avoir supprimé les revenus des cités et augmenté leurs dépenses, d'avoir détruit par la profusion des immunités l'égalité de la répartition des charges publiques, d'avoir causé la fuite des décurions, la dévastation des villes et leur impuissance à résister aux attaques de l'ennemi, rappellent eux-mêmes les bienfaits dont les cités sont redevables à Constantin. Il défendit d'admettre les décu-

(1) *De la Décadence de l'empire romain*, t. III, p. 24.
(2) *De re municip. Rom.*, lib. I, § 12.

rions dans les ordres sacrés (1). Il autorisa les cités à poursuivre le payement de leurs créances contre les détenteurs des biens de leurs débiteurs (2). Il autorisa les curies à hériter des décurions qui n'avaient laissé ni héritiers légitimes ni testament (3). Mais Constantin, préoccupé surtout d'assurer l'unité religieuse et politique du monde, n'accorda pas aux libertés municipales toute la protection qui leur était due. Constance leur fut encore moins favorable que son père. Il s'empara des biens des cités et en donna une grande partie au clergé; il fut facile pour ceux qui abandonnaient les curies, et prodigue d'immunités; il défendit aux décurions d'attribuer à qui que ce fût un salaire sans sa permission (4).

« Julien, qui lui succéda, rendit aux cités et restitua aux usages publics les biens qui leur avaient été enlevés; il punit les déserteurs des curies (5), supprima la plupart des immunités (6), et soumit aux charges curiales quiconque y était idoine; il défendit d'exiger des curies l'impôt connu sous le nom de *lustralis collatio* (7); il tenta, en un mot, de rétablir les cités, comme tout l'empire, dans des conditions normales, mais sa mort prématurée l'empêcha d'accomplir ses desseins.

Valentinien rétablit les immunités abrogées par son prédécesseur (8), obligea les décurions au tribut connu sous le nom d'*or coronaire* (9), et leur défendit de rien acquérir à titre de vente ou de donation pendant la durée de leurs charges (10).

---

(1) L. 3 et 6 Cod. Théodos., *De episcop. et cler.* — (2) L. 2 Cod., *De debit civit.* — (3) L. 1. Cod. Théod., *De bon. decur.* — (4) L. 1. C, *De præb. salav.* — (5) L. 1 C. Théod., *De decur.* — (6) L. 10 C. de Th., *De extraord. mun.* — (7) L. 6 C. Th., *De lustral. collat.* — (8) L. 18 C. Th., *De episc.* — (9) L. 3 C. Th., *De auro coron.* — (10) L. *omnia* C. Th., *de his quæ administrant*.

Il fut le premier à déshonorer en quelque sorte les ordres des cités, en y rejetant les fils des vétérans qu'on avait chassés de la milice (1). Le collègue de Valentinien, Valens, rendit au contraire une loi en vertu de laquelle les décurions qui s'étaient faits moines devaient être ramenés dans la curie (2).

Théodose le Grand signala son règne par quelques bienfaits envers les cités. Il ne permit aux décurions de devenir ni sénateurs ni prêtres, s'ils ne laissaient tous leurs biens aux cités (3). Il défendit d'introduire qui que ce fût, à titre de peine, dans les curies (4); il chargea tous ceux qui possédaient les biens des décurions à titre lucratif d'un impôt envers la curie (5), et ordonna qu'ils seraient inscrits, sauf excuse, dans la curie (6); il défendit par une loi célèbre de vendre, sans un décret du prince, les biens des curies (7); il confirma par de nouveaux édits les constitutions anciennes favorables aux cités.

Arcadius, fils de Théodose, édicta que les municipes pourvoiraient, par des subventions pécuniaires, au rétablissement des ouvrages publics, parce que les biens d'un grand nombre de villes avaient été dissipés. Autrefois, dit la loi 3. Cod. *De civit. præd.*, le tiers des revenus des villes aurait suffi à ces dépenses.

Théodose le Jeune travailla aussi avec ardeur au bien des cités; il leur restitua les biens que leur avait enlevés Constantin (8); il remit en vigueur les lois qui défendaient de vendre leurs biens sans un décret du prince; il

---

(1) L. 5. C. Th., *De re militari*. — (2) L. 130 C. Théod., *De decur.* — (3) L. 130 C. Th., *De decur.* — (4) L. 38 C., *De decur.* — (5) L. 107, l. 123 C. Th., *De decur.* — (6) L. 136 C. Th., *De decur.* — (7) L. 1 C., *De præd. cur non alien.* — (8) *Nov. Th.* XXX.

abolit les immunités accordées aux églises ; il abandonna aux villes le tiers des impôts (1).

Valentinien III honora son règne par quelques dispositions favorables aux cités. Majorien est le dernier des empereurs d'Occident qui ait fait des efforts sérieux pour les tirer de l'état d'impuissance où le despotisme de ses prédécesseurs les avait réduites.

Dès son premier consulat, il écrit aux gouverneurs des provinces que réfléchissant sur la rareté des cités municipales établies dans toutes les provinces, parce que leurs habitants se sont enfuis, privés qu'ils étaient du secours des défenseurs qui avaient coutume de défendre les citoyens contre l'insolence et les attaques des méchants, il a cru devoir rétablir cette antique coutume, que des hommes probes, honorables, prévoyants, élus par le suffrage des citoyens (*universitatis*) reçoivent le pouvoir de protéger le peuple dans les cités (*auctoritatem tuendæ in civitatibus suis plebis accipiant*). Il enjoint en conséquence à toutes les cités encore peuplées (*quæ sunt inhabitantium frequentia celebres*) de former une assemblée des honorés et du peuple, et de se hâter de nommer un défenseur pour faire parvenir à l'empereur les vœux des municipes formulés par l'élection, afin qu'il confirme les défenseurs élus sans brigue et dignes d'un tel honneur (2).

La lettre du même empereur à Basilius, préfet du prétoire, exprime une autre pensée. C'est celle du rétablissement du sénat des curiales. « Personne n'ignore, dit-il, que les curiales, dont l'assemblée était appelée à bon droit par l'antiquité le petit sénat (*minor senatus*), sont les nerfs de la république et les viscères des cités. L'iniquité des

(1) L. 13, Cod., *de Vectig.*
(2) Majoriani et Leonis nov. de defensoribus civitatum. (*C. Th.*, t. V.)

juges et la coupable vénalité des collecteurs d'impôts les ont réduits à un tel état qu'un grand nombre, abandonnant leur patrie, oubliant la splendeur de leur origine, ont choisi pour demeure des retraites cachées et des habitations pour prix desquelles ils ont aliéné leur liberté. A cette honte ajoutant un déshonneur plus grand encore, pour pouvoir recourir au patronage des puissants, ils se sont pollués par l'union contractée avec des femmes appartenant à la condition des colons et des esclaves; aussi est-il arrivé que les ordres des municipes ont péri, et que quelques-uns ont perdu leur liberté par la souillure des mariages contractés avec des femmes de basse condition. Suivent des prescriptions nombreuses tendant à la dissolution des unions légitimes, au rappel des curiales dans les cités dépeuplées et privées de magistrats; prescriptions bien intentionnées, mais impuissantes pour restaurer les libertés municipales avant que les provinces de l'empire d'Occident, épuisées par l'abus de la centralisation impériale, n'eussent été régénérées par le fer et le feu des barbares, et réorganisées sous la double et salutaire influence de la liberté chrétienne et des franchises germaniques.

Les destinées de l'empire d'Orient furent plus malheureuses encore; car après quelques alternatives de protection et d'oppression des cités par les princes qui continuèrent le despotisme qui règne encore, on entendit, au lieu d'un cri d'espérance et de résurrection, tel que celui qu'avait poussé l'empereur Majorien, une condamnation définitive et irrévocable des libertés municipales par la novelle 46 de Léon le Philosophe. « De même, dit l'empereur, que dans les choses qui servent à l'usage de la vie commune, nous estimons celles qui sont commodes et d'une utilité quelconque, et nous méprisons celles qui ne sont d'aucune utilité, ainsi nous devons faire à l'égard des lois. Celles qui sont de quelque usage, qui procurent quelque bien à la république, doivent être maintenues et honorées ; quant à celles dont le maintien est fâcheux et sans importance, non-seulement il ne faut en tenir aucun compte, mais on doit les rejeter du corps des lois. Or, nous disons que dans les lois anciennes, rendues sur les curies et les décurions, il en est qui imposent aux décurions des charges intolérables, et confèrent aux curies le droit de nommer certains magistrats et de gouverner les cités par leur propre autorité. Maintenant que les affaires civiles ont pris une autre forme, et que toutes les choses dépendent uniquement de la sollicitude et de l'administration de la majesté impériale, ces lois errent en quelque sorte vainement et sans objet autour du sol légal. Nous les abolissons donc par le présent décret. »

Ce qui a été aboli par Léon le Philosophe n'a jamais été rétabli dans l'Orient ; le vœu de Majorien pour la restauration des municipes a été exaucé au contraire dans les États de l'Europe fondés sur les ruines de l'empire d'Occident. Que l'on compare de bonne foi les deux civilisations, et que l'on juge !

§ 7. — Ce ne serait être juste qu'à demi que d'attribuer exclusivement aux tyrans stupides et sanguinaires qui se succédèrent sur le trône, la ruine de l'empire romain et les germes de mort que son despotisme administratif a déposés dans le monde.

Quelque exécrable que soit la mémoire des Néron et des Caligula, la responsabilité de leurs actes pèse en partie sur le principe qui les avait faits les maîtres de l'empire romain. Ce principe, c'est la loi *Regia*, qui délégua à l'empereur la souveraineté du peuple, et qui transforma en *divus imperator* la *Dea Roma* ; c'est la loi *Julia*, par laquelle

Auguste ôta au peuple romain l'usage des armes (1); c'est l'édit par lequel Tibère supprima les comices (2), parce que, dit le jurisconsulte Modestin, *c'est aux soins du prince seul que tout est confié aujourd'hui* (3). Ce sont toutes ces lois qui, rapprochées par leur date de l'avénement de l'empire, contenaient en germe la tyrannie consacrée plusieurs siècles après par cette maxime de Justinien: *Sed et quod principi placuit legis habet vigorem, cum de lege regia quæ de ejus imperio lata est, populus ei et in eum omne imperium suum et potestatem concessit.*

On vante la puissance colossale de l'empire romain, puissance qui avait fait d'une ville le centre de l'univers, d'un homme le dépositaire de toutes les magistratures pontificale, tribunitienne, proconsulaire (4), le maître absolu des richesses semées parmi tous les peuples et de la contribution de tout un monde (5). On ne saurait contester, en effet, cette formidable puissance; mais ce qu'on peut contester, c'est la légitimité de son origine, c'est la moralité de ses actes, ce sont surtout ses bienfaits.

§ 8. — Le pouvoir des Césars dérivait, dit-on, du peuple,

---

(1) Lege Julia de vi publica tenetur qui arma, tela domi suæ, agrove in villa præter usum venationis.... vel itineris coegerit. (*Dig.*, liv. XLVIII, tit. VI, nº 1, — Hérodien, liv. II.)

(2) Post imperium a Tiberio initum ita defuerunt fieri comitia ut nunquam postea populo restituta sint. (Tacite, *Annal.*; V. aussi Suétone, *Vie de Caligula.*)

(3) Quia ad curam principis hodie omnia pertinent (Modestin, *lib. unic. ff. ad leg. Jul. de Amb.*)

(4) Voyez, sur le cumul des magistratures par les empereurs Tacite, *Annales*, liv. I, ch. II; Dion, LIII, LIV; Montesquieu, *Grandeur et Décadence des Romains* (chap. VI).

(5) .... Jam creditur uni
Sanctorum digestus opum, sparsæque per omnes
Divitiæ populos, magnique impendia mundi.
(Stat, *Silv.*, III, 3.)

qui avait transféré régulièrement toute sa puissance dans leurs personnes !

Qu'est-ce à dire et qu'importent ici les complaisantes maximes de ces jurisconsultes romains prosternés devant les caprices des princes qui les enrichissaient ? Est-ce que, de par le peuple de Rome, Antonin avait le droit de dire : « Je suis le souverain du monde (1); » et Sévère : « Je suis tout (2) ; » et Caligula : « Tout m'est permis contre tous (3). » Est-ce que la tourbe qui vendait ses suffrages, et qui recevait en échange la tessère frumentaire et le *congiarium*, pouvait faire que tout homme élevé à l'empire vît ses actes devenir saints (4), ses occupations divines (5), sa majesté sacrée (6), sa personne elle-même dieu (7) ?

Aux beaux jours de la république, Rome et les villes libres, alliées, municipales, qui, avec des titres divers, se rangeaient sous son empire, rivalisaient par le patriotisme, par le culte de la religion et des mœurs traditionnelles. Dignes auxiliaires de la *ville éternelle*, les municipes s'associaient à toutes ses gloires, et Cicéron disait, au retour de son exil : « Non, le peuple romain n'est pas cette populace « que Clodius ameute et qu'il paye. Les citoyens des muni- « cipes, voilà le vrai peuple, le maître des rois et des na- « tions. » L'époque de la liberté, à Rome, est celle des mœurs austères et du dévouement aux dieux, à la patrie et aux lois. Rome n'est encore qu'une bourgade, et déjà ses murailles consacrées par la religion, ses édifices publics, contrastant par leur magnificence avec la simplicité des

---

(1) Mundi dominus. Antonin. Rescrip. ad Eudem. Nicom.
(2) Omnia fui. Spart. Sev.
(3) Memento omnia mihi et in omnes licere. (Suet., *Caligula* 29.) — (4) Sacrasque occupationes (Suet., *Tiber.*, 27.) — (5) Divinas (Tacit., *Annal.*, II, 87). — (6) Suet., *August.*, 24. — (7) Suét., *Claude*, 27 et suiv.

maisons particulières ; ses comices, ses ordres distincts de sénateurs, de chevaliers, de décurions, de flamines ; les droits et les honneurs attachés au titre de citoyen romain, tout fait pressentir la grandeur future de cet empire naissant. Les progrès au dedans et les conquêtes au dehors, marchent, en effet, d'un pas égal, pendant une longue suite de siècles ; et si, de temps à autre, les destinées de la ville éternelle semblent compromises, c'est toujours à la suite d'une éclipse de sa liberté.

Mais lorsque Rome s'affaissa sous le poids de sa propre grandeur, et que les provinces conquises au loin par ses armes victorieuses ne servirent plus qu'à nourrir le luxe de ses proconsuls ; lorsque le droit de cité fut successivement étendu aux affranchis, aux étrangers, aux habitants de tout l'empire, et que les libertés antiques, quoique subsistant en droit, furent remplacées en fait par la tyrannie des préteurs, alors la double plaie de la misère et de l'immoralité s'étendit rapidement sur toutes les parties de l'empire.

Rome, sous les empereurs, c'est, dit un publiciste (1), un peuple dont le chef, presque toujours proclamé par des tyrans et reconnu par des esclaves, esclave ou tyran lui-même, au gré de la fortune, est presque aussi incertain de ses droits que de ses devoirs, et ne peut, s'il est permis de s'exprimer ainsi, ni commander ni servir sans déroger à la liberté publique (2).

Au sein de ces révolutions incessantes du régime municipal romain sous les empereurs, il serait injuste de ne

---

(1) M. CHABRIT. *De la Monarchie française et de ses lois*, liv. I, ch. III.

(2) Voyez les trois dissertations de l'abbé de la Bleterie, sur la puissance impériale chez les Romains. T. 31 des Mém. de l'Académie des inscriptions et belles-lettres, 12ᵉ édition.

pas tenir compte aux bons princes du zèle qu'ils ont mis à défendre, contre les conséquences du mauvais principe qui les minait, ces cités autrefois si florissantes. Mais telle est la fatale puissance d'un mauvais principe politique, qu'il finit toujours par triompher de la résistance que lui opposent les bonnes intentions des hommes.

Qu'on étudie, en effet, les transformations de la législation romaine, d'Auguste à Dioclétien et de Dioclétien à Justinien, et l'on verra à quel point l'extension de l'*Imperium*, la confiscation des juridictions locales, la hiérarchie despotique des officiers de l'empire, la confusion des deux puissances civile et religieuse, les abus du domaine éminent, toutes ces conquêtes successives du pouvoir d'un seul sur le droit de tous, ont été fatales à la civilisation du monde.

Le savant et libéral historien du droit municipal (1) nous paraît prendre l'ombre pour la réalité, quand il dit qu'en associant le monde entier à leurs institutions, les Romains avaient légitimé la victoire qui l'avait soumis. Qu'est-ce que cette prétendue association des provinces au décurionat romain, sinon un instrument de fiscalité et de tyrannie?

« Il est permis, dit M. Raynouard, de regretter que Titus, Trajan, Antonin le Pieux, Marc-Aurèle, aient laissé à un Caracalla l'honneur de proclamer cette loi généreusement politique qui appela aux droits de citoyen tous les sujets de l'empire (2), » et le savant historien cite à l'appui de cette pensée un texte de saint Augustin qui considérait comme une conquête de l'humanité la réunion de tous

---

(1) M. RAYNOUARD, *Hist. du droit municip.*, liv. I, ch. XXXII.
(2) In orbe Romano qui sunt, ex constitutione imperatoris Antonini, cives Romani effecti sunt. (L. XVII ff. *De statu hominum.*)

les hommes en une seule société (1), et un passage du panégyrique d'Origène, par Grégoire le Thaumaturge, qui désignait ainsi les institutions romaines : « les lois admi- « rables de nos sages par lesquelles sont réglés les droits « de tous les hommes qui obéissent à l'empire romain (2). » Puis il s'écrie avec le poëte Rutile Numance : Toutes les nations ont une seule patrie; tu fis du monde entier une seule cité (3); et avec Claudien :

> Ces enfants adoptifs qu'a donnés la victoire
> Partagent des vainqueurs et les droits et la gloire ;
> Oui, tout peuple est admis au titre de Romain;
> Un seul nom, désormais, suffit au genre humain (4).

Mais l'enthousiasme des panégyristes et des poëtes du temps en faveur de la fausse grandeur et de la liberté (5) du Bas-Empire est réduit à sa juste valeur par Montesquieu (6). « Du jour, dit l'illustre publiciste, où tout ha-

---

(1) Humanissime factum est ut omnes ad Romanum imperium pertinentes societatem acciperent civitatis et Romani cives essent. (S. Aug., *de Civitate Dei*, lib. V, cap. xvii.)

(2) Mirifice sapientium nostrorum leges quibus omnium nunc ui Romano imperio parent hominum res regentur. (Greg. Thaumat., *Panegyr. in Origen.*, p. 17.)

(3) Fecisti patriam diversis gentibus unam;
   Urbem fecisti quod prius orbis erat.
                              (*Itiner.*, I, v. 63.)

(4) Hæc est in gremio victos quæ sola recepit,
   Humanumque genus communi nomine fovit
   Matris non dominæ ritu, civesque vocavit
   Quos domuit.
                              (Claudien, *Panég.* 3.)

(5) Hoc est enim inter reges gentium imperatorem Romanorum distat, quia reges gentium domini servorum sunt, imperator vero Romanorum dominus liberorum. (*Vita sancti Gregorii papæ*, Act. 88.) — (6) *Grandeur et Décadence des Romains*.

bitant du monde devint citoyen de Rome, Rome ne fut plus cette ville dont le peuple n'avait eu qu'un même esprit, un même amour pour la liberté, une même haine contre la tyrannie; où cette jalousie du pouvoir du sénat et des prérogatives des grands, toujours mêlée de respect, n'était qu'un amour de l'égalité. Les peuples d'Italie étant devenus des citoyens, chaque ville y apporta son génie, ses intérêts particuliers et sa dépendance de quelque grand protecteur. La ville déchirée ne forma plus un tout ensemble; et comme on n'était citoyen que par une espèce de fiction, qu'on n'avait plus les mêmes magistrats, les mêmes murailles, les mêmes dieux, les mêmes temples, on ne vit plus Rome des mêmes yeux, on n'eut plus le même amour pour la patrie, et les sentiments romains ne furent plus.

Un homme d'État de notre siècle juge comme Montesquieu l'égalité démocratique fondée par l'empire romain.

« Comme le leurre du despotisme qui commence, dit M. Guizot (1), est toujours d'offrir aux hommes les avantages d'une fausse égalité, le droit de cité romaine fut indistinctement accordé à tout le monde romain. Ce droit n'était plus rien dans l'ordre politique; il ne conférait donc à ceux qui le recevaient aucune importance réelle; et cependant cette concession enlevait à ceux qu'elle confondait dans la foule l'importance qui pouvait encore leur rester. Il y a lieu de croire que cette mesure fut plutôt l'effet d'une spéculation financière que d'une savante combinaison despotique. Mais le despotisme, même dans sa conduite la plus dénuée de science, a des instincts qui ne le trompent point. C'était d'ailleurs le cours des choses. Il faut que les peuples avilis subissent leur destinée. Tout ne doit pas être imputé au maître du troupeau, et la haine que mérite

---

(1) *Du régime municipal dans l'empire romain*, p, 10.

la tyrannie ne sauve point du mépris les nations incapables de la liberté. »

CHAPITRE II.

DE LA CONSTITUTION PRIMITIVE DE ROME; DES TROIS ORDRES; DES COMICES; DES MAGISTRATURES.

§ 1er. — *Urbs Roma, ager romanus*, telles sont les deux unités élémentaires de la cité romaine.

J'appelle *urbs*, dit Sigonius (1), une réunion de maisons séparées par des espaces publics, où des hommes se sont rassemblés sous l'empire de lois qu'ils se sont données pour l'utilité commune. Varron et Tite-Live racontent que les villes du Latium étaient bâties selon le rite étrusque. On en traçait l'enceinte avec le soc d'une charrue à laquelle étaient attelés un taureau et une génisse. On creusait le fossé et on élevait les murailles, après avoir consulté les auspices. Ce qui était en dedans du cercle s'appelait *urbs*, du mot *orbs*. On appelait *pomœrium* ce qui était consacré au dela et tout près du mur d'enceinte. Il était interdit d'y bâtir et d'y labourer. La ville de Rome était bâtie à l'instar des villes du Latium, et renfermée dans une enceinte de collines et de murailles. Les rois étendirent successivement cette enceinte, en y comprenant les collines qui l'entouraient. Ce n'était pas seulement l'espace circonscrit dans les murailles et dans le *pomœrium* auquel on donnait le nom de Rome, les édifices suburbains faisaient aussi partie

(1) *De antiquo jure civium Romanorum*, cap. III.

de Rome, quoiqu'ils ne fussent défendus ni par des fossés ni par des murailles.

Le champ de Rome (*ager romanus*) se composait des montagnes et des champs situés hors de la ville jusqu'aux frontières des alliés. Ce champ, d'abord très-resserré, et qui, à l'époque de Romulus, avait la forme d'un arc dont le Tibre était la corde, fut étendu par Romulus lui-même, qui dépouilla les habitants de Véies du lieu appelé *Septempagi*, situé au delà du Tibre. Tarquin l'Ancien enleva aussi aux Sabins, pour les incorporer dans le champ de Rome, des terres situées au delà de l'Anio. Servius Tullius partagea le champ romain en plusieurs parties auxquelles il donna le nom de *pagi*. On peut voir, dans Sigonius et dans les auteurs qu'il cite, des détails intéressants sur les noms et sur les limites de ces *pagi*.

Les *pagi* ou *vici* faisaient partie de la cité dans le territoire de laquelle ils se trouvaient (L. 30 *ad municip.*). Les plus importants d'entre eux étaient appelés *oppida*; les lieux fortifiés, *castella*.

La constitution primitive de Rome et des autres cités de la confédération latine était semblable à celle des cités de la confédération hellénique et de la confédération étrusque. Ces cités s'administraient librement, n'exerçaient aucune suprématie les unes sur les autres, et vivaient entre elles sur le pied d'une parfaite égalité. Elles se réunissaient toutes dans des fêtes communes, sur le mont Aventin, pour régler les intérêts de la confédération, comme les Grecs se réunissaient au temple de Delphes pour décider les affaires qui leur étaient communes (1).

Sous le gouvernement des rois, l'administration de Rome se perfectionna rapidement. Alors, dit Montesquieu (2),

---

(1) NIEBUHR, *Hist. rom.*, t. III, p. 22 et suivantes.
(2) *Grandeur et Décadence des Romains*. ch. I.

Rome n'avait pas même de rues, à moins qu'on n'appelle de ce nom la continuation des routes qui y aboutissaient. Les maisons étaient placées sans ordre et très-petites. La ville semblait faite exclusivement pour renfermer le butin, les bestiaux, les fruits de la campagne. Cependant, dès avant le règne de Servius Tullius, la ville était aussi exactement réglée que si ce n'eût été que le ménage d'une petite famille. C'était déjà là la cité telle que la définit la loi 2 ff. *De verb. sig. : Collecta multitudo hominum iisdem legibus et moribus viventium, et urbem muro clausam inhabitantium.*

La cité romaine (*civitas*) apparaît, dès le règne de Romulus, sous le double aspect d'une petite république s'administrant elle-même par les magistrats de son choix, et de la légion qui n'est autre chose que la cité armée, *civitas armata*, selon l'expression de Végèce. Rome gouvernant et Rome combattant, dit l'historien des Césars (1), est une seule et même chose : où la légion a campé, la cité s'est installée ; où l'étendard s'est déployé, la hache et les faisceaux ont paru.

Dans la cité romaine, telle que la dépeint Cicéron, concourent dès l'origine l'élément démocratique et l'élément aristocratique. De leur tempérament réciproque naît l'harmonie justement louée par Scipion, et qu'on regrette d'avoir vue plus tard troublée par les Gracques et détruite par Jules César (2).

§ 2. — Le peuple romain fut divisé, dès la fondation de

---

(1) M. DE CHAMPAGNY, *les Césars*, t. III, p. 104.
(2) Quod ita quum sit, tribus primis generibus longe præstat, mea sententia, regium ; regio autem ipsi præstabit id, quod erit æquatum et temperatum ex tribus optimis rerum publicarum modis. (Cic., *De republ.*, XLV.)

la ville, en trois ordres : *Martia Roma triplex equitatu, plebe, senatu* (Ausone).

L'ordre des plébéiens se divisait, comme l'expliquent Sigonius et Loyseau (1), de quatre façons : par tribus, par cens, par races, et par ordres ou vacations.

I. — Romulus, maître de Rome, divisa son peuple en tribus, et les tribus en curies. Il y avait trois tribus : les *Rhamnenses*, les *Tatienses* et les *Lucères*, représentant, les uns l'élément romain, les autres l'élément sabin, les autres l'élément étrusque. Chacune de ces tribus était divisée en dix curies; chacune des trente curies se subdivisait elle-même en centuries, composées chacune de cent défenseurs ou chefs de famille.

Les tribus originaires étaient des tribus de famille. Plus tard les tribus devinrent locales, c'est-à-dire furent distinguées par des divisions de régions tout à fait différentes des premières divisions.

Tarquin l'Ancien porta à six le nombre des tribus. Servius Tullius réduisit ce nombre à quatre, qu'il appela, du nom des collines de Rome, *Palatine, Suburane, Colline* et *Esquiline*.

Le champ de Rome fut divisé par le même roi en vingt-six parties, qui furent aussi appelées tribus, et qui, jointes aux quatre tribus urbaines, portèrent à trente le nombre total des tribus.

La vie des champs était en honneur parmi les anciens Romains qui abandonnaient aux affranchis et aux étrangers les arts mécaniques, et qui réservaient aux ingénus l'art militaire et l'agriculture. Les patriciens cultivaient leurs champs de leurs propres mains, et tantôt quittaient la charrue pour prendre un commandement militaire, tantôt

---

(1) *Des ordres romains*, chap. II, nos 63 et suiv.

abandonnaient les honneurs pour retourner à l'agriculture; nourrissant, dit Varron, leurs concitoyens pendant la paix et les défendant pendant la guerre. Il résulte de là que les tribus rustiques furent plus honorées que les tribus urbaines. Les unes furent abandonnées aux affranchis, tandis que les ingénus émigrèrent dans les autres. Les choses en vinrent au point que le censeur Fabius, en l'an 449 de Rome, rejeta dans les tribus urbaines la plèbe la plus infime des tribus rustiques, laquelle vint accroître la masse des affranchis.

Quant aux *curies*, il y en avait, selon Varron, de deux sortes. Les curies anciennes se composaient de prêtres adonnés au culte des dieux, et les autres, telles que la curie Hostilia, s'occupaient des intérêts politiques. Il n'y avait pas de curies dans les tribus rustiques.

II. — Servius Tullius divisa le peuple en six classes, et toutes les classes en quatre-vingt-treize centuries. Les classes furent distinguées par le cens. La sixième n'était composée que de prolétaires. Concluons de là, dit Sigonius, que, pour jouir du droit de cité romaine, il suffisait d'appartenir à une tribu, car on appartenait dès lors à une classe et à une centurie.

III. — Les plébéiens se distinguaient en ingénus, c'est-à-dire qui étaient nés de père et aïeux libres (1), et qui jouissaient de toutes les prérogatives du droit de cité; et en affranchis qui, quoique enrôlés dans les tribus de Rome, n'étaient pas tout à fait *optimo jure cives*, n'étant réputés capables, par l'ancien droit, ni de suffrages, ni d'honneurs, ni de milices, et ne transmettant à leurs enfants que le droit de suffrage dans les tribus urbaines.

Tout ce qui n'était ni ingénu, ni affranchi, ni fils d'af-

---

(1) *Qui patrem et avum cierc poterant.* (Tite-Live, l. X.)

franchi, était esclave, c'est-à-dire quelque chose qui faisait partie d'une seconde espèce humaine (1), incapable de toute propriété autre que celle d'un mince pécule (2), capable seulement d'un quasi-mariage (*contubernium*), transmissible à prix d'argent, et vouée à bêcher la terre ou à creuser les mines avec la chaîne aux pieds et la tête rasée à moitié pour que l'esclave fût reconnu, s'il fuyait (3), par un maître qui avait sur lui le droit de vie et de mort (4).

IV. — La quatrième division des plébéiens de Rome se faisait par ordres, dont les principaux, selon leur rang, étaient ceux-ci : *tribuni ærarii, scribæ, mercatores, artifices, apparitores magistratuum, turba forensis.*

Les *tribuni ærarii* étaient les financiers, c'est-à-dire les hommes chargés du maniement des deniers publics, hors les principaux questeurs qui, seuls, étaient magistrats. Ce n'étaient pas, comme de nos jours, des fonctionnaires publics ; c'étaient des fermiers.

Les *scribæ* étaient des patriciens analogues aux procureurs et aux notaires français.

Les *mercatores* étaient les marchands en gros, et se distinguaient en marchands de Rome, *mercatores*, banquiers, *argentarii*, et négociants de province, c'est-à-dire entremetteurs d'affaires, *negotiatores*.

Les *artifices* ou *opifices* étaient les artisans ou gens de métiers.

Les *apparitores magistratuum* étaient, non comme en France, des officiers publics, mais une espèce assez vile

---

(1) *Servi per fortunam in omnia obnoxii quasi secundum hominum genus sunt.* (FLORUS, III, 20.)
(2) CAIUS, *instit.* I, 52 ; II, 86, 89, 91, 95. — (3) HORACE, liv. II, *Sat.* 8; SÉNÈQUE, *De ira.* III, 32. — (4) JUVÉNAL, V, 219.

d'hommes appelés, selon leurs fonctions, *accensi*, *interpretes*, *præcones*, *lictores*, *viatores*, etc.

Les gens de bras constituaient ce qu'on appelait *turba forensis*.

§ 4. — Le peuple romain se réunissait, dès le temps de Romulus, sur la convocation de ses magistrats, *en comices* où se décidaient les questions de paix et de guerre, l'élection des magistrats, les affaires extérieures et intérieures de la république.

On distinguait trois sortes de comices : les comices *par curies*, institués par Romulus ; les comices *par centuries*, institués par Servius Tullius ; les comices *par tribus*, institués par les tribuns du peuple.

Aucun citoyen romain n'était exclu du droit de voter, mais le mode de composition des comices tempérait les dangers du suffrage universel (1).

Dans les comices par curies, la multitude prévalait, et par elle l'intérêt des pauvres. On appelait *lex curiata* la loi faite par le peuple divisé en curies. C'est dans les comices par curies que l'*imperium*, c'est-à-dire la puissance du glaive, était déféré aux magistrats (2). Quelques attributions purement civiles concernant l'adrogation, les testaments, etc., leur avaient été déférées dans les premiers temps de la république ; mais, après l'établissement des comices par centuries et par tribus, on assembla plus rarement les comices par curies, et seulement pour l'adoption du grand curion et des flamines (3).

Les comices par centuries ou par classes de censitaires mirent le pouvoir aux mains des riches, qui, réunis dans une classe où se trouvaient plus de centuries que dans

---

(1) Sigon, *De antiq. jure civ. Rom.* l, 1, ch. xvii, t. I, p. 210.
— (2) Tite-Live, IX. — (3) Tite-Live, XXVII. 8, A. Gell. XV, 27.

toutes les autres classes réunies, obtenaient la majorité dans toutes les délibérations.

C'est aux comices par centuries qu'appartenaient les nominations des consuls, des préteurs, des censeurs, et quelquefois celle du proconsul. On y créait aussi les décemvirs, les tribuns militaires et le prêtre appelé *rex sacrorum*. On adoptait presque toutes les lois proposées par les premiers magistrats. Ces comices portaient aussi des jugements sur le crime de haute trahison appelé *judicium perduellionis* (1). Ils ne s'assemblaient qu'après qu'on avait obtenu l'autorisation du sénat et qu'on avait pris les augures; *augusta centuriarum auspicia*, dit Cicéron dans sa célèbre Milonienne.

Les comices *par tribus* étaient, selon l'expression de Sigonius, des conseils particuliers de la plèbe, *consilia plebis*, plutôt que de véritables comices. Convoqués pour la première fois, deux ans après la création des tribuns du peuple, en l'an de Rome 263, au procès de Coriolan, ils furent chargés plus tard par la loi Publilia de la nomination des magistrats plébéiens, et eurent, à dater de 282, des réunions assez fréquentes où l'on élisait, indépendamment des magistrats secondaires de la ville, tels que les édiles curules, les tribuns du peuple, les questeurs, etc., les proconsuls et les gouverneurs des provinces, les commissaires pour l'établissement des colonies, etc. Les lois faites dans ces comices étaient appelées *plebiscita*. On ne s'y occupait pas des procès criminels portant peine capitale, dont le jugement était réservé aux comices par centuries. Tous les citoyens romains, soit qu'ils habitassent Rome ou tout autre pays, pouvaient y rester et y étaient parfaitement égaux. C'était tantôt un tribun du peuple

---

(1) ADAM, *Ant. rom.*, t. Ier, p. 124.

désigné par le sort, tantôt un consul, un dictateur, un prêtre, un tribun militaire qui présidait, selon les matières dont l'assemblée s'occupait. Ni l'autorisation préalable du sénat ni les auspices n'étaient nécessaires où dominait l'esprit des dernières classes de citoyens, *capite censi* ou *prolétaires*.

Les comices, ce palladium des libertés publiques, subirent une rude atteinte de la part de Jules César, qui partagea avec le peuple la nomination des magistrats, à l'exception des aspirants au consulat, selon une formule conservée par Suétone (1). Auguste, fidèle à sa politique de tempérament, rétablit, malgré l'avis de Mécène, l'ancienne forme d'élection (2), en se réservant l'influence de ses recommandations (3). Mais Tibère, comprenant que la liberté des votes dans les comices était incompatible avec les institutions de l'Empire, priva tout à fait le peuple du droit d'élection. Il se réserva seulement la nomination des consuls (4), et eut l'air de s'en rapporter au sénat pour le choix des autres dignités; mais, dans le fait, il les distribuait toutes à son gré (5). Caligula parut vouloir, selon Suétone (6), rendre au peuple, sinon la réalité, au moins les apparences du suffrage universel, et sous son règne, comme sous celui de ses successeurs, le peuple semblait associé à la collation des dignités par la ratification des choix du sénat ou de l'empereur (7). Mais en admettant que, sous le règne des bons empereurs, la liberté des votes ait repris quelque faveur, comme paraît l'indiquer une loi

---

(1) Cæsar dictator, illi tribui, commendo vobis illum et illum, ut vestro suffragio suam dignitatem teneant. (Suét., *Cæs.* 41.) — (2) Suét. *Aug.* 40, Dion. XIII, 21. — (3) Suét., *Aug*, 56. — (4) Ovid., *Pont.* IV, 9, 67. — (5) Tacite, *Ann.*, 1, 15. — (6) Tentavit et comitiorum more revocato suffragia populo reddere. Suét., *Calig.* 16.) — (7) Pline, 63.

sévère de Trajan contre les brigues et la corruption électorales, on ne peut voir dans ces simulacres de liberté politique que de vaines ombres que la volonté du prince, appuyée sur les lois de l'Empire, pouvait dissiper d'un souffle.

§ 5. — Romulus, ayant fixé les prérogatives des ordres et les attributions des différents comices du peuple romain, procéda à l'élection de plusieurs magistrats avec qui il partagea son autorité, afin de les intéresser au progrès de sa puissance et à l'agrandissement de son royaume. Il fit approuver par le peuple la création de ces magistrats, dont les uns furent chargés des affaires civiles et les autres de la discipline militaire. Il autorisa le peuple à composer de cent des plus nobles et des plus sages parmi les citoyens un sénat, à qui il donna l'inspection générale des affaires publiques, ne se réservant que le choix du prince de cette illustre compagnie. Les trois tribus nommèrent chacune trois sénateurs et les trente curies qui formaient ces trois tribus en fournirent chacune trois. Le *laticlave* et les souliers en forme de C furent les marques extérieures de la dignité sénatoriale; d'importantes prérogatives furent attribuées à cette dignité, qui s'éleva au-dessus de celle de citoyen (1) et transmit aux descendants un rang héréditaire (2). Le sénat romain, cette assemblée de rois, ainsi que l'appelait Thraséas, dirigea les affaires publiques avec une sagesse digne de la majesté du peuple romain, jusqu'au moment où, placé dans la dépendance du prince et recruté, selon ses caprices (3), même parmi les fils d'af-

---

(1) Plebs est cæteri cives sine senatoribus. (Gaius, *Dig. de Just.*, lib. I, tit. XVI.) Isidore, *Etym.*, liv. IX, ch. IV.

(2) *Dig.*, lib. I, tit. IX, n°° 6, 8, 10, 12; lib. XII, tit. I, n° 11.

(3) Si quis senatorium consecutus *nostra largitate* fastigium... (*Loi des empereurs Gratien, Valentinien et Théodose.* Cod. Théod., liv. VI, tit. II, L. 2.

franchis (1), il devint un instrument du despotisme impérial.

Les sénateurs étaient exempts des fonctions municipales et distingués des curiales, qui remplissaient ces fonctions (2).

§ 6. — L'ordre des chevaliers, distingué par la tunique à clous étroits et par l'anneau d'or, formait un ordre intermédiaire entre l'ordre patricien d'où était tiré le sénat et l'ordre plébéien. Sous les rois, les chevaliers composaient la garde du prince et l'accompagnaient dans ses expéditions où ils tenaient lieu de cavalerie. Leur chef, le tribun des *celeres*, était après le roi le premier magistrat de la cité. Ses attributions disparurent sous la république, mais on les retrouve dans le *magister equitum*, qui accompagnait et suppléait le dictateur élu dans les circonstances critiques. Les centuries de chevaliers qui étaient dans l'origine au nombre de trois correspondant aux trois tribus : es *Rhamnenses*, les *Tatienses* et les *Luceres*, subirent des transformations diverses. Les chevaliers furent, dans la suite des temps, employés dans les armées comme cavaliers et dans les finances commes *publicains*, et associés au sénat dans l'administration de la justice. Ils acquirent des richesses immenses et jouirent sous les empereurs d'attributions étendues et d'une grande illustration.

§ 7. — On désignait à Rome par le mot *magistratus* l'autorité du magistrat et celle de la magistrature.

On distinguait les magistrats en magistrats *ordinaires*, c'est-à-dire élus à époques fixes, et en magistrats extraor-

---

(1) Libertorum filios adipisci clarissimam dignitatem non prohibemus. (*Code de Justin.*, liv. XII, tit. I, n° 9.)

(2) Municeps esse desinit senatoriam adeptus dignitatem, quantum ad munera. (*Dig.*, liv. I, t. I, n° 23.) Senatoriæ functionis curiæque sit nulla conjunctio. (*Cod. Théod.*, liv. VI, tit III, loi 2.)

dinaires. Les magistrats ordinaires se divisaient en magistrats *majores* qui possédaient ce qu'on appelait les grands auspices, et en magistrats *minores*. Les premiers étaient les consuls, les préteurs et les censeurs élus dans les comices par centuries ; les seconds étaient les tribuns du peuple, les édiles et les questeurs.

Les magistrats *extraordinarii majores* étaient le dictateur, le maître de la cavalerie, *magistratus equitum*, l'interrex, le préfet de la ville (1).

Les magistrats *extraordinarii minores* étaient le *præfectus annonæ*, les *duumviri navales*, etc.

Certains magistrats avaient droit aux honneurs de la chaise curule, d'autres en étaient privés.

Les magistrats étaient soumis à des conditions d'âge qui varièrent suivant les temps. Ils ne pouvaient prendre possession de leurs charges à moins que les oiseaux n'eussent donné des augures favorables ; cinq jours après cette prise de possession, ils juraient qu'ils observeraient les lois, et si on les reconnaissait coupables de malversations après l'expiration des emplois qu'ils avaient occupés, on pouvait les traduire en jugement.

La magistrature des *consuls*, qui remonte à l'expulsion des rois, hérita des insignes et des prérogatives de l'autorité royale. Ces magistrats étaient élus annuellement aux calendes de mars et exerçaient une juridiction générale. Comme administrateurs ils avaient le pouvoir appelé *imperium merum* (2), comme juges ils avaient le pouvoir appelé *imperium mixtum* (3).

Les *censeurs* étaient chargés de faire le dénombrement des biens des citoyens, de leur imposer des taxes plus ou

---

(1) WOODT, *De Officio præfecti urbis*, etc. — (2) L. 2, ff. *de Juridict.* — (3) *Ibid.*, L. 2, ff. 16. *de Origin. juris.*

moins considérables, suivant leurs facultés et le nombre de leurs enfants, de présider aux sacrifices et de faire, à l'aide du seul mobile de l'honneur, la police des mœurs publiques et privées (1).

Les censeurs avaient le soin d'affermer la perception des revenus publics ; mais la garde du trésor public, confiée sous les rois à un officier appelé *questeur*, sembla trop au-dessous de la dignité des censeurs pour leur être laissée. On nomma de nouveau des questeurs pour remplir le même office (2). Il y avait, outre le questeur trésorier de l'épargne (*quæstor ærarii*), le *quæstor parricidii*, chargé, dans certaines circonstances, de rechercher et de poursuivre les auteurs des crimes.

Les *dictateurs,* les *tribuns du peuple*, les *décemvirs* ou *tribuns des soldats*, étaient des fonctionnaires institués, soit pour suppléer, soit pour balancer l'autorité du sénat et des consuls.

On institua d'abord des *édiles*, magistrats élus par les tribus pour faire observer les décrets du peuple quand ils devinrent obligatoires (3). Les patriciens obtinrent, à titre de compensation, deux magistrats nouveaux appelés *édiles curules*. Ces magistrats se partageaient le soin des approvisionnements, des marchés, des routes, des édifices, des travaux publics et des jeux (4).

La justice était administrée par des *préteurs*, dont l'un, *prætor urbanus*, jugeait les différends qui s'élevaient entre

---

(1) Tite-Live, liv. IV, chap. viii, liv. II, et VII. *De origine juris.* Gravina, *de Origine et prog. juris.* Lib. I, cap. viii.

(2) L. II, ff. 22 ff. *de Origine juris.*

(3) L. II, § 20 ff. *de Orig. juris.*

(4) Heineccius : *Antiq. rom.*, liv. 1, tit. II, § 2, 5, 25 et 26.

les citoyens romains dans la ville de Rome, et dont l'autre, *prætor peregrinus*, terminait les procès des étrangers qui habitaient à Rome et dans les provinces.

Les fonctions administratives et judiciaires se multiplièrent à mesure que le territoire s'étendit. On créa des substituts, des préteurs appelés *decemviri in litibus judicandis* (1) ; des quatuorvirs, pour prendre soin des routes ; des triumvirs appelés *triumviri monetales*, pour surveiller la fabrication des monnaies ; des triumvirs appelés *triumviri capitales*, chargés de veiller à la garde des prisonniers ; des *quinqueviri*, préposés aux mesures nécessaires en cas d'incendie ; un préfet de la ville, *præfectus urbis*, qui suppléait les juges absents ; un préfet des veilles, *præfectus vigilum*, dont la juridiction s'étendait sur les incendiaires, les filous, les voleurs avec effraction et les recéleurs ; un préfet des vivres, *præfectus annonæ*, chargé d'entretenir l'abondance des denrées alimentaires, de fixer le prix du pain, et de recevoir les plaintes des citoyens qui prétendraient avoir été trompés sur le poids ou sur la mesure.

Ces magistrats avaient de nombreux auxiliaires : des *scribes*, des *tabellions*, chargés de transcrire les décisions judiciaires ; des appariteurs, *apparitores*, *lictores*, *accensi*, chargés de faire respecter les magistrats qu'ils accompagnaient et de faire observer le silence dans les audiences publiques ; des crieurs publics, *præcones* ; des voyageurs, *viatores*, chargés de porter les ordres des magistrats (2).

« Les lois de Rome, dit Montesquieu (3), avaient sagement divisé la puissance publique en un grand nombre de

---

(1) L. 4 ff. § 27, 28, 29 *de Orig. juris*.

(2) GRAVINA, liv. I, chap. VI.

(3) *Grandeur et Décadence des Romains*, chap. XI.

magistratures qui se soutenaient, s'arrêtaient et se tempéraient l'une l'autre ; et comme elles n'avaient toutes qu'un pouvoir borné, chaque citoyen était bon pour y parvenir, et le peuple, voyant passer devant lui plusieurs personnages l'un après l'autre, ne s'accoutumait à aucun d'eux. Mais dans ces temps-ci (ceux de Sylla, Pompée et César) le système de la république changea : les plus puissants se firent donner par le peuple des commissions extraordinaires, ce qui anéantit l'autorité du peuple et des magistrats, et mit toutes les affaires dans les mains d'un seul ou de peu de gens (1). »

Les magistrats municipaux de la ville de Rome dépendaient, dans l'origine, exclusivement du sénat, quoiqu'ils ne fussent pas créés par lui (2). Plus tard ils dépendirent du peuple dont l'autorisation fut nécessaire, depuis Valérius Publicola, pour mettre les citoyens à mort. Quand le peuple eut abdiqué sa puissance entre les mains des empereurs et n'eut plus, selon l'expression de Montesquieu, *de tribuns à écouter et de magistrats à élire*, la constitution et les mœurs de Rome furent sur la pente de leur ruine, et le peuple-roi devint promptement le peuple le plus vil et le plus corrompu de la terre.

---

(1) Plebis opes immunitæ, paucorum potentia crevit. (SALLUSTE, *de Conjurat. Catil.*, cap. XXXIX.)—(2) GRAVINA, liv. I, chap. XIV.

CHAPITRE III

DES LOIS MUNICIPALES ROMAINES

§ 1er — Ulpien fait allusion à la *loi municipale* dans un texte du Digeste (1), et l'on a voulu en conclure qu'il y avait à Rome une loi municipale générale qui se serait perdue; mais le texte invoqué paraît devoir s'entendre des lois municipales locales plutôt que d'une loi générale pour tout l'empire. C'est donc dans les divers éléments de la législation romaine qu'il faut chercher les principes du régime municipal.

Les lois des premiers Romains, comme celles de tous les peuples primitifs, étaient très-simples et en petit nombre (2). On pense même qu'elles n'étaient pas écrites, *nihil scripti juris*. Sextus Papyrius, qui fut chargé de les recueillir, vivait, à ce qu'on suppose, sous le règne de Tarquin le Superbe (3).

La première partie de ces lois est exclusivement consacrée à la religion, aux fêtes et aux sacrifices. On y remar-

---

(1) Decuriones in albo ita scriptos esse oportet ut lege municipali præcipitur; sed si lex cessat, tunc dignitates erunt spectandæ. (ULP., *De off. proc.*)

(2) Quidam statim, aut postquam regum pertæsum, leges maluerunt. Hæ primo, rudibus hominum animis, simplices erant... nobis Romulus, ut libitum, imperitaverat; dein Numa religionibus; et divino jure populum devinxit; reperta quædam a Tullo et Anco; sed præcipue Servius Tullius sanctor legum fuit, queis etiam reges obtemperarent. (TACITE, *Ann.*, III, 26.)

(3) TERRASSON, *Jurisprudence romaine*, p. 20.

que la loi 4 qui fait des rois les premiers ministres de la religion, et la loi 5 qui veut que les patriciens puissent seuls remplir les dignités du sacerdoce.

La seconde partie du Code papyrien se compose des lois qui ont rapport au droit public et à la police.

La loi 14, attribuée à Romulus, dispose : « Les patriciens seront seuls en droit d'exercer les magistratures, et ils serviront de patrons aux plébéiens ; mais si un patron est accusé d'avoir trahi son client, il sera regardé comme indigne de vivre, et l'on pourra le tuer impunément comme une victime dévouée aux dieux infernaux. »

La loi 15 est ainsi conçue : « Le peuple aura droit de suffrage dans les assemblées qui se feront pour les affaires publiques ; ce sera lui qui se choisira ses magistrats ; il fera des plébiscites ; enfin on n'entreprendra aucune guerre et on ne conclura aucune paix contre son avis. »

§ 2. Aux lois papyriennes vinrent se joindre, comme fondements du droit public des Romains, les lois des Douze Tables recueillies à Athènes et dans les villes grecques de l'Italie par les dix députés du peuple de Rome appelés décemvirs, lois empruntées à celles de Solon, de Charondas, de Zaleucus et autres législateurs grecs, et en partie aux mœurs et coutumes non écrites des Romains.

La loi 65 (8ᵉ table) est ainsi conçue : « *Sodales legem quam volent dum ne quid ex publica lege corrumpant sibi ferunto.* » Cette loi, empruntée à la célèbre loi de Solon, consacrait le libre établissement des colléges, confréries et corps de métiers, et le droit de ceux qui étaient autorisés par le sénat à se donner des règlements intérieurs, pourvu qu'ils ne renfermassent rien de contraire à l'ordre public.

La loi 74 (9ᵉ table), *Privilegia ne irroganto*, à la différence des lois d'Athènes qui permettaient d'accorder un privilége à un particulier, pourvu que ce fût de l'approbation de six mille citoyens dont on recueillait secrètement les suffrages, défendait absolument d'accorder des priviléges à des particuliers, parce que les Romains étaient persuadés que les priviléges particuliers ne pouvaient être accordés qu'au préjudice de la république.

La loi 76 de la même table, *De capite civis nisi per maximum comitiatum ne ferunto*, défendait de rien décider sur la vie et sur l'état d'aucun citoyen romain, si ce n'est dans les comices assemblés par curies. Cette loi peut être considérée comme la suite de la loi 15 du Code papyrien, et comme la source du droit de cité et de tous les priviléges des citoyens romains. Vainement chercherait-on d'ailleurs dans la loi des Douze Tables des détails sur le droit public et le régime municipal. La pratique du gouvernement précède toujours la théorie, et le silence même du vieux droit de Rome sur ce sujet prouve que les choses y allaient en quelque sorte de soi.

Ainsi les lois des Douze Tables consacraient, dans l'ordre civil et privé, l'autorité presque absolue du chef de famille, et dans l'ordre public celle du pontife et du patricien. Mais le caractère religieux et aristocratique de ces lois, exagéré sous certains rapports jusqu'à interdire le mariage des patriciens et des plébéiennes (1), se conciliait avec l'intervention du peuple dans les affaires publiques.

Tacite considère les lois des Douze-Tables comme la règle et le fondement du droit public et privé, comme un chef-d'œuvre d'équité : *fons universi publici privatique juris, fons æqui*. « Les livres des pontifes et les lois des Douze Tables, dit Cicéron (2), reflètent l'image de l'antiquité. On

---

(1) *Patribus cum plebe connubia ne sunto*. — XIe table, loi 99.
(2) *De l'Orateur*, liv. I, 43, 44.

y retrouve la langue des vieux Romains, leurs mœurs et leurs coutumes anciennes; on y apprend tout ce qui concerne la police des villes et l'utilité publique ; on s'y délecte de cette puissante et glorieuse philosophie qui domine toutes les sciences humaines. Dût le monde en frémir, je dirai ce que je pense : oui, le seul petit livre des Douze Tables, où l'on trouve, lorsqu'on y fait attention, la source et le fondement de nos lois, me paraît l'emporter sur tous les nombreux écrits des philosophes, et par le poids de son autorité, et parce qu'il renferme bien plus de choses utiles... Examinons avec soin l'esprit, les mœurs, la législation de nos pères, qui n'ont pas déployé moins de sagesse dans les lois qu'ils se sont données que dans les moyens par lesquels ils ont fondé un empire si grand et si redoutable... Je n'hésite point à mettre la sagesse des anciens Romains au-dessus de celle de tous les autres peuples, et surtout des Grecs... L'amour de la vertu, l'horreur du vice, les gens de bien récompensés, les méchants dans l'opprobre ou livrés à la rigueur des châtiments, le bon ordre rétabli : ce sont là les fruits qu'on a recueillis d'une jurisprudence si conforme aux plus pures lumières de la raison. »

L'empereur Justinien lui-même admire la simplicité de la loi des Douze Tables qu'il préfère aux lois nouvelles dont on lui doit la compilation (1).

Un savant magistrat (2) soutient cependant que la loi des Douze-Tables, loin d'être le chef-d'œuvre de l'équité, en est tout au plus une grossière ébauche, et cite, à l'appui

---

(1) Lex duodecim tabularum simplicitatem legibus amicam amplexa est... § Sed quia *Instit. de legitim. agn. succ.* — Lege duodecim tabularum bene humano generi prospectum est... hujusmodi itaque legis antiquæ reverentiam et nos anteponi novitati legis censemus, etc. (L. pén., *Cod. de legitim. hæred.*)

(2) M. TROPLONG, *Revue contemporaine*, août 1855.

de cette critique si opposée aux louanges de Cicéron, de Tacite et de Justinien, la dureté des lois contre les débiteurs, les priviléges injustes et tyranniques du patriciat, la sévérité des formules, etc., etc.

Un profond respect de l'autorité du patricien et de celle du père de famille, ainsi que de la foi des contrats, inspirait, il est vrai, les premiers législateurs de Rome. Mais est-ce que chez les peuples naissants le culte de l'autorité et des mœurs publiques et privées n'est pas le vrai fondement de la liberté? Est-ce que, dans ces lois si dures que le génie de la vieille Rome avait inscrites sur le frontispice de ses premiers établissements, et que l'action du temps adoucit par des transformations successives, il est possible de méconnaître le germe, non-seulement des conquêtes, mais des institutions immortelles du peuple-roi? Il me semble, dit un roi philosophe (1), que chez des nations qui sortent à peine de la barbarie, il faut des législations sévères. La grandeur des peines, dit Beccaria (2), doit être relative à l'état actuel et aux circonstances données où se trouve une nation. Il faut des impressions plus fortes et plus sensibles sur les esprits d'un peuple à peine sorti de la barbarie. Ce qui a fait du gouvernement municipal des Romains, avant qu'il fût corrompu par le despotisme impérial, un prototype impérissable, c'est la sévérité de son double caractère *aristocratique* et *religieux*, joint à un esprit de liberté progressive et à un admirable bon sens.

§ 3.—Ce régime se développa par une série de lois émanées du peuple ou du sénat. Les premières étaient proposées, discutées et arrêtées dans les *comices*; on les distinguait en *populiscites* et en *plébiscites*, selon qu'elles

---

(1) Frédéric, *Mémoires de l'Académie de Berlin*.
(2) *Des délits et des peines*, p. 95.

émanaient des comices par centuries ou des comices par curies. La plupart d'entre elles se rapportaient au droit constitutionnel et aux prérogatives des ordres dont se composait la cité romaine (1).

Les *sénatus-consultes* se distinguaient des *décrets* rendus par le sénat dans les affaires particulières en ce qu'ils concernaient les affaires générales de l'État.

Les lois royales, les lois des Douze Tables accompagnées de l'interprétation des prudents, les lois faites par le peuple dans les comices et les sénatus-consultes furent durant quatre siècles les sources du droit municipal de la cité de Rome.

§ 4. — Mais vers la fin du quatrième siècle s'ouvrit une période nouvelle par la création de la préture, confiée dès son origine, en l'an 387, aux patriciens, et devenue commune aux deux ordres, au commencement du cinquième siècle (416). Dès lors les préteurs furent appelés à exercer non-seulement la puissance judiciaire, mais la puissance législative, au moyen des édits qu'ils publièrent en entrant dans les fonctions de leur magistrature (2); et le pouvoir du préteur devint, selon l'observation de G. Hugo (3), une des branches du pouvoir souverain.

Le droit prétorien naquit à Rome de la multiplication des rapports développés par les conquêtes et de l'affluence des étrangers. Cujas y voit une usurpation : celle-là du moins était nécessaire et le consentement du peuple la légi-

---

(1) Voyez Augustin HOFFMAN, p. 89 à 199. HOTTOMAN, 19, 193. HEINECC., *Hist.*, § 80 à 89.

(2) Et magistratus jura reddebant, et ut scirent cives quod jus de quaque re quisque dicturus esset, seque præmuniret edicta proponebant (D. 1. 2, 10, *Pomp.*).

(3) *Histoire du droit romain*, 1, § 146.

tima (1). Quand les relations de Rome s'étendirent au dehors, un droit des gens, *jus gentium*, distinct du droit civil, dut se former. « Il y a, dit Cicéron (2), une société qui de toutes est la plus étendue : celle qui unit les hommes entre eux. Il en est une autre plus restreinte, c'est celle qui réunit les hommes d'une même nation ; enfin, celle qui forme une seule cité est plus resserrée encore : aussi nos ancêtres ont-ils distingué le droit des gens d'avec le droit civil. Le droit civil n'est pas toujours le droit des gens, mais le droit des gens doit toujours être le droit civil. »

Le droit prétorien est marqué d'un double caractère. Le préteur, dit Cicéron, est le gardien du droit civil; il est, dit le jurisconsulte Marcien, la vive voix du droit civil (3) ; mais il doit aider, suppléer, corriger le droit civil en vue du progrès social (4) ; « les édits des préteurs, dit M. Ducaurroy, obtinrent une grande autorité (*non modicam juris auctoritatem*). Cette législation annuelle a eu l'avantage de suivre facilement le progrès de la civilisation et de s'adapter à des mœurs qui, en s'éloignant peu à peu de l'ancienne rigidité, forçaient les magistrats de n'appliquer l'ancien droit qu'avec les modifications nécessitées par les besoins et les rapports nouveaux ; ces modifications ont été introduites pour rectifier le droit primitif (*emendandi veteris juris gratia*), et quelquefois aussi pour assurer sur certains points, ou pour éviter sur plusieurs autres, l'exécution de l'ancien droit. »

---

(1) Vinnius, *Instit.*, 1, 2, § 7. — (2) *Off.*, 111, 17.

(2) *Juris civilis custos* (Cic., *De leg.* 111, 3). *Viva vox juris civilis* (D. 1, t. VIII, *Maricanus*.)

(3) Jus prætorium est quod prætores introduxerunt adjuvandi, vel supplendi, vel corrigendi juris civilis gratia, propter utilitatem publicam. (D. 1, l. 7.)

(4) *Instituts de Justinien*, t. 1, p. 18.

Les édits des préteurs ne pouvaient être révoqués par eux pendant l'année de leur magistrature, et leurs successeurs les renouvelaient ordinairement, quoique sans y être obligés. C'est ainsi que se forma, par les édits des magistrats, parmi lesquels se trouvaient aussi les édiles curules, le droit honoraire ou prétorien.

Ce droit modifia surtout la constitution des cités romaines qui, vers la fin du septième siècle, couvraient déjà toute l'Italie, et devint la base fondamentale du nouveau droit municipal dont nous suivrons les progrès sous ses formes diverses de droit de cité romain, de droit latin, droit italique, droit gaulois cisalpin, droit provincial, dans les colonies, les municipes, les préfectures, etc.

§ 5. — A ce régime libre et divers succéda le régime de concentration du pouvoir fondé par les constitutions impériales.

Grégoire et Hermogénien, jurisconsultes qui vivaient sous Constantin et son fils, recueillirent toutes celles qu'avaient publiées les empereurs, depuis Adrien jusqu'à Dioclétien.

Le code de Théodose le Jeune, qui comprend les constitutions faites depuis Constantin, renferme un très-grand nombre de lois sur les matières municipales. On y remarque le titre XI du premier livre : *de Defensoribus civitatum*; le titre V, *de Decurionibus*; le titre XXIII du livre VI, *de Decurionibus et silentiariis*; le titre Ier du livre XII, consacré au même sujet ; les titres II et III, relatifs aux dépenses et aux aliénations des biens des cités ; le livre XV, où il est traité : *De operibus publicis, de aquæductu, de itinere muniendo, de spectaculis, de expensis ludorum, de gladiatoribus*, etc.

Le corps de droit de Justinien n'est pas moins riche que celui de Théodose en lois municipales. Le cinquantième livre du Digeste traite, dans son premier livre, des matières suivantes : *Ad municipalem et de incolis, de decurionibus et filiis eorum, de albo scribendo, de muneribus et honoribus, de vacatione et excusatione munerum, de jure immunitatis, de legationibus, de administratione rerum ad civitates pertinentium, de decretis ab ordine faciendis, de operibus publicis, de nundinis, de censibus*, etc.; le Code et les Novelles contiennent aussi des lois nombreuses sur les magistratures et l'administration des cités.

CHAPITRE IV

DU DROIT DE CITÉ ROMAIN ET DU PATRONAGE

§ 1ᵉʳ. — Romulus posa les fondements de l'ordre municipal des Romains, comme de toutes les autres institutions de la république. Dédaignant la coutume des autres nations, qui tuaient leurs ennemis vaincus ou qui les réduisaient en esclavage, non-seulement il laissa la vie aux nations voisines qu'il subjugua, mais il accorda à la plupart d'entre elles le droit de cité, à condition que leurs habitants s'établiraient à Rome. Un grand nombre cependant conservèrent leurs anciennes demeures.

L'exemple de Romulus fut suivi par ses successeurs et par ceux qui, après l'expulsion des rois, commandèrent à la république. L'esprit de conquête et l'hospitalité généreuse marchèrent de front et préparèrent les destinées du peuple-roi.

Le trait caractéristique de la puissance de Rome, c'est l'ascendant moral plutôt que la force matérielle. « Seuls, parmi tous ceux qui ont régné, vous commandez à des hommes libres, disait aux Romains Dion Chrysostome (1). Maîtresse de fait des peuples vaincus, Rome aimait à proclamer leur liberté, leur souveraineté, leur exemption d'impôts (2). Elle tenait à la réalité plutôt qu'aux dehors du pouvoir (3). Elle aurait accru la dignité de ceux qu'elle avait soumis par ses armes plutôt que de rien leur enlever (4). Non-seulement elle leur laissait les signes distinctifs de leur nationalité, la langue, les mœurs, le droit civil, la religion, mais elle respectait même les signes de leur souveraineté : la loi, νομός ; le territoire, χώρη ; le gouvernement, πολιτεία. Ce que Rome tenait à obtenir d'eux, c'était, dit Cicéron (5), qu'ils eussent désormais les mêmes amis et les mêmes ennemis que le peuple romain ; c'était qu'ils conservassent les égards dus à la majesté du peuple romain. La suzeraineté de Rome sur les peuples vaincus était une sorte de patronage qui, sans élever le client à la hauteur du patron, ne portait cependant aucune atteinte à sa liberté (6). Mais ce patronage se transformait

---

(1) ORAT., 81. Voir aussi ARISTIDES .. *De urbe Rom.*

(2) Ελευθερία, αὐτονομία, ἀτέλεια. POLYBE, TITE-LIVE, SÉNÈQUE, etc,

(3) Externæ superbiæ sueto, non inerat notitia nostri : apud quos vis imperii volet inania transmittuntur. (TACITE, *Annal.*)

(4) Populi romani consuetudinem ut socios et amicos non modo nihil dependere, sed gratia et dignitate auctos velit... (CÆSAR, *de Bello Gall.*, 1, 43, 45 ; VII, 33.)

(5) Eosdem quos populus romanus hostes et amicos habeant majestatis populi romani comites conservanto. (CIC. *pro* BALBO., 16.)

(6) Hoc enim adjicimus ut intelligamus alterum populum superiorem, non alterum non esse liberum : quemadmodum et clientes nostros intelligimus liberos, etiamsi neque auctoritate, neque

en domination absolue aussitôt que le peuple allié manquait de foi ou de soumission. *Parcere subjectis et debellare superbos*, telle était la maxime fondamentale de la politique romaine; le patronage plutôt que l'empire du monde, tel en était le but principal (1).

Rome ne s'arrogeait pas seulement le droit d'asservir ou de laisser libres, de grever ou d'affranchir d'impôts les peuples qu'elle avait vaincus, elle leur accordait aussi, dans des mesures diverses, les prérogatives attachées au droit de cité romaine (2).

La qualité de citoyen romain était accordée dans les premiers temps à quiconque était venu chercher un asile dans la ville et le champ de Rome. Les esclaves fugitifs, les débiteurs insolvables, les malfaiteurs y accouraient en foule des États voisins (3). Les ennemis vaincus eux-mêmes y étaient transférés et y recevaient le titre de citoyens. « Romulus, disait l'empereur Claude, à qui l'on reprochait d'avoir élevé un étranger à la dignité de sénateur, Romulus, notre fondateur, plus habile et plus sage que les législateurs de Lacédémone et d'Athènes, en un même jour combattit les ennemis et en fit des citoyens. » Ce qui a fondé le plus solidement notre puissance, et grandi le plus le nom romain, c'est, disait Cicéron (4), que le créateur de notre ville, Romulus, apprit par l'alliance contractée avec

---

dignitate, nec viri boni nobis prœsunt; sic et eos qui majestatem nostram conservare debent liberos esse intelligendum est. (Dig., 7, *De captivis et postliminiis*.)

(1) Patrocinium orbis terræ verius quam imperium. (CICERO, *de Officiis*, II, 8.)

(2) De jure libertatis et civitatis suum putat Pop. rom. esse judicium et bene putat. (CIC. *in Verrem*, I, 1.)

(3) TITE-LIVE : 1, 8.

(4) PRO CORNELIO BALBO, 29, 33.

les Sabins qu'il fallait accroître la cité en y recevant même ses ennemis.

Le droit de cité était conféré par la volonté du peuple pour prix de services rendus, tantôt à des particuliers, tantôt à des réunions d'hommes (1).

Avant la guerre marsique toutes les villes de l'Italie étaient ou des municipes, ou des colonies, ou des préfectures; toutes participaient au droit de la république (2).

En dehors de l'Italie, les colonies étaient les unes latines, les autres romaines (3); il y avait des peuples libres, des cités alliées, des rois amis, des provinces. Les villes libres et alliées avaient leur droit particulier, leur autonomie. Les unes étaient entièrement affranchies, les autres étaient soumises envers les Romains aux obligations écrites dans leurs traités. Les rois amis avaient à peu près le caractère de vassaux. Les provinces étaient asservies.

Tantôt le droit de cité était conféré, sans droit de suffrage, comme aux Cérites par exemple, tantôt ceux qui en étaient dotés avaient le droit de voter *à Rome*. Autre chose était le droit de cité dans la ville et le champ de Rome, autre chose le droit de cité en Italie, autre chose enfin le droit des provinces.

Les peuples du Latium et de l'Italie, jaloux de participer aux avantages du séjour de Rome, surtout après les victoires obtenues dans les guerres de l'Afrique, de la Macédoine et de l'Asie, cherchèrent à s'y établir et à s'y

---

(1) Voir des exemples dans Sigonius, *De antiquo jure civium romanorum*, 1, 16.

(2) Spanheim, *Orb. rom.*, I, 54.

(3) Plin.; H. N. III, 3, IV, 20.

faire inscrire sur les tables censuelles. Repoussés à plusieurs reprises, par la résistance persévérante des censeurs, dans les villes et dans les champs qu'ils voulaient abandonner, ils levèrent, dans les premières années du sixième siècle de Rome, l'étendard de la révolte, et conquirent successivement le droit de cité romaine.

Par la célèbre loi *Julia*, Jules César conféra ce droit aux Marses et à d'autres nations voisines. Après avoir abandonné la cause commune, des Italiens avaient déposé les armes et s'étaient soumis aux Romains. On ne les inscrivit pas d'abord dans les trente-cinq anciennes tribus, mais on en forma huit tribus nouvelles afin que leur suffrage ne pût pas altérer celui des anciens citoyens de Rome. Il paraît, quoique aucune loi n'en dispose expressément, que, grâce à leurs efforts persévérants et aux progrès du parti démocratique, le droit de voter dans les anciennes tribus leur fut accordé, et que ce droit, momentanément enlevé par Sylla vainqueur à plusieurs d'entre eux qu'il exila et dépouilla de leurs biens, finit par triompher après la mort du dictateur, dont la loi, dit Cicéron, n'eut de force qu'autant que ses armes en eurent aussi.

Cette conquête du droit de cité, si difficilement recouvré, amena dans Rome une si grande quantité d'étrangers que, pour les en chasser, une loi nouvelle devint nécessaire. Cette loi rendue en l'an 688 de Rome, sur la demande du tribun Papius et sous le consulat de Cotta et de Torquatus, ne fit d'exception qu'en faveur des Italiens et ordonna l'expulsion de tous les autres étrangers.

La loi *Julia* n'était applicable qu'aux Italiens. La loi *Pompeia*, rendue sous le consulat de Pompée, accorda aussi le droit de cité romaine aux Liguriens, aux Cispadans et aux Vénétiens, et le droit de latinité aux Transpadans, en considération, dit Pline, de ce que ces peuples n'avaient pas été hostiles à Rome. — *Quia non hostiles fuerant.* — Les Transpadans obtinrent aussi, en 683, après une lutte difficile, le droit de cité romaine, sous le consulat de César.

La Gaule cisalpine, quoique investie par César du droit de cité, ne jouissait cependant pas de la même liberté que le reste de l'Italie. C'était encore une province obéissant au préteur. Mais après l'année 711, il plut à Lépide, à Octave et à Antoine, triumvirs, de l'affranchir du décret de César et de lui attribuer en entier le droit italique. Dès lors la Gaule cisalpine cessa d'être appelée du nom de province, et, depuis le Rubicon jusqu'aux Alpes, toutes les contrées de l'Italie jouirent du même droit.

Les confins de la cité romaine furent portés au delà de l'Italie par les empereurs. Il est vrai qu'Auguste fut très-ménager du droit de cité (1), aimant mieux, disait-il, voir enlever quelque chose au fisc que de prodiguer l'honneur du titre de citoyen romain. Mais Claude, qui avait réprimé d'abord des usurpations de ce titre, l'accorda plus tard avec si peu de discernement qu'on l'accusa d'en faire trafic. Néron l'adjugea, à titre de prix, à des musiciens et à des danseurs. Galba, Othon, Vitellius, Vespasien, en investirent des Espagnols, des Macédoniens, et pour eux et pour leur postérité. Trajan et Adrien en gratifièrent beaucoup d'autres peuples. Enfin, Caracalla l'étendit à l'uni-

---

(1) Magni præterea existimans sincerum atque ab omni colluvione peregrini ac servilis sanguinis incorruptum servare populum, et civitatem Romanam parcissime dedit, et manumittendi modum terminavit. Tiberio, pro cliente Græco petenti rescripsit, « non aliter se daturum, quam si præsens sibi persuasisset, quam justas petendi causas haberet. » Et Liviæ, pro quodam tributario Gallo roganti, civitatem negavit, immunitatem obtulit, affirmans « se facilius passurum, fisco detrahi aliquid quam civitatis Romanæ vulgari honorem. » (SUET., *Octav. Aug.*, XL.)

vers tout entier, en édictant que tous ceux qui habitaient sur la terre étaient citoyens romains (1).

C'est ainsi que le droit de cité, restreint d'abord à ceux qui étaient domiciliés dans la ville et dans le champ de Rome, étendu ensuite à quelques municipes du Latium, puis au Latium tout entier, puis à toute l'Italie, puis hors de l'Italie, à des particuliers, à des villes, à des provinces, et enfin aux hommes libres, (*ingenuis*) de tous les pays, finit par être attribué par l'empereur Justinien même aux affranchis (*libertinis*).

§. 2. — Le droit de cité romaine reposait sur une double base : l'origine et le domicile. L'*origo*, dit M. de Savigny (2), déterminait pour chaque individu l'obligation de participer aux charges (*munera*), de la ville ; le seul fait de la naissance entraînait donc, pour tous les hommes libres, toute une série d'engagements réels, de devoirs légaux envers leur patrie.

On devient citoyen (*civis*), dit la loi 7, cod. *De incolis*, par l'origine, par la manumission, par l'adoption. Le domicile (*domicilium*), confère la qualité d'*incola*.

Celui qui, né et domicilié dans la ville et dans le champ de Rome, était incorporé dans une tribu, et jouissait, dans toute sa plénitude, du droit appelé *jus quiritium*, était *civis ingenuus*. *Optima lege civis videtur*, dit Sigonius (3), *qui domicilium, qui tribum, qui honorum potestatem in urbe agrove romano sit adeptus. Cives invenui, vel optimo jure cives*, dit Heineccius (4), *Romæ domicilium, tribum et honorum petitionem fuerant consecuti.*

---

(1) Ut in orbe Romano qui essent omnes cives efficerentur. L. 17. ff. *De statu hominum.*
(2) *Traité du droit romain*, p, 45, § 350.
(3) *De antiq. jure civium Rom.*, lib. 1, cap. 1, t. 1, p. 15
(4) *Antiq. rom.*, App. Lib. I, ch. 1, § 4.

Ce qui distinguait le *municeps* du *civis ingenuus*, c'est, dit Heineccius, qu'il avait la tribu et la jouissance des honneurs, mais que le domicile lui manquait. Le *municeps* était membre de la cité dans laquelle il était né. La condition du père déterminait, par rapport au droit municipal, celle du fils né en légitime mariage. On ne regardait pas à la condition de la mère, à moins que le père ne fût inconnu (1). Le *municeps* avait deux patries, mais, citoyen de son domicile, il ne pouvait être en même temps citoyen romain, car, à la différence des Grecs, les Romains ne pouvaient être à la fois citoyens de deux cités (2).

Dans la constitution primitive de Rome, chacun transférait où il lui plaisait ses dieux pénates et le siége de ses affaires (3), et s'affiliait, par l'élection, à telle corporation où il jugeait convenable d'entrer, et d'où il se retirait quand il le voulait (4). Celui qui devenait *incola* par l'établissement de son domicile, subissait à ce titre les charges, les magistratures et les juridictions, sans être investi cependant du droit de cité (5); mais ceux qui demeuraient sur le territoire d'une cité, sans en être ni originaires ni *incolæ*, n'étaient pas tenus des charges publiques (6).

Le droit quiritaire était le droit universel dont jouissaient les citoyens romains, surtout ceux qui faisaient partie des tribus rustiques. Le droit quiritaire se compo-

---

(1) ULP. *ad Ed.* L. 36 Cod. *De decur. et filiis eorum.*

(2) Duarum civitatum civis esse nostro jure civili nemo potest. Non esse hujus civitatis civis qui se alii dicavit potest. (CIC. *pro Corn. Balb.* XXVIII ; *pro Archia* V, *pro Cæcina* XXXVI.)

(3) L. Ier 7 cod. *de Incolis*, L. 3 et 4 ff., *ad municip. et de incolis.*

(4) Dig. *De collegiis et corporibus illicitis.* XLVII, 22, CUJAS, t IV. p. 760. — (5) L. 20 ff, *ad municipem et de incolis*; L. 5 et 6, Cod. *De incolis.* — (6) L. 3 et 4, Cod. *De incolis.*

sait originairement de toutes les branches du droit public ou privé concernant les citoyens romains.

Les jurisconsultes distinguent ce droit en *jus quiritium* et en *jus civitatis*. Ils comprennent dans le *jus quiritium* tout ce qui concerne la liberté, la famille, le mariage, la puissance paternelle, le domaine légitime, l'hérédité, l'usucapion ; et dans le *jus civitatis*, les droits de cens, de tributs, de milice, d'impôts, de suffrage, d'honneurs et de sacrifices.

Dans l'énumération des droits attachés au titre de citoyen romain, nous ne croyons pas devoir nous astreindre à l'ordre généralement adopté, et nous essayerons de définir successivement : le *jus libertatis*, qui tient à la fois au droit public et au droit privé ; les droits appelés *jus gentilitatis, jus census, jus militiæ, jus tributorum et vectigalium, jus suffragiorum, jus honorum, jus sacrorum*, qui dépendent du droit public ; et enfin les droits purement civils appelés : *jus connubiorum, jus patrium, jus testamentorum, jus tutelarum, jus legitimi dominii* (droit qui comprend le *jus hæreditatis* et le *jus usucapionis*).

I. Jus libertatis. — Tous les citoyens romains étaient libres, et cette liberté les affranchissait non-seulement de la puissance des maîtres, mais de l'empire des tyrans et de la dureté des créanciers. Aucun citoyen romain ne pouvait être réduit en esclavage et perdre sa liberté ou son droit de cité (1) ; aucun ne pouvait être livré aux verges, à la torture et aux autres peines réservées aux esclaves.

Les citoyens romains étaient aussi exempts de la domination des rois : la loi *Tribunitia* déclara qu'on ne souffrirait jamais que personne régnât à Rome ; la loi *Valeria*

---

(1) Cic., *Oratio pro domo sua*.

permit de tuer quiconque tenterait d'usurper la couronne, défendit d'exercer aucune magistrature sans l'ordre du peuple et dévoua à la mort ceux qui violeraient cette prescription (1). Les Romains combattirent cinq cents ans pour défendre ces lois, mais ils ne purent empêcher qu'elles ne fussent violées d'abord par Sylla, ensuite par Jules César, et qu'elles ne fussent abrogées par Auguste et ses successeurs qui, sous le nom de princes, usurpèrent tous les pouvoirs qu'exerçaient autrefois les rois.

La loi *Porcia* infligeait des peines sévères à quiconque avait frappé ou tué un citoyen romain. Si un magistrat osait quelque chose contre la loi, le remède était dans l'appel au peuple ; celui-ci se réunissait dans ses comices par centuries, et il fallait, ou le convaincre que l'accusation était calomnieuse, ou le fléchir par ses larmes, et détourner par là le péril.

Cicéron considère comme un attentat au droit de cité d'avoir livré aux licteurs un citoyen romain (2) ; et l'apôtre saint Paul (3), par ces simples paroles : « Je suis citoyen romain ! » s'arracha à l'ignominie des verges et au dernier supplice.

Le citoyen romain trouvait un bouclier contre la tyrannie des magistrats, non-seulement dans la loi, mais dans la puissance tribunitienne. Si quelqu'un ne craignait pas d'attenter à sa liberté, il en appelait aux tribuns du peuple, qui ne souffraient pas qu'il lui fût fait aucune injure. L'histoire romaine est pleine d'exemples de cette nature, et ne cite pas un seul cas où les tribuns du peuple aient abusé de leur pouvoir.

---

(1) Ne quis Romæ magistratum gereret injussu populi : qui secus faxit, ejus caput sacrum esset. (Dion. *Italie.* V, p. 292.)

(2) Verr. 54, 55, 62. —(3) *Act.* XXII, 24.

Les citoyens romains étaient à l'abri même de la cruauté de leurs créanciers. La loi *Potelia*, rendue en 427, en réformant une loi barbare des Douze Tables, voulut que les biens des débiteurs, et non leurs corps, fussent seuls exposés aux poursuites de leurs créanciers, et introduisit même en leur faveur le bénéfice de la cession de biens. Enfin, les citoyens romains jouissaient du droit de donner librement leurs suffrages ; ce droit fut réglé par les lois *Tabellariæ*, que Cicéron appelle les *vengeresses silencieuses de la liberté*. Auparavant, on votait à haute voix dans les comices, et non toujours sans péril. Le scrutin secret permit à chacun de voter selon sa conscience ; il fut agréable au peuple qui put faire ce qu'il lui plaisait, après avoir promis ce dont il était prié.

II. JUS GENTILITATIS. — Romulus divisa ceux qu'il inscrivit dans les tribus et dans les curies, et qu'il dota du droit de cité, en patriciens et en plébéiens. Les premiers étaient les hommes distingués dans la cité par la naissance, par le mérite, par les richesses, comme les Εὐπατρίδαι athéniens. Le reste des citoyens était confondu sous le nom de *plebs*. Le droit de *cité* conférait le droit de *gentilité* qui était commun aux deux races, mais on ne devenait patricien qu'en vertu d'une loi. Les institutions de Romulus attribuaient aux patriciens la possession exclusive du sénat, des sacerdoces, des magistratures, de la juridiction, de l'administration. Mais peu à peu les plébéiens furent admis à toutes les dignités, excepté celles d'*interroi*, de *flamine* et quelques autres qui restèrent au pouvoir des patriciens.

III. JUS CENSUS. — Des prérogatives du droit de cité dépendantes du droit public, la première était le droit du cens, *jus census*. Le roi Servius Tullius avait ordonné le premier que les citoyens seraient dénombrés chacun dans sa classe et sa centurie, et déclareraient devant ceux qui étaient préposés à cet office leurs noms et ceux de leurs épouses, enfants, affranchis et esclaves, leur âge, le pays qu'ils habitaient, et l'estimation de leurs biens. Le dénombrement fut confié d'abord aux rois, puis aux consuls et aux dictateurs, et enfin aux censeurs. Tout cela fut établi afin que le nombre des citoyens qui pouvaient porter les armes, les ressources dont on pouvait disposer en cas de guerre, et toutes les forces de la république fussent connus (1). Le cens conférait, dans l'origine, le droit de cité ; mais comme la plupart des peuples alliés et des Latins s'étaient glissés furtivement dans les tables du cens pour acquérir le droit de cité et pour s'établir à Rome, un sénatus-consulte enjoignit à douze mille Latins inscrits sur les tables romaines de retourner dans leur patrie, dont les villes désertes et les champs abandonnés ne pouvaient plus fournir de soldats ; et comme cette prescription ne fut pas exécutée, les lois *Licinia* et *Mucia* déclarèrent que les alliés et les Latins seraient réduits au *jus civitatis* de leur pays, ce qui indisposa ces peuples au point de devenir la principale cause de la guerre d'Italie. Ceux qui échappaient au cens étaient punis par la vente de leurs biens et battus de verges.

IV. Jus militiæ. — La seconde prérogative du citoyen romain était le *jus militiæ*. On n'admettait dans les légions que les citoyens romains libres (*ingenui*) et inscrits dans les cinq classes; on en excluait les affranchis, les *capite*

---

(1) Ab hoc populus romanus relatus in censum, digestus in classes, curiis atque collegiis distributus, ut omnia patrimonii, dignitatis, ætatis, artium, officiorumque discrimina in tabulas referrentur, ac si maxima civitas minimæ domus diligentia contineretur. (Florus, cap. vi.)

censi, les histrions. Les Latins n'y entraient qu'avec des armes plus légères. Les citoyens liés par le serment militaire servaient jusqu'à l'âge de cinquante ans, ou jusqu'à ce qu'ils eussent reçu leur congé, soit pour une cause honorable, soit pour une cause ignominieuse. Mais tout cela fut changé sous l'Empire, surtout depuis que Caracalla eut accordé le droit de cité à l'univers romain. Dès lors les légions furent remplacées par des troupes mercenaires fournies par les nations barbares.

V. JUS TRIBUTORUM ET VECTIGALIUM. — La troisième prérogative du citoyen romain était le *jus tributorum et vectigalium*. Il y avait trois sortes de tributs : la capitation, la taille et le tribut extraordinaire. L'impôt appelé *vectigal* consistait dans les droits de douanes, *portorium* ; la dîme sur les champs publics, *decuma* ; la taxe sur les pâturages et les bois publics, *scriptura* ; l'impôt sur le sel, l'impôt du vingtième sur les affranchissements. Les empereurs en créèrent d'autres qui sont énumérés et définis par *Heineccius* (1).

VI. JUS SUFFRAGIORUM. — Le droit de suffrage (*jus suffragiorum*), appartenait de toute antiquité aux citoyens romains. Romulus avait institué des comices et avait permis aux citoyens d'y voter librement toutes les fois qu'il s'agissait de porter une loi, de créer un magistrat, de déclarer une guerre. Aux comices par curies Servius Tullius substitua les comices par centuries, où les suffrages des riches prévalaient, tandis que dans les curies, la tourbe des indigents écrasait facilement par le nombre les riches et les nobles. Plus tard, les comices par tribus furent introduits sous le consulat de Sempronius et de Minucius. Tous

---

(1) *Antiq. rom.* Append., cap. I, 63.

ceux qui étaient inscrits dans les tribus y votaient, sauf les impubères, les agents du fisc et les sexagénaires. Ce droit de suffrage fut altéré par Jules César, dictateur perpétuel, qui se réserva le droit de nommer la moitié des candidats en laissant l'autre moitié au choix du peuple. Auguste le rétablit et édicta des peines sévères contre la brigue électorale ; mais Tibère l'enleva au peuple pour en investir le sénat, et dès lors les lois sur la brigue tombèrent en désuétude, *quia*, dit une loi, ff. ad L. J. DE AMBITU, *ad curam principis magistratuum creatio pertineat, non ad populi favorem.*

VII. JUS HONORUM. — Le droit des honneurs publics (*honorum*), soit magistratures, soit sacerdoces, était le cinquième privilége des citoyens romains. Ce droit, que Romulus avait accordé exclusivement aux patriciens, fut, après l'expulsion des rois, étendu peu à peu aux plébéiens qui, sauf la dignité d'interroi et quelques fonctions sacerdotales, pouvaient prétendre à tout, vers la fin de la République, même à la dictature, à la censure et à la questure. Sous les empereurs, les choses prirent une face nouvelle. Le sénat les investit du droit de conférer tous les sacerdoces et toutes les magistratures, et ils en usèrent pour élever indistinctement aux premières dignités de l'État, depuis la constitution de l'empereur Caracalla, Romains, Italiens, étrangers, barbares, ce qui faisait dire au panégyriste de l'empereur Constance : « Vous avez compris que Rome était l'Olympe des nations et la reine de la terre, lorsque vous avez appelé dans votre curie les nobles de toutes les provinces, afin que le sénat fût illustre de fait autant que de nom, et qu'il fût en quelque sorte la fleur de tout l'univers. »

VIII. JUS SACRORUM. — La dernière prérogative des citoyens romains était le *jus sacrorum*. Les sacrifices des Romains étaient publics ou privés. Les premiers étaient offerts par le peuple avec les deniers publics; les autres étaient offerts par des particuliers ou des familles, ce qui leur avait fait donner le nom de *gentilitia*.

IX. Jus connubiorum. — Parmi les droits privés inhérents au droit de cité romaine, on doit d'abord inscrire le *jus connubiorum*. Le droit romain différait du droit des autres nations en ce qu'il n'était pas indistinctement permis aux membres de la cité de s'unir par les liens du mariage. Une loi des Douze Tables avait défendu le *connubium* entre patriciens et plébéiens. Cette défense odieuse fut levée à l'égard des citoyens de Rome; mais elle subsista, ainsi que celle du *commercium*, à l'égard des peuples alliés, tels que les Latins, les Herniques, les Macédoniens, et, à plus forte raison, à l'égard des étrangers et des barbares. Les Romains voulaient ainsi mettre obstacle aux coalitions que pourraient favoriser les affinités. Le *connubium* n'existait pas même à l'égard de tous les citoyens. Les affranchies, quoique citoyennes, ne pouvaient être épousées par les citoyens romains. La loi *Pappia Poppæa*, en haine du mariage d'Antoine avec la fille d'un affranchi, maintint la prohibition du mariage des sénateurs, ainsi que de leurs fils et petit-fils avec les affranchies et les filles d'affranchis, mais autorisa ces unions pour tous les autres ingénus. Les femmes qui ne pouvaient s'élever à la dignité du mariage portaient le titre de *concubines*. Les femmes ingénues et honnêtes ne pouvaient cependant pas vivre dans le concubinat, et étaient réputées femmes légitimes de ceux avec lesquels elles vivaient; mais leurs enfants ne jouissaient pas des mêmes droits que les enfants légitimes, et étaient réputés enfants naturels. La plaie du concubinat ne fut cicatrisée à Rome que par les empereurs chrétiens. La novelle 91 de Léon le Philosophe, qui l'extirpa dans l'Orient, ne fut pas même exécutée dans l'Occident, comme on le voit par les lois des Francs, des Lombards et des Germains.

Romulus avait permis le divorce aux maris et non aux femmes, comme l'atteste son historien Plutarque; encore même fallait-il qu'il y eût une cause juste. Cette loi passa dans les Douze Tables; mais telle était la pureté primitive des mœurs romaines que cinq cents ans s'écoulèrent avant qu'on pût citer un seul exemple de divorce. Les premiers eurent pour cause la stérilité des femmes ou leur impudicité. Mais la corruption des mœurs les multiplia plus tard pour les causes les plus légères. On étendit aux femmes le droit que Romulus avait limité aux maris, et Sénèque put écrire des femmes de son temps qu'elles comptaient leurs années, non par le nombre des consuls, mais par celui de leurs époux, et Juvénal put les accuser d'en épouser cinq par automne (1).

Les divorces se faisaient d'abord avec des formes solennelles. De même que l'union s'opérait par la *confarréation* ou la *coemption*, de même la séparation s'opérait par la *diffaréation* ou la *rémancipation*. Mais ces cérémonies tombèrent peu à peu en désuétude, et la loi *Julia*, publiée sous le règne d'Auguste, autorisa tous les citoyens romains pubères à divorcer en présence de sept témoins.

Le divorce supposait le mariage. Entre fiancé et fiancée la répudiation suffisait et était permise à l'infini.

X. JUS PATRIUM. — Les Romains revendiquaient comme une institution qui leur était propre la puissance, ou plutôt la majesté paternelle, *patria majestas*, comme l'appelle

---

(1) Sic fiunt octo mariti quinque per autumnos. *Sat.* 6, v. 20.

Valère Maxime (VII, 7, 5) (1). La condition des enfants, à Rome, était plus dure que celle des esclaves. Romulus avait assigné à la puissance paternelle un caractère perpétuel à l'égard non-seulement des enfants, mais encore des petits-enfants. Elle embrassait le droit de vie et de mort, celui de vendre les enfants, celui d'acquérir par eux. C'est à Trajan, à Adrien, à Alexandre Sévère, qu'est due l'abrogation du droit de vie et de mort (2). Dioclétien défendit de vendre les enfants à aucun titre (3), et Constantin, qui avait d'abord permis aux parents pauvres de vendre les nouveau-nés, sous la condition de pouvoir les racheter et les rendre à la liberté, le leur défendit plus tard, en leur permettant de recourir à l'assistance publique (4). Quant au droit d'acquérir par les enfants le pécule militaire créé par Jules César et augmenté par Titus, Domitien, Nerva et Trajan, et le pécule *quasi castrense*, qui fut attaché à l'exercice des professions libérales, les lois romaines le modifièrent progressivement (5).

XI. JUS TESTAMENTORUM. — Le droit de transmettre et de recueillir par testament dépendait du droit quiritaire et n'appartenait qu'aux citoyens romains.

Il y avait à Rome, dans la plus haute antiquité, deux sortes de testaments : le testament *in pace*, et le testament *in procinctu*.

Les testaments *in pace* se faisaient dans les comices appelés *comitia calata*, qui se tenaient pour l'inauguration

---

(1) *Instit. De patria potestate*, § 2.
(2) L. ult. ff, si a parente quis manumissus sit L. 5. *De parricid.* l. II, *De lib. et post. hered. instit.*
(3) L. I, cod. *De patribus qui filios suos distraxerunt.*
(4) L. 2, c. *De patr. qui fil. distrax.*; l. I et II, cod. *Théod. de aliment.*, lib. XI, tit. XXVII.
(5) § ULT. *Inst. de milit. test.*

du collége des pontifes ou du roi des flamines. Gellius donne la formule de ces testaments en ces termes : *Velitis jubeatis Quirites, uti L. Titius L. Valerio tam jure legeque hæres sibi sit, quam si ejus filiusfamilias proximusque adgnatus esset. Hæc ita ut dixi, ita vos, Quirites, rogo.*

Les testaments *in procinctu* se faisaient à la guerre. Plutarque fait allusion, dans la Vie de Coriolan, à cet antique droit des Douze Tables. C'était, dit-il, en ces temps la contume chez les Romains, que ceux qui allaient à l'armée, avant de prendre leurs boucliers et de se ceindre de leurs toges, en présence de trois ou quatre témoins faisaient leurs testaments et nommaient leurs héritiers. Heineccius (1) accuse avec raison d'ignorance ceux qui pensent que ces testaments furent institués à cause de la simplicité des soldats; car, dit-il, la milice romaine ne se recrutait pas dans les rangs infimes du peuple, et n'était composée que de l'élite des citoyens. Ces testaments se faisaient avec l'assentiment tacite du peuple, νομοι ἀγραφοι, comme les testaments *in comitiis calatis* se faisaient avec son assentiment exprès νόμοι ἐγγραφοι.

La loi des Douze Tables transporta du peuple romain au père de famille le principe de la transmission des biens par testament, en disant : *Paterfamilias uti legassit, ita jus esto.* Dès lors le citoyen romain affranchi de la puissance paternelle put disposer de ses biens après sa mort, à son gré, et cessa de recourir à l'autorisation du peuple dans les comices ou dans le collége des pontifes. Un troisième mode de tester succéda aux deux premiers, c'est le testament *per æs et libram,* c'est-à-dire en présence du *libripens,* et de cinq témoins, comme si un acheteur fictif ou fiduciaire de la famille le transmettait à l'héritier.

---

(1) *Ant. rom.*, lib. II, tit. X, XI, XII.

XII. Jus tutelarum. — Le droit de conférer la tutelle, c'est-à-dire l'adinmistration de la personne et des biens de ceux à qui leur âge ne permet pas de les défendre, était propre aux citoyens romains, et la loi des Douze Tables en dépouillait formellement ceux qui, tuteurs ou pupilles, perdaient le droit de cité. Le père pouvait donner un tuteur par testament. A défaut, le tuteur était choisi par la loi et appelé tuteur légitime, c'était l'agnat le plus proche. A défaut de tuteur testamentaire et de tuteur légitime, le magistrat en choisissait un. Les femmes étaient à Rome dans une perpétuelle tutelle.

Tel était l'ensemble des droits qui constituaient l'état du citoyen romain, état que la loi des Douze Tables entourait, pour le moindre d'entre eux, des mêmes garanties que s'il eût été question de la république entière, et sur lequel il était défendu de rien statuer ailleurs que dans les comices par centuries.

§ 3. — Le droit de *cité* étant le fondement nécessaire de tous les droits publics et privés, il s'ensuivait qu'en perdant la cité, le citoyen romain perdait tous ses droits, même ceux de père de famille, de fils de famille, et qu'il n'était plus Romain (1). C'était le grand changement d'état (*maxima capitis deminutio*), qui ne pouvait s'opérer sans l'assentiment du citoyen. La loi pénale elle-même qui permettait au peuple assemblé de condamner un citoyen à mort, ou de faire d'un citoyen condamné à une peine perpétuelle (*metallis*) un esclave (*servum pœnæ*), la loi pénale ne pouvait faire directement d'un *citoyen* un homme libre *non citoyen ;* car cette condition intermédiaire entre l'esclave et le citoyen n'existait pas dans le droit primitif de la cité. Elle ne pouvait pas, d'un autre côté, transformer

---

(1) Ex numero civium Romanorum tollitur. Gaius, I, § 128

un citoyen romain en étranger, car l'extranéité est un fait naturel de naissance ou d'existence volontaire en dehors d'une cité. Mais quoique le droit de cité ne pût être enlevé à personne par l'ordre du peuple, on privait indirectement un citoyen de son droit de cité en lui interdisant le toit, l'eau et le feu (1). Privé des moyens d'existence physique dans Rome, le citoyen s'exilait pour vivre, et devenait membre d'une autre cité; et comme nul ne pouvait, selon le droit civil, être citoyen de deux cités (2), le Romain devenait étranger à la société romaine par son propre fait; il perdait son état, sa *tête* de citoyen, et par ce motif, l'exil, quoique laissant la vie et la liberté à l'individu, était considéré dans ses effets civils par Labéon comme la condamnation capitale (3). Les biens de l'exilé étaient incorporés au domaine public, et il ne pouvait les recouvrer qu'en vertu d'un nouveau jugement. Cicéron, rappelé de l'exil par le vœu formel des comices, fut obligé de plaider *pro domo sua*, pour obtenir la restitution de ses biens.

Il y avait, outre l'exil, deux autres causes de perte du droit de cité : le *postliminium* et le renoncement à la cité (4).

La liberté et la cité étaient tellement identifiées que le

(1) Civitatem nemo unquam ullo populi jussu amittit invitus; id autem, ut esset faciendum, non ademptione civitatis, sed tecti, aquæ et ignis interdictione faciebant. (Cic. *pro domo sua*, cap. XXIX, XXX.)

(2) Ex nostro jure duarum civitatum nemo esse potest. (Cic. *pro Cæcina*, 34.)

(3) LAFERRIÈRE, *Histoire du droit français*, t. I, p. 58.

(4) Tribus ex causis amitti videbatur civitas: exilio, illo scilicet quo bona venibant et aqua et igni interdicebatur, postliminio et rejectione civitatis. (Cic. *pro Balbo*, XXII. L. 5 § 3, ff. *De capt. et postl.*)

prisonnier de guerre, sans cesser d'être citoyen, voyait sa capacité suspendue pendant sa captivité, et mourait incapable s'il mourait hors de la cité. Régulus captif retourne à Rome libre sur parole, mais il n'y est plus sénateur, dit Cicéron (*de Off.*, III, 27), et il repousse les baisers de sa chaste épouse et de ses enfants, parce qu'il est, dit Horace, *capitis minor* (1). Il retourne à Carthage et y meurt dépouillé de ses droits de citoyen. Tel était le droit inflexible des Douze Tables. La loi *Cornelia* le modifia en 686, en créant une fiction généreuse : le citoyen mort prisonnier de guerre fut réputé mort dans la cité (2).

Outre la *maxima capitis deminutio* qui anéantissait tous les droits de liberté, de cité et de famille, et la *media capitis deminutio* qui laissait intacte la liberté, par exemple en cas de déportation dans une île, on admettait à Rome la *minima capitis deminutio* qui n'altérait que les droits de famille par l'effet du passage du citoyen dans une autre famille. Le fils de famille émancipé, et devenu par cela même père de famille, était *capite minutus* (3).

§ 4. — Entre les deux ordres d'hommes libres, les patriciens et les plébéiens qui composaient la cité romaine, existait le lien du *patronage* dont l'origine se confond avec celle de Rome et qui dura plus de six cents ans sans aucune altération. Le patron était en quelque sorte un père pour son client (4). S'il le trompait, il était voué à l'exécration publique et aux dieux infernaux : *Patronus, si*

---

(1) Fertur pudicæ conjugis osculum parvosque natos ut capitis minor a se removisse.

(2) Et lege Cornelia quæ perinde successionem ejus confirmat, atque si in civitate decessisset. (ULP. *Reg.*, 23, § 5.)

(3) PAUL, fr. 3, § 1. *De cap. minut. Instit. de Justinien*, tit. XVI.

(4) Patrem primum, postea patronum proximum nomen habere. (AULU-GELLE, V, 13.)

clienti fraudem facit, sacer esto, disait la loi 8 des Douze Tables. Le patron devait aider le client de ses conseils et de son crédit, le défendre en justice et pourvoir à l'éducation de ses enfants. Le patron possesseur de terres dépendantes de la république les donnait à cultiver à ses clients, à charge de redevances (1); en revanche, le patron avait droit, quand les besoins de sa charge l'exigeaient, à un prélèvement de deniers sur la fortune de ses clients qui devaient aussi concourir à payer la rançon du patron et de ses fils tombés en captivité, et le libérer des peines pécuniaires prononcées contre lui. Le lien entre le patron et le client était si étroit qu'ils ne pouvaient ni s'accuser ni rendre témoignage l'un contre l'autre.

L'institution du patronage s'étendait même aux étrangers, et ouvrait au patron sur les biens de son client mort *ab intestat* un droit d'application (*jus applicationis*), qui, selon la remarque de M. Laferrière (2), présente quelque analogie avec le droit d'aubaine de la féodalité (3).

Cette institution maintint pendant plusieurs siècles l'union entre l'ordre des patriciens et celui des plébéiens. Les familles nobles tenaient à honneur de conserver et d'accroître la clientèle qu'elles tenaient de leurs ancêtres (4).

---

(1) Rem publicam augeant agris, vectigalibus. (Cic. *De off.* II, 24, et *vectigali possessoribus agrorum imposito*. (Tit.-Liv., IV, 36.)

(2) *Droit français*, t. I, p. 57.

(3) Quod item in centumvirali judicio certatum esse accepimus qui Romam in exilium venisset, cui Romæ exsulare jus esset, si se ad aliquem *quasi patronum* applicuisset, intestatoque esset mortuus, nonne in ea causa *jus applicationis* obscurum sane et ignotum, patefactum in judicio atque illustratum est a patrono ? Cic., *De orat.* I, 39.

(4) Plut. *in Romul.*, 19; Denys-d'Halic., II, 4.

Mais quand l'aristocratie des richesses eut succédé à l'aristocratie de race, et que l'argent tint lieu d'honneur, les patrons rougirent de recevoir les sacrifices pécuniaires des clients, qui, réduits à un état d'infériorité abjecte, devinrent une troupe de mercenaires uniquement propres à seconder les brigues électorales dont Cicéron fait le tableau dans son discours *pro Murena*. C'est ainsi que le droit de patronage dégénéré cessa d'être un lien commun entre les ordres de la république profondément divisés entre eux, e fut réduit à n'être que le droit des grands personnages sur les nations et les villes dont ils se faisaient les protecteurs, ou le droit des maîtres sur les affranchis.

CHAPITRE V

DES DROITS LATIN, ITALIQUE, GAULOIS CISALPIN ET PROVINCIAL.

§ 1er. — L'Italie, ce triangle dont les Alpes forment la base et les deux mers les autres côtés, se divisait en trois parties : le *Latium*, l'*Italie* et la *Gaule cisalpine*.

L'ancien *Latium* s'étendait du Tibre au promontoire de Circé. Le nouveau Latium s'étendait de ce promontoire à la rivière de Liris et à la ville de Sinuesse, dans la Campanie. Le premier était habité par les Albains, les Rutules et les Èques; le second, par les Osques, les Ausones et les Volsques.

Les Romains appelaient *Italie* tout le territoire compris entre les deux mers jusqu'au fleuve du Rubicon, à l'exception du Latium, et habité par les Etrusques, les Campaniens, les Lucaniens, les Brutiens, les Messapiens, les Salentins, les Apuliens, les Frentaniens, les Picentins, les Sénoniens, les Umbriens, les Sabins, les Vertiniens, les Marruciniens, les Marses, les Pélignes, les Samnites.

La *Gaule cisalpine* était le territoire compris entre la mer Ligurienne, les fleuves d'Arno, du Rubicon, de Formion, le golfe Adriatique et la crête des Alpes. Ce territoire était partagé entre les Liguriens, les Gaulois, les Vénétiens et les Carniens.

En dehors de l'Italie étaient les provinces conquises par les Romains, savoir : la Sicile, la Sardaigne et la Corse ; l'Espagne citérieure et ultérieure, la Gaule narbonnaise et la Gaule chevelue ; l'Illyrie, la Macédoine, l'Achaïe, l'Asie la Cilicie, la Syrie, la Bythinie et le Pont; l'île de Chypre, l'Afrique, l'île de Crète, la Numidie, la Mauritanie.

Un droit spécial correspondait-il à chacune des trois grandes divisions du territoire romain, et, en dehors du droit quiritaire, est-il possible de distinguer d'une manière nette et précise le *jus latii*, le *jus italicum* et le *jus provinciale*? Telle est la première question à résoudre.

Les Romains, dit Siculus Flaccus, ayant eu à combattre contre divers peuples et ayant éprouvé de leur part des fidélités et des défections très-diverses, avaient dû les traiter d'une manière inégale, ce que l'empereur Claude exprimait dans un discours rapporté par Tacite, en disant « que les magistrats plébéiens passaient après les patriciens, les Latins après les plébéiens, les autres nations de l'Italie après les Latins, et les étrangers après les Italiens. »

Ces diverses espèces de droits étaient réglées par des traités d'alliance conclus par ordre du peuple et confirmés par le sénat avec des solennités singulières (1). Ces traités étaient de trois sortes : tantôt ils étaient imposés à des ennemis vaincus, tantôt ils étaient contractés librement après des succès égaux à la guerre, tantôt c'étaient des pactes d'alliance faits en pleine paix. Le traité avec les Campaniens appartient à la première de ces catégories, le traité avec les Samnites à la seconde, le traité avec les Apuliens à la troisième.

§ 2. DU DROIT LATIN. — Les Latins étaient les habitants du Latium, alliés avec les Romains, et dotés du droit du Latium. Mais qu'était-ce que les alliances latines?

---

(1) Et cæsa pingebant fœdera porca. (VIRG.) Imperatorem Claudium cum regibus in foro fœdus icisse, cæsa porca, ac vetere fecialium precatione adhibita. (SUETO.)

Les Albains avaient formé les premiers, du temps de Romulus, une alliance avec les Romains, et il avait été convenu que les villes alliées ne feraient point la guerre entre elles, et que celle qui la déclarerait la première subirait le jugement et la punition de l'autre. Les autres peuples du vieux Latium firent des traités analogues par lesquels ils se réservèrent leurs lois particulières, mais s'engagèrent à prendre les armes sur les ordres du roi des Romains.

Ces pactes d'alliance, souvent troublés par les guerres, furent fréquemment renouvelés. Les peuples du nouveau Latium, les Volsques, les Osques, les Herniques, y adhérèrent successivement. Quelques-uns cependant préférèrent leur autonomie au droit de cité romaine. Cet état de choses, réglé par le traité du lac Régille, en l'an 261 de Rome, fut troublé en 416 par un soulèvement des peuples du Latium, qui, peu satisfaits des avantages obtenus par eux en vertu de ce traité, soutinrent une guerre qui fut terminée par l'occupation de leurs villes. Une part inégale de liberté fut assignée alors à chacun des peuples du Latium, selon la conduite qu'ils avaient tenue, et l'on distingua les *Latini veteres*, les *Latini colonarii*, les *Latini juniani* (1). Tous les peuples latins avaient d'ailleurs, près d'un bois sacré qui était sur le mont Albain, des assemblées analogues à celle des amphictyons, dans lesquelles leurs intérêts communs étaient débattus.

1. — Les Latins restés fidèles à l'alliance romaine dans le soulèvement réprimé en 416 étaient désignés sous la dénomination générique de *Latini veteres*. Ceux d'entre eux qu'on appelait *fundi facti* étaient presque entièrement assi-

---

(1) GIRAUD, *Introd. hist. aux élém. du droit rom.*, par Heineccius, p. 35; Éd. LABOULAYE, *ibid.*, ch. 8; BENECH., *Toulouse, cité latine*.

milés aux Romains, dont ils avaient adopté les lois (1).

Les Latins étaient dénombrés, non à Rome, sinon furtivement et par fraude, ce qui fut défendu par plusieurs lois, notamment par la loi *Licinia Mucia* de l'an 657, mais dans leurs villes respectives. Les tables censuelles, rédigées par les magistrats, étaient cependant envoyées à Rome.

Les peuples du Latium ne jouissaient pas du droit quiritaire, à moins qu'ils ne se fussent identifiés avec les Romains en devenant *fundi*, et c'est ce qu'exprime Gellius en disant que les municipes n'étaient pas astreints à la loi de Rome, parce que leur peuple n'était pas devenu *fundus* : *Municipes, nulla populi romani lege astrictos esse, cum nunquam populus eorum fundus factus esset.*

Dans l'ordre civil, les Latins ne jouissaient ni du *connubium*, à moins qu'il n'eût été accordé, ni de la puissance paternelle romaine, ni du droit de tester, ni du droit d'être institués héritiers par un citoyen romain. Leur principal privilége était le *jus commercii*, dérivant, non du *jus quiritium*, qu'ils ne possédaient pas, mais du droit des gens, et qui leur donnait cependant le droit de recevoir, de transmettre par des modes essentiellement romains, et de faire tous les actes qui se rattachaient à la conservation ou à l'aliénation du domaine quiritaire, tels que la *mancipatio*, la *cessio in jure*, le *nexus* et la *vindicatio*.

Les Latins ne faisaient pas partie des légions romaines, mais ils combattaient à titre d'alliés, *tanquam socii* (2).

Les impôts payés par les Latins étaient plus tolérables que ceux auxquels étaient soumises l'Italie et les provinces,

---

(1) V. Cicero *pro Balbo*, § 8 ; Aulu-Gelle, *Nuits attiq.*, XVI-63.
(2) Polyb., *De milit. rom.*, lib. VI, p. 48 ; Juste Lipse, *Traité de la milice romaine.*

mais ils étaient plus durs que ceux qui pesaient sur les citoyens romains (1).

Jouissant en général de droits moins étendus que ceux des citoyens romains, mais plus commodes à certains égards que ceux des Italiens, les *Latini veteres* avaient la faculté de se régir par leurs propres lois, et, quoique soumis à l'*imperium* de Rome, ils pouvaient conserver leurs magistratures locales et jouissaient non-seulement des libertés administratives, mais encore d'une certaine indépendance politique, à laquelle Gaïus faisait allusion quand il disait : *Latini qui proprios populos, propriasque civitates habebant,* par opposition aux Latins de son temps, *coloniaires* et *juniens*, à qui ces mots ne pouvaient convenir.

Un autre avantage dont jouissaient les *Latini veteres* consistait en leur aptitude à devenir citoyens romains par l'exercice des magistratures locales. Cela était plus précieux pour eux que le droit de suffrage, dont ils ne jouissaient pas, et cela faisait entrer dans le sein de Rome les hommes les plus distingués des villes de la confédération latine.

Un dernier trait distinguait les Latins et les citoyens romains. Ceux-ci, quoique ne pouvant pas être citoyens dans deux villes, pouvaient quitter la ville de Rome, aller dans une autre ville, et y acquérir le droit de cité. Les Latins qui s'étaient glissés furtivement sur les tables censuelles de Rome pouvaient au contraire être revendiqués par leurs propres magistrats, absolument comme s'ils avaient été attachés à la glèbe (2).

II. — Les Latins coloniaires, *Latini colonarii*, sont ceux

---

(1) Heineccius, *Antiq. rom.*, App., cap. ii, XCL.

(2) Cicero *pro Balbo*, XXIII; Valer. Max., III, 4; Heineccius. *Comment. ad L. J. et Pop. Papp.*

qui, à la suite de la guerre Sociale, furent admis à jouir de quelques-uns des droits civils appartenant aux *Latini veteres*, mais qui restèrent privés de toute capacité politique.

Ce sont, à ce qu'il paraît d'après un texte de Tite-Live (29-63) confirmé par Cicéron (*pro Cæcina*, 35), les douze colonies qui étaient restées rebelles à Rome, en lui refusant leurs contingents. Quoique privés de droits politiques, les Latins coloniaires pouvaient conquérir le droit de cité romaine par l'exercice des magistratures locales (1).

III. — Les *Latini juniani*, ainsi nommés de la loi *Junia Norbana*, qui régla en 671 les droits de cité accordés aux affranchis par des modes non civils d'affranchissement : *neque vindicta, neque censu, neque testamento*, avaient une condition à peu près semblable à celle des *Latini colonarii*, mais qui se distinguait par la concession d'aptitudes personnelles plutôt que de droits réels.

§ 3. Du droit italique. — On appelait Italiques les peuples alliés aux Romains qui habitaient l'Italie jusqu'au fleuve du Rubicon, sauf le Latium. Leur domicile en Italie les distinguait des Gaulois et autres provinciaux ; leur alliance avec les Romains les distinguait des citoyens romains et des étrangers qui, pour quelque cause que ce fût, habitaient les villes de l'Italie. Après quatre siècles de guerres sanglantes et de défaites sans cesse renouvelées, les Étrusques entrèrent en société avec les Romains à des conditions que les historiens sont dans l'impuissance de préciser.

Les Campaniens furent dotés, en 413, du droit de cité sans suffrage (2). Les Lucaniens obtinrent, en 471, un

---

(1) Veteribus incolis manentibus jus dedit Latii, ut possint habere jus quod cæteræ latinæ coloniæ habebant, id est, ut gerendo magistratus civitatem romanam adipiscerentur. (Asconius.)

(2) Ita decretum est ut campanis equitibus quia cum Latinis rebellare noluissent, civitas sine suffragio daretur. (Tit.-Liv.)

traité d'aillance dont les clauses se sont perdues. Les Brutiens, les Messapiens, les Salentins furent domptés vers la fin du quatrième siècle de Rome, sans que l'histoire fasse mention des traités. Les Apuliens demandèrent et obtinrent, en l'an 427 de Rome, l'amitié des Romains; mais ils leur firent défection pour s'allier avec les Samnites, et furent soumis de nouveau avec des conditions plus dures, vers l'an 448. Tite-Live rapporte à l'année 434 la soumismission et le traité d'alliance des Frentaniens. Les Picentins, alliés des Romains depuis l'an 253, se révoltèrent en 484, et, vaincus, virent leurs champs partagés entre des colons venus de Rome. Les Gaulois établis dans le pays des Sénones furent soumis à la même époque, après de nombreuses révoltes, dépouillés de leur territoire et traités avec rigueur. Les Umbriens firent en 453 des traités d'alliance avec les Romains. Les Sabins furent dotés, en l'an 373, du droit de cité sans droit de suffrage. Plus tard, sous le consulat de Sempronius et de Claude, le droit de suffrage leur fut accordé. Quatre peuples dont le territoire n'est pas bien déterminé, les Vertiniens, les Marruciniens, les Marses et les Pélignes envoyèrent à Rome, en l'an 444, des députés pour demander la paix et furent admis au droit de cité. Le traité fut conclu en l'an 451. Enfin, les Samnites, l'une des nations les plus fières de l'Italie, après quatre-vingts ans de combats presque journaliers, devinrent les alliés de Rome en l'an 339; mais ayant fait défection vers l'an 420, ils furent vaincus et reçurent les conditions de paix qu'il plut aux Romains de leur imposer.

Au milieu des conditions si diverses que les chances de la guerre firent aux peuples de l'Italie dans leurs rapports avec les Romains, et sur lesquelles l'histoire garde le plus souvent le silence, est-il possible de reconnaître un droit unique appelé droit italique? Un grand jurisconsulte, Sigonius, l'a pensé et sa doctrine peut se résumer en ces termes : le droit italique n'impliquait pas les droits de liberté, de sacrifices, de gentilité, de légitime domaine, de testaments et de tutelles qu'avaient les citoyens romains, à moins que par une loi spéciale les municipes ou les colons n'en eussent obtenu quelques-uns. Quant aux droits de cens, de tributs et d'impôts, les Italiques étaient assimilés aux Latins. Ils étaient recensés dans leurs cités respectives, et payaient les impôts selon ce qui avait été convenu. Ils étaient dispensés cependant du tribut direct (*tributum*), sauf les exceptions telles que Tite-Live (XXV-16) en rapporte pour Tarente, Naples et Reggio. Les Italiques étaient soumis comme les Latins au droit de milice, sauf certaines exceptions déterminées par les traités ; mais ils n'avaient pas comme eux le droit de suffrage et celui d'exercer les magistratures, à moins qu'ils n'en eussent été spécialement investis.

Ce qui distinguait les Italiques des provinciaux *de la Gaule*, c'est, selon Sigonius, qu'ils obéissaient à leurs propres magistrats, et non au préteur romain, et que, quoique soumises à l'*imperium* du peuple romain, leurs cités s'administraient elles-mêmes.

Le jurisconsulte modenais a mis au service de cette thèse une immense érudition, une sagacité pénétrante, un style ferme et abondant, et l'autorité de son nom a entraîné la plupart des publicistes des trois derniers siècles (1). Il nous paraît douteux cependant que le droit italique ait l'ancienneté et l'étendue qu'il lui suppose, et même que les

---

(1) Rosin , *Antiq. rom.*, X, 24 et 25 ; Heineccius, App , lib. I, cap. 3, n°° 96 et 97 ; Beaufort, *Hist. rom.*, liv. VII, ch. II, p. 216 ; M. Ortolan, *Histoire de la législation romaine*, p. 164 ; M. Amédée Thierry, *la Gaule*, etc., p. 47 ; M. Ch. Giraud, *Recherches sur le droit de propriété*, p. 294 ; M. Macé, *Lois agraires*, p. 513.

conditions de ce droit aient été jamais définies autrement que par des traités dont les clauses ont dû être aussi variées que les chances de la guerre, et dont la plupart ont été d'ailleurs révélées par les historiens d'une manière fort obscure (1).

De tous les documents relatifs au *jus italicum*, il n'en est pas un seul antérieur à l'Empire, et dans la langue de Salluste, de Tite-Live, de Cicéron, le mot *Italus, Italicus*, ne signifie rien autre chose qu'habitant de l'Italie. Les célèbres passages de Pline le Naturaliste où il est question du *jus italicum* se rapportent à l'époque impériale (2). Les concessions de droit italique que le titre des Pandectes *de Censibus* (l. 50, tit. 15) énumère comme faites à un certain nombre de provinces datent toutes de la même époque. C'est des empereurs Valentinien, Valens et Gratien, qu'émane la concession du droit italique faite à la ville de Constantinople et rapportée dans le code Théodosien (liv. XIV, tit. XII), et ce sont les empereurs Honorius et Théodose qui, par la constitution rapportée dans le code Justinien (liv. II, tit. XX), permettent à la même ville de jouir non-seulement du droit italique, mais encore du vieux droit de Rome. L'hypothèse d'un droit italique antérieur à la guerre Sociale ne repose donc sur aucune base.

Sigonius et Heineccius présentent le droit italique comme attaché à la personne, et comme constituant un état intermédiaire entre la latinité et la pérégrinité. Mais cette opinion paraît difficile à concilier avec les textes, qui concourent tous à prouver que le droit italique n'a jamais appartenu à des individus, mais à des villes ou à des

---

(1) NIEBHUR, *Hist. rom.*, t. VI, p. 405; DURUY, *Hist. des Rom.*, t. I, p. 324.

(2) *Hist. nat.*, lib. III, cap. III et XXI.

fonds de terre, et l'erreur de Sigonius sur ce point, déjà entrevue par Cujas, Godefroy, Turnèbe et autres, a été démontrée par des jurisconsultes contemporains qui ont cru en voir la source dans l'altération d'un texte d'Asconius Pedianus (1).

Les éléments constitutifs du droit italique, tel qu'il existait sous l'Empire dans les villes auxquelles il avait été concédé, consistaient : 1° en une immunité, sinon complète, au moins partielle des impôts et des tributs; 2° en quelques démembrements du droit de cité romaine, tels que la jouissance de la propriété quiritaire, et en un degré d'indépendance municipale supérieur à celui dont jouissaient les provinciaux.

I. — L'immunité des impôts n'était ni générale ni absolue. Sigonius reconnaît lui-même, d'après Tite-Live (2), que Naples, Reggio et Tarente étaient tenues, d'après les traités, de fournir des tributs et des vaisseaux, et Tacite dit que le nombre des questeurs fut doublé aussitôt que l'Italie fut devenue tributaire et que les provinces furent soumises à des impôts (3). Toutefois l'Italie et les provinces investies du droit italique sont représentées généralement comme dispensées des tributs, et l'un des meilleurs jurisconsultes du Dauphiné, province du droit italique, comme le prouvent la loi 8, § 1, ff. *de Censibus*, et une inscription recueillie à Vienne par Gruter (DXLII-7), Salvaing, a doctement établi que l'empereur Claude remit

---

(1) Voyez Savigny, *Histoire du droit romain au moyen âge*, et M. Giraud, *Droit de propriété*, p. 296.

(2) Sigon., lib. I, IV ; Tit.-Liv., XXX, 16.

(3) Mox duplicatus numerus stipendiaria jam Italia, et accentibus provinciarum vectigalibus. (*Ann.*, XI, 22.)

(4) Gruter, DXLII, 7.

les tributs aux habitants de la Troade, déclarés *juris italici* par la loi dernière *de Censibus*, et que l'empereur Vespasien ayant octroyé à ceux de Césarée le droit des colonies romaines, et leur ayant remis les tributs personnels sans ajouter expressément qu'ils seraient *juris italici*, l'empereur Titus interpréta favorablement ce privilége de la franchise des fonds. Cela justifie, ajoute Salvaing, que la franchise des fonds est comprise dans le droit italique. Ainsi Justinien, au § 40 *per Traditionem*, aux Institutes, *De rerum divisione*, oppose nommément les fonds stipendiaires et tributaires aux fonds italiques. Salvaing s'appuie d'ailleurs de l'autorité de Cujas, en ses observations, liv. X, ch. 35 ; de celle de Marcellus Donatus, en ses dilucidations sur Suétone, et de celle d'Adrien Turnèbe, (*Adversar.* lib. IV, ch. 15), où ce jurisconsulte considère l'immunité des impôts comme le principal attribut du droit italique.

II. — Quant aux priviléges du droit de cité, les textes connus ne rattachent guère au droit italique que ceux qui concernent le *dominium*. Les fonds italiques étaient susceptibles de propriété privée ; ils étaient *mancipi* et pouvaient être possédés *ex jure quiritium*, tandis que les fonds provinciaux étaient censés appartenir au peuple romain ; les particuliers n'en avaient que la possession et la jouissance. Les fonds italiques étaient *in commercio*, et l'on pouvait les acquérir suivant toutes les formes quiritaires, par la mancipation, la cession *in jure*, et l'usucapion. On pouvait aussi les défendre par l'exception annale. Leur propriété était inviolable et libre de toutes servitudes ou charges réelles qui n'étaient pas prouvées. Cette propriété était une, et n'était pas divisée en propriété directe et propriété utile. Ce triple caractère de la propriété quiritaire, étendu aux fonds italiques et aux colonies latines, explique, comme nous le verrons en exposant le régime municipal du moyen âge, le franc-alleu de nos provinces de droit écrit.

III.—Le troisième caractère du droit italique consiste en un degré d'indépendance municipale supérieur à celui des provinces. On trouve, dit M. de Savigny (1), un Silène debout sur les monnaies de plusieurs cités des provinces ayant le *jus italicum.* Ce fait important, ajoute M. Laboulaye (2), résulte d'un fragment de Diodore, découvert par Angelo Marc en 376. Or Servius (*ad. Virgil, an* 58) nous montre Marsyas étendant la main sur la ville, comme signe d'indépendance. Le Silène debout, dont l'identité avec Marsyas n'est pas douteuse, peut donc être considéré comme le symbole de la liberté municipale des villes dotées du droit italique. Mais cette liberté variait selon les traités, selon les institutions locales ; et s'il est vrai que les inscriptions dénotent dans plusieurs villes jouissant du droit italique l'existence de magistratures municipales, du *duumvirat* par exemple, il ne l'est pas, selon nous, quoi qu'en ait pensé M. de Savigny (3), que ces cités *favorisées aient été les seules où l'on voie, jusque dans les derniers temps, des magistrats ayant une juridiction.* L'auteur d'une excellente critique sur le *jus italicum* (4) cite, dans les quatre préfectures de l'Orient, de l'Illyrie, de l'Italie et des Gaules, de nombreux monuments de l'existence des magistrats des cités, tels que *duumvirs, quatuorvirs,* etc.; et dans les Gaules, par exemple, où le droit italique était restreint à la Lyonnaise et à la Viennoise, les autres provinces de droit écrit, notamment les deux Narbonnaises et

---

(1) *Histoire du droit romain au moyen âge*, t. I, ch. II, p. 49.
(2) *Droit de propriété au moyen âge*, liv. II, ch. IX.
(3) *Histoire du droit romain au moyen âge*, t. I, ch. II, p. 50.
(4) *Revue hist. du droit français et étranger*, 1856. 1 vol., p. 359.

les deux Aquitaines, n'en possédaient pas moins les libertés municipales, et le *franc-alleu* qui en a été la conséquence directe. Le gouvernement municipal, dont le plan et les règles sont développés dans le code Théodosien, a subsisté dans ces provinces presque sans interruption, puis que le code Théodosien y a conservé son autorité, et on y suit aussi la trace des institutions provinciales à travers la domination romaine, dans l'assemblée tenue à Narbonne des députés des villes qui y furent convoquées par Auguste, et dans l'édit d'Honorius de 418.

§ 4. Du droit de la Gaule citérieure. —La Gaule citérieure, territoire compris entre la mer Ligurienne, les fleuves d'Arno, du Rubicon, de Formion, le golfe Adriatique et la crête des Alpes, était partagée entre les Liguriens, les Gaulois, les Vénétiens et les Carniens.

Les Liguriens soutinrent de longues guerres contre les Romains; mais ils furent soumis en l'an 595 de Rome et obligés d'obéir au préteur du peuple romain. Strabon atteste que les Romains, après les avoir vaincus et leur avoir imposé un tribut, réduisirent la Ligurie en province.

Les Gaulois partis de la Gaule transalpine avaient chassé par la force des armes les Toscans, anciens habitants, et s'étaient établis sur leur territoire. Vaincus par les Romains, ils en furent chassés à leur tour, et les colonies de Bologne, de Parme, de Plaisance et de Crémone, reçurent le nom de *togata Gallia* (1), leurs citoyens ayant pris la toge et les mœurs romaines.

Les Vénétiens venus, selon les uns, de la Gaule transalpine, et, selon les autres, de la Paphlagonie, après la ruine de Troie, vinrent en Italie sous la conduite du Troyen

---

(1) *Gallia romanæ nomine dicta togæ.* (Martial.)

Anténor, et s'établirent près du golfe Adriatique, après avoir chassé les Euganéens, anciens habitants. On ignore l'époque précise à laquelle les Romains les soumirent; mais Polybe atteste qu'avant l'arrivée d'Annibal en Italie, ils étaient alliés aux Romains. Ce qu'il y a de certain, c'est que la Vénétie fut réduite en province et soumise, comme la Gaule cisalpine, à l'*imperium* du préteur romain. M. Emilius Lepidus, en l'an 516, pour combattre les Gaulois, s'ouvrit une voie à travers les territoires de Bologne, de Plaisance, de Vérone et de Padoue, jusqu'à Aquilée, ce qu'il n'aurait pu faire si la Vénétie n'avait pas été province romaine. Tite-Live atteste d'ailleurs que l'année suivante, les Gaulois ayant voulu bâtir une ville dans la Vénétie, le sénat vit avec peine que cela eût été fait sans le consentement du préteur qui gouvernait la province. Quant aux Carniens, un passage de Tite-Live indique que, soit qu'ils eussent été soumis par les armes, soit qu'ils se fussent volontairement rendus, ils furent, comme les Vénétiens, réduits en province.

Tous ces territoires réunis formèrent la Gaule citérieure. Cette région, renfermée entre le Rubicon, l'Arno, les Alpes Liguriennes et le Formion, fut soumise avec plus de difficulté et de violence que le reste de l'Italie, et son droit municipal fut plus rigoureux que celui des Latins et des Italiques. Elle parut même, en quelque sorte, séparée de l'Italie; car elle fut administrée comme une province étrangère (1) jusqu'à l'année 711, époque à laquelle les triumvirs la dotèrent du droit italique.

---

(1) Majores nostri tumultum gallicum quod erat Italiæ finitimus, nominabant (Octava Tulliana in Antonium). Habet inimicissimam Galliam, etiam eos quibus considebat alienissimos transpadanos; Italia omnis infesta est. (MARTIAL.)

§ 5. Du droit municipal des provinces. — On appelait provinces (1) les contrées que le peuple romain avait vaincues et réduites sous sa domination.

A la nouvelle que lui apportaient les messagers porteurs de dépêches entrelacées de lauriers, le sénat examinait quelles lois il fallait donner aux vaincus. Un sénatus-consulte était immédiatement rendu et transmis par dix députés au général, qui, d'après l'avis du sénat, statuait sur le sort du pays ennemi.

Le général admettait les députés dans son conseil, et on y examinait quels étaient les régimes divers qui devaient être imposés aux cités, selon leur conduite avec les Romains. Tout ce qui avait été décidé dans le conseil était proclamé à haute voix dans une assemblée, au milieu du silence maintenu par le héraut d'armes, et, cela fait, le général retournait à Rome, après avoir laissé un préteur ou proconsul, chargé d'administrer.

Le pouvoir des préteurs était originairement annuel, mais cette loi de défiance fut souvent transgressée. Le gouvernement de Verrès fut prorogé pendant trois ans (2), et Cicéron lui-même (3) seconda sous ce rapport les vues ambitieuses de Jules César, en lui faisant accorder la prorogation de son commandement et tout l'argent nécessaire pour payer les troupes, indépendamment de plusieurs autres concessions extraordinaires et inconstitutionnelles.

Les préteurs tiraient au sort leurs provinces, ou se les partageaient entre eux de la même manière que les

---

(1) Provinciæ appellabantur, quod populus romanus eas provicit, id est, ante vicit. (Isid. Or., xii.)

(2) Cic. *in Verr.*, lib. IV, cap. xx ; Orelli, p. 382.

(3) Cic. *De. provinc. consul. et pro Balbo*, 27.

consuls (1). Quelquefois les provinces étaient assignées par le sénat ou par le peuple (2). Leur étendue, leurs limites, le nombre des soldats qu'on devait y entretenir, la suite des gouverneurs, leur dépense de route (*viaticum*), la somme nécessaire à l'entretien de leurs maisons (*vararium*), étaient fixés par un sénatus-consulte ou un plébiscite.

Le proconsul nommé, après avoir offert ses vœux aux dieux dans le Capitole, se revêtait d'un habit militaire, et, précédé de douze licteurs, sortait de Rome, d'où il se rendait immédiatement dans sa province. Ses amis l'accompagnaient à une certaine distance hors de la ville, en faisant des vœux pour son bonheur; avant de prendre possession de son gouvernement, il avait une entrevue avec son prédécesseur, qui devait quitter la province dans le délai de trente jours (3).

Le proconsul ou préteur n'avait pas de collègue, mais le sénat lui adjoignait un questeur chargé de l'administration financière, et des lieutenants (*legati*). Il avait, en outre, des officiers militaires (*præfecti*), et de jeunes patriciens, qui allaient apprendre sous ses ordres le métier de la guerre, ou se former à la connaissance des affaires. Des greffiers, des appariteurs, des scribes, des hérauts, des licteurs, des interprètes, des médecins étaient attachés à sa suite.

Ce magistrat avait dans l'étendue de son gouvernement un pouvoir à peu près absolu sur les personnes et sur les biens des provinciaux. Il exerçait à la fois l'*imperium merum*, c'est-à-dire le droit de commandement, et l'*imperium mixtum*, c'est-à-dire le droit de juridiction.

---

(1) Tite-Live, XXVII, 36 ; XXXIV, 54 ; XXV, 16 et 17.
(2) Id., XXXV, 20 ; XXXVII, 1.
(3) Cic., *Fam.*, 3, 6.

Il s'opérait dans chaque cité une séparation entre les offices politiques et les offices municipaux ; on ne les trouve pas régulièrement définis par les lois des premiers siècles de Rome ; car, ainsi que le remarque M. Guizot (*Essais sur l'histoire de France*, pag. 9 et suiv.), « à ce degré de civilisation, ni les gouvernants ni les gouvernés n'éprouvent le besoin de tout prévoir, de tout définir, de tout régler : on se fie au bon sens des hommes et à la nature des choses. » On peut cependant inférer d'un grand nombre de textes épars, que les droits politiques exercés à Rome par les habitants des municipes étaient ceux qui se rattachaient à la paix ou à la guerre, à la confection des lois générales, à la levée des impôts, à l'administration de la justice, et que les attributions des magistrats municipaux étaient : 1° le culte, les cérémonies et fêtes religieuses ; 2° l'administration financière, civile et locale ; 3° la police de salubrité, de sûreté.

CHAPITRE VI

DES COLONIES ROMAINES, LATINES ET ITALIQUES

§ 1ᵉʳ. — Denys d'Halicarnasse rapporte l'origine des colonies à Romulus, qui, au lieu de réduire en servitude les villes dont il s'empara, en fit en quelque sorte des succursales de Rome (1). On les nommait colonies, dit Sicculus Flaccus (2), parce que le peuple romain envoyait dans ces municipes des colons, soit pour soumettre les populations, soit pour les défendre contre les attaques des ennemis. Aggenus Urbicus représente les colonies comme des lieux retirés et éloignés de la mer où les colons envoyés par les Romains trouvaient de vastes espaces à l'effet de les cultiver et de s'y multiplier (3).

Un autre écrivain définit la colonie : une réunion d'hommes amenée dans un lieu déterminé, et qui s'y établit en

---

(1) Colonias fuisse civitates ex civitate romana quodam modo propagatas. (Gellius.)

(2) *De Conditione agrorum*, 1, 2. — Coloniæ autem dictæ sunt quod Romani in ea municipia miserint colonos vel ad ipsos priores municipiorum populos coercendos, vel ab hostium incursu repellendos.

(3) Coloniæ sunt quæ ex eo nomine accipiuntur quod Romani in eisdem civitatibus colonos miserunt. Harum urbium maxima finium pars data est coloniis quæ in remotiora loca et longe a mare posita videbantur, ut numerus civium quem multiplicare di-

république du consentement de la cité dont elle émane (1).

Les colonies avaient des origines diverses. Tantôt, après une sédition et pour en prévenir le retour, on purgeait une ville de sa sentine en envoyant la populace coloniser un pays désert (2) ; tantôt on composait une colonie de vétérans qui allaient chercher dans les travaux agricoles un délassement aux fatigues de la guerre : celles-là étaient civiles et avaient pour insigne une charrue ; celles-ci étaient militaires et avaient pour insigne une épée. D'autres réunissaient les deux signes, parce que, composées d'abord de citoyens, elles avaient été complétées par des vétérans (3).

De quelque cause que procédassent les colonies, il fallait qu'un sénatus-consulte ou un plébiscite déterminât la loi agraire en vertu de laquelle le partage du territoire devait être fait et la république constituée ; la seule volonté du prince ne suffisait pas.

§ 2. — Dès la fondation de Rome, le champ romain (*ager romanus*) fut partagé par assignations limitées (*agri limitati.*) Deux arpents (*bina jugera* [4]) suffisaient alors, dit

---

vus Augustus conabatur haberet spatia in queis subsistere potuisset. (AGGEN., *Comment. in front.*, p. 58.)

(1) Colonia est cœtus eorum hominum qui deducti sunt in locum certum ; est pars civium aut sociorum missa ubi rempublicam habeant ex consensu suæ civitatis. (SER., *ad Eneid.* I, 12.)

(2) Ut emptione agrorum constitutæ sentina urbis exhauriretur et Italiæ solitudo frequentaretur. (CIC., 1 *Epist. ad Attic.*)

(3) Voyez sur le régime des colonies WILHEM GOEZII, *Antiquitates agrariæ, Julii Frontini de coloniis*; SIGONIUS, *De antiquo jure Italiæ liber secundus*, t. I, p. 618; BEAUFORT, *Rép. rom.*, liv. VII, chap. IV ; M. MICHELET, *Hist. rom.*, t. I, p. 296; M. CHAMBELLAN, *Etudes*, 3, 475, etc.

(4) Ante bellum punicum pendebant bina jugera quod a Ro-

Pline (1). Romulus n'en attribua davantage à personne. Ce partage fut fait par têtes (2), et le lot de chacun passa à ses héritiers (3).

Tout le territoire ne fut cependant pas distribué. Un tiers fut réservé pour le culte, un autre tiers resta domaine de l'État, et fut affecté par Romulus et Numa aux dépenses de la famille royale (4).

Servius Tullius partagea entre les nouveaux citoyens les champs enlevés aux habitants de Véies, de Cères, et après l'expulsion des rois, un sénatus-consulte concéda au peuple le champ de Tarquin le Superbe.

Plus tard, lorsque par suite des guerres perpétuelles, un champ ennemi tombait au pouvoir des Romains, il fut d'usage d'y établir des colons ou de le laisser dans le domaine public.

La loi agraire prescrivait à quel genre et à quel nombre d'hommes les champs des colonies devaient être assignés ; tantôt c'était à tout le peuple, *universo populo* ; tantôt à la plèbe, tantôt aux pères de famille, tantôt aux soldats, et, parmi ceux-ci, tantôt aux fantassins, tantôt aux cavaliers, ou aux citoyens, ou aux alliés, etc., etc. Le nombre des colons était proportionné à l'étendue du champ.

La constitution de la colonie était confiée, soit à des triumvirs, soit à des quinquevirs, soit à des septemvirs, soit à des décemvirs qui, accompagnés de décurions, d'au-

---

mulo primum divisa dicebantur viritim. (VARRO, *de Re rustica,* liv. X. — NIEBUHR, *Hist. rom.*, t III, p. 209.

(1) Bina jugera populo romano satis erant nullique majorem modum Romulus attribuit. (PLIN., *Hist. nat.*, XVIII, 2.)

(2) Romulus... dividit viritim civibus. (CICERO, *de Republ.* II, 14.)

(3) Bina jugera a Romulo primum dividebantur viritim, quæ quod hæredem sequerentur, hærediam appellarunt. (VARRO, *de Re rustica.* — (4) DENYS D'HALIC., II, 7.

gures, de pontifes, d'appariteurs, de scribes, de hérauts, d'architectes, conduisaient les colons, comme une armée sous le drapeau, vers les lieux indiqués par la loi. Arrivés à la destination, on consultait les augures, on offrait les sacrifices à Diane ou à Cybèle, et l'on traçait le plan de la colonie avec un sillon de charrue (1). On prenait à cet effet, au milieu d'orient en occident un grand chemin d'environ trente pieds de largeur qui s'appelait *decumanus maximus*. On croisait ce chemin par un autre de même largeur, du midi au nord, appelé *cardo maximus*. On tirait de ces deux maîtresses voies une ligne avec deux bœufs pendant toute une journée, et l'on composait ainsi un carré *jugerum* (journal), qui était assigné à chacun des colons. Si la colonie était grande, on donnait deux et trois *jugera* à chaque colon. On en faisait un rang le long des grands chemins, et au bout de ce rang on faisait un chemin d'environ douze pieds de largeur pour le passage des bêtes et des chariots. Après ce chemin qu'on appelait *actuaire*, on faisait un autre rang de possessions, puis un autre actuaire, et ainsi de suite. Ce qui restait sur les ailes et au bout du territoire était appelé *subscesiva* et devenait un terrain commun. Il y avait entre les chemins de petits sentiers appelés *intesticinas* (2).

Les terres cultivées étaient partagées en deux portions: l'une était donnée en propriété aux citoyens des colonies qu'on établissait dans le pays pour le tenir dans le devoir; l'autre était subdivisée en deux portions dont l'une était vendue et le prix porté au trésor pour l'indemnité des frais de la guerre et dont l'autre demeurait la propriété de l'Etat.

---

(1) Urbem designat aratro sortitur que domos. (VIRGIL.)
(2) *Discours historique touchant l'état des Gaules*, par AYMARD DUPÉRIER, 1610, p. 17.

Les *fundi patrimoniales* étaient régis ou affermés, mais plus ordinairement concédés à temps, moyennant une redevance en nature appelée *canon*.

Une troisième partie des biens conquis était réservée pour des partages futurs.

On appelle *occupatorii* ou *arcifinales*, dit Siculus Flaccus (1), les champs auxquels le peuple vainqueur a donné son nom en les occupant. La guerre terminée, les vainqueurs appellent *territoire* les terres d'où ils chassent les vaincus et dans les limites desquelles doit s'exercer leur juridiction. Ces champs (2) sont délimités par des terres, des arbres marqués, des buissons, des chemins, des rives, des fossés. Les uns sont vendus par les questeurs, on les nomme *questorii agri;* les autres sont divisés par centuries, ce sont les champs appelés *divisi et assignati*. Que si, dit à ce sujet Goezius (3), quelques-uns des anciens possesseurs sont expulsés, et si on en envoie d'autres à leur place, rien n'est changé néanmoins dans les conditions de la ville et de son territoire ; le lieu désigné constitue l'*ager*, et il est garni d'édifices, de manière que chaque colon ait à la fois ce qui lui est nécessaire en habitations et en terres arables. Avant que le luxe n'eût envahi la république et lorsque

Grandes fumabant pultibus ollæ,

(1) Occupatorii autem dicuntur agri quos quidam arcifinales vocant; hi autem arcifinales dici debent quibus agris victor populus occupando nomen dedit. Bellis enim gestis, victores terras omnes ex quibus victos ejecerunt publice atque universaliter territorium dixere in quibus juris dicendi jus esset.(SICCULUS FLACCUS, *De condit. agr.*, p. 3.)

(2) Ager est locus vacuus qui sine villa, id est, domo est in rure. (L. *ager*, 27 ff. *de Verb. signif.*)

(3) WILHELM GOEZ., *Antiquit. agrar.*, p. 46.

deux arpents étaient réputés suffire à chaque feu, et comme le dit Juvénal après Varron et Pline :

> Tandem pro multis vix jugera bina dabantur
> Muneribus, merces hæc sanguinis atque laboris
> Nullis visa unquam meritis minor.

La centurie étant composée de cent feux, deux cents arpents formaient par conséquent le lot de chacune d'elles (1).

Néanmoins il y avait quelques rares exceptions à la dépossession des vaincus ; certains anciens possesseurs, par des considérations de dignité, de faveur, d'amitié du chef vainqueur, étaient autorisés à les conserver. Lors donc qu'après avoir fixé les limites, on avait formé les centuries et qu'on y avait inscrit ce qui avait été assigné aux vainqueurs, on inscrivait aussi ce qui était rendu aux anciens possesseurs en ces termes : *Redditum illi tantum* ou *redditum et commutatum pro suo* ; et ceux à qui leurs champs étaient ainsi rendus continuaient à les posséder (2).

En résumé donc, le champ distribué aux colons était appelé *ager limitatus, ager divisus, ager assignatus* ; le territoire laissé aux anciens propriétaires était appelé *ager redditus* ; le territoire réservé était appelé *ager occupatorius* ou *occupatitius*, ou simplement *ager publicus*.

(1) Cum antiqui Romanorum agrum ex hoste captum victori populo per bina jugera partiti sunt centenis hominibus ducenta jugera dederunt et ex hoc facto centuria juste appellata est (Sic. Flac., *De cond. agr.*, p. 12.)

(2) Nec tamen omnibus personis victis ablati sunt agri. Nam quorum dignitas, aut gratia, aut amicitia, victorem ducem movit ut eis concederent agros suos. Itaque limitibus actis, cum centuriæ eximerentur, eorum quorum erant futuri continenter agri nomina notabantur quantumque in quaque centuria haberent. Inscriptiones itaque in centuriis sunt tales : dextra aut sinistra de-

On donnait le nom commun de possessions (*possessiones*) (1) aux champs publics ou privés dont l'origine n'était pas la *mancipation*, mais l'occupation; c'est pourquoi on les appelait *nuncupati*. La possession prenait le nom de *fundus*, en ce qu'on y fondait ou établissait le patrimoine. On l'appelait *prædium*, par abréviation, croit-on, de *prævidium*, terme indicatif de la prévoyance du père de famille, ou par dérivation de *præda*, proie des vainqueurs. On appelait *rura* les champs incultes, c'est-à-dire les bois et les pâturages. La possession de l'ager dit *occupatorius*, *eo quod*, dit Cicéron (2), *in tempore occupatus est a victore populo territis exinde fugatisque hostibus*, était réputée légitime. *Sunt enim*, dit Gaius (3. ff. *de Acquir. rer. dom.*), *privata nulla natura, sed aut veteri occupatione, ut qui quondam in vacua venerunt, aut victoria aut qui bello potiti sunt*. Quelques-uns appelaient *arcifinus* ou *arcifinalis* le champ appelé par les autres *occupatorius*. *Ager arcifinalis*, dit Sicculus Flaccus (3), *quod a finibus arceamus hostem vel vicinum*. *Ager arcifinalis*, dit Isidore, *ab arcendis hostibus est appellatus*.

Les inscriptions avaient pour objet de distinguer dans *l'ager* la partie *assignée*, la partie *rendue* et la partie

cumanum totum ultra citraque cardinem totum, assignatum illi tantum præterea scriptum est : *et redditum et commutatum pro suo*. (SIC. FLAC., *De condit. agr.*, p. 17.)

(1) Possessiones sunt agri late patentes publici privatique ; quos initio non mancipatione, sed quisque ut potuit occupavit atque possedit, unde et nuncupati. Fundus dictus, quod in eo fundatur, vel stabilatur patrimonium. Fundus autem et urbanum ædificium, et rusticum intelligendum est prædium quod apparet, quasi prævidium, vel quod antiqui agros quos bello ceperant ut prædæ nomine habebant. Rura veteres incultos agros dicebant, id est, silvas et pascua. (Vos., *de Limit.*, p. 292.)

(2) *De Officiis*. (3) *De condit. agr.*, p. 3.

échangée ; cette computation faite, on donnait le nom de *subsecivum* à la partie de l'*ager* trop petite pour devenir le lot d'une centurie, et qui en était retranchée, *subsecata* (1).

§ 3. — On distinguait dans le droit municipal romain trois sortes de colonies : les colonies de citoyens romains, les colonies latines, et les colonies régies par le droit italique (2).

Les colonies romaines tenaient le premier rang, en priviléges et en honneurs, parmi les villes des provinces (3). Elles jouissaient des droits privés quiritaires, c'est-à-dire des droits *libertatis, testamenti, connubiorum, patrii juris, legitimi dominii, nexus, usucapionis;* mais jouissaient-elles des droits publics, *censûs, tributorum, vectigalium*, et surtout du droit de voter dans les comices et d'exercer les magistratures à Rome ?

Les auteurs sont divisés sur cette question, née de deux textes de Denys d'Halicarnasse (liv. VIII), et de Tite-Live (liv. II, 38). Les uns nient formellement le droit de suffrage, par la raison prise de la pérégrinité des colons ; les autres l'admettent comme une concession particulière, mais en reconnaissant que ce droit de suffrage était essentiellement précaire et à la merci des consuls, qui avaient le droit de chasser les étrangers de la ville, droit dont ils usèrent quelquefois (4).

---

(1) Inscriptiones ergo diligenter intuendæ erant ut sciamus quantum dati assignati sit, quantum redditi et quantum commutati, qua compensatione facta. Quanto minus fuerit centuriæ modus subsecivum vocatur. (Sic. Flac., *de Condit.*, p. 17.)

(2) Neque enim omnes colonias ejusdem fuisse juris constat, cum fuerint quæ jus civitatis habuerint, quæ Latii, quæ Italiæ. (Wilhelmi Goezii *Ant. agr.*, p. 12.)

(3) Heineccius, App. lib. 1, *Ant rom.*, cap. v., t. I, p 404.

(4) *Orbis romanus.* cap. ix, p. 49.

Les citoyens des colonies romaines participaient, dans une certaine mesure, aux *sacra publica* des Romains et aux cérémonies appelées *feriæ latinæ*. Ils avaient le droit de porter la toge romaine (1).

Dans une digression relative aux municipes et aux colonies latines et italiques des Gaules, M. Amédée Thierry (2) affirme que la condition des colonies latines était plus favorable que celle des colonies italiques, et la même opinion est exprimée par Heineccius (3) ; mais elle ne repose que sur une assimilation entre le droit latin conféré par les empereurs et le vieux droit du Latium qui attribuait aux *Latini veteres* toutes les prérogatives du droit quiritaire. Or si, dans les villes de province érigées en colonies latines, les particuliers virent leurs possessions précaires et révocables transformées en propriétés définitives et incommutables, par la même raison les habitants des colonies latines étaient, comme les *Latini veteres*, incapables du *connubium*, de la *patria potestas*, et du droit de disposer et de recevoir par testament (4). Les citoyens de ces colonies subissaient ainsi la *media capitis deminutio* (5) ; ils étaient d'ailleurs assujettis à l'impôt personnel et territorial, à moins qu'ils n'en eussent été exemptés.

Les colonies énumérées dans le titre du Digeste *de Censibus* avaient été dotées par les empereurs du droit italique; elles avaient pour symbole, non comme les colonies romaines, une louve avec ses deux petits, mais le signe d'une légion, et jouissaient du vieux droit du Latium qui prit le nom de droit italique, quand il fut accordé à toute

---

(1) Tite-Live, liv. VI-25. — (2) *Hist. des Gaulois*, p. 2, ch. ii, t. II, p. 187. — (3) *Append.*, lib. I, *Antiq. rom.* cap. v. — (4) Roth., *de Re municipali*, § 5. — (5) Heineccius, lib. I, *Ant. rom.*, cap. v, n° 128.

l'Italie. Les habitants des cités dotées du droit italique combattaient avec les dix légions romaines, et exerçaient des magistratures locales qui leur donnaient accès aux honneurs et au droit de cité romaine. Elles étaient exemptes de l'impôt appelé *vectigal* qu'elles payaient avant le règne d'Auguste, de telle sorte que toutes les colonies privées de cette exemption sont considérées comme ne jouissant pas du droit italique par Celse, Gaius, Paul, Ulpien et autres jurisconsultes. L'immunité du tribut de la capitation et du sol était le caractère essentiel du droit italique (1).

Le territoire des cités qui jouissaient du droit italique était, par une faveur spéciale, entièrement assimilé à l'*ager romanus*. On y jouissait du domaine quiritaire, de l'usucapion, de la cession *in jure*, de la mancipation, de la revendication, de l'inaliénabilité de la dot, du délai d'un an accordé pour l'exécution des contrats faits sur le sol italique. *Jus italicum*, dit Cujas, observ, X - 35, *facit ut eodem jure sit ejus coloniæ respublica, quo ipsa Italia, puta in traditionibus nexi, in usucapionibus, in annali exceptione, itemque in jure capiendi.*

§ 4. — Les républiques des colonies étaient gouvernées par des lois qu'elles avaient reçues de Rome, ou qu'elles s'étaient données à elles-mêmes. La garde de ces lois était confiée aux prêtres quant aux lois divines, et aux magistrats quant aux lois humaines. Les principales lois des colonies étaient distinctes de celles du peuple romain, mais émanaient cependant des triumvirs romains, qui remplissaient comme curateurs des colonies les fonctions des délégués du sénat dans les provinces. Cicéron, Tite-Live, Flo-

---

(1) SPANHEIM, p. 329-330. Voyez sur les *immunités des impôts*, PLINE. L. 2, 3, 4; STRABON, XIII; SUET. *in Claud*; TACIT, *Ann.*, XII, 51, et la loi 8, § 7, ff. *de Censibus*.

rus, rappellent, dans plusieurs textes, l'origine romaine des lois coloniales. Celles qui émanaient des colonies elles-mêmes étaient portées, les unes par le sénat, les autres par le peuple. Les sénateurs, dans les colonies de même que dans les municipes, étaient appelés décurions, comme le prouve l'inscription *Dec. col.* qui existe sur un grand nombre de vieux monuments. On ignore le nombre précis des décurions. Il y en avait certainement cent dans la colonie de Capoue. Le cens des décurions était de cent mille sous (1).

Le génie colonisateur de Rome s'exerça d'abord en Italie ; il s'étendit ensuite à la Gaule cisalpine, à dater de l'année 487 (2) ; et après avoir franchi, non sans quelque résistance du sénat, qui craignait de voir naître des colonies supérieures à la métropole, d'un côté les mers, de l'autre les Alpes et les Pyrénées, il en créa successivement un très-grand nombre en Sicile, en Asie, dans les Gaules, en Espagne, en Afrique, et propagea par ce moyen pacifique, bien plus que par les conquêtes de ses généraux, la civilisation romaine, à tel point qu'on vit la colonie d'Agrippine (Cologne) refuser, malgré les instances des peuples de la Germanie, de briser ses chaînes et de recouvrer son indépendance (3).

Les principaux magistrats des colonies étaient les *duumvirs*, les *censeurs*, les *édiles* et les *questeurs*.

La magistrature du *duumvirat* était analogue à celle du consulat et de la préture. Les *censeurs* étaient chargés, comme les censeurs de Rome, du recensement des personnes et des biens. Les marbres font mention des *édiles*

---

(1) Esse autem tibi centum millium censum, satis indicat quod apud nos decuriones. (Plin., lib. I, *Epist,*)
(2) Velleius Paterc., I, 14. — (3) Tacite, *Hist.*, IV, 63-64.

coloniaires (ædil. colon.), et Cicéron dit de Capoue que lorsque les décemvirs y eurent amené le nombre des colons fixé par la loi de Rullus, ils y établirent cent *décurions*, dix *augures* et six *pontifes*. Le nombre de ces divers magistrats dépendait de l'importance de la colonie.

Outre les magistrats, il y avait des *patrons des colonies* chargés de s'occuper de leurs affaires à Rome.

Cicéron fut ainsi nommé le patron des Capouans (Cic. *in Pisone*, II), Marcellus de la Sicile (Cic. *in Verr.*, III, 18), Fabius Sanga des Allobroges (Sall., *Catil.*, 41), Caton de l'île de Chypre et de la Cappadoce (Cic., *Epist.* XV, 4), les Claudius de Lacédémone (Suet., *Tib.*, cap. vi), les Antoine de Bologne (*Ibid. Aug.* cap. xix), et Balbus d'Herculanum, où l'on a retrouvé la statue équestre qu'on lui avait élevée comme patron de la ville.

CHAPITRE VII

DES MUNICIPES, DES PRÉFECTURES, DES VILLES LIBRES ET ALLIÉES, DES *fora* ET DES *conciliabula*.

§ 1er. — Les municipes différaient des colonies, selon la remarque de Gellius, en ce que les colonies étaient en quelque sorte tirées de la cité romaine, tandis que les municipes y étaient introduits.

I. — Les concessions du droit de cité n'étaient jamais imposées, elles devaient être acceptées librement par le peuple (1). Elles étaient tantôt individuelles, tantôt collectives. Les *Cærites* furent investis les premiers du droit de municipe, c'est-à-dire du droit de participer aux charges (*munera capiendi*) avec le peuple romain (2). Cette érection de la ville de Cère en municipe, qui eut lieu en 365, donna à cette ville étrangère une certaine apparence de la cité de Rome (3).

La constitution d'un municipe s'opérait par un sénatus-consulte qui était déféré au peuple (4). Si le droit de cité était donné avec droit de suffrage, on demandait en outre aux censeurs d'introduire la cité nouvelle dans l'une des

---

(1) Tite-Live, VIII, 21. xx. 43, XXVIII, 36, Cic. *pro Balbo*, 13.
(2) Municipes appellatos quod munera civilia caperent. (Paul.)
(3) Peregrinæ urbi speciem aliquam romanæ civitatis dedit (Roth.)
(4) Ex auctoritate patrum latum ad populum ut privernatibus civitas daretur. (Tite-Live.)

trente tribus (1). Toutefois Sigonius pense que cette intervention des censeurs n'était pas toujours nécessaire, et que c'était du peuple romain que dépendait tout entier le bienfait du droit de cité.

II. — Tous les municipes n'étaient pas dotés du même droit, et les offices (*munera*) y étaient exercés avec beaucoup de diversité.

Quelquefois le droit de cité y était conféré sans le droit de suffrage, qui était le caractère essentiel de l'*optimum jus civitatis*. L'honneur du droit de cité appartenait aux municipes ainsi constitués ; mais ces municipes, parmi lesquels on cite notamment les Cérites, ne jouissaient pas du droit quiritaire, n'exerçaient pas les magistratures, et ne servaient dans les légions qu'à titre d'auxiliaires.

L'autre genre de municipe était celui dans lequel la collation du droit de cité était accompagnée du droit de suffrage. Ces municipes, dit Festus, entraient pleinement dans la cité romaine : *quorum civitas universa in civitatem romanam venerunt* ; mais en conquérant le droit de suffrage, ils étaient dépouillés de leurs lois et soumis à celles des Romains. Le municipe fait *fundus* acquérait tous les droits de cité ; il pouvait édicter les lois, créer les magistrats, briguer les honneurs (2) ; il était adopté par le peuple romain, et mis en communion avec lui ; il devenait un faubourg de Rome, la patrie commune. Il n'y avait pas un droit, un avantage attaché au droit de cité, dont les municipes les plus éloignés ne pussent jouir (3). Tous

---

(1) Eo anno census actus, novique cives censi ; tribus propter eos additæ macia et scaptia ; censores addiderunt L. Publius Philo sp. Posthumius. (Tit-Liv.)
(2) Cic., *Orat. pro Sulla*, cap. vii.
(3) Cic., *De leg. agraria*, II, 32, liv. XXXIII, ff. *ad municipia*, Sigon., *de A. J. R.*, II, 6, 7 et 8.

les Italiens étaient *citoyens romains*, en même temps que bourgeois du municipe où ils habitaient. Ils jouissaient à ce titre, non-seulement du droit public, *jus civitatis*, mais encore du droit quiritaire, du *jus patriæ, potestatis, hereditatum, mancipiorum, usucapionum, testamentorum, tutelarum*, etc. On accordait seulement à la majesté de Rome, ou plutôt à l'utilité de la république, que c'était dans la ville même, et non dans chaque municipe qu'on devait voter. A part ce droit fondamental qui devait être exercé à Rome, chaque cité avait sa république distincte, son sénat, ses lois municipales.

Doit-on admettre cependant que les Romains recevaient des lois des municipes, et ne leur en donnaient pas eux-mêmes? Roth condamne cette hypothèse comme contraire non-seulement aux institutions et aux mœurs de Rome, mais encore à celles de tous les peuples civilisés. Ce que dit Montesquieu *de ces idées d'uniformité qui saisissent quelquefois les grands esprits, mais qui frappent infailliblement les petits* (1) ne peut pas en effet s'entendre, en ce sens que les hommes libres d'une cité puissent obéir à des lois diverses. Aulu-Gelle l'avait dit, mais Tacite ne l'admet pas, et son opinion est confirmée par cet adage du droit public romain : *qu'en acceptant le droit de bourgeoisie romaine, un municipe perdait l'usage de son propre droit*.

Le nouveau droit de cité n'entraînait cependant pas l'abolition de tout ce qui existait dans l'ancien municipe. Il était non-seulement permis, mais ordonné par les pontifes aux municipes d'offrir les sacrifices selon l'usage des ancêtres (2) ; on leur laissait leurs flamines et leurs prê-

---

(1) *De l'Esprit des lois*, XXIX, 28.
(2) Cicero., *de Legib.*, II, 1, *pro Cluentio*, 15, *de Sacris.*

tres (1); on ne leur enlevait ni leurs magistrats ni leurs sénateurs; seulement, au lieu de gouverner une république, ceux-ci n'administraient plus que les intérêts particuliers d'une ville (2); les revenus, les impôts perçus au profit du peuple romain, n'étaient pas mêlés avec les biens particuliers des municipes.

Les habitants des municipes avaient en quelque sorte deux patries : l'une dans laquelle ils étaient nés, l'autre qui les avait adoptés (3). Ils pouvaient obtenir les honneurs suprêmes dans l'une et dans l'autre. Milon était dictateur de Lanuvium, sa ville natale, tandis qu'il se présentait à Rome comme candidat pour la dignité de consul (4). On nommait la ville libre où l'on avait pris naissance *patria germana naturæ vel loci;* et Rome où l'on avait acquis des droits, *qua exceptus est*, était appelée *patria communis civitatis vel juris* (5).

On voit par ce qui précède, que, dans leur institution primitive, les colonies et les municipes différaient : 1° dans leur origine, en ce que les municipes s'étaient formés peu à peu d'étrangers à la nationalité romaine, tandis que les colonies avaient été peuplées tout à coup de Romains ou d'alliés des Romains choisis par eux; 2° dans leurs rapports avec Rome, en ce que les municipes s'appartenaient à eux-mêmes, tandis que les colonies étaient des émanations de la cité romaine; 3° dans leur régime civil et municipal, en ce que les municipes se gouvernaient

---

(1) Cic. *pro Milone.*
(2) Cic. *de Legib.* III, 2, ad Dio. XIII, 12. *De lege agrar.* II, 34.
(3) Ego omnibus municipibus duas esse patrias, unam naturæ, alteram juris. Ut ille Cato, cum esset Tusculi natus, in populi Romani civitatem susceptus est. Ita cum ortu Tusculanus esset, civitate Romanus, habuit alteram juris. (Cic., *de legib.*)
(4) Cic., *pro Milone*, 37. (5) Cic. *De legib.*, II, 2.

par leurs propres lois, tandis que les colonies n'avaient d'autres institutions municipales que celles de Rome; 4° dans leur régime politique, en ce que la qualité de municipe était un titre à l'acquisition du droit politique, tandis que les colonies étaient dans l'impuissance de l'acquérir.

Aussi longtemps que la république du peuple romain fut libre, les municipes le furent aussi; mais quand la liberté fut opprimée, et que le droit de suffrage, principal attribut du droit de cité, cessa d'être admis dans les municipes, il n'y eut plus d'autre distinction entre les habitans de ces villes et la tourbe des provinciaux que le privilége du droit quiritaire, qui subsista jusqu'au moment où le droit de cité fut étendu à tout l'Empire (1). Dès lors toutes les villes qui obéissaient au peuple romain devinrent égales, et les différences entre les colonies et les municipes s'effaçant peu à peu, on ne distingua plus que les villes libres ou fédérées qui partageaient avec les colonies et les municipes le droit de s'administrer elles-mêmes, sous l'*imperium* romain (2), et les villes déditices c'est-à-dire entièrement soumises à l'arbitraire des gouverneurs des provinces.

§ 2. — On soumettait au régime des préfectures les villes qui s'étaient montrées injustes ou ingrates envers le peuple romain, ou qui lui avaient manqué de foi. La formule préfectorale différait peu de la formule provinciale; car on envoyait chaque année de Rome des préteurs, soit dans les provinces, soit dans les préfectures, pour les administrer et y rendre la justice. L'origine de la

---

(1) ROTH, *de Re municip. rom*, lib. I, VIII.
(2) Non recensui (civitates) quæ vel tum temporis (scil. inter tempora antiq.) subactæ quidem fuerant, suis tamen legibus adhuc utebantur. (DION. CASSIUS, lib. 52.)

préfecture paraît cependant plus ancienne que celle de la province. On la fait remonter au règne de Tarquin l'Ancien. Festus dit que dans les préfectures il y avait une forme de république (1); mais c'est une grande erreur, dit Sigonius, de croire que les préfectures fussent dotées du droit quiritaire, quand beaucoup de colonies et de municipes en étaient privés. Elles ne jouissaient pas même du droit latin ou italique, puisque la justice y était rendue par des préfets envoyés de Rome (2). Leur droit civil était tout entier dans les édits des préteurs, dont les uns, *quatervirs* ou *sexvirs*, étaient créés par les suffrages du peuple romain, et dont les autres étaient envoyés dans les différents lieux par le préteur de la ville. Leur droit public émanait du sénat romain, qui leur imposait à son gré les tributs, les impôts, les charges de la milice. Selon Sigonius (3) et Heineccius (4), les préfectures ne participaient en rien au droit de suffrage et aux honneurs, et si quelques unes d'entre elles étaient dotées du droit de cité romaine, c'étaient des exceptions qui les transformaient en colonies ou en municipes. Toutefois il y avait dans les préfectures des conseils publics et certaines magistratures (5); et, s'il est vrai, comme l'atteste Tite-Live (6), qu'il n'y eut à Capoue ni corps de cité, ni sénat, ni assemblée du peuple, c'était une exception. Du reste, à Capoue même, on voit apparaître plus tard, non-seulement l'ordre du sénat, mais

---

(1) Præfecturæ eæ appellabantur in Italia in quibus et jus dicebatur et nundinæ agebantur et erat quædam earum respublica. (FESTUS, v° *prefecturæ*.)

(2) Neque tamen magistratus suos habebant, in quas legibus præfecti mittebantur quotannis. (*Ibid.*)

(3) *De antiquo jure Italiæ, de præfecturis*, cap. X, XI et XII, t. 1, p. 7 et 9. — (4) *Antiquit. rom.*, App. — (5) SAVIGNY, *Histoire du droit romain*, ch. II, § 14. — (6) *Annal.*, XXVI, 16.

encore l'ordre des chevaliers et celui du peuple, ainsi que des magistrats envoyés de Rome comme préfets, pour rendre la justice, et des magistrats créés par la préfecture elle-même, tels que les *édiles* chargés de la garde des édifices publics, et les *questeurs*, chargés du soin des deniers de la préfecture. Ces différents fonctionnaires dépendaient tous des *préteurs*, en qui résidaient l'administration et la juridiction souveraines.

§ 3. — Outre les colonies, les municipes et les préfectures, il y avait en Italie et dans les provinces beaucoup de villes alliées à Rome depuis une époque reculée. Ce qui caractérisait la ville alliée (*fœderata civitas*), c'était qu'elle ne devait aux Romains que ce qui était énoncé dans le traité, et qu'elle était libre sur tout le reste. Les villes alliées conservaient leur sénat, leur conseil du peuple, leurs magistrats, leurs lois, leurs coutumes, et ce n'était qu'à défaut de leur droit particulier qu'on avait recours au droit romain (1). Les villes alliées étaient soumises au *stipendium*.

Les villes libres jouissaient, comme les villes alliées, de leur droit propre, et étaient en outre exemptes de tout impôt qui n'était pas mentionné dans les traités (2). Telle était Capoue avant d'être réduite à la forme de la préfecture. Telles étaient Tarente, Tibur, Préneste, Naples, qui, quoique liées par un traité avec les Romains, avaient tellement une république propre, qu'elles y recevaient ceux

---

(1) Id custodiri oportet quod moribus et consuetudine inductum est, et si qua in re hoc deficeret, tunc proximum et consequens ei est. Si nec id quidem appareat, tunc jus quo urbs Roma utitur servari oportet. (L. 32, ff. *De legibus.*)

(2) Civitates liberæ atque fœderatæ suo jure utebantur ; sed illæ immunes omnino erant : his quid Romanis deberent in fœdere cum singulis facto præscriptum erat. (Roth. *De jure municip. Rom.*, lib. I, 9.)

qui, par l'interdiction de l'eau et du feu, avaient perdu le droit de cité à Rome.

« Je ne doute pas, dit le jurisconsulte Proculus (L. 7, ff. *De captivis* et *de post liminio*, etc). que les peuples libres et fédérés ne nous soient étrangers, et qu'il n'y ait pas entre eux et nous de *postliminium*. Ils jouissent en effet de leur liberté chez nous, et retiennent chacun le *dominium* de leurs biens, droits que nous exerçons chez eux à titre de réciprocité. Un peuple est libre, quand il n'est soumis à la puissance d'aucun autre peuple, soit qu'il ait librement contracté une alliance, soit qu'il ait été stipulé par un traité qu'il conserverait la majesté d'un peuple distinct du peuple romain. Toutefois cette liberté n'empêche pas qu'il ne reconnaisse la supériorité d'un autre peuple. De même que nous reconnaissons la liberté de nos clients, quoiqu'ils ne soient pas nos égaux en autorité et en dignité, de même nous devons réputer libres les peuples qui rendent hommage à la majesté du peuple romain. » Cette loi marque clairement le caractère du patronage exercé par le peuple romain sur les peuples libres et alliés.

Quant aux lois et aux magistrats dont usait chaque ville fédérée ou libre, il serait difficile de les rechercher dans la nuit des temps. Ces lois et ces magistrats ont été très-divers, selon les époques et selon les lieux. Tite-Live, dans ses *Annales*, et Caton, dans ses *Origines*, font mention d'un *dictateur*; Pline, d'un *consul*; Tite-Live, de *préteurs*, de *censeurs*; Strabon, d'*édiles* et de *questeurs*; ces magistrats paraissent avoir existé dans les villes libres du Latium et de l'Italie, mais non dans celles de la Gaule citérieure, dont les magistrats étaient soumis à un préteur romain, chargé, comme le préfet dans la préfecture, de rendre la justice et d'exercer l'*imperium*.

§ 4. — Le mot *forum* a une double signification ; il s'entend, selon les commentaires de Nonius sur la langue latine, d'un lieu où l'on rend la justice ; il s'entend aussi d'un lieu où se tiennent les marchés publics.

Le préteur consacrait la mauvaise saison de l'année à rendre la justice, et réunissait les juges et les plaideurs dans des assemblées (*conventus*) où il siégeait, entouré de vingt assesseurs. Sa juridiction avait pour objet les controverses privées et la garde du droit quiritaire. C'était ce qu'on appelait le *forum*.

On donnait le même nom aux lieux que le préteur avait fixés pour la tenue des marchés. Ces lieux étaient quelquefois, selon Suétone et Pline, des propriétés particulières, et recevaient alors le nom de *conciliabula*.

Les *fora* et les *conciliabula* pouvaient quelquefois être ramenés au droit des municipes : *Sunt loca publica*, dit Aggenus Urbicus, *ubi prius fuere conciliabula et postea sunt in municipii jus relata.*

Sigonius pense que la plupart des *fora* ou des *conciliabula* avaient été fondés par les censeurs ou par les préteurs ; par les censeurs, quand ils ouvraient des chemins en Italie ; par les préteurs, quand ils y faisaient la guerre ou y obtenaient des provinces. De ces petits commencements naquirent, souvent attirées par les travaux publics ou l'importance des marchés, des villes fort importantes.

Dans les colonies, les municipes, les préfectures, les villes libres ou alliées, les *fora* et les *conciliabula* de l'Italie, on ne trouve pas la moindre trace du régime des proconsuls jusqu'au règne de l'empereur Adrien, et c'est à dater de ce règne que l'Italie a été soumise au régime des présidents, des consuls et des correcteurs.

CHAPITRE VIII

DES CURIES ET DES DÉCURIONS.

§ 1er. — L'origine des mots : *curie* et *décurion*, a été pour les érudits le sujet d'une controverse; mais ils reconnaissent tous que, dans la fondation de Rome et dans celle des colonies, ces mots furent employés pour exprimer certaines distributions administratives du peuple (1).

A l'exemple du sénat romain, il y avait, dans chaque *cité*, un conseil appelé *curie*, préposé à la chose publique et les membres de ce conseil étaient appelés *décurions* ou *curiales* (2), parce que, dit la loi 239, ff. *de verb. signif.*, quand on créait des colonies, la dixième partie de ceux qui y étaient amenés avait coutume de former le conseil public. Il n'y avait pas de curies dans les villages, *vici*, qui étaient administrés par les cités dans le territoire desquelles ils étaient situés.

§ 2. — On était décurion, ou par la naissance ou par l'élection.

Tout citoyen âgé de dix-huit ans et possesseur d'un revenu en fonds de terre dont la mesure était fixée à vingt-cinq journaux romains, était curiale dans la cité de son domicile, à moins qu'il n'en fût exempté par privilége, ou déclaré indigne.

(1) Voyez Isidore, *Origines*, II, 4; Denys d'Halic., L. 2, p. 75 ; Hume, *Hist. d'Angl.*, I, p. 92 ; Otto, *de œdil. col. et munic.*, V, 1, etc.

(2) Curiales iidem et decuriones ; et dicti curiales, quia civilia munera procurant et exequuntur. (*Etymologies d'Isidore*, ch. IV, n° 22.)

Ceux qui avaient eu un père ou un aïeul décurion étaient attachés à la curie par des liens indissolubles (1). A peine avaient-ils vu le jour qu'ils étaient, selon l'expression de la loi 55, *Cod. de decur, subjecti curiæ*, quoiqu'il fût interdit aux mineurs de vingt-cinq ans de prendre part à l'administration de la république (2). On exceptait cependant les fils de ceux qui s'étaient portés spontanément décurions (3).

On réputait également curiales d'origine ceux qui étaient nés d'un père plébéien entré depuis sa naissance dans l'ordre des curiales (4).

L'affranchissement et l'adoption conféraient aussi la dignité curiale (5).

Quand le nombre de ceux qui étaient nés décurions ne suffisait pas à l'administration de la cité, on leur adjoignait des collègues élus parmi les *municipes* et les *incolæ*.

§ 3. — L'assemblée des curiales, qui formait, dans chaque cité, le corps municipal appelé *curie* ou *ordre*, et chargé de traiter des affaires communes de la cité (6), se

---

(1) L. 37, Cod. *de decur.* GODEF., ad L. 135. Cod. THÉOD. *de decur.*—(2) L. 21, § 6 ff., *ad mun.* et L. 8 ff., *de decur.*—(3) L. 3, C. *de his qui sponte munera subeunt.*—(4) ULP., *disput.*, lib. II, § 2, 3, 4, 5 et 6.

(5) L. 4, Cod. *de decur, et filius eorum*; ULP., lib. II. *ad. edict.*

(6) Universos curiales præcipimus... Si non ægritudine, vel alia inexcusabili necessitate impediuntur in locum curiæ convenire. (Cod. THÉOD., liv. XII, tit. XII, L. 15.)

Observare oportebit.. ut decurionibus solemniter in curiam convocatis nominationem... faciant. (Cod. de JUST., liv. X, tit. XXXI, L. 2.)

Qui rempublicam olim nobis disposuerunt, existimaverunt oportere secundum regiæ urbis instar adunare in unaquaque civitate nobiles viros et unicuique... dare curiam per quam debuissent agi quæ publica sunt, atque omnia fieri secundum ordinem. (Novelle de JUST., liv. IV, tit. XVII.)

réunissait tous les ans aux calendes de mars pour nommer les décurions.

Chaque curiale avait droit de suffrage. Les délibérations se prenaient à la majorité des voix (1), et n'étaient valables que quand les deux tiers des membres étaient présents (2).

L'assemblée curiale élisait aux fonctions municipales ceux que leur âge, leur domicile et leur fortune rendaient idoines à la gestion de la chose publique. Les nominations, dit une loi de l'empereur Théodose (3), ne doivent pas être ébranlées par l'impossibilité où se sont trouvés d'assister à la séance tous ceux qui étaient inscrits sur l'album de la curie. La présence de deux tiers des membres inscrits suffit pour garantir la validité des nominations.

L'assemblée pouvait élire curiale et désigner aux fonctions municipales quiconque avait des facultés pécuniaires suffisantes pour suffire aux charges municipales moyennant le cens exigé, lequel consistait dans l'origine en une somme d'argent, et fut fixé par l'empereur Constance à vingt-cinq arpents de terre (4).

Les curiales pouvaient être choisis dans les dernières classes du peuple (5). Les marchands et négociants pou-

(1) Quod major pars curiæ effecit pro eo habetur, ac si omnes egerint. (Dig. de Just., liv. L, tit. I, n° 19.)

(2) Lege municipali cavetur ut ordo non aliter habeatur, quam duabus partibus adhibitis. (ULPIEN, Dig. de Just., liv. L, tit. IX, n° 3.)

(3) In nominationibus faciendis duæ partes curiæ sufficiunt. Nominationum forma vacillare non debet, si omnes qui albo curiæ continentur, adesse non possunt; cum duæ partes in urbe positæ, totius curiæ instar exhibeant. (Cod. Théod., liv. XII, tit. I, L. 142.)

(4) PLIN., *Epist.* XIX. L. 33, 46, 53, 72, 96, 133, Cod. *de decur.*

(5) Concessum curialibu sprovinciæ Mysiæ, ut si quos e plebe idoneos habent, ad decurionatus munia devocent: ne personæ famu-

vaient être élus curiales, dès qu'ils avaient acquis des propriétés foncières (1).

L'élection devait être faite trois mois au moins avant l'entrée en fonctions des décurions, afin que, si des excuses ou des immunités étaient proposées et admises, la curie pût nommer un autre de ses membres avant l'expiration des pouvoirs du magistrat actuellement en charge (2). La nomination des nouveaux élus devait leur être notifiée par le ministère d'un officier public, afin que ceux-ci pussent appeler au préfet de la province du décret qui leur conférait les dignités municipales (3). Mais il n'était pas nécessaire, pour que l'élection fût complète et valable, que le choix eût été approuvé par le gouverneur (4).

Les esclaves, les affranchis (5), les infâmes (6) étaient réputés indignes du décurionat. On y admettait les enfants revêtus de la robe prétexte, mais seulement pour participer aux sportules et sans espoir de suffrage (7), ainsi que les *spurii* et les hommes illettrés (8). On excusait, mais sans

---

lantium, facultate locupletes, onera pro quibus patrimonia requiruntur, obscuritate nominis vilioris evadant. (Cod. Théod., liv. XII, tit. I. L. 96.)

(1) Negotiatores prædiorum possessores, ad curiam vocari jure posse pecuniæ usum in glebæ commodum conferendo. (Cod. Théod., liv, XII, tit. I, L. 72.)

(2) L. 8. Cod. Théod., liv. XII, tit. 1. L. I, Cod., liv. I, tit. LVI.

(3) L. 28, Cod. Théod., liv. XII, tit. I. L. 2, Cod., liv. X, tit. XXXI.

(4) V. Gothof., *ad lib.* I. Cod. Théod... *Quem ad munic.* Pancirolle *de magistrat. munic.*, ch. III. Cujacius, *ad lib.* II, Cod. *de decur.* Roth, *de re municip. rom.*, p. 77.

(5) L. 1 et 2, Cod. *si servus aut libertus..*

(6) L. 5, § 3, ff., *de decur.*

(7) L. 21, § 6, ff., *ad mun.*, et L. 6, § 1, ff., *de decur.*, *minores 25 annorum decuriones facti sportulas decurionum accipiunt, sed interim suffragium inter cæteros ferre non possunt.*

(8) L. 3, § 2, ff., *de decur.*, L. 6, Cod. *de decur.*

les exclure, les navigateurs, les hommes âgés de plus de cinquante ans, les soldats, les vétérans, les clercs, les fabriciens, les professeurs et les médecins (1).

§ 4. — Les noms des décurions étaient inscrits sur des tables appelées *album curiæ*. La dignité et l'autorité de chacun d'eux se mesurait selon le rang qu'il y occupait. On inscrivait d'abord ceux qui avaient joui des honneurs non-seulement de la cité, mais de la grande république. Puis venaient ceux qui avaient exercé des magistratures municipales, telles que celles de *decemprini*, *principales*, *summates*, et à leur tête, celui que les lois et les jurisconsultes appellent : *primus curiæ*, *patronus civitatis*, etc. Le nombre des suffrages obtenus dans l'élection et le nombre des enfants en légitime mariage étaient des causes de préférence dans l'ordre des inscriptions (2). Celui qui avait été éliminé pour un temps recouvrait son ancienne place, à moins qu'un autre n'eût été élu dans l'intervalle (3). Celui qui avait été exilé cessait d'être décurion, mais pouvait être réélu à son retour (4), pourvu que le prince y consentît.

§ 5. — Le principal droit des décurions consistait à décréter ce qui convenait à la république (*de republicâ decernere*). Les lois du code Théodosien nous les montrent convoqués solennellement par les magistrats dans la curie, et là, les *honorati* assis, les autres debout, tous dans l'ordre où ils sont inscrits dans l'*album*, concourant à la décision (5), qui n'est valable, à la majorité des voix, qu'autant

---

(1) Roth., *de re municip.*, p. 70. — (2) L. 6, § 5, *de decur.*, L. 9, Cod. *eod.* — (3) L. 2, p. 2 et § 1, ff., *de decur.*— (4) L. 2 et L. 13, p. 2, *eod.*
(5) L. 2 et 4, Cod. Théod., *de decur.*, L. 1, § 1, ff., *de albo scrib.*

que les deux tiers des membres convoqués sont présents (1).

Les décrets des décurions embrassaient la double sphère du droit privé et du droit public. On les voit donner des tuteurs (2), assigner le temps et le lieu des marchés (3), décerner des honneurs à ceux qui les ont mérités (4). Mais ces décrets ne pouvaient pas franchir certaines limites, et ceux qui accordaient des immunités (5), qui distribuaient des récompenses illicites (6), qui causaient quelque dommage à la république (7), qui attentaient aux diverses prérogatives des citoyens (8) étaient rescindés comme ambitieux (9). Ceux qui n'étaient pas atteints de ce vice ne pouvaient pas être abrogés par le proconsul (10).

§ 6. — Les curiales ou décurions exerçaient toutes les fonctions et charges municipales sous les noms de : *charges curiales, charges personnelles et mixtes, charges civiles et publiques, charges de la patrie*, etc., *fungantur officiis curialibus ac municipalium munerum curâ*, dit une loi des empereurs Constantin et Constant (11). *Personæ... curialium vel civilium munerum vacationem non habent*, dit une loi des empereurs Dioclétien et Maximien (12). L'o-

---

(1) L. 19, ff., *ad munic.*, L. 3 et 4, ff., *quod cujus univ. nom.* — (2) L. 2, § 5, ff., *ad munic.*, L. 19, ff., *de tut. et curat. dat.*
(3) Nov. Théod., *ult.*
(4) L. 13, § 4, ff., *de injur.* — Hinc ordo Narbonensis publice funus decrevit. (*Lapis in Narbone.*) — (5) L. 1, Cod. *de decr. de decur.*, *super immun.* — (6) L. 4, § 2, ff., *de decr. ab ord. fac.* — (7) L. 4, Pr., *ibid.*, si debitorem aliquem dimiserint.
(8) L. 10, p. 2, ff., *de public.*, L. 3, C. *de vectig. nov.*, L. 2, § 1, ff., *ad L. J. Annon.* L. 1, Cod. *de pasc. publ.*
(9) Ambitiosa decreta dicuntur si illicita sunt ; quia potestatem legibus datam egreditur decurionum ambitio. (Cujas, *in comm. ad* T. D. *de minoribus*, t. II, *opp.*, p. 160.) — (10) L. 5, ff., *de decr. ab ord. fac.* — (11) Cod. Théod., liv. XII, tit. 1, L. 42.
(12) L. I, Cod. Théod. *de decurionibus*.

bligation imposée aux chefs de famille curiales de remplir les charges municipales résulte de plusieurs lois des empereurs Valentinien et Valens (1), Constantin (2), Constant et Constance (3).

Outre les attributions locales, les décurions remplissaient des fonctions déléguées par l'Etat; ils percevaient les tributs (4), ils recevaient l'ordre d'acheter du blé et de le revendre à juste prix aux municipes (5) ; ils plaçaient l'argent des cités (6).

§ 7. — Les décurions étaient attachés à la curie, comme les serfs à la glèbe. Ils ne pouvaient être admis ni dans l'armée, ni dans les cohortes des cités (7). On ne pouvait, pour échapper aux charges de la curie, entrer dans les ordres sacrés (8). Les Juifs n'en étaient pas exempts (9).

§ 8. — Le décurionat, cette magistrature suprême des cités romaines, était purement honorifique. Les édiles, dit Juvénal(10), se contentent, pour toute distinction, de leurs robes blanches. Les décurions ne pouvaient aspirer ni à la

(1) Qui origine sunt curiali, ad subeundam publicorum munerum functionem protrahantur.(Cod. Théod., liv. XII, tit. I, L. 76.)

(2) Qui ex his patres familias sunt, et idonei functionibus publicis, eligantur ad augendum curialium numerum.
Nemo prorsus curialium, deserendorum munerum patriæ habeat facultatem. (Cod. Théod., liv. VII, tit. XXII, L. 5.)

(3) Rarum Carthaginis splendissimæ senatum, et exiguos admodum curiales residere conquestus es, dum universi indebitæ dignitatis insulas... mercantur. Istius modi viri, demptis honoribus imaginariis, civitatis muneribus subjugentur. (Cod. Théod., liv. XII, tit. I, L. 27.)

(4) L. 17, § 7, ff., *ad mun.* — (5) L. 3, p. ff., *ad L. Jul. de Ann.* L. 5, ff., *de adm. rer. ad civit. pert.* — (6) L. 2, § 4, ff., *ad. municip.* — (7) L. 28 et 30. Cod. Théod., *de cohortalibus.* L. 14, *ibid., de privileg.* — (8) L. 3. Cod. Th., *de episc.* L. 63 et 104, *de decur.* — (9) L. 99, Cod. Théod., *de decur.*

(10) Sufficiunt tunicæ summis ædilibus albæ. (Juv. *Sat.* 3.)

dignité de sénateur ni à aucun autre honneur étranger (1).

La loi obligeait les décurions d'administrer la république à leurs périls et risques et ne leur permettait ni de se charger des affaires d'autrui, comme fermier (2) ou comme mandataire (3), ni d'être tabellions (4). Les décurions étaient tenus de résider dans la cité et ne pouvaient s'en absenter, même pour un temps très-court, qu'avec autorisation (5). Ils ne pouvaient être séparés de la curie que par les honneurs suprêmes ou par les dernières peines (6). S'ils quittaient la curie au mépris des lois, on les y ramenait de force, en quelque lieu qu'on les trouvât; et si l'on ne les trouvait pas, la curie s'emparait de leurs biens (7).

La loi atteignait non-seulement les magistrats et les décurions, mais leurs fils; et, toutes les fois qu'elle était violée, on ramenait à son observation (8).

Les biens des décurions étaient enchaînés à la curie comme leurs personnes; la curie répondant vis-à-vis de l'État de la gestion des collecteurs et percepteurs élus par elle (9), chaque membre de la curie était censé *exactor tributi* (10), et, à ce titre, responsable de l'impôt qui n'avait pas été recouvré. Il était obligé de donner des jeux et des spectacles à ses concitoyens (11). Ses biens ne pouvaient être vendus qu'en vertu d'un décret de la curie qui sur-

---

(1) Cod. Théod., *Legum novellarum*, tit. VIII.—(2) L. 30, Cod., *de loc. et cond.*—(3) L. 34, Cod., *de decur.*—(4) L. 15, Cod., *de decur.* —(5) L. 16, Cod., *de decur.* (Constantin, an 324.) L. 55, Cod. eod. tit. (A. 399.)—(6) L. 8, 24 et 66, Cod., *de decur.*—(7) L. 35, 50, 51 et 55, Cod., *de decurionibus.* L. 1, Cod. Just., si curialis relicta civitate, rus habitare maluerit.—(8) L. 1, Cod. Théod., liv. XII t. XVIII.—(9) L. 2 et 8, Cod., liv. 10. tit. LXX. Juxta inveteratas leges, nominatores susceptorum obnoxii teneantur.—(10) L. 17, § 7, ff. liv. 50, tit. I. (11) L. 1, Cod. *de spectaculis*.

veillait l'emploi du prix (1). Les curies succédaient aux décurions qui ne laissaient ni héritiers légitimes, ni testament (2), et avaient une réserve du quart sur les biens dont ils avaient disposé en faveur d'autres que les curiales (3).

Les décurions avaient rang de nobles et étaient distingués de la plèbe (4); ils n'étaient soumis ni à la torture, si ce n'est pour des crimes atroces, ni aux autres supplices qui atteignaient le vulgaire (5). Le proconsul ne pouvait pas les juger lui-même, il les faisait arrêter et réservait le jugement au prince (6). Les services extraordinaires, tels que ceux qui étaient requis dans l'intérêt particulier du prince (7), les services sordides (8), ne pouvaient être exigés d'eux. Tous ceux qui avaient rempli les fonctions de la curie étaient appelés *honorati*, et jouissaient de grands honneurs énumérés dans la loi 4, Cod. THÉOD., *de decur.*, et dans la loi dernière du même Code, *de offic. jud. civit.* Les décurions se partageaient un honoraire appelé *sportule*, qu'était tenu de payer le décurion nommé (9). Ceux qui tombaient dans l'indigence avaient droit à des aliments (10).

Mais, malgré ces avantages, la servitude des curiales devint tellement intolérable qu'on fut obligé de se relâcher de l'ancienne sévérité et d'admettre dans les curies les mi-

---

(1) L. 1 et 2, cap. *de prædiis decurionum.* —(2) L. 4, Cod., *de hered. decur.* — (3) L. 1 et 2, Cod. Quando et quibus quarta pars debetur ex bonis decurionum et de modo distributionis eorum.

(4) L. 7. § 2, ff., *de decur.* L. 7 et 14, § 4, ff., *de municip.* L. 5, Cod., *de defens. civit.*, liv. XXXIV, Cod., *de decur.*

(5) L. 14, ff., *de decur.* L. 9, § 2, ff., *de pœnis.*—(6) L. 27, § 2, ff., *de pœnis.*—(7) L. 21 Cod., *de decur.*—(8) L. 17, § 7, ff., *ad mun.* L. 14, Cod., *de suscept.* — (9) L. 6, § 1, ff., *de decur.* — (10) L. 8, ff., *de decur.*

neurs (1), les plébéiens (2), les commerçants (3), les bâtards (4), les illettrés (5), les juifs (6), qui en étaient exclus auparavant. Les décurions condamnés à l'exil et à la relégation purent rentrer dans leurs curies à l'expiration de leur peine (7). On y reçut même les individus condamnés au fouet par les édiles; car, dit la loi XII, *in fine*, *de decurionibus*, la rareté d'hommes honorables qui doivent s'acquitter des charges publiques motivera nécessairement la vocation de ces sortes de gens aux dignités municipales, s'ils ont de la fortune. Les choses en vinrent au point que la curie fut réputée un lieu d'expiation pour les criminels, ce que les empereurs Gratien, Valentinien et Théodose qualifient, il est vrai, d'abus (8). Aussi l'élection des décurions était-elle souvent, non un honneur déféré, mais une vengeance exercée. Une constitution d'Alexandre Sévère permet au gouverneur de la province d'annuler la nomination du magistrat municipal élu par ses ennemis, dans l'intention de le ruiner. Ulpien, contemporain d'Antonin, dit, dans la loi ff., *de decurionibus* (9) : Que le gouverneur de la province ait le soin de ramener dans leur patrie les décurions qui l'auront quittée pour aller se fixer dans un autre domicile, et de les forcer à remplir les charges qui leur incombent. Mais ni la sévérité des lois contre les déserteurs des curies, ni les avantages concédés à ceux qui y fixaient leur séjour, n'arrêtèrent la décadence du régime municipal dont la liberté est l'âme, et vers la fin du quatrième siècle, la plupart des magistrats des cités

---

(1) L. 11, ff., *de decur. et fil. corum.*—(2) L. 72, Cod. Théod., liv. XII, t. I. —(3) L. 12, ff., *de decur. et fil. eorum.*—(4) L. 3, § 2, ff., *ibid.*— (5) L. 6. Cod., *de decur.* —(6) L. 3, § 3, ff., *de decur.* —(7) L. 2 et 5, ff., *eod. de decur.*
(8) Ne quis eorum existimet curiæ loco supplicii deputandum.
(9) L. 1, ff., *de decurionibus*.

imitaient l'exemple des décurions de Claudionopolis, de Prusias, de Tottaï et de Voris, que le Code Théodosien nous montre prenant la fuite, laissant les curies désertes, les cités sans magistrats, et le fisc sans percepteurs.

CHAPITRE IX.

DES HONNEURS MUNICIPAUX.

§ 1. — L'honneur municipal, dit la loi 14 ff., *demuner.*, est l'administration de la république, accompagnée de dignité non salariée, et obligeant même à certaines dépenses. *Honor municipalis est administratio reipublicæ cum dignitatis gradu, sive cum sumptu, sive sine erogatione contingens.*

L'honneur municipal appartenait au premier magistrat, connu dans la plupart des villes sous le nom de *duumvir*, de *quatuorvir*, d'édile, de dictateur, de préteur (1). Cette dignité était en outre attachée à certaines charges secondaires, mais il y avait un grand nombre de services publics qui en étaient dépourvus.

Sigonius dit (2) que les honneurs étaient déniés aux affranchis, mais étaient accessibles à tous ceux qui jouissaient du plein droit de cité, fussent-ils d'ailleurs ouvriers et plébéiens. Il rappelle que Scaurus, patricien, consul et censeur, était né d'un père indigent, et que Octave qui devint Auguste, avait un aïeul banquier. Les honneurs du

---

(1) Voyez sur ces différents titres, EVERARD-OTHON, *de ædil. col. et municip.*, II, 5, et FAURIEL, *Gaule méridionale*, t. 1, p. 367.

(2) Voyez SIGONIUS, *de antiquo jure civum rom.*, t. I, p. 214, 215, 244 et 253.

décurionat étaient cependant interdits aux plébéiens, et celui qui n'était pas décurion ne pouvait être investi ni du *duumvirat*, ni des autres honneurs. *Is qui non fit decurio, duumvirato, vel aliis honoribus fungi non potest, quia decurionum honoribus plebeii fungi non possunt.* (L. 7, § 2, ff., *de decur.*)

On pouvait être dispensé des charges publiques et avoir néanmoins le droit de participer aux honneurs (1). On en éloignait ceux qui ne pouvaient être décurions, les infâmes, par exemple (2). Une accusation capitale ne permettait pas d'obtenir des honneurs nouveaux, mais ne faisait pas perdre ceux dont on était en possession (3). On ne pouvait parvenir aux honneurs sans payer ses dettes à la république (4) et sans avoir commencé sa vingt-cinquième année (5). On exceptait les sourds et muets (6), les vétérans (7), les négociants en blé (8), les professeurs d'arts libéraux (9), les compagnons des proconsuls (10). La dignité de sénateur exemptait des charges municipales, mais ne privait pas des honneurs (11). Il y avait en outre des

(1) Cui muneris publici vacatio data est, non remittitur ei ne magistratus fiat, quia id ad honores magis quam ad munera pertinet. (L. 12, ff., *de muner.*)

(2) L. un., Cod., *de infam.*

(3) L. 17, § 12, ff., *ad municip.* L. unic., Cod., *de reis postul.*

(4) L. 6, § 1, ff., *de muner.*

(5) Annus vicesimus quintus cœptus pro pleno habetur. Hoc enim in honoribus favoris causa constitutum est, ut pro plenis inchoatos accipiamus. (L. 8, ff., *de muner.*)

(6) L. 7, § 1, ff., *de decur.* —(7) L. 2, C., *de his qui non impletis.* — (8) L. 9, § 1, ff., *de vacat.* — (9) L. 6, § 8, ff., *de excusat.* —(10) L. 12, § 1, ff., *de vacat.*

(11) Municeps esse desinit senatoriam adeptus dignitatem, quantum ad munera ; quantum vero ad honorem, retinere creditur originem. L. 23, p. *ad municip.*

immunités accordées par les lois locales (1). Mais quand on manquait de sujets idoines à l'exercice des honneurs, on n'avait pas égard aux immunités (2). On élisait surtout des hommes riches (3), soit parce que les honneurs entraînaient de grandes dépenses, soit parce qu'il était ainsi plus facile à la république d'obtenir la réparation du dommage causé par les administrateurs. On ne pouvait exercer les mêmes honneurs qu'après cinq ans à dater de l'expiration des premiers, et des honneurs différents qu'après trois ans (4). Les honneurs n'étaient jamais continués, à moins qu'on ne trouvât personne d'idoine à être élu (5). On s'élevait graduellement dans l'échelle des honneurs (6), et l'on n'en redescendait pas (7). On ne pouvait imposer une charge à celui qui jouissait d'un honneur, mais on pouvait déférer un honneur à celui qui remplissait une charge (8). On ne pouvait gérer dans le même temps les mêmes honneurs dans deux cités (9). On ne pouvait se racheter par de l'argent d'un honneur déféré (10). Si l'on pensait que l'honneur devait être déféré à un autre, on pouvait exiger qu'il fût élu (11). Celui qui, nommé légalement, ne pouvait invoquer ni immunité, ni

(1) L. 5, § 1, ff., *de immunit.* — (2) L. 2, ff., *de muner.* L. 2, § 1, ff., *de jure immun.* — (3) L. 6, p. ff., *de muner.* — (4) L. 2, Cod., *de muner. et hon.*

(5) L. 18, ff., *ad municip.* L. 14, § 5 et 6. L. 16, § 3, ff., *de muner.*

(6) Ut gradatim honores deferantur edicto, et ut a minoribus ad majores perveniatur epistola Divi Pii ad Titianum exprimitur. L. 2, p. 2, ff., *de muner.*, liv, XIV, § 5, *eod.* L. 71 et 75, Cod. Th., *de decur.*

(7) Majoribus honoribus functos ad minores devocari non oportere rationis est. L. 2, Cod., *quemadmod. civ. mun.*

(8) L. 10, ff., *de muner.* — (9) L. 17, § 4, ff., *ad municip.*

(10) L. 16, p. 2, ff., *de muner.*

(11) L. Unic., C., *de pot. muner.*

sentence du gouverneur de la province, était tenu d'accepter l'honneur et pouvait y être contraint par la saisie de ses biens (1).

§ 2. — Les magistrats municipaux des provinces se distinguaient des magistrats de Rome sous un rapport très-important. A Rome, la plupart des magistrats jouissaient d'un très-grand pouvoir qui leur était déféré par le peuple, mais ce pouvoir était divisé entre eux, et par un système de contre-poids habilement ménagés, la république tout entière était tenue en équilibre (2). En outre, si quelqu'un des magistrats abusait de son pouvoir, les tribuns du peuple pouvaient demander que ce pouvoir lui fût retiré. Dans les provinces, un seul magistrat, qui n'avait pas de collègue romain (3), commandait à des étrangers et ne rendait pas même compte de son administration aux provinciaux, mais au peuple romain. S'il commettait des cruautés, des iniquités, il ne pouvait être accusé que par les seuls citoyens romains, non par les provinciaux, à moins qu'ils n'eussent imploré le secours de quelque puissant patron. Le préteur exerçait seul la juridiction dans la province, il commandait aux soldats, administrait toutes choses, affermait les impôts, proposait dans un édit les formules des actions civiles, connaissait des causes capitales (4). Le sénat lui donnait un questeur et des lieutenants, mais ceux-ci n'avaient de juridiction que celle que le préteur leur déléguait ; le questeur lui-même, quoique investi par les lois d'un office déterminé et d'une juridiction propre, était dans une dépendance filiale du

---

(1) L. 2.; ff., *de muner.*
(2) Voyez l'*Essai sur les lois criminelles des Romains*, concernant la responsabilité des magistrats, par M. Ed. LABOULAYE.
(3) CIC. *in Verr.*, lib. II, cap. 12.
(4) ULP., liv. IX, L. 1 et 6, ff. *de officio proconsulis et legati.*

préteur, et l'on eût considéré comme impie toute opposition émanée de lui (1). Sa principale attribution consistait à soigner les deniers publics envoyés du trésor pour l'usage de la province, ou recueillis dans la province pour être envoyés au trésor, et à tenir compte des recettes et des dépenses (2).

Toutefois la puissance des préteurs était moindre que celle des consuls. Ils n'avaient pas le droit de vie et de mort, à moins qu'un sénatus-consulte ne les en eût armés : *ne quid detrimenti respublica capiat* (3). Ils ne pouvaient même, selon Heineccius, ni déposer dans une île, ni faire vendre les biens. Mais ils étaient investis néanmoins de l'*imperium merum* (l'autorité militaire) et de l'*imperium mixtum* (juridiction civile). Ils donnaient l'été au soin des choses de la guerre, et l'hiver à l'administration de la justice qu'ils rendaient dans des assises, *conventus*, νόμοι, tenues alternativement dans les principales villes de la province. Ils marchaient précédés de six licteurs portant des faisceaux et des haches, symbole de la puissance appelée : *major vis imperii*. A leur départ pour la province, le sénat leur traçait le programme de leur administration (4), et leur recommandait de ne pas pressurer les provinces, leur prohibait le négoce et la possession des terres provinciales, et ne leur permettait qu'à peine d'emmener leurs épouses, les rendant responsables des délits qu'elles pourraient commettre. Tout devait être fourni au préteur par le trésor public, ou par les sociétés de publicains établis dans la province : la paye des soldats, le blé à distribuer

---

(1) L. 12, ff., *de officio procons. et legati*.
(2) HEINECC., *Antiq. rom.*, liv. I, c. 4, § 105. — DUBOS, *Hist. crit. de l'établissement de la monarchie*, liv. I, ch. 6, 7 et 8.
(3) SIGONIUS, I, 227.
(4) ULP., liv. IX, p. 2, ff., *de officio proconsulis et legati*.

au peuple; il leur était interdit d'établir aucun impôt, de mettre à mort les citoyens, de les déporter, de faire vendre leurs biens. Mais on peut juger de l'inefficacité de ces précautions, dont Cicéron (1) fait dans les Verrines un pompeux éloge, par la conduite même de Verrès et de tant d'autres de ses collègues, dont les excès de pouvoir ne pouvaient être réprimés que deux ou trois ans après la cessation de leurs fonctions, par le préteur qui leur succédait, et restaient presque toujours impunis.

§ 3. — A côté du proconsul ou préteur, du questeur et des *legati*, tous représentants du pouvoir central, s'élevaient les magistrats annuellement élus par la curie, et généralement appelés *duumvirs* (2). On les élisait trois mois avant leur entrée en fonctions, afin que, s'il y avait de justes causes de récusation, on pût les remplacer sans dommage pour la république (3).

La durée ordinaire et primitive du duumvirat était d'une année (4); Constantin la fixa à deux ans pour le cas où le duumvir aurait cherché à se soustraire par la fuite aux charges et aux soucis de la magistrature à laquelle l'avaient élu ses collègues de la curie (5).

Les duumvirs étaient investis de deux ordres de fonctions : 1° ils administraient la république municipale et engageaient leurs cocontractants envers la cité, et la cité elle-même envers leurs cocontractants, à l'égard desquels ils demeuraient subsidiairement responsables (6). Ils pouvaient agir dans l'intérêt commun, tant en demandant qu'en défendant, ou charger de ce soin des mandataires

---

(1) V. Cicer. *in Verr.*, lib. VII, 5; les lois 6, § 3. ff., *de officio procons. et legati*, 18. ff., *de officio præsidis*.
(2) L 13, ff., *ad municip.*
(3) L. 1, Cod. *de magistr. municip.*, liv. XXVIII, Cod. Théod. *de decur.* — (4) L. 4, 8 ff., liv. LI, tit. I. — (5) L. 16, Cod. Théod., *de decur.* — (6) L. 35, ff., liv. XLIV, tit. XXVII.

choisis par eux, si les décurions les avaient autorisés par un décret à déléguer ainsi leur pouvoir (1). Ils présidaient le conseil chargé de décréter tout ce qui concernait la république, dans des réunions auxquelles le proconsul assistait, mais qu'il ne présidait pas (2), quoiqu'il y eût la place d'honneur (3). Ils faisaient d'ailleurs beaucoup de choses eux-mêmes; ils dirigeaient les jeux (4) et nommaient aux charges publiques (5). 2° Les duumvirs exerçaient une juridiction limitée à laquelle était attachée, comme complément nécessaire, une portion exiguë de *l'imperium* (6), quoique Ulpien définisse les magistrats municipaux en termes trop généraux peut-être par la loi 32 ff., *de injur.* : *Qui sine imperio aut potestate sunt magistratus.* Au delà d'une certaine somme d'argent, la juridiction des duumvirs cessait (7), à moins que les parties ne la leur déférassent volontairement (8). Il n'est pas certain, mais il est vraisemblable qu'ils pouvaient infliger des amendes (9). Certains actes du droit civil étaient permis à tous les magistrats qui avaient la *plena legis actio*. Les lois locales ou la coutume les investissaient quelquefois de droits que ne leur attribuait point le droit commun. Les proconsuls leur déléguaient aussi des pouvoirs qui ne leur appartenaient pas en propre (10), et dont l'exercice leur répugnait (11).

(1) L. 6, § 1, ff., liv. III, tit. IV.
(2) Proconsul adesse dicitur, non præesse. L. 2. Cod., *de decur.*, L. I, § 4, ff, *quando adpellandum.*
(3) Præfectorum prima sit ante universos sedes. L. 4, Cod., lib. I, tit. XXVI.
(4) L. 20, Cod., *de decur.* ; L. 1, liv. IV, Cod. Théod., *de spectac.* — (5) L. 15, § 5, ff., *de injur.* — (6) L. 2, ff., *de jurisdict.* — (7) Paul, *Sentent.*, V, 5, 1. — (8) L. 28, ff., *ad municip.* — (9) L. 131, § 1, *in fin.*, ff. *de.* — (10) Roth., *de re municip. rom.*. p. 93. — (11) Arg., L. 8, Cod. Théod., lib. VIII, tit. XII.

C'était parmi les duumvirs, puis parmi les simples décurions que les préfets des provinces choisissaient les juges pédanés (1). Les duumvirs ne pouvaient pas faire ce qui dépendait de l'*imperium*, plutôt que du droit de juridiction (2). Ils n'avaient pas de tribunal, signe caractéristique de l'*imperium*. Ils ne pouvaient pas prononcer des peines et n'avaient aucun pouvoir au delà des limites de la cité. Il leur était permis cependant de veiller à la sûreté publique dans les cités, de sévir modérément contre les esclaves, de mettre en prison, mais sans les condamner à une peine quelconque, les hommes libres, et de livrer au proconsul les fuyards (3).

§ 4. — Certaines curies avaient pour chefs des principaux, *principales*, au lieu de duumvirs. Le *principalis* n'était pas élu, mais était le premier inscrit sur l'album de tous les membres de la curie (4). Ses fonctions, d'abord quinquennales, puis décennales, furent prolongées jusqu'à une durée de quinze ans (5). Il était chargé avec les *decemprini*, ou *décaprotes*, c'est-à-dire, avec les dix premiers décurions inscrits sur l'*album*, des répartitions et de la confection du rôle des impôts que des curateurs ou exacteurs avaient la mission de percevoir (6).

§ 5. — On appelait *œdiles*, dans certaines cités, les magistrats qui, dans d'autres, étaient appelés *duumvirs*; mais en général c'était une magistrature différente et inférieure au duumvirat. Les édiles avaient principale-

---

(1) Judices pedanei, L. 38, § 10, ff., liv. XLVIII, tit. XIX.
(2) L. 26, ff., *ad municip.* — (3) ROTH., *de re municip.*, p. 95 et suiv. — (4) FAURIEL, *Gaule mérid.*, tit. I.
(5) L. 171, Cod. THÉOD., liv. XII, tit. I.
(6) L. omnis, Cod. THÉOD., liv. VIII, tit. XV ; L. 117, C. THÉOD., liv. XII, tit. I ; L. 4, Cod. THÉOD., liv. XI, tit. XVI ; L. 2, Cod. THÉOD., liv. X, tit. IV ; L. *unic.*, Cod. THÉOD., liv. X. tit. XV,

ment le soin des édifices et des voies publiques. Ils veillaient à la solidité des uns et à la libre circulation dans les autres. Ils veillaient aux bains publics, aux jeux, à l'approvisionnement des cités, aux poids et mesures. Ils n'avaient pas de juridiction, mais jouissaient, dans une certaine mesure, de l'*imperium municipale*. Ils faisaient battre de verges les marchands qui commettaient des actes d'improbité, et infligeaient des amendes à ceux qui n'exécutaient pas les mesures de police.

§ 6. — Une puissance rivale de celle des édiles était celle du magistrat appelé *curator reipublicæ*. Ce magistrat, préposé au soin des édifices et des lieux publics de la cité, donnait à ferme les champs publics, revendiquait ceux qui avaient été usurpés, discutait les comptes des travaux publics, prêtait l'argent de la république, sans pouvoir remettre ce qui lui était dû (1), recevait les gages et les hypothèques donnés par les débiteurs, défendait en un mot tous les intérêts de la cité dont il était réputé le père. Il n'exerçait d'ailleurs ni l'imperium, ni le droit de juridiction, à tel point qu'il ne pouvait infliger aucune amende (2), mais il jouissait cependant d'une dignité assez élevée (3).

Tels étaient, dans les provinces romaines, les *honneurs municipaux*. Que s'il est permis, dit Roth, de comparer les petites choses aux grandes, les duumvirs sont pour les villes ce que sont, pour toute la république, les consuls et les préteurs. La magistrature des édiles est, dans les provinces, ce qu'elle est à Rome, les curateurs y sont ce qu'étaient autrefois les questeurs. Ajoutons qu'ils exerçaient aussi quelques-unes des fonctions des censeurs.

---

(1) Cujas, *obs.*, t. IV, c. xvii d. — (2) L. 3, Cod., *de modo mult.*
(3) L. 20, Cod. Théod., *de decur.*

§ 7. — Au déclin de l'empire, on voit surgir une magistrature nouvelle : c'est celle du *défenseur du peuple* ou de la cité. Sa mission, indice du malheur des temps, consistait à défendre principalement les habitants des champs et les pauvres contre la violence des proconsuls et de leurs compagnons, contre l'avarice des exacteurs, contre l'insolence et les fraudes des hommes riches et puissants. Ils avaient le droit de déférer aux préfets du prétoire les actes faits contre les lois. Dans le principe, leur juridiction était limitée et dépendante (1), mais elle s'étendit progressivement et devint plus importante que celle des anciens magistrats. Justinien les décora du titre d'Archontes et les autorisa à suppléer le gouverneur absent. Il défendit aux proconsuls de juger les causes qui étaient de la compétence des défenseurs, c'est-à-dire qui n'excédaient pas la somme de trois cents sous d'or. Les défenseurs imprimaient aux actes civils, notamment aux donations et aux testaments, le cachet de l'authenticité ; ils donnaient des tuteurs, ils punissaient les délits légers d'une amende qui ne pouvait excéder deux sous d'or ; ils mettaient en prison et renvoyaient devant le préteur ceux qui avaient commis des délits plus graves. Deux appariteurs étaient donnés à ces magistrats.

Le défenseur de la cité n'était pas nommé seulement par les décurions mais par tout le peuple, non-seulement de la curie, mais des autres municipes auxquels se joignaient, depuis l'avénement du christianisme, l'évêque et son clergé. Justinien enjoignit au proconsul d'inscrire tous ceux qui avaient été nommés sous la foi du serment, sans qu'aucun d'entre eux pût trouver une excuse, même dans la dignité suprême. Chacun entrait à tour de rôle en fonctions et était

---

(1) L. 1 et 5, Cod., *de defens. civit.*

tenu de les exercer pendant deux ans. Du reste ils devaient être confirmés par les préfets, et c'était par ces magistrats, et non par les gouverneurs des provinces, qu'ils pouvaient être privés de leur dignité. Il ne leur était pas permis, d'ailleurs, de se substituer personne, ni d'abdiquer leur magistrature avant le laps de deux ans, sans la permission du préfet (1).

(1) ROTH., *de re municip. rom.* C. 3, XXV.

CHAPITRE X

DES SERVICES MUNICIPAUX.

§ 1. — *Munus publicum*, dit Pomponius (1), *est officium privati hominis ex quo commodum ad singulos universosque cives remque eorum imperio magistratus extraordinarium pervenit*. Le *munus* diffère de l'*honor*, en ce qu'il n'est pas accompagné de dignité. Trois caractères dominent dans le *munus publicum* : d'un côté c'est un don, de l'autre c'est une charge ; de sorte que celui qui s'en affranchit est appelé *immunis* ; enfin c'est un office.

§ 2. — On distingue trois sortes d'offices municipaux : les offices personnels, les offices patrimoniaux et les offices mixtes.

1. — La loi 18, § 1, ff. *de mun.*, définit ainsi les offices personnels : *Munera personalia sunt quæ, animi provisione et corporalis laboris intentione perpetrantur*. Tels sont la questure, l'administration de l'argent, les funérailles publiques, la charge de faire des levées de soldats, de chevaux et de fournitures, les transports pour les services publics, les achats de blés et d'huiles pour le compte de la cité, le soin des bains et des aqueducs, la police des mœurs, la construction et la réparation des routes, l'inspection du pain et des vivres de la cité, le recouvrement de l'annone

---

(1) L. 239, § 3, ff. *de verb. signif.*

due par les possesseurs des champs, la perception des revenus municipaux, la garde des édifices publics et des archives, la rédaction des rôles d'impôts, l'inspection des registres, la fourniture du sel et du bois aux étrangers, la garde des ports, la construction et la réparation des édifices publics, la fourniture des chameaux pour le transport des bagages de l'armée, la conduite des troupes pendant la nuit, la défense judiciaire des cités, la charge des *mastigophori* qui accompagnaient les athlètes au combat, celle des scribes et des magistrats.

Hermogénien résume en ces termes tous les offices municipaux personnels : *Personalia civilia sunt munera : defensio civitatis, id est ut synd. fiat. legatio ad census accipiendum, vel patrimonium (scribitus) annonæ ac similium cura, prædiorumque publicorum, frumenti comparandi, aquæductus, equorum circensium spectacula, publicæ viæ munitiones, arcæ frumentariæ, calefactiones thermarum, annonæ divisio, et quæcumque aliæ curæ istis sunt similes.* L. I, § 2, ff de muner. et hon.

II. Les offices patrimoniaux sont gérés aux frais et aux risques de ceux qui les administrent. De ce nombre sont : l'exaction des tributs, et, dans certaines provinces, les achats de vin, de blé et d'huile pour les services publics, les fournitures et le logement des gens de guerre et d'autres. Ces offices se divisent en ordinaires et extraordinaires : les offices ordinaires sont ceux qui sont déférés par les lois, les sénatus-consultes, les constitutions des empereurs ; les offices extraordinaires sont ceux qui sont conférés à l'improviste par les magistrats.

III. Les offices mixtes sont ceux des dix ou des vingt premiers citoyens de la cité, qui recouvrent les tributs, et qui sont tenus d'indemniser le fisc des pertes causées par les insolvables. On compte parmi les offices mixtes les charges appelées par la loi 1ʳᵉ, § 1, du tit. *rei vehicularis, item navicularis; ab istis enim, periculo ipsorum exactiones solemnium celebrantur.*

§ 3. -- Des charges publiques de diverses sortes sont imposées aux officiers municipaux.

I.—Cicéron (1) et Tacite (2) rappellent que des provinces et des cités partaient autrefois des députés, *legati*, soit pour aller louer ou défendre un proconsul, un préteur ou un simple citoyen, soit pour obtenir ou conserver des priviléges, soit pour saluer le prince ou le gouverneur de la province. Les lois 1 et 4, § 5, ff., *de legat.*, paraissent attribuer la nomination de ces députés aux décurions. Leur mandat, consigné dans des lettres, leur est déféré par le peuple, à qui les constitutions impériales ont laissé le droit de délibérer à ce sujet en conseil, sans l'intervention du préteur (3). Il n'est pas permis aux villes d'envoyer plus de trois députés (4), toutes les cités de la province se réunissent en conseil commun pour les choisir (5). L'immunité de cette charge appartient au père de trois enfants (6); le débiteur de la république municipale, mais non le débiteur du fisc, en est écarté (7). Il n'est permis de se substituer personne, si ce n'est son fils, dans l'exercice de cette charge (8). Celui qui s'est acquitté d'une légation ne peut être tenu d'en reprendre une autre qu'après un intervalle de deux ans (9) ; mais tant qu'elle dure, il ne peut gérer ni ses propres affaires, ni celles d'autrui, si ce n'est pour

---

(1) Cic. *ad div.*, III, 8, *pro Flacco* ; C. 26, *pro Planc.* ; C. 9, *pro Cæl.* ; C. 2, *in Verrem, locis plur.*
(2) Tacit., *Ann.*, l. 79, III, 60, IV, 14, XII, 62, XIII, 48.
(3) L. 5, C. *de legat.*, L. 9, 10 et 12, C. Théod., *de legat.*
(4) L. 4, § 6, ff., *de legat.* -- (5) L. 7, C. Théod., *de legat.* -- (6) L. 1, C., *de legat.* — (7) L. 4, et § 2, ff., *de legat.* —(8) L. 4, § 4, ff., *de legat.* —(9) L. 8, § 1, ff, *de legat.*

repousser une injure ou un dommage (1). On ne donne pas d'honoraires aux députés, mais on leur paie leur dépense de route, et on leur accorde à cet effet une action contre la patrie (2).

II. — Le syndic, *syndicus*, ou défenseur, est un *procurator ad lites* que M. Raynouard a tort de confondre avec le défenseur de la cité (3). Il est ou constitué par la loi du municipe (4), ou nommé soit par la curie, aux deux tiers des membres présents (5), soit par celui que la curie a chargé de cette nomination (6). Il n'est pas préposé dans la cité à l'administration générale, mais seulement aux affaires dont il a été spécialement chargé (7). Le syndic doit être choisi parmi les personnes idoines, et peut être changé pour les mêmes causes que le procureur de la république (8). Il est constitué non-seulement pour représenter la cité en jugement, mais pour dénoncer toute nouvelle œuvre, et faire d'autres actes de même nature (9).

III. — Le *susceptor*, dont l'office consiste à lever les impôts dus par les municipes à l'État, est nommé par la curie, aux risques et périls des décurions (10). Il exige, sous la forme d'un impôt de capitation, tout l'argent que chacun est tenu de payer à la république (11), soit sur les récoltes, la cinquantième partie du blé, la quarantième partie de l'orge, la vingtième partie du vin et du lard, et serre ces denrées dans les greniers du fisc (12). Il apprend ce qu'il doit exiger de chacun, par un registre qu'il reçoit du *tabularius* de la

---

(1) L. 8, § 2, L. 9 et 10, ff., *cod.* — (2) L. 7, p. 2, *eod.* — (3) *Hist. du droit municipal*, t. I, *Du défenseur.* — (4) L. 3, ff., *quod cujusq. univ.* — (5) L. 3 et 4, *eod.* — (6) L. 6, § 1, ff., *eod.* — (7) L. 6, § 1, ff., *quod cujusc. univ. nom.* — (8) L. 6, § 3, *cod.* — (9) L. 10, ff., *eod.* — (10) L. 23, Cod., *de decur.*; L. 8, Cod., *de suscept.* — (11) L. FIN, § 8, ff., *de muner.* — (12) L. 7 et 9, Cod., *de suscept.*

cité (1); les poids et les mesures sont exposés en public, afin qu'il ne soit pas demandé plus qu'il n'est dû. Le *susceptor* jouit des immunités de toutes les autres charges civiles ; sa charge n'est pas réputée sordide (2) ; elle dure un et quelquefois deux ans; elle impose, quand le terme arrive, l'obligation de rendre des comptes (3).

IV. — L'*irénarque* est chargé, comme d'autres magistrats dont on a parlé plus haut, de veiller à la sûreté publique. Il est nommé par la curie, et confirmé par le proconsul (4). Il recherche les voleurs et les autres criminels, il les interroge sur leurs complices et les renvoie à leurs juges avec une lettre appelée *elogium* (5). On le distingue du *liménarque* qui est particulièrement préposé à la garde des portes (6).

Sous les ordres du *curator reipublicæ*, investi, comme nous l'avons vu, à titre d'honneur, de l'administration générale de la cité, il y a des curateurs spéciaux dont la *charge* a des objets divers. Le *curator ad colligendos civitatum publicos reditus*, appelé aussi quelquefois *quæstor*, recouvre les revenus des cités; le *curator calendarii* reçoit, à titre de comptable municipal, les deniers publics et les place à intérêt, à ses risques et périls (7). Le *curator frumenti* reçoit l'argent nécessaire à l'achat du blé et du vin destinés à la cité, et rend compte chaque année de l'emploi qu'il en a fait (8). Le *curator operum* est chargé de surveiller les travaux publics; le *curator balneorum* dirige les bains publics; les aqueducs sont mis sous la garde du

---

(1) L. 7 et 1, Cod., *de exact. trib.* — (2) L. 17, § 7, ff. *ad municip.*; L. 10, Cod. *de excus. tut.* — (3) L. 4, Cod., *de suscept.* — (4) L. UN., Cod., *de Irenarch.* — (5) L. 6, ff , *de custod. et exhib. reor.* — (6) L. 18, § 10, ff., *de muner.* — (7) L. 9, § 7 et 9, ff., *de adm. rerum ad civit. pert.* — (8) L. 2, 9, § 5, ff., *eod.*, NOV. CXXVIII, 16.

curator aquæductus, et les édifices sous celle du *custos œdium*. On confie aux *exactores* le soin de faire rentrer les contributions ; aux *setones*, aux *curatores annonæ compurandæ*, l'achat du froment ; aux *curatores annonæ dividendæ*, la distribution de l'annone ; aux *curatores pistrinorum*, l'inspection de la boulangerie ; aux *curatores olearii*, l'achat et la distribution de l'huile. Les *nyctostrategi* conduisent les gardes de nuit ; les *scribæ* transcrivent les actes des magistrats (1) ; les archivistes, *archeotæ*, conservent les registres municipaux. Les *censuales* recherchent les ressources imposables des citoyens, et deviennent ainsi les ministres des *censitores*, qui déterminent le cens de chacun (2) ; les *tabularii* tiennent les registres publics, et y inscrivent ce que chacun doit à la république. Il ne faut pas les confondre avec les tabellions, qui reçoivent dans des actes publics les testaments et les contrats (3). Les attributions des officiers chargés du dépôt des actes publics, et celles des officiers chargés du dépôt des actes privés, étaient distinctes ; mais Constantin, dans un but probablement fiscal, ordonna que désormais les contrats seraient insinués *apud acta municipalia*. Il déclara même nulles les donations qui n'auraient pas été *insinuées*, soit par le juge ordinaire de la province où étaient situés les immeubles donnés, et où le donateur avait son domicile, soit, en son absence, par le curateur ou les membres du collége municipal (4). Constance et Constant confirmèrent la constitution de leur père (5), et Valentinien et Valens, en l'an 366, confièrent aux magistrats municipaux le soin de

---

(1) L. 18, § 17, ff., *de muner.*—(2) L. 2, Cod. Théod., *de tabul.*, L. 7, Cod., *de exact.* — (3) L. 17, Cod., *de fide instrum.* ; L. 24, Cod., *de test.*—(4) L. 27, Cod., *de donat.* ; L. 3 et 5, Cod. Théod., *de donat.* — (5) L. 6, *ibid.*

rédiger les actes (1), droit qu'ils n'avaient auparavant qu'à défaut du juge ordinaire, et qu'une constitution des empereurs Honorius et Théodose le jeune ne leur permit désormais d'exercer qu'à défaut des gouverneurs des provinces (2). Honorius et Arcadius avaient exigé, par une constitution de l'an 396, pour la confection des actes municipaux et pour l'insinuation, l'assistance de trois des principaux de la curie, outre le magistrat et le greffier (3). Théodose le jeune et Valentinien III, touchés, disent-ils dans une novelle (4), de ce que les malheurs publics avaient réduit les curies à un petit nombre de curiales, accordèrent que la confection des actes municipaux eût lieu valablement par le ministère du greffier, en présence de trois curiales. Les adoptions (5), les inventaires des biens des pupilles (6), les ventes, testaments et institutions d'héritiers, les mandats, et en général tous les actes de la vie civile furent en conséquence insinués dans les archives municipales, qui devinrent ainsi, selon l'expression d'un écrivain, l'arche qui conserva, dans le déluge des barbares, le dépôt de la loi et de la civilisation pour le rendre dans des temps meilleurs.

§ 4. — Les magistrats municipaux que la législation romaine avait multipliés afin que la division du travail ne laissât en souffrance aucun intérêt public, nommaient aux charges publiques ceux qui leur paraissaient idoines (7),

---

(1) Magistratus municipales conficiendorum actorum habeant potestatem. L. 2, Cod., *de magistratibus municipalibus*.

(2) L. 8, Cod. THÉOD., *de donat*. — (3) L. 151, Cod. THÉOD., liv. XII, t. I. — (4) Nov. THÉOD et VALENTIN, Cod. THÉOD., L. 1, t. XXIII, *Numidarum*.

(5) *Aniani interpretatio ad* L. 2, Cod. THÉOD., *de legitimis hæreditatibus*. — (6) L. 4, Cod. THÉOD., *de administratione et periculo tutorum*. — (7) L. 2, Cod., *de decur*.

et c'est par un décret que la charge était déférée (1). Toutefois la loi 3, Cod. Théod., *de extraord.*, paraît supposer que, dans certaines cités, des charges ont été déférées par des édits, sans aucune intervention des magistrats ; mais la loi 27, Cod., *de appell.*, déclare nulles et de nul effet toutes nominations faites par des édits, en dehors de tout conseil public. Quiconque, nommé régulièrement, quoique injustement, n'a pas protesté, est censé avoir consenti (2), et celui qui ne s'acquitte pas de la charge qu'il a acceptée est tenu de réparer le dommage qu'il a causé à la république (3), sans pouvoir se racheter, par une offre d'argent, de la nécessité de remplir ses fonctions (4). Les magistrats sont d'ailleurs tenus de nommer les plus capables, mais de manière que les mêmes ne soient pas toujours chargés du même fardeau (5) ; ils doivent surtout veiller à ce que celui qui est nommé appartienne à la cité par son domicile, ou par son origine.

§ 5. — Les étrangers résidants sont considérés par certains jurisconsultes, par Cujas entre autres, comme aptes à remplir les charges municipales ; mais Roth en décide autrement, et conclut de la loi 17, § 5, ff., *ad municip.*, et de la loi 4, Cod., *de incolis*, que celui qui n'a pas élu domicile dans la cité, et qui n'en est pas originaire, ne peut être nommé, quoiqu'il y possède des biens. Du reste, celui que le proconsul a jugé incapable d'être nommé, ne peut pas exercer l'action *injuriarum* contre le magistrat,

---

(1) L. 30, ff., *de negot. gest.*, L. 45, C., *de decur.*
(2) L. 1, pr. ff., *de vacat.*
(3) L. 21, pr. ff., *ad municip.* ; L. 1, pr. ff., *de oper. public.*
(4) L. 16, pr. ff., *de muner.* ; L. 9, Cod., *de excus. muner.*
(5) L. 7, pr. ff., *de decur.* ; L. 14, § 3, ff., *de muner.* ; L. UNIC., Cod., *de pot. rom.* ; L. 3, § 15, ff., *de muner.* ; L. 52, Cod., *de decur.* ; L. 3 et 4, Cod., *quemadmodum civilia*.

mais peut répéter les frais du procès (1) s'il le gagne.

Ceux qui sont obligés de remplir les charges municipales sont ou *municipes*, ou *incolæ*. Les *municipes* sont ceux qui, par naissance, par adoption ou par affranchissement, appartiennent à la cité. Les *incolæ* sont ceux qui y établissent volontairement leur domicile. Nul n'est inhibé de transférer son domicile où il lui plaît (2), mais le domicile originaire ne peut être répudié (3). Ainsi, celui qui habite dans une cité et est né dans une autre, ou qui a été adopté, ou affranchi par le citoyen d'un *municipe*, étant *incola* dans la première cité, et *municipe* dans la seconde, doit remplir dans l'une et dans l'autre les charges municipales (4). Les fils ont le domicile originaire de leur père, et non son domicile de choix (5) ; l'origine de la mère n'est considérée que dans un petit nombre de cités auxquelles les empereurs ont concédé ce privilége (6) ; les lois ne disent pas clairement si les affranchis suivent l'origine ou le domicile de leur patron (7) ; le fils adoptif devient *municipe* de la cité de l'adoptant (8). Cette qualité cesse par l'effet de l'émancipation (9). La femme suit la condition du mari, et exerce, dans le domicile de celui-ci, les charges qui incombent à son sexe (10). La veuve retient son domicile ; elle le perd en se remariant (11). Celui qui demeure dans une ville pour y faire ses études n'est pas censé y avoir son domicile (12) ; celui qui habite les champs n'est

---

(1) L. 2, Cod., *de decur.* ; L. unic., Cod. *de sumpt. recup.*
(2) L. 31, ff., *ad municip.* — (3) L. 4, Cod., *de municip. et orig.*
(4) L. 29, ff., *ad municip.* ; L. I, C., *de municip.*
(5) L. 6, § 1, ff., M. 17, § 11, ff., *ad municip.* — (6) L. 1, § 2, *ad municip.* — (7) L. 27, ff., *ad municip.* ; L. 6, § 3, ff., *eod.*
(8) L. 15, § 3, ff., *ad municip.* — (9) L. 16, ff., *ad municip.*
(10) L. 38, § 3, ff., *ad municip.* ; L. unic., Cod., *de mulier.*
(11) L. 22, § 1, ff., *ad municip.* ; L. 9, Cod., *de incol.*
(12) L. 2, Cod., *de incol.*

pas *incola* de la cité (1) ; le même individu peut avoir son domicile en plusieurs endroits (2). S'il est allégué que celui qui est nommé à une charge n'est pas *incola*, le gouverneur de la province juge, d'après les circonstances, si cette réclamation est fondée (3).

§ 6. — Ceux qui, par leur domicile originaire ou élu, sont tenus des charges municipales, peuvent en être affranchis par une dispense légale ou par une immunité. A soixante-dix ans, on est dispensé des charges dites personnelles (4). Ceux qui sont absents pour une cause d'intérêt public (5), notamment les militaires (6), ceux qui naviguent pour le transport de l'armée (7), ceux qui sont au service de la république (8), ceux qui s'occupent d'arts libéraux (9), en sont aussi exempts. Celui qui s'acquitte d'une charge ne peut, jusqu'à ce qu'il en soit libéré, en entreprendre une autre (10). Les infirmités corporelles, telles que la surdité (11), la cécité (12), la faiblesse de complexion (13), dispensent des charges qui exigent de la fatigue ; la pauvreté dispense de celles qui affectent le patrimoine (14). La faiblesse du sexe, dit la loi 3, § 3, ff., *de muner.*, s'oppose à ce que les femmes remplissent les charges corporelles. Celui qui est revêtu des honneurs municipaux ne peut, jusqu'à ce qu'il les abdique, être

---

(1) L. 35, ff., *ad municip.* — (2) L. 5 et 6, L. 27, § 2, § 2, ff., *ad municip.* — (3) L. 20, 37, 38, § 5, ff., *ad municip.* — (4) L. 3, § 6, ff., *de muner.*; L. 1. § 3 ; L. 2, § 1, ff., *de vacat.*; L. 3, ff., *de jure immunit.* — (5) L. 4, ff., *de vacat.* — (6) L. 10, p. ff., *de excus. tut.* ; L. 3, ff., *de muner.* — (7) L. 3, ff., *de vacat.* — (8) L. 10, § 4, ff., *de vacat.* — (9) L. 1, C., *qui ætate.* — (10) L. 14, ff., *de vacat.*; L 1, § 1, ff., *de op. public.* ; L. 10, C. *de excus. tut.* — (11) L. 2, C., *qui morbo...* — (12) L. 18, § 1, ff., *de muner.*; L. 2, § 7, ff., *de vacat.* — (13) L. 18, § 1, ff., *de muner.* ; L. 2, § 7, ff. *de vacat.* — (14) L. 4, § 2, ff., *de muner.*

astreint aux charges (1.); il en est de même des compagnons des proconsuls (2).

Les lois accordent une immunité perpétuelle de toutes les charges civiles qui ne sont point imposées aux patrimoines, à ceux qui ont rendu des services à la république. Au premier rang paraissent ceux qui ont cinq enfants ou petits-enfants (3), vivants (4), ou morts pour la patrie; car ceux-là sont censés vivre d'une gloire perpétuelle (5). Peu importe au reste que ces enfants soient sous la puissance paternelle ou qu'ils aient été émancipés (6). Une immunité est accordée aux fermiers des revenus du fisc, non à titre d'honneur, mais afin que les garanties pécuniaires qu'ils offrent au fisc ne soient pas affaiblies (7). Le même avantage est concédé à plusieurs artisans et ouvriers, notamment à ceux qui travaillent pour le compte de l'armée (8), et à certaines corporations approuvées par les lois (9). L'immunité des charges sordides appartient aux hommes illustres qui ont obtenu les honneurs suprêmes, et à quelques charges de cour (10). Ceux qui jouissent du droit d'immunité le plus étendu sont les vétérans, les professeurs et les médecins. Les vétérans sont exempts, et des charges corporelles, et de certaines des charges patrimoniales (11). Les médecins et les professeurs d'arts

---

(1) L. 10, ff., *de muner.*—(2) L. 12, § 1, ff., *de vacat.*—(3) L. 22, § 1, ff., *de vacat.* — (4) L. 6, § 3, *cod.*; L. 3, Cod., *de his qui num.*

(5) L. 14, p. 2, ff., *de vacat.* — (6) L. 2, § 5., ff., *de vacat.*

(7) L. 8, § 1, ff., *de vacat.*; L. 5, § 10, ff., *de jure immun.*

(8) La loi 6 ff., *de jure immun.* énumère longuement les artisans et ouvriers.— (9) L. 5, § 12. ff., *de jure immunit.*

(10) L. 11, 12, 14, 16, Cod., *de excus. muner.*

(11) L. 3, C., *de his qui non impl.*; L. 6, § 4; L. 18, § 29, ff., *de muner.*; L. 10, pr.; L. 11, ff., *de vacat.*; L. 5, § 1, ff., *de veter.*; L. 1, *quib. muner.*

libéraux, c'est-à-dire les rhéteurs et les grammairiens, dont le nombre a été déterminé dans chaque cité (1), les philosophes, tant qu'il s'en trouve (2), (car, dit la constitution d'Antonin le pieux, ceux qui philosophent sont rares, et on n'a pu en fixer le nombre), sont exempts des charges publiques. Constantin étendit l'exemption à leurs épouses et à leurs enfants (3). Quant aux poëtes, dit la loi 3, Cod. *de profess. et med.*, aucune prérogative d'immunité ne leur est donnée. Ce n'est pas, dit Cujas (4), que leur esprit divin ne la mérite, mais la loi leur fait défaut, sur quoi Roth s'écrie avec raison : Qu'est-ce à dire ? la loi refuse aux poëtes toute immunité parce qu'elle la refuse ! Il y a de ce refus une excellente raison : c'est que les Romains ne jugeaient dignes de récompense que les services rendus à la république. En dehors de ceux que nous avons énumérés, personne ne peut recevoir d'immunité, ni du prince (5), ni du proconsul (6), ni de la curie (7).

§ 7. — Quand les curiales avaient accompli par degrés toutes les magistratures de la cité, leur obligation personnelle était pleinement acquittée, ils jouissaient d'un titre honoraire et pouvaient entrer dans le sénat et parvenir aux dignités qui exemptaient de fonctions municipales; leurs biens restaient néanmoins affectés aux charges de la curie, et les priviléges des dignités auxquelles ils parvenaient, passaient seulement à ceux de leurs enfants qui étaient nés depuis qu'ils avaient obtenu ces dignités.

Ainsi, et par le concours des exemptions accordées aux sénateurs et autres privilégiés, ainsi qu'à leurs descendants, et des dispenses accordées aux citoyens pauvres des

---

(1) L. 6, § 2, ff., *de excus.* — (2) L. cit., § 7. — (3) L. 6, *de prof. et med.* — (4) *Comment. ad*, L. 6. § 2, ff., *de excus.*
(5) L. 19, C., *de decur.* — (6) L. 13 et 14, C., *de decur.*
(7) L. 1 et 2, C., *de dec. decur. super immunit.*

dernières classes, les curies ne furent composées que des citoyens propriétaires qu'aucun privilége ne distinguait dans l'État, et que cependant leur pauvreté n'excluait pas de la curie. La destination de ces citoyens aux fonctions curiales devint irrévocable pour eux et leurs descendants, et fut assurée par des lois formelles et rigoureuses (1).

(1) *Théorie des lois politiques*, par Mlle de la LÉZARDIÈRE, t. I, p. 17.

CHAPITRE XI

DU MUNICIPE CONSIDÉRÉ COMME PERSONNE CIVILE ; DES POUVOIRS DES SYNDICS ET AUTRES MANDATAIRES ÉLUS.

§ 1er. — Le municipe, la curie est considérée par les lois romaines comme une personne civile : *Personæ vice fungitur municipium et decuria.* (L. 22, ff., de fidejus.) Ce genre d'association est régi par la loi générale qui soumet tous les colléges, sous peine de passer pour illicites, à se faire autoriser par le sénat ou par le prince : *Item collegia Romæ certa sunt, quorum corpus senatus consultis atque constitutionibus principalibus confirmatum est, velut pistorum et quorumdam aliorum et naviculariorum qui et in provinciis sunt.* (L. 1, ff., *quod cujuscumque unic.*; l. 13, ff., *ad municip.*)

Le municipe légalement établi a sa vie propre, libre et distincte de celle de l'Etat. Cette unité morale est proclamée par une foule de lois des codes de Théodose et de Justinien. Le jurisconsulte Ulpien aime à répéter ce principe fondamental. Ceux qui ont la permission de former une communauté peuvent, à l'exemple de la république, avoir des choses communes, une caisse commune, un mandataire ou syndic par lequel se font toutes les affaires de la communauté : *quibus autem permissum est corpus habere collegii, societatis, sive cujusque alterius eorum nomine, proprium est, ad exemplum reipublicæ, habere res communes, aream communem, et actorem sive syndi-*

cum, per quem tanquam in republicâ, quod communiter agi fieri que oporteat, agitur. (L. 1, C. 71, *quod cujusc. univ. nomin.*)

§ 2. — Les syndics et autres préposés aux affaires des curies, sont nommés par ceux qui les composent, selon la coutume des lieux : *quibus summa reipublicæ commissa est*, l. 14, ff., *ad municip. nulli permittetur nomine civitatis, vel curiæ experiri, nisi ei cui lex permittit, aut lege cessante ordo dedit.* (L. 3, ff., *quod cujus univ.* L. 1, C. 71, *ibid.*)

Les nominations se font à la pluralité des voix de tous les membres de la curie ; *quod major pars curiæ effecit, pro eo habetur ut omnes egerint*, l. 19, ff., *ad municip.*

Le mandataire élu n'est pas réputé le procureur des citoyens, mais celui de la communauté. La créance et la dette municipale ne sont pas divisibles, elles ne concernent que le corps moral (1). L'esclave commun de la cité, dit le jurisconsulte Marcien, n'est pas l'esclave, la propriété de chaque citoyen pour sa part, mais la propriété de l'université. Aussi les divins frères (Marc-Aurèle et Lucius Verus) ont-ils déclaré dans un rescrit que l'esclave de la cité pouvait être mis à la torture tant contre un citoyen qu'en sa faveur (2).

§ 3. — Les soins de l'édilité se partagent entre les travaux publics, les chemins, les égouts, les ponts, les bains, la police des marchés, des poids et mesures, des subsistances : *ædiles studeant ut quæ secundum civitatis sunt, viæ adæquentur.* (L. 1, ff., *de viâ publicâ*, etc., etc.)

Ceux qui ont été élus pour remplir ces diverses charges ne peuvent décliner l'honneur qui leur est conféré.

---

(1) V. les lois d'Ulpien 2 et 7. § 1, ff. Liv. III, tit. 4.
(2) L. 5, § 1, ff. Liv. Ier tit. 8.

Si quis magister in municipio creatus munere injuncto fungi detrectet, per præsides munus agnoscere cogendus est. (L. 1, ff., *de mun. et honor.*)

Aucune de ces fonctions n'est salariée ; quelques honneurs modestes sont seulement attachés à leur exercice, et dans ce désintéressement des magistrats de la république, qui contraste avec les exactions et les concussions des officiers de l'empire, Montesquieu nous montre un des principaux mobiles des grandes destinées de Rome.

Les magistrats électifs de l'ordre municipal ont le pouvoir d'exercer les fonctions qui leur sont commises, suivant l'étendue et les bornes qui leur sont prescrites. (L. 1, ff., *quod cujusc. univ. nom.*)

Le pouvoir de ces syndics et autres préposés finit avec leurs charges, lorsqu'elles expirent, et il cesse aussi par révocation, si elle peut avoir lieu, pourvu qu'elle soit faite dans les règles, et connue de celui qui est révoqué et de ceux qui avaient à traiter avec lui. *Quid si actor datus, posteà decreto decurionum prohibitus sit, an exceptio ei noceat? et puto sic hoc accipiendum, ut ei permissa videatur, cui et permissa durat.* (L. 6, § 2, ff., *quod cujusc. univ. nom.*)

Les syndics élus pour l'administration des affaires communes doivent y apporter le même soin et la même diligence que les procureurs constitués; et ils répondent non-seulement de leur dol et de leurs fautes grossières, mais aussi du défaut de diligence. *Actor itaque iste procuratoris partibus fungitur.* (L. 6, § 3, ff. *quod cujusc. univ. nom.*) *Magistratus reipublicæ non dolum tantum, sed et latam negligentiam et hoc ampliùs diligentiam debent.* (L. 6, ff. de ad. rer. ad civit. pert.)

Les représentants des cités doivent respecter les limites de leur mandat. *Diligenter igitur fines mandati custo-*

diendi sunt. (l. 5, ff. mand.) Ils manient les deniers publics, décrètent les impôts, règlent la manière de les exiger, font en un mot tout ce qui concerne l'administration de la république. *Pecuniam publicam tractare sive erogandam decernere* (L. 2, § 1, *ff. ad municip.*) *exigendi tributi munus.*) (L. 17, § 7, *eod.*) *Ad rempublicam administrandam*, L. 2, *ff. de mun. et hon. tit. ff. de adm. rem. ad civ. pert*.

Les cités sont tenues de ratifier ce qu'ont fait leurs préposés en leur nom, et ceux qui les composent sont censés savoir tout ce que ceux-ci savaient pour eux. *Sicut municip. nomine actionem prætor dedit, ita et adversum eos justissime edicendum putavit*. (L. 7, ff. quod cujusc. univ. nom.) *Municipes intelliguntur scire quod sciant hi quibus summa reipublicæ commissa est*. (L. 14, ff. ad municip.)

Les cités ne sont engagées par des emprunts de leurs préposés, qu'autant que ces emprunts tournent à leur avantage. Dans le cas contraire, les préposés seront seuls obligés : *civitas mutui datione obligari potest si ad utilitatem ejus pecuniæ versæ sunt: alioquin ipsi soli qui contraxerunt, non civitas, tenebuntur.* (L. 27, ff. de reb. cred. — L. 11, ff. de pign. et hyp.)

L'engagement d'une cité ne se divise pas entre les personnes qui la composent; ce n'est pas l'engagement de chacun en particulier, le corps est obligé par le fait de celui qu'il a préposé : *Si municip. vel aliqua universitas ad agendum det actorem, non erit dicendum quasi a pluribus datum sic haberi: hic enim pro republica vel universitate intervenit, non pro singulis.* (L. 2, ff. quod cujusc. univ. nom.) *Si quid debetur universitati, singulis non debetur; nec quod debet universitas singuli debent.* (L. 7, § 1, eod.)

§ 4. — Tels sont les principes généraux de l'administration

municipale des Romains. Mais quelque identiques que soient, à toutes les époques de l'histoire romaine, les appellations et les formes municipales, il y a dans le fond des différences énormes, selon les temps et selon les lieux. Sous la république, les libertés des municipes apparaissent pleines de vie ; mais à dater de la loi *regia*, qui transféra aux empereurs la souveraineté populaire, tout change de face. Les municipes dégénèrent de jour en jour, et, malgré le mensonge des formes de liberté toujours subsistantes, profondément altérés dans leur constitution, ils finissent par devenir des simulacres (*inania*) et, entre les mains des mauvais empereurs, des instruments de fiscalité et de tyrannie.

CHAPITRE XII

DE L'IMPERIUM MIXTUM ET MERUM DANS LES CITÉS.

§ 1. — L'*imperium* politique s'exerçait sur les cités romaines sous une double forme : comme *imperium merum* et comme *imperium mixtum*.

L'imperium *merum* ou *militare* était la puissance du glaive, attribuée dans les comices par curies au consul, au dictateur, au préteur, contre les ennemis du dehors (1) et contre les criminels du dedans (2).

L'*imperium mixtum* était le droit d'informer sur les causes civiles et criminelles et de rendre la justice. *Omnia judicia*, dit Cicéron (*pro Cæcina* 11), *aut distrahendarum controversiarum, aut puniendorum maleficiorum, causa respecta sunt.*

§ 2. — Les Romains distinguaient deux sortes de jugements, comme ils distinguaient deux sortes de droits : les jugements privés et les jugements publics. Chacun poursuivait, dans son intérêt particulier, les jugements de la première espèce ; quant aux autres, c'était le peuple ou un accusateur en son nom qui les provoquait, en déférant les crimes à la vindicte publique.

Les rois, puis les consuls, présidèrent aux jugements

---

(1) Consuli si legem curiatam non habet, attingere rem militarem non licet (Cic. *in leg agr.*). — (2) Potestas gladii ad animadvertendum facinorosos homines. (L. 3, ff., *de jurisd.*)

privés (1). Cette juridiction fut aussi déférée à d'autres magistrats, tels que les décemvirs, les tribuns militaires, quelquefois même les dictateurs. Elle appartint en dernier lieu au préteur de la ville qui fut créé l'an de Rome 389; mais elle s'affaiblit lorsque deux préteurs furent créés, l'un pour les citoyens, l'autre pour les étrangers. Il y avait, dans les derniers temps, des préteurs *provinciaux*, *tutélaires*, *fidéicommissaires*, *fiscaux*, dont les attributions diverses sont énumérées par Heineccius dans ses Antiquités romaines, liv. 1, tit. 2, § 18 et 23.

§ 3.—Le préteur avait, selon Sigonius(2), trois sortes de droits : le *jus edicendi* qui consistait à édicter, au moment de son entrée en fonctions, la formule de sa juridiction ; le *jus vocandi* et le *jus prehendendi*, qui consistaient à appeler devant son tribunal et à faire saisir les contumaces par des licteurs, des *viatores* (3) et des esclaves.

Le préteur siégeait sur un tribunal en forme d'hémicycle, élevé au milieu du forum, d'où il rendait la justice, assis sur la chaise curule (4). Les magistrats municipaux et les magistrats romains, moins élevés en dignité, tels que les tribuns du peuple et les triumvirs, jugeaient sur des siéges moins élevés, ce qui les avait fait nommer : *judices pedanei* (5). On opposait au tribunal la plaine, *planus*, *vel æquus locus* (6). Souvent le préteur descendait de son tribunal et était retenu dans la plaine où les citoyens lui exposaient leurs désirs, *de plano postulantes*. A cette postulation faite dans une forme sommaire, *per libellum*, le préteur

---

(1) Dionys. Halic. X, p. 627. — Tite-Live, II, 27. — (2) Antiq. rom. t. 1, 220 et 291. — (3) Quod sæpè in viâ essent (Cic. *de Sen.* 16). — (4) Sedeas in alto tu licet tribunali ; et è curili jura gentibus reddas. (Martial *epigr.* 98, l. XI.) — (5) L. 38, § 10, ff., *de pœnis.* — (6) Cic. *epist. ad fam.* III., 8, Senec. *de clement.* 1, 5.

répondait *per subscriptionem* (1). Les causes qui exigeaient un décret et une instruction approfondie, ne pouvaient être jugées que du tribunal du préteur (2) et en conseil réuni derrière ce magistrat (3). Les assesseurs ne rendaient pas le jugement, mais instruisaient le préteur. Ils étaient appelés *judices* (4) ; c'étaient à Rome cinq chevaliers et autant de sénateurs. Il ne faut pas les confondre avec les assesseurs dont il est parlé dans le titre du digeste : *de officio assessorum*. Ceux-ci n'étaient pas des magistrats, mais des jurisconsultes qui faisaient aussi partie du conseil des magistrats, et qui instruisaient dans la science du droit.

Les attributions du préteur étaient renfermées dans ces trois mots : *do, dico, addico*. — 1° Le préteur *donnait* l'action, l'exception, la possession des biens ; il donnait des *juges*, des *arbitres*, des *délégués*, des *centumvirs*, dont un jurisconsulte écossais, Adam (5), a exactement analysé les caractères divers (6) ; il prononçait le jugement, *dicebat jus*, soit en adjugeant la possession à la partie dont les droits lui paraissaient le plus certains, *vindicias dando* ; soit en rendant des édits appelés *interdicta* pour l'acquisition, la conservation ou le recouvrement d'une propriété ou d'un objet mobilier (7) ; soit en ordonnant la cessation des affaires *interdicendo ferias*, en cas de trouble ; — 3° il adjugeait les biens du débiteur au créancier par la *cessio in jure*, la *mancipatio*, etc.

Le préteur, solennellement nommé dans les comices par centuries, publiait dans un *album* l'édit par lequel il annon-

---

(1) L. 15, ff., *de re in jur. voc.* 1. — 29, ff., ad L. Cornel., *de falsis*. — (2) L. 9, § 1, ff., *de off. procons*. L. III, § 8, ff., *de bon. possess*. L. 1, § 8, ff., ad S. C. Turpill. — (3) L. 2, § 29, ff., *de orig. jur*. — (4) L. 16, pr. ff., *de manumiss. vind*. L. 1. — C. de vindicta et apud consil. manum. — (5) *Antiq. rom*. t. I. p. 359. — (6) Cic. Cœcin., 3, 14, 31. — *Orat*., 1, 10. (7) Horat., *sat*. 1, 3, 2 7.

çait de quelle manière il rendrait la justice. Il s'engageait par serment, dès son entrée en charge, à l'observation des lois ; mais il leur portait souvent atteinte, pour cause d'équité, à l'aide des *fictions*, des *nouvelles dénominations*, des exceptions, des *restitutions in integrum* et autres artifices semblables.

§ 4. — A l'exemple des préteurs, les édiles, magistrats chargés, comme nous l'avons expliqué plus haut, de l'*annone*, ce qui les faisait appeler *prætores cereales* (1), du soin des voies publiques, de la sûreté de la ville, de l'institution des jeux, des marchés publics, du soin des édifices sacrés, de la surveillance, — ἐπισκοπὴ, — des arcs de triomphe, *fornices*, des mauvais lieux, *lupanaria*, des auberges, *cauponæ*, des filles publiques, etc. Les édiles avaient aussi une juridiction et rendaient des édits qui dépendaient du droit honoraire ou prétorien. Il y avait des édiles plébéiens et des édiles curules qui furent créés avec les tribuns du peuple, l'an de Rome 620, pour juger, d'après leurs ordres, les causes entre particuliers, d'un intérêt minime. Les édiles curules étaient pris dans l'ordre des patriciens qui, à l'occasion d'un rapprochement entre les patriciens et les plébéiens, pour la nomination d'un consul, tinrent à honneur d'exercer cette charge municipale, et furent agréés avec empressement par le peuple (2). Plaute (3) fait allusion à la juridiction des édiles par ce vers :

Eugepe edictiones ædilitias hic habet quidem.

C'est, en effet, de l'édit des édiles que descendent les actions contre les vendeurs de mauvaises marchandises,

(1) Dio. Cass. hist. XLIII, p. 271. — (2) TITE-LIVE, *Hist.* VI, 42. — (3) *Cap.* 4, 2, v. 43.

contre ceux qui conduisent les bêtes féroces dans les voies publiques, les actions rédhibitoires et autres dont on trouve les fragments dans plusieurs passages des pandectes (1). La juridiction des édiles s'exerçait d'ailleurs concurremment avec celle des préteurs, qui jugeaient, à leur défaut, les causes de leur compétence. Cujas dit à ce sujet que, quoique les institutes présentent le droit éditicien comme une portion du droit honoraire, la juridiction des édiles leur appartenait en propre, sauf le droit des préteurs et des gouverneurs des provinces, de concourir à son exercice; mais cette juridiction était limitée à la vente des esclaves, aux poids et mesures, à la police des marchés et des voies publiques, en un mot à la police locale.

Les magistrats municipaux avaient donc un droit de juridiction, mais n'avaient pas l'*imperium* (2), tandis que les magistrats préposés aux jugements avaient à la fois la *juridiction* et l'*imperium*.

§ 5. — Le droit de juridiction, qui se composait de cinq éléments *notio, vocatio, coercitio, judicium, executio,* était quelquefois délégué. Cette coutume existait dès le temps des rois qui, à leur départ pour l'armée, laissaient des magistrats chargés de rendre justice en leur nom (3). Les proconsuls, les préteurs des provinces, les gouverneurs déléguaient aussi leur juridiction. Celui à qui la juridiction avait été déléguée, quoique n'ayant pas une juridiction propre, remplaçait entièrement le magistrat, pourvu toutefois que la délégation fût entière (4). La juridiction déléguée dans les cités des provinces aux juges municipaux était limitée à des causes d'un intérêt minime. Ces juges, dits *judices*

---

(1) L. 27, § 28, ff., *ad leg. aquil.* L. 38, pr. ff., *de ædilit. edict.*, L. 40, § 1. — L, 41, 42, ff., *eod.*, etc. — (2) L. 32, ff., *de injur.* — (3) Tacit. *Annal.* VI, 1. — (4) L. 16, ff., *de jurisd.*

infimi, ou *defensores civitatum vel locorum* ne pouvaient, d'après l'authentique *de defens. civit.* connaître des causes où il s'agissait de plus de 300 sous (1).

§ 6. — Toutes les juridictions, tant propres que déléguées, furent concentrées par les institutions de l'empire dans les mains du prince, qui eut seul la juridiction pleine, universelle, c'est-à-dire le droit de statuer sur toutes choses, — *statuendi de re qualibet* (2).

De tous les maux répandus dans le monde par le despotisme des empereurs romains, le pire, peut-être, a été leur double usurpation du pouvoir législatif et judiciaire.

Les bons, comme les mauvais empereurs, permirent, dit Montesquieu (3), que les juges ou les particuliers, dans leurs différends, les interrogeassent par lettres, et leurs réponses étaient appelées des *rescrits*. Trajan, dit Jules Capitolin, refusa souvent de donner ces sortes de rescrits, afin qu'on n'étendît pas à tous les cas une décision et souvent une faveur particulière. Macrin avait résolu d'abolir tous ces rescrits. Il ne pouvait souffrir qu'on regardât comme des lois les réponses de Commode, de Caracalla et de tous les autres princes pleins d'impéritie. Justinien pensa autrement, et il en remplit sa compilation.

Quelques empereurs romains, dit ailleurs (4) le même publiciste, eurent la fureur de juger; nuls règnes n'étonnèrent plus l'univers par leurs injustices.

Claude, dit Tacite (5), ayant attiré à lui le jugement des affaires et les fonctions des magistrats, donna occasion

---

(1) V. BALDE *spec. juris, part.*, 4, § 6, *de jurisd. omn. jud.*
— (2) Plena jurisdictioni solo principe consistit. (JUSTIN., *de jur. nat. gen. et civ*) § sed et quod principi : BALDE, *spec.* lib. I, part. I, de jurisdict. omn. jur. CHOPIN : *de moribus Paris.* : lib. I. t. I... —
(3) *De l'esprit des lois*, L. XIX, ch. 17. — (4) *Esprit des lois*; liv. VI, ch. 9. — (5) *Annal.*, liv. XI.

à toutes sortes de rapines. Aussi Néron, parvenant à l'empire après Claude, et voulant se concilier les esprits, déclara-t-il qu'il se garderait bien d'être le juge de toutes les affaires, pour que les accusateurs et les accusés dans les murs d'un palais ne fussent pas exposés à l'inique pouvoir de quelques affranchis.

Le prince pouvait exercer par lui-même, ou déléguer non-seulement à des magistrats, mais encore à des particuliers (1), en vertu d'une loi, d'un sénatus-consulte ou d'une constitution impériale, le droit de juridiction.

Mais tous ces fonctionnaires, désignés sous le nom générique de *judices*, jouissaient-ils de l'indépendance nécessaire pour administrer la justice avec intégrité? Il est permis d'en douter et de voir en eux moins des magistrats que des mandataires de César, *procuratores*, des agents du fisc, *exactores*. Sous Justinien, *dit Procope*, dans son histoire secrète, les juges n'ayant plus la liberté de rendre la justice, leurs tribunaux étaient déserts, tandis que le palais du prince retentissait des clameurs des parties qui y sollicitaient leurs affaires. Dans la langue du bas-empire, la *justice* s'entendait moins de la distribution à chacun de son droit (2), que de la perception des redevances — *justitia* (3).

Les provinciaux, malgré leur droit de latinité, étaient, en effet, placés sous l'*imperium* du vainqueur (4), pour tout ce qui concernait la confection (5), l'interprétation, le changement ou l'abrogation (6) des lois générales, la concession des privilèges et des immunités (7), des grâces

---

(1) L. 131, ff., de V. S. CUJAS, 15, obs. 39. — (2) Justitia est constans et perpetua voluntas, jus suum cuique tribuendi. L. 10, ff., *de justitia et jure*. — (3) Justitia præstatio censûs... Justitia, mulcta judiciaria. DUCANGE. — (4) *Inst.*. § 6, in fine : De jure nat. gent. et civ. — (5) Nov. 143. — (6) L. 2, *de const. prin.* — (7) L. 1, § fin. ; L. 3, de *const. princ.* — Tot. tit., ff., de jure immunit.

et des sauf-conduits (1), les déclarations de guerre (2), les traités de paix et d'alliance (3), l'établissement et la levée des impôts généraux (4), la collation et le retrait du droit de cité (5), l'institution et la confirmation des corporations, et, en général, l'exercice de la souveraine puissance. Bien plus, même dans l'exercice de leur puissance judiciaire, les *judices* n'étaient, comme nous l'apprend Salvien dans ses éloquentes homélies, que des instruments dociles de la tyrannie impériale, et, en admettant avec quelques écrivains que la *judiciaria potestas* n'embrassât que le pouvoir judiciaire, et que la levée des impôts fût considérée comme une branche particulière de l'administration, ayant ses employés et ses agents à part, il est certain que les exactions se consommaient sous le patronage et avec la complicité des dépositaires du pouvoir judiciaire.

§ 7. — La hiérarchie administrative devint sous l'empire, comme la hiérarchie judiciaire, le *nec plus ultra* de la concentration du pouvoir.

Cette hiérarchie descendait du préfet du prétoire jusqu'aux employés les plus humbles. Le préfet du prétoire avait pour agents, trois vicaires : celui d'Espagne, qui avait sous ses ordres sept gouverneurs ; celui des Gaules, qui en avait dix-sept ; celui de la Bretagne, qui en avait cinq. Auprès de lui résidaient : 1° un certain nombre d'assesseurs, pris parmi les jurisconsultes, et chargés de juger les affaires civiles ; 2° des avocats ou patrons du fisc, 64 de première classe et 86 de deuxième classe.

Le préfet avait sous ses ordres deux classes d'employés :

(1) L. 1, et tot. tit. C de his qui ven. ætat. — L. 4 *de pœn.* l. S., § fin., *de re milit.* — (2) L. 24 *de captiv.* L. 118 de V. S. — (3) L. 7, *de captiv. et postl.* — (4) L. 2, *de public.*, tot. tit. cod. vectigal. — (5) Arg. L. unic. Cod. de metrop., arg. l. nihil tam naturale de R. J.

1° des commis, rangés ainsi qu'il suit: un *princeps* ou *primiscrinius*, secrétaire général, *perfectissime*, distribuant le travail aux autres employés, ayant lui-même un secrétaire intime, *cancellarius*, et un bureau particulier, dont les quatre premiers commis s'appelaient *primicerius, secundocerius, tertiocerius, quatuorcerius principis;* ensuite le cornicularius, greffier *perfectissime*, avec un crieur public et un bureau de plusieurs écrivains ; il surveillait les prisons et l'exécution des sentences afflictives; un *adjutor* ou *optio*, substitut du précédent avec un bureau : c'était à lui qu'obéissait le bourreau, *speculator*; un *commentariensis*, chargé de la police des prisons avec douze employés subalternes, outre les geôliers; un *actuarius*, chargé de rédiger et de garder les testaments et les contrats civils ; quatre *numerarii* occupés à la comptabilité des amendes dévolues au fisc, des impôts, des droits sur les mines, et des édifices et établissements publics ; plusieurs *subadjut.*, lieutenants de l'*adjutor ;* un *curator epistolarum*, secrétaire pour la correspondance du prince et du préfet; un *regendarius* qui enregistrait les requêtes ; des *exceptores*, tachygraphes, qui tenaient note de tout ce qui se disait au tribunal du préfet, des aides ou copistes qui transcrivaient les procès-verbaux tachygraphiques; 2° les *cohortales* ou *singularii*, licteurs ou appariteurs et gardes du préfet: ils étaient divisés en compagnies et sections de deux cents, de cent et de soixante.

Les vicaires et les gouverneurs avaient, en moindre nombre, des assesseurs et des employés du même genre (1).

Telle était dans le Bas-Empire, cet idéal de la centralisation administrative, la pyramide de fonctionnaires et de dignitaires, *illustres, respectables, clarissimes, nobilis-*

---

(1) Pancirole. *Notes de l'empire*.

simes, perfectissimes, au sommet de laquelle apparaissait la majesté impériale, divinisant le droit de la force pour se légitimer elle-même, et encensée par les poëtes (1), comme l'expression de la souveraineté populaire, alors que la rapacité de tous ses officiers de tous les rangs ne songeait qu'à alimenter le fisc par des exactions et des spoliations intolérables.

En présence de cette organisation formidable du pouvoir central, que pouvaient être les magistratures locales et électives, sinon des instruments passifs des gouverneurs des provinces ?

(1) Non tibi tradidimus dociles servire Sabæos...
Romani qui cuncta diù rexêre regendi
Qui nec Tarquinii fasces, nec jura tulêre
Cæsaris. — CLAUD. (Poëme sur le IVe consulat d'Honorius.)

CHAPITRE XIII

DU DROIT DE PROPRIÉTÉ DANS SES RAPPORTS AVEC LE DROIT DE CITÉ, ET DU DOMAINE ÉMINENT.

On distinguait dans le droit romain le domaine privé (*res privatæ*), et le domaine public (*res publici juris.*)

§ 1er. — DES CHOSES DITES *res privatæ*.

1. Les choses privées, *res privatæ*, étaient divisées en choses *mancipi*, et en choses *nec mancipi*. Les premières étaient celles qui pouvaient être vendues ou aliénées avec certaines solennités, entre les seuls citoyens romains, de manière que l'acheteur les prenait en quelque sorte avec la main *manceps, mancipi, mancupi*. Les secondes étaient celles qui ne pouvaient pas être aliénées par ce rite, de manière qu'elles restaient aux risques de l'acheteur. Les domaines du sol italique étaient choses *mancipi*, soit qu'il s'agît de domaines ruraux soit de propriétés urbaines (1). Ils pouvaient s'acquérir par l'*usucapion*. On les transmettait solennellement en présence de cinq témoins, citoyens romains et pubères, du *libripens*, qui tenait une balance d'airain et d'un autre témoin nommé *antestatus*. La tradition s'en faisait au moyen du lien, auquel on donnait le nom de *nexum*. Par le *mancipium*, on devenait proprié-

---

(1) Ulp. frag. XIX. — Cicero de orat. I, 39, et de offic. III, 67.

taire, et par le *nexum*, on devenait créancier d'un obligé (1).

Tout ce qui était acquis par la *mancipation* tombait dans le domaine *quiritaire*, élégamment appelé ἔννομὸν ou légitime. Ce domaine était étroitement lié au droit de cité. L'étranger était incapable de l'acquérir (2). Le citoyen romain qui avait perdu le droit de cité par l'effet d'une condamnation criminelle en était déchu (3).

II. L'ancienne propriété romaine avait un caractère essentiellement politique. L'autorité publique était représentée dans les transmissions, pour indiquer que le droit de propriété était sous sa tutelle et émanait jusqu'à un certain point d'elle-même.

Toute propriété, à Rome, dérivait en effet du droit de conquête. Son origine était dans l'*Ager publicus*, distribué pour un tiers aux curies par les premiers rois de Rome, et réservé pour les deux autres tiers au culte et à la cité. La propriété privée, unie au droit de cité, n'était qu'une délégation de la propriété souveraine. C'est au peuple, *populus*, dont l'unité ἅπαντας était désignée par le mot *quirites*, que remontait le principe de la propriété *quiritaire*. Ce caractère originel de la propriété romaine se conserva longtemps, grâce à l'influence des institutions municipales qui gouvernèrent la république, même sous les rois, et qui ont laissé la trace profonde de leur puissance dans tous les actes politiques des Romains, tant à l'extérieur qu'à l'intérieur. Le droit civil romain lui-même, jusque sous les empereurs, garde l'empreinte d'un droit muni-

---

(1) CICERO. — *Epistol. ad famil.* VII, 30. — (2) Adversus hostes æterna auctoritas esto (fragment de la loi des 12 tables rapporté par CICER. *De officiis,* lib. V, § 62, et par GAIUS, frag. 234 : *Dig.* 50. — (3) CICER. et GAIUS *Loc. cit.* — TERTULLIEN, *Apolog.* 35 et 36.

cipal, et ce caractère particulier a été à la fois une des causes de sa perfection et de sa durée, et un des plus grands résultats de l'organisation politique des peuples anciens de l'Occident civilisé. Toutes les luttes et guerres intérieures de la Grèce ancienne ne sont que des querelles de municipalités. Il en est de même des guerres italiques sous les Romains. Aussi dans la Grèce comme à Rome, trouvons-nous une propriété municipale, ou quiritaire...

Les formes de la transmission des biens, selon le droit quiritaire, étaient l'hérédité et le legs, la tradition, la mancipation, l'usucapion, la *cessio in jure*, l'achat *sub coronâ* et l'achat aux enchères (1).

III. Cicéron définit l'*hérédité* dans ses topiques : *pecuniam quæ morte alicujus ad quempiam pervenit jure, nec ea aut legata testamento, aut possessione retenta*. Sigonius préfère la définition du jurisconsulte Julien : *successionem esse in universum jus quod defunctus habuerit*. Les citoyens romains étaient les seuls à qui l'hérédité légitime pût parvenir d'après le droit civil. Ils pouvaient seuls aussi acquérir la chose léguée *per vindicationem*. La chose du testateur léguée sous forme impérative et directe *do, lego*, devenait, immédiatement après l'adition d'hérédité, la propriété du légataire qui la réclamait de l'héritier comme sienne, *ex jure quiritium* (2).

IV. La *mancipation* était la forme suivie pour la transmission de la propriété par acte entre-vifs, soit à titre onéreux, soit à titre gratuit. Elle se faisait *per æs et libram*, et il en résultait deux droits : le *jus mancipi* et le *jus nexi*. Le *jus mancipi* était le droit de *dominium*, de propriété ; le *jus nexi* dérivait de l'obligation contractée par

---

(1) *Varro de re rustica*, II. — Sigonius *de antiquo jure civ. roman.*, l. I, c. 11. — (2) Gaius, II, § 194.

celui qui aliénait. La mancipation, dit Boëce (1), d'après Varron, Fœstus et Pline, faisait partie du droit quiritaire et n'était permise qu'aux citoyens romains.

V. — La *tradition* précédée d'une juste cause, d'un titre onéreux ou gratuit, était applicable aux choses corporelles et mobilières, *nec mancipi* ; mais bien que ce fût un moyen d'acquérir selon le droit naturel, le citoyen romain acquérait, sur les choses mobilières ainsi transmises, le domaine *ex jure quiritium*, parce que le moyen naturel était sanctionné par le droit de la cité (2).

VI. — L'*usucapion* est ainsi définie par Ulpien : *usucapio est adeptio dominii per continuationem possessionis anni, vel biennii, rerum mobilium anni, immobilium biennii*. La loi des douze tables, à laquelle cette définition est empruntée, ne permettait l'usucapion qu'aux seuls citoyens romains. Vainement l'étranger possédait-il la chose d'autrui, il ne l'acquérait jamais par l'usage. *Adversùm hostem æterna auctoritas esto*, disaient les lois jalouses des vieux Romains.

VII. — La *cessio in jure* était un mode d'aliénation applicable, selon Ulpien, tant aux choses *mancipi* qu'aux choses *nec mancipi*. Celui à qui la chose était cédée *in jure*, se rendait auprès du préteur et disait : telle chose m'appartient *ex jure quiritium*, et je la revendique, *vindico* ; le préteur interrogeait alors celui qui cédait, et lui demandait s'il revendiquait. Sur sa réponse négative, ou sur son silence, celui qui avait revendiqué devenait ainsi propriétaire, *rem addicebat*.

VIII. — L'*emptio sub coronâ* était l'antique mode d'acqui-

(1) Mancipatio est imaginaria quædam venditio, quod ipsum jus Romanorum est civium, etc. — (2) Laferrière, *Histoire du droit français*, t. I, p. 120.

sition des captifs pris par le droit de la guerre, et revêtus d'une couronne, double symbole de leur captivité et de leur vénalité. *Oppidum captum*, dit Tite-Live, *cives sub coronâ venierunt* ; et César, *omni senatu necato, reliquos sub coronâ vendidit*.

IX.—L'*auctio* était la vente aux enchères faite *per præconem sub hastâ* par le ministère du magistrat. Ces solennités tenant au droit civil des Romains, ne pouvaient intervenir qu'entre citoyens romains.

X. — Ulpien ajoute à ces divers modes d'acquisition de la propriété quiritaire, *la loi*, comme, par exemple, pour l'attribution des choses caduques et de celles enlevées aux héritiers indignes. *Lege nobis adquiritur velut caducum vel ereptorium*, ex lege papiâ poppeâ. (Ulp. fragm. XIX, § 17.)

XI. —Toutes ces solennités privilégiées, tous ces caractères spéciaux du domaine quiritaire furent abrogés par Justinien. La loi unique cod. de *nudo jure quiritium tollendo*, et la loi unique cod. *de usucapione transformandâ et de sublatâ differentiâ inter res mancipi et res nec mancipi*, introduisirent dans le régime des propriétés la même égalité que dans celui des personnes.

« Nous repoussons, dit l'empereur, dans la première de ces lois, comme une vaine subtilité des anciens, toute distinction dans les biens *ex jure quiritium*. Ce prétendu droit quiritaire est une véritable énigme ; il n'a rien de réel ; c'est un mot vide de sens. C'est une disposition d'une législation au berceau. Que désormais chacun ait le plein et légitime domaine de tout ce qui lui appartient. »

Comme conséquence de la suppression du droit quiritaire, la seconde des lois précitées leva aussi, dit Dunod (1),

---

(1) *Des vrescriptions*, p. 1, ch. 1.

la différence que l'on avait faite jusque-là entre les choses *mancipi* et les choses *nec mancipi*, et entre les biens situés en Italie et ceux qui étaient situés hors de l'Italie : elle déclara que l'avantage et les effets de l'usucapion, l'action et l'exception auraient également lieu pour les uns comme pour les autres, après une possession de trois ans à l'égard des meubles, et de dix ans entre présents et vingt ans entre absents pour les immeubles. Les fonds des provinces demeurèrent donc sujets aux tributs, comme ils l'étaient auparavant ; mais ils devinrent patrimoniaux aux particuliers qui les possédaient, au lieu qu'auparavant ces particuliers n'en avaient que la jouissance et la possession, au nom de l'empire, qui était censé y avoir un domaine supérieur (1).

XII. — La législation du Bas-Empire sur le droit de propriété ne fut pas une brusque et soudaine innovation au droit primitif des Romains. Ce *domaine quiritaire*, sur l'origine et la nature duquel on a tant discuté (2), et qui était, dans tous les cas, un attribut du droit de cité, avait dû subir, dans le cours des âges, des transformations analogues à celles de la constitution municipale de Rome. Ce *domaine bonitaire* avait été, quant à la propriété des terres, comme le droit de cité latine, italique ou provinciale l'avait été quant aux personnes, une participation incomplète au droit que les Romains avaient puisé dans le double fait de la conquête et de la possession. De là des distinctions qui avaient leur raison d'être, sans doute,

---

(1) Accurse in *l. ult. cod. sine censu vel reliq.; l.* 3, *c. de episc. et cler.*; l. I, ff. *de censibus*, Salvaing, *de l'usage des fiefs*, ch. 52. — (2) V. Gaius, *inst.* II, § 40, Ulpien, *fragm.* t. xvi, p. 567, Théophile, liv. I, tit. 5, § 94, p. 58. Vico scienza nuova. Niebuhr, *hist. rom.*

puisqu'elles tenaient à une constitution politique fondée sur un droit de suffrage qui dépendait de la possession d'une fortune déterminée, mais qui devaient être et furent réellement altérées par les conquêtes, par les révolutions politiques et par l'influence des doctrines morales et philosophiques.

Les stoïciens, dont les doctrines respirent dans les ouvrages de Cicéron, et s'assirent sur le trône avec Marc-Aurèle, attaquèrent, dans son principe même, le droit de propriété exclusive des anciens Romains, et contribuèrent par leurs doctrines humanitaires, d'abord à élever un droit naturel bonitaire à côté du droit civil quiritaire, et puis à les confondre en un seul et même droit. Chrysippe, dit Cicéron (1), a dit avec raison que toute la nature se rapporte à l'homme et l'homme à la société, au bonheur de son espèce, et qu'il peut ainsi, sans injustice, disposer des choses pour son usage. D'après la nature de chacun de ses membres, le genre humain est lié par une espèce de droit civil; l'observer est justice, le violer, iniquité. Mais dans un théâtre, malgré le caractère public du lieu, on dit que chaque spectateur occupe la place qui lui est propre : de même, dans une cité, dans cet univers, commune patrie de tous les hommes, chaque individu conserve ses droits personnels, sa propriété exclusive.

Il n'y a point de propriété dans l'ordre de la nature, dit-il ailleurs (2), mais on possède légitimement, soit en vertu d'une ancienne occupation, comme celle des colonies qui sont venues originairement peupler des terres sans maîtres, soit en vertu du droit de conquête, soit en vertu d'une loi, d'un pacte, d'un contrat, de la voie du sort. Voilà pourquoi l'on dit que le territoire d'Arpinum appartient

---

(1) *De fin. bon. et mal.* III, 20. — (2) *De officiis*, 1, 7.

aux Arpinates et celui de Tusculum aux Tusculans. De là encore les limites qui circonscrivent les propriétés particulières. Devenu ainsi possesseur d'une partie des biens qui, dans le principe, étaient un patrimoine universel, chacun doit conserver son lot ; usurper sur autrui, c'est violer le droit social. Mais comme la vie, pour emprunter l'admirable langage de Platon, ne nous a pas été donnée pour nous seuls, et que nous en devons une part à la patrie et à nos amis ; comme, suivant les stoïciens, toutes les productions de la terre se rapportent à notre usage, et que l'homme lui-même est né pour l'homme, afin que tous soient utiles à tous, prenons ici la nature pour guide, mettons tous nos avantages en commun par un échange mutuel de services et de bienfaits, consacrons nos talents, nos travaux, nos facultés à resserrer les liens sociaux.

Ces magnifiques prolégomènes des principes du christianisme sur la charité et sur le droit de propriété, n'impliquent pas, assurément, le communisme, qui est la négation de l'un et de l'autre. C'était une réaction, il est vrai, contre le droit aristocratique et jaloux des *quirites*, mais une réaction tempérée par le respect des droits acquis.

XIII. — La propriété privée avait à Rome trois caractères essentiels : 1° la propriété était *inviolable*. *Ex jure gentium regna condita, dominia distincta, agris termini positi* (L. V, ff., *de just. et jur.*) ; 2° la propriété était *libre*, à moins que les servitudes ou charges réelles ne fussent prouvées. *Libertas est naturalis facultas... si te servitutem habuisse non probetur, tollendi altius ædificium vicino non est interdictum* (L. IV, ff., *de stat. hom.*) ;

3° La propriété était *une* et n'était pas divisée en directe et utile. Les Romains possédaient leurs biens assujettis, à la vérité, à la puissance publique, mais ils en avaient la pleine propriété, sans division ni partage. *Duo non pos-*

sunt esse domini in solidum ejusdem rei. (L. III, § 14, ff., *commodati* ; L. XIX, § 3, ff., *de castrens. pecul.* ; L. III, § 4, ff., *de acquir. vel amitt. possess.*)

§ 2. — DES CHOSES DITES : *res publici juris.*

I. — Les choses dites : *res publici juris* se divisaient en choses de droit divin et en choses de droit humain.

II. — Les choses de droit divin se subdivisaient en choses sacrées et en choses religieuses. Les choses saintes qu'on avait coutume de leur adjoindre étaient regardées comme de droit divin, afin que Rome fût, selon l'expression de Cicéron, défendue par la religion plutôt que par ses murailles.

III. — Les choses sacrées étaient celles qui étaient solennellement consacrées, par l'autorité du pontife, à une institution publique de la cité. C'étaient les autels, les temples, les offrandes et tout ce qui était consacré aux dieux par l'autorité du sénat, l'ordre du peuple ou un décret du prince. Les choses devenaient sacrées par l'*inauguration*, et cessaient de l'être par l'*exauguration*.

IV. — Les choses religieuses ressortissaient, comme les choses sacrées, de l'autorité des pontifes. C'étaient des sépulcres qui étaient consacrés aux dieux mânes et que les riches qui voulaient se concilier l'amitié du peuple faisaient bâtir à leurs frais pour la sépulture des pauvres.

V. — Les choses saintes étaient, en quelque sorte, de droit divin. C'étaient les murs et les portes des villes. En les déclarant saintes, on les déclarait inviolables. Toutes les fois, en effet, qu'il s'agissait de bâtir une ville ou de fonder une colonie, le triumvir, revêtu de sa robe militaire, adaptait à la charrue un soc d'airain, et, avec un couple de bœufs, mâle et femelle, creusait un profond sillon autour de la circonférence tracée. Les colons suivaient et retournaient les mottes de terre rompues par la charrue. A l'emplacement de la porte, ils ôtaient le soc, soulevaient la charrue et laissaient un certain espace (1). On immolait ensuite aux demi-dieux, tantôt des bœufs, tantôt d'autres victimes; puis on se mettait en devoir de bâtir les murs (2), et on les dédiait ensuite solennellement aux dieux. Cela explique pourquoi les murailles étaient réputées saintes, tandis qu'il en était autrement des portes, qui n'étaient pas touchées par la charrue consacrée, et qui livraient, d'ailleurs, passage aux cadavres et autres choses impures.

VI. — Les choses du droit humain appelées *res nullius* se divisaient en choses *communes, publiques, universitatis*.

On sait que les stoïciens ne voyaient dans le genre humain qu'une famille, et avaient imaginé une république universelle des hommes et des dieux (3). Comme les jurisconsultes suivaient cettte philosophie et concevaient à ce sujet une double république, l'une grande, qui embrassait tous les hommes et tous les dieux ; l'autre petite, qui ne comprenait qu'un peuple ou une cité ; par une conséquence naturelle, ils distinguaient les biens en biens communs et en biens publics : les premiers régis par le droit des gens, les autres, par le droit civil des Romains (4).

VII. — Les choses *communes* étaient celles que per-

---

(1) *Urbs* vient de *urbo* qui, dans le vieux latin, voulait dire : tracer avec la charrue. — (2) *Plut. rom. quæst.* XXIV, *et vita Romuli* p. 23. — *Den. Halic.*, I, p. 75. — (3) Cicero *de finibus*, III, 19. Senec. *de benef.*, IV, 18. — (4) Gerardi, *modi probabil.* I, 8, p. 21, et seq.

sonne ne pouvait s'approprier à l'exclusion des autres; tels étaient : l'air, l'eau courante, la mer et ses rivages. Il était permis d'y pêcher, d'y attacher des navires et de faire d'autres choses de même nature, sous l'autorité néanmoins des lois et des magistrats. Chacun pouvait, sous cette autorisation, bâtir sur le rivage de la mer, qui était réputé chose publique plutôt que commune, et qui pouvait même, par l'occupation, devenir propriété privée.

VIII. — Les choses *publiques* étaient celles qui étaient plus particulièrement attribuées au peuple romain comme une dépendance de son territoire ; par exemple, les ports, les fleuves et leurs rivages (1). Marcien n'avait pas séparé les choses publiques des choses communes ; Justinien les distingua à cause de la différence qui existe entre elles, non quant à l'usage, mais quant à la manière dont chacun peut se les approprier par occupation. Chaque peuple exerce, en effet, sur les choses *publiques* comprises dans son territoire une juridiction exclusive, tandis que les choses *communes* sont régies par le droit des gens (2).

IX. — On appelait *res universitatis*, les choses dont la propriété appartenait au corps moral, cité, collége, communauté ou autre association légalement établie (3), et dont l'usage appartenait à tous les membres. *Si quid universitati debetur, singulis non debetur nec quod debet universitas, singuli debent* (4).

Les Romains donnaient le nom *universitas* à toute société civile, excepté la famille et la république. Toutes les associations, toutes les tribus, toutes les corporations d'ouvriers s'appelaient *universitates*. La cité (*civitas*) était

---

(1) MARCIAN *fr.* 4, § 1. — PAULUS *fr. de flum.* — L. 1, *princip.* ff., *de interdict.* L. 4, § 1 *de rerum divis.* — (2) ULP. *fr.* 1, *de flumin.* — (3) ULP. *fr.* 1, quod cujusc. univ. — (4) ULP. lib. X, ad edictum.

à l'*universitas* ce que l'espèce est au genre. On appelait des noms de *civitas*, *castrum*, *villa*, toute réunion d'habitations formée d'après le droit des gens (1). Le nom de *civitas* s'appliquait à tout le territoire (2), il comprenait les propriétés suburbaines (3).

Les biens des cités n'étaient appelés *choses publiques* que par abus ; les choses publiques étaient celles qui appartenaient au peuple romain (4).

§ 3. — DU DOMAINE ÉMINENT.

I. — Les gouvernements doivent concourir, dans les États bien réglés, à la gestion fructueuse et à la conservation des propriétés publiques. Les princes gouvernent les peuples, leur rendent la justice, les conduisent à la guerre, et, en échange de ces bienfaits, reçoivent d'eux les services militaires, les tributs et les autres marques d'obéissance et de respect.

Mais les princes ne peuvent disposer que dans les cas d'utilité publique, et selon les formes réglées par la loi, des biens des particuliers, des corps, des communautés d'habitants.

II. — Les courtisans et les démagogues ont essayé, à diverses époques, d'exagérer les droits du roi ou du peuple souverain sur les propriétés publiques et même parti-

---

(1) L. *ex hoc jure*, et ibi gl. coll. *de justitia et jure.* — (2) GL. *in* L. 3, c. *de municip.*, lib. X. (3) L. *uxorem* 41, § *legaverat et ibi*, gl. SUBURBAN., ff. *de legibus*, 3. — (4) Bona civitatis abusive publica dicta sunt, sola enim ea publica sunt quæ populi romani sunt (L. 15, ff., *de verb. signif.*)

culières. Selon eux, l'État est le propriétaire primitif, universel ; toute possession émane de lui et est, sinon arbitrairement et perpétuellement révocable, du moins sujette, à chaque mutation, à des prélèvements proportionnels aux produits.

Cette théorie, que nous avons vue préconisée et appliquée par les despotes de l'Orient, reparut sous l'empire romain dès le règne d'Auguste, qui, pour capter les faveurs de l'armée, lui accorda le vingtième des successions collatérales, et qui, par cet abus de l'impôt, autorisa presque les jurisconsultes, dont Juvénal rappelle et flétrit les opinions, à soutenir sinon que tous les biens appartenaient à César, du moins que Domitien était le maître des choses communes et publiques, de la mer, des fleuves navigables et non navigables, des lacs et de tous les produits de la chasse et de la pêche (1). Toutefois, l'odieuse maxime : *Omnia bona sunt Cæsaris* ne s'établit jamais dans le droit public des Romains. Un magistrat qui l'a soutenue devant la Cour de Paris et qui l'a fait triompher par trois arrêts dont la cour suprême a fait récemment justice (2), en a imputé à tort la pensée à Louis XIV. Ni les rois, ni les jurisconsultes, avant le dix-huitième siècle, n'auraient oser la formuler. C'est dans les écrits des philosophes, précurseurs de la révolution française, et dans ceux des socialistes qui veulent en recueillir les fruits, qu'on en trouve le premier germe et les développements.

III. — Bodin (3), Loyseau (4), Papon (5), Bœhmer (6),

---

(1) Si quid palphurio, si credimus armillato quidquid conspicuum pulchrumque ex æquore toto. — res fisc. est, ubicumque natat. — (2) C. c. 23 et 24 juin 1857. — (3) *De la République*, liv. 2, ch. 2. — (4) *Traité des seigneuries*. — (5) *Second notaire*, t. II, p. 398. — (6) *Introductio in jus publicum*.

Bossuet (1), Lebret (2), l'auteur des maximes du droit public (3), Montesquieu (4), et, parmi les publicistes étrangers, Heineccius (5), Grotius (6), Puffendorf (7), Wolf (8), condamnent unanimement la doctrine que le sophiste de Genève et l'auteur d'un livre intitulé : *L'Ordre naturel des sociétés politiques,* ont exhumée dans le dernier siècle, et que M. Proudhon et tous les adeptes du socialisme ont empruntée de nos jours pour le plus grand profit des despotes qui voudraient s'en emparer. Espérons que cette doctrine sauvage ne se reproduira plus après le triple échec qu'elle a subie, d'abord en 1790, à l'assemblée constituante, où, soutenue par les communistes de l'école de Cambon et de Robespierre, elle fut éloquemment combattue par l'abbé Maury ; puis, après la révolution de 1848, dans les assemblées nationales, où elle souleva une réprobation presque universelle ; puis, dans une dernière tentative auprès des tribunaux, où elle a définitivement succombé sous les arrêts de la cour suprême.

IV. — Reconnaissons en même temps qu'à Rome même, aux plus mauvais jours de l'empire, le *domaine éminent* des empereurs sur les choses dites : *res publici juris*, c'est-à-dire sur les choses *publiques, communes* et *universitatis*, n'impliquait pas un droit de propriété, de domaine utile. Un jurisconsulte français, Papon, faisant allusion à la servilité des deux jurisconsultes romains que Juvénal flétrit, ajoute : *Cela même de leur temps était faux.* Mais sous un gouvernement despotique, les principes favorables à l'extension du pouvoir ne rétrogradent jamais ; et quoique

---

(1) *Polit. sacrée,* liv. VIII, art. 2. — (2) *Traité de la souveraineté du roi,* liv. IV, ch. 2. — (3) T. I, p. 41. — (4) *Esprit des lois,* liv. I, ch. 10. — (5) *Elementa juris naturalis et gentium,* liv. 2, § 131 et 133. — (6) Liv. I, ch. 1, § 6. — (7) *Droit de la nature et des gens,* liv. VIII, c. 3. — (8) *Jus naturæ cap.*, 11.

le droit public des Romains ait toujours répudié le principe que tous les biens des Romains appartenaient à César, on ne peut nier cependant que, grâce à la science complaisante de certains jurisconsultes et à la lâcheté des décurions de l'empire (1), l'abus du domaine éminent ne soit devenu, comme nous le verrons plus bas, le plus redoutable instrument de fiscalité et de tyrannie.

(1) GUIZOT, *Essais sur l'histoire de France*, p. 18. — GIRAUD, *Histoire du droit français au moyen âge*, t. I, p. 143.

CHAPITRE XIV

DE L'ACQUISITION ET DE LA DÉLIMITATION DES BIENS DES CITÉS.

§ 1. — Trois choses, dit Roth (1), paraissaient nécessaires aux Romains pour que la république municipale pût être bien administrée : la première, que les villes eussent un certain patrimoine d'où on pût prendre de quoi fournir aux dépenses publiques ; la seconde, que ce patrimoine fût sacré et ne fût pas diminué par la négligence ou le dol des administrateurs ; la troisième, qu'il fût permis aux municipes (car leur patrimoine, quoique considérable, ne suffisait pas à leurs dépenses) d'imposer des taxes aux citoyens.

§ 2. — Les anciens jurisconsultes, sévères dans leurs maximes, accoutumés à regarder toutes sortes de communautés comme des personnes incertaines qui ne pouvaient être l'objet de la volonté d'un testateur, persuadés, d'ailleurs, de quelle importance il était de ne pas ouvrir cette voie aux corps ou républiques pour s'enrichir des biens des particuliers, ont cru pendant longtemps, dit le chancelier d'Aguesseau (2), que les colléges, les villes et tout

---

(1) De re municipali. — ROTH., lib. II, cap. 4.
(2) Œuvres complètes, t. II, p. 9, édition 4°. — V. aussi VINNIUS *ad* § *in certis*, 25. — *Inst. de leg.* lib II, tit. 20.

ce qu'ils appelaient du nom général d'*université*, n'étaient pas capables de recevoir des dispositions ou particulières ou universelles. On observa avec tant d'exactitude ces principes rigoureux, que, lorsque le roi Attalus institua le peuple romain son héritier, l'on crut qu'il était nécessaire d'interposer l'autorité du sénat pour accepter ou pour confirmer cette institution. Les premiers empereurs respectèrent cette ancienne jurisprudence. Leurs constitutions déclarèrent valables d'abord les legs destinés à l'ornement des cités, tels qu'une place publique, un théâtre, un lieu destiné aux courses (1), puis les institutions d'héritiers et les fidéicommis (2).

Mais, sous le règne de Trajan, il fut permis aux cités, par le sénatus-consulte Apronien (3), de recevoir des successions par la voie des fidéicommis. Bientôt après, elles purent recevoir celles qui leur étaient directement déférées (4). Adrien les autorisa à recevoir des legs, ce qui leur était défendu auparavant (5), et permit de poursuivre, pour crime de péculat, l'administrateur qui s'était approprié leurs biens (6).

On pouvait léguer aux cités non-seulement des immeubles, mais des esclaves, de l'argent, des meubles de toute nature, soit pour l'honneur et l'ornement de la cité, *ad honorem ornatumque civitatis*, soit pour des actes de bienfaisance, comme des prestations d'aliments aux vieillards, aux jeunes garçons ou aux jeunes filles (7).

Outre les libéralités volontaires, les cités romaines s'enrichissaient des successions des décurions morts *ab intes-*

---

(1) L. *civitatibus* 122, ff., *de legat*. 12. — (2) L. 12, *Cod. de Hæred.*, *instit.* — (3) L. 26, ff., ad s. c. Trebell. — (4) L. 12. *Cod. de Hæred. instit.* — (5) ULPIAN. *fragm.* XXIV, 28. — (6) L. 4, § fin. *ad leg. jul. pecul.* — (7) L. 122, ff., *de legatis et fidei commissis*, lib. XXX.

tat, sans postérité et sans héritiers légitimes (1). Théodose le Jeune établit même, en faveur de la curie, une réserve pour le cas où l'héritier du décurion n'appartenait pas au collége des curiales (2). Si la peine de la confiscation était prononcée contre un décurion qui n'avait pas d'enfants, l'entière hérédité appartenait à la curie. Si le décurion n'avait que des filles pour héritiers, la curie recueillait la moitié de sa succession, à moins qu'il n'existât des agnats, membres de la curie, auquel cas la succession était partagée entre eux et les filles (3).

§ 3. — Les biens des cités ne se composaient pas seulement d'édifices ou de terrains improductifs et destinés à l'usage de tous, tels que les théâtres, les lieux destinés aux courses, les fontaines, les aqueducs, les rues et places publiques, les pomeria ou boulevards d'enceinte, etc. (4). Les villes et villages possédaient aussi, dans des proportions convenables, des terres labourables et des terres en friche (5), ainsi que des édifices loués pour un temps plus ou moins long.

Les champs des cités romaines, *agri civitatum*, et même

---

(1) L. *unic. cod.* THEOD. *de bonis decurionum.* — (2) L. 1 et 2, c. l. 10 tit, 34. — (3) L. 10, COD. *de bonis proscriptorum et damnatorum.*

(4) Universatis sunt non singulorum quæ in civitatibus sunt veluti theatra, stadia, et si quæ aliæ sunt communia civitatum. (*Instit. de rer. divisione.*)

(5) Si defectorum prædiorum relevatio petatur omne territorum censeatur, quoties defectorum levamen exposcitur : ut sterilia atque erema his quæ culta vel opima sunt compensentur. (L. 4 COD. *de censibus.* (Lib. XI, tit. 57).

On ne trouve dans les lois de l'empire romain aucune disposition relative à des forêts publiques ; parmi les lois de la république, on cite celle qui traitait *de arboribus, de glande et pecorum partu*, et qui émanait des décemvirs.

les édifices (1) étaient, les uns *vectigales*, les autres non. On appelait *vectigales* les champs qui étaient loués à perpétuité, par des contrats emphytéotiques (2), c'est-à-dire sous la condition que tant que la rente, *vectigal*, serait payée, on ne pourrait pas déposséder les détenteurs (3). Les champs *non vectigales* étaient ceux que les villes donnaient à cultiver comme ceux des simples particuliers.

Les cités pouvaient aussi posséder des usufruits. L'usufruit légué aux villes ne devait durer que le temps de la vie la plus longue (L. 56 ff., *de usuf.*). La loi 21, ff., *quib. mod. usuf. amitt.* décida que l'usufruit ne prendrait fin qu'avec la ville. *Si ususfructus civitati legetur et ararum in eam indicatur, civitas esse desinit, ut passa est Carthago. Ideoque quasi morte desinit habere usumfructum.*

Les biens des cités étaient désignés sous le nom générique de *prædia* (4). On en distingue de deux sortes, les urbains et les rustiques (5). On appelait *prædia urbana* les édifices affectés à l'habitation, en quelque lieu qu'ils fussent situés (6).

Certains auteurs considéraient comme propriété urbaine la métairie bâtie pour recueillir les fruits des champs. Les lois du Digeste appelaient cette métairie *villa* (7).

Le mot *villa*, dit Pline, ne se trouve nulle part dans nos

---

(1) L. 15, § 26 et 27, ff., *de damno infecto et de subgrundis.* — (2) Voyez *sur les caractères de l'emphytéose romain* M. TROPLONG; Louage, art. 1709. — (3) L 1, ff., *si ager vect. id est.* — (4) Prædium est nomen generale pertinens ad agrum et etiam ad possessionem. L. 115, ff., *de verb. signif.* — (5) Prædia duplicia sunt, aut urbana aut rustica. L. 1. ff. *commun. præd.* — (6) GLOS. L. 1 ff., *de serv. urb.* — (7) Villa sumitur pro domuncula gratia fructuum, *gl. in* L. 76, ff., *de leg. gl. in instit. de serv. præd. rust.*

lois des douze tables pour désigner une métairie ; on y voit partout le mot *hortus*. Le jardin constituait réellement l'héritage (1).

D'autres auteurs font dériver le mot *villa* de *vallo*, c'est-à-dire d'un tas de terre servant de limite (2).

A chaque métairie romaine étaient annexés des champs dont l'étendue ne s'élevait guère, du temps de Jules-César, au delà de sept arpents (3). C'est la portion qu'on assignait alors à un romain sur la terre conquise. L'*hortus*, la *villa*, avait d'ailleurs, comme dépendances, outre la terre labourable qui n'aurait pas suffi pour nourrir le maître et les colons, certains terrains vagues qui servaient à l'entretènement du bétail ; c'est ce qu'on appelait *ager compascuus ita dictus quod a divisoribus relictus sit ad pascendum communia vicinis* (4).

Les municipes possédaient, outre les édifices et les terres susceptibles de culture, des carrières de pierre (lapidicinas), des carrières de craie (cretifodinas), des carrières de sable (arenas), des mines (metalla), qu'ils faisaient exploiter par des gérants et des fermiers (5).

Le jurisconsulte Scœvola (6) nous apprend aussi que les

---

(1) In duodecim tabulis legum nostrarum nunquam nominatur vila, semper significatione eâ hortus, in horto vero hœredium (PLINE, l. 20, sect. 19, art. 4.) — (2) Villa a vallo, id est aggere terræ nuncupata quod pro limite constituti sunt. (VARR. *auct. de limit.* p. 291.) — (3) Septem jugera. — L'arpent romain était l'étendue de terrain qu'une paire de bœufs pouvait labourer en un jour. — (4) VARR. *auct. de limit.* p. 293. - (5) L. 13, *princ.*, et § 1, ff., liv. XXXIX, tit. 5.—(6) L. 20, § 1, ff., *si servit. vindic.* lib. VIII, tit. 5. — On appelait *saltus* un bois épais et sans chemin dans lequel les troupeaux avaient coutume de paître et d'estiver. *Saltus non est villa aut contracta : sed dicitur sylva densior atque invia in qua pasci atque æstivari pecudes solent.* (L. creditor 54, in add. marg. de act. empti.) *Saltus quidam sunt æstivi quidam hiberni.* (L. 65, et ibi gl. 1. de leg. 3°.)

municipes possédaient en commun des biens destinés au pâturage. *Plures ex municipibus qui diversa prædia possidebant, saltum communem ut jus compascendi haberent mercati sunt.*

Siculus Flaccus, en son Traité *de conditione agrorum*, rapporte l'origine de ces propriétés communes aux champs qui étaient laissés en dehors du partage du territoire qu'il désigne sous le nom d'*excepta* (1), ou *subseciva* (2). « On donne, dit-il, le nom de *compascua* à une espèce de champs appelés *subseciva* où les possesseurs des terres voisines faisaient paître en commun leurs bestiaux (3). »

Frontin, dans son Traité *de controversiis agrorum*, énumère les diverses espèces de biens ruraux et ajoute : « Il faut remarquer qu'il y a aussi des champs en pâture dont la propriété appartient en commun aux fonds qui les avoisinent. C'est pour cela qu'en Etrurie on donne à ces champs le nom de *communalia*, et que, dans certaines provinces, on les nomme *proindivisa* (4). »

« On trouve, dit Aggenus Urbicus, dans la Campanie (5), des champs cultivés auxquels sont jointes de vastes

---

(1) Inscribuntur quædam excepta, quæ aut sibi reservavit auctor divisionis et assignationis aut alii concessit, p. 13.

(2) Subsecivorum verò genera sunt duo : unum est quod a subsecante linea mensura quadratum excedit ; alterum est quod a subsecantis assignatione lineæ etiam in mediis centuris relinquentur, p. 17.

(3) Inscribuntur compascua quod est genus quasi subsecivorum sive loca quæ proximi quoque vicini (id est qui ea contingunt pascua), etc , p. 18.

(4) Videndum quoque quoniam est et pascuorum proprietas pertinens ad fundos sed in commune propter quod ea compascua multis locis in etruria communia appellantur, quibusdam provinciis proindivisa. (FRONTIN : *de controversiis agrorum.*)

(5) Province de l'ancienne Italie sur la mer Inférieure, succes-

plaines de forêts. Les formules antiques déclarent que c'est un terrain *assigné*, car, ordinairement, à un terrain culte était joint un terrain inculte, et beaucoup de lieux de cette nature ne furent pas donnés aux vétérans. Ces lieux avaient des noms divers, selon les pays : en Etrurie, on les appelait *communalia*, dans d'autres provinces, *proindivisa* (1).

Certains terrains affectés aux pâturages appartenaient, par indivis, aux particuliers propriétaires des métairies voisines entre lesquelles ils étaient situés. Tels étaient les *consortia*, grandes places communes à plusieurs associés qui servaient d'aisances pour la sortie des bestiaux, pour les mener à la fontaine, à une mare, à un ruisseau, pour les faire pacager, reposer, enfin pour leur service, Ducange suit les traces de ces propriétés depuis la constitution de Tibère jusque dans la législation des Visigoths et des Bourguignons (2).

sivement peuplée par les Opiques, peuple de race sicule et pelasgique, et ensuite par les Etrusques qui les chassèrent vers l'an 600 avant Jésus-Christ.

(1) Relicta sunt et multa loca quæ veteranis data non sunt, hæ variis appellationibus per regiones nominantur ; in etruriâ *Communalia* vocantur ; quibusdam provinciis *proindivisa*, hæ fere pascua data sunt depascenda, sed in communi ; quæ multi per potentiam invaserunt, de eorum propriete solet jus ordinarium moveri usque interventu mensurarum demonstretur ut sit adsignatus ager. (Aggenus Urbicus, in frontinum.)

(2) Consortes proprie dicuntur ejusdem agri vel dominii participes, qui sortes suas vicinas habent, ut apud frontinum de limitibus agrorum, p. 47. Constitutio tiberii Cesaris apud eumdem ; est et aliud quod proximis ædibus unusquisque miles vel consors condidit in portionibus suis; quo sensu sumitur non semel in leg. Wisigoth. l. VIII, t. V, § 5, in leg. Burgund. t. XLIX. § 3, usum herbarum quæ conclusæ non fuerunt constat esse communem inter consortes et hospites, L. Gal., t. V, § 5.

D'autres lieux de même nature appartenaient à des personnes publiques, à des colonies, à des municipes. « Les colonies, dit Aggenus Urbicus, sont considérées comme des personnes publiques et possèdent sur les frontières étrangères certains lieux assignés que nous avons coutume d'appeler préfectures. La propriété de ces préfectures appartient évidemment aux colons, et non à ceux dont on a diminué le territoire. Cette propriété dérive quelquefois des libéralités des princes, et il y a d'autres propriétés concédées par les princes aux municipes (1). »

Ces terrains appartenaient, quant à l'usage, à tous les habitants de la colonie qui y exerçaient un droit de compascuité (2), et, quant à la propriété, au corps politique qu'ils composaient (3). C'est pourquoi on les désignait sous le nom de *vicanalia* (4).

---

(1) Quædam loca feruntur ad personnas publicas attinere, nam personæ publicæ etiam colonia appellæntur quæ habent assignata in alienis fundis quædam loca quæ solemus prefectoras appellare. Harum prefecturarum proprietates manifestè ad colonos pertinent, non ad eos quorum fines sunt diminuti. Solent et privilegia quædam habere beneficia principum, quod longè et remotis locis saltus quosdam reditus causa acceperunt. Quorum proprietas ad eos quibus data est indubitate pertinet, sunt et aliæ proprietates quæ municipiis a principibus sunt concessæ. (Aggenus Urbicus. Comment. in frontinum, de *limitibus agrorum*, p. 56.)

(2) Compascuus ager relictus ad pascendum communiter vicanis (Festus in voce *compascuus*) ab initio fuit dicta hæc lex agro compascuo ut communiter pasceretur et sub ejusdem universitatis. (Agg. urb. de controversiis agrorum.)

(3) Si quid universitati debetur, singulis non debetur, nec quod debet universitas singuli debent. (Ulp. lib. X, ad edictum.)

(4) Vicanalia ex eo quod ad pagum aliquem, seu vicum, et illius habitatores in universum pertinent. Vicani enim sunt rustici in eodem pago et universitate agrorum ei respondentium commemorantes. (Alciatus, *in lege patrum*, 31, ff,, lib. L. tit. XVI, *de verb. signif.*)

§ 4. — Des officiers appelés *divisores agrorum* (1) déterminaient les portions de forêts et pâturages que devait recevoir chaque village ; de là le texte si connu d'Isidore, dans ses *Origines* : Les pâtures publiques sont celles qui, lors des partages exécutés par les répartiteurs des terres, ont été attribuées à tel ou tel pays pour l'utilité commune des habitants (2). « Il y a, dit Siculus Flaccus, des forêts quasi publiques, ou plutôt appartenant à tels ou tels villages ; aux seuls habitants de ces villages est réservé le droit d'y couper du bois et d'y faire paître des bestiaux ; et, pour arriver à ces forêts, on crée souvent, au profit du public, la servitude de passage sur les champs limitrophes (3).

Les magistrats chargés du partage et désignés sous les noms de *divisores agrorum, auctores divisionis, vel assignationis conditores*, etc..., avaient un caractère colonial et municipal, distinct de celui du proconsul, du préteur ou de tout autre préposé du gouvernement de la province (4) ; ils estimaient les biens, les taxaient selon leur valeur et réglaient le mode d'assignation. Les lieux âpres et stériles n'étaient pas assignés par eux. C'était à

---

(1) Auctores divisionis adsignationisque — ou simplement — divisores agrorum. (Siculus Flaccus, *de conditionibus agrorum*.)

(2) Ager compascuus dictus quia divisoribus relictus est ad pascendum communiter vicanis. (Isidore, *orig.* lib. XV, cap. 2.)

(3) Quorumdam etiam vicanorum aliquas silvas quasi publicas, improprias esse comperimus nec cuiquam in eis cœdendi pascendique jus esse, nisi vicanis quorum sunt, ad quos itinera sœpè, ut supra diximus, per alienos agros dantur. (Siculus Flaccus, *de conditionibus agrorum*, p. 17.)

(4) Magistratus autem ibi intelligitur colonicus et municipalis, atque distinguitur ab eo qui sit in potestate, ut proconsul, vel prætor, aliusve qui provinciam regit. (Wilh. Goesii, *antiq. agr.* p. 28.

eux à juger si un *pagus*, une *villa* ou toute autre parcelle de terre faisait partie du territoire et de la juridiction des vainqueurs (1).

La garde des limites des propriétés communales était confiée à des officiers appelés *agrimensores*, dont les attributions sont décrites par Goesius (2). C'étaient des magistrats municipaux qu'il ne faut pas confondre avec les *conditores*, *auctores divisionis* et *assignationis* (3), et leur office consistait à juger ; car, aux termes de la loi 24, ff., *de ag. plur.*, ils devaient *cogere* et *condemnare*. Les empereurs Valentinien, Théodose et Arcadius leur confièrent, par leur constitution, le soin d'arbitrer les procès. *Finalis jurgii commiserunt artis hujus peritis omne sub fideli arbitratione judicium*. En cas de contestation sur le caractère et l'étendue de l'assignation, c'était aux *agrimensores*, magistrats décorés du titre de *spectabiles*, qui tenait le milieu entre le titre d'*illustre* et celui de *clarissime*, à juger les questions de limites et toutes les questions de propriété et de possession qui s'y rattachaient et à décider, par exemple, au moyen d'un nouveau mesurage, comparé au plan de la colonie, si le champ litigieux avait été assigné aux particuliers ou au public.

On trouve dans le Traité d'Hygin, *de limitibus consti-*

(1) Quippe secundum bonitatem agros estimabant, vel ut nostri loquuntur, taxabant, et melioris quidam minorem sequioris majorem assignabant modum. Loca enim aspera et sterilia in assignationem non veniebant. Si quid autem juris esset ambigui dubitareturque ad territorium pertineret, nec ne sive pagi, sive villæ, sive aliæ aliquæ terrarum particulæ, conditorum fuit omne id adjudicatione. (*Ibid.*, p. 29.)

(2) Antiquitates agrariæ, cap IV, p. 26.

(3) Nihil enim imperitius cogitari potest, quam conditores seu adsignationis ac divisionis auctores, cum his confundere. (WILLEMI GOESII, *antiquit. agr*, p. 32.

tuendis et dans le recueil de Goezius, *Ordines finitionum ex diversis auctoribus*, d'innombrables détails sur les limites naturelles, sur les termes (*termini*), sur les procédés géométriques du mesurage des terres, et, en général, sur tout ce qui se rapporte, soit aux champs limités, soit aux champs *arcifinales*.

En ce qui touche les bois et les pâturages, Hygin nous apprend qu'ils se trouvaient généralement au centre des champs assignés et étaient donnés à titre de compascuité aux voisins.

On inscrivait sur l'airain et dans le livre intitulé : *Liber beneficiorum* ou *Tabularium Cæsaris*, les diverses espèces de terres assignées sous les noms de *data, assignata, concessa, excepta, commutata pro suo redditu veteri possessori*. Le plan de l'*ager provincialis* reproduisait ces divisions. On lit dans celui que donne Hygin, *de limitibus constituendis*, p. 149, les indications suivantes :

 A. Fines opulentinorum cesiensium.
 B. Opulentia.
 C. Pascua coloniæ Juliæ.
 D. Colonia Julia August.
 E. Sylva publica Jubiensium.
 F. Cesolentium.
 G. Opulentinorum.
 J. Fundus concessus a Publ. Scipione.
 K. Mons Masinuus.
 L. Hasta oppodum.
 M. Territorium.
 N. Fisalota.
 O. Mons Geminus Oter.
 P. Mons Mica Juliensium.
 Q. Fines altesensium.
 R. Cesensium.

Les pâturages publics, désignés dans le plan d'Hygin,

étaient séparés des terres cultes par des inscriptions. « On place, dit Siculus Flacus, des inscriptions sur les limites des pâturages communs, qui sont une espèce de terres subsécives, c'est-à-dire non comprises dans les partages et dans les distributions faites aux premiers colons, mais laissées indivises pour être possédées en commun par tous les habitants d'un même village. »

Ces inscriptions, dit Hygin, étaient ainsi conçues : *Fundus Malinianus, cum sylva datus, adsignatus est coloniæ Juliæ Constantiæ*, ou bien simplement : *Pascua publica Coloniæ Juliæ Constantiæ*. La légende des plans indique (1) : *Compascua Juliensium. Sylva publica cæsolentium, Sylva et pascua opulentinorum*, etc.

---

(1) HYGNIUS, *de limitibus constit.*, lib. unic.

CHAPITRE XV

DE L'ADMINISTRATION DES REVENUS ET DE L'ALIÉNATION DES BIENS DES CITÉS ROMAINES.

§ I. — *Des revenus des cités romaines.*

I. — Les cités romaines donnaient à baux perpétuels ou à long terme leurs champs et leurs maisons moyennant un canon appelé *vectigal* (1). Les tenanciers vectigaliens n'étaient pas propriétaires et ne pouvaient usucaper, mais ils tenaient du droit prétorien l'action publicienne *in rem*, pour se maintenir en possession, et étaient même protégés par l'interdit *quominus loco publico* qui leur donnait l'action réelle pour repousser quiconque les troublerait dans leur possession, fût-ce la municipalité elle-même (2). Les tenures vectigaliennes pouvaient être hypothéquées, *vectigale prædium pignori dari potest* (3). Mais si le contrat était résolu par la voie de la restitution *in integrum*, faute de payement de la rente, l'hypothèque était annulée (4). Le

---

(1) L. 11, § 1, ff., *de publicanis*. — (2) L. 1 et 2, ff., liv. VI, tit. III. L. 31, ff., liv. XX, tit. I, *de pign. et hyp.*, L. 12, § 2, ff., *de publ. in rem actione*; L. 1, ff., *de loco publico fruendo*. — (3) L. 16, § 2, *de pigneratitia actione*. — (4) L. 31, ff., *de pignoribus et hypothecis*.

droit du tenancier vectigalien était transmissible, mais à la même condition (1).

Le contrat vectigalien a donné naissance à l'emphytéose, contrat, dont le but est la plantation — εμφυτευσις, — l'ensemencement, la fertilisation des terres abandonnées, et qui convenait plus qu'aucun autre aux *latifundia* des municipalités.

Les terres les plus productives ne pouvaient être données à bail que pour un temps limité, *in plures annos, et non in perpetuum.*

A ces canons ou prix de ferme, se réunissaient les produits des exploitations des carrières et des mines, mais quelques branches importantes de ce genre de revenus furent monopolisées par les empereurs sous divers prétextes. Ainsi des salines (2), ainsi des mines, des pierres à aiguiser, si utiles aux armes romaines, etc.

II. — Aucun texte de loi n'exige que les baux, même perpétuels, consentis par les cités, soient autorisés par le prince. Les baux se faisaient en général à la chaleur des enchères (3). L'adjudication publique n'était cependant pas indispensable. Mais la loi municipale donnait quelquefois un délai pour surenchérir, comme pour les biens du fisc. On pouvait recourir à l'*adjection*, c'est-à-dire à la vente aux enchères, s'il se présentait un enchérisseur qui

---

(1) L. 71, *de fidei commissis et legatis.*

(2) Si quis sive persona mancipium (id est salinarum conductorum) sales emerit, vendere tentaverit, sive propria audacia, sive nostro monitus oraculo : sales ipsi una cum eorum pretio mancipibus addicantur (L. 11, Cod. *de vectig. et comm.*).

(3) Locatio vectigalium quæ calore licitantis ultra modum solitæ conductionis inflavit, ita demum admittenda est, si fidejussores idoneos et cautionem is qui licitatione vicerit offerre paratus sit. L. 9, ff., *de publicanis et vectigalibus et commissis.*

fît une offre supérieure au prix de la location. La loi 2, *Cod. de locatione prædiorum civilium* permettait aussi d'exiger la location aux enchères d'un immeuble qu'un colon cultivait et améliorait sans titre. L'ancien possesseur n'avait qu'un droit de préférence à prix égal (1).

III. — Aux revenus de leurs biens immeubles, les cités romaines ajoutaient les pécules de leurs esclaves qui remplissaient les fonctions de scribes et de greffiers, ou qui étaient loués moyennant un prix annuel (2). Si l'esclave était affranchi et mourait sans enfants, la curie héritait de tout, elle avait droit à une portion virile si l'affranchi laissait des enfants, soit qu'il fût mort testat ou intestat (3).

IV. — Des droits de péage considérables étaient affermés à des publicains et recueillis par eux au profit des cités romaines. Ces droits se composaient probablement des droits de douane perçus sur les importations étrangères, et de droits analogues à nos droits d'octroi sur les objets de consommation. Suétone raconte que Tibère dépouilla les cités *gallo-romaines* et espagnoles de leurs droits sur les mines, de leur *vectigalia* et de leurs immunités. *Jura metallorum, vectigalium et immunitates adempta* (4). Ces *vectigalia* n'auraient pu, sans compromettre les impôts perçus au profit de Rome, être dispensés de l'autorisation de l'empereur. Ils y étaient soumis en effet; on ne doit pas permettre au hasard, dit la loi I, Cod. l. 4, tit. 62, la perception de nouveaux droits; mais si la patrie était tellement épuisée qu'elle eût besoin de ce secours extraordinaire, expose au gouverneur de la province ce que con-

---

(1) Congruit æquitati ut veteres possessores fundorum publicorum novis conductoribus præferantur, si facta per alios augmenta suscipiant. L. 4, Cod. *de loc. præd.* — (2) L. 3, ff. ; L. 45, tit. III, — L. 1, § 7, ff., L. 48, tit. XVIII ; L. 6, ff., liv. I, tit. VIII. — (3) L. unic., ff., *de libertis universitatum.* — (4) Suet. *in* Tib. Cæsare. L. 4.

tient ta requête à l'empereur; le gouverneur, après avoir soigneusement examiné l'affaire et considéré l'intérêt commun, nous écrira son opinion et le résultat de son examen, et nous jugerons s'il faut accorder ta demande, et dans quelles limites (1). Le publicain qui percevait au delà du droit autorisé par l'autorité impériale, était condamné à la restitution du droit perçu et à l'exil perpétuel (2).

Une constitution d'Arcadius et Honorius confirma et rendit perpétuels les *vectigalia* perçus par les cités. « Nous ordonnons que tous les *vectigalia*, que possèdent les cités, quelles qu'elles soient, obtenus pour elles ou leurs curies, afin de subvenir à leur détresse, soit qu'ils doivent servir aux fonctions des ordres des curiales, soit qu'ils soient destinés à d'autres usages, dans l'intérêt desdites cités, demeurent stables et confirmés à perpétuité (3).

Les droits de péage établis sur les ponts et les routes étaient payés pour les personnes, pour les voitures et pour les marchandises. Les marchandises portées aux marchés, *edulia*, *venalitia*, payaient aussi des droits, soit qu'elles fussent apportées par des marchands, ou par des non-marchands. On n'exceptait que les choses destinées au fisc ou affectées aux besoins de l'agriculture (4). Les droits sur les marchandises s'élevaient quelquefois jusqu'au huitième de leur valeur.

IV. — Aux recettes provenant des biens meubles et immeubles des municipalités se réunissaient les intérêts des sommes prêtées par les municipalités (5).

---

(1) L. 1, Cod. L. 4, tit. LXII. — (2) L. 3 et 4, *cod.* — (3) L. 10, Cod. *de vectigalibus et commissis.* — (4) L. 5, Cod. *de vectigalibus et commissis.* — (5) L. 1, § 1, ff., L. 50, tit. IV.

§ 2. — *Des garanties données aux cités contre les officiers chargés du maniement de leurs fonds.*

I. — De peur de voir dissiper le patrimoine public, comme *res nullius,* par l'effet de la négligence ou de la malversation des administrateurs, les lois romaines astreignaient ceux qui géraient la chose publique à des obligations si rigoureuses qu'à peine était-il possible de léser les cités, si ce n'est dans des cas extraordinaires.

Les magistrats étaient responsables, comme les tuteurs, des fautes, même légères, qu'ils commettaient dans l'accomplissement de leur mandat (1). On pouvait réclamer d'eux tout capital qu'ils avaient reçu et perdu, même sans aucune faute. Quant aux intérêts, ils ne les devaient qu'en cas de faute prouvée contre eux (2). Ils devaient, d'ailleurs, hors le cas de perte, les intérêts des fonds dont ils étaient détenteurs (3). Celui qui avait affermé, sans exiger des garanties, des immeubles ou des impôts publics, était tenu de l'insolvabilité du fermier (4). Celui qui avait emprunté pour le compte de la cité ne pouvait faire retomber sur elle la charge de l'emprunt, qu'autant que les deniers empruntés avaient tourné à l'utilité publique (5). Dans tous les cas où les fonds recouvrés se perdaient, faute par le magistrat de les avoir assurés par des garanties, il était tenu de les payer sur son patrimoine (6).

II. — En cas d'insuffisance de la fortune des magistrats,

---

(1) L. 6, ff., *de adm. rer. ad civit. pert.* — (2) L. 9, § 9, ff., *de adm. rer. ad civit. pert.*; L. 4, Cod. *quo quisque ordine*; L. *unic.,* Cod. *de his qui ex offic.* — (3) L. 9, § 10, ff., *de adm. rer. ad civit. pert.* — (4) L. 3, § 1, ff., *Ibid.* — (5) L. 27, ff., *de reb. cred.* — (6) L. 38, § 2, ff., *ad municip.*; L. 2, Cod. *de adm. rer. publ.*

ceux qu'ils avaient donnés pour cautions, ceux mêmes qui les avaient nommés étaient responsables de leurs méfaits (1). Le père naturel et même adoptif répondait de son fils décurion (2), à moins que le fils n'eût été émancipé sans fraude (3).

III. — Les magistrats municipaux étaient soumis à la surveillance des gouverneurs des provinces qui étaient chargés de prendre les mesures nécessaires pour la conservation et l'augmentation des biens des cités (4), et pour le bon emploi de l'argent dépensé (5).

Telles étaient les garanties données aux cités contre les malversations ou l'impéritie des magistrats dans les actes d'administration. Les actes d'aliénation étaient entourés de précautions plus rigoureuses encore.

§ 3. — *De l'aliénation des biens des cités.*

I. — Le droit de propriété a pour limite dans les corps et les communautés d'habitants, bien plus encore que dans les familles, les droits des futures générations; d'où résultent l'incapacité d'aliéner d'une manière absolue, et la qualification de *mainmorte*, énergiquement expressive de cette incapacité, dans les corps et communautés dont l'existence se perpétue par la subrogation toujours successive des personnes qui les composent ou les administrent. De là, cette double conséquence consacrée par

---

(1) L. 11, § 1, ff., *ad municip.* — (2) L. 2, ff., *ad municip.*; L. 7, ff., *de adm. rer. ad civit. pert.* — (3) L. 1, Cod. *de fil. fam.*; L. 38, § 4, ff., *ad muner.* — (4) L. 7, § 1, ff., *de off. procons.*; L. 5, § 1, ff., *de oper publ.*; L. 1 et 2, Cod. *de serv. reip. manumitt.*; L. 33, ff., *de usuris.* — (5) L. 21, § 3, ff., *de ann. leg.*; L. *unic.*, Cod. *de expens. lud.*

les lois du digeste et du code, que les biens des cités doivent être administrés librement par les mandataires des habitants, mais ne peuvent être aliénés sans le concours de la puissance publique (1).

II. — Anciennement, les biens possédés par les cités ne pouvaient pas être vendus, à moins que le proconsul n'eût ordonné la vente pour satisfaire des créanciers (2) ; du moins, n'existe-t-il aucune loi qui permette ces sortes de ventes à des administrateurs, réputés incapables d'aliéner, comme les tuteurs, auxquels ils sont assimilés. La loi 3, Cod. *de vendend. reb. civil.* parle, comme d'une chose récente, de la faculté de vendre les biens des cités.

Aux termes de la loi de l'empereur Léon (Cod., liv. XI, tit. XXXI, *de vendend. reb civit.*), les ventes des biens des cités ne pouvaient avoir lieu que pour une juste cause ; par exemple, pour en appliquer le prix à la reconstruction ou à la restauration des murailles, et avec des précautions propres à empêcher toute fraude et toute connivence.

A Rome, l'autorisation de l'empereur était nécessaire. Dans les provinces, il fallait la présence, sinon de tous, au moins de la plus grande partie, tant des curiales que des honorés et des possesseurs de la cité à laquelle les biens appartenaient. La vente devait se faire sous le sceau des saintes Écritures, après que chacun des assistants avait donné son avis. Le décret d'autorisation se rendait dans la forme des jugements provinciaux, et l'acheteur était obligé de fournir caution. C'est à ces conditions seulement que ces sortes de ventes devenaient stables (3).

---

(1) L. 11, ff., *quod cujuscumque univ. nom. Constit. de l'empereur Léon.* Cod., lib. XL, tit XXXI, *de vend. reb. civil.*

(2) L. 1, § 2, ff., *quod cujus univ. nom.*

(3) Si quæ hereditatis, vel legati, seu fidei commissi aut donationis titulo, domus aut annonæ civiles, aut quælibet ædificia vel

« Toute donation, dit Hygin (1), faite à une ville frontière, appartient à la ville même ; on ne peut ni vendre ce qui a été ainsi donné, ni priver en aucune manière le public d'en jouir. Nous rangeons ces concessions au nombre de celles qui ont été faites pour subvenir aux besoins des habitants de chaque pays, comme en matière de forêts et de pâturages publics. »

III. — L'intervention, à Rome, de l'empereur, et, dans les provinces, des proconsuls et des préfets, assistés des *curiales*, des *honorati* et des *possesseurs*, dans l'appréciation des causes d'aliénation des biens des cités, même de ceux

mancipia ad jus inclytæ urbis, vel alterius cujuslibet civitatis pervenerint ; super his licebit civitatibus venditionis pro suo modo inire contractum, ut summa pretii exinde collecta, ad renovanda sive restauranda publica mænia dispensata proficiat : indefessa vero cura prospicientes, ne quis adversus civitatum commoda quicquam moliri possit incommodi, sed sine ulla fraude seu nundinatione, vel colludio seu conniventia hujusmodi venditiones procedant. Hoc etiam in posterum observandum esse censemus, ut si quidem ad hanc inclytam urbem domum vel civiles annonas, aut alia quælibet ædificia vel mancipia pertinentia, contigerit venundari, non aliter nisi imperiali auctoritate vendantur : in provinciis vero, præsentibus omnibus, seu plurima parte tam curialium quam honoratorum et possessorum civitatis ad quam res prædictæ pertinent, propositis sacro sanctis scripturis, sigillatim unumquemque eorum qui convenerint jubemus sententiam quam putet utilem patriæ suæ designare ; ut ita demum decreti recitatione in provinciali judicio interveniente, emptor competentem possit habere cautelam. Hos autem venditionum contractus, sive jam completi fuerint, sive postea ineundi fuerint, stabiles esse censemus.

(1) Æque territorio si quod erit assignatum, id ad ipsam urbem pertinebit, nec venire aut alienari a publico licebit, id datum ad Tutelam territorio adscribemus, sicut sylvas et pascua publica. (*Hyginus, de limitibus constituendis, liber unicus.*)

qui étaient l'objet de baux emphytéotiques (1), n'était autre chose que l'exercice d'une puissance légitime ; mais les empereurs ne s'en tinrent pas là ; ils usurpèrent ces biens, tantôt par fraude, tantôt par violence, et ces abus de pouvoir ne furent pas l'une des moindres causes de la ruine de Rome.

L'origine du pouvoir despotique des empereurs sur les biens des cités remonte aux lois par lesquelles Jules-César (2) et Auguste (3) avaient édicté que les colléges et les universités de toutes sortes ne pourraient se former désormais qu'avec l'autorisation, et exister que sous le bon plaisir du prince. Les progrès de ce pouvoir s'étendirent de règne en règne jusqu'à la fin du Bas-Empire.

---

(1) Vectigale, vel patrimoniale sive emphytenticum prædium, sine decreto præsidis distrahi non licet, L. 13, Cod., *de præd. et aliis reb. non. alien.*

(2) Cuncta collegia præter antiquitus constituta distraxit (*Suet. in* Jul.-Cæs., 42.).

(3) Collegia, præter antiqua et legitima, dissolvit (*Suet. in* Aug., 32.) V. aussi les *Inscriptions.*

CHAPITRE XVI

DE L'APPROVISIONNEMENT DES CITÉS ; DE L'ANNONE, DE LA TESSERRE FRUMENTAIRE ET DU CONGIARIUM.

§ 1. — Plusieurs lois du digeste et des deux codes de Théodose et de Justinien attribuent le nom d'*annone* aux subsistances en général, et donnent au magistrat chargé de la police générale des approvisionnements le nom de *præfectus annonæ* (1), à son office le nom de *préfecture annonaire* (2), et aux appariteurs, chargés de l'exécution de ses ordres le nom d'*annonaires* (3).

La loi Julia *de annonâ* édicte une peine contre les sociétés tendant à rendre les subsistances plus rares (4).

Cette loi ne porte pas atteinte à la liberté du commerce des denrées alimentaires, et a seulement pour but d'en réprimer les abus.

Mais d'autres lois à peu près contemporaines, inspirées

---

(1) L. *ult.*, ff., *ad leg. Jul. de annon.* — (2) L. 1, Cod. *de off. præt. urb.* — (3) Annonariæ potestatis apparitor, L. 22, Cod. Tн., *de pistoribus.* — (4) Lege Julia de annona pæna statuitur adversus eum qui annonam fecerit, societatemve coierit quo annona carior fiat.

par un esprit démocratique exagéré, vont plus loin, et, par leur intervention directe dans le règlement des subsistances, mettent à la charge des classes riches l'alimentation des classes inférieures, et jettent ainsi dans les rapports sociaux un élément de perturbation qui se développe avec rapidité sous les empereurs.

La loi *Cassia Terentia frumentaria*, rendue sur la proposition des consuls M. Cassius et M. Terentius, en l'an de Rome 680, et modifiée sur la demande du tribun Octavius, porte qu'il sera distribué à chaque citoyen indigent cinq boisseaux — *modii* — de blé par mois. La loi Sempronienne fixait à un demi ou un tiers d'as le boisseau, le prix du blé qui serait vendu à la portion la plus pauvre du peuple. Les lois Clodiennes, rendues en l'an 695, statuèrent que le blé vendu jusqu'à cette époque au peuple lui serait distribué gratuitement (1).

Cicéron (2) évalue au huitième de la population libre les indigents qui participaient à ces distributions. Suétone affirme (3) que 150,000 citoyens de Rome étaient ainsi nourris aux dépens du public sous Jules César, et qu'il y en avait deux cent mille sous Auguste. Le nombre des indigents à qui était attribué le droit au pain civil (4), ne fit que s'accroître sous les empereurs, sans que les rapports entre les classes riches et les classes pauvres en devinssent moins hostiles (5).

La bienfaisance publique, exercée par le despotisme né de la démocratie corrompue de Rome n'était qu'un tribut d'adulation du pouvoir envers la multitude *dont il se disait*

---

(1) Le *modius* ou boisseau romain équivalait à 8 litres 64. — (2) Cic., *pro sext.*, 25. — (3) *Suet.* Jul., 41, Aug., 40-42. — (4) Voyez le *lexicon juridicum* de Jean Calvin, aux mots *panis civilis*. — (5) *Mémoire sur les secours publics chez les Romains. Recueil des mémoires des inscriptions et belles-lettres*, t. 13, p. 1.

le serviteur pour en rester le maître. C'était le faste d'une prodigalité sans choix comme sans bornes ; on achetait l'obéissance et la paix publiques en soulageant la misère, en soldant l'oisiveté (1). Aux distributions de blé, Septime Sévère ajouta des rations d'huile ; Aurélien convertit la distribution de grains en une délivrance de pains confectionnés avec la fleur de farine, et y joignit une ration de porc. Les distributions de sesterces, momentanées sous Auguste, devinrent sous Nerva et Trajan une institution permanente. Le *congiarium* était réparti d'après la matricule des distributions frumentaires. Toutes ces largesses peuplèrent Rome d'une race de pauvres volontaires, vivant aux frais du public, dans l'oisiveté, avides d'argent, de jeux, de désordres.

Les cités de l'empire s'associèrent progressivement à ce système de libéralités envers la classe indigente. La loi les autorisait à recevoir les legs destinés à procurer aux enfants les bienfaits de la nourriture et de l'éducation, à venir au secours de ceux que l'âge condamnait à l'impuissance. Ces legs étaient considérés comme appartenant à l'honneur de la cité (2). Les aliments étaient assurés aux enfants, jusqu'à la puberté. Le trésor public avançait aux cités ce qui était nécessaire à l'achat du blé destiné à l'annone, et les cités étaient tenues de le rendre sans pouvoir opposer la compensation (3). De là, des dépenses considérables aux-

---

(1) DE GÉRANDO, *De la bienfaisance publique*, t. 4, p. 471.
(2) Si quid relictum sit civitatibus, omne valet, sive in distributionem relinquatur, vel in alimenta, vel in eruditionem puerorum. Quod in alimenta infirmæ ætatis ad honorem civitatis pertinere respondetur. *Digeste*, liv. XXX, tit. 1er.
(3) L. 2, § 4, ff., *de adm. rer. ad civit. pert.* L. 17, ff., *de compensat.*

quelles les cités satisfaisaient à l'aide des tributs qui leur étaient imposés sous le nom d'*annone* (1).

On appelle *annone*, dit Cujas (2), toute redevance qui consiste en espèces, comme blé, vin, pain, viande et sel, etc., à la différence des redevances qui consistent en corps certains, tels que de l'or, de l'argent, du cuivre, des chevaux, des vêtements, etc.

Les préteurs, abusant des lois frumentaires, s'arrogeaient le droit exclusif de vendre, d'acheter, d'estimer, d'exiger le blé des provinciaux (3). Cicéron reproche à Verrès d'avoir extorqué par la violence aux Siciliens du blé et du vin, à titre d'*honoraire*, c'est-à-dire, sans y être autorisé par les lois.

§ 2. — Aux impôts prélevés par le despotisme des empereurs payens sur les classes riches, pour les convertir, dans l'intérêt de leur popularité, en secours pour les classes pauvres, le christianisme fit succéder le principe de la charité volontaire. Les *aumôniers*, chargés du service religieux, partagèrent entre les indigents, selon les besoins de chacun (4), le pain que leur donnaient les fidèles pour l'appliquer à ce pieux usage. La dotation des pauvres, formée des dons de la bienfaisance, fut convertie en une institution publique et confondue avec la dotation des églises elles-mêmes (5). De là un droit appelé *divin* que le législateur lui-même distingua du droit humain et

---

(1) Cod. Théod., *lib. undec. de annona et tributis*. — (2) Annonæ in speciebus consistunt, veluti frumento, vino, pane, carne, sale; tributa in corporibus veluti auro, argento, œre, equis, vestibus, etc. (Cujac., *de annonis et tributis*, t. 2, p. 81.). — (3) Sigon, *de jure Ital.*, 2, 208. — (4) Dividebantur singulis, prout cuique opus erat (*Actes des Apôtres*, ch. II et IV.). — (5) Voyez Thomassin, *Vetus et nova ecclesiæ disciplina*, part. 3, lib. II, cap. I et II, lib. 3, cap. 26, 29, etc.

privé (1). Les legs, donations, fidéicommis, en faveur des pauvres sont encouragés. La loi ne veut pas qu'on les confonde avec les legs faits en faveur des personnes incertaines; elle exige que les fondations pieuses soient administrées conformément aux vues du fondateur (2). Elle défend d'aliéner, d'hypothéquer, d'échanger les immeubles qui en dépendent sans une utilité constatée (3); elle les place sous la tutelle et la protection du défenseur de la cité (4). Elle déclare qu'il est de l'humanité de la puissance publique de pourvoir à l'indigence et de veiller à ce que les pauvres ne manquent pas d'aliments (5). Mais en même temps qu'elle assure, par le libre élan de la charité, la subsistance des indigents, la loi poursuit la mendicité tolérée par les lois payennes, et impose aux pauvres valides la loi salutaire du travail. Les premières prescriptions trop rigoureuses (6), dépassent le but en édictant que le mendiant qui sollicite publiquement des secours sera soumis à une inspection, qu'on examinera l'état de sa santé, son âge, et que, s'il n'est atteint d'aucune infirmité, si c'est un fainéant, il perdra la liberté; mais plus tard, ces dispositions trop sévères sont adoucies. Les mendiants valides, au lieu d'être réduits en esclavage, sont occupés par les

(1) Cur enim non faciamus discrimen inter res divinas et humanas. Cod., liv. I, tit. II. Ut inter divinum publicumque jus et privata commoda competens discreta sit. *Ibid.*, liv. XXIII. — (2) Si vel pauperibus aliquid crediderit relinquendum, id modis omnibus ratrius firmumque consistat. Non ut incertis personis relictum evanescat. Cod., liv I, tit. XII, L. 13, 15, 19, 24. — (3) *Nov.* 7, ch. I. *Nov.* 120, ch. VI et VII. — (4) Cod., liv. I, tit. II, L. 17. — (5) Et quia humanitatis nostræ est egenis prospicere ac dare operam ut pauperibus alimenta non desint (Cod., liv. I, tit. II, ch. XII, § 2, *Décret.* de Valentinien et de Marcien.) — (6) Voyez le Cod. Théod., liv. XIV, tit. XVIII, et le Cod. Justinien, liv. X, tit. XXV, L. unique, *de mendicantibus validis.*

entrepreneurs aux divers métiers auxquels ils sont propres. Quant aux malheureux, atteints d'infirmités, ou accablés par l'âge, Justinien veut qu'ils continuent d'habiter la ville, sans être inquiétés, ou qu'on les confie aux personnes qui voudront prendre soin d'eux par un sentiment de charité (1).

Ainsi se révèle, dans ce qui touche le plus près à la vie de l'homme, dans le soin des subsistances publiques, le contraste des deux législations payenne et chrétienne. Sous l'empire de la première, on proclame fastueusement que le malheur est chose sacrée, mais on traite l'esclave comme une chose sans nom, on jette au Tibre l'enfant débile, on se débarrasse de l'invalide comme d'un être inutile; et, c'est sous l'inspiration de la peur et sous la forme dure de l'impôt qu'on élève la *tesserre frumentaire* et le *congiarium* comme un rempart offert au despotisme contre l'émeute. Sous la seconde, la charité descend du ciel sur la terre, en s'écriant avec saint Luc (2): *Donne à quiconque demande.* Mais elle ajoute avec un autre apôtre : *Que celui qui ne veut point travailler renonce aussi à manger... le fainéant qui souffre la faim ne mérite point de secours; il n'est pas même digne d'appartenir à l'Eglise de Dieu; il faut entretenir l'enfant pour qu'il apprenne un métier, afin que, l'exerçant un jour avec habileté, et se procurant des instruments, il se suffise à lui-même et n'abuse pas de la charité de ses frères* (3).

---

(1) *Novelles*, tit. LX, ch. IV, *de his qui constant. invenerint* ; ch. V, *de mendicantibus validis.* — (2) *Actes des Apôtres*, liv. 3, ch. 7, *omni petenti a te da.* — (3) *Ibid*, liv. II, ch. IV, liv. IV, ch. II.

CHAPITRE XVII.

DES ÉTABLISSEMENTS D'INSTRUCTION ET DE BIENFAISANCE PUBLIQUES.

§ I. — *Des écoles municipales et des auditoires impériaux.*

C'était pour les cités un précieux privilége que celui de fonder des écoles pour la jeunesse de leur circonscription et des districts environnants.

Les Romains attachaient à ces écoles une telle importance que les philosophes, les rhéteurs, les grammairiens, les médecins, étaient dispensés, par un édit d'Antonin le pieux, confirmé par Commode (1), des tutelles, du gymnase, du sacerdoce, et ne pouvaient être forcés ni aux achats de blé, d'huile et de vin, ni aux services municipaux, ni aux charges de juges, ni à celles de députés, ni à la milice. Ces priviléges, étendus d'abord à tous ceux qui exerçaient des professions libérales, furent ensuite réduits à un certain nombre d'entr'eux, puis à ceux seulement qui avaient le titre *d'antitites liberalium artium*, selon l'expression d'un décret de Dioclétien et de Maximien (2).

---

(1) MODESTINUS le cite, liv. XXVII, des *pandectes*, tit. I⁰, *de excusat.* — (2) Lib. X, tit. XLVI, L. 1, Cod., *de decretis decurionum.*

En outre, et quoique les cités ne rétribuassent aucun fonctionnaire, depuis le décurion et l'édile jusqu'à ceux qui géraient les charges les plus modestes, les fonctions des professeurs et des médecins étaient exceptionnellement, et seules salariées (1). Un décret de Vespasien adopta pour les écoles publiques de Rome (2), cette mesure qu'Antonin le Pieux étendit à tout l'empire (3). Mais alors ce ne furent plus les cités, ce ne fut plus le trésor public qui fournit ce salaire, lequel ne s'élevait pas à moins de 500 écus d'or. Aussi, Tatien disait-il dans son apologétique : « Vos philosophes sont si loin de mépriser les richesses que quelques-uns reçoivent des empereurs jusqu'à 600 écus d'or chaque année. »

A côté des écoles municipales s'élevaient les auditoires impériaux; mais ces établissements de hautes études ne donnaient pas l'instruction moyenne qui convient au grand nombre, et leur concurrence fut si peu fatale aux écoles municipales, que celles-ci florissaient encore au moment où l'empire croulait. Duboulay (4) nous apprend qu'à Poitiers et à Clermont on trouvait des maîtres distingués *publico stipendio conducti*, payés par le trésor commun. Ausone loue l'école municipale de Besançon (5), et c'est aux écoles des cités que fait allusion le décret par lequel Gratien déclare qu'il doit être libre à chaque cité de rétribuer, comme elle l'entend, ses maîtres et ses docteurs (6).

---

(1) L. 1, § 4, ff., *de extraord. cogn. Dissert.* d'Emmanuel OTTON, p. 183. — (2) *Suet in vita* VESPAS, ch. XVIII. PLIN., *epist.*, IV, 13. — (3) Rhetoribus et philosophis per omnes provincias et honores et salaria detulit. (*Bullæus de regimine veterum academiarum.*) — (4) *Hist. univ.*, part 5, tit. I. — (5) *Panégyrique de Gratien*. — (6) Nec vero minus judicum liberum ut sit cuique civitati suos doctores et magistros, placito sibi juvare compendio. *Bullæus ubi supra.*

Les professeurs des écoles municipales étaient nommés et destitués par l'ordre des décurions. Les grammairiens et les rhéteurs, approuvés par un décret de l'ordre, dit l'empereur Gratien, s'ils ne se montrent pas utiles aux élèves, peuvent être révoqués par le même ordre (1). L'ordre des décurions allouait à ces professeurs, tantôt un traitement complet, tantôt un supplément seulement *compendium*. — Les élèves payaient en outre un *minerval*.

Les immunités dont jouissaient les professeurs furent contestées par le fisc, vers la fin de l'empire, au moment où le mauvais état des finances imprima un nouvel essor aux exactions qui pesaient sur les municipalités, et obligea les décurions de se réfugier dans les camps pour échapper aux tortures des onglets de fer. Mais ces immunités triomphèrent de toutes les épreuves ; les fonctions de professeurs furent quelque temps un asile où se réfugiaient les curiales ; les publicains les y poursuivirent. L'immunité fut contestée ; le nombre des exempts fut diminué par les rescrits (2).

Antonin avait déjà fait descendre le chiffre à dix médecins, cinq rhéteurs et cinq grammairiens, dans les villes de premier ordre, dans les métropoles ; à sept médecins, quatre sophistes, et quatre grammairiens, dans les villes de second ordre, celles où siégeaient des tribunaux ; à cinq médecins, trois sophistes, et trois grammairiens dans les autres cités. Dioclétien et Maximien statuèrent qu'excepté les *antistites* des arts libéraux, l'immunité ne pouvait être accordée à personne (3). Quelques années plus tard, l'invasion des barbares balayait dans la même tour-

---

(1) Cod. Just., tit. *de medicis et professoribus*. — (2) *Histoire de l'instruction publique*, par M. DE RIANCEY, tit. I, p. 23. — (3) COURING, Antiquitates academicæ, *Dissert*. 3.

mente et les priviléges, et les sophistes et le fisc impérial.

§ 2. — *Des hopitaux et autres établissements charitables.*

L'hospitalité, cette vertu familière aux nations de l'antiquité, n'était érigée chez aucune d'elles en institution publique. Les romains avaient des appartements réservés aux hôtes, *hospitalia*, et des infirmeries domestiques, *valetudinaria* (1). Non-seulement les enfants et tous les membres de la famille y étaient traités, mais l'esclave qui, au lieu d'y recevoir les soins qui lui étaient dûs, était abandonné de son maître, devait être rendu à la liberté (2). On a la mesure des bienfaits de l'hospitalité privée dans un passage de Tite-Live qui raconte que trente mille personnes ayant périou reçu des blessures lors de la chute de l'amphithéâtre de Fidènes, les blessés furent transportés, suivant l'usage ancien, dans les maisons des principaux citoyens, et y reçurent l'assistance des médecins et les remèdes et soins convenables. Mais à mesure que les liens de la famille romaine se relâchèrent, et que la corruption des mœurs publiques fit des progrès, ce remède à la double plaie de l'infanticide et de l'esclavage fut de plus en plus insuffisant, et le Tibre reçut plus d'un cadavre de nouveau-né, et l'île d'Esculape fut souvent témoin du cruel abandon auquel étaient livrés les esclaves vieux et infirmes.

Toutefois, on trouve les premiers germes de nos hôpi-

---

(1) COLUMELLE, tit. XI, ch. I.
(2) Servus ægrotus, nisi ejus curam dominus gerat, sit liber. Cod., liv. VI, tit IV, *de bonis libertorum*. Digeste, liv. XLI, tit. VII, *Pro derelictis*, ch. III. Novelle, 22, ch. XII, Cod., liv. VII, tit VI, L. uniq., *de latina libertate tollenda*, § 4.

taux dans ces salles garnies de lits, placées près du temple d'Esculape, où les étrangers qui tombaient malades se réfugiaient et recevaient les soins et les secours de l'art (1). En outre, les décurions entretenaient dans chaque cité des médecins publics chargés de traiter gratuitement les pauvres à domicile.

L'Église primitive n'adopta pas d'abord l'usage des hôpitaux. Les chrétiens vivaient en frères, et s'assistaient mutuellement, tant sains que malades. Les maisons des prêtres et des évêques étaient d'ailleurs ouvertes aux étrangers et leur table était commune aux pauvres qui imploraient leur charité (2). Bientôt se formèrent, selon la remarque de M de Châteaubriand (3), des associations de fidèles, qui, instruits dans la grande vertu de la charité, mirent en commun quelques deniers pour secourir les nécessiteux, les malades et les voyageurs. Ainsi commencèrent les hôpitaux.

Les premiers asiles publics marqués de ce caractère furent les *xenodochia* offerts aux pèlerins *peregrinis*, qui, dit saint Jérôme, au sujet d'un établissement de ce genre fondé par une femme romaine, Fabiola, demeuraient auparavant étendus sur la place publique, et reçurent dès lors les secours et les aliments nécessaires. De nombreuses xénodochies furent fondées par des laïques, dans les premiers siècles du christianisme; plus tard, les églises, les cités, les empereurs les multiplièrent, et Julien lui-même s'aida des inspirations du christianisme pour élever des asyles publics en faveur des pauvres et des malades. Mais la part la plus large dans la fondation des établissements

---

(1) *Mercurialis var lect.*, cap XII. GUÉRINS, *Thesaurus antiquit. Rom.*, 1, 3. — (2) THOMASSIN, *Vetus et nova ecclesiæ discip.* — (3) *Génie du Christianisme*, t. IV, p. 120.

charitables revient incontestablement au clergé, qui excita souvent, par son zèle pieux, la jalousie des préfets des provinces. Saint Grégoire de Naziance, saint Jean-Chrysostôme et tous leurs pieux émules et successeurs ajoutèrent aux *xénodochia* les *nosocomia*, ou hôpitaux de malades, les *orphanotrophia* ou hospices d'orphelins, les *gerontico mia* ou asyles de vieillards ; et, grâce au concours, dans chaque cité, de l'autorité religieuse et du pouvoir municipal, les œuvres de miséricorde se multiplièrent à l'infini, et il y eut, selon les expressions de M. de Châteaubriand, comme un débordement de la charité sur les misérables, jusqu'alors abandonnés sans secours par les heureux du monde.

CHAPITRE XVIII

DES TRAVAUX PUBLICS DES CITÉS.

§ 1er. — *Des travaux publics des cités en général.*

Les travaux publics des cités se faisaient aux dépens de la communauté, par la contribution générale des habitants : *Communi onere et communione* (1). Ils étaient confiés, d'abord aux soins des censeurs et des édiles. Les empereurs les remirent à des officiers appelés *curatores* qui étaient chargés de les diriger d'après les ressources locales. Les dépenses de ces travaux, telles que murailles, ponts, aqueducs, greniers, portiques, prisons, auditoires, bains, basiliques, ports, étables, etc... (2) constituaient une grande partie des dépenses des cités qui y consacraient le tiers de leurs revenus (3). L'argent était appliqué aux réparations d'entretien, de préférence aux travaux neufs (4),

---

(1) Cassiod., lib. V. form. 9, L. 7, c. et 23, *c. th. de oper pub.* —
(2) *Paratitles de Jacques* sur le livre XV, tit. Ier, *du Cod.* Theod. —
(3) L. 83, Cod. Th. *de opere public.* L. 3, Còd. de div. præd. —
(4) L. 5, § 1, ff. *de adm. rer. ad civit. pert.*

à moins que celui qui avait légué les biens n'en eût disposé autrement (1).

Le curateur des travaux publics chez qui les fonds affectés à ces travaux avaient séjourné, était tenu d'en payer les intérêts (2). Les travaux restaient quinze ans à ses risques et périls, et à ceux de ses héritiers (3). On pouvait revenir pendant dix ans sur les comptes rendus par lui (4).

La police des travaux publics regardait les décurions (5), ou les présidents, ou gouverneurs auxquels ces décurions étaient subordonnés (6). Mais les empereurs s'en emparèrent peu à peu à l'aide de l'ascendant que leur donna la contribution de leur fisc aux dépenses publiques (7). Une lettre de Pline à Trajan, et une curieuse réponse du prince, signalent les prétendus abus des administrations municipales dans la conduite des travaux publics, pour expliquer et justifier les empiétements du pouvoir central. « Les habitants de Nicomédie, écrit Pline (8), ont dépensé pour un aqueduc 3,329,000 sesterces, et cet ouvrage, laissé d'abord imparfait, est même détruit. On en a depuis commencé un autre qui a encore été abandonné après une dépense de 2,000,000 sesterces, et il faut enfin que ces habitants qui ont si mal employé leur argent en prodiguent encore, s'ils veulent avoir de l'eau. Cette entreprise, par son utilité, et par sa beauté, est digne d'exciter la sollicitude de l'empereur. » — Il faut avoir soin, répond Trajan, que l'on conduise de l'eau à Nicomédie, mais il faut en même temps s'occuper à découvrir par la faute de qui les habitants de

---

(1) L. 1 et 4. ff *de adm. rer. ad civit pert.* — (2) L, 9,, pr. ff. *de adm. rer. ad civit. pert.*, L. 17, § 7, ff. *de usur.* — (3) L. 8, Cod. *de oper. publ.* — (4) L. 8, ff. *de adm. rer ad civil pert.* — (5) L. 1, Cod. *de rationac. oper. publ.* — (6) Paul Santeul. tit. 6, § 9, l. 2. Cod Theod. *de aquæductu.* — (7) *Sumptu publico id est fiscali*, L. 8 Cod. Theod. *de aquæductu.* (8) Liv. X lettre 46.

cette ville ont perdu de si grandes sommes, et si ces ouvrages commencés et abandonnés n'ont point servi de prétexte aux gens en place pour se faire des gratifications mutuelles (1).

Les aqueducs, les ponts et les routes étaient les principaux objets des travaux publics des Romains.

§ 2. — *Des aqueducs, des égouts, des bains, des nymphes et des naumachies.*

Pline le naturaliste attribue à Aucus Martius, l'un des rois de Rome, la gloire d'y avoir fait conduire le premier, par un bel aqueduc, les eaux de la fontaine *Piconia* (2).

La loi des douze tables constate, dès cette époque, l'existence d'aqueducs publics, puisqu'elle autorise les particuliers qui en éprouvent des dommages, à se faire indemniser (3).

Quelques savants ont cependant émis, d'après Frontin qui était intendant des eaux sous l'empereur Nerva, des doutes sur cette haute antiquité des aqueducs. Ils ne voient dans le passage de Pline qu'une allusion à une pensée qui n'aurait reçu son exécution qu'en l'an 608 de Rome, et soutiennent que le mot *aquæductus*, employé dans la loi des douze tables, ne s'applique qu'à des prises d'eau faites par des particuliers (4).

(1) Liv. X, lettre 47. — (2) Primus fontem Piconiam in urbem ducere auspicatus est Ancus Martius, unus ex regibus (Plin. tit 31, c. 3). — (3) Si per publicum locum rivus aquæductus privato nocebit, erit actio privato ex lege 12 tabul. uti noxæ domino caveatur. (L. 5, ff. ne quid in loc. publ.) — (4) Juste. Lipse. *de magnit. Rom.* lib. 3, cap. 11. — Polenus *ad frontinum.* — Bermann *de vectiga'. pop. rom. cap.* 12. — Terrasson, *Histoire de la jurisprudence rom.*, p. 166.

Mais d'autres savants pensent, avec plus de raison peut-être, qu'un aqueduc destiné à amener à Rome des eaux plus salubres que celles du Tibre, dut entrer dans les vues d'un souverain.

Les bains, les thermes, les naumachies, les nymphées, les canaux du cirque, les lacs, les rivières, les fontaines, étaient alimentés par les eaux conduites par les aqueducs publics. Agrippa, gendre d'Auguste, multiplia ces établissements pendant son édilité, et accorda au peuple l'entrée gratuite dans 170 bains. On voit aujourd'hui encore des restes considérables des thermes d'Agrippa auprès du Panthéon, de ceux de Néron, de Titus, de Domitien, de Caracalla, d'Antonin, de Dioclétien. La ville était couverte de fontaines jaillissantes qui entretenaient la salubrité de l'air, la propreté des rues, et qui prévenaient les incendies. Cassiodore s'écriait, à la vue des magnifiques vestiges de tous ces ouvrages construits plusieurs siècles avant lui : « Vous croiriez que ces canaux ont été creusés naturellement dans le rocher, tant ils ont résisté à l'action du temps et des eaux (1). »

Toutes les villes des provinces de l'empire, et des Gaules en particulier, eurent leurs aqueducs, leurs égouts, leurs thermes, leurs fontaines, à l'exemple de ceux de Rome : témoins l'aqueduc d'Arcueil, et les thermes de Paris attribués à l'empereur Julien (2), les aqueducs et tous les ouvrages accessoires de Coutances, de Metz, de Nîmes, d'Orange, de Toulouse, de Fréjus, de Lyon, etc. (3).

« Ce qui frappe dans la législation relative à ces grands

---

(1) Naturales credas alveos soliditate saxorum : quando tantus impetus fluminis tot sæculis firmiter potuit sustineri. (Lib. VII, form. 6.) — (2) *Mém. de l'Académie des Inscrip.*, tit. XXX, p. 729. — (3) Voyez Montfaucon et les historiens de la Provence, du Languedoc, du Lyonnais, etc.

travaux, c'est, dit Frontin, dont la position officielle sous Nerva donne tant d'autorité à ses paroles, c'est l'admirable équité avec laquelle nos ancêtres ont toujours concilié le respect du droit de propriété privée et les convenances d'utilité publique. Ainsi, après qu'ils ont arrêté de conduire les eaux à la ville, on propose aux possesseurs des fonds d'en vendre à la république la portion nécessaire pour le passage de l'aqueduc. Si quelques possesseurs font des difficultés, on leur achète les fonds en entier; et, après avoir pris ce qu'il faut, on vend le surplus, ou on le concède sous une redevance annuelle affectée à la réparation de l'aqueduc (1). »

Les eaux étaient régulièrement distribuées dans de grands bassins appelés d'abord *dividicula*, et puis, à cause de leur grandeur et de leur somptuosité, *castella* (2). De là, on les dirigeait dans des bassins moins considérables *immissaria*, *conceptacula* (3), d'où elles s'écoulaient par des tuyaux distincts, *fistulæ*, les unes vers les bains publics, les autres vers les lavoirs et les fontaines jaillissantes, les autres enfin dans les maisons des particuliers (4). L'eau destinée à la boisson coulait, par des tuyaux particuliers, dans les réservoirs appelés *fontes* où étaient des robinets, *syphones*, *syphunculi*, *salientes*, qui portaient les noms des figures dont ils étaient surmontés, et qu'on refermait après

---

(1) Majores nostri admirabili æquitate ne ea quidem eripuerunt privatis quæ ad modum publicum pertinebant. Sed cum aquas perducerent, si difficilior possessor in parte vendenda fuerat, pro agro toto pecuniam intulerunt, ac post determinata necessaria loca, rursus eum agrum vendiderunt, ut in suis finibus proprium jus tam res publica quam privata haberet. — (2) Dividicula antiqui dicebant quæ nunc sunt castella (Fœstus), L. **1**, § 39, ff., *de aq.*, *quot.* L. 78, ff., *de cont. empt.* — (3) L. 2, Cod. TH., *de aquæductu.* — (4) VITRUVE, *Trad. de Perraut*, p. 245.

s'en être servi (1). Les eaux, moins propres à la boisson, se dégorgeaient dans les lacs, grands réservoirs clos de toutes parts comme des étangs ou viviers, qui, dans la seule ville de Rome, étaient, au temps d'Honorius, au nombre de 1,352. Ces eaux communiquaient les unes avec les autres de telle sorte que si le passage de quelques-unes se trouvait intercepté, d'autres venaient y suppléer (2).

Les concessions d'eaux émanaient des censeurs et des édiles, qui n'en faisaient aux particuliers que lorsque tous les besoins publics étaient satisfaits ; mais après la destruction de la république, les empereurs se réservèrent le privilège exclusif de ces sortes de concessions (3). Le préfet de la ville réglait la quantité d'eau nécessaire aux bains publics, aux nymphées, et il distribuait le superflu à ceux qui avaient obtenu du prince la permission d'en avoir (4). L'eau destinée aux bains publics leur était affectée à perpétuité. Les concessions d'eau aux particuliers ne passaient ni à l'héritier, ni au nouveau possesseur du fonds (5).

Les concessionnaires de l'eau ne pouvaient la prendre

---

(1) L. 15 et 17, § 9, ff., de act. empt. ; L. 12, § 24, ff., de instruct. ; L. 79, in fine, ff., de V. S.

(2) Lacus plerique binos salientes diversarum aquarum acceperunt, ut si casus alterutrum impedisset, altera sufficiente non destitueretur usus. (Frontinus, lib. II.)

(3) Permittitur aquam ex castello ducere, idque a principe conceditur, alii nulli competit jus aquæ ducendæ. (L. 1, § 41 et 42, ff., de aq. quot. ; L. 2 et 11, Cod. de aquis ; L. 2, 3, 5, 6. 7, 8, Cod. Théod., de aquæductu.)

(4) Amplissima tua sede dispositura quid in nymphæis pro abundantia civium conveniat deputari : quid his personis quibus nostra serenitas indulsit ex aqua superflua debeat impartiri. (L. 5, Cod. de aquæductu.)

(5) Frontinus, lib. II, L. 1, § 43 et 44, de aq. quot.

qu'à sa sortie du château, et non dans les aqueducs (1). On la leur divisait par mesures de différents poids ou calibres, désignés par les lois et les auteurs sous les noms d'onces, de quinaires, d'oboles (2). L'eau était conduite par des tuyaux de brique ou terre cuite, de pierre ou de plomb : *fistulis, fructilibus lapideis, ligneis, plumbeis* (3). Les contraventions et les fraudes étaient sévèrement réprimées (4).

L'eau publique ne pouvait être acquise par les particuliers par aucune prescription (5).

Les possesseurs des terres traversées par un aqueduc public étaient tenus de plusieurs servitudes d'utilité publique, qui avaient pour objet d'en assurer la conservation (6); et, en compensation de ces charges, ils ne payaient que de légers tributs (7).

Sous la république, les aqueducs, les égouts, les bains, les fontaines, etc., ressortissaient de la juridiction des édiles et des censeurs. Les empereurs confièrent la surveillance de ces édifices à des officiers particuliers, nommés *curatores aquarum, curatores cloacarum*, etc. On les appelait, sous les derniers empereurs, *consularæs aquarum* (8), *comites formarum*. Auguste investit le *curator* ou *præfectus aquarum* de Rome d'une grande autorité (9). Hors de la ville, il était escorté de trois licteurs, de trois esclaves

---

(1) L. 1, § 38, 39, 40, 41, ff., *de aq. quot.* ; L. 19, ff., *de servit. præd. urb.* ; L. 78, ff., *de contrah. empt.* ; L. 6, Cod. Théod., *de aquæductu.* — (2) L. 5, ff., *de aq. quotid.* ; L. 37, ff., *de servit. præd. rust.* — (3) Vitruvius, lib. VIII, cap. vii. Plinius, lib. XVI, cap. xliv. L. 1, § 4, ff., *de rivis.* — (4) L. 2, Cod. Théod., *de aquæductu.* — (5) L. 9, Cod. *de aquæductu.* (6) L. 1, Cod. Th. et Cod. Justin, *de aquæductu*, L. 6 et 10. Cod. Frontinus, Cassiodorus, lib. V, formul. 38. — (7) *Collectio auctorum finium regundorum*, p. 263. — (8) L. 1, Cod., *de aq.* — (9) Suéton, Aug., 37.

publics, d'un architecte, de secrétaires, etc. Il faisait exécuter ses ordres par des appariteurs (1). Deux compagnies d'environ 700 hommes étaient consacrées au service des aqueducs sous les ordres des *curatores aquarum*, et sous la surintendance tantôt du préfet de la ville (2), tantôt du préfet du prétoire (3).

La première de ces compagnies, formée par Agrippa et composée de 240 personnes, était appelée *familia publica*. La seconde, composée de 440 hommes, et fondée par l'empereur Claude, était appelée *familia Cæsaris*. Les membres de ces familles avaient des noms et des emplois différents. Les *villici* étaient placés dans les villages, pour veiller à ce que les eaux publiques ne fussent pas détournées pour l'usage particulier, sans une concession du prince, et pour empêcher que ceux qui avaient obtenu cette faveur en prissent ailleurs que dans le château d'eau et au delà de la quantité prescrite. Les *castellarii* pourvoyaient à ce que le château d'eau et les fontaines publiques eussent continuellement de l'eau, au point qu'elle y coulât nuit et jour sans interruption. Les *Siliquarii* réglaient la distribution des eaux par pouces, par dragmes ou autres mesures, dans les bains, les lacs, les nymphées, les naumachies et autres lieux publics et particuliers; les *aquileges* entretenaient les tuyaux et conduits, et maintenaient l'exécution des règlements concernant la distance à laquelle les arbres devaient être plantés, à droite et à gauche des aqueducs, et faisaient couper ceux qui en étaient trop rapprochés. Les *aquitectores* veillaient à l'entretien général des châteaux, bassins, canaux, réservoirs et autres bâtiments (4).

---

(1) L. 1, 5 et 6, Cod. *de aquæductu.* — (2) L. 2, 3, 8, Cod., *ae aquæductu.* — (3) L. 5, 6, 7, 11, *eod.* (4) FRONTIN, liv. II, CASSIODORE, liv. III, lettre 31.

Les républiques municipales retiraient un tribut annuel des bains publics (1) et des maisons, terres et jardins des particuliers qui avaient obtenu des concessions d'eau (2). Les amendes et condamnations pécuniaires, prononcées contre ceux qui endommageaient les aqueducs publics, ou en détournaient l'eau pour leur usage, étaient affectées à leur réparation.

§ 3. — DES CHEMINS ET DES PONTS.

Les chemins ou voies publiques, *viæ publicæ*, sont peut-être les plus grands travaux qu'aient exécutés les républiques municipales romaines. Les lois distinguent trois sortes de chemins : Les chemins publics, les chemins privés, et les chemins vicinaux.

Nous appelons chemins publics, dit la loi 2, § 22 ff. *ne quid in loco publico vel itinere fiat*, ceux que les Grecs appelaient βασιλικαι et qui sont connus parmi nous sous le nom de chemins prétoriens ou voies consulaires.

Les chemins privés, dit la loi 2 § 23, ff. sont les chemins que quelques-uns appellent *agraires*, c'est-à-dire qui sont dus par un champ. Il y a d'autres chemins qui tirent les noms des villages où ils sont, ou auxquels ils conduisent. Quelques-uns soutiennent que ces chemins sont aussi publics, ce qui est vrai, si dans l'origine de la constitution du chemin, il n'a pas été établi comme privé ; mais il en est autrement s'il est accommodé aux dépens des particuliers, et par conséquent entre eux. Car, s'il est rétabli par contribution entre particuliers, le chemin est

---

(1) VITRUVE, liv. VIII, ch. VII. — (2) FRONTIN, liv. II, CIC., L. *agrar.* 3, *contra Bellum*, L. 41, ff., *de act. empt.*

certainement considéré comme chemin privé ; et la réparation se fait en commun, parce que le chemin est pour l'usage et l'utilité communs. Il y a deux sortes de chemins privés ; les uns sont dans des champs qui sont assujettis à la servitude de passage à d'autres champs ; les autres conduisent à des champs ainsi que les premiers, mais avec cette différence que ceux-ci sont des chemins ouverts à tout le monde, dans lesquels on entre en sortant du grand chemin, et qui mènent à des villages, à des métairies ou autres lieux semblables. Ces sortes de chemins peuvent être regardés comme des chemins publics. Les chemins de traverse étaient appelé *diverticula* (1), *viæ transversæ* (2) et les rues des villes, *viæ limites* (3).

La voie de Rome à Capoue fut le premier chemin que les Romains firent paver. Elle fut commencée par le censeur Appius Claudius, en l'an de Rome 441, et continuée plus tard jusqu'à Brindes; on l'appelait *regina viarum*. Elle était pavée avec un caillou très-dur, et n'avait que la largeur nécessaire pour que deux chars pussent y passer de front.

Chaque municipalité romaine avait des fonctionnaires occupés du soin des routes : *curatores viarum*. Les citoyens les plus éminents, Lépidus, Balbus, Jules César, Auguste ne dédaignèrent pas de devenir les voyers de Rome (4).

Auguste se chargea lui-même de l'administration des routes les plus voisines de Rome, et préposa au soin de faire paver les voies romaines deux hommes de rang prétorien qui étaient suivis chacun de deux licteurs (5).

---

(1) Suét., Nerv., 48, Pline, 31, 3. — (2) Cic., Verr., IV, 53. — (3) Tite-Live, XXXI, 24. — (4) Voyez le titre du Cod. de Justin, XII, liv. VIII, *de operibus publicis. Harmenopale en son promptuaire*, liv. III, tit. VIII, etc. — (5) Denys d'Halic., L. 4, 8.

Les voies romaines s'étendirent, avec les limites de l'empire, depuis les colonnes d'Hercule jusqu'à l'Euphrate, et jusqu'aux extrémités méridionales de l'Egypte ; les voies militaires aboutissaient à une colonne dorée, élevée par Auguste dans le *forum* et appelée *milliarium aureum* (1). Les milles *millia passuum* partaient, non de cette colonne, mais des portes de la ville, et étaient marqués sur des pierres dont les numéros correspondaient au nombre des milles (2).

Les Romains jetaient des ponts sur les rivières les plus larges. Il y en avait huit sur le Tibre, dans l'enceinte de Rome, dont quelques-uns subsistent encore. Le pont du Danube, et celui du Tage, bâtis par Trajan, le pont du Gard, près de Nîmes, le pont de l'Allier près de Brioude, en Auvergne, *pons veteris brivatis*, prouvent que les provinces rivalisaient, pour ces grands travaux, avec la métropole.

Il était permis à tout le monde de se servir de la voie de l'interdit contre ceux qui faisaient quelque entreprise contre le public, soit en bouchant les issues des rues ou des ponts, soit en élevant des bâtiments sur la voie publique, soit en faisant tout autre acte mettant obstacle à son libre usage (3). Le peuple ne perdait pas par le non-usage les voies publiques qui étaient réputées imprescriptibles (4).

---

(1) *Plut. in Galb.*, PLINE, III, 5. — (2) Ad tertium lapidem significat tria millia passuum ab urbe. (PLIN., XV, 18.) — (3) L. 1, 2, ff., *de locis et itineribus publicis.* L. 1, 2. pr. et § 10, 11, 12, 13, 14, 20, 26, 27, 28, 32, 40, 41, ff., *ne quid in loco publico vel itinere fiat.* — (4) Viam publicam non utendo populus amittere non potest.

CHAPITRE XIX

DES JEUX ET DES SPECTACLES PUBLICS.

§ 1ᵉʳ. — Les jeux publics des Romains n'avaient peut-être pas le caractère solennel et grandiose des jeux de la Grèce qui, présidés par les dieux et inaugurés par les pompes de la religion, excitaient à la fois l'émulation des artistes et le patriotisme des citoyens. Ces jeux avaient lieu les uns dans les cirques, les autres dans les théâtres.

§ 2. — Les cirques étaient de forme elliptique ; ils étaient entourés de gradins. Des places particulières y étaient réservées aux décurions, aux sénateurs et aux chevaliers. Le grand cirque de Rome pouvait contenir cent cinquante à deux cent mille personnes. Ceux des provinces, bâtis à l'instar du colysée de la métropole, avaient, comme on le voit par ceux des villes de Vérone, d'Arles, de Nîmes, etc., une étendue proportionnée à la population de la cité. Aux extrémités de l'ellipse étaient pratiquées les ouvertures par où s'élançaient les chars et les chevaux. De larges vomitoires, ouverts dans tout le pourtour, permettaient facilement l'écoulement de la foule.

Parmi les jeux donnés dans les cirques, on distinguait surtout les combats de gladiateurs et de bêtes féroces entre elles ou contre des hommes, qu'on appelait *bestiarii*, tristes restes de la barbarie romaine. Il y avait en outre des courses de chars et de chevaux, des luttes de force et d'agilité, des palestres, des jeux athlétiques, des combats simulés d'infanterie ou de cavalerie, des naumachies ou combats maritimes.

§ 3. —Les jeux scéniques apparaissent pour la première fois dans l'histoire romaine en l'an 390, sous le consulat de C. Sulpicius Peticus et de C. Licinius Stolo. La peste ravageait Rome, « et comme rien ne calmait encore la violence du mal, ni les remèdes humains, ni la bonté des dieux, la superstition, dit Tite-Live (1), s'empara des esprits, et l'on dit qu'alors, entre autres moyens d'apaiser le courroux céleste, on imagina les jeux scéniques : C'était une nouveauté pour ce peuple guerrier qui n'avait eu d'autre spectacle que les jeux du cirque. Au reste, comme presque tout ce qui commence, ce fut chose simple et même étrangère. Point de chants, de paroles, de gestes pour les traduire : Des bateleurs venus d'Etrurie, se balançant aux sons de la flûte, exécutaient, à la mode toscane, des mouvements qui n'étaient pas sans grâce. Bientôt la jeunesse s'avisa de les imiter, tout en se renvoyant, en vers grossiers, de joyeuses railleries; et les gestes s'accordaient assez avec la voix. La chose accueillie se répéta souvent et prit faveur. Comme on appelait *hister*, en langue toscane, un bateleur, on donna le nom *d'histrions* aux acteurs indigènes, qui, ne se lançant plus, comme d'abord, ce vers rude et sans art, qu'ils improvisaient tour à tour, représentaient dès lors des satires pleines de mélodie, avec un chant réglé sur les modulations de la flûte, et que le geste

(1) Livre VII, II.

suivait en mesure. Quelques années après, Livius, laissant la satire, osa, le premier, lier d'une intrigue une action suivie ; il était, comme alors tous les auteurs, l'acteur de ses propres ouvrages : Souvent redemandé, il fatigua sa voix, mais il obtint, dit-on, la grâce de placer devant le joueur de flûte un jeune esclave qui chanterait pour lui ; et i joua son rôle, ainsi réduit, avec plus de vigueur et d'expression, car il n'avait plus le soin de ménager sa voix. Depuis ce temps, l'histrion eut sous la main un chanteur, et dut réserver uniquement sa voix pour le récit des dialogues. Soumis à cette loi, le théâtre perdit sa libre et folâtre gaîté ; par degrés, le divertissement devint un art ; la jeunesse, alors, abandonnant le drame au jeu des histrions, reprit l'usage de ses antiques et bouffonnes scènes, cousues de vers, et qui, plus tard, sous le nom d'*exodes*, se rattachèrent de préférence aux fables atellanes. Ce genre de divertissement qu'elle avait reçu des Osques, la jeunesse se l'appropria, et ne le laissa point profaner aux histrions. Depuis lors, il demeure établi que les acteurs d'Atellanes, étrangers, pour ainsi dire, à l'art du comédien, ne sont exclus ni de la tribu, ni du service militaire. Parmi les faibles commencements d'autres institutions, j'ai cru pouvoir aussi placer la première origine de ces jeux, afin de montrer combien fut sage, en son principe, ce théâtre arrivé aujourd'hui à une si folle magnificence, que l'opulence d'un royaume y suffirait à peine. »

Les jeux scéniques avaient moins d'attrait pour les Romains que ceux du cirque, couvert du sang des gladiateurs ou des victimes déchirées par les bêtes féroces de l'arène. Ils se donnaient dans des théâtres, dont quelques-uns s'élèvent encore au milieu des ruines des cités romaines, et étonnent par leur magnificence. Ces jeux faisaient même partie de la religion, à tel point que si le danseur ou le joueur de flûte venait à s'arrêter par inadvertance ou par maladresse, la fête était profanée; il fallait faire des expiations, et tout recommençait (1). Mais on peut juger par *l'amphytrion* de *Plaute* du respect qu'avaient pour leurs dieux ces Romains qui, au sortir peut-être du Capitole où ils venaient d'adresser leurs prières à Jupiter, allaient le bafouer avec son fils sur le *proscenium*.

§ 4. — La sévérité du sénat romain avait interdit, dans les premiers siècles, de consacrer, aux dépenses des jeux, les sommes léguées avec cette destination (2). La loi 4, ff. de *adm. rer. ad civ. pert.* loue le sénat d'avoir défendu de léguer aux municipes des sommes destinées aux chasses ou aux spectacles, et d'en avoir ordonné un emploi plus profitable et plus propre à honorer l'auteur de la libéralité (3); mais les mœurs prévalurent certainement contre les prohibitions du sénat. On trouve, en effet, dans les titres du Code théodosien *de spectaculis, de maiuma, de scenicis, de expensis ludorum, de gladiatoribus*, etc., ainsi que dans le titre du Digeste *de adm. rer. ad civit. pert.*, dans le titre du code de Justinien *de expensis ludorum*, des témoignages réitérés de l'amour des Romains pour les jeux et spectacles, et des sacrifices ruineux que s'imposaient, pour y pourvoir, les édiles et les décurions. Des revenus de propriétés étaient même spécialement affectés aux dépenses des jeux. Ces possessions, appelées

---

(1) Cic. *de har resp.*, c. 11. — (2) L. 122, pr. ff., *de leg.*; L. 6 et 24, ff., *de adm. leg.*; L. 17, ff., *de usu et usuf. leg.*; L. 68, pr. ff., *ad leg. falc.*

(3) Sed municipio pecuniam legatam ut ex reditu ejus venatio aut spectacula edantur, senatus in eas causas erogari vetuit, et pecuniam legatam in id quod maxime necessarium municipibus conferre permittitur, ut in eo munificentia ejus qui legavit inscriptione notetur. (L. 4, ff., *de adm. rer. ad civit. pert.*)

agonotheticæ, furent enlevées aux cités par Théodose et leur furent rendues par Majorien. La loi unique au code *de expensis ludorum* permet d'appliquer à la réparation des murailles de la cité les sommes destinées aux jeux, mais à la condition formelle qu'aussitôt après la réparation des murailles, les jeux seront célébrés : *Solemne certaminis spectaculum post restitutam murorum fabricam juxta veteris consuetudinis legem celebrabitur.*

Plusieurs autres lois romaines font mention de sommes léguées pour les jeux et les spectacles (1). En cas d'insuffisance des deniers publics, les magistrats pourvoyaient, à leurs propres frais, aux plaisirs des municipes. Les empereurs *Valentinien, Gratien* et *Valens* ne les obligeaient pas, mais les exhortaient à ces dépenses, en même temps qu'à la réforme des spectacles païens. Plusieurs autres lois du titre du code de *spectaculis,* et *sœnicis et lenonibus* font foi de la sollicitude des empereurs chrétiens pour cette réforme, dans le double objet de l'adoucissement et de l'épuration des mœurs sanguinaires et corrompues que favorisaient à la fois les combats du cirque et les habitudes d'une prostitution effrénée (2).

(1) L. 120, pr. ff., *de legatis* ; L. 24, ff., *de annuis legatis* ; L. 17, ff., *de usu et usuf. leg.* ; L. 68, pr. ff., *ad L. Falcid.*

(2) Voyez, entre autres, la loi 6 contre les *Lenones patres et dominos qui suis filiabus, vel ancillis peccandi necessitatem imponant.*

CHAPITRE XX

DES IMPOTS LEVÉS SUR LES CITÉS. — DES EXACTIONS FISCALES
ET DES SPOLIATIONS DES EMPEREURS.

§ 1er. — On donnait à Rome le nom de tribut—*tributum* — aux taxes imposées sur le peuple par *tribus*, et en proportion de la fortune de chacun. Les impôts levés d'après d'autres rapports ou d'une manière différente prenaient le nom de *vectigal* (1).

On distinguait trois sortes de tributs : — 1° L'impôt de capitation — *in capite* — établi également sur toutes les têtes, et dont l'origine remonte à l'époque des rois (2) ; — 2° l'impôt proportionnel à la fortune de chacun—*proportione census* (3) ; — 3° l'impôt extraordinaire — *temerarium* — provenant de souscriptions volontaires ou d'impôts forcés, qui étaient restitués aux particuliers, lorsque le trésor de la république avait des fonds suffisants, comme on le fit après la troisième guerre punique (4).

Les autres taxes, *vectigalia* — étaient de trois sortes : *portorium*, *decumæ* et *scriptura*.

(1) Varro, *de ling. lat.*, IV, 36. — (2) Dionys., IV, 43. — (3) Tite-Live, liv. I, 43, IV, 60. — (4) Tite-Live, XXVI, 36.

Le *portorium* était la taxe que l'on payait au port pour les importations et les exportations ; les collecteurs de cet impôt étaient appellés *portitores*.

Les dîmes — *decumæ*, étaient la dixième partie du blé et la cinquième partie des autres fruits, prélevées sur ceux qui cultivaient les terres publiques. On appelait *decumani* les fermiers de ces dîmes. La terre sujette aux dîmes était appelée *decumana*.

La taxe appelée *scriptura* était celle qu'on prélevait sur les pâturages et les bois publics. Ce nom tirait son étymologie de la coutume adoptée, par ceux qui envoyaient paître des troupeaux, de souscrire leurs noms devant les fermiers de ces terrains (1).

Toutes ces taxes étaient affermées publiquement à Rome par les censeurs (2). On appelait *publicani* ou *mancipes* ceux qui les affermaient, qui *redimebant vel conducebant* (3). Ils donnaient des garanties au peuple — *prædes*, — et avaient des cautions qui partageaient la perte ou le gain — *socii*. Les chevaliers étaient les fermiers des revenus de l'État. Ils étaient partagés en plusieurs compagnies qui, chacune, avait un président — *magister societatis* (4). On avait à Rome une si grande considération pour ces fermiers — *publicani* — que Cicéron les appelle : *homines amplissimi, honestissimi et ornatissimi* (5), *flos equitum romanorum, ornamentum civitatis, firmamentum reipublicæ* (6).

A l'égard des provinces, les Romains usaient de deux systèmes d'impôts. Ou bien ils prélevaient annuellement les frais de la guerre par un impôt de capitation — *cen-*

---

(1) Varro, *de re rustica*, II, 2, 16. — (2) Cic., *Rull.*, 1, 3. — (3) Cic., *pro domo*, 10. — (4) Cic., *fam.*, XIII, 9. — (5) *Pro lege Manil.*, 7. — (6) *Pro Plan.*, 6.

sus capitis — ou bien, ils dépouillaient les peuples vaincus de leurs champs et les réunissaient au domaine de l'État, ou les leur rendaient en exigeant d'eux une portion de leur revenu, appelée *census soli* (1). Les provinces assujetties au premier de ces régimes étaient appelées *stipendariæ* (2) ; les autres étaient appelées *vectigales*. L'impôt — *vectigal* — était prélevé en dîmes sur les champs, en contributions sur les produits des troupeaux, sur les mines, les sels, les carrières, en droits de douanes, etc. C'était en quelque façon le loyer que les provinciaux payaient de leurs possessions à Rome, qui leur en laissait la jouissance. L'impôt direct et foncier était aussi la conséquence du principe qui réservait le domaine à l'État. Cet impôt pesait sur les provinces (3). Les villes qui jouissaient du droit italique, ou les villes libres qui avaient obtenu des immunités spéciales, en étaient seules exemptes (4). Les colonies latines subissaient le droit commun. Loin de concourir sérieusement, par des délégués de leur choix, au vote et à la perception des impôts, elles étaient soumises, comme toutes les villes de province, à l'arbitraire des gouverneurs.

Les Romains recevaient chaque année la même somme des provinces *stipendiaires* ; mais le revenu des *vectigales* dépendait du produit incertain des dîmes, des taxes sur les pâturages publics, et des importations et exportations. Lorsque les récoltes avaient été moins abondantes, au lieu d'en exiger la dixième partie, on réduisait l'impôt à la

---

(1) Cic. in Verr., III, 6, V, 5. — (2) Suet. Jul., 15.

(3) In provinciis, dit Aggenus Urbicus (*Goet.*, p. 47.), omnes etiam privati agri tributa atque vectigalia persolvant. Voyez M. Pellat-Thémis, om. X, p. 27 et suiv. MM. de Savigny, sur les *Impôts chez les Romains*, et Baudi de Verne, *Impôts de la Gaule.*

(4) *Digeste*, titre *de censibus* ; Roth, *de re municipali*, IV; Sigonius, *de jure provinciarum.*

vingtième, ce qu'on fit pour les Espagnols. Dans les occasions urgentes, on augmentait d'un dixième le tribut ordinaire, mais alors on en payait le prix au laboureur. Cet usage fit naître l'expression : *Frumentum emptum aut decumanum vel imperatum.*

Asconius, dans son commentaire sur Cicéron, parle de trois sortes d'impositions acquittées par les habitants des provinces : La taxe régulière ou accoutumée, la contribution libre ou volontaire, l'exaction irrégulière ou réquisition (1).

De ces trois impôts, le premier seul avait un caractère légalement défini sous le nom de *vectigal*. On avait coutume de l'affermer (2), mais il était défendu aux décurions de le prendre à ferme (3). L'argent du trésor public ne pouvait être prêté sans garanties et sans intérêts (4).

La charge des impôts réguliers ou anormaux, ainsi que des emprunts forcés mis par les agents du fisc sur les cités provinciales, était accablante.

Au *tributum* et au *vectigal* venaient s'ajouter les péages des ports, des mines, des salines, l'entretien des flottes et souvent la construction et l'équipement de navires entiers, les quartiers d'hiver, l'entretien des portes des magasins militaires, les corvées publiques, les fournitures à faire au préteur, soit en nature, soit par équivalent en argent, équivalent fixé par lui seul, d'après son avare estimation, les transports à la charge des provinciaux, cause perpétuelle de vexation ; ajoutez l'argent, les fournitures d'habits, de chevaux, les objets de curiosité pour les yeux de

---

(1) Omnes genus pensitationis in hoc capite positum est ; canonis quod debeatur, oblationis quod opus esset, et indictionis quod imperaretur. — (2) L. 6, § 2, ff., *de decur.* L. 2, § 12, ff., *de adm. rer. ad civil. pert.* — (3) L. 2, § 11, ff., *ad municip.* — (4) L. 33, ff., *de usuris.*

l'édile, des charges municipales fort lourdes et qui n'étaient point compensées par la liberté d'administration; ajoutez enfin les impôts fonciers extraordinaires, l'*aurum coronarium*, et les indignes pilleries des préteurs et de leurs suites, et vous n'aurez encore qu'une bien faible idée de cet épuisement incessant des provinces, au profit des plaisirs de Rome et de l'avarice des publicains (1). *Non pecularius ærario factus, neque per vim sociis ereptæ pecuniæ, quæ quanquam graviores sunt, tamen consuetudine habentu.*, disait Salluste, en parlant de ces derniers temps de la république, où se révélèrent successivement et le concussionnaire *Fonteius*, ce client trop heureux de Cicéron, et *Clodius*, ce brigand qui ne fut pas même accusé, tant les Gaulois désespéraient de la justice de leurs maîtres; et *Licinius*, ce Gaulois d'origine, intendant d'Auguste qui, pour surtaxer d'un sixième les redevances qu'il exigeait, avait ajouté aux mois de l'année deux mois de plus en l'honneur du prince.

Ce qui rendit ce despotisme fiscal intolérable sous les empereurs, c'est que les magistratures qui avaient garanti jusque-là, dans une certaine mesure, les libertés et les propriétés publiques et privées des provinciaux, furent successivement abolies ou réduites à l'impuissance; et que toutes les villes de province, sauf celles qui jouissaient du droit italique, furent soumises à l'impôt foncier et personnel (2).

Les extorsions exercées en Gaule par les Caligula, les Claude, les Néron, et surtout par Dioclétien et ses successeurs, avaient pour instruments, non-seulement les officiers de l'empire, les agents du fisc, improprement appelés *ju-*

---

(1) Ascon. in Cic., *Verr.*, XI, — (2) Voir M. Pellat; Thémis, tom. X, p. 27 et suiv., M. de Savigny, *Impôts chez les Romains*;

dices, mais les décurions eux-mêmes, ces prétendus magistrats du peuple. Les décurions étaient tenus de faire le recouvrement des impositions, en se conformant au cadastre arrêté par les officiers de l'empereur, et ils étaient responsables, sous peine d'être torturés avec des onglets de fer, de la gestion de tous les agents préposés à la perception (1). C'était encore aux décurions qu'il incombait de lever les hommes que leur cité devait fournir pour son contingent dans la recrue des troupes de l'empire. Enfin, c'était à eux à répartir sur leurs compatriotes les contributions extraordinaires, soit en grains, soit en fourrages, que le prince demandait (2) ; à conduire à leur destination les denrées et l'argent qui provenaient des impôts (3).

Outre les impôts décrétés par les empereurs, les décurions étaient chargés de percevoir les revenus particuliers des cités, provenant, soit de biens-fonds qui étaient leur propriété, soit de certains droits ou octrois que les empereurs leur accordaient (4).

Réduits à l'impuissance de faire rentrer tous ces impôts dont la charge augmentait tous les jours, les *curiales* s'efforçaient de décliner des fonctions qui les rendaient à la fois odieux et méprisables. L'histoire nous les montre s'expatriant pour échapper à la tyrannie et renonçant au rang honorable qu'ils tenaient de leur naissance, pour se cacher dans des lieux où ils n'eussent plus aucune part à l'administration des affaires publiques (5). « Ceux de ces *curiales* qui jouissent de leur crédit, se font rayer du rôle des membres

---

(1) L. 8, Cod. *de suscept.*, Cod. Théod., *de quæst.*, IX, 35, L. 2, *decuriones*. — (2) Cod. Théod., lib. XII, tit. I, L. 8, 49, 117. — (3) *Ibid.*, lig. 161, de Buat, *Origines*, tit. II, L. VI, ch. III. — (4) Cod. lib. IV, tit. VI, 1, *de vectigalibus*. — (5) Voyez les nombreux textes du Code Théodosien, cités par M. Naudet, 3ᵉ part., art. 3, p. 101.

des curies, et inscrire sur celui des simples possesseurs. De toutes parts on fuit les charges et les honneurs de la cité, avec l'empressement qu'on mettait autrefois à les rechercher. Les villes sont abandonnées, les campagnes se dépeuplent, et les populations réduites au désespoir envisagent comme des libérateurs plutôt que comme des ennemis les hordes de barbares qui campent aux frontières de l'empire. »

Dans un édit publié sous ce titre : *De officio rectoris provinciæ adversus officialium concussiones litigatores depredantium severum Constantini magni edictum*, l'empereur Constantin tonne contre ces monstrueux abus. Que les mains rapaces de nos officiers se ferment, qu'elles se ferment, dis-je, car si, prévenus, ils ne mettent pas un terme à leurs exactions, le glaive saura les atteindre (1). Le même édit règle les devoirs des différents magistrats : Que l'accès du juge, dit-il, n'ait pas lieu à prix d'argent; *non sit venale judicis velum;* que ses oreilles soient ouvertes aux pauvres comme aux riches ; *aures judicantis pauperrimis ac divitibus reserentur*. A ces exhortations sont joints des commandements. Toutes les affaires doivent être jugées en public et non dans le cabinet du juge. Le recteur doit parcourir la province et s'informer si les receveurs des deniers publics n'ont pas mis, dans l'exercice de leurs fonctions, de la cupidité ou de l'insolence. Vains efforts ! La volonté d'un homme, fût-il le maître du monde, ne saurait arrêter les conséquences d'un mauvais principe.

§ 2. — Ce n'est pas seulement par des exactions fiscales que les empereurs romains dépouillèrent les particuliers et les cités de leurs biens; ils les usurpèrent à force ouverte.

Après la bataille de Philippes, où, conjointement avec

(1) Cessent jum nunc rapaces officialium manus, cessent in quam ; nam si moniti non cessaverint, gladiis prævidebitur.

Marc-Antoine, il avait vaincu Brutus et Cassius, Auguste donna l'exemple de ces spoliations en distribuant, pour récompense à ses soldats vétérans, toutes les terres situées autour de Crémone et de Mantoue, et en en dépouillant les légitimes possesseurs, qui s'écriaient par la bouche du poëte :

> Nos patriæ fines et dulcia linquimus arva;
> Nos patriam fugimus. . . . . (1).

Parvenu à l'empire, Auguste n'abdiqua pas ce droit d'expropriation, mais en tempéra l'exercice par des indemnités qu'il accorda aux cités dépouillées de leurs terres, prétendant que personne avant lui n'avait traité ni l'Italie, ni les provinces, avec une bienveillance aussi paternelle (2).

Les bons comme les mauvais empereurs s'arrogèrent, à diverses époques, par l'abus de leur domaine éminent, le droit de dépouiller les cités de leurs biens. Vespasien, pour payer sa dette d'empereur envers les légions, enleva à certaines colonies leurs *subseciva* non concédés, et les mit en vente au profit du trésor impérial. D'autres empereurs, Titus, par exemple, reçurent des colons, à titre d'indemnités, le prix des ventes de ces mêmes biens. Domitien reconnut l'abus et consacra le droit des colonies aux *subseciva*, comme s'ils avaient été usucapés, dit Suétone (3).

---

(1) VIRG., *Bucol.*, *Egl.* I.

(2) Pecuniam pro agris quos adsignavi municipiis... et circiter bis millies et sex centies quod pro agris provincialibus solvi. Id primus et solus omnium qui deduxerunt colonius militum in Italia aut in provinciis ad memoriam ætatis meæ feci. Ex a August. sub. gest. ap. Egger *Hist riens d'Auguste*. Paris, 1844.

(3) Subcesiva quæ divisis per veteranos agris superfuerunt veteribus possessionibus ut usucapta concessit (*Suet.*, DOMIT., 9).

Aggenus Urbicus, après avoir cité les usurpations de Vespasien et de Titus, ajoute en l'honneur de Domitien: *Præstantissimus posteà domitianus ad hæc beneficium procurrit et uno edicto totius Italiæ metum liberavit* (1). Mais l'exemple salutaire donné par Domitien ne parvint pas à chasser du droit public romain le principe de l'expropriation arbitraire des biens par les empereurs; et c'est à ce système d'odieuses spoliations qu'il faut surtout attribuer l'accroissement immodéré des terres du fisc, déjà si riche du double produit des impôts et des confiscations, malgré les tempéraments qu'y avaient apportés Trajan, Antonin le Pieux, Marc-Aurèle, et quelques autres empereurs exceptionnels, dont la gloire, selon Pline, avait été de voir vaincue, sous leur règne, la cause du fisc, qui n'est jamais mauvaise, si ce n'est sous un bon prince (2).

Dans les derniers temps de l'empire, la propriété n'était, en effet, comme la liberté, qu'un vain mot. On ne possédait, on ne vivait que par et pour le bon plaisir de César; et il se trouvait des jurisconsultes pour justifier ces attentats. « Témoin, dit Papon (3), ce Palphurius et cet Armillatus qui, pour complaire à l'empereur Domitien, faisant état de flatteurs et de flagorneurs, abusèrent de leur sçavoir, opinèrent et soutindrent devant lui que la mer, la terre, l'air et tous fleuves navigables et non navigables, publics et privés, lacs, et toutes choses peschées, prinses et extraites d'iceux, lui appartenaient, et que aucuns, sans son congé, ne pouvaient chasser, pêcher, ni prendre, en sorte que ce fût, aucune chose pour l'approprier à eux. «*Si quid Palphurio, si credimus, Armillato, quicquid conspicuum pul-*

---

(1) AGGENUS, *de controv. agr. apud goes.*, p. 68.

(2) Quæ præcipue tua gloria est, sæpius vincitur fiscus, cujus causa mala nunquam est, nisi sub bono principe. (PLINE.)

(3) NOTAIRE, tom. II, p. 398.

chrumque ex æquore toto est, res fisci est ubicumque natat.

Soigneux d'enrichir leur fisc par tous les moyens, les empereurs (1) trouvèrent de tristes ressources dans les guerres, dans les lois caducaires (2), dans les réunions de biens vacants (3), et surtout dans un système incessant d'odieuses confiscations (4). Cette source impure, déjà trop bien alimentée par le crime de lèse majesté (5), s'accrut encore lors de la conversion des empereurs à la religion chrétienne, et le masque religieux servit à colorer les turpitudes de l'avarice. On voit, par exemple, l'empereur s'attribuer l'opulente dotation du temple de Comana, dont les terres étaient habitées par 6,000 colons ou esclaves de la divinité ou de ses ministres. Enfin, dit Gibbon, les domaines de l'empereur étaient répandus dans toutes les provinces, depuis la Mauritanie jusqu'à la Grande-Bretagne (6).

Une partie de ces domaines était souvent employée à subvenir aux nécessités de l'Empire ; on les appelait : *fundi rei privatæ, rei dominicæ, æternabilis domus, patrimonium nostrum, fundi fiscales* (7) ; l'autre partie était consacrée aux dépenses personnelles de l'empereur et de sa maison ; on l'appelait *patrimoniales fundi* (8). Mais il est très-probable qu'un despotisme sans contrôle devait fréquemment fouler aux pieds ces distinctions, pour faire tourner au profit de son avarice la part assignée à l'Etat.

(1) M. TROPLONG, *du contrat de lounge*, tom. I, p. 149. — (2) ULP., *Frag.*, XVII. — (3) L. 2, Cod. THÉOD., *de incorpor.* (X-9) L. 5, Cod. THÉOD., *de bonis vacant.* (X-8). — (4) M. Naudet a compté vingt-neuf chefs criminels qui emportaient la confiscation (*Des changements opérés dans l'administration de l'empire romain sous les règnes de Dioclétien, etc.*, tit. I, p. 195). — (5) PLINE, *Panégyr.*, c. XLII. — (6) GIBBON, tom. III, p. 373. — (7) V. M. VIRG. p. 92, et 93. — (8) *Idem.*

CHAPITRE XXI

DE L'AGRICULTURE, DES *latifundia*, DU COLONAT, DES
COLLÉGES *artificum* ET *opificum*.

§ 1. — Dans les premiers temps de Rome, quand ses mœurs et ses libertés étaient encore vierges de la corruption et du despotisme, ses plus grands citoyens tenaient à honneur de cultiver de leurs propres mains leurs modestes héritages, et considéraient la vie rustique comme la plus honnête et la plus douce (1). Les villages étaient peuplés alors de familles agricoles dont toutes les ressources dépendaient du produit de la terre (2). Chaque canton (*pagus*) avait sa bourgade principale ou son chef-lieu (*metrocomia*) duquel dépendaient les autres villages. La liberté de la vie locale n'y était restreinte que par l'obligation de payer l'impôt dont les *censitores* tenaient registre dans le *liber*

---

(1) Vitam hanc rusticam et honestissimam et suavissimam esse arbitrabantur. (Cic., pro Rosc. amer.) — (2) *Histoire de la propriété du domaine public chez les Romains.* — (3) Metrocomiam Græci vocant matrem vicorum, seu villam majorem quæ sub suo districtu pagos, vicos et arces continet. (Cujas, *ad leg. fur. Cod., de exact. trib.*)

censualis, et que les *peræquatores* répartissaient équitablement d'après la statistique des propriétés rurales faite par les *inspectores*.

Deux arpents et plus tard sept suffisaient alors à chaque famille, et cette mesure commune paraissait tellement favorable au bien de la république, que lorsque l'égalité primitive subissait des altérations, on cherchait à la rétablir par les distributions agraires qui faisaient participer les plus pauvres citoyens à la propriété du sol (1). Le petit héritage possédé à titre de *dominium* par le maître, était cultivé par lui pendant la paix, avec l'aide de ses enfants, d'un seul esclave et d'un bœuf, ce ministre de Cérès associé aux travaux des champs (2). La guerre éclatait-elle? l'agriculteur romain quittait le soc pour le glaive, abandonnait le soin de ses champs à ses enfants et à son esclave (villicus) et revenait couronner sa charrue de lauriers (3). A Sparte, les uns cultivaient la terre, les autres marchaient contre l'ennemi (4). A Rome, au contraire, où, selon l'expression de M. Augustin Thierry (5), la cité s'emparait de tous les individus et en faisait des fractions d'elle-même, l'homme libre se partageait entre les travaux des champs et les fatigues de la guerre; Cincinnatus quittait la pourpre pour reprendre la charrue, et Régulus, à une époque où le luxe avait déjà envahi Rome, voyait, pendant une expédition en Afrique, le sénat prendre soin de son petit patrimoine en se substituant à son *villicus* décédé (6).

Deux causes, dont le principe réside dans le même fait,

---

(1) Varron, *de re rusticâ*, IV, III, 5. — (2) Hic socius hominum in rustico opere et Cereris minister. (Varr., *de re rustic.*) — (3) Gaudente terra vomere laureato. Pline, *Hist. nat.*, XVIII, IV, 4. — (4) Denys d'Halic., *Ant. rom.*, I, 98. — (5) *Dix ans d'études*, p. 9. — (6) Senatu villicante. Pline, *Hist. nat.*, XVIII, VIII, 1.

c'est-à-dire dans les empiétements des grands propriétaires romains sur la liberté et l'égalité du régime municipal, les *latifundia* et le *colonat*, altérèrent, dès les derniers temps de la république, et surtout depuis l'empire, les conditions de la propriété et de l'agriculture romaines.

§ 2. — Appien explique ainsi les origines des usurpations de l'aristocratie romaine. Les Romains, dit-il (1), à mesure qu'ils soumettaient les différents peuples qui habitaient l'Italie, leur enlevaient une partie de leur territoire. Sur ce territoire, ils fondaient des villes, ou ils envoyaient des colons romains dans les villes déjà existantes. Ces colonies leur servaient de défense. De ce domaine, fruit de la conquête, la partie cultivée était toujours adjugée aux nouveaux colons, soit à titre gratuit, soit par vente, soit par bail à redevance. Quant à la partie inculte, qui était presque toujours la plus considérable, on n'avait pas coutume de la mettre en distribution, mais on en abandonnait la jouissance à qui voulait la défricher et la cultiver, en réservant au domaine la dixième partie des moissons et la cinquième partie des fruits perçus. On mettait également un impôt sur ceux qui élevaient du grand et du petit bétail.... Les riches s'emparèrent peu à peu de cette portion des terres non partagée et livrée au premier occupant, et, se confiant en la durée de leur possession, ils achetèrent de gré à gré ou enlevèrent par la force aux petits propriétaires voisins leurs modestes héritages et formèrent ainsi de vastes domaines.

On essaya de remédier à ce mal par les lois agraires; et la première de ces lois, rendue en l'an 286 de Rome sur la proposition du tribun Licinius Stolon, borna les *possessions* des détenteurs du domaine à cinq cents arpents environ

---

(1) *Guerres civiles*, 1, 7.

(125 hectares). Dès lors la propriété moyenne et le travail libre reprirent faveur, et l'on vit se multiplier dans les campagnes les fermiers à baux, les colons partiaires (*redemptores partiarii*), les ouvriers de louage (*operarii*), les manœuvres associés aux fruits des champs qu'ils cultivaient (*politores*), etc.

Mais la loi licinienne ne tarda pas, au milieu des progrès incessants du luxe, à mécontenter des hommes qui désiraient avoir plus de terres qu'elle ne leur en permettait (1). On l'éluda d'abord en plaçant sous des noms supposés les possessions qui dépassaient la limite légale; on finit par la violer sans respect pour les serments et sans crainte des amendes (2).

Cette barrière une fois franchie, les *latifundia* prirent des développements inouïs dont témoignent les regrets impuissants des écrivains du dernier siècle de la république et du commencement de l'empire (3).

Les anciens pensaient, dit Pline, qu'avant tout l'étendue des terres devait être restreinte dans de justes limites. Aussi avaient-ils pour maxime de semer moins et de labourer mieux. Il faut l'avouer, les grands domaines ont perdu l'Italie et même les provinces *verumque confitentibus, latifundia perdidere Italiam jam vero et provincias*.

§ 3. La création des *latifundia* opéra une révolution dans le travail agricole; les possesseurs (*possessores*) n'ayant pas assez d'esclaves pour mettre en culture les vastes territoires qu'ils occupaient, appelèrent à leur aide, soit leurs

---

(1) Atqui nos omnia plura habere volumus. (Gell., VIII, III, 37.)
(2) App., *de bello civili*, I, 8.
(3) Sall., *Jug.*, 41 ; Hor., *Od.*, II, 18 ; Tite-Live, L. VI, 12 ; Columelle, *de re rustica præf.* Tacite, *Ann.*, III, 53 ; Sénéq., *ad Lucil. ep.* 89, *de benef.*, VII, 10 ; Pétrone, *Satyr.*, 53.

clients, soit les anciens propriétaires du sol (1). C'est ainsi que s'introduisit dans l'agriculture romaine le cultivateur étranger *cultor advena*, à qui les jurisconsultes donnent le nom de *colon*. Ce fermier de race libre, quoique mis sous la dépendance de l'esclave appelé *villicus*, n'était pas esclave lui-même; mais il était soumis à des fermages écrasants, et pouvait être enlevé par le service militaire à son champ et à son maître.

Le colon romain avait, comme le remarque M. de Savigny, le *jus connubii* et les autres droits de la famille; il pouvait posséder un pécule et l'augmenter de ce qui lui restait des fruits de la terre et du produit de son travail après qu'il avait satisfait à son maître, mais il ne pouvait parvenir à aucun honneur ni office, il était incapable des dignités municipales, et toute sorte de milice, même la plus abjecte, lui était interdite. Le colon était inscrit parmi les tributaires (*adscripti, censiti*); il était de plus obligé de donner à son maître une partie des fruits et denrées qu'il récoltait; il ne pouvait d'ailleurs disposer ni de sa terre ni de son pécule sans le consentement de son maître (2).

Outre les colons partiaires, dont la condition était misérable et à peu près servile, il y avait des ouvriers à la journée libres, et venus du dehors (*operarii, oberarii*), des esclaves agriculteurs dont un grand nombre travaillait les fers aux pieds, et, enfin, une classe nouvelle d'individus spécialement attachés à la culture des terres et tenant le milieu entre l'homme libre et l'esclave. A mesure que les pâturages s'étendirent avec les *latifundia*, une autre classe naquit, celle des pasteurs. *Pastores indomiti*, dit César, *spe libertatis excitati, sub oculis domini suam probare ope-*

---

(1) Patres agrorum partes attribuebant tenui oribus. PAUL DIAC., *Epitome*; SAVIGNY: *Traité de la possession*, § 42.
(2) COD., lib. V, tit. II, *de inquilinis et colonis*.

ram studebant. Ces différents ouvriers de la terre constituaient dans leur ensemble le système du *Colonat* dont les premiers développements sont contemporains de l'avénement de l'Empire et qui assujetit plus tard, non à l'esclavage de la personne, mais à la servitude de la terre elle-même (1), tout homme voué à l'agriculture.

§ 4. — L'extension du travail servile coïncida partout avec la transformation des terres arables en pâturages.

Les Romains préféraient en général les pâturages et surtout les prairies aux terres arables. Rochefort, dans son dictionnaire, au mot *pâturage*, rapporte que le vieux Caton étant interrogé quel était le précepte du ménage des champs, répondit : *benè pascere;* et comme on lui eut réitéré par plusieurs fois cette demande, il fit toujours la même réponse, ce sage vieillard voulant signifier par cette répartie que le fruit le plus certain et le plus assuré de l'agriculture consistait en une seigneurie nourriture du bétail. » Si vous avez de l'eau, disait-il, créez préférablement à tout des prés arrosables. Si vous n'avez pas d'eau, faites le plus de prés secs possible. Varron rapporte et approuve l'avis de Caton qu'il dit être celui de tous les anciens Romains. Le bétail était si nombreux en Italie (2), que, suivant une étymologie dont on s'est moqué, mais que l'antiquité a adoptée, les Grecs auraient tiré de là le nom de la Péninsule. Ἰτάλοι *vituli* —, que les monnaies étaient marquées d'une tête de bétail (*pecunia-pecus*) ; et que les amendes, même au temps de Cicéron, s'évaluaient encore en bœufs et en brebis, suivant les usages antiques. Mais la tendance des Romains à convertir les terres en pâturages, et à ac-

(1) Licet conditione videantur ingenui, servi tamen terræ ipsius existimantur (Cod. Théod., II, Cod. Just., XI, 51).

(2) *Histoire de la propriété du domaine public chez les Romains*, p. 234.

croître le nombre des bestiaux devint excessive dans les *latifundia*.

Il faut, pour que l'agriculture prospère, que ses deux branches soient maintenues dans un équilibre convenable. Dans les pays où il existe beaucoup de prairies, les animaux sont abondants, et, par suite, les hommes sont mieux vêtus et mieux nourris. Mais il ne faut pas négliger cependant les richesses entassées sous la bruyère des landes, et laisser systématiquement les terres des plus riches vallées à l'état de prairies humides, n'offrant aux troupeaux qu'un pâturage souvent détérioré.

La loi 1 Code *de omni agro deserto* chercha à maintenir l'équilibre entre les terres productives et les terres affectées à la dépaissance : *prædia sterilia debent adjungi per portes prædiis fertilibus propinquis ad hoc ut alio prædia fertilia sustineant onera prædiorum sterilium.*

Le nombre des têtes de bétail que l'on pourrait entretenir fut limité en conséquence à une proportion telle, que les produits pussent se balancer et que les terres arables ne manquassent pas des engrais nécessaires à la bonne culture. Varron cite, sans en faire connaître la date précise, une loi conçue dans le même esprit, qui défendit de convertir en prés les terres labourables. Mais ces lois ne purent remédier à des abus enracinés. Le dédain toujours croissant des travaux agricoles (1) amena l'abandon de la campagne. Le séjour des champs fut envisagé par les nobles comme un exil (2). Les plébéiens affluèrent à Rome, attirés par les entreprises que les censeurs mettaient en adjudication, et par la vie de luxe et de plaisirs (3). Les campa-

---

(1) Nunc et ipsi prædia nostra colere dedignamus. COLUM., I, 1.
(2) Id extinguere vita agresti et rustico cultu... extorrent urbe, domo penatibus, liv. VII, 4.
(3) Postremo in magno populo, in multis hominibus, re placida

gnards furent raillés par les poëtes comiques (1), et le travail rustique autrefois si honoré, devint, aux yeux du vulgaire, une occupation basse et méprisable (2).

§ 5. — L'abandon à des mains serviles des immenses domaines usurpés par les possesseurs du domaine public et leur conversion par les esclaves chargés de les cultiver en pâturages improductifs, obligea les Romains, sous les premiers Césars comme aux derniers temps de la république, de faire venir de la Sicile, de l'Égypte et de l'Afrique les blés nécessaires au complément de leur subsistance, en les exemptant des droits de douane. Cela n'empêcha pas la disette qui obligea, en la trente-huitième année du règne d'Auguste, de reléguer à cent milles de Rome tous les esclaves en vente, tous les gladiateurs, tous les étrangers, et une partie des esclaves employés au service domestique. Ce fléau se renouvela sous Tibère, s'aggrava sous Claude au point de provoquer une émeute qui mit ses jours en péril, et prit de telles proportions en l'an 804 de Rome que Tacite le considérait comme une punition du ciel.

§ 6. — Les empereurs cherchèrent un double remède à l'insuffisance des produits causée par la dépopulation des campagnes dans la création des *terres létiques* où ils cantonnèrent des prisonniers germains, qui n'obéissaient pas aux magistrats des cités, mais à un préfet spécial placé lui-même sous l'autorité du maître de la milice (3), et dans la création des *terres limitanées*, peuplées de soldats vétérans auxquels ils donnèrent en toute propriété des

---

atque otiosa, victis hostibus amare oportet omne is qui quoddam habent. Plaute truculentus. TERENT. HECYR., *Act.*, II.

(1) TERENT., ADELPH., V, II. — (2) Cum sit publice concepta et confirmata jam vulgaris existimatio rem rusticam sordidum opus. COLUMELLE, I, 1. — (3) Notit dignit. imp. occid.

champs situés sur les confins de l'empire. Mais la condition des agriculteurs du patrimoine du prince et des possessions des particuliers n'en fut pas changée.

Le nombre des esclaves rustiques allait sans cesse en diminuant ; et d'un autre côté, la liberté d'émigration dont jouissaient les colons amenait insensiblement, sous l'action de causes multipliées, la ruine de l'agriculture, et, par suite, de la propriété foncière. Les habitants des campagnes étaient attirés dans les villes par la constitution même du régime municipal, qui plaçait au chef-lieu tous les avantages de la cité, par l'espoir d'y vivre aux dépens des riches et du trésor public, enfin par la misère de leur condition de jour en jour plus intolérable. Les prix de ferme, les corvées exigées par les possesseurs, les exactions du fisc, les prestations de toute espèce (*obsequia*) imposées au nom du prince et de la cité, et le plus souvent pour les propres affaires des magistrats, épuisaient toutes les ressources des paysans, et les rendaient incapables de continuer leurs travaux. Accablés de dettes, ayant mis en gage tout ce qu'ils possédaient, ils étaient obligés de déserter la campagne et de chercher ailleurs une existence moins pénible et moins tourmentée. Pour se dérober à tant de misères, les paysans se dispersaient et les terres cultivées se changeaient en solitudes. Ce dépérissement général de l'agriculture, en ruinant les possesseurs, exposait aussi l'Etat aux plus grands dangers.

Les paysans fugitifs qui ne se retiraient pas dans les villes allaient demander asile aux barbares et leur montraient ensuite le chemin des provinces, ou bien se formaient en bandes, et portaient partout la dévastation. Mais un mal plus désastreux peut-être, c'était la détresse publique et privée, causée par la désertion des campagnes. L'agriculture, délaissée, ne pouvait plus fournir les impôts que le trésor tirait habituellement de la terre, et les revenus de l'État allaient tarir au moment même où les progrès d'une administration savante rendaient ses besoins plus nombreux et plus pressants (1).

§ 7. — Les exactions du fisc devinrent telles, que les décurions, ces représentants de la cité, furent dans l'impuissance absolue de faire rentrer les impôts dont la loi les déclarait responsables. On n'hésita pas alors, pour sauver l'État de sa ruine, à demander à un seul possesseur les tributs de toute une contrée, sauf son recours contre les autres contribuables, et à frapper ainsi de mort le régime municipal, base fondamentale de la constitution romaine. Mais cet expédient fut lui-même convaincu d'impuissance, et Constantin fut obligé de recourir à d'autres moyens pour assurer les intérêts du fisc.

Constantin diminua, sans la détruire entièrement, la solidarité des *curiales* en matière d'impôts, mais il réunit en une seule contribution, établie sur la propriété, la contribution personnelle (*capitatio*) et la contribution foncière (*jugatio*), ce qui tendait à rendre les cultivateurs membres de la terre (2), et donna par là même naissance au colonat perpétuel.

Abusant du double principe de l'origine et du domicile que nous avons vu, combiné avec la liberté individuelle, donner à la cité, et par suite à l'État, une base stable et en même temps un élément de progrès, Constantin attacha le colon à sa terre comme le décurion à son municipe, comme le soldat à sa cohorte. Tout citoyen romain fut parqué dans sa condition, — *obnoxius conditioni* (3). Le

---

(1) *Etude sur l'histoire du colonat chez les Romains*, par M. ROUVILLON. — (2) Terram... suis quodammodo membris defraudari. L. 23, Cod. JUST., XI, 47. — (3) Obnoxius pene obligatus ad delic-

laboureur devint le *conditionalis* de la terre, comme le curiale était le *conditionalis* de la cité (1). L'origine du colonat perpétuel est essentiellement administrative.

La condition des colons perpétuels était un état intermédiaire entre la liberté et l'esclavage. Les colons n'étaient pas tout à fait esclaves, mais ils différaient des personnes libres, en ce que la terre appartenait au possesseur, tandis que le colon appartenait à la terre et en faisait partie, à tel point que les membres de sa famille étaient cruellement séparés les uns des autres, lorsqu'on divisait la terre où ils étaient occupés (2).

La servitude des hommes, la ruine des propriétés, la famine des populations, telle fut la triple conséquence de la substitution du colonat perpétuel au travail libre, et de l'extension immodérée des *latifundia* (3). La classe des petits propriétaires libres disparut presque entièrement, *tributorum vinculis quasi prædonum manibus strangulata*, dit Salvien (4) ; et tandis qu'à Rome, des citoyens possédaient des villes entières (5), les campagnes abandonnées se couvrirent de jachères, et le mal en vint à un tel point que la terre ne trouva plus de maîtres (6).

---

tum. PAUL. *ad fest.*, L. 2, Cod. THÉOD., XIV, 3 ; L. 30, *ibid.*, VIII, 4 ; L. 16, *ibid.*, VI, 30, etc. — (1) L. 188, Cod. THÉOD., *de decur.* — (2) Cod. THÉOD., tit. 25. — (3) Voyez CATON de R. R., I, 9 et 10. VARRON, 47 et 69, II, T. 5, PLINE, XVIII, 5. COLUMELLE, II, 17 et III, 3, n° 1. DUREAU DE LA MALLE, *Ec. polit. des Romains*, T. II, chap. IV, p. 52 et suivantes. M. MACÉ, *de la propriété du domaine public et des lois agraires chez les Romains* (1, 234 et 235). — (4) De gubernatione Dei, lib. IV. — (5) Nicopolis, fondée par Auguste, appartenait à une dame romaine nommée Paula. St.-Jérôme, *in prefat. Comment. ad Epist. ad.*, tit. I, 9, p. 43. — GIBBON, T. VI, p. 17. LENAIN DE TILLEMONT, *mém. eccles.*, T. XII, p. 85. — (6) Pro his fundis qui invenire dominos non potuerunt. CONSTANT, L. 1, Cod. *de omni agro deserto.*

§ 8. — En même temps les biens des cités furent épuisés par le fisc, ravagés par la soldatesque et usurpés par les empereurs, d'abord par fraude et par abus de leur domaine éminent, puis par violence et à force ouverte. L'histoire (1) fait souvent mention de ces immenses terres qui couvraient des provinces entières, dont les unes provenaient des confiscations des empereurs, et dont les autres, possédées par des familles gauloises affiliées au sénat romain, étaient exploitées par des esclaves de confiance qui conservèrent le nom de *villici*.

§ 9. — Toutes ces causes réunies réduisirent progressivement à une condition misérable les bois et les pâturages des particuliers et des cités. C'est ce qui résulte de trois constitutions impériales qui forment le titre 60 du 15ᵉ livre du code : *de pascuis publicis et privatis*.

Comme il n'existe aucune raison, dit la loi 1ʳᵉ des empereurs Valentinien, Théodose et Arcadius, d'augmenter le tribut des pâturages et bois des particuliers, il ne faut pas que ces augmentations se fassent au gré des autorités locales, *pro libidine ordinum*. Nous avons appris, en effet, qu'une rente trop élevée était imposée par ces autorités, de façon que les bestiaux de notre domaine particulier étaient éloignés des pâturages. L'empereur Julien, de divine mémoire, a déjà défendu cela. Ton excellente autorité (*cela s'adresse, dit la Glose, au préfet du prétoire*), après avoir assemblé les gouverneurs des provinces, veillera à ce que les villes n'imposent pas des charges si dures et maintiennent l'ancien état des choses.

D'autres lois, conçues dans le même esprit (2), recommandent de proportionner l'usage des dépaissances à l'étendue des terres et à la quantité des animaux appartenant

---

(1) Sismondi, tome Iᵉʳ, p. 51, 71, 72.— (2) V. l. *Si imperatores*, ff., *de servit. præd. rustic.* Expilly. ch. 66.

à chaque possesseur : *pascuorum communium usus sit moderatus pro modo prædiorum et animalium quantitate quam quisque possidet.*

La loi 2ᵉ des empereurs Arcadius et Honorius est ainsi conçue : « Que ton insigne autorité (cela s'adresse au maître des soldats) ordonne d'éloigner des prairies publiques et des gras pâturages les animaux des soldats, et qu'il soit connu de tous qu'on prendra sur leurs émoluments et même sur les gages de ton office, douze livres d'or affectées aux besoins du fisc, si quelqu'un tente de ravager ces prairies. La même peine sera infligée, si l'on dévaste les prés des particuliers d'Antioche. Cependant les *curiales* doivent veiller, sans léser les intérêts des provinciaux, aux conditions sous lesquelles on peut faire paître les animaux des soldats. »

La 3ᵉ des empereurs Honorius et Théodose est ainsi conçue : « les prairies de nos provinciaux et les nôtres propres sont ravagées par les soldats. Nous ordonnons qu'à dater de la promulgation de cette loi, ces désordres cessent ; que ta magnificence réunisse tous les intéressés et ne permette pas que les possesseurs ou les colons des prairies soient exposés à aucune importunité. »

Les ravages de la soldatesque dans les biens des cités romaines leur occasionnèrent de moindres dommages que le despotisme systématique des empereurs. Usurpateurs de toutes les magistratures, tyrans de toutes les libertés, exacteurs d'impôts qui faisaient affluer dans les caisses du fisc toutes les fortunes particulières, les empereurs s'attaquèrent d'une manière plus directe encore aux propriétés des cités en les envahissant d'abord par l'exagération en principe de leur domaine éminent, ensuite par des spoliations audacieuses et impunies.

§ 10. — Une loi des Douze tables (la loi 65ᵉ) autorisait

l'existence et le droit de se donner des règlements intérieurs des corporations et colléges dont les statuts n'avaient rien de contraire à l'ordre public. C'est sur ce principe de liberté, combiné avec la défense portée par la loi 74 d'accorder des priviléges aux particuliers, qu'étaient fondés le collége des chevaliers ou publicains institués pour la ferme des revenus de l'État et la levée des tributs, les associations qui avaient pour objet la fourniture des armées et l'entreprise des services publics et autres de même nature. Quant aux industries purement privées, elles étaient exclusivement réservées aux esclaves et aux affranchis, et interdites aux hommes libres, comme chose vile et sordide. Ni les citoyens dans les villes et les campagnes, ni les soldats dans les camps ne pouvaient former, sans autorisation, des colléges et corporations (1). Auguste et Tibère déclarèrent dissous tous ceux qui n'étaient pas autorisés (2). On exigea pour l'autorisation un sénatus-consulte ou un rescrit impérial (3). L'empereur Septime-Sévère trouva cependant le menu peuple de Rome (*tenuiores*) en possession du droit de former, à la manière des grecs, des ἑταίριαι dont les membres se réunissaient une fois par mois et versaient dans la caisse commune une petite cotisation mensuelle : *stipem menstruam conferre*. Il étendit ce droit à l'Italie et aux provinces (4). Les ouvriers esclaves eurent dès lors la faculté de former des associations particulières, mais avec l'assentiment de leurs maîtres. S'ils y entraient à leur insu ou malgré eux, chaque membre de l'étairie était passible d'une amende de cent sous d'or (5).

Alexandre Sévère institua, vers l'an 222 de l'ère chré-

---

(1) L. 1, ff., *de collegiis et corporibus*. — (2) Suétone, *Aug. Tib.* — (3) L. 1, ff., L. 3, § 1, ff., L. 47, tit. XXII. — (4) L. 1, ff., *de collegiis et corporibus*. — (5) L. 3, § 2, ff., *de collegiis et corporibus*.

tienne, des corps libres d'arts et métiers, et les autorisa à se donner des défenseurs (1). C'était l'esprit d'égalité et de fraternité évangéliques qui triomphait insensiblement de l'orgueil des vieux Romains, en même temps que le culte chrétien s'établissait sur les ruines des temples du paganisme. L'affranchissement du travail marchait de pair avec l'affranchissement des esclaves. Chaque corporation eut ses curateurs (*curatores reipublicæ*) (2), ses biens communs (*res communes*), sa caisse commune (*arcam communem*), un syndic ou mandataire chargé d'agir au nom de tous (3). L'administration de ces étairies fut calquée sur celle des municipes.

Les corps d'arts et métiers (*collegia artificum et opificum*) constituèrent une des branches les plus importantes de l'administration municipale.

On les divisa en corporations de marchands et en corporations d'artisans. Chacune d'elles élisait ses syndics (4). Quand le décurionat devint une charge obligatoire, et presque un signe de servitude, chacun fut attaché à sa corporation (*obnoxius conditioni*), et ne put l'abandonner sans s'exposer à être réclamé par elle (5). Le droit d'en faire partie fut héréditaire. Il y eut des héritiers siens dans la corporation comme dans la famille et dans la curie.

Une loi de Valens et Valentinien (6) attribue à la corporation des boulangers une dotation qu'elle qualifie de fonds dotal. Les biens des corporations, devenus très-considérables, furent frappés d'inaliénabilité (7). La corpora-

---

(1) Corpora constituit omnium artium, hisque ex se defensores dedisse jussit. (*Ælii Lampridii.* ALEX. SEV. *vita.*) — (2) L. 3, § 2, ff., *de collegiis et corporibus.* — (3) L. 1, 3, 5, Cod. L. 6, tit. LXII. — (4) Cod. THÉOD., XIX, tit. VII, *de collegiatis.* — (5) Cod. THÉOD., XIV, tit. I. — (6) Cod. THÉOD., XIV, 3, XIII, 7. — (7) Cod. THÉOD., XIII, 2, 6.

tion recueillait l'héritage de ses membres qui mouraient *ab intestat*. Ce droit existait du moins dans les principales étairies, dans celle des armateurs de navires (*navicularii*), dans celle des cohortales, ou soldats de la police municipale, etc. (1)

A cet élément de prospérité et de puissance s'en joignit un autre, l'immunité totale ou partielle des charges municipales, accordée à certains colléges et corporations (2). Tandis que le décurionat obligatoire et obséquieux voyait s'affaiblir son ancien prestige aristocratique, l'élément démocratique des corporations de marchands et d'artisans se développa, sous l'influence protectrice des défenseurs des cités, et ne fut pas l'un des éléments les moins féconds de la régénération sociale du moyen âge.

---

(1) L. 1, 3, 5, Cod., L. 6, tit. XLII. — (2) Quibusdam collegiis vel corporibus quibus jus coeundi lege permissum est, immunitas tribuitur.

CHAPITRE XXII

DE LA MILICE DANS SES RAPPORTS AVEC LE RÉGIME MUNICIPAL.

§ 1ᵉʳ. — Dans l'origine, la légion, ce merveilleux instrument des conquêtes du peuple romain, était, selon l'expression de Végèce, la *cité armée*, et le *jus militiæ* ou *legionis* était l'une des attributions essentielles du droit de cité. On ne recevait dans la milice romaine que des citoyens romains; les latins alliés n'y servaient qu'à titre d'auxiliaires, *tanquàm socii*.

L'armée romaine fut donc divisée en deux parties, les légions et les troupes auxiliaires.

Tous les citoyens n'étaient pas idoines à devenir légionnaires, ils devaient être ingénus, et recensés dans les cinq premières classes; on en excluait les affranchis, ceux qu'on appelait *capite censi*, parce qu'ayant très-peu de bien, ils n'étaient taxés que pour leur tête, et les histrions. Tous ces hommes de condition vile, que Servius Tullius avait mis dans la sixième classe, n'étaient enrôlés qu'en cas de nécessité et de péril imminent (1).

Les troupes auxiliaires n'étaient empruntées dans l'origine qu'aux Italiens et aux autres peuples associés au nom latin; on y admit ensuite les provinciaux qui avaient ob-

---

(1) JUSTE LIPSE, *de milit. Rom.*, T. II, p. 14. SIGONIUS, *de antiqua jure civ. Rom.*, I, 15, p. 172. HEINECCIUS, *antiquit. Rom. app.*, c. I; MONTESQUIEU, *Grandeur et décadence des Romains*, ch. IX.

tenu le droit de cité, mais en les distinguant par des armes plus légères.

Marius partant contre Jugurtha enrôla indifféremment tout le monde dans les légions : *milites scribere*, dit Salluste (1), *non more majorum neque classibus, sed ut cujusque libido erat, capite censos plerosque.*

Cette innovation dans le régime militaire des Romains ne pouvait être que funeste. De tous les genres de troupes, dit justement Machiavel (2), les pires sont les auxiliaires. D'abord le prince ou la république qui se sert de leur appui n'a aucune autorité sur elles, puisqu'elles ne reconnaissent que les ordres de celui qui les envoie : en effet, les auxiliaires sont, ainsi que je l'ai dit, envoyés par un prince qui a ses propres officiers, sous les drapeaux duquel ils marchent et qui pourvoit à leur solde, comme était l'armée que les Romains envoyèrent à Capoue. Les troupes de cette espèce, lorsqu'elles ont obtenu la victoire, pillent ordinairement et celui pour qui elles combattaient et celui contre lequel elles ont combattu, soit pour servir la perfidie du prince qui les a envoyés, soit pour assouvir leur propre cupidité. Et quoique jamais Rome n'eût l'intention de violer les traités qui l'attachaient aux habitants de Capoue, la facilité que virent ses soldats à opprimer les Capouans fut assez puissante pour les engager à ravir à ce peuple et leur ville et leur territoire.

§ 2. — Le fléau des armées mercenaires prit de l'intensité dès l'avénement de l'empire.

Auguste ôta au peuple romain l'usage des armes (3), et substitua à la milice nationale des troupes soldées par l'empereur.

Avant lui, les citoyens romains étaient astreints au ser-

---

(1) *De bello Jugurth.* — (2) *Discours sur Tite-Live*, liv. II, ch. XX. — (3) Hérodien, *Hist.*, liv. II.

ment militaire dont Gellius (1) et Juste-Lipse (2) donnent la formule, jusqu'à ce qu'ils eussent été affranchis de la milice, soit par l'expiration du temps légal de service, soit par l'âge de cinquante ans, soit pour cause de maladie (3). Auguste affranchit non-seulement les citoyens romains, mais les Latins et les Italiens des devoirs de la milice; il inventa les troupes mercenaires, et tira la plupart des légions des provinces (4) ; les Italiens lui fournirent les cohortes *prétoriennes* et celles qui étaient préposées à la garde de Rome. Tacite, faisant l'énumération des forces de l'empire sous Tibère, compte trois cohortes de la ville, neuf cohortes prétoriennes et vingt-trois légions distribuées dans les diverses provinces de l'empire (5). Dion (6) raconte que l'empire avait, au temps de Sévère, vingt-trois ou vingt-cinq légions, en comptant pour légions l'ensemble des cohortes de la ville et des cohortes prétoriennes et, en outre, des cohortes auxiliaires de fantassins et de cavaliers dont le nombre est incertain. Ces troupes alliées, levées dans les diverses provinces de l'empire, étaient enrôlées pour un long temps, portaient les armes dans les mêmes camps que les légions sous les ordres des officiers de l'empire, et étaient transplantées, augmentées, diminuées selon le besoin (7).

Quand le droit de cité romaine eut été étendu par Caracalla à tout l'univers, les légions choisies jusque-là parmi les citoyens romains, les Italiens et les provinciaux, furent prises presque en entier dans cette dernière catégorie, et

---

(1) XVI, 4. — (2) *de milit. Rom.*, 1, 6, p. 45. — (3) Sigon., *de antiquo jure Rom.*, T. I., p. 18. — (4) Hérodien, *Histoire*, II. — (5) *Annales*, liv. IV, ch. iv et v. — (6) *Histoire*, liv. LV, p. 735. Sub Augusto autem XXIII vel XXV, ac multæ... aliæ auxiliariæ equitum peditumque... quorum certus numerus mihi non constat. — (7) Tacite, *Vie d'Agricola*, ch. xxxvi, *Annales*, IX, ch. xl.

les troupes auxiliaires, choisies auparavant parmi les alliés et les provinciaux, furent empruntées aux nations barbares, par des enrôlements volontaires ou à prix d'argent (1).

Les conquêtes lointaines aggravèrent le mal causé par la mauvaise constitution des armées impériales ; elles introduisirent dans l'âme des Romains l'amour des mœurs étrangères ; et le goût du luxe qu'ils y puisèrent, plus cruel que le glaive, les accabla et vengea l'univers asservi par leurs armes (2).

Le prétorianisme, ce fléau de l'empire romain, acquit d'ailleurs une redoutable intensité quand les cohortes prétoriennes, qui ne comptaient d'abord dans leurs rangs que des soldats romains, se recrutèrent d'étrangers, Thraces, Germains, etc.

Ces troupes, dont l'origine remontait à la cohorte préposée à la garde du général (*prætor*), avaient pris sous le règne d'Auguste une très-grande importance. Divisés en neuf cohortes, fortes d'environ dix mille hommes, placés sous les ordres du *préfet du prétoire*, et dotés, après seize ans de services, d'une pension de retraite qui s'accroissait après vingt ans (3), les prétoriens formaient un corps privilégié, d'autant plus redoutable qu'il se composait d'hommes robustes et pauvres (4). Du camp fortifié que leur avait fait élever Tibère près de Rome, entre les portes Esquiline et Viminale, ils faisaient et défaisaient

---

(1) *Spanheim orb. Rom.*, II, 21. — (2) Luxuria incubuit, victumque sævior armis ulciscitur orbem. (Juvenal, *Sat*, VI, v. 292.) (3) Decretum est ut cohortibus prætoriis, postquam annos sedecim meruissent, reliquis exactis viginti annis militiæ, duodena darentur. (*Hist. de Dion*, liv. LV.) — (4) Robustissimi omnes, quique sibi alendis quam minime sufficiunt, in exercitus conscribantur (Dion.).

les empereurs, entre autres Galba, Othon, Pertinax, Gordien, tuaient impunément ceux qu'ils avaient élevés au trône, et s'avisèrent même une fois de mettre l'empire à l'encan. Ce corps, déjà réformé par Septime Sévère, fut cassé par Constantin, comme plus propre à favoriser les factions qu'utile à la république, et fut remplacé par des troupes et une garde militaire de l'empereur (1).

Constantin dota les militaires de priviléges nouveaux; il édicta (2) qu'ils ne pourraient être poursuivis criminellement que devant les officiers militaires ; il voulut qu'on donnât aux vétérans une portion de terre vacante, et vingt mille pièces d'argent, un couple de bœufs et une provision de subsistance, et qu'on donnât cent pièces aux vétérans qui ne voudraient pas cultiver la terre (3). Ces priviléges de la vétérance furent confirmés et étendus par plusieurs édits postérieurs : l'un, de Valentinien, Valens et Gratien, qui exempta les vétérans négociants de toute redevance sur le commerce; l'autre, des empereurs Dioclétien et Maximin (4), qui voulurent que les soldats, les militaires et leurs enfants, même après avoir quitté le service, fussent assujettis à des peines moins sévères que les simples plébéiens.

Constantin donna, en outre, le premier exemple de corps entiers de barbares introduits dans les armées romaines, sous les noms de confédérés et d'auxiliaires (5). Cet exemple fut suivi par Constance (6) et par les autres empereurs.

---

(1) Quorum odio prætoriæ legiones ac subsidia factionibus aptiora quam urbi Romæ sublata penitus; simul arma atque usus indumenti militaris (AURÉLIUS-VICTOR, *Vie de Constantin.*) — (2) Cod. THÉOD., liv. II, tit. I, L. 2. — (3) Cod. THÉOD., liv. VI, tit. XX, L. 3. — (4) Cod. JUSTIN, liv. IX, tit. 41. — (5) DUBOS, *Histoire de la monarchie française*, T. I, p. 95. JORNANDU, *Histoire des Goths*. — (6) AMMIEN MARCELLIN, liv. XX, ch. IV.

On s'écarta peu à peu des anciennes institutions, à tel point que, dans les derniers temps, les légions étaient presque entièrement composées de soldats barbares. Ammien Marcellin (XXVI, 1) cite la légion *Ziannorum*; Claudien (*in Eutropo*, IV) cite la légion *Grunthurgonum*, et Zozime (*Histoire*, ch. 30 et 31) impute à cette invasion d'étrangers le relâchement de la discipline militaire sous Théodose.

Ces étrangers, qu'on appelait *Lètes*, reçurent des empereurs des terres désertes dans les diverses parties de l'empire (1), et l'armée se trouva ainsi divisée, dans les derniers temps, en troupes du palais, cohortes légionnaires et troupes ripuaires (2) ou limitanées (3), spécialement attachées à la garde des frontières.

§ 3. — Montesquieu (4) assigne deux causes à la transformation de la milice nationale, que les premiers Romains identifiaient avec la *cité* en troupes mercenaires : « la milice, dit-il, était devenue à charge à l'Etat : Les soldats avaient trois sortes d'avantages : La paie ordinaire, la récompense après le service, et les libéralités d'accident qui devenaient très-souvent des droits pour des gens qui avaient le peuple et le prince entre leurs mains.

« L'impuissance où l'on se trouva de payer ces charges fit que l'on prit une milice moins chère; on fit des traités avec des nations barbares qui n'avaient ni le luxe des soldats romains, ni le même esprit, ni les mêmes prétentions.

« Il y avait une autre commodité à cela : Comme les

---

(1) Cod. Théod., liv. XIII, tit. II, L. 9 ; D. Bouquet, T. I, p. 128. — (2) Cod. Théod., liv. VII, tit. I, L. 9 et 18, tit. XIII, L. 7. — (3) Agros etiam limitaneos universos cum paludibus... quos... limitanei milites... ipsi curare pro compendio atque arare consueverant... ab his firmiter... detineri volumus. (Cod. Théod., tit. XXXI.) — (5) *Grandeur et décadence des Romains*, ch. XVIII.

barbares tombaient tout à coup sur un pays n'y ayant point chez eux de préparatifs après la résolution de partir, il était difficile de faire des levées à temps dans les provinces. On prenait donc un autre corps de barbares toujours prêt à recevoir de l'argent, à piller et à se battre; on était servi pour le moment, mais dans la suite on avait autant de peine à réduire les auxiliaires que les ennemis. »

Les nouvelles maximes substituées par les empereurs aux traditions de la vieille Rome sur le régime militaire, furent l'une des principales causes de la décadence de l'empire. Ce qui avait fait de la légion inspirée, dit Végèce, par un Dieu au peuple Romain, l'instrument de sa supériorité militaire et de sa domination dans le monde, c'était l'esprit patriotique qui l'animait.

Les lois de la milice romaine, dit Bossuet (1), « étaient dures, mais nécessaires. La victoire était périlleuse, et souvent mortelle à ceux qui la gagnaient contre les ordres. Il y allait de la vie non-seulement à fuir, à quitter les armes, à abandonner son rang, mais encore à se remuer pour ainsi dire et à branler tant soit peu sans le commandement du général. Qui mettait les armes bas devant l'ennemi, qui aimait mieux se laisser prendre que de mourir glorieusement pour sa patrie, était jugé indigne de toute assistance. »

Végèce (2) et Montesquieu (3) attribuent cette admirable discipline militaire au soin qu'avaient pris les premiers Romains de ne pas mettre dans leurs armées un plus grand nombre de troupes auxiliaires que de romaines, ne voulant pas avoir, quoique leurs alliés fussent proprement des sujets, des peuples plus belliqueux qu'eux-mêmes. Lorsque les légions romaines furent surtout composées de barba-

---

(1) *Discours sur l'histoire universelle*, ch. VI. — (2) *De re militari*, liv. I, ch. XX. — (3) *Grandeur et décadence des Romains*, ch. XVIII.

res, les Romains perdirent leur discipline militaire, ils abandonnèrent jusqu'à leurs propres armes. Les soldats les trouvant trop pesantes, ils obtinrent, dit Végèce, de l'empereur Gratien de quitter leurs cuirasses, et ensuite leurs casques; de façon qu'exposés aux coups, sans défense, ils ne songèrent plus qu'à fuir.

L'armée romaine contracta d'ailleurs parmi les barbares auxquels elle était mêlée l'esprit d'indépendance qui caractérisait ces nations; elle devint, entre les mains de princes faibles et cruels, un instrument de tyrannie et d'exactions fiscales, et c'est par elle que les Romains devinrent la proie des peuples du Nord.

CHAPITRE XXIII

DE LA RELIGION DANS SES RAPPORTS AVEC LA CITÉ ; DES DIEUX ÉTRANGERS ; DU JUDAÏSME ET DU CHRISTIANISME A ROME ; DE LA PAROISSE ÉPISCOPALE ; DE L'ÉVÊQUE DÉFENSEUR DE LA CITÉ.

§ 1ᵉʳ. — La religion des premiers Romains était en quelque sorte identifiée avec la cité. Numa Pompilius donna un tel empire aux pontifes et aux auspices, que le sénat faisait par eux ce qu'il ne voulait ou ne pouvait pas faire lui-même (1). « Nos ancêtres, dit Valère-Maxime (2), attachèrent à la science des pontifes la connaissance des cérémonies fixes et annuelles ; à l'art des augures, l'autorisation pour agir avec succès dans les affaires importantes ; aux livres des devins, l'explication des oracles d'Apollon, et aux pratiques étrusques, le secret de conjurer de sinistres présages. Rien ne se faisait à Rome, dit Cicéron (3), sans avoir pris

---

(1) GRAVINA, *Esprit des lois romaines*, T. II, p. 296 ; FERRAND, *Esprit de l'histoire*, T. I, p. 292. — (2) Valerii Maximi factorum dictorumque memorabilium, lib. I, c. I. — (3) Nihil fere quondam majoris rei, nisi auspicato, nec privatim quidem gerebatur. CICERO, *de divinatione*, lib. II.

les auspices, et un mot des augures, dit Tite-Live (1), suffisait pour faire suspendre et remettre à un autre jour les affaires les plus importantes. »

Fidèles à la volonté de Romulus, qui avait prescrit que les nobles présidassent aux sacrifices (2), les lois des douze tables consacrèrent l'exclusion du peuple des auspices (3), et ne permirent pas que les augures fussent pris hors de l'ordre des patriciens (4). La religion devint ainsi entre les mains de l'aristocratie un instrument à l'aide duquel elle se rendait maîtresse des fureurs séditieuses du peuple. Pompée voulant rompre les comices déclara, en sa qualité d'augure, qu'il avait entendu tonner, et Clodius, craignant les obstacles que les augures auraient opposés à ses projets de bouleversement, fit décréter par un plébiscite que, pendant son tribunat, personne, quelle que fût sa dignité, ne pourrait observer le ciel les jours de comices.

Les pontifes, dit Festus, prescrivirent aux Romains l'accomplissement des sacrifices municipaux, qui étaient d'usage chez eux dès la plus haute antiquité (5). Les sacrifices publics étaient offerts aux frais du peuple et les sacrifices privés aux frais des familles. Les vestales entretenaient le feu sacré dans Rome, trente décurions entretenaient celui des curies, les prêtres celui des *pagi*, chacun professait chez soi le culte de ses lares familiers (6), et il paraît même

---

(1) Auguriis certe, sacerdotioque augurum tantus honos accessit, ut comitia populi, exercitus vocati, summa rerum, ubi aves non admisissen dirimerentur. Tite-Live, liv. I. — (2) ἱερᾶσθαι τοὺς εὐπατρίδας καὶ ἄρχειν. (Denis d'Hal., 1¹, p. 87.) — (3) Auspicia incommunicata plebi sunt. — (4) Penes quos sunt auspicia? penes patres qui soli ea habere possunt. Tite-Live, liv. IV. — (5) Municipalia sacra dicta sunt ea quæ initio habebant ante civitatem romanam acceptam, quæ observare eos voluerunt pontifices, et eo more facere quæ assuevissent antiquitùs. Festus, p. 324.

(6) Publicum totius urbis focum vestalis sanctissime observa-

que les familles nourrissaient des prêtres qui y présidaient. On ne pouvait honorer à Rome ni des dieux nouveaux, ni des dieux étrangers, sans la permission de l'autorité publique. C'est par un décret public qu'Esculape fut appelé d'Epidaure et Cybèle de Phrygie, et que ces divinités furent gratifiées du droit de cité, *quasi civitate donatos esse constat*, dit Heineccius. Les sacrifices étrangers, introduits à Rome au gré d'un particulier, étaient condamnés par le sénat, comme nous l'apprend Valère-Maxime, (ch. 3), au sujet des fêtes des bacchanales qui furent proscrites comme immorales, et des temples d'Isis et de Sérapis que Paul-Émile frappa lui-même de la hache et fit démolir, en exécution d'un ordre du sénat.

Au culte des dieux de leurs ancêtres les Romains joignaient le respect des mœurs antiques; et nulle magistrature peut-être ne contribua plus à leur grandeur que cette magistrature des censeurs qui mit obstacle à ce que le luxe et l'avarice, causes ordinaires de la ruine des Etats, s'introduisissent à Rome, et qui y maintint si longtemps en honneur la pauvreté, la frugalité, la simplicité et la modestie (1). Rome, dit Montesquieu (2), était un vaisseau tenu par deux ancres dans la tempête, la religion et les mœurs.

§ 2. — Mais il y eut, vers la fin de la république et sous les premiers empereurs, une invasion de dieux étrangers. Les bacchanales, fête nocturne empruntée des Grecs, pé-

---

bant: publicos curiarum focos triginta cum suis curialibus curiones, pagorum ipsi singulorum pagorum sacerdotes. Privatim suos quisque Lares familiares domi colebat. (HEINEC., APP., liv. I, LXX.) — (1) ROLLIN, *Histoire romaine*, tome Ier; MONTESQUIEU, *De la grandeur et de la décadence des Romains*, ch. VIII. — (2) *Esprit des lois*, liv. VIII, ch. XIII.

nétrèrent, dit Tite-Live (1), comme une maladie contagieuse de l'Étrurie à Rome. La grandeur de la ville, plus vaste et plus populeuse qu'aucune autre, déroba d'abord la profondeur de ces maux à l'œil des magistrats, mais le consul Posthumius qui en fut instruit par les révélations d'une courtisane en avertit le sénat, qui défendit par un décret à tous les initiés aux bacchanales de former aucune assemblée, aucune réunion pour la célébration de ces mystères, ou pour toute autre cérémonie de même nature. Les consuls ordonnèrent aux édiles curules de rechercher tous les ministres de ce culte, de les faire arrêter, et de les retenir, sans toutefois les traiter comme prisonniers, pour être interrogés en temps et lieu ; et aux édiles du peuple de veiller à ce qu'il ne se fît aucun sacrifice secret. Le consul Posthumius monta à ce sujet à la tribune aux harangues ; et là, en présence de la multitude assemblée, il rappela aux Romains que leurs ancêtres n'avaient jamais reconnu ces dieux dont le culte étranger à leurs mœurs par ses pratiques dissolues remplissait les esprits aveuglés d'un enthousiasme furieux, et les portait à toutes sortes d'excès ; que ni leurs ancêtres ni eux-mêmes n'avaient jamais voulu s'assembler sans qu'un étendard déployé appelât du haut du Janicule le peuple aux comices, ou sans que les tribuns eussent convoqué le peuple, ou qu'un magistrat l'eût appelé pour le haranguer; et qu'on avait toujours pensé que partout où la multitude se réunissait, elle devait avoir un chef qui tînt des lois son autorité. « Combien de fois, s'écria le consul, du temps de vos pères, de vos aïeux, n'a-t-on pas chargé les magistrats d'interdire tout culte étranger, de bannir du Forum, du Cirque, de la ville entière, les prétendus sacri-

---

(1) Hujus mali labes ex Etrucia Romam, velut contagione morbi, penetravit : primó urbis magnitudo capacior patientiorque talium malorum ea celavit, etc. (Tite-Live, XXXIX, IX.)

ficateurs et devins, de rechercher et de brûler les livres contenant de prétendus oracles ; enfin d'abolir tout mode de sacrifier en dehors des usages romains ?

Ils jugeaient bien, en effet, ces hommes profondément éclairés sur toutes les lois divines et humaines, que la religion est menacée des plus graves atteintes, lorsqu'on sacrifie, non comme le prescrivent les usages reçus, mais d'après un rite étranger. »

Mais ni les exhortations des consuls, ni les poursuites rigoureuses contre les adorateurs des dieux étrangers ne purent empêcher de s'introduire dans l'empire Romain les sacrifices d'Isis et de Sérapis, de Mithra et du Dieu Elagabale, les tauroboles, les crioboles, les agoboles et une foule d'autres dont les Romains avaient eu horreur dans les temps de liberté où ils conservaient scrupuleusement la religion de leurs ancêtres, et où les municipes n'étaient pas considérés comme citoyens *optimo jure*, parce qu'ils n'usaient pas des mêmes dieux et des mêmes sacrifices que ceux qui habitaient Rome.

A Rome, comme en Grèce, le polythéisme précipita la dissolution des mœurs et la ruine de l'État.

« Si Rome, dit Bossuet (1), est représentée dans l'Apocalypse de saint Jean sous la figure d'une prostituée, on reconnaît le style ordinaire de l'écriture qui marque l'idolâtrie par la superstition. S'il est dit de cette ville superbe *qu'elle est la mère des impuretés et des abominations de la terre*, le culte de ses faux Dieux qu'elle tâchait d'établir avec toute la puissance de son empire en est la cause.

« La pourpre dont elle paraît revêtue était la marque de ses empereurs et de ses magistrats. L'or et les pierreries dont elle est couverte font voir ses richesses immenses. Le mot de mystère qu'elle porte écrit sur le front ne nous

---

(1) *Préface sur l'Apocalypse.*

marque rien au delà des mystères impies du paganisme, dont Rome s'était rendue la protectrice; et la séduction qui vient à son secours n'est autre chose que les prestiges et les faux miracles, dont le démon se servait pour autoriser l'idolâtrie. Les autres marques de la bête et de la prostituée qu'elle porte sont visiblement de même nature, et saint Jean nous montre très-clairement les persécutions qu'elle a fait souffrir à l'église, lorsqu'il dit qu'elle est enivrée du sang des martyrs de Jésus.

« Avec des traits si marqués, c'est une énigme aisée à déchiffrer, que Rome sous la figure de Babylone. Ces deux villes ont les mêmes caractères ; et Tertullien les a expliqués en peu de mots, lorsqu'il a dit qu'elles étaient toutes deux *grandes, superbes, dominantes, et persécutrices des saints.* »

§ 3. — Heureusement par une compensation providentielle, la tolérance des Romains pour les religions étrangères s'étendit au culte du vrai Dieu; et Tacite nous montre (1) les juifs élevant librement une synagogue au temps de Pompée, et se réunissant dans un quartier au delà du Tibre, ce qui les fait appeler *Transtiberini*. César leur accorde le droit de cité, bienfait dont ils lui témoignent leur reconnaissance à ses funérailles (2). Auguste les traite avec bienveillance, et le poëte juif Fuscus Aristius partage avec Horace les bonnes grâces de l'Empereur (3). Les juifs ont à Rome une maison de jugement (*Beth-Dim*), dont la juridiction s'applique aux matières religieuses (4), et qui est en relation permanente avec Jérusalem. On les exempte, dans les jours de fête ou de sabbat, des charges publiques

---

(1) *Annales*, liv. II. — (2) Præcipue Judæi qui etiam noctibus continuis bustum frequentarunt. Suétone, *Vie de César*. — (3) Voyez l'*Epître* X du liv. 1er, et la *Satire* IX du liv. 1er. — (4) L. 9, Cod. de judæis.

et de l'obligation d'ester en justice (1); mais ils sont d'ailleurs, comme citoyens, justiciables des lois romaines et soumis à la juridiction commune (2). Tibère, alarmé de l'influence toujours croissante des rites juifs, chasse de Rome les sectateurs de ces rites et les prosélytes qu'ils avaient faits (3). Caligula persécute les juifs pour les punir d'avoir refusé de laisser placer sa statue dans le temple de Jérusalem par Pétrone, son digne ministre. Claude ferme leur synagogue et les chasse de Rome. Néron les fait massacrer pour se défaire de ceux qui prêchaient le christianisme.

Vespasien commence la conquête de Jérusalem, Titus l'achève après une lutte qui coûte 1,500,000 hommes aux vaincus. Domitien redouble de rigueur contre le prosélytisme des juifs qui donnent, dit Sénèque, des lois à leurs vainqueurs (4), à tel point que le poète Rutile déplore la soumission de la Judée (5). On punit de mort les conversions; on confond dans une persécution commune juifs et chrétiens (6).

---

(1) In festivitatibus aut sabbatis suis judæi corporalia munera non abeant, neque quidquam faciant, neque propter publicam privatamve causam, in jus vocentur. (Cod. *de jud.*, L. 3, § fin, ff., L. 16, § 6, *de excus*.

(2) Judæi communi romano jure viventes adeant solemni more judicia, omnes que romanis legibus conferant et exhibiant actiones. (L. 9. Cod. *de judæis*.)

(3) Judæorum juventutem per speciem sacramenti in provincias gravioris cœli distribuit, reliquos gentis ejusdem vel similia sectantes urbe summovit. (Suétone, *Vie de Tibère*, § 36.)

(4) Victoribus victi legem dederunt. (Sénec., *de superstitione*.)

(5) Atque utinam nunquam judæa subacta fuisset.

(6) Judæus qui eum qui judaicæ religionis non esset contrariâ doctrinâ ad suam religionem traducere præsumpserit, bonorum proscriptione damnetur, miserumque in modum puniatur. (L. 7, Cod. *de jud.*)

Ces rigueurs se relâchent sous les règnes de Nerva, de Trajan et d'Adrien. Antonin le Pieux rend aux sectateurs de la religion nouvelle une partie de leurs droits ; ils les obtiennent tous sous Marc-Aurèle, et Sévère les admet aux honneurs municipaux (1).

Dès lors éclate dans le monde la réaction de l'idée chrétienne prêchée par saint Paul aux Romains comme le développement naturel des racines de la religion juive (2), et la *paroisse épiscopale* vient s'enter sur *la cité romaine*.

§ 4. — Tandis que les hommes restés fidèles à l'ancien culte émigraient dans les campagnes et y recevaient le nom de païens (3), les chrétiens s'unissaient ensemble par un lien purement spirituel dans des associations qui prirent le nom de *paroisses*, du mot παροχὸς (habitant). La paroisse n'avait dans les premiers temps aucun caractère politique, et son chef ne recevait ni de l'État, ni de ses associés le principe de son autorité. C'était une association dont le but et les moyens étaient purement spirituels et se rapportaient à une autre vie ; mais cette association devait facilement devenir l'occasion et la base d'une autre association vraiment et pleinement civile, dans laquelle, sans perdre de vue leur fin dernière, les associés auraient à soigner des intérêts matériels et présents. C'est ce qui advint en effet, lorsqu'après l'invasion des barbares, la paroisse chrétienne, ranimant de son esprit les formes du municipe antique, devint le germe le plus fécond de la civilisation du moyen âge. Mais jusqu'au moment où, les conquérants ayant fait

---

(1) Eis qui judaicam superstitionem sequuntur Severus et Antoninus honores adipisci permiserunt. — Texte du *Digeste* cité comme les précédents dans le livre : *Les juifs en France, en Italie et en Espagne*, par M. Bédarride, 1859, ch. i et ii. — (2) Quod si gloriosis non tu radicem portas, sed radix te. (*Epit. Rom.*, XII, II, 26.) — (3) Pagani, ἐθνίκοι, *gentiles*.

table rase, le christianisme prit possession de la société entière, et y établit exclusivement sa domination bienfaisante, son influence fut partielle et progressive. Elle s'exerça d'abord par les affranchissements des esclaves, et Constantin porta trois lois par lesquelles il établit que tous ceux à qui la liberté aurait été accordée dans une église sous le témoignage de prêtres, obtiendraient le droit de cité romaine (1). Ce n'est pas seulement sur les esclaves que s'exerça l'influence bienfaisante du christianisme, elle pénétra peu à peu toutes les classes de la société et trouva, dans les idées morales d'égalité et de concorde qui sont l'essence du municipe, autant de sympathie qu'elle avait trouvé de répulsion dans la forme sociale de la tribu et dans la religion druidique (2). C'est ainsi qu'à côté du décurionat avili s'éleva l'influence toujours croissante du clergé par les prédications, les écoles, les établissements de charité, par tous les éléments de la vie sociale, et que le municipe et la paroisse se combinèrent merveilleusement pour former dans l'avenir un seul être, tel que nous le verrons dans l'histoire des communes du moyen âge, marqué du triple caractère de l'égalité, de la concorde et de la perpétuité, et pourvoyant à la fois aux influences morales, en vue de la vie future, et aux intérêts matériels et économiques de la vie présente.

Le paganisme qui succéda au gouvernement des druides aboli par l'empereur Claude (3), ne fut détruit que plusieurs siècles après par le gouvernement des évêques.

(1) Qui religiosâ mente in ecclesiæ gremio servulis suis meritam concesserit libertatem, eamdem eodem jure donasse videtur, quo civitas Romana, solemnitatibus decursis dari consuevit. L. unic., Cod. Th., *de manumiss. in eccles.*, L. 11, Cod. Just., *codem.* — (2) Cristianesimo male si adatta alla tribu, alleato dei municipio. Ricci del municipio, nᵒˢ 285, 291. — (3) Druidarum religionem penitus sustulit Claudius. (Suet. in Claudio.)

Pendant près de trois siècles, l'œuvre du christianisme, dans la société civile des Romains, fut sourde et latente, comme si Dieu eût voulu prouver que son église pouvait subsister sans aucun appui humain, et ayant même contre elle toutes les puissances de la terre ; c'est du fond des catacombes que la religion nouvelle marcha à la conquête du monde.

L'organisation de la société chrétienne, d'abord toute libre et fondée sur des liens purement moraux, ne laissait pas, dit M. Guizot (1), d'être forte. C'était alors la seule association qui procurât à ses membres les joies de la vie intérieure, qui possédât dans les idées et les sentiments qu'elle avait pour base, de quoi occuper les âmes fortes, exercer les imaginations actives, satisfaire enfin ces besoins de l'être intellectuel et moral que ni l'oppression ni le malheur ne peuvent étouffer complétement dans tout un peuple. L'habitant d'un municipe devenu chrétien cessait d'appartenir à sa ville pour entrer dans la société chrétienne dont l'évêque était le chef. Cette société des âmes, quoique hiérarchiquement organisée et parfaite en elle-même, vivait séparée de la société civile que minaient sourdement la dissolution des mœurs privées et publiques et les divisions du polythéisme, mais dont les chrétiens observaient les lois dans tout ce qui ne touchait pas à leur conscience religieuse.

§ 5. — Le premier bienfait du christianisme fut de diviniser en quelque sorte le lien social, en substituant à la notion de la cité romaine, patrie commune des dieux et des hommes (2), celle de la fraternité et de la solidarité uni-

---

(1) *Du régime municipal dans l'empire romain*, p. 15.
(2) Inter quos porro est communio legis, inter eos communio juris est. Quibus autem hæc sunt inter eos communia, et civitatis ejusdem habendi sunt... ut jam universus hic mundus una civitas communis deorum atque hominum existimanda. (*De legibus*, 1, 7.)

verselles dans la cité de Dieu. La terre, disait saint Paul aux Romains (1), est habitée par une grande famille de frères, enfants du même Dieu, et régis par la même loi morale depuis Jérusalem jusqu'aux confins de l'Espagne. Si un membre souffre, s'écriait-il dans son épître aux Corynthiens (2), tous souffrent avec lui.

Cette théodicée, cette morale sublime, pénétrèrent par degrés, à dater de l'ère chrétienne, les doctrines des philosophes païens tels que Sénèque (3) et Epictète (4), les lois mêmes des jurisconsultes les plus hostiles au christianisme (5) ; et lorsque parut Constantin, la révolution était déjà accomplie dans les mœurs purifiées par le spiritualisme, et dans les lois civiles où les formules du droit strict avaient cédé en grande partie la place au droit naturel et à l'équité.

Il n'entre pas dans notre plan de caractériser en détail l'influence du christianisme sur le droit civil des Romains. Un jurisconsulte éminent s'est acquitté de cette tâche (6), et nous a montré l'élément chrétien adoucissant l'esclavage et favorisant les manumissions ecclésiastiques (7), infirmant les peines contre le célibat, épurant, affranchissant et sanctifiant le mariage (8), rendant le divorce plus diffi-

---

(1) Ch. xv, 24 à 28. — (2) Ch. xii, 26. — (3) Homo sacra res homini. Omne hoc quod vides quo divina atque humana conclusa sunt unum est : membra sumus corporis magni. (*Epist.*, 90.) — (4) Epictète n'était pas chrétien, mais le christianisme était déjà sur le monde. (VILLEMAIN, *Mélanges*, tom. III, p. 279.)—(5) Voyez les lois de just., *et jure, de statu hominum, de regulis juris*, les œuvres d'ULPIEN, cet ennemi déclaré des chrétiens, etc.— (6) M. TROPLONG, *De l'influence du christianisme sur le droit civil des Romains.* — (7) Cod. THÉOD., L. 9, *de emend. serv.* ; Cod. JUST., L. 1 et 2, *de his qui in ecclesia.* — (8) Cod. TH. et JUST., *de infirm. pœn. cœlib.* ; Cod. THÉOD., *de jure liber.*

cile sans oser néanmoins l'abroger entièrement (1), mettant, par l'abolition du droit de vie et de mort et par le développement des pécules, des bornes à la puissance paternelle (2), affranchissant les filles majeures d'une tutelle humiliante, leur attribuant des droits égaux à ceux des hommes (3), et adoucissant à l'égard des femmes la puissance maritale, exagérée jadis jusqu'au droit de les vendre et de les tuer.

§ 6. — Le règne de la vérité amena celui de la liberté dans l'ordre municipal et politique (4), et l'évêque défenseur de la cité romaine, l'affranchit du joug du despotisme.

La loi 18, § 13, ff. liv. 50, tit. 4, donne le nom de *défenseurs* à ceux que les Grecs appellent *syndics*, et qui sont choisis pour poursuivre une action déterminée ou pour y défendre : *defensores, quos Græci syndicos appellant, et qui ad certam causam agendam vel defendendam eliguntur.* Les lois 51, 54, 61 64, ff. *De procuratoribus et defensoribus*, emploient comme synonymes les mots *defensor*, et les mots *procurator* ou *actor*. Le mandat judiciaire confié aux défenseurs (*procuratores ad lites*) pouvait être exercé sans doute par les *duumvirs* et les *questeurs* ou *curateurs* préposés à la perception des revenus municipaux, mais ils n'y étaient pas obligés, et les duumvirs pouvaient en être empêchés par les lois qui leur défendaient de sortir du territoire municipal. De là la faculté donnée aux Curies de désigner des défenseurs *ad lites* dans les causes spé-

---

(1) Cod. Théod., *de repud.* — (2) Cod. Th. et Just., *de patria potestate, de cast. pecul, de maternis bonis, de infantibus expositis.* — (3) Cod. Théod., *de his qui væniam ætatis.* — (4) Cognoscetis veritatem, et veritas liberabit vos (Joann., VIII, 32). Christus nos liberavit (*Epit. ad Galat.*, IV, 31). Ubi autem spiritus Domini ibi libertas (*Epit. II ad Corynth.*, III, 17.)

ciales, défenseurs qui furent chargés plus tard d'une manière permanente du contentieux de la cité (1).

Les fonctions des défenseurs de la chose publique, *defensores reipublicæ*, allèrent toujours croissant, et de charges qu'elles étaient d'abord, devinrent des *honneurs* qui exemptaient des autres *honneurs* et des charges de la municipalité (2), et qu'on n'était tenu d'accepter qu'une seule fois (3). Elles étaient conférées par l'élection (4), et avaient pour but de défendre les pauvres décurions, les plébéiens des villes, la faiblesse et l'innocence des campagnes contre l'insolence des grands, la rapacité des gens de finance et la violence des juges (5).

Les curiales ne devaient élire comme défenseurs des cités que des hommes pris en dehors des deux classes de *décurions* et de *cohortales*, parmi les citoyens aptes à remplir ces importantes fonctions et imbus des mystères de la religion orthodoxe (6). Ils procédaient à l'élection avec le concours des *honorés*, des *possesseurs*, des *évêques*, et du *clergé*; l'élection était confirmée par le préfet du prétoire de la province (7).

Les défenseurs de la cité étaient officiers de police judiciaire, et à ce titre, ils arrêtaient et détenaient les coupables pris en flagrant délit et les livraient aux juges compétents (8). Ils devaient s'attacher à écarter des sentiers de la justice les hommes puissants qui voulaient couvrir les scélérats de leur protection (9). Ils jugeaient les petits procès pécuniaires des gens du peuple; et leur compétence,

---

(1) L. 6, § 1, ff., liv. III, tit. IV. — (2) L. 10, § 1, ff., liv. L, tit. V. — (3) L. 10, § 3, *Ibid.* — (4) Hi potissimum constituantur defensores quos decretis elegerint civitates, L. 1, Cod. Théod., *de defens. civit.* — (5) *Novelle* de Majorien, tit. V, *de defens. civit.* — (6) L. 2 et 7, Cod. *de defens. civit.* — (7) L. 7 et 8, *Ibid.* — (8) L. 7, *Ibid.* — (9) L. 6, *Ibid.*, L. 6, Cod., *de custodia reorum.*

comme juges, s'éleva de cinquante sous d'or jusqu'à trois cents (1). Leur principale mission consistait à contrôler les opérations des répartiteurs et des percepteurs des impôts, à empêcher les exactions des officiers du fisc (2), et à procéder au recouvrement des taxes contre les petits propriétaires (3). La puissance tribunitienne des défenseurs de la cité passa insensiblement aux évêques qui, élus par le concours du clergé et du peuple (4), et déjà investis d'une juridiction, sinon légale, au moins arbitrale et volontaire (5), étaient naturellement désignés à une mission populaire.

En entrant dans la curie comme défenseur de la cité, l'évêque était appelé à en devenir le chef. Censeur rigide des mœurs, il reçut des empereurs Valentinien et Valens le mandat de veiller à ce que les négociants fissent le commerce d'une façon digne d'un chrétien (6), et de l'empereur Léon, celui d'empêcher les abus de pouvoir tendant à favoriser la prostitution (7). Voués par leur saint ministère à toutes les œuvres charitables, les évêques furent chargés par Théodose le Grand de visiter les prisons, de pourvoir à la nourriture des détenus et de contraindre les juges à s'acquitter de leur devoir. Le soin des subsistances publiques, la surveillance des *sitones* ou *curatores frumentarii*, furent confiés à leur sollicitude pastorale (8). Quant aux affaires annuelles des cités, est-il dit dans le titre au Code *de audientia episcopali*, soit qu'il s'agisse des revenus ordinaires de la cité, ou de dons particuliers,

---

(1) L. 1, Cod., *Ibid.*, Nov., 15, 6, 3, § 2. — (2) L. 1 et 9, Cod. *Ibid.* — (3) L. 12, Cod. Théod., *de exactoribus*. — (4) Marca, *de concordantia sacerdotii et imperii*, L. 6, ch. II ; Raynouard, *Histoire du droit municipal*, ch. XXLII. — (5) *Nov.*, Valent., III, *de episcopali judicio*. — (6) L. 1, Cod., liv. I, tit. IV. — (7) L. 12 et 14, *Ibid.* — (8) L. 17, 18, 19, Cod. *Ibid.*

ou de legs, ou de toute autre source, soit qu'on ait à traiter des travaux publics, ou des magasins de vivres, ou des aqueducs, ou de l'entretien des bains ou des ports, ou de la construction des murailles, des tours, ou de la réparation des ponts et des routes, ou des procès de la cité, pouvant être engagés à l'occasion des intérêts publics ou privés, nous ordonnons ce qui suit : « Le très-pieux évêque et trois hommes de leur renom, parmi les premiers de la cité, se réuniront : ils examineront chaque année les travaux faits ; ils prendront soin que ceux qui les conduisent ou les ont conduits, les mesurent exactement, en rendent compte et fassent voir qu'ils ont rempli leur engagement dans l'administration soit des monuments publics, soit des sommes affectées aux vivres et aux bains, soit de tout ce qui se dépense pour l'entretien des routes, des aqueducs, ou pour tout autre emploi. »

En résumé, les évêques, défenseurs des cités, devinrent les principaux instruments de l'économie, de la charité et de l'instruction publiques. Le pouvoir des *duumvirs* et des *principaux* s'effaça devant leur autorité bienfaisante ; et c'est surtout par eux que s'accomplirent les progrès sociaux qui rendirent possible, dans un avenir prochain, la régénération du municipe païen par la paroisse chrétienne. Mais peut-être est-ce aller un peu loin que de voir avec M. Guizot(1), dans les cités du Bas-Empire, un *régime municipal ecclésiastique*. L'évêque défenseur de la cité devient sans doute le lien commun entre le clergé et la curie, mais s'il y a alliance, il n'y a pas transformation. La condition de *clerc* et la condition de *curiale* restent distinctes. Les clercs qualifiés de presbytériens et de diacres, peuvent cesser d'appartenir à la curie, à la condition de

---

(1) *Essais sur l'histoire de France*, tit. XVI.

lui abandonner leur patrimoine ou de s'y faire remplacer ; mais les sous-diacres, les lecteurs et les autres clercs sont rappelés à la curie natale : *ad genitalem curiam* (1). Les corporations s'alliant à l'évêque prennent des formes et des habitudes religieuses, mais leurs membres qui veulent entrer dans les ordres monastiques pour échapper aux liens de leur condition, y sont rappelés comme les serfs, les colons et les curiales (2). L'évêque gallo-romain monte au premier rang parmi les magistrats de la cité, mais il n'absorbe pas dans son ministère pastoral toutes les autres magistratures. Dans la décadence du Bas-Empire, et lors de l'invasion des barbares, nous le voyons subvenir à toutes les nécessités sociales et porter jusqu'aux extrémités de la Gaule ravagées par le fer et le feu, les secours et les consolations de la charité chrétienne (3).

§ 7. — Mais il manquait à la législation du Bas-Empire un principe sans lequel l'influence bienfaisante de l'épiscopat ne pouvait être fécondée, c'était le principe de *liberté*.

A côté des incontestables progrès du droit civil et des branches les plus importantes de l'administration publique, apparaît en effet, sous la législation de l'empire romain, depuis comme avant l'ère chrétienne, un principe actif et persévérant de dissolution sociale. C'est l'atteinte portée à la liberté humaine par cette innombrable série de

(1) Cod. Théod., XII, 1, 49, 161, 163.
(2) Valent., *Nov.*, XII, an 452.
(3) Cui non sufficit illis tantum necessitatibus opem ferre quas noveris, quique usque in extremos terminos Galliarum caritatis indage porrecta prius solas indigentiam respicere causas quam inspicere personas... post gothicam depopulationem, segetes incendio absumptas, peculiari sumptu inopiæ communi per desolatas Gallias gratuita frumenta misisti. (*Lettre VI* de Sidoine Apollinaire à Patiens, évêque de Lyon, avant 470.)

lois qui commencent à la loi Régia, qui se continuent par l'édit de Tibère contre les comices, et par celui de Caracalla qui, en étendant à tout l'univers le droit de cité romaine, dégrada le sang romain de noblesse, et qui finissent par le *quidquid principi placuit* de Justinien.

Dégradées par la corruption et le despotisme, les mœurs publiques n'auraient pas supporté, à l'avénement du christianisme, un retour vers les libertés publiques détruites par les empereurs païens; et la législation de Constantin et de ses successeurs favorisa, par l'introduction des principes du christianisme dans le cadavre du Bas-Empire, un élément puissant de régénération sociale ; mais elle ne donna pas, elle ne put pas donner la liberté, dont la jouissance prématurée eût compromis l'avenir. Les princes chrétiens continuèrent les traditions de leurs prédécesseurs, ils rétorquèrent contre les hérétiques les armes dont les empereurs idolâtres avaient usé contre les chrétiens, et, moins préoccupés quelquefois de l'intérêt de la religion que de leur propre puissance, ils attentèrent à la discipline de l'Eglise du Bas-Empire. Plus d'indépendance pour elle, et dès lors, plus de vertus. Elle s'avilit avec le pouvoir par de lâches complaisances. Elle épuisa en vaines disputes des forces destinées à de plus nobles combats. Le schisme envahit bientôt l'Orient, et lorsque quelques siècles plus tard, Mahomet parut, l'empire d'Orient, dont Léon le philosophe avait cru assurer la perpétuité, en confisquant au profit du pouvoir impérial toutes les libertés des cités, croula isolé et privé d'appui religieux et politique, dans un abîme de corruption.

L'Eglise d'Occident maintint avec plus de fermeté la distinction des deux puissances séculière et ecclésiastique, et trouva, dans cette distinction même, le moyen de sceller une alliance étroite et durable entre l'Église et l'État, et de fonder, sur les ruines des sociétés antiques, une nouvelle civilisation pleine de vie et d'avenir.

LIVRE QUATRIÈME

DU RÉGIME MUNICIPAL GALLO-ROMAIN.

CHAPITRE Ier

DES CITÉS DE LA GAULE AVANT L'INVASION DES ROMAINS.

§ 1. — On donnait le nom de Gaule à la partie de l'Europe bornée à l'occident et au septentrion par l'Océan; au midi, par les Pyrénées et l'Ibérie ; à l'orient, par le Rhin, la grande Germanie, la Rhétie, l'Italie et les Alpes.

Trois nations distinctes par la langue, les institutions et les lois, et divisées en plusieurs centaines de petits peuples (1), possédaient ce territoire et faisaient pressentir, dès la plus haute antiquité, l'unité qui devait un jour les réunir en corps de nation (2). Ces peuples étaient les Aquitains, les Celtes et les Belges.

A ce triple élément de la population de la Gaule, on peut en ajouter un quatrième : ce sont les colonies grecques, qui n'entrèrent en Gaule que longtemps après qu'elle

---

(1) Hi omnes lingua, institutis, legibus inter se differunt (Cæsar). V. Guérard, *Polyptique d'Irminont* I, p. 41.

(2) Voyez les textes de Strabon, II, de Ptolem., VIII, 2, rapportés par D. Bouquet, *Rerum Gallicarum franciscarum scriptores*, 1, 2, I, 88, I, 451. Voy. aussi Isid., *Orig.*, XIV, 4 ; Pompon. Mel., III, 2. Ammian Marc., XV, 10.

eut reçu ses premiers habitants, et qui s'établirent à l'embouchure des grands fleuves armoricains et sur le littoral de la Méditerranée, pour s'y livrer au commerce.

Les Aquitains qui habitaient le midi de la Gaule descendaient de la nation ibérienne, qui apparaît, aux époques les plus éloignées, dans les contrées situées sur les pentes méridionales de la chaîne du Caucase et sur l'isthme qui sépare le Pont-Euxin de la mer Caspienne. Cette population primitive, accrue d'un mélange d'aborigènes Gaulois, refoulés vers les côtes occidentales de l'Atlantique par l'invasion des Celtes, de tribus celtiques conquérantes et d'Espagnols originaires du pied méridional des Pyrénées (1), se partageait en deux peuples : les Ligures, établis entre la Méditerranée et les Cévennes, et les Celtibères, qui couvraient l'espace enfermé entre le golfe de Gascogne, la Garonne et les Pyrénées.

Les Celtes faisaient partie de ces tribus de pasteurs qui erraient dans les vastes déserts situés au nord des grands empires de l'Asie, au-dessus de la mer Caspienne, du Pont-Euxin, du Danube, du golfe Adriatique et du Rhin. Tous ces peuples de la race de Japhet, errants et dispersés dans les campagnes où ils se nourrissaient de lait et de la chair de leurs troupeaux, se dirigèrent vers l'occident en cherchant de nouveaux pâturages, franchirent le Rhin et s'établirent dans des contrées fertiles d'où ils expulsèrent les indigènes (2). Ils étaient divisés en tribus comme tous les peuples de l'antiquité (3).

(1) Aquitani cæterorum celticæ incolarum plane differentes non modo lingua, sed et corporibus, Iberis quam Celtis sunt similiores. STRAB., IV. B. 1, 4.

(2) Reperiebat Cæsar Belgos Rhenum antiquitus transductos propter loci fertilitatem ibi consedisse, Gallosque qui ea loca incolerent expulisse. (CÆSAR, Bell. Gall., II, 4.)

(3) KOULORGA, De la tribu dans l'antiquité.

Les rameaux de la souche celtique établie sur le territoire des Gaules sont nombreux. Dans un essai sur l'histoire des institutions du nord de la France pendant l'ère celtique, M. Tailliar signale une première tige, les Galls qui, dès le seizième siècle avant Jésus-Christ, sont en possession d'une grande partie de la Gaule et du tiers de l'Italie ; une deuxième tige, les Cimmériens ou Cimbres primitifs, d'où sortent : 1° les Cimmériens ou Cimbres orientaux ; 2° les Cimbres de l'Ister ou Danube ; 3° les Cimbres ou Kymris de la Gaule armorique ; 4° les Kymris-Belges, qui envahissent successivement le nord, l'est et le midi de la Gaule. Nous ne suivrons pas le savant écrivain dans ces recherches, qui nous entraîneraient hors des bornes de notre sujet.

César compare les mœurs et l'état politique des Gaulois aux mœurs et à l'état politique des Germains. « Il fut un temps, dit-il (1), où les Gaulois surpassaient les Germains en valeur, portaient la guerre chez eux et envoyaient, au delà du Rhin, des colonies pour soulager leur territoire d'un excédant de population. C'est ainsi que les Volsques-Tectosages vinrent se fixer dans les contrées les plus fertiles de la Germanie, près de la forêt Hercynie, qui paraît avoir été connue d'Eratosthène et de quelques autres Grecs sous le nom d'Orcynie. Cette nation s'y est maintenue jusqu'à ce jour, et jouit d'une grande réputation de justice et de valeur. Aujourd'hui encore, ses habitants vivent dans la même pauvreté, la même indigence, la même frugalité que les Germains : ils ont adopté leur genre de vie et leur costume. Quant aux Gaulois, le voisinage de la province et le commerce maritime leur ont fait connaître l'abondance et les jouissances du luxe. Accoutumés peu à

---

(1) Cæsar, *de bello gallico*, lib. VI, XXIV.

peu à se laisser battre, vaincus dans un grand nombre de combats, ils n'osent plus eux-mêmes se comparer aux Germains. »

L'état social originaire des Aquitains, des Celtes et des Belges différait sous certains rapports (1), mais se rapprochait sous d'autres de l'état social des Germains, car la Gaule et la Germanie, séparées par un fleuve qui était un bien faible obstacle aux invasions réciproques (2), avaient des occasions fréquentes de mêler leurs populations. Aussi Strabon pense-t-il que l'on doit juger des premiers Celtes par les Germains, à cause de l'origine commune et de la ressemblance des deux nations (3).

§ 2. — Les auteurs romains et les écrivains grecs de l'époque romaine nous ont laissé sur les éléments de la nation gauloise des notions précieuses que les publicistes et les philologues ont complétées en cherchant les traces des mœurs et des institutions anciennes dans les lois, les monuments et les langues des peuples modernes.

Strabon nous apprend (liv. XI, ch. 4) que la nation ibérienne organisée de bonne heure comprenait quatre classes : 1° Les nobles, parmi lesquels on choisissait deux rois; 2° les prêtres, chargés en même temps de veiller aux frontières; 3° les paysans ou agriculteurs qui fournissaient des guerriers ; 4° les artisans et les gens destinés au service des rois.

(1) Germani multum ab hac consuetudine differunt. CÆSAR, *de bello gallico*, VI, 21.

(2) Quantulum enim amnis obstabat quominus ut quæque gens evaluerat, occuparet, permutaretque sedes promiscuas et nulla regnorum potentia divisas (TACITE).

(3) Sed quales diximus superioribus temporibus tales eos fuisse intelligimus, ex Germanorum adhuc durantibus, nam et natura et vitæ institutis, gentes hæ invicem similes sunt et cognatæ, confinem habitantes regionem, Rheno divisam, et pleraque inter se similia habentur. L. IV, p. 195, 196.

L'histoire nous représente les Ibères comme une nation de taille moyenne, mais pleine de séve et de virilité. Nerveux et velus, les Ibères ont la chevelure et la barbe noires, longues, touffues, une peau mate et basanée qui rappelle leur origine sémitique, des membres, des muscles vigoureux et tout ce qui constitue une organisation robuste. Rompus à la fatigue, habitués à braver la rigueur des éléments, ils mènent une vie sobre et dure. Les femmes elles-mêmes prennent part sans efforts aux travaux les plus rudes (1).

L'histoire peint au contraire les Gaulois comme des hommes blancs, à cheveux blonds, et de haute taille, vifs, emportés, courageux, mobiles, avides de querelles et merveilleusement vains (*avidi jurgiorum, sublatius insolescentes*), mais pleins de respect pour la foi jurée, pratiquant l'hospitalité d'une manière admirable et presque banale (2).

Les Gaulois étaient braves et les femmes avaient encore plus de vigueur que leurs maris (*multo fortiores*); on ne pensait pas à leur résister, dit Ammien Marcellin (3), lorsque les yeux hagards (*glauca*), elles enflaient leur voix, grinçaient les dents, et roidissant leurs bras aussi blancs que la neige, s'apprêtaient à donner, du poing et du pied, des coups aussi vigoureux que s'ils étaient partis d'une catapulte.

La population gauloise était divisée en trois ordres.

---

(1) *Essai sur l'histoire des institutions du nord de la France (ère celtique)*, par M. TAILLIAR

(2) De hospitalitate mira, et pæne promicuna. (TACITE, cap. XXI, CÆSAR, *de bello gallico*, VI, 623.)

(3) Maxime cum illa inflata cervice, suffrendens, ponderansque niveas ulnas et vastas, admissis calcibus, emittere cœperit pugnos, et catapultas tortolibus nervis expulsas. (AMMIAN. MARCEL., lib. XV, cap. XLII.) VILBERT, *Du gouvernement des provinces et de l'organisation des municipalités romaines.*

1° Les druides étaient voués au culte divin et veillaient au maintien de l'unité religieuse; 2° les chevaliers (*equites*), adonnés à la profession des armes (1), étaient aptes à être incorporés dans les conseils de leurs nations, et à remplir les fonctions de chefs civils et militaires. On n'entrait dans le sacerdoce ou dans le corps de la noblesse que par un noviciat analogue à celui de la chevalerie; 3° la plèbe (*plebs*) était occupée des travaux agricoles ou mécaniques et placée dans un état voisin de la servitude (2), mais qui n'était pas l'esclavage même. Les plébéiens étaient de deux sortes: Les uns étaient engagés volontaires, obérés; ils jouissaient des droits civils, mais non des droits politiques. Les autres étaient *sui juris*, et se divisaient en *cliens* ou *ambactes* et en *non-cliens*. César et Tacite s'accordent à chercher dans la famille le premier lien social des Gaulois et des Germains.

Le régime conjugal dans les Gaules était un régime de fonds commun analogue, mais non identique à notre communauté légale, et qui reposait sur la parfaite égalité des droits, des charges et des espérances; les apports des époux étaient égaux; l'époux survivant avait la part de l'un et de l'autre avec les intérêts accumulés. Les hommes avaient droit de vie et de mort sur leurs femmes et sur leurs enfants (3). Ce que Tacite dit des mœurs de la famille ger-

(1) De his duobus generibus alterum est Druidum, alterum equitum. Illi rebus divinis intersunt... hi omnes in bello versantur. Cæsar, VI, 13, 15. D. Bouquet, t. I, p. 254.

(2) Plebs pene servorum habetur loco, quæ per se nihil audet, et nulli adhibetur consilio. Plerique quum aut ære alieno, aut magnitudine tributorum, aut injuria potentiorum premantur sese in servitutem dicant nobilibus. In hos eadem omnia sunt jura quæ dominis in servos (Cæsar, *de bello gallico*, VI, 13).

(3) Viri quantas pecunias ab uxoribus dotis nomine acceperunt, tantas ex suis bonis æstimatione facta, cum dotibus communicant. Hujus omnis pecuniæ conjonctiùs ratio habetur, fructus·

maine s'applique en grande partie aux Gaulois. « Les unions sont chastes et les mœurs pures... Les femmes vivent environnées, protégées par la vertu... Chaque mère nourrit son enfant de son lait... Le maître et l'esclave vivent ensemble au milieu des mêmes troupeaux sur la même terre, jusqu'à ce que l'âge sépare l'homme libre et que la valeur le distingue. »

Chez les peuples primitifs, la famille reposait sur un principe d'étroite solidarité. Embrasser les haines aussi bien que les amitiés d'un père ou d'un parent, dit Tacite, est une nécessité (1). De là le sentiment très-louable de l'honneur collectif. Mais de là aussi la vengeance héréditaire des familles, la *faida* (2), à laquelle on ne mettait un terme que par les compositions ou par la satisfaction (3) (*Wergeld*), reçue par tous les parents de l'offensé (4), et accompagnée du *fredum* (5), prix de la paix.

Il est difficile de discerner, parmi les immigrations incessantes des peuples du nord et de l'orient qui se sont succédé dans les Gaules jusqu'à l'invasion de Jules-César, l'époque précise où le régime des tribus errantes a été remplacé par celui des demeures fixes et des cités.

Le titre *de magistratibus* de la loi salique nous montre les hommes libres réunis en petites communautés où l'é-

que servantur : uter eorum vita superarit, ad eum pars utriusque cum fructibus superiorum temporum pervenit. Viri in uxores sicut in liberos vitæ necisque habent potestatem. (CÆSAR, *de bello gallico*, lib. VI, 4, 19.)

(1) Suscipere tam inimicitias seu patris, seu propinqui quam amicitias necesse est. (TACITE, *de mor. Germ.*, XXI.) — (2) Faïda, de faedhl, guerre, inimitié, vengeance. —(3) La loi ripuaire emploie l'expression woregeldum pour le prix de la composition, XXXI, 11. — (4) Recepit satisfactionem universa domus (de M. G., XXI). — (5) L'amende ou le prix de l'intervention pour la paix s'appelait fredum (de *friede*, paix).

tranger et l'émigrant ne pouvaient être admis que du consentement de tous les copossesseurs indivis, et où se trouve le germe des *ghildes* et des *cités* (1).

§ 3. — Dans les temps anciens, la *cité* n'est pas une ville, mais un État, un ensemble de citoyens unis par les mêmes lois divines et humaines (2). « Par le nom de cité, dit Bouivard (3), les anciens ne comprenaient pas seulement une habitation fermée de murailles, mais la multitude des hommes vivant en l'obéissance des lois par la dicte cité établies, que l'on appelle maintenant subjects ou vassaux, comme tous les subjects de Berne seraient nomez citoiens de Berne, tous ceux de Genève citoiens de Genève, et ainsy des semblables ». « Si tous les citoiens, dit Bodin (4), sont gouvernés par les mêmes lois et coustumes, ce n'est pas seulement une république, ains aussi une cité, encore que les citoiens soient divisés en plusieurs villes, villages ou provinces. Car la ville ne fait pas la cité, ainsi que plusieurs ont écrit. »

Chaque cité occupait seule un vaste territoire qu'elle aimait à entourer de grands déserts (5).

(1) Si quis super alternis in villa migrare voluerit, si unus vel aliqui de ipsis qui in villa consistunt eum suscipere voluerit, si vel unus exteterit qui contradicat, migranti ibidem licentiam non habebit... et quia legem noluit audire, quod ibi laborabit demittat et insuper triginta solidos culpabilis, judicetur. V. le *Polyptique* d'IRMINON, *pro leg.*, p. 47, § 25, et M. AUGUSTIN-THIERRY, *Consid. sur l'histoire de France*, ch. v. — (2) Cœtus hominum jure divino et humano sociati (CIC., *Somnium Scipionis*, cap. III). — (3) *Advis et devis des langues*. Bibliothèque de l'école des Chartes, 1849, p. 342. — (4) *De la république*, liv. I, ch. VI, p. 72.

(5) Civitatibus maxima laus est quam latissimas circum vastatis finibus, solitudines habere (CÆSAR, lib., VI). V. aussi HEINECCIUS, *Elementa juris Germanici*, § 99 (Germani antiquissimo tempore non habitabant urbes), et § 100 (ne vici quidem continui in Germania).

Le territoire des cités se divisait en pays (*pagi*). C'est ainsi, dit Scaliger (1), que Pline nous montre le *pagus gessoriacus* (le Boulonnais) formant non un village, mais un territoire étendu et assez peuplé. Ces *pagi majores* étaient au nombre de quatre; les *pagi minores* étaient plus nombreux et se subdivisaient en une multitude de lieux (2). Le mot *pagus* paraît aussi s'appliquer aux cantons nomades. *Pagos centum Suevorum ad ripam Rheni consedisse*, dit César (3).

Il y avait dans les *pagi*:

1° Des villes ou bourgades (urbes), centres de population entourés non de murailles, mais de gros halliers et d'arbres touffus, qui leur servaient de remparts (4).

2° Des places fortes ou forteresses (oppida), protégées par des travaux de défense (5).

3° Des villages ouverts (vici), où le chef de famille vivait entouré de clients, de *soldariens* ou d'hommes d'armes attachés à sa suite, et d'*obærati*, vassaux qui s'étaient vendus à lui (6).

4° Des manoirs ou domaines détachés (*ædificia, villificationes*), ordinairement placés près des bois, des cours d'eau et des fontaines (7), et que les nobles Gaulois habi-

(1) Pleraque Gallia olim non solum per civitates, sed et per pagos habitabatur. Sic apud Plinium pagus gessoriacus intelligitur non de uno vico, sed de magno modo agri, atque adeo de una gente quanquam numerosa (SCALIGER sur AUSONE, liv. I, ch. 23). — (2) CÆSAR, *Comm.*, liv. I, ch. XII. Hadriani Valesia notitia Galliarum præfatio, p. 9, 13. — (3) *De Bello Gallico*, liv. II, ch. XXXVII. — (4) COLLETTE, *Mém. pour l'histoire du Vermandois*, t. I, p. 14. *Histoire de Soissons*, l. I, ch. IV, p. 21. — (5) Sedes natura loci et munitione, id est aggere et fossa protecta (CÆSAR). — (6) CÆSAR, *Comment.*, liv. IV. VARRO, *de lingua latina*, lib. VI. — (7) Circumdata sylva... sunt fere domicilia Gallorum qui vitandi æstus causa plerumque silvarum ac fluminum petunt propinquitates (CÆSAR, VI, cap. XXX).

taient et cultivaient eux-mêmes ou faisaient cultiver par des préposés, qui gouvernaient en leur nom les serfs attachés à la glèbe.

Ces villes et ces villages étaient, en général, établis dans les clairières des forêts, ce qui fait dire aux anciens auteurs que les Germains et les Gaulois habitaient les forêts et les bois (1). Ils donnaient même, comme les Bretons, le nom d'*oppida* à ces parties touffues et épaisses de leurs bois et de leurs forêts, qu'ils avaient l'art de rendre impénétrables en croisant le taillis et en l'entourant de circonvallations (2). Les murs étaient, à leurs yeux, des monuments de servitude. Ils ne souffrent pas même, dit Tacite (3), que leurs demeures soient contiguës entre elles. Ils vivent isolés et dispersés aux lieux où une fontaine, une prairie, un bois les a charmés.

Tous ces peuples, dit Polybe (4) en parlant des Gaulois cisalpins, étaient répandus dans des villages qu'ils ne fermaient point de murailles ; ils ne savaient pas ce qu'était que meubles ; leur manière de vivre était simple, point d'autre lit que l'herbe, ni d'autre nourriture que la viande ; leurs richesses consistaient en or et en troupeaux, les seules choses qu'on puisse transporter facilement d'un lieu à un autre, à son choix.

La contrée méridionale des Gaules était la seule de toute la Celtique où l'on trouvât des édifices réguliers et un peu considérables. Partout ailleurs les maisons n'étaient

---

(1) Silvas lucosque habitant. Pompon. Mela., liv. III, ch. v. Domus iis nemora lucique, Pline, liv. IV, ch. xii. — (2) Oppidum vocant Britanni quum silvas impeditas vallo atque fossa muniverint. — (3) Nullas Germanorum populis urbes habitari satis notum est : ne pati quidem inter se junctas sedes. Colunt discreti ac diversi, ut fons, ut campus, ut nemus placuit (Tacite, 15). — (4) Livre II, ch. iv.

que des cabanes formées de branches entrelacées, couvertes de joncs et de feuillages et liées par de la terre glaise (1). Au temps de César, les maisons des Celtes étaient couvertes de chaume (2), et Strabon, contemporain de Tibère, nous représente les Celtes vivant sous des maisons de bois, vastes, rondes, et surmontées d'un grand toit (3).

Les Celtes, à la différence des Germains, sacrifiaient l'indépendance des tribus à l'unité de la nation, mais ils n'allaient pas jusqu'à la centralisation romaine. Leurs sages voulaient que la nation fût composée de cités *libres*. L'histoire offre peu de renseignements sur la ville du milieu de chaque cité. On peut cependant, sans témérité, assigner ce caractère aux villes précédées du nom *mediolanum*, et citer entre autres Mediolanum Santonum (Saintes) ; Mediolanum Aulerrum (Evreux) ; Mediolanum Biturigium Caborum (Château-Meilhan) ; civitas Mediomatricorum (la cité dont Metz faisait partie). Strabon cite la ville de Vienne comme la métropole de la nation des Allobroges. Les Allobroges, dit-il (liv. IV, p. 186), habitent ordinairement par cantons ; les principaux d'entre eux ont fait une ville de Vienne, qui était auparavant un village, et en même temps la métropole de la nation. Les villes fortifiées, *oppida*, n'étaient, dans le commencement, que des espèces de forteresses destinées à servir de retraite en temps de guerre. L'art de les construire suivit les progrès de la civilisation générale, qui marchait d'un pas inégal dans les contrées

---

(1) Alii luteas glebas arefacientes struebant parietes, materia eos jugamentates, vitandoque imbres et æstus, tegebant arundinibus et fronde... (VITRUVE, liv. I, ch. I).

(2) CÆSAR, *de Bell. Gall.*, liv. XLVIII.

(3) Galli domus ex asseribus habent magnas, rotundas, magno imposito fastigio (STRABO, liv. IV).

ouvertes aux influences grecques et romaines et dans celles qu'habitait exclusivement le Celte guerrier.

Les villes, les places fortes, n'étaient pas nombreuses, tandis que les villages ouverts (*vici*), où les Francs aimaient à s'éparpiller à leur fantaisie dans les lieux les plus agréables, étaient très-multipliés. La plupart d'entre eux commencèrent par des domaines autour desquels se groupèrent des habitations de colons ou de serfs. Chacun d'eux, entouré de haies et de fossés, formait un clos (*closumseptum*), qui recevait un nom particulier de l'endroit où il était placé : les désinences des noms de villes étaient, en général, soit *mag*, lieu peuplé, habité ; soit *briva*, ville entourée d'eau et close par un ou plusieurs ponts ; soit *dunnus*, ville sur une hauteur. Les désinences des noms de villages empruntées à des accidents de situation très-divers, varient à l'infini (1).

§ 4. — L'agriculture de la Gaule, avant l'invasion de Jules-César, était très-peu avancée. La vallée du Rhône et les plaines fertiles habitées par les Arvernes, les Allobroges et les Eduens, renfermaient exceptionnellement des territoires bien cultivés où croissaient le froment, le panis, le millet, l'olivier et la vigne. Des colonies de divers peuples y avaient importé depuis longtemps les précieux produits de la civilisation de l'Orient, et Strabon atteste que la Gaule narbonnaise produisait tous les genres de fruits qui naissaient en Italie (2). Mais au nord de la Loire, le Celte guerrier ne s'adonnait à l'agriculture qu'avec répugnance et faute de pouvoir exercer, comme auparavant, le

---

(1) TAILLIAR, *Des institutions du nord de la France*, p. 71, 99 et suiv.

(2) Profert Narbonensis Gallia omnia fructuum genera quæ in Italia nascuntur. (STRAB., liv. IV, p, 177.

métier des armes (1). D'épaisses forêts couvraient la Belgique et les pays en deçà du Rhin, les Vosges, les Ardennes, la Brie et le Perche (Brieginus, Pertensis saltus), le Quercy (nom dérivé de Quercus), etc.

§ 5. — Les cités se réunissaient en confédérations redoutables (2). Telles étaient celle des Celtes, dans les forêts situées alors entre les Cévennes, les montagnes d'Auvergne, la Garonne et l'Océan ; celle des Arvernes, en Auvergne ; celle des Armoriques, dans la Bretagne et la Normandie ; celle des Allobroges, dans le nord du Dauphiné ; celle des Helvètes, dans la Suisse ; celle des Séquanes, dans la Franche-Comté ; celle des Eduens, dans la Bourgogne et le Nivernais ; celle des Bituriges, dans le Berry, etc.

L'élément fédératif de la constitution gauloise était analogue à celui que nous avons constaté dans les cités grecques de l'antiquité (3), et qui existe aujourd'hui dans les cantons suisses et dans les États-Unis d'Amérique (4). Le caractère commun de ces confédérations, c'était une alliance défensive, étroite et perpétuelle, consistant essentiellement, pour ces petites républiques, dans l'engagement de se protéger les unes les autres, par leurs forces réunies,

(1) Quanquam et illa incoluntur, majore hominum copia quam accuratione : nam et mulieres fecundæ sunt et educatrices bonæ et viri bello quam agricultura meliores ; nostro tamen tempore coguntur positis armis agros colere (Ibid., p. 178).

(2) Voyez APPIEN, de bello civili, liv. II, p. 850 et liv. VI, et le deuxième volume de l'*Histoire des Gaules*, par D. MARTIN.

(3) ISOCRATE, *Oratio panegyrica*, p. 114 ; DENYS D'HALIC., *Antiq. rom.*, liv. XIV ; SAINTE-CROIX, *Des anciens gouvernements fédératifs*.

(4) DELABORDE, *Tableaux de la Suisse*, t. II, p. 422 ; HOTTINGER, *Methodus legendi historias Helveticas. Irenicum Helveticum*, TIGUR., 1654.

contre tout ennemi du dehors, et de s'entr'aider pour prévenir les troubles intérieurs.

Des solennités religieuses, des fêtes publiques semblables aux amphictyonides, réunissaient à jour fixe les nations confédérées. Les peuplades galliques honoraient le Dieu Teutatès ; les Armoricains sacrifiaient en commun à Belenus, et les Belges immolaient ensemble des victimes à Hésus.

Les cités unies formaient une république fédérative, dans laquelle prédominaient, selon les circonstances, tantôt les Bituriges, tantôt les Eduens, tantôt les Arvernes ou les Séquanais, mais dont les délibérations communes ne portaient aucune atteinte à la souveraineté de chaque membre, quoiqu'elles pussent, selon la doctrine de Vatel (1), en gêner l'exercice à certains égards, en vertu d'engagements volontaires. Ni l'unité religieuse confiée à la garde des druides, ni les fédérations politiques, ne faisaient d'ailleurs obstacle à ce qu'un écrivain moderne appelle les *entités* légales. L'entité légale, dans la constitution gauloise, l'être politique par excellence, le centre d'où tout part et où tout revient, c'était la cité.

§ 6. — On ne trouve dans l'histoire aucune indication précise sur les revenus des cités gauloises. Elles percevaient cependant un impôt de capitation, puisque César nous apprend que les druides en étaient exempts (2), et d'autres impôts qui pesaient plus particulièrement sur les plébéiens (3).

---

(1) *Droit des gens*, lib. I, ch. I, § 10. — (2) Neque tributa una cum reliquis pendent... omniumque rerum habent immunitatem (Cæsar, *Bell. Gall.*, VI, 14). — (3) Plerique cum magnitudine tributorum premuntur, sese in servitutem dicant nobilibus (Cæsar, *Bell. Gall.*, VI, 13).

La forme de gouvernement des cités était très-diverse. « Des peuples de la Gaule, dit l'auteur de l'histoire de Reims (1), les uns sont seigneuriés par des rois, d'autres vivent dans l'aristocratie, où les premiers en dignité d'entre les citoyens, ont l'intendance de l'estat, et plusieurs préfèrent la démocratie, gouvernement populaire, et le plus modéré de tous, lorsqu'il est dans sa perfection. »

Mais quel que soit le principe politique de la constitution, il y a partout un sénat composé de personnes expérimentées et chargé des principales affaires de la cité. César fait mention, en divers endroits de ses commentaires, de ces conseils qui réunissaient le pouvoir législatif ou réglementaire au pouvoir administratif, et qui avaient sous leur direction les impôts et les redevances payés en nature ou affermés à des traitants.

Il y avait un ordre fixé pour la composition du sénat, car César raconte que, pour récompenser deux frères allobroges des services éminents qu'ils lui avaient rendus, il les fit élire au sénat, en dehors des règles ordinaires (*extra ordinem*). Mais on ignore dans quelles proportions et dans quelles formes le collége des druides, l'aristocratie militaire et le peuple concouraient à l'élection.

La présence de l'élément démocratique dans la constitution de la Gaule, pendant l'ère celtique, est démontrée par une institution qui s'interposait entre l'unité des croyances religieuses assurée par la domination des druides, et l'indépendance des cités. C'était la pratique des factions et des clientèles, nées ordinairement de la rivalité des chefs militaires, et pour lesquelles le peuple des cités prenait parti.

Chaque ville, chaque bourg, chaque canton et presque

---

(1) MARLOT, *Hist. de Reims*, t. I, p. 68.

chaque famille était partagée en factions (1). Partout, au lieu de la domination d'un seul qui était odieuse aux Gaulois, régnait une sorte de dualisme qui tendait à assurer par la lutte, l'équilibre social et politique, mais amenait plus souvent la guerre que la paix, et la tyrannie que la liberté. Chaque cité avait deux chefs (*reges*, suivant les Latins, *brenn*, dans les lois galloises, *kon* ou *conau*, *tegres* ou *tières* (tyrans), dans les traditions et les cartulaires bretons (2). On élisait (3) ces chefs en assemblée générale parmi les nobles; dans les circonstances graves, on élisait, parmi les chefs, un chef suprême (*pen-tiern*, tête des chefs). Keltick, prince Arverne, dit César, après avoir été chef des chefs de toute la Gaule, fut tué par les siens qu'il voulut traiter en tyran. » Ces royautés étaient temporaires, enfermées dans des limites fort étroites, et le plus souvent disputées par les armes. On nommait encore un général des troupes et un gouverneur annuel, celui-ci pour administrer la cité, celui-là pour défendre le territoire. L'élection des deux chefs appartenait aux *druides* et aux chevaliers (4).

Le magistrat civil appelé *Vergobret*, dans la cité des Eduens (5), était nommé pour un an et exerçait le droit de vie et de mort sur tous les citoyens. César ne nous dit rien du chef militaire, mais tout indique sa coexistence avec celle du chef civil. Strabon (6) l'atteste, et d'ailleurs,

---

(1) In Gallia, non solum in omnibus civitatibus atque pagis, partibusque sed penè etiam in singulis domibus factiones fiunt (Cæsar, *de bello Gallico*, lib. VI, § 11, 12, etc.). — (2) Giraud, I, 137. — (3) Pel., *Histoire des Celtes*, liv. II, ch. xiv. — (4) Cæsar, *Ibid.*, liv. VII, 33. — (5) Voyez Cæsar, *Ibid.*, L. 16, VII, 32, 33, 39, etc. — (6) Antiquitùs unum quotannis principem, itemque unum belli ducem multitudo deligebat. Strab., IV (B. 1, 30).

comme le remarque César (1), c'était le régime de toute la Gaule, que chaque cité renfermât deux partis.

Au-dessous des chefs de cité, il existait deux magistrats inférieurs, sur lesquels nous ne savons absolument rien, si ce n'est, qu'ils donnaient aux chefs élus l'investiture politique, comme les druides donnaient la consécration religieuse. Il y avait, en outre, dans chaque canton (*pagus*), des magistrats qui, réunissant le pouvoir administratif et le pouvoir judiciaire, rendaient la justice en parcourant les villages (*vici*) dont étaient composés les *pagi* (2), et décidaient les affaires peu importantes, c'est-à-dire, selon la remarque de Rapsaet, purement locales (3).

§ 7. — La nation tout entière était appelée à délibérer sur les affaires générales qui ne pouvaient être discutées que dans les assemblées nationales (4).

En temps de guerre, le chef des chefs avait un pouvoir dictatorial; mais en temps de paix, l'assemblée du pays était souveraine.

Les cités qui n'avaient point de roi étaient gouvernées par un sénat qui était exposé aux violences du peuple, s'il n'obéissait pas à ses inspirations. César nous montre les Sexoviens massacrant leur sénat qui refusait d'entrer dans une ligue contre les Romains (5).

Il y avait deux sortes d'assemblées politiques : les Etats généraux et les États provinciaux.

---

(1) Hæc eadem ratio est in summâ totius Galliæ... omnes civitates in duas partes divisæ sunt. (Cæsar, *Bell. Gall.*, VI, 11). — (2) Jura per pagos et vicos reddunt (Tacite). Ces justices ambulantes étaient appelées *equitaturæ — chevauchées* — Berydingen. — (3) De minoribus rebus principes consultant. V. Rapsaet, t. III, p. 133. — (4) De republica nisi per consilium loqui non conceditur. Cæs., lib. VI, cap. xx. — (5) Cæsar, *de Bell. Gall.*, lib. III, cap. xvii.

Chez les Germains, l'assemblée générale (*consilium*) était composée de prêtres (*sacerdotes*) qui en avaient la haute police, de magnats (*nobilitas*) et de juges administrateurs (*principes*).

Chez les Gaulois, ce conseil était composé de l'ordre des Druides et de l'ordre des chevaliers; le peuple n'y avait aucune part avant la domination romaine.

Tacite peint à grands traits les assemblées politiques des Germains. « Ils s'assemblent, dit-il, à moins de cas fortuits et soudains, à des jours déterminés, lorsque la lune est nouvelle ou lorsqu'elle est dans son plein ; car pour traiter les affaires, ils croient ces époques du plus heureux augure... L'un des inconvénients de leur liberté, est qu'ils n'arrivent point à la fois, comme s'ils craignaient de paraître obéir. Deux et trois jours sont perdus par la lenteur à se réunir. Dès que l'assemblée paraît assez nombreuse, ils prennent place tout armés. Le silence est d'abord commandé par les pontifes, qui alors ont le droit de maintenir l'ordre ; puis le Roi ou le chef de la cité, suivant son âge, sa noblesse, l'éclat de ses exploits, son éloquence, se fait écouter plutôt par l'ascendant de la persuasion que par la puissance du commandement. Si la proposition déplaît, ils la rejettent par des murmures ; si elle est agréée, ils agitent leurs framées : applaudir avec les armes, est leur plus honorable témoignage d'assentiment. »

Les Gaulois avaient, comme les Germains, des conseils armés, *consilia armata*, qui se tenaient au commencement de chaque guerre, et où tous les citoyens en état de porter les armes étaient tenus de se rendre, sous cette condition terrible que le citoyen défaillant, ou même celui qui arrivait après les autres, était immédiatement mis à mort (1).

(1) Armatum consilium... hoc non est Gallorum initium belli ;

Mais il y avait, en outre, à des époques réglées, des assemblées où se discutaient, avec une liberté entière, le choix des magistrats, les impôts, les comptes et, en général, toutes les affaires publiques (1).

Ces assemblées se tenaient tous les ans au mois de mai, dans le pays des *Carnutes*, regardé comme le centre des trois nations. C'était là, dit Rapsaet (2), que les affaires importantes étaient traitées, les chefs nommés, les entreprises décidées. Pleins de respect pour les druides, les particuliers et les peuples leur soumettaient leurs différends; les druides jugeaient les magistrats eux-mêmes, et si quelqu'un refusait d'obéir à leur sentence, ils lui interdisaient les sacrifices. Dès lors il était évité comme un impie ; on ne lui décernait plus aucun honneur, et toute justice lui était déniée (3).

§ 8. — Des hommes libres exerçant la souveraineté, des rois limités et temporaires (4), et des nobles défendant

quo, lege communi, omnes puberes armati convenire coguntur; et qui ex iis novissimus venit, in conspectu multitudinis omnibus cruciatibus affectus necatur (CÆSAR, *Bell. Gall.*, V, 56).

(1) Quod... duo magistratum gerant... civitatem omnem esse in armis, divisum populum in suas cujusque eorum clientelas (CÆSAR, *Bell. Gall.*, VII, 32).

(2) RAPSAET, *Histoire de l'origine, de l'organisation et des pouvoirs des Etats généraux et provinciaux des Gaules. Œuvres complètes*, t. II.

(3) Si quis aut privatus aut publicus eorum decreto non steterit, sacrificiis interdicunt, hæc pœna apud eos est gravissima. Quibus ita est interdictum ii numero vitiosiorum ac sceleratorum habentur. Ab iis omnes discedunt, aditum eorum sermonemque defugiunt, ne quid ex contagione incommodè accipiat. (CÆSAR, *de Bell. Gall.*)

(4) Le *vergobret*, ou magistrat des Eduens, était annuel (CÆSAR, *de Bell. Gall.*, lib. I, cap. XVI). Ce n'était nulle part un titre héréditaire, ni une puissance absolue : *Esse ejusmodi imperia, ut*

leurs clients comme une famille inviolable, telle était la triple base de la constitution des Gaulois. Ce qui dominait dans les Gaules, c'était un régime de *clans* éminemment propre à la race celtique, et analogue à celui de l'Ecosse et de l'Irlande, avant leur réunion à la couronne d'Angleterre.

Il est permis, sans être accusé d'esprit de système, de voir, avec Rapsaet (1), dans ces institutions primitives, le germe des institutions municipales et représentatives modernes.

Le savant publiciste belge résume en ces termes les institutions et les mœurs de nos ancêtres : « Une idée sublime de la divinité, une religion tellement respectable qu'elle commandait la foi et la soumission, sans admettre la discussion de ses mystères; un pouvoir souverain dont le roi ou une assemblée des députés du peuple était dépositaire, mais subordonné à la sanction du peuple pour les affaires majeures; point d'impôts; des subsides volontaires et individuels; des administrations locales, librement dirigées par des chefs et des conseillers choisis par les habitants des lieux; une milice vraiment nationale, dont les cadres formés par les habitants des mêmes lieux étaient commandés jusqu'au grade de capitaine, chacun par son centenier, et les généraux pris dans la nation même ; identité de division personnelle au civil comme dans le militaire; exclusion des lâches et infâmes de toute fonction; assortiment

---

non minus haberet in se juris multitudo, quam ipse in multitudinem (*Ibid.*, cap. xvii et lib. V, cap. xxvii).

(1) Voyez ses œuvres complètes, notamment le tome II, *Histoire de l'origine, de l'organisation et des pouvoirs des Etats généraux et provinciaux des Gaules*, et les tomes III, IV et V, *Analyse historique et critique de l'origine et des progrès des droits civils, politiques et religieux des Belges et des Gaulois.*

des mariages ; chasteté ; éducation forte et sévère ; respect pour les vieillards ; mépris pour les richesses ; promesses inviolables ; honneur et amour de la liberté, telles étaient les bases du gouvernement de ces peuples qu'on appelle barbares. Il était impossible que, sur une terre si bien préparée, les semences grecques et romaines, et plus tard celles de l'Évangile, ne fructifiassent pas.

CHAPITRE II

DE LA PROPRIÉTÉ DANS LA GAULE AVANT L'INVASION DES ROMAINS.

§ 1ᵉʳ. — César désigne sous le nom générique *bona* (1), les biens mobiliers et les biens immobiliers connus dans le droit celtique.

La propriété mobilière n'était pas inconnue des Gaulois, car Strabon parle (2) de leurs tissus et teintures, et Pline (3), de leurs verres et cristaux. *Et fit vitrum purum ac massa vitri candidi ; jam vero et per Gallias Hispaniasque simili modo harenæ temperantur.*

Les propriétés immobilières, les champs (*agri*) s'appelaient acres (4).

A quel titre ces propriétés étaient-elles possédées ? étaient-elles publiques ou privées ?

Selon César et Tacite, chacune de ces nombreuses peuplades de la Germanie circulait tous les ans dans les limites de son territoire, sans en sortir. Arrivées dans le nouveau cantonnement, les chefs partageaient aussitôt la totalité des

---

(1) *Comment.*, V, 56. — (2) Livre IV, ch. IV. — (3) Livre XXXVI, ch. XXVI. — (4) DE PIERON, *Ant. des Celtes*, 3ᵉ table.

terres entre tous, suivant le nombre des hordes et des familles, *gentibus cognationibusque*. Celles-ci subdivisaient le lot entre elles suivant le nombre, le rang ou la condition, *secundum dignationem*. L'étendue des champs (*camporum*) que chaque nation occupait, suffisait à ce mode de partage et de déplacement annuel ; car, quoiqu'ils changeassent tous les ans de terres labourables (*arva*), il y avait encore un excédant.

Ainsi, dit Rapsaet (1), les Germains connaissaient la propriété foncière comme propriété, *universitatis*, non comme propriété individuelle. Nul parmi eux, dit César (2), n'a de champ déterminé ni de terrain qui soit sa propriété; mais, tous les ans, les magistrats et les principaux distribuent les terres aux peuplades, en tels lieux et quantités qu'ils jugent à propos, et les obligent à passer ailleurs les années suivantes. Chaque tribu en masse, dit Tacite (3), occupe tour à tour le terrain qu'elle peut cultiver, et le partage selon les rangs. L'étendue des campagnes facilite cette répartition. Ils changent de terres tous les ans, et ils n'en manquent jamais.

Le motif de cette coutume était le caractère guerrier de ces peuples, qui craignaient que la longue habitude des travaux champêtres ne leur fît négliger celle des armes, et qui abandonnaient la culture de la terre à des mains serviles (4). D'ailleurs cette incertitude de la possession n'avait rien qui dût les effrayer: ils ne voulaient pas demander à de pénibles labeurs ce qu'ils étaient toujours sûrs d'obtenir de leur courage (5).

(1) *Œuvres complètes*, tome III, ch. III, n° 27. — (2) *De Bello Gallico*, lib. VI, 22. — (3) *De moribus Germanorum*, XXVI. — (4) TACITE, *de morib. Germ.*, ibid et CÆSAR, *de Bello Gallico*, lib. VI, § 22. — (5) TACITE, *Ibid*... M. Rougier de la Bergerie (*Histoire de l'agriculture*), remarque que les Gaulois ne cultivaient, avant

Un passage de Tacite paraît cependant indiquer que, malgré la communauté des champs et leur mutation annuelle, les Germains pratiquaient déjà la propriété foncière relativement à l'habitation. Chacun, dit Tacite, laisse un espace vide autour de sa maison, *suam quisque domum spatio circumdat*, soit pour prévenir le danger des incendies, soit par ignorance de l'art de bâtir, *Sive adversum casus igni remedium, sive inscitia in ædificando*. Eccard, Montesquieu, et de nos jours le savant M. Guérard (1), ont vu dans cette maison et dans son enceinte que Montesquieu appelle *curtis* et M. Guérard *sala*, le patrimoine du père de famille, et la véritable origine de la terre salique. Cette étymologie paraît très-problématique, malgré les graves autorités dont elle est soutenue. La cour *sala* jointe à la maison avait une étendue trop minime pour pouvoir être confondue avec la terre salique. Cela résulte, 1°. De chartes citées par Brequigny où il est dit *cum sala et curtide meo*. 9° Du titre 81 de la loi des Allemands, ainsi conçu : *Si quis aliquem focum in nocte miserit ut domum ejus incendat et Salam Suam, et inventus et probatus fuerit, omne quod ibidem arsit restituat, et super hoc quadraginta Solidos componat*. 3° D'un monument plus ancien que nos coutumes du moyen âge, du Polyptique de Weissembourg publié pour la première fois en 1842 et qui indique, depuis le septième siècle jusqu'à la fin du treizième, une masse de terres saliques qu'il est impossible de confondre

---

le règne d'Auguste, que le seigle et l'avoine, dont la production, plus hâtive que celle du froment, n'exige ni la même préparation du sol, ni les mêmes engrais. La culture du froment rend les peuples forcément sédentaires. Celle du seigle et de l'avoine leur permet de rester nomades dans une certaine mesure.

(1) Eccard, L. 5, LXII ; Montesq., XVIII, 22 ; M. Guérard, *Polyp. d'Irmin, pro leg.*, p. 483 et suiv.

avec l'étroite enceinte de la cour contiguë au manoir (**1**). La terre salique paraît avoir emprunté son nom à la tribu des Saliens.

§ 2. — Les Gaulois, plus civilisés que les Germains, connaissaient la propriété publique et la propriété privée.

César raconte que les Boïens, renommés par leur courage, qui étaient établis sur les frontières des Eduens (Bourgogne) et qui ont occupé le Bourbonnais dont la coutume porte des traces de leur séjour, autorisèrent les Eduens à s'établir chez eux et leur concédèrent des terres dont ils leur permirent de jouir avec la même liberté qu'eux-mêmes (2). Ces terres étaient possédées comme propriétés publiques.

Mais César dit ailleurs, qu'un chef de l'Arvernie voulant soulever les Gaulois contre les Romains, met en parallèle la conduite de ceux-ci et celle des Cimbres, en ces termes : « Les Cimbres nous ont laissé nos droits, nos lois, nos champs, notre liberté. Les Romains, attirés par l'envie contre ceux qu'ils savent puissants par la guerre, veulent s'emparer de leurs champs, de leurs villes et leur imposer une éternelle servitude (3). »

Ce passage indique chez les Gaulois des propriétés possédées à titre privé. D'ailleurs, César dans le parallèle qu'il établit (VI, 22) entre les Gaulois et les Germains, dit que ceux-ci ne connaissaient pas la propriété individuelle, *neque quisquam agri modum certum aut fines proprios*

---

(1) Voyez la dissertation de M. Laferrière insérée dans la *Revue de législation française et étrangère*, de M. Fælix, 1847, p. 853.

(2) Boios, petentibus OEduis, quod egregia virtute erant cogniti, ut in finibus suis collocarent, concessit ; quibus illi agros dederunt quosque postea in parem juris libertatisque conditionem in quâ ipsi erant receperunt.

(3) VII, 77. Cimbri... jura, leges, agros, libertatem nobis reliquerunt. Romani... quid petunt aliud nisi... horum in agris civitatibusque considère

habet, ce qui fait penser que les Gaulois, au contraire, la connaissaient.

Tout indique en effet chez les Gaulois divers ordres de propriétés correspondant aux diverses classes de personnes.

1° A la condition des druides répondait celle des terres druidiques, exemptes d'impôts et protégées par toutes sortes d'immunités (1).

Après l'introduction du christianisme chez les Gallois, le barde principal recevait encore une terre privilégiée (2).

L'Église galloise possédait de grands biens, ainsi que l'Église bretonne, et les propriétaires des fonds ecclésiastiques devaient, à l'ouverture de chaque règne, exposer leurs droits et priviléges (3).

2° A la condition de roi ou chef de tribu, Brenn ou Teyrn, répondait le domaine du chef (4). Tous les biens vacants tombaient dans ce domaine. Ces biens sans possesseurs étaient qualifiés de désert du chef.

3° A la condition d'homme noble répondait celle des terres nobles (5), qui étaient cultivées par les colons, les *ambactes*, les serfs, les obérés, livrés, à cause de leur misère, en servitude aux hommes puissants.

4° A la condition d'homme libre ou ingénu répondait la terre libre ou l'alleu.

Parmi les hommes libres, il y avait, d'une part, les tenan-

---

(1) Druides... neque tributa una cum reliquis pendunt... Omnium que veram habent immunitatem (*Comm.*, VI, 14). Le mot *druides* vient de δρος (*chêne*) et indique le culte de nos ancêtres pour les forêts; de là viennent aussi les mots *druyer* ou *gruyer* (Dalloz, v° *Forêt*, t. V).—(2) Bardus aulicus terram possidebit liberam (*Leg.* Wall. I, 19, 2). — (3) Omnes proprietarii fundorum ecclesiasticorum adire regem novum debent ad exponendum coram illo sua jura et privilegia (L. W., 11, 8, 1). — (4) L. W., 11, 26, 6. — (5) L. W., 1, 9, 13.

ciers participant à la noblesse, les *soldarii* de César qui payaient une redevance en argent, appelée l'argent du repas, signe d'association à la familiarité du chef, et, d'autre part, les tenanciers chargés, à raison de leur possession de terres tributaires (*agri censuales*), de redevances en nature et de corvées (1).

5° Enfin à la condition d'esclave ou de serf répondait l'héritage servile (2).

L'hérédité du sang, le partage égal des fonds héréditaires entre les frères (3), le retour des biens en collatérale à la ligne de ceux auxquels le fonds avait appartenu à titre perpétuel (4), retour qui est l'origine de la règle : *Paterna paternis, materna maternis*, consacrée par la très-ancienne coutume de Bretagne, la nécessité du concours des enfants à la vente consentie par le chef de la famille (5), le retrait lignager d'après lequel les parents collatéraux pouvaient révoquer l'aliénation des biens faite par le vrai propriétaire, toutes ces institutions prouvent à quel point le droit gallique s'attachait à conserver le patrimoine des familles.

Le bail à *covenant french*, mode de possession et

---

(1) Gloss. Woton., L. W, 1, 19, III, 11, 32.
(2) L. W, 1, 9, 13.
(3) Fundi hæreditarii æqualiter inter fratres, nepotes, vel abnepotes dividentur. Clarck, sur L. Wall., 11, 12, p. 139.
(4) Nec ullus in fundum cohæredis sui qui sine liberis decesserit, succedit, nec debitis ejus obnoxius erit, nisi fundus iste ad illum descenderit ab aliquo parentum suorum qui eumdem olim perpetuo jure pcssidebat. (*Ibid.*, IV, § 85, n° 13.)
(5) Pater filium hæreditate sibi jure debita exuere non potest... et si pater filium terra spoliaverit, filius quod suum est recuperabit, nisi pater et fratres et consobrini et consobrinorum filii consenserint (*Ibid.*, 11, 17, 1).

d'exploitation territoriale, qui était en usage depuis un temps immémorial, sinon dans toute la Gaule celtique, du moins dans la partie occidentale de l'Armorique, où l'esprit du droit gallique s'était conservé le plus pur, ajoutait au lien social de la législation domestique un degré de force de plus, en attachant les colons à la possession de terres ingrates qu'ils étaient tenus de défricher et de cultiver pour s'acquitter de leurs redevances.

Mais ce qui est surtout remarquable dans les institutions celtiques, comme principe des exploitations permanentes et collectives qui se sont maintenues dans nos provinces du centre et qui s'y lient si étroitement à l'origine des biens communaux, ce sont les sociétés et communautés de laboureurs ou villains qui détenaient ou cultivaient des terres sujettes à redevances, ou des terres serviles dépendant des domaines du chef supérieur ou des chefs inférieurs. Les lois de Howel, dit M. Laferrière (1), ont de nombreuses dispositions sur les sociétés de labourage qu'elles appellent *cyfar*, expression dont la racine est la même que celle des mots qui veulent dire cens, terre concédée, biens communs, loi, l'idée de loi se liant ainsi, dans la langue gallique, à celle de terre et de société (2). Dans ces possessions de communistes, les enfants ne succédaient pas aux fonds paternels pour en faire le partage, le fils le plus jeune gardait à titre héréditaire la maison habitée par le père, les autres restaient communs avec les autres villains. *Villanorum filii in fundos paternos non succedent, communes erant illis cum cæteris Willanis* (3).

L'état social des personnes et des terres chez les Gaulois,

---

(1) *Histoire du droit français*, tome II, p. 122. — (2) *Cyfrif*, terre concédée. *Cyllid*, cens. *Cyd-da*, biens communaux. *Cyfraith*, loi. — (3) L. W, 11, 12, § 10, 11, 12.

déjà modifié sur les bords de la Méditerranée et à l'embouchure de nos grands fleuves armoricains par l'influence des colonies grecques, se transforma complétement après l'invasion romaine.

CHAPITRE III

DE LA RÉDUCTION DE LA GAULE EN PROVINCE ROMAINE, ET
DU RÉGIME MUNICIPAL GALLO-ROMAIN EN GÉNÉRAL.

§ 1er. — Les Romains, sortis vainqueurs de la guerre entreprise, en l'an de Rome 556, contre les Gaulois Cisalpins, parurent d'abord respecter les Alpes comme la limite naturelle de l'Italie et de la Celtique (1).

Mais ayant été appelés au secours des Massaliotes, leurs alliés, contre les Ligures, qui habitaient la rive droite du Var, ils envoyèrent une armée en Ligurie, et ayant défait successivement les Ligures Saliens, dont se plaignaient les Massaliotes et les Voconces, dont ils ne se plaignaient pas, ils fondèrent en l'an 125 avant l'ère chrétienne, à quelques lieues de Marseille, dans un lieu renommé par ses sources d'eaux thermales, une ville qui reçut de Sextius le nom d'*Aquæ Sextiæ*, et s'assurèrent, pour pouvoir maintenir et étendre leur colonie, un double passage par les Alpes-Maritimes qu'occupait la petite tribu des Ligures Stænes, et par les Alpes-Graiennes (2). Le sénat envoya à Narbonne, en l'année 118, sur la proposition de Licinius Crassus, une

---

(1) Tite-Live, liv. xxxix, chap. 54. — (2) Craig-Gael, crau. *Patois provençal* de roc, pierre, rocher.

nouvelle colonie de citoyens romains (1), qui y élevèrent un capitole, une curie ou *senaculum* (lieu où se réunissait le sénat local), des temples, des thermes, et plus tard une monnaie, un amphithéâtre et un cirque. Cette colonie donna son nom à la province dite *Gaule Narbonnaise.*

Des hordes de Cimbres-Teutons, venus des bords de la mer du Nord, saccagèrent quelques années plus tard la Gaule centrale, menacèrent la province romaine et battirent trois généraux, Silanus, Cassius et Scaurus, que le sénat avait envoyés à leur rencontre.

Des secours inespérés leur arrivèrent de plusieurs peuples qui supportaient avec impatience le joug des Romains. De ce nombre étaient les *Saliens* et les *Liguriens*, vexés par une multitude de tyrans subalternes qui les pillaient et les accablaient au nom du sénat, tandis que le sénat se faisait un jeu de leurs plaintes, et les Allobroges, dont nous voyons les députés, au moment de la conjuration de Catilina, dévoilée par eux, se plaindre que leur misère est au comble et qu'ils sont réduits à voir vendre en esclavage leurs femmes et leurs enfants pour assouvir l'avidité des fermiers de la République.

Irrités de l'occupation de Toulouse, leur capitale, par les Romains, qui prétendaient les obliger comme alliés à prendre parti pour eux, les Tectosages se déclarèrent aussi pour les Cimbres, auxquels ils étaient liés par une communauté de langue et d'origine.

Le consul Cépion vengea Rome de ce qu'il considéra comme une trahison, en pillant Toulouse. Mais attaqué et mis en déroute par les Cimbres, il laissa la province ou-

---

(1) Crassus voluit adolescens in colonia Narbonensi causæ aliquid popularis attingere, eamque coloniam ut fecit, ipse deducere. (Cic. Brut., p. 225. — (2) Cæsar, *comment.*, liv. vii, chap. 77.

verte à leurs dévastations. Marius vengea ces défaites (1), dans la célèbre bataille qu'il livra près d'une petite montagne située aux environs d'Aix et où l'on voit encore les ruines d'un temple appelé dans le patois du pays : *Lon de loubre de la Vittoria.*

Les Tolosates, dépouillés de leurs terres, de leurs lois et de leur liberté, s'en vengèrent en massacrant une garnison romaine qu'ils avaient reçue (2).

Bientôt éclata la guerre sociale dans laquelle les peuples de l'Italie se liguèrent contre la république romaine pour obtenir le droit de cité, et les guerres civiles de Marius et de Sylla.

La Gaule narbonnaise, qui se déclara d'abord pour Sylla et pour le parti aristocratique, marcha plus tard sous le drapeau populaire de Sertorius contre Pompée, qui mit la province à feu et à sang et qui gagna Narbonne à travers des monceaux de cadavres (3). C'est l'époque du proconsulat de Fontéius, ce Verrès des Gaules, que Cicéron ne craignit pas de défendre par des outrages contre les Gaulois (4). C'est celui de l'établissement des colonies militaires qui livrèrent plusieurs villes de la Gaule narbonnaise à toutes les rigueurs du régime provincial.

§ 2. — Tandis que le midi des Gaules subissait le joug de la domination romaine, la Belgique était livrée aux incursions d'Arioviste, roi des Germains, qui, selon les expressions de César, s'établissait sur leur territoire, et occupait le tiers de la Séquanoise, qui était le meilleur pays de toute la Gaule (5).

(1) FLORUS, liv. III, chap. 3. — (2) CÆSAR, *de Bello Gall.*, L. VII, c. LXXVII. — (3) Iter internecione Gallorum patefactum est. CIC.; *pro. leg. Manil.* — (4) CIC.; *pro man Fonteio.* — (5) Propterea quod Ariovistus rex Germanorum in eorum finibus consedisset, tertiamque partem agri qui esset optimus totius Galliæ occuparet.

En même temps, la Gaule celtique était en proie aux guerres civiles entre les Arvernes et les Eduens. Cette partie des Gaules était, sous le règne de Tarquin l'Ancien, soumise à la domination exclusive des *Berruyers*. Ambigat, leur roi, chargea ses neveux Bellovèse et Sigovèse de chercher de nouvelles contrées pour l'excédant des populations qui s'y était développé. Ceux-ci, après avoir aidé les Massaliotes, attaqués par les Saliens, à s'établir dans le lieu où ils avaient débarqué, franchirent les Alpes par la gorge de Turin, bâtirent la ville de Milan et furent bientôt suivis par une troupe de Cénomans, qui vinrent s'établir dans le pays des Libuens, aux lieux où sont maintenant les villes de Brescia et de Vérone. Depuis cette époque, apparurent dans la Gaule celtique deux peuples puissants, qui s'y disputèrent la prééminence, les Eduens, qui occupaient avec les Lingons le territoire occupé depuis par le duché de Bourgogne et qui contractèrent une étroite alliance avec les Romains; et les Arvernes, qui, réunis aux Allobroges et aux Ruthènes, soutinrent fièrement le choc du consul Fabius-Maximus, l'an de Rome 631 — (121 ans avant Jésus-Christ), et qui, vaincus sans être soumis, profitèrent de la défaite de leur roi Bituitus pour ériger leur gouvernement en république, aristocratique (1).

§ 3. — Ce fut dans ces entrefaites que César arriva dans les Gaules et qu'après avoir battu Arioviste sur le Rhin, il se trouva, quelques années plus tard, en présence d'une insurrection formidable.

Les Arvernes, ces anciens alliés des Carthaginois et des Saliens, voulurent venger une défaite déjà ancienne; leur insurrection se propagea comme une étincelle électrique. Les Sénonois chassèrent leur roi Cavarinus, ami des Ro-

---

(1) *Résumé de l'histoire d'Auvergne*, p. 9.

mains ; les Carnutes se défirent de leur roi Tagétius, donné par César; les Nerviens, les Eburons, les Armoriques, prirent les armes.

Seuls, les Eduens, les Lingons et les Rémois, restèrent quelque temps attachés aux Romains, les uns par une ancienne alliance, les autres par des engagements pris avec eux et cultivés avec fidélité de part et d'autre.

Vercingétorix, devenu le héros et le chef de la ligue gauloise, parvint à y entraîner les Eduens eux-mêmes, ces anciens alliés des Romains, qui oublièrent les bienfaits dont César les avait comblés dans leur guerre contre Arioviste pour ne songer qu'à l'indépendance de leur patrie. Dans une assemblée tenue à Bibracte, qui confirma à Vercingétorix le titre de généralissime, les Eduens se soumirent, quoiqu'à regret, aux ordres d'un Arverne, et celui-ci, à la tête de toute la Celtique, ouvrit la campagne qui se termina, après une guerre de huit ans, par la prise d'Alise et par la soumission de la Celtique aux maîtres du monde.

César prit de force plus de 800 villes, soumit plus de 300 nations (1), et, pacificateur de la Gaule fatiguée de tant de combats (2), ajouta, après sept ans de guerre à la province romaine de la Narbonnaise, une autre province que le chef germain considérait déjà comme sienne (3).

Cette province reçut le nom de *Gaule chevelue*, et fut divisée en trois parties: en Aquitanique, Celtique, Belgique; mais au lieu de la traiter avec la dureté et la violence dont on avait usé envers la Gaule narbonnaise, César s'abstint de décréter des confiscations et des proscrip-

---

(1) Plut., Jul. Cæs., p. 715. — (2) Defessam tot adversis præliis, Galliam conditione parendi meliore facile in pace continuit (Hirtius, *contin. Bell. Gall.*, VIII, 49.) — (3) Provinciam suam esse hanc Galliam, sicut illam nostram. Cæsar, *de Bell. Gall.*, liv. I, c. XLIV.

tions, et d'établir des colonies militaires, il conserva aux cités leurs lois, leurs magistrats, leur administration, leurs monuments, même ceux qui rappelaient ses revers (1); il les parcourut toutes l'une après l'autre, surtout les cités de la Belgique, pour leur ôter tout espoir ou tout prétexte de prendre les armes (2), cherchant à s'attacher les familles nobles et riches par les titres, les honneurs, le don du droit de cité (3), faisant en un mot tous ses efforts, selon les maximes de la politique romaine, pour se rendre les populations sympathiques, tout en leur imposant cependant un tribut de 400,000 sesterces (4), qui lui permit d'achever la conquête de la Gaule et de commencer celle de Rome.

Mais ces arrangements, fort précaires dans leur principe, avaient besoin d'être confirmés par la défaite du parti de Pompée, auquel adhérait le sénat de la république, le vrai sénat. Marseille, cette vieille alliée du gouvernement romain, ferma résolûment ses portes au conquérant des Gaules. César, vainqueur en Espagne des lieutenants de Pompée avec l'aide de 3,000 Gaulois, levés principalement dans l'Aquitaine (5), revint devant la cité phocéenne pour recevoir sa soumission, et la république massaliote se trouva soumise dès lors au même joug que le reste de la Gaule.

Trois ans après (707 de Rome, 46 avant Jésus-Christ),

(1) César ayant aperçu, dans un temple des Arvernes, son épée qu'il avait perdue dans une bataille contre Vercingétorix et qui y avait été déposée comme un trophée de victoire, dit en souriant à ses officiers : laissez-la, elle est sacrée (PLUTARQUE, CÆSAR). — (2) César, quum in Belgio hiemaret, unum illud propositum habebat, continere in amicitia civitates, nulli spem aut causam dare armorum (*Hist. Bell. Gall.*, lib. VIII, c. XLIX). — (3) Civitate donatos et quosdam e semi barbaris Gallorum recepit in curiam. SUET. in J. CÆSAR, c. LXXVI. — (4) EUTROPE, *Histoire romaine*, liv. VI, p. 539. BOUQUET (*Recueil des hist.*), évalue cette somme à dix millions de livres. — (5) CÆSAR, *de Bell. civ.* lib. I, c. XXXIX.

es Bellovaques, impatients du joug, tentèrent de le briser, mais furent réprimés et vaincus par Decimus-Brutus ; et César put traîner les Gaulois en triomphe et les faire entrer au sénat de Rome, après leur avoir fait, selon la remarque de Suétone, déposer leurs *braies* pour revêtir le *laticlave* (1).

Deux lieutenants de César, Lépide et Decimus-Brutus, gouvernaient, le premier, la Gaule narbonnaise et les parties espagnoles contiguës à cette province ; le second, la Gaule chevelue, quand César fut assassiné. Antoine et Octave se disputèrent, après la mort de César, la possession de cette province. Vaincu à Actium et poursuivi en Egypte, où il se donna la mort pour ne pas tomber au pouvoir d'Octave, Antoine laissa son rival seul maître de cette riche contrée sur laquelle celui-ci s'appliqua à affermir sa domination en lui rendant l'obéissance facile (2).

§ 4. — Auguste perfectionna-t-il, comme le soutient un écrivain (3), l'ouvrage de Jules-César, conserva-t-il aux cités leurs libertés municipales ? Sous son règne et celui de ses successeurs, « vit-on les cités gauloises se gouverner
« comme autant de petits Etats soumis, mais libres, élire
« leurs magistrats, se choisir les chefs de leurs petites trou-
« pes, délibérer non-seulement sur leur administration in-
« térieure, mais sur leurs liaisons au dehors, s'envoyer mu-
« tuellement leurs députés, s'écrire des lettres, et enfin
« s'assembler dans les métropoles indiquées pour y traiter
« par des représentants les grands intérêts de la patrie ?

Ce tableau de l'administration impériale des Gaules, à dater du règne d'Auguste que M. Moreau prétend emprun-

---

(1) Gallos Cæsar in triumphum duxit, idem in curia Galli bracas deposuerunt, latum clavum sumpserunt. Suet. in Cæsar., c. lxxx. — (2) Certe id firmissimum longe imperium est quo obedientes gaudent (Tite-Live, VIII, ch. 3). — (3) M. Moreau, *Discours sur l'histoire de France,* dédiés au roi, t. I, p. 137.

ter à Tacite et à Grégoire de Tours, est énergiquement démenti par Suétone, qui nous montre Auguste, dès son avénement à l'empire, réduisant la Gaule en province, sauf quelques cités alliées et bien méritantes (1), changeant les noms de ses cités, morcelant ses vieilles fédérations, et après avoir bouleversé ses lois et l'avoir soumise au droit du glaive, faisant peser sur elle le niveau de la servitude (2).

On a prétendu faire remonter jusqu'à l'assemblée générale qu'Auguste tint à Narbonne le principe du gouvernement autonome de nos provinces méridionales (3), mais il est difficile d'y voir, par le texte même dont on s'appuie (4), autre chose qu'un moyen de dénombrement des peuples vaincus.

Au temps de César, l'assemblée générale des Gaules se tenait à Autun (5), dans la cité des Eduens. La transporter dans une province toute romaine, c'était la détruire dans son principe. L'assemblée de Narbonne ne fut probablement qu'une réunion des chefs des légions et des premiers magistrats des colonies romaines, à laquelle accédèrent peut-être quelques Celtes gagnés à prix d'argent. On ne pouvait pas, après avoir détruit la république, tolérer les assemblées générales des cités gauloises. Mécène, ce grand précepteur du despotisme impérial, avait recommandé à Auguste de proscrire dans l'intérêt de la paix toute réunion populaire (6).

(1) Omnem Galliam præter socias ac bene meritas civitates in provinciæ formam redegit. — (2) Jure et legibus commutatis, securibus subjecta perpetua premitur servitute Gallia. — (3) Dubos, *Histoire critique de l'établissement des Français dans les Gaules*, liv. I, ch. IV. — (4) Cum ille conventum Narbone ageret, census a tribus Gallis quas pater vicerat actus. *Epit. Liv. ad. Lib.*, 134. — (5) *De Bell. Gall.*, lib. VII, c. LXIII. — (6) De externis regendis, S. C. censeo inprimis ne quis usquam rei ullius potestatem ha-

Auguste fit aisément adopter par l'assemblée de Narbonne le partage de la Gaule en six provinces qu'il composa dans l'intérêt de son pouvoir.

Par cette nouvelle division, les anciennes liaisons, qui fournissaient à quelques cités les moyens de concerter leurs efforts, furent rompues.

La province narbonnaise, dès longtemps accoutumée au joug, fut réunie à une partie de la Celtique où avaient éclaté les insurrections les plus formidables.

L'Aquitaine, dont les mœurs efféminées rendaient la soumission plus facile (1), fut étendue de la Garonne, de l'Océan et des Pyrénées qui formaient ses anciennes limites jusqu'à la Loire et aux Cévennes et agrandie de quatorze peuples ou cités que cette rivière enferme (2). L'Aquitaine fut divisée en 1er et 2e Aquitaine.

La Lyonnaise, dont la métropole était déjà célèbre et florissante (3), fut composée du reste de l'ancienne Gaule celtique, affaiblie par le double démembrement qu'elle avait subi.

La Gaule belgique, la plus redoutable par le nombre et le courage de ses habitants, fut subdivisée en trois provinces.

La Germanie supérieure s'étendit depuis l'Aar jusqu'à la Moselle, la Germanie inférieure depuis la Moselle jusqu'à l'Océan (4).

Le reste de la Belgique, compris dans ses anciennes limites marquées par le cours de la Seine et de la Marne, conserva le nom de Gaule belgique.

beat, neque in concionem omnino coeat; nam neque boni quidquam statuet et subinde turbas aliquas excitabit.
(1) Ammien Marcellin, liv. XV, ch. II. — (2) Strabon, liv. LIV de sa *Géographie*. — (3) Strabon, liv. IV, p. 177. — (4) Amédée Thierry, *Histoire des Gaulois*, t. III, p. 367.

Les six provinces d'Auguste subirent à plusieurs reprises des subdivisions et des réunions. Le *Libellus provinciarum* imprimé à la suite de l'Eutrope d'Avercamp, énumère en 375 les Alpes Maritimes et Graiennes, la Narbonaise, la Novempopulanie, deux Aquitaines, deux Lyonnaises, deux Belgiques, la Séquanaise, deux Germanies. La *Notice des Gaules*, rédigée de l'an 395 à l'an 423, porte le nombre des provinces de la Gaule à 17, dont six consulaires et onze non consulaires, comprenant chacune une cité métropolitaine, résidence du président ou du recteur de la province, et un certain nombre de villes ou cités, non moins importantes que la métropole; ce sont :

La 1re Lyonnaise (métropole, Lyon).
La 2e Lyonnaise (métropole, Rouen).
La 3e Lyonnaise (métropole, Tours).
La 4e Lyonnaise ou Sénonie (métropole, Sens).
La 1re Belgique (métropole, Trèves).
La 2e Belgique (métropole, Reims).
La 1re Germanie (métropole, Mayence).
La 2e Germanie (métropole, Cologne).
La Séquanaise (métropole, Besançon).
Les Alpes (métropole, Moutier en Tarentaise).
La Viennoise (métropole, Vienne).
La 1re Aquitaine (métropole, Bourges).
La 2e Aquitaine (métropole, Bordeaux).
La 3e Aquitaine ou Novempopulanie (métropole, Auch).
La 1re Narbonnaise (métropole, Narbonne).
La 2e Narbonnaise (métropole, Aix).
Les Alpes Maritimes (métropole, Embrun).

Le **no**mbre total des villes comprises dans ces 17 provinces s'élevait à 115.

Les cités (*civitates*), comprises dans la province des

Gaules, étaient, selon Tacite (1), au nombre de 64, et selon César de 60. Les noms de ces peuples ou cités furent inscrits sur l'autel d'un temple bâti près de Lyon, au confluent de la Saône et du Rhône par Drusus, fils de Livie, surnommé Germanicus, pacificateur des Gaules. Soixante statues au-dessus desquelles s'élevait la statue colossale de la Gaule, furent élevées dans ce temple, comme représentant à la fois l'unité et la diversité et formant ainsi le symbole expressif de la Gaule soumise et des nations qui la composaient (2).

Les 115 villes principales de la Gaule romaine étaient établies pour la plupart sur les ruines des villes gauloises ou sur le territoire anciennement occupé par les peuples indigènes. Les plus importantes d'entre elles étaient Tolosa (Toulouse), Vienna Allobrogum (Vienne), Arelate (Arles), Aquæ Sextiæ (Aix) Ebrodunum (Embrun), Durantasia (Tarantaise), dans la Narbonnaise ; Augustonementum ou Arverni (Clermont-Ferrand), Burdigala (Bordeaux), Augusta ou Ausc (Auch), dans l'Aquitaine; Lugdunum (Lyon), Vesontio (Besançon), Senones (Sens), Cœsarodunum ou Turones (Tours), dans la Celtique; Rotomagus (Rouen), Durocortorum ou Reemi (Rheims), Colonia Agrippina

(1) Quatuor et sexaginta Galliæ civitates (Tacite, *Annal.*, III, 44).

(2) Ce serait une erreur de croire que la Gaule antique n'avait pas de villes. Cette assertion d'un écrivain, d'ailleurs très-instruit, a été solidement réfutée par M. de Golbéry, dans l'ouvrage intitulé : *Les villes de la Gaule détruites par M. Dulaure et rebâties par M. de Golbéry*, Paris, 1841. Un tableau curieux des peuples gaulois selon les limites de la France actuelle, présentant en regard les noms correspondants des anciennes provinces de France, prouve à quel point notre ancien régime provincial était étroitement lié aux traditions historiques. Voir ce tableau, *Ibid.*, p. 214 et 215.

(Cologne), Augusta Trevirorum (Trèves), Moguntiacum (Mayence), dans la Belgique et les Germanies.

Toutes les parties du territoire des Gaules furent soumises, en l'an 727 de Rome, au droit provincial et comprises dans les provinces impériales. Ce qui distinguait ces provinces de celles du sénat, c'est que les gouverneurs de celles-ci portaient le titre de proconsuls et siégeaient sur leurs tribunaux, sans glaive et en toge, comme des magistrats civils, et que leurs pouvoirs ne duraient qu'un an, tandis que les gouverneurs des provinces impériales exerçaient, au nom de l'Empereur, sous le titre de propréteurs, pour un temps indéfini, la puissance civile et militaire, précédés de six licteurs entourés de soldats, siégeant sur les tribunaux, avec le glaive, la cotte d'armes (*paludamentum*) et tout l'appareil menaçant de la violence. Tel fut le gouvernement qu'Auguste établit dans les Gaules. Dion Cassius (livre LIV) atteste qu'il en excepta la Gaule narbonnaise en l'an 732. Il fit procéder en même temps au dénombrement des habitants et fit du cens constaté la base d'impositions qu'on estime communément à 60 millions de francs (1).

L'unité administrative devenait une nécessité politique pour un empire qui avait pour limites au nord le Rhône et le Danube, à l'Orient l'Euphrate, au Midi la haute Egypte, les déserts de l'Afrique et le mont Atlas, à l'Occident les mers d'Espagne et des Gaules (2).

A la double influence de collèges de druides et des sé-

---

(1) Voir Gibbon, *Histoire de la décadence de l'empire*, t. I, p. 331, 332.

(2) Termini igitur finesque imperii romani sub Augusto erant : ab oriente Euphrates, a meridie Nili Cataracta et deserta Africæ et mons Atlas ; ab occidente Oceanus, a septentrione Danubius et Rhenus (Just.-Lipse *de magnit.*, tom. VI, I, cap. III).

nats aristocratiques, le fondateur de l'empire romain substitua donc la domination administrative d'un préfet des Gaules (1), auprès de qui siégeait un autre grand-officier (*procurator*) chargé du recouvrement des impôts et des ateliers monétaires (2). Les *curies, les sénats locaux* placés au chef-lieu de chaque cité ne furent que des agents subordonnés de ces grands officiers de l'empire, appelés présidents de provinces, légats ou lieutenants de César, recteurs ou collecteurs de provinces et procureurs qui avaient pouvoir tel que le besoin le requérait (3).

§ 5. — Sous l'empire du droit provincial commença, pour la Gaule, un régime plus ou moins oppresseur selon que les empereurs s'appelaient Tibère, Caligula, Domitien ou Titus, Trajan, Antonin ; et la Gaule semblait résignée aux alternatives capricieuses de la domination romaine quand, sous le règne de Vespasien, éclata la révolte batave, c'est-à-dire la dernière lutte entre les trois éléments romain, celtique et germanique.

Les germes de cette lutte existaient depuis la conquête de Jules-César (4). Nous voyons, sous le règne d'Auguste et de Tibère, Drusus pénétrant dans la Germanie et y remportant quelques victoires suivies de traités de paix ; puis Hermann (*Arminius*) chef de la nation des Cherusques, détruisant les légions de Varus qui avait voulu établir trop précipitamment la domination romaine dans la Germanie, résistant pendant douze ans aux armées conduites par Ger-

---

(1) Administrandis galliis præfectus Dio Cass. Galliæ comatæ Rector. Suet., Tacite, liv. III, ch. iv.

(2) Strabon, liv. IV, p. 192, parle d'un hôtel des monnaies établi dès lors à Lyon.

(3) *Discours historique touchant les Gaules*, par Aymar Dupérier, 1610.

(4) Voyez les 4e et 5e livres de Tacite.

manicus pour venger cette défaite et ne cessant de combattre que lorsqu'il eut cessé de vivre assassiné par un de ses parents. Puis, vient l'insurrection de Vindex contre Néron, qui remonte à l'an 68, mais qui paraît n'avoir eu pour but qu'un changement d'empereur, puis les efforts de la druidesse Velléda pour réveiller dans les âmes gauloises l'amour de l'indépendance, efforts qui n'aboutirent qu'à la création d'un triumvirat. Une réaction, dit Tacite, s'opéra alors dans les esprits; l'incertitude de l'avenir fit aimer le présent; la majorité des cités gauloises décida qu'on ne se séparerait pas de l'empire romain; l'antipathie des classes lettrées contre le druidisme ne fut pas sans influence sur cette résolution.

Les empereurs n'ayant pas pu mettre à profit ces dispositions favorables, de nouvelles insurrections éclatèrent, mais l'esprit gaulois et l'esprit germanique, représentés dans la guerre batave par Tutor et Civilis, furent domptés l'un et l'autre par l'empereur Vespasien. Grosley (1) pense que dans cette lutte l'élément celtique l'emporta et que les usages gaulois tels que les dépeint César, triomphant à la fois de la concurrence du droit romain et des coutumes germaniques, sont la véritable base de notre législation coutumière, mais cette opinion a été convaincue de paradoxe, quoique appuyée de quelques passages d'un livre de Cujas (2), qui a cru reconnaître dans les notes ou sicles juridiques recueillis par les grammairiens latins, quelques indices de la persistance des magistratures gauloises après la conquête de Jules-César. Malgré les débris de la langue celtique qu'on retrouve dans le Bas-Breton, le Provençal et quelques autres idiomes, on peut, sinon conclure avec

(1) *Recherches pour servir à l'histoire du droit français*, Paris, 1752, in-12.
(2) *Observations*, liv. XII, ch. XL.

M. de Savigny que l'élément romain absorba entièrement l'élément celtique ou gaulois, du moins admettre qu'il en triompha généralement, sauf quelques exceptions.

Les cités de l'Armorique ne reçurent pas, il est vrai, l'organisation municipale qui se propagea dans le reste des Gaules. Les populations bretonnes retinrent leur ancien culte, leurs anciens usages, leur ancienne langue, conservèrent la propriété de leurs terres et le droit de n'obéir qu'à leurs magistrats, droit qu'Auguste avait réservé comme l'écrit Dion Cassius à plusieurs cités des Gaules (1). Le souvenir des cités gauloises, de leurs noms, de leurs circonscriptions territoriales, se conserva longtemps, dit M. de Savigny (2) ; et peut-être leur existence administrative, leur organisation intérieure ne furent pas tout à coup détruites par les Romains. Mais, dans la Gaule réduite en province romaine, les traditions galliques, le druidisme, la langue celtique, l'aristocratie des clans disparurent insensiblement. *Tiberii Cæsaris principatus*, dit Pline (3), *sustulit druidas earum. Druidarum religionem, apud Gallos*, dit Suétone (4), *et tantum civibus sub Augusto interdictam, penitus abolevit Claudius.*

Le pouvoir impérial, regardé comme la loi vivante (*lex animata*) (5), régna exclusivement sur la Gaule. Il y était représenté par un préfet du prétoire qui résida successivement à Trèves et à Arles et qui avait sous ses ordres un vicaire ou vice-préfet. Des gouverneurs appelés *præsides* ou *rectores* administraient, sous la surveillance de ce magistrat, les 17 provinces de la Gaule (6). L'administration

---

(1) *Orat. ad Tarseos*, XXXIV, Spanheim, n° 12. — (2) *Histoire du droit romain au moyen âge*, § 9, tit. I. — (3) *Histoire nat.*, XXX, 1. — (4) *In Claudio.* — (5) *Nov.*, 105, ch. II. — (6) *Notitia dignitatum Imperii*, II, p. 3.

financière avait ses fonctionnaires particuliers placés sous la surveillance du préfet du prétoire. Un *rationalis* présidait à la perception de l'impôt. Il y avait quatre gardiens du trésor public (*œrarium*) qui résidaient à Lyon, à Arles, à Nîmes et à Trèves. Le fisc avait en outre un intendant. Cette hiérarchie de fonctionnaires faisait pénétrer promptement dans les provinces les volontés de l'Empereur, et mettait à sa disposition toutes les ressources de la Gaule en hommes et en argent (1).

§ 6. — L'administration romaine transforma rapidement les forêts de la Gaule en campagnes fertiles et ses misérables bourgades en belles et riches cités (2). Les magnifiques ruines qui couvrent après tant de siècles une grande partie de son sol, l'hommage rendu par Pline à ses industries diverses (3), les traces qu'ont laissées dans les écrits de Tacite (4) et d'Ausone (5), ses écoles, ses professeurs, ses écrivains, ses artistes, tout atteste l'éclat de sa civilisation sous la domination romaine. Mais cette domination devint fiscale et tyrannique, et la Gaule fut épuisée par les impôts et opprimée par la tyrannie des officiers de l'empire à tel point que outre les deux Germanies qui étaient toujours armées, on crut que 1200 soldats suffisaient pour contenir tout le reste (6).

Vaincue par les armes romaines et corrompue par la politique astucieuse des empereurs, l'aristocratie gauloise s'efforça de décorer du nom de *fidélité* aux vainqueurs une

---

(1) CHERRUEL, *Histoire de l'administration*, t. I, p. 14.
(2) V. AUSONII, *Claræ urbes*. — (3) H. N. liv. XIX. ch. II et XXVIII.
— (4) *Annales*, III, 40. — (5) AUSONII *Burdigalenses professores*.
(6) Quo circa sub mille et ducentis militibus serviunt (Galli) quibus pene plures habent civitates. JOSEPHE, *de Bell. Jud.*, liv. 2, ch. XXVIII.

servilité dont elle chercha les traditions justificatives dans une origine prétendue commune (1).

« La Gaule chevelue, dont j'ose à peine vous parler, disait l'empereur Claude (2), au sénat de Rome, a tenu tête pendant dix années à Jules-César, je l'avoue ; mais opposez, je vous prie, à ces dix années de résistance une fidélité de cent années, fidélité que l'état souvent chancelant de nos affaires n'a point ébranlée, et dont mon père fit bien l'expérience, alors que forcé de suspendre l'irritante opération du cens pour aller combattre les Germains, la loyauté gauloise lui épargna l'embarras d'avoir encore des soulèvements à réprimer derrière lui. »

« Êtes-vous, dit Agrippa aux Juifs, plus riches que les Gaulois ? Tout les excite à secouer le joug de Rome : la nature a pris soin de leur faire une ceinture de fortifications; les Alpes les défendent à l'Orient, le Rhin au Nord, au Midi les Pyrénées, la mer au couchant. Trois cent cinq nations se pressent sur ce territoire qu'arrosent toutes les sources de ce qui fait le bonheur des peuples, et dont les richesses débordent sur le monde entier; et pourtant ils consentent à n'être que des tenanciers de Rome, à lui devoir tout leur bien-être ; ils ne le font ni par mollesse ni par lâcheté; ils ont défendu pendant quatre-vingts ans leur liberté. Mais enfin ils se sont inclinés avec une admiration religieuse devant le courage, surtout devant la fortune des Romains, la-

---

(1) On racontait aux crédules Gaulois que des Troyens, se détachant des anciens colonisateurs du Latium, vinrent peupler la Gaule alors déserte, et qu'ainsi les Gaulois, étant frères des Romains, devaient les aimer et les traiter en frères. On aurait pu au moins exiger la réciprocité (*Histoire morale de la Gaule*, Introd., p. 15).

(2) D. Claud. August. Orat. in senat. de civitat. gall. Dand. apud Gruter, p. 502.

quelle a plus fait pour eux que la guerre ; et voilà pourquoi ils obéissent à 1,200 soldats, eux qui ont peut-être plus de 1,200 villes (1). »

La partialité de Claude et d'Agrippa en faveur du despotisme des empereurs romains est assurément très-suspecte, et nous sommes loin de nous associer à l'éloge qu'ils en font. Mais nous devons reconnaître en fait la prédominance de l'élément romain sur l'élément gaulois, malgré des tentatives plusieurs fois renouvelées pour l'indépendance territoriale, tentatives qui, selon la remarque d'un écrivain (2), n'étaient que le dernier effort d'une nationalité expirante.

Un caractère commun à toutes les parties de la Gaule, c'est la disparition presque entière du régime des clans galliques devant le régime municipal importé de la Grèce et de Rome. Ce sont les progrès incessants du principe municipal à l'aide des colonies grecques et latines. Ce n'est pas seulement dans les villes du Midi qu'apparaissent dès les premiers siècles de l'empire romain les *républiques municipales* (3), se développant parallèlement à la concentration du pouvoir politique des empereurs. Ammien-Marcellin nous montre les municipes romains répandus dans la haute et basse Alsace jusqu'à Mayence (4). Gruter, Orelli, Muratori, rapportent des inscriptions diverses qui font allu-

(1) Flav. Joseph. *B. Judaïc.*, II, 28.
(2) M. Minier, *Introduction à l'Etude du droit français*, p. 26.
(3) Les monuments romains des villes du midi de la France et de l'Italie portent beaucoup d'inscriptions telles que celles-ci :
    Respublica Nemausensium.
    Respublica Arelatensium.
    Respublica Ligurum.
    Respublica Panormitarum.
(4) Cap. xv, 11. Dein prima Germania ubi præter alia municipia Moguntiacum est.

sion au régime municipal de Trèves, Cologne, Metz, Troyes, Langres, Saint-Quentin, Sens, Meaux, Paris, Beauvais, Rennes, Reims, Bourges, Poitiers (1), etc. On ne trouve pas seulement dans les grandes villes les traces du décurionat romain; Salvien atteste son existence dans les plus petites localités et rappelle en même temps que ces prétendues magistratures locales n'étaient autre chose que les instruments du despotisme impérial (2).

§ 7. — Dès le premier siècle de l'ère chrétienne, la diversité des institutions et des libertés locales disparut sous le joug uniforme du despotisme impérial; mais les 115 cités de la Gaule . ant devenues presque autant de siéges d'évêchés et de métropoles, l'influence épiscopale s'exerça en même temps que celle des magistrats civils.

C'est une tradition admise par tous les historiens, depuis Grégoire de Tours jusqu'à Fleury, que l'établissement du christianisme dans les Gaules éprouva les plus grands obstacles et que l'Église n'avait pas encore eu de martyrs lorsque la persécution s'y alluma sous l'empereur Marc-Aurèle, moins par l'autorité des magistrats que par des émotions populaires. Sulpice-Sévère, notamment, historien accrédité qui vivait dans le quatrième et le cinquième siècle, affirme que la religion a été reçue assez tard dans les Gaules et qu'elle ne s'y répandit que lentement et peu à

(1) Voyez les notes rapportées *passim* par RAYNOUARD, *Histoire du droit municipal*, ch. v; par M. GIRAUD, *Histoire du droit français au moyen âge*, p. 132, et par les autres historiens, telsque MM. SISMONDI, HENRI MARTIN, AUGUSTIN THIERRY, etc.

(2) Quæ enim sunt non modo urbes, sed etiam municipia atque vici, ubi non quot curiales fuerint tot tyranni sint ?... quis ergo, ut dixi, locus est ubi a non principalibus civitatum viduarum et papillorum viscera devorentur ? (SALVIAN, *de Gub. Dei*, lib. V, cap. IV.)

peu (1). Mais cette opinion, puisée dans l'histoire de Grégoire de Tours et qui ne rapporte qu'au deuxième siècle les missions de saint Trophime à Arles, de saint Paul à Narbonne, de saint Saturnin à Toulouse, de saint Denis à Paris, a éprouvé d'imposantes contradictions. Une tradition provençale nous représente les saints proscrits de la Judée, conduits par une barque miraculeuse sur la plage des saintes Maries, et cette pieuse colonie concourant dès le premier siècle à la propagation de l'Évangile avec les apôtres que saint Pierre envoya de Rome dans les Gaules. Saint Trophime, saint Paul, saint Crescens, furent établis comme évêques à Arles, à Narbonne et à Vienne, et l'œuvre de la conversion des Gaules, commencée avec succès dans la Narbonnaise et dans la Belgique, fut continuée par les missionnaires du pape saint Clément dans l'Aquitaine et la Lyonnaise pendant les deux premiers siècles.

Toutefois, comme le polythéisme avait jeté dans la Gaule, sous la domination romaine, de très-profondes racines dont les traces sont encore visibles dans les ruines des temples païens mêlés aux théâtres, aux cirques, aux Thermes, à tous ces dehors d'une civilisation qui, selon l'expression de Tacite, faisait partie de la servitude, le christianisme ne triompha qu'après de très-grands efforts de la résistance des populations, et ce n'est qu'en l'an 314 que fut tenu à Arles le premier des conciles de l'Église gallicane (2).

Environ un demi-siècle après, s'éleva l'institution que nous avons déjà signalée des *défenseurs des cités*; et du jour où ces fonctions électives furent dévolues aux évêques, les libertés et les propriétés municipales furent défendues.

(1) *Abrégé de l'histoire ecclésiastique*, t. I, p. 180 et 367.
(2) *Ibid.*, p. 180 et 367.

Mais cette barrière opposée à la tyrannie et à la rapacité des officiers de l'empire dut être longtemps insuffisante, car tous les historiens, tous les publicistes constatent, après comme avant le quatrième siècle, les impôts intolérables que la fiscalité romaine faisait peser sur les Gaules, les concussions des officiers du fisc, les superindictions des décurions eux-mêmes qui rivalisaient de zèle avec les agents de l'empereur pour écraser les populations qu'ils étaient chargés de protéger. « Les Romains, disent-ils, dictaient des lois aux Gaulois même sur les matières de pur droit civil, dépouillaient, quand il leur plaisait, les cités gauloises de leurs terres et réduisaient en esclavage un grand nombre de malheureux qui survivaient à la liberté de leur pays (1). »

§ 8. — Les caractères de la domination romaine sur les cités de la Gaule variaient selon les localités, et dès avant l'invasion germanique, les provinces du Sud, du Nord et du Centre, étaient loin d'être administrées uniformément. Partout on retrouve l'élément romain ; mais tandis que dans le municipe italique du midi des Gaules, semé de colonies grecques et romaines, il apparaît pur de tout mélange, il est au contraire modifié, dans le nord, par l'élément germanique, dans le centre par l'élément celtique. Non pas que le droit romain dans les Gaules régit uniquement les Romains, comme l'a soutenu, par erreur, Rapedius de Berg dans une thèse couronnée en 1783 par l'Académie de

---

(1) Voyez Diod. de Sicile, liv. XXXIV ; Dion Cass., liv. LIV, ch. xxv, p. 755 ; Sueton. in Aug., c. xlvii ; Heineccius, *Antiquit. rom.*, liv. I, c. 1, § 58 et 59 ; *Recueil des historiens des Gaules*, t. I, p 655 ; Dubos, *Hist. crit. de la mon. franç.*, t. I, liv. I, ch. 11, 12, 13 et 14 ; Chabrit, *Discours sur la domination romaine dans les Gaules;* Rapsaet, *OEuvres complètes*, t. III ; Laboulaye, *Hist. de la propriété dans l'occident de l'Europe*, liv. II, ch. xvi et suiv.

Bruxelles et que M. de Savigny a condamnée (1). Le système des lois personnelles est d'origine gallo-franque et non d'origine gallo-romaine. Les lois de Rome gouvernaient tout le territoire soumis par ses armes, mais la politique romaine ménageait soigneusement les lois et les mœurs des peuples vaincus, surtout en ce qui concernait leur administration intérieure, et l'on ne doit pas s'étonner que chacune des trois grandes divisions de la Gaule ait conservé depuis la domination romaine des traces fréquentes de son ancien système d'administration.

« Il faut garder l'usage et la coutume, dit Herménopule, gardien des lois et juge de Thessalonique. Si celle-ci manque, il faut suivre les choses analogues ou qui se rapprochent le plus de la question. Mais si les usages analogues viennent eux-mêmes à manquer, il faut observer le droit romain (2). »

Les monuments du droit romain reçus comme lois dans les Gaules étaient, indépendamment de ceux que nous avons analysés au sujet du régime municipal des Romains :

1° L'Édit provincial dont le commentaire fait par Gaïus, de l'an 138 à l'an 161, a fourni aux *Pandectes* de Justinien 340 lois ;

2° La constitution d'Antonin Caracalla, publiée en 212, qui, en accordant le droit de cité à tous les habitants de l'empire, fit disparaître toutes les inégalités de territoire, non soudainement, mais peu à peu et de manière que, lorsque la constitution de Justinien effaça la distinction des

---

(1) *Introd. à l'Histoire du droit romain au moyen âge*, p. 21.

(2) Custodire oportet morem et consuetudinem ; quod si etiam illa deficit, sequi oportet quæ quæstioni sunt proxima ac similia. Si vero neque illa inveniantur jus quo Roma utitur servandum est. *Manuale legum Hermenopuli de legibus*, XXXIII.

choses *mancipi* et *nec mancipi*, elle ne supprima qu'un vain mot (1).

Le code Théodosien fut aussi observé dans les Gaules peu de temps après sa publication. Sidoine Apollinaire se plaint d'un gouverneur de l'Arvernie qui en 462 foulait aux pieds *les Lois Théodosiennes* (2). Grégoire de Tours parle des livres de la Loi Théodosienne comme entrant, au cinquième siècle, dans le système d'éducation des jeunes gens (3).

Cette collection avait été ordonnée par Théodose le Jeune dans un double objet ; d'abord pour donner force de loi aux six livres de constitutions impériales éditées par Paul, aux vingt édités par Papirius-Justus, particulièrement aux codes appelés Grégorien et Hermogénien, et ensuite pour y ajouter les constitutions des empereurs chrétiens depuis Constantin jusqu'à son siècle. Revêtue du sceau de l'autorité impériale, elle avait été acceptée comme loi par le sénat romain, en l'an 438, le 8 des calendes de janvier ; et comme la Gaule presque tout entière, quoique désolée par les discordes civiles et les incursions des barbares, faisait partie de l'empire romain, elle accepta le code Théodosien, et les Gaulois obéissaient à ses préceptes comme à des lois saintes.

Toutefois, les plus belles parties de la Gaule méridionale étaient au pouvoir des Goths, qui se gouvernaient par des coutumes dont la collection remonte à une époque incertaine (4).

(1) Nec in rebus apparet, sed vacuum est et superfluum verbum. Cod. VII, 25. *De jure quiritium tollendo.*
(2) Exsultans Gothis, insultansque Romanis, leges Theodosianas calcans (Sid. Appol., lib. II, ep. I).
(3) Legis Theodosianæ libri (Greg. Tur., IV, 417).
(4) Voyez la dissertation insérée dans les *Diplomata chartæ*, T. I, p. 22.

Mais, d'une part, les empereurs romains considérant les barbares comme campés dans ces provinces plutôt que comme établis d'une manière définitive, maintenaient partout où ils le pouvaient l'autorité du droit romain. D'autre part, les rois des Visigoths, à qui il importait peu que les habitants des provinces où ils dominaient usassent du code Théodosien, en firent faire des extraits. Alaric II en promulgua un en l'année 506, auquel il donna force de loi. Les édits des empereurs contenus dans le code Théodosien et les écrits des jurisconsultes dont les noms se trouvent dans la constitution de l'année 426 au livre III du même code, furent obéis au même titre, comme l'atteste Ducange au mot *Lex Romana*, non-seulement par les Visigoths, mais par les Bourguignons et les Francs qui pénétrèrent dans les provinces romaines.

Ces précieux monuments du droit écrit des Romains devinrent la loi des sept provinces méridionales de la Gaule et y constituèrent un système d'administration calqué sur le municipe italique.

Les provinces qui s'étendaient de la Méditerranée et du Rhône aux Pyrénées et à l'Océan, restèrent constamment et exclusivement gouvernées par le pur droit écrit de Rome ; et comme le remarque l'auteur des *Lois municipales et Économiques du Languedoc* (1), la loi romaine y a régné presque sans partage pendant quinze siècles. Mais dans les provinces galliques du centre et dans les provinces germaniques du nord et de l'est, les Romains respectèrent la langue (2), les mœurs, les us et coutumes, surtout chez

(1) *Introduction*, XXIV.
(2) Alexandre Sévère permit les fidéicommis en langue gallique, *Sermone Gallicano*, D. XXXII, lib. II. Gaïus, § 11, 281, *Ulp. Fragm.* XXV, § 9.

les habitants des campagnes, ces *rusticani* que les établissements de Saint-Louis et la coutume d'Anjou appellent les *coutumiers*. Ces *coutumes*, que nous verrons plus tard avec Marculphe et Bignon, devenir la loi salique, la loi ripuaire et autres *cum multo ante usu receptæ quam in scriptis redactæ sint*, indiquaient, dès avant même l'invasion des peuples du Nord, la différence caractéristique, au double point de vue du droit public et du droit privé, entre les pays de droit écrit et les pays de coutume.

CHAPITRE IV

DU RÉGIME MUNICIPAL GALLO-ROMAIN MÉRIDIONAL

La Gaule méridionale se divisait en deux provinces : la Narbonnaise et l'Aquitaine.

§ 1ᵉʳ — *De la Narbonnaise.*

I. — Les Romains s'étaient établis de bonne heure dans la *Narbonnaise*, afin d'avoir un passage toujours libre vers l'Espagne. La formation de la province date de l'an 120 av. J.-C. Elle avait originairement pour limite le fleuve du Rhône, mais elle s'agrandit peu à peu, et engloba à l'Orient le territoire des Helvii (capitale, Viviers) et celui des Volces arécomiques (capitale, Nîmes.) Cépion y réunit, à l'époque de l'invasion des Cimbres, Tolosa (Toulouse), et il vint s'y joindre plus tard les possessions des *Bebryces* ou *Sardones*, tout le long des Pyrénées, et jusqu'à Narbonne ; des *Allobroges* entre le Rhône et l'Isère; des *Cavares*, entre le Rhône et la Durance; des *Salyes, Salluvii* ou *Salici*, au Sud de Verdon et de la Durance, des Massaliotes et d'autres peuplades moins importantes.

Cette province, appelée d'abord *Gallia braccata*, à cause de la large culotte (Bracca) de ses habitants, et *provincia romana*, la province Romaine ou simplement *provincia* la province, parce que, disait Pline, elle était italienne plus que gauloise (*Italia verius quam provincia*), prit le nom de Narbonnaise, lors de l'établissement à Narbonne d'une colonie puissante.

Constantin la divisa en cinq provinces : 1° la Narbonnaise première, qui avait Narbonne pour capitale, et qui embrassait toute la partie occidentale; 2° la Narbonnaise seconde, correspondant à la Provence (capitale *Aquæ sextiæ*); 3° les Alpes maritimes (capitale *Enburodunum*, Embrun); 4° la Viennoise, *Provincia Viennensis* (capitale Vienne); 5° Alpæ Graiæ (capitale Darantasia, aujourd'hui Centros, dans le Val Tarantaise.)

II. — Les caractères et les prérogatives du droit de cité, conféré par les Romains aux villes de la Narbonnaise, sont difficiles à discerner. Spanheim (1) se borne à faire observer que la métropole de la Narbonnaise, Narbonne, et ses villes principales : Nîmes, Béziers, Avignon, Arles, n'étaient pas des municipes, mais des colonies dont quelques-unes, celle de Nîmes, par exemple, étaient latines. Il ajoute que le droit de cité donné par Auguste et ses successeurs, avait des caractères divers d'autonomie, de liberté, d'immunité qui dépendaient des traités.

Le régime colonial domine, en effet, dans la Narbonnaise, pays riche, bien cultivé, soumis aux Romains et estimé d'eux. On y comptait dix-neuf colonies, c'est-à-dire autant que dans le reste des Gaules. Un grand nombre de ces colonies étaient militaires. *Colonias in Africa, Sicilia, Macedonia, Hispania, Achaia, Asia, Syria, Gallia narbonensi militum deduci* (2). Mais toutes les colonies n'étaient pas composées de vétérans, l'histoire ne fournit que des renseignements incomplets sur les droits conférés aux colons, et sur la quantité de terre accordée à chacun d'eux. « Je crois, dit Machiavel (3), qu'on en donnait plus ou moins, suivant les lieux où l'on envoyait des colonies ; mais dans

(1) *Orbis Romanus*, cap. xv, p. 92 et 93.
(2) *Test. d'Aug.*, Dio Cass., XLIX, LIV. Gruter, p. 187, 323, 325.
(3) *Discours sur Tite-Live*, liv. II, ch. vii.

toutes les circonstances et dans tous les lieux, ces distributions furent toujours extrêmement modiques : d'abord afin de pouvoir y envoyer le plus grand nombre d'hommes possible, attendu qu'ils étaient destinés à la garde du pays ; ensuite parce que, vivant pauvres chez eux, il n'était pas juste que leurs colons vécussent au dehors dans une trop grande abondance. »

Nous avons vu (1) que les colonies n'étaient pas toutes régies par le même droit. Elles se divisaient en colonies romaines proprement dites, colonies latines, colonies italiques (2) ; il y avait des colonies civiles, des colonies militaires, des colonies mixtes, les unes ayant pour insigne une charrue, les autres une épée, les autres réunissant les deux signes, parce que, composées d'abord de citoyens, elles avaient été complétées par des vétérans.

On ne cite, dans le midi des Gaules, aucune cité qui puisse revendiquer les prérogatives des colonies romaines, c'est-à-dire le plein droit de cité, *plenissimum jus civitatis*. Les mots : *Civitatem adepti* τινὰς δὲ τῇ πολιτείᾳ, appliqués à certaines villes des Gaules, paraissent indiquer l'autonomie municipale, et non le plein droit de cité romaine.

III. — Les cités de Lyon et de Vienne, dans la Gaule narbonnaise (3), reçurent de l'empereur Claude la faveur du droit italique ; c'est-à-dire, 1° le bénéfice du *commercium* ; 2° la condition quiritaire des terres, si importante

(1) Livre III, ch. vi.
(2) Neque enim omnes colonias ejusdem fuisse juris constat, cum fuerint quæ jus civitatis habuerint, quæ latii, quæ Italiæ ; de quibus cum abunde egerint Sigonius libro secundo de jure Italiæ, Marcellus, Donatus, Jacobus Gothofredus, etc. (WILLELMI GOESII, *Antiquit. agrar.*, p. 12.)
(3) Viennenses et Lugdunenses in Galliâ Narbonensi juris Italici sunt (L. 8, § 1, ff. de censibus).

au double point de vue de la sécurité des propriétaires et de la libre transmission de leurs droits ; 3° l'immunité de l'impôt foncier.

Toutes les autres colonies paraissent avoir été des colonies latines, jouissant imparfaitement du droit de cité romaine. Cependant Pline l'Ancien (1), qui réserve expressément le nom de colonies aux *colonies* romaines, comptait, sous Vespasien et Titus, onze colonies, dont sept dans la Narbonnaise : Narbonne, Fréjus, Arles, Béziers, Orange, Valence et Vienne ; et quatre dans la Gaule Chevelue : Nyon, Augs, Lyon et Cologne. Les villes latines (*oppida latina*), colonisées ou non, étaient, selon le même auteur, toutes dans la Gaule narbonnaise, et au nombre de vingt-huit (2). Quelques autres peuplades étaient dotées du droit du Latium.

Les villes latines étaient, selon Pline l'Ancien, à l'époque de Vespasien et de Titus, les villes suivantes, toutes situées dans la Gaule narbonnaise : *Ruscino Latinorum* (Perpignan, colonie), *Aquæ Sextiæ Salluviorum* (Aix, colonisée plusieurs fois), *Avenio Cavarum* (Avignon, colonie.) *Apta Julia Vulgientium* (Apt, colonie), *Albæ Reiorum Apollinarium* (Riez, colonie, Grut. p. 428 9°), Alva *Helvorum* (Viviers), *Augusta Tricastinorum* (Saint-Paul-Trois-Châteaux), *Anatilia* (Martigue), *Aeria, Bormanni, Comacina* (aujourd'hui inconnues), *Cabellio* (Cavaillon), *Carcasum Volcarum Tectosagum* (Carcassone), *Cessero* (inconnue). *Carpentoracte Mencinorum* (Carpentras), *Cenicenses* Cambolectri qui *Atlantici* cognominantur (inconnues), *forum Voconii* (le Canet), *Glanum Livii* (inconnue), *Luvetani* (Lodève), *Nemausum Arecomicorum* (Nîmes, colonie),

(1) *Histoire naturelle*, III, 4, IV, 17.
(2) Voyez M. Chambellan, *Etude*, 4 ch. IV, p. 694, et M. de Savigny, *Histoire du droit romain*, ch. II, § 22.

Piscense (Pézénas), *Ruteni* (Rodez), *Sanegenses* (Senez), *Tolosani Tectosagum* (Toulouse, colonie), *Tasconi* (Montauban), *Tarusconienses* (Tarascon), *Umbranici* (inconnue).

On peut ajouter à cette énumération : *Acuso* (Ancône en Dauphiné, suivant D. Bouquet, et quelques peuplades et cités dotées aussi, selon Pline, du droit du Latium, telles que : Embrun, dans les Alpes graïennes, et quelques autres villes habitées par des montagnards trop barbares au temps d'Auguste pour qu'on en fît même des provinciaux.

Certaines villes non colonisées étaient villes municipales, et étaient réputées l'expression la plus libre du droit provincial, de même que la colonie Italique en était l'expression la plus haute.

IV. — Parmi les cités de la Narbonnaise où la domination romaine a laissé la plus forte empreinte, on peut citer les deux principales villes de la Viennoise : Vienne et Valence, qui remontent à une très-haute antiquité. La tradition assigne aux temples de Mars et de la Victoire, qui avaient été bâtis à Vienne, la date de l'an 343 de la fondation de Rome. Un pont y fut construit par Tibérius Gracchus en 570, ainsi que des greniers et des magasins, par Jules-César; on y signalait la tour de Tibère et la demeure de Ponce-Pilate. Les traditions municipales romaines se perpétuèrent dans cette ville.

La fondation de Valence remonte, selon la tradition, à Romus, fils d'Allobrox, roi des Gaules. Jules-César y construisit des canaux, Auguste l'érigea en colonie romaine militaire et lui donna le nom de *Julia Valentia* (1); l'empereur Valentinien la distribua sous la première Viennoise (2).

(1) PTOL., liv. II, ch. x. CHORIER, *Histoire du Dauphiné*.
(2) ROALDÈS, *Fragments sur Valence*, m. s. de la bibliothèque, n° 300; Dom BOUQUET, *Recueil des historiens de France*, tome II,

V. — Grenoble (*Gratianopolis*), ainsi nommée sans doute de l'empereur Gratien, était, sous la domination romaine, une cité municipale. Elle choisissait elle-même ses magistrats, et ses habitants inscrits à Rome dans la tribu voltinienne jouissaient, à peu de chose près, des avantages et des priviléges attachés au titre de citoyen romain. Des inscriptions recueillies par l'auteur d'une histoire municipale de Grenoble (1), constatent qu'il y eut dans cette ville, dès le règne d'Auguste, des édiles chargés de la surveillance et du soin de la police locale, des duumvirs attachés au maniement des affaires publiques, et des décurions remplissant à la fois les fonctions d'intendants, de juges et de sénateurs. Ces inscriptions constatent aussi que Grenoble, assimilée aux colonies italiennes, était une ville de droit italique, c'est-à-dire que ses principaux priviléges consistaient dans le domaine quiritaire des immeubles, dans l'exemption de la capitation et dans une juridiction réelle, donnée aux officiers municipaux. Quant aux noms et au rang de ces officiers, il devait y avoir, outre les *quinquennales* nommés, chaque cinquième année, pour présider au cens et recevoir les déclarations des citoyens, un premier magistrat décoré du titre de dictateur, deux duumvirs, dix décurions, quoique leur nombre pût être moindre (ces décurions étaient appelés aussi sextumvirs ou septemvirs, suivant qu'ils étaient au nombre de six ou de sept), un *édile* qui souvent réunissait à ses fonctions celles de secrétaire ou celles de questeur, et trois *triumvirs*, préposés à l'entretien des routes; ils étaient tous élus annuellement par les curies et pouvaient être continués dans leurs charges.

p. 10 ; EXPILLY, *Dictionnaire géographique*, vᵉ VALENCE, ALLOBROGES.

(1) M. Pelod, archiviste du département de l'Isère.

La capitale des Alpes maritimes, Embrun (Eburodunum), fut conquise et colonisée en l'an 658, et Néron dota les nations des Alpes maritimes du Droit latin (1).

VI. — Le territoire d'*Aquæ-Sextiæ* capitale de la Provence, sortit en l'an 125 avant J.-C. du domaine public romain, pour devenir, en partie, *res universitatis*, et en partie, *res singulorum*, par suite de la double dotation qui fut faite, tant à la colonie considérée comme personne civile, qu'à chacun de ses habitants individuellement (2).

La vieille ville d'*Arelates* (Arles) fut érigée en colonie par Néron Claude, père de Tibère, en l'an 706 (3) et devint, sous les premiers empereurs chrétiens, la Rome des Gaules. Constant y faisait quelquefois sa résidence; Valentinien et Honorius y établirent le siége du préfet du prétoire, et c'est à Arles que ceux qui devenaient consuls dans les Gaules, prenaient les marques de leur dignité (4).

---

(1) Cæsar (nero) nationes Alpium maritimarum ad jus latii transtulit (TACITE, *Annal.*, XV, 32).

(2) Sextimus proconsul, victa Salluviorum gente, coloniam Aquas-sextias condidit, ab aquarum copiis e calidis frigidisque fontibus, atque a nomine suo ita appellatas (TITE-LIVE, *Epit.*, 61). Voyez aussi DIOD., SIC. XXXIV; STRABON, IV; VELL. PAT., 1, 15 ; GRUTER, p. 298, 3°, etc.

(3) Ad deducendas in Galliam colonias, in queis Narbo et Arelate erant, Nero Claudius missus est. *Suet.*, TIBER., 4. Arelatum... coloni proprii condiderunt. ISID., *Orig.*, XV, 1.

(4) Paude duplex Arelate tuos blanda hospita portus
 Gallula Roma Arelas : quam Narbo martius et quam
 Accolit Alpinis opulenta Vienna colonis.
 Præcipitis Rhodani sic intercisa fluentis,
 Ut mediam facias navali ponte plateam,
 Per quam Romani commercia suscipis orbis,
 Nec cohibes, populosque alios et mænia ditas :
 Gallia queis fruitur, gremioque Aquitania lato.

VII. — Orange, autre ville de la Narbonnaise, située sur les confins de la Viennoise et de la Provence, était aussi une grande ville sous la domination des Romains, comme on peut en juger par les magnifiques ruines d'un théâtre dont l'architecture est imposante et par l'arc de triomphe, élevé à l'une des portes de la ville et enrichi de bas reliefs d'une sculpture admirable. Orange était érigée en colonie de même que Cavaillon (*Cabellio*), et Apt (*Apta Julia Vulgentium*).

VIII. — Avignon (*Avenio Cavarum*) était déjà une ville commerçante lorsque Cnéius Domitius Ahénobarbus triompha dans son voisinage, en l'an 122 avant l'ère chrétienne, des Allobroges et des Arvernes, et lorsque son successeur Quintus Fabius Maximus acheva de détruire ces peuples. Son ancien gouvernement, établi par les Massaliotes, consistait en un sénat dont quatre membres étaient chargés de présider aux assemblées et d'administrer les affaires ordinaires. Domitius qui, resté dans la province en qualité de préteur, en organisa l'administration, rétablit l'autorité du sénat que les grands avaient usurpée et la soumit au régime du reste de la province. Après la victoire de Marius sur les Cimbres, les Romains fortifièrent leur puissance en accordant le Droit latin aux Cavares. Reconnaissant de la fidélité de ces peuples à l'empire Romain, Agrippa les fit jouir de l'une des grandes voies militaires dont il avait établi le centre dans la ville de Lyon, et dont Strabon (1) marque l'étendue en ces termes : « Un de ces grands chemins prenait par les Cévennes et par l'Auvergne, et venait vers l'Aquitaine jusqu'aux Pyrénées. Un autre allait aboutir au Rhin ; un troisième conduisait vers l'Océan par le Beauvaisis et la

---

(1) Livre IV de sa *Géographie*.

Picardie ; enfin le quatrième côtoyait la Gaule narbonnaise et allait aboutir au port de Marseille. » On attribue la fondation de la colonie d'Avignon à l'empereur Galba ; elle fit frapper une médaille en l'honneur de ce prince ; c'est le plus ancien monument que nous ayons de cette colonie dont le géographe Claude Ptolémée fait mention dans le siècle suivant (1).

Dès lors Avignon et toutes les autres villes de la Provence subirent le despotisme et les exactions de l'empire. Le droit sur les successions, qui n'était que d'un vingtième, fut porté par Caracalla au dixième en l'an 242 de l'ère chrétienne. L'année suivante, cet insensé fit mourir le proconsul de la Gaule narbonnaise et inquiéta tous les gouvernements des environs (2). Avignon, qui avait cherché dans la religion chrétienne et dans la protection des évêques un adoucissement à ses maux, fut assiégée en l'an 262, par Chrocus, roi des Allemands, nation également ennemie du christianisme et du nom romain. La ville fut saccagée ainsi que toutes les villes voisines; son saint évêque, Amazius, subit le martyre (3), et son successeur, Aventius, en perpétua le souvenir dans une église qui fut dédiée à Constantin, le 17 août 326, en ces termes : *Dedicatio novæ ecclesiæ sanctæ Maræ Avenicon à Constantino imperatore magnifico opere restauratæ, anno Dominicæ incarnationis CCCXXVI, mense Aug. XVI cal. septembris et trium altarium in ea erectorum ab Aventio episcopo.*

Avignon est qualifiée *Civita avenionis,* dans les tables

(1) Ptolomée, II, 10.
(2) *Nouvel abrégé chronologique de l'histoire des empereurs,* Paris, 1763, p. 257.
(3) *Histoire manuscrite d'Avignon,* par Dom Policarpe de la Rivière (Bibliothèque de Carpentras)

de Peutinger et dans l'itinéraire de Bordeaux à Jérusalem rédigé croit-on, sous l'empire de Théodose le Grand. Ce nom n'était donné alors qu'aux villes murées. On voit dans ses anciens murs des grottes souterraines, destinées ou à défendre la ville ou à renfermer les animaux qui servaient aux spectacles publics.

IX. — La colonie d'Aix (*aquæ sextiæ*) fut fondée en l'an 125 avant J.-C., sous le consulat de Longinus et de Sextius Calvinus qui vainquit les Saliens près des eaux appelées depuis *eaux Sextiennes*, du nom de ce consul (1).

X. — La partie de la Gaule narbonnaise qui s'étendait du Rhône et de la Méditerranée aux Pyrénées et à l'Océan et qui était nommée *Septimanie* comprenait le pays des Volces Tectosages et celui des Volces arécomiques. Nîmes, capitale des Volces Arécomiques, Toulouse, capitale des Volces Tectosages et Narbonne étaient les trois colonies les plus importantes de cette province.

XI. — Nous avons constaté plus haut les origines grecques de la ville de Nîmes. « Cette cité, dit Strabon (liv. IV), est moindre que celle de Narbonne, si l'on a égard à l'affluence des marchands et des étrangers, mais elle lui est supérieure au point de vue de la police, car elle a vingt-quatre bourgades qui en dépendent et qui jouissent des droits et privilèges des Latins. On voit à Nîmes des Romains qui ont été édiles et questeurs à Rome, et le peuple de cette cité ne répond pas devant les préfets et les gouverneurs qui y sont envoyés de Rome. »

La cité de Nîmes, située sur la route d'Italie en Espagne, *chemin*, dit Strabon, *fort commode en été, mais effondré*

---

(1) Cassio autem Longino et sextio Calvino (qui sallues apud aquas, quæ ab eo sextiæ appellantur, devicit) consulibus, fabrateria deducta est (VELL. PAT., l. c. xv).

en hiver et au printemps, à cause des fréquents débordements des rivières, reçut une colonie de Romains, formée des soldats qu'Auguste avait ramenés d'Égypte (1). La beauté du site et du climat en firent un objet de prédilection pour les Romains, et Nîmes devint par la beauté de ses monuments autant que par l'illustration de ses habitants une seconde Rome. Son amphithéâtre, d'ordre dorique, est l'un des cirques les plus majestueux et les mieux conservés de l'Europe. Sa *maison carrée* est la *cella* d'un temple qu'on croit avoir été dédié aux fils d'Adrien et dont l'architecture, d'ordre corinthien, peut rivaliser avec celle des plus beaux monuments de la Grèce. Les Romains amenèrent à Nîmes des eaux d'une source abondante par le magnifique aqueduc dont fait partie le pont du Gard, et dont les vestiges se rattachent un peu au-dessous de la haute tour qui porte le nom de tour Magne, à une magnifique ruine dont la destination longtemps problématique pourrait bien n'avoir été que celle d'une salle de bains. Tous ces monuments encore debout, tous ces pavés mosaïques incessamment découverts à cinq ou six pieds du sol formé des décombres entassés par les Barbares, donnent la mesure de ce qu'était, sous la domination romaine, la cité qui descendait de la colline où est située la tour Magne jusqu'à l'amphithéâtre qui en formait la limite méridionale.

Parmi les bourgades voisines de Nîmes, un grand nombre dont la désinence est *argues* (Ager) paraissent avoir été fondées par des généraux romains qui y résidaient. Quelques-unes rattachent leur origine aux guerres de Marius contre les Cimbres et les Teutons. Saint-Gilles prétend avoir été le siége du camp de Marius (*campus Marii, Camargue*). Aigues-Mortes remonterait, selon une tradition ancienne, à

(1) Les armoiries de la colonie nîmoise (col. nem.) consistent en un crocodile attaché à un palmier.

un fossé creusé par Marius (*fossæ Marianæ*); mais cette tradition fondée sur une opinion de Ptolomée quant à l'emplacement de ce canal, et sur les inductions qu'en ont tirées ses commentateurs Gérard Mercator et Pierre Fontamy, n'est pas admise par tous les savants (1).

XII. — Narbonne était une colonie plus ancienne encore et plus importante que celle de Nîmes. Cette ville, déjà florissante au temps de Polybe (2), fut colonisée en l'an 636 de Rome sous le consulat de Porcius et de Marcius (3). « Dans la même province, dit Cicéron, plaidant pour Fonteius, gouverneur de la Narbonaise, est la ville de Narbo Martius, colonie formée de nos citoyens, sentinelle avancée du peuple Romain, rempart élevé pour lui contre ces mêmes nations (4) » Crassus, Jules César et Tibère traitèrent successivement la colonie de Narbonne avec une distinction particulière, lui donnèrent des privilèges considérables et favorisèrent son vaste commerce avec les mers orientales, le golfe ibérique et les côtes de l'Afrique et de la Sicile (5). Des proconsuls s'y établirent et la décorèrent d'un Capitole à l'image de celui de Rome, d'un amphithéâtre, d'écoles municipales, de bains, d'aqueducs et d'autres marques de

---

(1) Voyez les autorités citées dans l'*Histoire d'Aigues-Mortes*, publiée à Paris en 1849, par Furne et Perrotin.

(2) Voyez le *Polybe* de Schweigauser, liv. III, ch. xxxvii et liv. XXXIV, ch. vi et x. Voyez aussi *l'Art de vérifier les dates*, sous l'année 636.

(3) Subinde Porcio marcioque coss. deducta colonia, Narbo Martius (Vell. Pat., II. VIII).

(4) Est in eadem provincia Narbo Martius, colonia nostrorum civium specula populi romani ac propugnaculum, istis ipsis nationibus oppositum et objectum (*Oratio pro Fonteio*, IV).

(5) Tu maris et merces, et Iberica ditant.
Æquora te classes lybici siculi que profundi (Ausone).

la majesté romaine. Sidoine-Apollinaire décrit en termes magnifiques la colonie de Narbonne (1).

Les habitants de Narbonne, reconnaissants des bienfaits des Romains, signalèrent leur affection et leur fidélité à l'empire par une table de marbre, où étaient inscrites d'un côté la dédicace d'un autel à César Auguste, et de l'autre les conditions de ses sacrifices.

Ausone met Narbonne au-dessus de toutes les villes méridionales, depuis les Alpes jusqu'aux Pyrénées, et attribue aux Goths la destruction des magnificences dont il la peint encore revêtue au déclin de l'empire.

XIII. — Une autre colonie latine de la première Narbonnaise, c'est Toulouse, ville très-ancienne dont la fondation est attribuée, selon les uns, à des peuples venus de l'Asie, selon les autres à des peuples indigènes de la Gaule ou aux Ibères (2), et qui, avant l'invasion des Romains, était déjà considérable par le nombre de ses habitants et par a vaste étendue du pays auquel elle commandait. Toulouse était soumise, comme toutes les cités de la Gaule transalpine, à un régime municipal aristocratique (3), lorsque après la fondation de la colonie de Narbonne par Q. Marcius Rex, elle contracta avec les Romains un traité d'alliance, auquel Diodore de Sicile fait allusion en appelant les Toulousains : Ϝυσπουδοι τοις Ρωμανοις (4). Les conditions de ce traité ne sont pas connues, mais il est permis de conjecturer qu'il fut fait sur le pied d'égalité, *æquo jure*, et que Toulouse

---

(1) *Antiquités de la France*, p. 678.

(2) Voyez Nicolas BERTRAND, *Gestes tolosains*, Antoine NOGUIER, *Histoire tolosaine*, CATEL, *Mémoire sur l'histoire du Languedoc*, l'abbé DANDIBERT, *Antiquités de Toulouse*, etc.

(3) STRABON, liv. IV ; SAVIGNY, *Hist. du droit romain au moyen âge*, ch. XI, § 19.

(4) DIODORE, Fragm. excerpt. apud Vales., p. 630.

conserva son autonomie municipale. Ce traité ne dura que sept ans. Toulouse se revolta contre la garnison romaine et fut saccagée par Q. Servilius Cépion. Elle chercha, de nouveau, à secouer le joug des Romains, mais fut ramenée à l'obéissance par Sylla, qui était alors lieutenant de marine (1). Il est probable que Toulouse fut réduite, à cette époque (vers l'an 750), à l'état de province romaine, *in formam provinciæ redacta*, si elle ne l'avait été au moment de l'occupation de Cépion. Elle l'était certainement sous le gouvernement de Fonteius, qui ne put l'accabler qu'à ce titre d'impôts arbitraires (2). Elle l'était, dix ans après, quand César faisait la conquête des Gaules ; car on lit dans ses *Commentaires* (3) qu'il disposait de Toulouse comme d'une ville appartenant aux Romains, qu'il y faisait des levées de troupes et y établissait une garnison.

C'est sans doute à la même époque, que Toulouse, devenue cité provinciale, fut érigée en colonie et obtint la concession du droit de latinité. Elle jouissait de ce droit sous l'empereur Vespasien, comme l'atteste Pline l'Ancien, contemporain de ce prince. L'opinion la plus vraisemblable est qu'il lui fut donné par Auguste (4), lorsqu'il vint, en 727, visiter la colonie de Narbonne et y faire les règlements qui restèrent en vigueur jusqu'à la révolte de Vindex, vers la fin du règne de Néron.

Toulouse, cité latine, a mérité les louanges d'Ausone par la beauté de son site, et la vaste enceinte de ses murailles (5); et parmi les hommes illustres auxquels elle a donné naissance, sous la domination romaine, ou cite *Antoine* Ier, dit

---

(1) Dom VAYSSETTE, *Hist. générale du Languedoc*, tome Ier.
(2) CIC., *proFonteio*, III, IV et V.
(3) *De Bello Gallico*, lib. VIII, § 7.
(4) *Hist. des Gaulois*, par M. Amédée THIERRY, partie II, ch. III.
(5) *Antiquités de France*, p. 671.

Becco, qui fut, selon Tacite, un des plus grands capitaines de son temps; et les rhéteurs *Statius Surculus*, *Amilius magnus*, *Arboricus*, *Victorinus*, etc., mais on n'y trouve pas de vestiges de l'établissement des Romains comparables à ceux d'autres villes de la Gaule Narbonnaise.

XIV. — La Marche espagnole (Marca Hispanica), qui se composait de quatre peuples, les *Sardones*, les *Consoranni*, les *Bigerrones* et les *Convenæ*, appartenait, quant au territoire habité par les premiers, à la première Gaule Narbonnaise, et quant aux territoires habités par les trois autres, à l'Aquitaine. Ces petits peuples formaient, avant l'invasion des Romains, autant de belliqueuses tribus, commandées par des chefs militaires auxquels Tite-Live donne le nom de *Reguli*, et qui, selon les historiens (1), s'assemblaient en armes sous la présidence de leurs magistrats, pour y délibérer sur les intérêts communs, et traitaient par des ambassadeurs avec les autres tribus. Quatre villes principales s'élevaient sur ce petit territoire, établi à l'angle formé par les Pyrénées et la Mer intérieure, et qui a formé depuis la Cerdagne et le Roussillon. C'étaient *Salsulis*, *Ruscino*, *Illiberis*, *Summo Pyrenæo*. Ruscino était le lieu des assemblées générales des quatre peuples pyrénéens : c'est dans cette capitale qu'ils convinrent d'ouvrir passage à Annibal venant d'Espagne, et c'est à Illibéris, ville voisine, située aussi sur le golfe gallique, que les chefs gaulois se rapprochèrent du général carthaginois. Après l'invasion des Romains, les villes de cette partie de la Gaule Narbonnaise jouirent comme les autres de l'autonomie municipale et se conservèrent leurs sénats locaux, tantôt florissants, tantôt tourmentés par l'avidité des proconsuls, jusque vers l'an 440, où les Visigoths s'établirent parmi eux, après avoir chassé

---

(1) *Hist. du Roussillon*, par Jean GAZANIOLA, p. 9.

les Romains et détruit entièrement *Ruscino*, dont il ne reste d'autres vestiges que les ruines de l'ancien château. La première Gaule Narbonnaise prit, dès lors, le nom de Gothie ou Septimanie, et fut gouvernée par les nouveaux conquérants qui, moins civilisés que ses anciens habitants, adoptèrent la langue, les lois, les institutions et les mœurs romaines.

§ 2. — De l'Aquitaine.

I. — L'Aquitaine était renfermée, au temps de Jules-César, entre la Garonne, l'Océan et les Pyrénées : *A Garumna flumine ad Pyrenæos montes, et eam partem Oceani quæ ad Hispaniam pertinet.* Elle était bornée au levant par la chaîne des Cévennes (1).

Auguste réunit aux Aquitains dix nouveaux peuples établis entre la Garonne et la Loire, et voici, d'après le P. Briet, quels étaient les peuples qui composaient alors l'Aquitaine : *Bituriges cubi* (Berry), *Arverni liberi* (Auvergne et Bourbonnais), *Rutheni* (Rouergue), *Helenteri liberi* (Alby), *Cadurci* (Quercy), *Lemovici* (Limoges), *Gabali* (Gévaudan), *Velanni* (Velay), *Bituriges vibisci* (Bordeaux), *Santones* (Saintonge), *Pictones* (Poitou), *Petrocorii* (Périgord), *Ausci* (Auch, Lectoure et Aire), *Tarbelli* (Basques et Béarnais), *Convenæ* (Comminges, Bigorre et Couserans.)

Dioclétien divisa en deux régions l'Aquitaine agrandie par Auguste. Cette divison dura jusqu'à Valentinien, qui partagea ce pays en trois provinces, vers l'an 370 : la première Aquitaine (capitale : *Avaricum*, Bourges), la seconde Aquitaine (capitale Bordeaux) ; et la vieille ou troisième Aquitaine, dite aussi *Novempopulanie*, des neuf peuples qui

(1) Internis quæ premunt aquitanica rura Cebennæ (Ausone).

l'habitaient au pied des Pyrénées, et ayant Eause pour capitale.

II. — La capitale de l'ancien peuple des Berruyers (Bituriges) et de la première Aquitaine, Bourges (*Biturix, Avaricum*), avait des arènes, un amphithéâtre et tout ce qui caractérisait la cité romaine (1). Lathaumassière rapporte dans son *Histoire du Berry* (2), un passage de Grégoire de Tours qui fait allusion à un jugement rendu *par les chefs de la ville* (3). Bourges, dit M. Raynouard (4), est une des cités qui, n'ayant pas été troublées dans l'exercice de leurs droits municipaux, n'eurent jamais besoin de former des fédérations défensives contre des oppresseurs, et jouirent paisiblement de l'antique liberté municipale. Le droit romain n'était cependant pas dominant dans cette province qui était essentiellement régie par la coutume. Mais Lathaumassière (5), quoique peu favorable à la jurisprudence romaine, qu'il appelle, d'après d'Argentré, *rixosam et nugatricem*, reconnaissait que, dans le silence de la coutume, le droit romain devait être observé. M. Augustin Thierry (6) remarque que les officiers municipaux des villes du Berry étaient au nombre de quatre, quel que fût leur pouvoir, et il rapporte ce nombre à la division en quatre quartiers qui remonte très-haut, et semble, dit-il, appartenir au *castrum* des temps romains. Coquille, *Histoire du Nivernais*, p. 298, considère aussi les bonnes villes de cette contrée, notamment Nevers, ce magasin de César (7), comme dérivant des *castra* romains.

(1) *Gallia Christ.*, t. II, p. 2.
(2) Livre III, ch. i.
(3) Sententia primorum urbis.
(4) *Hist. du droit municipal*, liv. IV, ch. i.
(5) *Questions sur la coutume du Berry. Centurie* V°.
(6) *Ancienne France municipale*, p. 238.
(7) *De Bello Gallico*, lib. VII.

III. — Dans le territoire de Bourges étaient Neufvy (*Noviodunum*), Argenton (*Argentomagum*), Issoudun (*Issodunum*), Bourg-Déols (*Vicus dolensis*), etc.

Les Arvernes, peuple si puissant, qu'il avait disputé aux Eduens le gouvernement de la Gaule, luttèrent avec énergie contre Jules-César, excités par Critognat (1) qui leur rappelait, non peut-être sans quelque exagération, que les Cimbres leur avaient laissé leurs droits, leurs lois, leurs champs, leur liberté, tandis que les Romains voulaient, en les réduisant en province, leur imposer le joug d'un perpétuel esclavage; mais l'Auvergne, une fois soumise, fut gouvernée en grande partie par le droit romain, et ses magistrats reçurent les noms de *sénateurs*, de *patrices*, de *consuls* (2). Le sénat d'Auvergne, qui était formé à l'imitation de celui de Rome et qui était, avant l'invasion romaine, plus indépendant des Druides que celui de la cité d'Autun, fut maintenu par une des conditions du traité fait avec César et survécut à la liberté de la nation dont il retraçait l'image. Convaincus d'ailleurs que le moyen d'affermir une domination puissante est de gagner les cœurs, les conquérants n'introduisirent qu'insensiblement et par degrés les lois romaines dans les Gaules. Mais les officiers de l'empire, arbitres des peines et des récompenses, ne laissèrent aux Arvernes que l'ombre extérieure de l'autorité : toute la réalité du pouvoir résida chez les comtes qui, dès l'an 440, usurpèrent le droit de mettre aux fers jusqu'aux sénateurs (3).

(1) Cimbri... jura, leges, agros, libertatem nobis reliquerunt... Romani vero, quid petunt aliud nisi invidia adducti quos famâ nobiles, potentes que bello cognoverunt, his æternam injungere servitutem... respicere finitimam galliam quæ in provinciam redacta jure et legibus commutatis premitur servitute (Cæsar, *de Bell. Gall.* liv. VII).

(2) Chabrol, sur la coutume d'Auvergne, *Dissertation* XI.

(3) *Histoire d'Auvergne*, par M. Murat Sestrières.

L'Auvergne se trouva donc régie par un mélange de lois romaines et de coutumes celtiques au-dessus desquelles planait le bon plaisir du gouverneur de la province et des autres officiers de l'empire. Le droit romain domina toujours exclusivement dans la haute Auvergne et régit les villes les plus connues : Aurillac (*Aureliacum*), assise anciennement sur un lac où se trouvaient de petits grains d'or; Saint-Flour (*Mons Planus*) et les bourgs qui dépendaient de ces deux villes romaines. Les villes de la basse Auvergne dont la capitale était Riom (*Ricomagum*) se gouvernaient par la coutume; d'autres lieux étaient régis en partie par la loi romaine, en partie par la coutume (1).

On remarque dans la haute et la basse Auvergne plusieurs noms de villages ou *castra* romains : *Iciodurum* (Issoire) où fut enseveli saint Austremoine, premier évêque d'Auvergne; *Musciacum* (Moussac) où le sénateur Calvinius fonda un monastère sous le règne de Justinien; *Tigurinum castrum* (Thiers); *Violvascensis vicus* (Volvic); *Brivate* (Brioude) où sont les reliques de saint Julien, martyr; *Avitacum* sur l'Allier (pont du château), du nom de l'empereur Avitus qui le donna en dot à sa fille Papianille, femme de Sidonius (2). Le Bourbonnais et sa capitale (*Gergobina* Moulins) dépendaient du pays des Arvernes.

IV. — Dans le pays des *Rutheni* dépendant de la première Aquitaine, on remarquait la cité de Rodez qui se mêla au soulèvement des Arvernes et des Allobroges et qui fut prise par Fabius Maximus, Milhau (*Amilianum*), Saint-Antonin (*Castrum sancti Antonini*), etc.

(1) CHABROL, sur la coutume d'Auvergne, a donné, dans une dissertation, l'état des lieux qui se régissaient, les uns par le droit écrit, les autres par la coutume ou par un mélange du droit écrit et de la coutume.

(2) *Histoire d'Aquitaine*, par LOUVET, p. 133.

V. — La cité d'Albi sur le Tarn et tout le pays des Albigeois (*Helenteri liberi*) étaient aussi connus des Romains. On remarque, dans ce territoire fertile, Castres (*Castrum*), Rabastens (*Rabistagnum*), Gaillac (*Gaillacum*), etc.

VI. — Dans la cité de Cahors (*Cadurci*) apparaissent Ussouldun (*Uxellodunum*), ville située sur une haute montagne que César eut tant de peine à prendre ; Moyssac (*Moyssiacus*), Figiac (*Figiacum*), Roquemadour (*Rocca Amatoris*), Castelnau de Bretenous (*Castrum Brunishildis*), etc.

VII. — Autour de la cité de Limoges (*Lemovici*), se groupaient *Briva Curratia* (Brives-la-Gaillarde), *Calucium castrum* (Chalus), *Tutellensis vicus* (Tulle).

VIII. — La cité de Gévaudan (*Gabali*) était, sous la domination romaine, *Anderetum* qui fut ruinée par les Barbares et dont le siège épiscopal fut transféré au bourg de Mende.

IX. — Les peuples du Velay (*Velanny*) avaient été autrefois sujets des Arvernes ; mais après que, sous Auguste, ils eurent édifié une cité, ils se firent peuple à part et furent mis au nombre des cités de la première Aquitaine. Outre la ville du Puy (*Anicium*), il y avait dans le Velay le *Castrum poliniacum* et le *Castrum Caleniniacum*.

Tel était l'ensemble des cités de la première Aquitaine.

X. — La seconde Aquitaine embrassait :

1° Bordeaux (*Bituriges vibisci*) et ses annexes, *Hebromagus* (Embran), *Blavia* (Blaye), *Tractus medullorum* (le pays de Médoc), *Portus Alengoni* (Alengon), *Vicus Nodollacensis*, (la Seuve), *Fronciacum castrum* (Fronsac), *Vasates* (Bazas), etc.

2° Agen (*Nitiobriges*) et ses annexes, *Pompeiacus*, lieu célèbre par le martyre de saint Vincent, diacre d'Agen, *Excisum, Castinogilus, Castellio, Monspellatus*, etc.

3° Le pays des Xaintongeois (*Santones*), où l'on remarque *Angeriacum* (Saint-Jean-d'Angély), *Brantosasum* (Taillebourg) *Pons castrum* (Pons), *Niortum* (Niort), *Mortagnia* (Mortagne), *Broagium* (Brouage), etc.

4° Le Poitou (*Pagus pictonum*).

5° La cité de Périgueux (*Petrocorii*) et les villes de Sarlat, etc.

XI. — La troisième Aquitaine ou Novempopulanie comptait dans son sein le peuple d'Auch, Lectoure et Aire (*Ausci*) qui passait, chez les anciens, selon Pomponius Mela et Ammien Marcellin, pour le plus célèbre de toute la Novempopulanie; les Béarnais et les Basques (*Tarbelli*) (1), la cité de Dáx sur l'Adour (*Aquæ tarbellicæ*), peuple appelé aussi, selon Pline, *Aquenses aquitani*, la cité de Comminges et (*Convenæ*), Bigorre; le pays de Conserans (*Consoranni*), Lapurdum (Bayonne), l'une des villes où les Romains tenaient leurs garnisons, *Castrum sancti Joannis de pede portas* (Saint-Jean-pied-de-Port) (2).

XII.—Colonies ou villes municipales, les villes du midi de la Gaule, furent d'abord bien traitées par les conquérants. On incline à penser que les habitants ne furent pas privés de leurs biens, et qu'on ne donna aux colons romains que les biens de ceux qui prirent la fuite (3).

Les colonies Latines, fondées dans la Gaule méridionale, prirent un grand développement. On y voyait, comme à Rome, des amphithéâtres, des cirques, des temples, des augures, des pontifes, des flamines, des sénats. Leurs magistrats étaient admis en si grand nombre au sénat de

(1) Aquitanorum clarissimi sunt Ausci (MELA). Novempopulos Ausci commendant (AMMIEN MARCELIN).

(2) VIENARD, *de notitia utriusque vasconiæ.*

(3) CAMBIS *Antiquités de Vaucluse.*

Rome, que Cicéron leur reprochait agréablement d'avoir altéré la pureté de la langue latine. On eût dit de l'Italie, même plutôt que d'une province : *Italiam verius quam provinciam* (1). Mais dans la suite des temps, le despotisme des préfets du prétoire n'épargna pas plus la Provence et ses colonies Latines, que le reste des Gaules, dans la perception des impôts ; et lorsque les Bourguignons et les Visigoths y pénétrèrent, ils y furent reçus comme des libérateurs et des hôtes plutôt que comme des conquérants.

L'Aquitaine, séparée de la Narbonnaise par de hautes montagnes habitées par des peuples belliqueux qui résistèrent longtemps à l'invasion, ne fut pas, comme la Narbonnaise, soumise au régime colonial. Mais chaque cité de cette province était une république municipale. Ceux qui naissaient dans ses murs, ou dans un de ses bourgs, ou même seulement dans son rayon lui appartenaient de droit (2).

Chaque cité avait sa curie, son sénat de décurions et ses magistrats, dont les principaux étaient les duumvirs ou consuls, les édiles et les curateurs ou quinquennales, chargés de fonctions analogues à celles des censeurs romains (3).

De nombreuses pierres trouvées dans les villes du midi des Gaules, portent : DEC. COL. (*decurio coloniæ*). Je ne sais, dit Sigonius (4), si le nombre des décurions a été le même dans toutes les colonies, mais il résulte assez clairement du livre II des Lettres de Pline, que le décurion des colonies était, comme le sénateur romain, assujetti à

---

(1) PLINE, *Hist. nat.*, liv. III, ch. IV.

(2) Qui e vico ortus est eam patriam intelligitur habere cui reipublicæ vicus respondet (L. ff., *ad municip.*).

(3) ROTH, *de re municip. rom.*, liv. II, ch. II et III. V. ci-dessus, liv. III, ch. VIII.

(4) SIGONIUS, *1b. de ant.*, liv. II, ch. IV, *de republica coloniarum*.

un cens fixé à cent mille sesterces (1). La naissance, le choix de la curie, l'aggrégation de ceux qui avaient conquis le titre de *spectabiles* ou d'*honorati*, dans l'exercice des charges municipales et des dignités de l'empire, concouraient à la composition du sénat des décurions (2).

XIII. — Chaque curie élisait pour un an deux duumvirs; pour quinze ans, dix principaux, un conseil exécutif et permanent, chargé de l'édilité, de la répartition, de la collecte et du versement des impôts; pour deux ans, un défenseur ou curateur de la cité, dont l'office consistait à surveiller l'administration des premiers, à se mettre entre le peuple et le préfet, toutes les fois que celui-ci voulait abuser de son pouvoir, ou à protéger ses concitoyens contre toute injustice. Il avait droit d'appel à l'empereur.

La magistrature du duumvirat dans les cités Gallo-Romaines était analogue à celles du consulat et de la préture (3). Elle conférait la juridiction civile et criminelle en premier ressort, plutôt que *l'imperium*.

Un jurisconsulte éminent soutient que la magistrature des *duumvirs* n'existait dans aucune partie des Gaules. La loi 171, au Code théodosien, *De decurionibus* (4), prouve selon M. de Savigny, que, dans les Gaules, le premier des décurions présidait la curie, sous le nom de *Principalis*, et

(1) Environ 17,700 fr. de monnaie de France.
(2) Cod. Théod., XII, 94, 181, 187, *de decur.*
(3) Ea quæ magis imperii sunt quam juridictionis magistratus municipalis facere non potest (D. liv I, 26, Paul).
(4) Placuit, principales viros e curia in Gallis non ante discedere quam quindecenium in ordinis sui administratione compleverint... sane quoniam principalem locum et gubernacula urbium probatos administrare ipsa magnitudine deposuit, sine ordinis præjudicio, consensu curiæ eligendos esse censemus, qui contemplatione actuum omnium possint respondere judicio. Eum vero qui usque ad secundum evectus locum, administrationem

se trouvait par conséquent à la tête des affaires de la cité.

« On pourrait croire, dit-il (1), que le *principalis* était un véritable magistrat et qu'il ne différait du *duumvir* que par son titre et le mode de sa nomination. Mais, pour les Romains, la différence était bien autrement essentielle. La charge de *principalis* répondait à l'idée que nous nous formons du directeur d'un collége ou d'une corporation ; le magistrat avait une dignité propre et personnelle. Les *judices provinciarum*, les *honorati*, lés *curiales*, les *possessores* étaient des fonctionnaires actifs ou émérites de l'empereur, plutôt que des magistrats des cités. »

La théorie de M. de Savigny a été vivement combattue par un écrivain provençal, qui pense, au contraire, que l'empire romain chercha dans la multiplication de municipes vraiment libres, le moyen le plus puissant de s'assimiler la Gaule, et qui prétend trouver dans les textes des constitutions, des preuves très-positives de la persistance des magistratures locales et indépendantes (2).

Strabon, que M. Giraud ne cite pas, dit en effet, que les cités provinciales en possession du droit de latinité, étaient administrées par leurs magistrats locaux, et non par les proconsuls, présidents ou gouverneurs romains. *Nemauso in Gallia jus Latii datum est, ut qui Nemausi edilitatem et quæsturam adepti essent, ii cives Romani essent, eaque de Causa, populus ille Romanis prætoribus non paruit* (3). Sigonius ajoute (4) : *Quibus ex verbis illud perspici non*

aut ætate implere aut debilitate nequiverit, suffragium meritorum et transactæ testimonium vitæ tanquam primus constituto tempore curiam rexerit, obtinere conveniet.

(1) *Hist. du droit franç. au moyen âge*, t. I, p. 68.
(2) M. Giraud, *Hist. du droit franç. au moyen âge*, t. I, p. 127.
(3) Liv. IV, traduction de Casaubon.
(4) *De jure latii*.

obscure potest, Latinos ipsos non magistratuum quidem Romanorum edictis, sed suorum prætorum obtemperasse.

Allobroges et Ligures, dit ailleurs Strabon lui-même, *rectosibus provinciæ Narbonensis Romanis obtemperant : Viscontii sicut de Volcis circa Nemausum, ut supra diximus, sui juris sunt.* Ajoutons, avec M. Fauriel (1), et avec M. Laferrière (2), que de nombreuses inscriptions recueillies dans les villes de la Narbonnaise et de l'Aquitaine. notamment à Narbonne, Nîmes, Toulouse, Vienne, Lyon, Vésone, Apt, Avignon, Vaison, Fréjus, Arles, etc., ont été faites en l'honneur de magistrats curiaux, désignés par les titres de Duumvirs ou Consuls, et qu'ainsi M. de Savigny se trompe quand il dit que les Duumvirs étaient attribués exclusivement aux villes de l'Italie ou aux villes Gauloises, dotées particulièrement du droit Italique. L'honneur éminent qui s'attachait au duumvirat, est d'ailleurs attesté par Pomponius *de Albo scribendo* : *in Albo lex proponi jubet, qui maximo honore in municipio functus est, ut qui Duumviratum gessit.* Et ailleurs : *Is qui non fit decurio, Duumviratu vel aliis honoribus fungi non potest.*

Les magistratures auxiliaires de celle des duumvirs étaient celle des *édiles,* dont les attributions étaient les mêmes qu'à Rome, et celle des *curatores* ou *quinquennales* dont l'institution durait cinq ans comme celle des censeurs, et qui étaient chargés de la police des mœurs, de l'approvisionnement des villes, de la ferme des terres publiques, etc.

Le caractère essentiel des municipes de la Gaule méridionale, c'est, dit M. Augustin Thierry (3), le duumvirat ou le consulat.

XIV. — Les auteurs ne sont pas d'accord sur le degré de

(1) *Hist. de la Gaule méridionale,* 1, 367
(2) *Hist. du droit français,* t. II, p. 234.
(3) *Histoire du tiers-état.*

liberté dont jouissaient les villes régies par le *jus Latii* ou par le *jus Italicum*.

Un publiciste, (1) jaloux d'assigner à la constitution politique de sa province une origine très-ancienne, nous montre le principe de ses libertés dans les édits, les rescrits et les décrets du Code Théodosien, notamment dans le titre 12, liv. 12, qui traite particulièrement des députés des provinces auprès de l'empereur, et des demandes dont ils étaient chargés (*De legatis et decretis legationum*), et dans la constitution de l'empereur Honorius de l'an 418 pour l'assemblée des sept provinces des Gaules. « On voit par ces textes, dit Albisson, que chaque province formait tous les ans, dans une des villes les plus considérables, une assemblée solennelle composée des principaux magistrats municipaux des villes ; là on traitait des affaires communes et de tout ce qui avait rapport aux intérêts publics et particuliers ; on délibérait sur tous les objets à la pluralité des suffrages. On y discutait les sujets de plaintes que les officiers de l'empire avaient donnés aux habitants, et l'on dressait enfin le cahier des demandes qu'on avait à faire à l'empereur, auquel on envoyait trois députés chargés des vœux de la province, et quelquefois de *l'or coronaire* qui était une sorte de don gratuit que les provinces offraient aux empereurs, lors de leur avénement à l'empire. Dans les temps heureux de ce régime, ajoute l'auteur, rien n'était plus libre que la composition et la présentation de ce cahier de demandes et de doléances. Il était formé dans le sein de l'assemblée, et sans qu'il fût permis au recteur de la province, ni même au préfet du prétoire d'y rien changer ou retrancher. Les députés étaient admis à l'audience

---

(1) M. ALBISSON, *Libertés municipales et économiques du Languedoc*, t. I, p. 317.

de l'empereur, et lui seul prononçait sur les demandes dont il était chargé de poursuivre le succès. »

Tel est, selon Albisson, le tableau quelque peu flatteur de la liberté municipale des Gaules, dans la période impériale qui précéda Théodose le jeune, car l'auteur reconnaît lui-même « qu'au moins, à dater de cette époque, cette liberté, souvent attaquée par les officiers du prince, fut totalement anéantie, que le préfet du prétoire devint l'arbitre suprême des députations provinciales et des audiences de l'empereur, qu'alors les villes se lassèrent d'envoyer à ces assemblées, dont la dépense n'était rachetée par aucun avantage, et que les officiers de l'empire, sûrs de l'impunité, ne mirent plus de bornes à leurs violences et à leurs concussions. »

Le droit latin ou italique des colonies Gallo-Romaines est considéré aussi par quelques publicistes contemporains, comme une garantie d'indépendance municipale, pendant les premiers siècles de l'empire romain.

M. Giraud (1) pense que les colonies latines des provinces méridionales de la Gaule étaient gouvernées par l'ancien droit du Latium, lequel comprenait 1° le commercium; 2° l'indépendance; 3° le droit d'acquérir la civité romaine par l'exercice des magistratures locales. M. Giraud va plus loin : selon lui, la condition de la liberté pour les populations des provinces c'était de devenir *fundani*.

Le savant jurisconsulte nous paraît confondre ici deux choses distinctes : la liberté et la participation aux avantages de la cité romaine.

Il est remarquable qu'aucune cité de la Narbonnaise n'était libre. Cette condition ne convenait qu'aux cités dont le degré inférieur de culture ne comportait pas une asso-

---

(1) *Recherches sur le droit de propriété chez les Romains*, p. 290.

ciation un peu intime à la vie romaine. Les Salyens, les Allobroges, tous les peuples de la Gaule méridionale furent traités, après leur soumission, à la façon des peuples déditices (1). Mais il furent érigés en colonies romaines, latines ou italiques, et devinrent une terre italienne. Sous le régime colonial, les villes eurent, indépendamment de diverses immunités d'impôts qui dépendaient du droit général qui les régissait et plus encore des concessions spéciales des princes, un avantage précieux au point de vue de l'autonomie : c'est le maintien non interrompu des *formes* municipales romaines, ce sont les profondes racines jetées par l'idée du municipe, qui contribuèrent à donner aux cités latines, lors de l'invasion des Barbares, leur force de résistance, et leur principe de résurrection. Mais l'indépendance et l'autonomie municipales des villes latines étaient plus apparentes que réelles, et leur liberté politique était entièrement nulle. Les provinciaux, dit M. Benech, dans sa monographie sur Toulouse, Cité Latine, malgré leur droit de latinité, restaient placés sous l'*imperium* du vainqueur, pour tout ce qui engageait l'action ou l'intérêt politique ; par exemple, pour les traités à faire avec les autres cités, pour les questions d'impôts ou de levées de troupes, l'établissement de corporations (*collegia*), la tenue d'assemblées illicites, etc.

Quelque graves donc que puissent paraître les autorités à l'aide desquelles plusieurs jurisconsultes contemporains veulent établir que les décrets des décurions, en matière administrative, étaient religieusement exécutés, et ne pouvaient être rescindés que pour cause d'utilité publique (2),

(1) Les Salyens vaincus par Sextius, furent vendus *sub coronâ* (Diod., *Sicil. fragm. valet.*, t. II, p. 604). Allobroges in deditionem accepti, dit l'*Abréviateur* de Tite-Live, LXI.

(2) Quod semel ordo decrevit non oportere rescindi D. Hadria-

il paraît difficile de voir dans les colonies, soit Italiques, soit Latines, des libertés bien réelles.

On présente les colonies Latines, de la Gaule transalpine, comme passant, par un traité fait avec les Romains *æquo jure*, du régime aristocratique et druidique à un régime d'autonomie, et même d'indépendance politique, après avoir subi sous le concussionnaire Fontéius les rigueurs et les iniquités du régime provincial.

Mais est-il exact de soutenir que le nouveau droit de Latinité attribué par Auguste à quelques villes (1), assimila de tout point leurs habitants aux *Latini veteres*?

Interpréter ainsi l'histoire, c'est faire une trop large part, ce nous semble, à la générosité des empereurs. Ils laissèrent, à la vérité, subsister dans les colonies Latines les signes extérieurs de l'autonomie, mais les magistratures locales existaient en apparence plutôt qu'en réalité.

Le Pontificat était exercé par un collége de pontifes, au dessous duquel étaient les colléges de Flamines, les augures et les aruspices. La Curie et les magistrats élus dans son sein, jouissaient dans chaque ville d'attributions importantes. Les Décurions assuraient les approvisionnements, pourvoyaient à l'entretien des aqueducs et des bains, surveillaient les luttes du cirque et les spectacles, réglaient les distributions de blé, veillaient à l'entretien des voies publiques, régularisaient les affranchissements, surveillaient la nomination des tuteurs, répartissaient les impôts et en opéraient la perception, décernaient dans des épreuves solennelles les diplômes professionnels, rendaient la jus-

---

nus rescripsit, nisi ex causa; id est, si ad publicam utilitatem res piciat rescisio prioris decreti.

(1) Suét. In Octav. August., 47. Urbium quasdam merita erga populum romanum allegantes latinitate donavit.

tice en matière de commerce, donnaient des tuteurs aux pupilles, consacraient les adoptions. Des magistratures secondaires venaient en aide aux décurions. C'étaient, selon les lieux, le *Préfet des veilles (præfectus vigilum)*, chargé de la sûreté publique; le *Préfet de la ville*, investi d'attributions de police plus étendues; le *Préteur*, qui rendait la justice civile en matière ordinaire; le *Questeur*, chargé de la perception, de la garde et de l'emploi des derniers; les *Ediles*, chargés de toutes les parties du service administratif; le *Curator* ou *quinquennalis*, chargé de fonctions analogues à celles des Censeurs romains.

A en juger par les apparences, l'ensemble de ces magistratures, toutes électives, constituait une libre et forte administration municipale; et telle est en effet l'opinion d'un grand nombre d'écrivains (1). Mais en réalité on ne laissait à ces prétendus magistrats que le soin des petites choses; car, disait Justinien, un chef d'Empire ne doit s'occuper que de ce qui est grand (2).

Aussi, quoique dans l'ensemble de l'organisation municipale, tout semble indiquer une vie réelle, la plupart des publicistes allemands, italiens, français, reconnaissent non-seulement dans les Gaules, mais dans tout le monde romain sur le déclin de l'Empire, à dater de Dioclétien surtout, et à finir avec Justinien (3), la décadence complète des magistratures municipales.

(1) V. l'*Histoire du droit municipal*, par M. RAYNOUARD, liv. 1er, ch. XIII. *Toulouse, cité latine*, par M. BENECH; *Les origines municipales de Nîmes*, etc.

(2) Occupatis nobis circa totius reipublicæ curas, et parvum nihil eligentibus cogitare (JUSTINIEN, *Nov.* 1, *in præfat.*).

(3) Voyez entre autres, un ouvrage allemand, publié à Leipsick en 1847, et intitulé: *Histoire de la constitution des villes de l'Italie, à dater de l'époque de la domination romaine jusqu'à la fin du douzième siècle.*

CHAPITRE V

DU RÉGIME MUNICIPAL GALLO-ROMAIN SEPTENTRIONAL.

§ 1ᵉʳ. — Les tribus et les clans de l'antique Germanie s'étaient montrés inhabiles à composer une nationalité, parce qu'ils ne contenaient aucun des éléments qui lui sont nécessaires. Ils s'étaient dissous en cédant la place à de nouvelles formes politiques, et, chose remarquable, ce fut l'*odieux* Romain, qui, en tempérant la force brutale par l'idée du *droit*, posa, dans les pays situés sur les bords et au-delà du Rhin, les fondements d'une nouvelle civilisation.

Les Romains, malgré les attaques sans cesse renouvelées d'abord par les tribus de la Pannonie, puis par la ligue allemanne, puis par les Goths, les Francs, les Huns, les Alains, continuèrent avec persévérance l'œuvre de leur établissement dans les contrées de la Germanie qu'ils avaient conquises et qu'ils désignèrent parmi les provinces de l'empire sous les noms de *Germania prima, secunda, trans-Rhenana, magna Rhetia, Noricum.* Dans des positions choisies avec habileté, dominant les fleuves et le pays, ils placèrent des châteaux forts (*castra*), et réunirent les citoyens en municipalités ou colonies (*civitates*), qui, dirigées, sur le modèle de la capitale du monde conquis, par des sénats indépendants et permanents (*collegia decurionum*), divisées en corporations, et représentées auprès des magistrats romains par les chefs de ces corporations, s'habituèrent à administrer leurs affaires intérieures dans des assemblées régulières. Les chefs des collèges de décurions portaient le titre de *duumvirs* ou *consuls*. Des juges, des édiles, des questeurs dirigeaient l'administration de la justice, de la police, des finances. A côté des magistrats, pourvus d'une autorité complète, étaient les citoyens libres qui coopéraient puissamment à l'administration municipale.

L'histoire (1) attribue aux cités germaniques le droit de faire des statuts, droit que n'avaient pas les cités romaines, car, Rome exceptée, elles n'étaient considérées que comme de simples particuliers (2). Ces statuts étaient faits, ou par le peuple rassemblé dans un lieu public, sur la proposition du gouverneur, auquel cas ils étaient perpétuels, ou par les décurions, auquel cas ils ne duraient qu'une année.

Ces statuts devaient être conformes aux principes du droit naturel, et, par exemple, la coutume d'attribuer des biens des naufragés au fisc, quoique reconnu dans les Gaules, ainsi que chez les Anglais et les Espagnols, n'était pas admise par le droit germanique à cause de sa cruauté et de son impiété (3).

Au nombre des statuts injustes condamnés par le droit germanique, on comprenait tous ceux qui, directement ou indirectement, consacraient les monoples.

Un autre privilège des villes consistait dans le droit exclusif attribué aux *municipes* de faire le commerce, de

---

(1) ARUMÆI, *Discursus academici de jure publico*. — *Discursus nonus de civitatibus*, t. II, p. 235.

(2) Omnibus civitatibus commune est ut statuta condere possint quamvis olim secus erat. Nulli enim civitati aut genti quæ romano suberat imperio contra formam juris publici quidquam constituere licuit, cum privatorum loco civitates omnes una Roma excepta haberentur. *Arg. de la loi* 15, ff., *de verb. signif.*

(3) Fredericus C. de furt. et Carolus V per const. crim. Art. 218.

fabriquer et de vendre de la bière, d'ouvrir des ateliers et de cultiver les arts.

Les priviléges des marchands (*privilegia mercatorum*) nés en Italie, notamment à Venise d'où ils franchirent les Alpes, en conservant leurs caractères et leurs appellations techniques, étaient les suivants :

1° Le droit des foires et marchés (*jus fori et nundinarum*), c'est-à-dire le droit de vendre, à l'exclusion des étrangers, du blé et d'autres comestibles;

2° Le droit appelé *jus stapulæ*, qui consistait à empêcher ceux qui fabriquaient des marchandises de les exporter sans les avoir exposées en vente aux citoyens ;

3° Le droit appelé *jus geranii* qui consistait à décharger les navires, et à transborder les marchandises afin d'empêcher les navigateurs de frauder les droits ;

4° Enfin les autres priviléges établis par la loi.

Les priviléges des artisans (*privilegia opificum*) consistaient dans le droit d'instituer des colléges ou corporations (*societates, gildæ, uniones, Innungen*). On n'était pas indistinctement reçu dans ces corporations et jugé digne du titre de maître. Il fallait 1° prouver qu'on était né ingénu; 2° établir par des lettres, dites *liber-brieff*, qu'on avait accompli les années d'apprentissage exigées par les statuts, qu'on avait été reçu au nombre des compagnons, et qu'on avait voyagé quelques années ; 3° enfin qu'on avait mérité par un chef-d'œuvre, par les honneurs faits au corps et par le payement des dépenses d'usage, d'être admis au rang des maîtres.

Tels étaient dans leur ensemble les priviléges des villes germaniques (1), qui, privées d'ailleurs de toute juridiction

---

(1) COURING, *de urb. Germ.*, § 131 ; KERT, *de spec. imp. rom.*, c. II, § 22 ; *Statuta dell' università de Mercanti.* HEINECC., *de coll. opific.*, c. II, § 11.

municipale, et soumises à *l'imperium* des Romains, offraient, comme celles des autres provinces de l'empire, les apparences de l'autonomie, les réalités de la servitude (1).

La Gaule Belgique, qui était tout entière régie par ce système d'administration, se divisait en Séquanaise, Germanie supérieure, Germanie inférieure, première et seconde Belgique.

DE LA SÉQUANAISE.

§ 2. — Les Séquanais étaient, selon leur historien, Goullut (2), un peuple libre habitant les Alpes ou la Gaule Belgique. Ils aspiraient à dominer toute la Gaule, et, dans cette vue, ils invoquèrent contre les Eduens, leurs ennemis, le secours d'Arioviste, roi des Germains (3).

César marcha contre la république séquanaise, parce que, dit-il, « Arioviste, roi des Germains, s'était établi sur son « territoire, et en occupait le tiers qui était le meilleur « de toute la Gaule. » Il prit parti dans les querelles de cette république avec celle des Eduens, et fit cesser la domination qu'Arioviste y avait fondée, pour y substituer la domination romaine. A son arrivée, tout changea de face ; les Eduens reprirent leurs otages, recouvrèrent leurs anciens clients, en obtinrent de nouveaux par le crédit de César. Le pouvoir et le crédit des Eduens s'accrurent. La prépondérance échappa aux Séquanais (4). Une ligue nouvelle,

---

(1) Heineccius, *Element. jur Germ.*, l. I, § 102 et 104. Couring, *Ibid.*, t. I, § 25, 27, 31, 72, 74.

(2) *Recherches sur le pays des Séquanais*, liv. I, ch. I.

(3) Ut totius Galliæ principatum obtinerent (Cæsar, *Bell. Gall.* VI, 12).

(4) Adventu Cæsaris facta commutatione rerum, obsidibus Æduis redditis, veteribus clientelis restitutis, novis per Cæsarem

dans laquelle entrèrent les Eduens eux-mêmes, se forma plus tard, mais César en triompha et mit dans la Séquanaise ses légions en quartier d'hiver, 58 ans av. J.-C. (1).

Les Romains, « qui étaient bons maîtres pour se main-
« tenir en leurs conquêtes, dit Goullut, usèrent de plu-
« sieurs règles : la première desquelles estoit de soubs
« ombre et prétexte de bons amis, donner secours aux plus
« foibles, se saisir cependant des forteresses, puis de pres-
« crire forme de magistrat, qui fût du tout à leurs volontés,
« par l'affection de tels personaiges qu'ils faisaient choisir
« et qui dépendaient d'eux, et qui havaient leur fortune
« attachée à celle des Romains. La seconde estoit de faire
« enlever une partie des meilleurs homes propres à porter
« les armes, desquels ils se servaient en leurs guerres
« non-seulement des Gaules, mais encore des autres
païs. »

Les Séquanais se façonnèrent difficilement au joug des Romains; ils se soulevèrent plusieurs fois, et Rome les dompta plutôt par sa civilisation énervante que par la force des armes. Dotés des droits de cité, des honneurs politiques, c'est-à-dire de celui de siéger au sénat (2), les Séquanais reçurent de Rome ses lois, ses usages, ses mœurs, ses vices, ses alliances et ses Dieux (3), et partagèrent pendant cinq cents ans la bonne et la mauvaise fortune des provinces romaines.

Outre la cité capitale donnant le nom à tout le pays,

comparatis... Sequani principatum dimiserant; in eorum locum Remi successerant (CÆSAR, de Bell. Gall. lib. VI, 12).

(1) Populi romani exercitum hiemsare atque inveterascere in Gallia moleste ferebant (CÆSAR, Bell. Gall., V, c. I).

(2) TACITE, Annal., XI, 34, Vie d'Agricola, c. XI, XXI.

(3) Moribus, artibus, affinitatibus nostris, mixti (TACITE, Annal. XI, 24).

« et en laquelle, » dit Goullut, « les naturels du païs en-
« tretenaient un ombrage de leur république plutôt que
« l'effet vray et tel qu'auparavant ; car la puissance, la
« force et les profits étaient vraiment et appartenaient aux
« Romains, » les villes principales de la Séquanaise étaient
Raurica ou la cité des Rauragnes, près du Rhin, Man-
deuze (*Epimanduorum* ou *mandura*), Pontailler (*Amage-
tobria*), Dammartin (*Dittatium?*) Seveux (*Segobodium*),
Luxeuil (*Luxovium*), Port Abucin (*Portus Abucinus*),
Corre (*Colera?*) Lons-le-Saunier (*Ledo*), Praux (*Broia*),
patrie de Brennus, Basle, Olino, Dôle, etc. (1).

Besançon était régie, comme toutes les métropoles, par
un collége de décurions. Ce collége élisait deux duumvirs,
qui administraient la justice, et qui, dans les solennités,
marchaient portant sur leur tête une couronne de fleurs, et
précédés de licteurs armés, non d'un faisceau de haches,
mais d'une simple baguette. Les décurions, chargés de
l'administration générale, préposaient deux collecteurs,
l'un à la recette des revenus de l'Etat, l'autre au recouvrement des revenus municipaux. Ils veillaient par eux, ou
par des fonctionnaires qu'ils choisissaient, à l'entretien des
murs et des monuments, des édifices publics, à l'approvisionnement des marchés, à la police, à l'enseignement
public des arts et des sciences.

Le défenseur de la cité, choisi par la cité en corps, était
chargé de défendre le peuple contre les violences ou les
exactions des officiers de l'empire.

Mais, malgré les décurions, les duumvirs et les défenseurs, les cités de la Séquanaise, et Besançon en particulier,
n'avaient, sous la domination romaine, qu'une apparence
d'autonomie. Dépeuplées de naturels, et gardées par des

(1) *La Franche-Comté à l'époque romaine*, par M. CLERC, p. 3.

légions d'étrangers qui les dépouillaient de leur liberté, de leurs biens, de leur langue même, elles étaient incessamment en butte à l'avarice et à l'arrogance des prétoriens (1), qu'elles cherchaient à fléchir par des présents. (2) Toutes les écoles étaient romaines. Les contrats, testaments, jugements, plaidoiries, sacrifices, se faisaient en langue et lettres romaines. Sous le gouverneur de la province qui résidait à Besançon, étaient des gouverneurs particuliers : *Dux sequanici, dux limitis sequanici, dux olynensis, dux olynonis*, hiérarchie formidable qui disposait de troupes nombreuses, tandis que les Séquanais étaient dépouillés de leurs armes, « et avaient à peine, » selon l'expression de Salvien (3), permission de tenir couteaux pour trancher « leur pain. » Toutes assemblées publiques étaient d'ailleurs interdites, sauf pour les sacrifices et les prières publiques qui se faisaient sous les yeux des espions de l'empereur (4).

Toutefois ces rigueurs furent tempérées par les concessions du droit de cité romaine à quelques villes de la Séquanaise. L'empereur Claude déclara les Eduens capables d'être sénateurs, et leur concéda divers priviléges, tels que le droit d'entrer dans les compagnies légionnaires, ou de former un corps de légion, le droit de puissance paternelle, celui de n'être pas fait esclave, si ce n'était de leur

---

(1) Igitur Sequanis Æduisque, ac deinde prout opulentia civitatibus erat, infensi, expugnationes urbium, populationes agrorum, raptus penatium hauserunt animo : super avaritiam et arrogantiam, præcipua validiorum vitia (TACITE, *Hist. Aug.*, lib. I, 51).

(2) Miserat civitas Lingonum, vetere instituto, dona legionibus dextras, hospitii insigne (*Ibid.*, 54).

(3) *De provident.*, lib. V.

(4) Voyez TACITE, *Annal.*, liv. III. CÆSAR, liv. V, VII et VIII, *de Bello Gallico*. STRABON, liv. IV ; *Géogr.* SUÉTONE, *Vie de Tibère*.

consentement, ou par la contrainte de l'ennemi, celui de ne pas subir la torture, et de devenir tribuns, centeniers, chefs militaires. « Mais cela ne fut, » dit l'historien de la république Séquanaise, « pour havoir le droit d'entrée aux « magistrats souverains, ains seulement pour quelque « apparence. »

DES DEUX GERMANIES.

§ 3. — Les habitants de la partie des Vosges située entre le Jura et le Rhin jouissaient, selon Schœfflin (1) de plus de liberté que ceux qui habitaient l'intérieur, et enrichis par leur commerce avec les Germains, ils avaient établi au milieu de la Séquanaise une république particulière. Ce territoire était celui de la Germanie supérieure où les maîtres du monde avaient établi huit légions pour la défense du Rhin (2), où ils avaient bâti plus de cinquante châteaux forts (3), et qu'embellissaient une foule d'anciennes et de nouvelles cités (4). Ammien Marcellin (5) y signale

---

(1) Sequani nostri exteriores vogesum inter Juram et Rhenum habitantes, majore libertate quam interiores, ex frequentiore cum Germanis commercio usi, peculiarem quasi in republica sequanorum rempublicam constituisse videntur (SCHÆFFLIN, t. I, p. 69).

(2) Germani Rhenum nunc impetus sui limitem habent et octo Romanorum legionibus domantur (AGRIPPA, Orat. ad Jud. in Josephe de Bello Jud., liv. II, c. XVI. TACITE, Annal., lib. I et IV).

(3) Per Rheni quidem ripam quinquaginta amplius Castella direxit (FLORUS, lib. IV).

(4) Tres tabernæ ; tabernæ ad Rhenum ; tabernæ montanæ vicus Julius ; concordia ; lucus Augusti; Robur; mons Brisiacus ; Oline ; Stabula, etc.

(5) Dein prima Germania ubi præter alia municipia Vangiones, et Nenutes, et Argentoratus barbaricis cladibus nota (AMM. MARCELL., lib. XV).

plusieurs municipes, entre autres la ville de Strasbourg Des colonies appartenant aux tribus franckes ou allémaniques vinrent s'y établir au cinquième siècle; (1) et sans trouver d'obstacle dans le Rhin que ne défendaient plus ni les garnisons, ni les forteresses romaines, se fondirent dans la population, réparèrent les pertes qu'elle avait subies, et cultivèrent le territoire qui était presque abandonné. Peuple libre, les Germains avaient chez eux leurs associations territoriales, leurs communautés ou cantons (2). Sidoine Appollinaire, qui écrivait en l'an 455, les représente confondus avec les populations romaines en concitoyens on en vainqueurs (3); et l'on doit d'antant moins s'étonner de voir, après comme avant l'invasion de ces tribus, la Germanie régie par les institutions municipales romaines, qu'il y avait, selon tous les historiens (4), les analogies les plus étroites entre ces institutions et les leurs. Toutefois il n'apparaît dans la Germanie supérieure d'aucune colonie romaine; mais les villes libres ou municipales y étaient nombreuses. Il se faisait sur les bords du Rhin un commerce de vins (5), et l'on y voyait beaucoup de châteaux, de forteresses, de villages et de cités reliés entre eux par de bonnes routes.

Un écrivain alsacien (6) conclut de là que les populations

(1) Alemanni Alsatiam nostram toto fere sæculo.
(2) *Gau, Cauton, Pagus.*
(3) Rhenumque... alemanne bibebas, romanis ripis... vel civis, vel victor.
(4) TACITE, *De mor. Germ.* c. XXVI; CÆSAR, *de Bell. Gall.*, 1, 4; DE SAVIGNY, *Histoire du droit romain au moyen âge*, t. II et V; EICHORN, *De l'origine du régime municipal en Allemagne.*
(5) Proximi ripa Rheni Germani et vinum mercantur. TACITE, *German.*, c. XXIII.
(6) Celticæ Alsatiæ vicis et oppidis vel mire amplificatis vel in

germaniques, non seulement du littoral, mais des Vosges, croissaient incessamment en richesses, en puissance et en nombre. Mais d'autres écrivains, au contraire, représentent cette province comme dépeuplée et inculte, lors de l'invasion des Allemands et des Franks.

Cologne (*colonia Agrippina*), capitale de la deuxième Germanie, fondée par les Ubiens, 37 ans avant J.-C., et agrandie plus tard par l'empereur Claude, à l'instigation de sa femme Agrippine qui lui donna son nom, est comprise par la loi 7 ff. *de censibus*, parmi les cités régies par le droit italique. Autour de cette importante cité se groupaient plusieurs villes ou villages régis par la législation des municipes ou des colonies.

DE LA BELGIQUE.

§ 4. — Le pays situé entre la Seine, la Marne et le Rhin, fut longtemps le champ de bataille des tribus celtiques et teutoniques, mais devint, après les conquêtes de Jules-César, la province dite *Belgium*. Cette province était habitée par des peuplades diverses, les unes d'origine celtique, les autres d'origine germanique.

Le pays des Médiomatriciens, que César (liv. IV, n° 1) représente comme traversé par le Rhin, était très-étendu. Il était soumis à l'*imperium* des Romains, qui en firent la première Belgique, et était administré par les curies et les décurions. Les villes de ce ressort jouissaient, comme

---

magnas frequentes, divites et opulentas urbes paulatim conversis. Rhenensis ejus ora, mansionibus, mutationibus, tabernis, arcibus, castellis, urbibus et viis stratis instructa et munita. Unde factum ut non littoris tantum sed et Vogesi accolæ incolæ que divitiis, opibus, commerciis, numeroque in dies augerentur et crescerent (Schæff., *Al. ill.*, t. I, p. 317.)

villes alliées, du droit de se gouverner par leurs lois (1). Elles avaient des revenus, qui provenaient en grande partie des biens dont elles étaient propriétaires. Elles prélevaient, en outre, des impôts sur les denrées, et en laissaient la libre disposition à leurs magistrats (2). César usait envers elles de ménagements, et il n'y avait d'autre soin, dit-il lui-même, que de retenir les peuples dans le devoir, en leur ôtant tout sujet de mécontentement. Il caressait donc les villes, traitait avec honneur leurs députés, faisait des faveurs aux grands et ne chargeait la province d'aucun impôt.

La cité des Rémois, à l'arrivée des Romains dans la Gaule, y tenait le second rang après les Eduens, selon le témoignage de César (3). Les Rémois restèrent fidèles après la conquête à leur alliance avec les Romains, et lorsque Constantin divisa la province en deux Belgiques, Reims devint la capitale de la seconde Belgique. Cette ville est célèbre par les États de la Gaule que César y tint, et par les études des arts et des sciences, qui lui méritèrent le glorieux titre d'Athènes que lui donne Cornélius Fronton.

Des peuplades diverses se groupaient autour de cette cité : les Bellovaques, peuple belliqueux selon César (4), le *pagus Belvacensis* (Beauvoisis), le *pagus Vindoilisus* (Vindelois), le *pagus Cambiacensis* (Chambliois), le *pagus Sylvanectensis* (Senlissois), les deux *pagi* devenus depuis le Laonnais et la Thiérarche.

Les *Suessones* (Soissonnais), unis autrefois aux Rémois par des liens que Jules-César rompit, entrèrent dans l'alliance des Belges et sont appelés par Pline (5) *Suessones*.

---

(1) L. 37, ff., *de legibus*. — (2) L. 2, Cod. *de vectigal*.
(3) *De Bell. Gall.*, lib. VI, xii. — (4) *De Bell. Gall.* lib. II c. 55.
(5) PLINE, liv. IV, c. VII.

liberi. Soissons (*Noviodunum*) était leur ville principale. Noyon était une ville peu considérable au temps des Romains, contre lesquels elle ne put promettre aux Belges que dix mille hommes.

Divodurum, qui prit ensuite le nom de Metz, jouissait de toutes les prérogatives des villes alliées, puisque, après avoir raconté la défaite de Tutor et des Trévirois, et après avoir dit que les troupes se donnèrent à Vespasien, Tacite ajoute que Valentin, en l'absence duquel les choses s'étaient passées, étant arrivé furieux, et voulant susciter de nouveaux troubles, *legiones in Mediomatricos sociam civitatem abcessere*. Meurisse, qui indique ce passage dans la préface de son *Histoire des évêques de Metz*, y joint d'autres autorités qui le confirment. Metz avait un amphithéâtre, une naumachie, des bains publics. Plusieurs voies romaines y aboutissaient, et des écoles fameuses y étaient établies. Les guerriers messins composaient une légion qui prit son rang avec les légions romaines.

Les autres villes importantes des médiomatriciens paraissent avoir été villes libres. C'étaient Trèves (*Augusta Treverorum*), Verdun (cité des Viranectes), Toul (cité des Leuquois) (1), dont le territoire s'étendait jusqu'à celui des peuples de Langres. Les terres riveraines de la Moselle, de la Meurthe, de la Seille et de la Sarre, étaient couvertes de bois où les Germains, encore sauvages, cherchaient l'ombrage et la chasse, et où la civilisation romaine n'avait pas pénétré.

Saint-Quentin (*Augusta Viromanduorum Senquitinopolis*) était une ville municipale : *In municipium quod antiquo nomine Augusta Viromanduorum nuncupetur*, disait, en 302, son évêque martyr.

(1) Naudet, *De l'administration de l'empire romain*, Ire part., ch. I, art. 6.

La capitale des *Ambiani* (Amiens) est appelée par Ammien Marcellin une ville éminente entre les autres villes gallo-romaines (1).

La cité d'Arras, nommée *Atrebatæ* dans la notice de l'empire, se soumit à César après avoir combattu contre lui et devint un municipe romain.

Les autres peuples de la Flandre, du Cambrésis et du Hainaut étaient d'origine germanique, et Aulugelle (2) et Pline (3) leur attribuent des franchises antérieures aux conquêtes de Jules-César et qui furent réservées dans les traités faits avec Rome. Quelques-unes de leurs cités furent achevées ou peut-être réédifiées pendant l'occupation romaine. Elles avaient été généralement placées auprès des grandes voies militaires construites par les Romains, et qu'on appelle aujourd'hui en Belgique Chaussées Brunehaut.

On distinguait parmi ces peuples, au temps de l'occupation romaine, les *Nerviens*, peuple libre, qui habitaient le pays appelé actuellement le Hainaut et le Cambrésis, et les *Aduatiques*, reste d'une troupe de Cimbres et de Teutons qui, pendant la grande invasion, s'étaient fixés dans la contrée. L'histoire a conservé le souvenir de la résistance énergique qu'opposèrent les *Morini*, ceux de Montreuil et de Boulogne, à l'invasion des Romains.

De toutes les provinces de l'empire romain, la Belgique paraît avoir été la plus malheureuse. Théâtre de guerres incessantes, elle n'a pas conservé les traces d'une administration régulière et bienfaisante. On y trouve à la vérité des débris de voies romaines dont la plus belle, qui partait de

---

(1) AMBIANI, *urbs inter alias eminens*. AMMIAN MARCELL., lib. XV, *Apud script. rer. Gallic. et Franc.*, t. 1, p. 346.

(2) Liv. XVI, ch. XIII. — (3) Liv. IV.

Gésoriac, et traversait Amiens et Beauvais pour se prolonger jusqu'à Lyon, fut construite par les ordres d'Agrippa, favori d'Auguste et gouverneur de la guerre. On remarque sur plusieurs collines des retranchements auxquels les traditions populaires ont conservé le nom de *Camps de César*. La présence des soldats romains s'y révèle par des inscriptions, des tombeaux, des médailles, des armes antiques; mais à côté de ces marques de la domination militaire, on ne voit pas, comme dans les provinces méridionales, et dans quelques villes des deux Germanies, des vestiges d'aqueducs, de cirques, de temples, d'écoles, témoins muets d'une civilisation paisible et féconde. A des révoltes toujours comprimées finit cependant par succéder une obéissance tranquille, et, dès l'an douze avant Jésus-Christ, on voit ces populations voter avec le reste des Gaulois un autel au *Divin Auguste*, et les *Morins* eux-mêmes aller y sacrifier; en même temps toutes les cités se parent à l'envi du nom d'Auguste, et Vermandois devient *Augusta Vermandorum*, Soissons *Augusta Suessionum*, Senlis *Augusto magus*. En même temps la Belgique est chargée d'énormes impôts, et ne reçoit pas même comme dédommagement le droit de cité romaine, que Tibère et Caligula confèrent à des provinces entières; mais Claude revendique enfin avec succès devant le Sénat la prétention des Gaulois chevelus à ce droit de cité que Caracalla devait bientôt étendre à tous les sujets de l'Empire, et dès lors, le Belgium est régi, comme toutes les provinces romaines, par ce mélange d'autonomie locale et d'obéissance à *l'imperium*, qui constituait l'essence du *jus provinciale*.

CHAPITRE VI.

DU RÉGIME MUNICIPAL GALLO-ROMAIN CENTRAL.

§ 1ᵉʳ. — L'administration des peuples de la Gaule Centrale ou Celtique se diversifia sous la domination des Romains, selon le degré d'influence qu'y exercèrent les lois des conquérants, en concours avec les coutumes indigènes, plus puissantes là que partout ailleurs.

Les Eduens et les Lingons se partageaient, avant que la Gaule ne fût sous la domination romaine, le territoire occupé depuis par le duché de Bourgogne. César nous représente Bibracte, capitale des Eduens, comme une ville riche et puissante (1). Tacite dit que les Eduens furent les premiers à obtenir le droit d'être sénateurs de Rome, et que ce sont les seuls peuples qui aient eu avec les Romains un lien de confraternité (2). On trouve dans les archives de la cathédrale d'Autun plusieurs décrets du Sénat qui ont admis des Autunois comme citoyens romains (3). La république des Eduens, relevée par cette distinction, demeura paisible tant que l'empire ne fut point troublé. Elle

---

(1) Quod a Bibracte oppido Heduorum longe Maximo ac copiosissimo. (*Comment.*, liv. 1.)

(2) Orationem principis secuto senatus consulto primi Hedui senatorum in urbe jus adepti sunt, et quia soli Gallorum nomen fraternitatis cum populo romano usurpant.

(3) SERPILLON, *Code criminel*, p. 1068.

prit plus tard une part active aux guerres civiles, et, vaincue par les Romains, elle perdit, après ses revers, le prestige dont elle avait joui jusqu'alors. Bibracte, autrefois la sœur de Rome, changea, pour témoigner de son dévouement à l'empereur, son nom primitif contre celui d'*Augustodunum*, qui s'est transformé en celui d'Autun. Elle conserva, sous l'Empire, le titre de *Caput gentis*, et Tacite qui le lui attribue, dit que l'introduction des Eduens dans le Sénat de Rome date surtout du règne de Tibère.

Imprudemment mêlés à de nouvelles révoltes, les Eduens en furent punis par un état d'abandon et de misère toujours croissant. Constantin protégea Autun et lui donna le nom de *Ædua Flavia*, étant issu lui-même de la famille des Flavien. Mais Ammien Marcellin, contemporain de Julien l'Apostat, atteste (chap. xv), que, de son temps, les murs de sa vaste enceinte étaient comme pourris de vieillesse, ce qui témoigne de sa décadence.

§ 2. — A ses côtés, et au-dessus d'elle, s'était élevée la métropole nouvelle de la Gaule Celtique, la ville de Lyon, que le consul Munatius Plancus n'avait pas, comme semble le dire Sénèque (1), fondée en l'an 711, mais dont il avait accru la colonie grecque, déjà établie chez les Ségusiens, d'une colonie de Viennois à laquelle vint se joindre, trente ans plus tard, une colonie de Bénéventins conduite par le même Plancus.

Dès les premières années de l'empire, et grâce au gouvernement d'Agrippa, la cité de Lyon fut embellie d'un temple d'Auguste, d'un théâtre, d'aqueducs et d'autres beaux édifices (2). Les ruines romaines qui y subsistent

---

(1) Lugdunensis colonia a Planco deducta. (SENEC., *Epist.*, XV, 91.)
(2) Ces faveurs ont été consacrées par une médaille retrouvée

encore, et les colonnes du temple d'Auguste qu'on voit dans sa cathédrale, témoignent de son antique splendeur et de ses terribles vicissitudes. Agrippa fit aboutir à Lyon quatre voies militaires dont l'une menait aux Pyrénées, la seconde au Rhin, la troisième à l'Océan, et la dernière à Marseille, et fit ainsi de cette cité le centre de toutes les opérations commerciales, militaires et politiques des Gaules.

Lyon resta municipe jusqu'au jour où l'empereur Claude l'éleva au rang de colonie, *juris italici* (1). Cette fatale bienveillance de Claude pour ses compatriotes leur coûta la liberté qu'ils avaient conservée sous Tibère et sous Caligula, et leur donna en compensation la protection impériale et des avantages commerciaux.

Au sein des vicissitudes de fortune que subit Lyon, par suite des alternatives des bonnes ou des mauvaises dispositions des empereurs, le régime municipal et le droit écrit des Romains ne cessèrent de s'y maintenir. Ils n'ont laissé nulle part, selon MM. Augustin Thierry et de Savigny (2), une plus forte empreinte dans les mœurs, les actes publics et les documents de toute espèce.

§ 3. — Autour de la ville de Lyon se groupaient, sous l'empire du même droit municipal, les pays situés entre les territoires des Eduens, des Arvernes et des Allobroges, et qui sont devenus plus tard les provinces du Lyonnais, du Beaujolais, du Foret, du Mâconnais et de la Bresse. Feurs

---

en 1738. C'est un petit bronze que le temps a respecté. On y voit la tête d'Octave, sans ornement; dans le contour on lit : *Cæsar D. F.* Sur le revers est un taureau bondissant ; dans l'exergue, *copia*, abondance, ou monnaie de la ville d'abondance. Une inscription, rapportée par Gruter, nomme Lyon : *Copia Claudia Augusta*. (*Journ. Trev.*, juin 1738).— (1) L. 6, ff., *de censibus*.

(2) *Histoire du Tiers-Etat. Histoire du droit romain au moyen âge*, t. I, p. 208.

(*Forum*), Mâcon (*urbs matissina* ou *matiscona*) sont des villes d'origine romaine, où se retrouvent, au milieu de formes diverses d'administration, l'esprit et les formules du droit romain (1), ainsi que les appellations de « syndics, conseillers, procureurs, consuls », en usage dans les provinces de droit écrit. M. Augustin Thierry fait remarquer, d'après un jurisconsulte de la Bresse (2), l'unité du modèle sur lequel sont calquées les chartes de cette province, et cette clause, insérée dans un grand nombre d'entre elles, que s'il survient quelque cas non prévu dans la charte, il sera décidé par l'usage des villes voisines, ou, si les bourgeois l'aiment mieux, par le droit écrit. La rédaction des chartes dressées pour de simples villages est très-supérieure, dit l'éminent historien, à ce que présentent d'analogue les pays voisins du côté du nord, et les formules du droit romain s'y rencontrent avec une fréquence et une exactitude qu'on ne voit au même degré que dans les chartes et les coutumes écrites de la Provence et du Dauphiné.

§ 4. — La plupart des villes capitales de la Gaule Celtique, Nevers, Tours, Orléans, Angers, le Mans, apparaissent aussi, dans l'histoire de l'antiquité, comme des municipes romains.

Coquille (3) considère les bonnes villes du Nivernais comme dérivant des *castra* romains.

Tours (*urbs rebellis turonum*) n'a jamais cessé, depuis sa soumission par César, de posséder sa curie, son défenseur, et tous les autres attributs du régime municipal gallo-

(1) *Essai sur l'histoire du droit français au moyen âge*, par M. GIRAUD, t. II.
(2) M. DE LA TESSONNIÈRE, *Recherches historiques sur le département de l'Ain*, t. II, p. 228 et suiv.
(3) *Histoire du Nivernais*, p. 298.

romain; quatre prud'hommes élus chaque année par le corps des habitants y exerçaient tous les pouvoirs locaux.

Orléans (*Genabum* ou *Aurelia*) et Chartres (*Antricum*), ces deux capitales du pays des Carnutes, où était le principal collége des druides, où se tenaient les assemblées générales et où se faisaient les sacrifices publics, étaient des municipes romains.

Les traces de la curie romaine, qui s'établit sur les ruines des institutions celtiques, se retrouvent, sous des formes diverses, dans le régime municipal de ces villes, où dix prud'hommes étaient chargés de l'administration de la ville, avec le titre de *de cemprini, decaproti*, etc.

Poitiers (*urbs Pictorum*), Le Mans (*Lemanum, urbs Cænomanorum*), Paris (*Lutetia, urbs Parisiorum*), célèbre par sa corporation de *nautæ*, Angers (*Audus*), étaient aussi des cités libres.

§ 5. — La partie de la Gaule celtique la plus rapprochée de l'Océan et qui s'étendait depuis l'embouchure de la Seine, vers le Nord, jusqu'à celle de la Loire, vers l'Occident, était appelée *Armorique. Armor*, en langage gaulois, signifie maritime; en bas-breton, il signifie encore bord de la mer (1). *Universis civitatibus quæ Oceanum attingunt, quæque Gallorum consuetudine, Armoricæ appellantur*, dit César (2); et ailleurs : *Cæteræque civitates positæ in ultimis Galliæ finibus, Oceano conjunctæ, quæ Armoricæ appellantur* (3).

Sous l'administration romaine, l'arrondissement maritime (*tractus Armoricanus*) s'étendait sur des provinces plus ou moins rapprochées, quelques-unes même éloi-

---

(1) *Dictionnaire de Bullet*.—(2) Cæsar, *Bell. Gall.*, liv. II, c. LXXV.
(3 *Ibid.*, liv. VIII, c. XXXI. V. aussi les *Commentaires* de Hadrianus Valbsius, *de notitia Galliarum*, art. *Armorique*.

gnées des côtes; sur l'Aquitaine première, qui contenait les cités de Bourges, des Arvernes, de Limoges, de Rodez, de Cahors, etc. ; sur l'Aquitaine seconde, qui contenait les cités de Bordeaux, d'Agen, de Périgueux, de Poitiers, etc.; sur la Senonaise, qui contenait les cités de Paris, d'Orléans, de Chartres, de Meaux, de Sens, d'Auxerre et de Troyes; sur la deuxième Lyonnaise, qui contenait les cités de Rouen, de Bayeux, d'Avranches, d'Évreux, de Séez, de Lisieux et de Coutances ; enfin, sur la troisième Lyonnaise, qui contenait les cités de Tours, d'Angers, de Nantes, de Vannes et de Quimper. Mais ces cinq provinces n'étaient que des divisions militaires. Les peuples qui habitaient celles qui touchent à l'Océan n'offrent presque aucune trace de l'organisation municipale romaine.

A peine trouve-t-on dans les *Commentaires* de Jules-César (1), quelques allusions à Rouen, dont le nom primitif (*Rothomagus*), lui assigne une origine celtique ; à Évreux (*Eburonites*), à Lisieux, capitale du pays des Lexoviens ; à Caen, qui était aussi une ville gauloise, quoique, selon quelques savants (2), son nom (*Cadomus, Caii domus*) paraisse lui avoir été donné par Caius César; à Bayeux, qu'une tradition quelque peu fabuleuse fait remonter à Belus, second roi de Babylone (*Beli casa*) et qui était la capitale des Baïocassiens, etc.

Coutances (*Constances*), où, « même avant le temps « d'Auguste, dit Belleforêt, les soldats étaient presque tou-« jours campés comme sur les limites, tant de la Grande-« Bretagne que des Armoriques, lesquelles donnaient « beaucoup d'affaires aux Romains, » a conservé plus de traces de la domination romaine. Quelques-uns lui ont donné le nom d'*Augusta Romanorum*, que Belleforêt croit

(1) Livres III et VII. — (2) *Antiquités de France*, p. 988.

appartenir à Saint-Quentin. Ammien Marcellin lui donne le nom de *castra Constantia*, et ce nom paraît se rapporter à l'empereur Constantin, qui en fit sa retraite pendant son séjour en Normandie. Avranches (*Arborica*), capitale des Ambiliates, est mentionnée au livre III des *Commentaires* de Jules-César comme une des cités armoricaines toujours prêtes à se liguer contre les Romains.

§ 6. — La presqu'île armoricaine qui est devenue la province de Bretagne, se composait du pays des Osiniens (Finistère), du pays des Curiosolites (Saint-Brieuc, et en partie Dinan), du pays des Vénètes (Vannes et le Morbihan), du pays des Rhédones (Rennes), du pays des Diablinthes (Dol et Saint-Mâlo), du pays des Nannettes, situé aux embouchures de la Loire, et probablement aussi de la partie du territoire qui s'étendait de l'embouchure de la Loire à celle de la Garonne. C'était aussi une réunion d'États distincts et indépendants, ayant chacun son chef ou comte souverain, non héréditaire, mais électif, et soumis à l'assemblée nationale, selon cet antique proverbe breton : *Le pays est plus puissant que le monarque*. Ces fières peuplades ne s'assimilèrent pas aux Romains, dont elles secouèrent le joug en 409, et rendues dès lors à leur primitive indépendance, elles accueillirent avec enthousiasme la religion qui avait affranchi tous les esclaves ; et les rois et les ducs de Bretagne, à partir de Conan Mériadeck, donnèrent à la civilisation une base toute féodale, empruntée, selon la remarque de M. Naudet (1), aux usages celtiques des *ambactes* et des *compagnons*, ces prédécesseurs des vassaux de la féodalité.

§ 6. — Ce qui domine dans la Gaule celtique, ce n'est pas, comme dans le Midi, le régime des colonies. On y

(1) *Mémoire de l'Académie des inscriptions*, 1827.

voit surtout des peuples libres, tels que les Ségusiens (ceux de Lyon), et des peuples alliés, tels que les Lingons (ceux de Langres), les Hédui (ceux d'Autun), les Carnuti (ceux du pays Chartrain) (1).

Ces peuples, libres ou alliés, étaient soumis au régime curial des *principaux*.

Les caractères de ce régime sont difficiles à discerner. M. Laferrière (2) y voit un mélange du régime du sénat gaulois exclusivement composé de druides et de nobles, et du régime de la curie romaine, où l'ordre des curiales forme une sorte de classe moyenne entre le patriciat et la plèbe. La curie gallo-romaine composait, selon lui, un ordre de propriétaires uni par l'intermédiaire des magistrats romains, mais non confondu avec le sénat gallique des nobles ou grands propriétaires, appelé sénat des *principaux*.

L'*album curiæ*, dont la surveillance était confiée au proconsul ou président de la province, recevait, pour la curie proprement dite, les noms de ceux qui s'étaient élevés par le travail, par le commerce, à la qualité de possesseurs et de citoyens honnêtes ; et pour le sénat et les magistratures municipales, les noms de ceux qui, par les services rendus à la chose publique, méritaient les suffrages et les dignités. On passait du peuple dans la curie, de la curie dans le sénat, par voie d'élection, et les dix premiers qui avaient recueilli le plus de suffrages, étaient chargés, sous le titre de *decemprimi*, de *primarii*, de *primates*, de l'administration de la cité. Telles sont les conclusions que tire le savant jurisconsulte, conformément à l'opinion de M. Raynouard, des textes du Code Théodosien.

---

(1) Pline, *Hist. nat.*; IV, 17, 18, 19. Naudet, *De l'administration de l'empire romain*, 1re part. ch. II, art. 6.

(2) *Hist. du droit français*, t. II, p. 256.

Ces textes sont formels, en effet ; mais le droit de libre administration, conféré par eux à la curie et au sénat des décurions ou principaux, était-il bien réel ?

Les Romains ne forçaient pas, il est vrai, les villes, soit libres, soit alliées, de quitter leurs coutumes, ni d'adopter celles de Rome, qu'on ne consultait même qu'à défaut des coutumes des villes voisines : *Imprimis inspiciendum est, quo jure civitas retro in ejusmodi casibus usa fuisset, l. 37, ff., de legibus. Id custodire oportet, quod moribus et consuetudine inductum est ; et si qua in re hoc deficeret, tunc quod proximum et consequens ei est, sic ne id quidem appareat, tunc jus quo urbs Roma utitur, servari oportet.*

Il y avait seulement entre les villes libres et les villes alliées, cette différence, que les premières ne payaient aucun tribut, tandis que les secondes étaient soumises au *stipendium*. Les unes et les autres gardaient leurs lois et leurs usages, et l'on peut voir, dans les œuvres de Sirmond, de Baluze, de Lindembrock, de Jérôme Bignon, les *formulæ veteres*, qui sont l'expression de ces coutumes particulières, source de notre droit coutumier (1). De ce nombre sont : la très-ancienne coutume de l'Arvernie, qui ne donne aux princes que la sanction des droits consacrés par l'usage (2) ; les *formulæ Andegavenses*, rédigées *juxta consuetudinem Andicavis civitatis*, ou simplement *ex more* (3).

Les provinces du centre des Gaules obéissaient donc, en général, à leurs lois et à leurs magistrats propres ; mais elles ne pouvaient ni faire la paix ou la guerre, ni contrac-

---

(1) Voir le *Recueil des leg. barbar. de Canciani*, t. III, p. 431 et suiv. — (2) Mos junxit antiqua principum jura decreta sanxerunt. —(3) Formulæ Andegavenses, 1, § 1, 3, 4.

ter alliance, sans l'approbation des Romains, et elles étaient, en outre, assujetties à des applications extraordinaires de contributions et de juridiction (1).

Un jurisconsulte (2) soutient cependant que le nom de peuples libres (*liberi*) conservait exactement sous l'empire, le sens net et ferme qu'il avait sous la république, et que l'autonomie des cités associées ou fédérées subsista malgré le despotisme des empereurs. Selon lui, les peuples *libres* avaient conservé leurs lois indigènes, la propriété de leurs terres, la liberté de leur administration. Ces peuples ne pouvaient pas désirer comme un bénéfice le régime civil romain; les empereurs n'avaient aucun intérêt à les y soumettre; l'application de ce régime aux peuples libres n'était pas possible; elle n'a réellement pas eu lieu. Ce jurisconsulte invoque, à l'appui de cette thèse, un grand nombre de textes, qui, selon lui, tendent à prouver que les peuples libres et alliés ont joui, dès le règne d'Auguste, de leurs lois, de leurs terres, de leurs magistrats (*legibus, agris, magistratibus*), et que l'autonomie de ces peuples s'est maintenue intacte jusqu'aux derniers jours de l'empire, entretenue et protégée par une pratique constante.

Mais, malgré des autorités qui sont toutes applicables à des villes de la Cilicie, de la Bithynie, de la Phénicie, etc., et nullement aux villes des Gaules, il nous paraît difficile de voir, dans le régime des cités de la Gaule centrale, ni une association complète au droit de cité romaine, ni, bien moins encore, la persistance de l'ancien système gaulois.

Les treize peuples gaulois, libres ou alliés, mentionnés par Pline l'Ancien, paraissent, il est vrai, avoir conservé

---

(1) BEAUFORT, liv. VII, ch. VI, p. 281. — (2) *Etudes sur l'histoire du droit français*, ch. IV, p. 706, par M. CHAMBELLAN.

leurs sénats aristocratiques, comme garantie de leurs lois et usages, de leurs magistrats, de leurs juridictions, de tous les éléments constitutifs de la cité libre. Mais ces sénats, décapités par l'abolition des druides, et héréditairement composés des membres de l'ancienne noblesse, étaient obligés de se compléter parmi les familles que distinguaient les honneurs des charges impériales (1). Ils n'avaient, d'ailleurs, qu'une juridiction limitée par les droits de *ressort* et de *glaive*, réservés au gouverneur de la province, qui prononçait en appel. Enfin, l'*imperium* et la haute juridiction criminelle, appartenaient au représentant du pouvoir impérial, comme attribut de la souveraineté politique. Ces cent treize sénateurs de Trèves, dont Tacite fait mention (2), ce *conventus nobilium*, ces *premiers* de la cité de Bourges, rappelés avec orgueil par l'ancienne coutume du Berry (3), ce sénat héréditaire, dont la cité des Arvernes était aussi fière que la ville Tarpéienne (4), tout ce luxe de représentation n'était guère qu'un simulacre, et sous les formes de l'autonomie et de l'indépendance locales, se cachait l'obéissance servile aux ordres du pouvoir central.

L'alliance de l'empire romain avec les peuples appelés libres ou alliés, était une servitude effective, servitude pour ses alliés, bien entendu, souveraineté pour lui. Un des jurisconsultes du *Digeste* a donné une définition de cette alliance d'une espèce particulière : *Et quemadmodum clientes nostros intelligimus liberos esse, etiamsi ne-*

---

(1) RAYNOUARD, *Histoire du droit municipal*, I, 324. — (2) Centum tredecim Trevirorum senatores (TACITE, *Histor.*, V, 19). —(3) LATHAUMASSIÈRE, *Histoire du Berry*, III, 1. *Comment. sur cont. du Berry*, art. 1. — (4) Hæc autem Arvernia quæ puero genialis humus fuit vehementer olim caput extulerat, ita ut senatoribus velut urbs Tarpeia præpolleret. (*Vita Greg. episc. Turon.*)

que auctoritate, neque dignitate, nobis pares sint : sic eos qui majestatem nostram comites conservare debent, liberos esse intelligendum est... Ainsi, l'indépendance des alliés n'était autre chose qu'une indépendance de clients. « Nous donnons le nom de libre, disaient les empereurs romains, à un peuple qui a pour la majesté du nom romain, la soumission et le respect qui lui sont dus. »

CHAPITRE VII ET DERNIER.

DE LA DÉCADENCE DES INSTITUTIONS MUNICIPALES GALLO-ROMAINES, ET DE L'INVASION DES BARBARES.

La province des Gaules avait plus que toute autre, peut-être, participé dans les premiers siècles de l'empire, aux bienfaits de l'administration régulière et savante attestée par les monuments romains qui couvrent son territoire, et par l'histoire qui a conservé le souvenir des innombrables établissements qu'y multiplia le christianisme assis sur le trône des Césars. Mais nulle part, peut-être, le despotisme du Bas-Empire ne se fit sentir d'une manière plus lamentable.

Eumène envoyé à Constantin par la municipalité Eduenne de *Flavia Augusta* qu'un nouveau cens venait d'accabler, fait, en ces termes, le tableau de la Gaule au quatrième siècle :

« Les cultivateurs se lassent de travailler sans fruit ; aussi les terres qui ne rendent pas ce qu'elles coûtent sont abandonnées par nécessité, et à cause de l'indigence des paysans qui, chancelant sous le poids des dettes, ne peuvent ni faire des irrigations ni couper les forêts. Toutes les terres passables sont ou perdues par les marécages ou embarrassées de ronces. Bien plus, ce *pagus arebrignus*, on a tort de l'envier parce que les vignobles y sont beaux dans un seul endroit ; car plus loin, tout le reste n'est que rochers et forêts, où les bêtes fauves placent en sûreté leurs tanières. Quant à cette plaine qui est au-dessous et s'étend jusqu'à la Saône, si elle fut jadis agréable et féconde, comme je l'entends dire, lorsque, dans les champs de chaque propriétaire, une culture continuelle faisait couler les ruisseaux amenés des vallées, aujourd'hui les canaux interceptés, faute de soins, ont changé en mares et en étangs les lieux rendus plus fertiles par leur position plus basse. Enfin, les vignes elles-mêmes, qui font l'admiration des ignorants, sont tellement épuisées par la vieillesse, qu'elles sentent à peine les soins qu'on leur donne.

« Parlerai-je des autres cités de cette région, sur lesquelles tu as avoué que tu avais versé des larmes ? Car tu as vu, non comme sur le territoire de quelques autres villes, presque tout cultivé, ouvert, florissant, des routes faciles, des fleuves navigables, baignant les portes mêmes des cités, mais au contraire, dès le retour de la route qui d'ici conduit vers la Belgique, tout désert, inculte, hérissé de broussailles, muet, sombre, et la voie militaire même si raboteuse et si ardue pour arriver au sommet des montagnes, si rapide à leur descente que des chariots à moitié chargés, quelquefois même vides, peuvent à peine les franchir, ce qui souvent a retardé le payement de nos prestations...

« A ton approche, nous avons orné les rues qui mènent au palais de parures bien pauvres, il est vrai, mais nous avons exhibé les statues de tous nos collèges, les images de tous nos dieux ; nous avons exhibé les instruments en petit nombre de nos bruyantes musiques, qui devaient par économie aller en divers lieux à ta rencontre. On nous eût crus riches, à n'estimer que notre zèle, mais notre pauvreté, quoiqu'habilement dissimulée, n'a pu échapper à tes regards clairvoyants ; tu as deviné que c'était la pompe officieuse et honorable d'indigents.

Remerciant ensuite l'empereur de la remise de l'arriéré : « Auguste empereur, dit Eumène, combien de citoyens que la misère avait forcés de fuir dans les bois ou d'aller en exil, reviennent à la lumière, grâce à la remise de l'arriéré, rentrent dans leur patrie, cessent d'accuser leur pauvreté d'autrefois, cessent de haïr la stérilité de leurs champs (1) ».

A son arrivée dans les Gaules comme gouverneur, Julien dépeignait l'état de cette province dans des termes semblables : « Quelques villes mêmes qui ne sont pas voisines des barbares, disait-il, sont désertées par leurs habitants, tel est l'état dans lequel j'ai revu la Gaule (2). »

Nos biens, s'écriait le rhéteur Latinus Pacatus sous le règne de Théodose le Grand, vont continuellement au trésor par une seule et même voie, et ce gouffre commun qu'aucun dégoût, même tardif, ne peut vaincre, n'en revomit aucun reste, aucun fragment.

L'historien Orose écrivait en l'an 420 : « La misère nous oblige à nous bannir de notre patrie et à chercher, parmi les barbares, la liberté et la pauvreté, plutôt que de subir, au milieu des Romains, le despotisme du fisc... (4). Le poëte Paulin, de Périgueux (5), et Sidoine Appollinaire se plaignaient des violences de la soldatesque alliée des Romains (6). L'éloquent auteur du livre de la Providence,

(1) Eumenii, Panegyricus sive gratiarum actio Constantino Augusto flaviensium nomine. (D. BOUQUET, *Rerum Galliearum et Franc. scriptores*, t. I, p. 717 et suiv.) — (2) *Epistola Juliani ad S. P. Q. atheniensem*. (D. BOUQUET, t. I, p. 724.) — (3) *Ex panægyrico latini Paccati in Theodosium*. (D. BOUQUET, t. 1, p. 724.) — (4) Ut inveniantur inter eos quidam Romani qui malint inter barbaros pauperem libertatem quam inter Romanos tributoriam servitutem. (OROSE, *Hist.*, lib. VII.) — (5) PAULINUS, *De vita sancti Martini*, lib. VI. — (6) SIDON., *In Panegyr.*, AVITI, vers 246.

l'évêque Salvien, s'écriait : « Les citoyens des ordres inférieurs sont traités si durement, qu'ils doivent tous aspirer à secouer le joug ; c'est le poids seul de ce joug qui les empêche de se délivrer. L'ennemi ne leur est point aussi redoutable que l'exacteur des revenus du prince ; et ce qu'il y a de plus inhumain, c'est que les pauvres payent pour les riches, et que les épaules les plus faibles supportent les plus lourds fardeaux (1).

« Il arrive dans une cité un commissaire, un officier extraordinaire dépêché par les puissances supérieures qui recommandent les intérêts du prince aux plus illustres de la cité. Il leur promet de nouvelles grâces et en reçoit en échange de nouvelles supérindictions ; ceux-ci les décrètent contre le peuple et s'en affranchissent eux-mêmes (2).

Sous la pression de la tyrannie qui pèse sur elle, la population rurale des Gaules se réfugie dans les villes. Mais, en vain multiplie-t-on les distributions d'*annones* et les *congiaria*, la misère va toujours croissant, et avec elle l'immoralité. On s'abstient d'unions légitimes pour ne pas perpétuer une race malheureuse ; on expose et on vend les enfants qu'on ne peut nourrir (3) ; on s'expatrie chez les barbares, où l'on aime mieux vivre libre sous les ap-

---

(1) Salv., *De gubernatione Dei*, lib. V, cap. vii, p. 106.
Illud indignius quod pauperculos homines tributa divitum premant, et infirmiores ferant sarcenas fortiorum.

(2) Veniunt plerum que novi epistolarii a summis sublimitatibus missi qui commendantur illustribus paucis ad exitium plurimorum, decernuntur his nova munera, decernuntur novæ indictiones, ipsi enim in nullo sentiunt quod decernunt ; à paucis potentibus decernitur, quod à multis miseris dependatur. (Salvien, *Ibid.*)

(3) Voyez le Cod. Théod., XII, 1, loi 6, et la loi unique *de patribus qui filios suos distraxerunt.*, Cod. Théod., III et Cod. Just. IV, 43. Nov. XXXVIII, *Præf.* C. 1.

parences de la servitude, que de vivre esclave dans sa patrie, sous les apparences de la liberté (1). Le titre de citoyen romain, estimé jadis à un si haut prix, est répudié... Ceux mêmes qui ne se réfugient pas chez les barbares, sont forcés de devenir barbares sans sortir de leur territoire. C'est, écrivait l'éloquent évêque de Marseille, l'état d'une grande partie de l'Espagne et des Gaules, où l'injustice romaine a fait renoncer les habitants à la qualité de sujets de Rome (2). Ailleurs, Salvien justifie les insurrections des Bagaudes, il les attribue aux iniquités des officiers de l'empire, *qui dévorent*, dit-il, *le peuple dont ils devraient être les pasteurs* (3).

« Ce qu'il y a de plus affreux, ajoute le pieux évêque, c'est que le petit nombre proscrit le plus grand ; ce sont ces agents pour qui la perception des impôts est un vrai brigandage, pour qui les dettes du public sont une occasion de gain ; et ce ne sont pas seulement les chefs qui se rendent coupables de ces excès : les sous-ordres veulent aussi en tirer profit ; ce ne sont pas seulement les juges, mais en-

---

(1) Voyez la loi 122, Cod. Théod., *de Decur.*, les lois 17, 31, 37, 52, Cod. *de Decur.*, loi un., Cod. si curialis relictâ civitate rus habitare maluerit.

(2) Itaque passim ad Gothos vel ad Bacaudas, vel ad alios ubique dominantes barbaros migrant, et commigrasse non pænitet, malunt enim snb specie captivitatis vivere liberi, quam sub specie libertatis esse captivi. Itaque nomen civium romanorum aliquando non solum magno estimatum, sed magno emptum, nunc ultra repudiatur. Et hinc quod etiam hi qui ad barbaros non confugient barbari tamen esse coguntur : scilicet ut est pars magna Hispanorum et non minima Gallorum, omnes denique quos per universum Romanum orbem fecit Romana iniquitas jàm ncn esse Romanos. (Salvien, lib. V, cap. iii.)

(3) Qui in similitudinem bestiarum non rexerunt traditos, sed devoraverunt, lib. V, cap. vi.

core ceux qui leur sont subordonnés. Quelles sont les villes, quels sont même les bourgs où il n'y ait pas autant de tyrans qu'il y a de décurions? Quel est le lieu où les principaux citoyens ne dévorent pas les entrailles des veuves et des orphelins et de tous ceux qui, comme eux, ne sont pas en état de se défendre? Aucun plébéien n'est à l'abri de la violence, et pour s'en garantir, il faut être d'une condition égale à celle des brigands... »

La réaction du monde barbare devait être la conséquence nécessaire de cet état de choses.

On lit, en effet, dans l'histoire d'Orose (1), qu'en 406, la nation des Alains, celle des Suèves, celle des Vandales et plusieurs autres qui se joignirent avec elles, excitées par Stilicon, traversèrent le Rhin, envahirent les Gaules, et arrivèrent, sans avoir trouvé d'obstacle qui les arrêtât, jusqu'au pied des Pyrénées.

De l'année 406, date de la première invasion jusqu'à l'année 511 où mourut le fondateur de la monarchie française, tout le pays qui se trouve entre les Alpes et les Pyrénées, entre l'Océan et le Rhin, ne fut plus qu'un théâtre de dévastations et de ruines (2). Mayence fut prise et saccagée et plusieurs milliers de personnes furent massacrées dans l'Eglise; Reims, Amiens, Arras, Térouane, Tournai, Spire, Strasbourg devinrent des villes germaniques. L'Aquitaine, la Novempopulanie, les provinces Lyonnaise et Narbonnaise, virent disparaître, sauf quelques exceptions, toutes les villes

---

(1) Excitatæ per Stiliconem gentes alanorum, Suevorum, Vandalorum, multæ que cum his aliæ Rhenum transeunt, Francos proterunt, Gallias invadunt, directoque impetn Pyrenœum usque penetrant. (OROSE, *Histor.*, lib. VII.)

(2) Quidquid inter Alpes et Pyrenœum est, quidquid Oceano et Rhenoincluditur, Vandales, Sarmentes, Halani, Gepides, Saxones, Burgondiones, Alemani, et ô lugenda Respublica! hostes pannonii vastarunt. (HIERONYM., *Epist. Ad agerachium.*)

Romaines. Saint-Jérôme dépeint les horreurs commises à Toulouse, où les femmes nobles et les vierges avaient été le jouet des barbares, les évêques pris, les prêtres et les clercs tués, les églises renversées, les chevaux attachés aux autels, les reliques déterrées. J'ai vu dans les villes, s'écrie Salvien, les corps morts de l'un et de l'autre sexe déchirés par les chiens et par les oiseaux, infecter les vivants qui restaient (1).

« Depuis longtemps, dit le savant Bullet, les peuples de Germanie et de Scythie, que l'orgueil romain appelait barbares parce qu'ils avaient des usages différents, cherchaient à se placer en deçà du Rhin. Ils y réussirent enfin au commencement du cinquième siècle, temps où l'empire, affaibli par le grand nombre de guerres civiles dont il avait été agité, ne se trouva plus assez puissant pour repousser les efforts de ces peuples. Les Francs partagés en plusieurs tribus, s'établirent dans la seconde Belgique. Les Visigoths conquirent d'abord la seconde Aquitaine et quelques cités voisines, et s'agrandirent dans la suite par la négociation et les armes. Les Bourguignons s'emparèrent de la première Germanie, de la province Séquanaise, étendirent ensuite leurs quartiers dans la première Lyonnaise, dans la Viennoise et même dans la première Aquitaine. Les Allemands se cantonnèrent dans l'Helvétie et dans une partie de la première Germanie. Les provinces Armoriques ne trouvant plus dans les Romains que des maîtres durs qui les accablaient d'impôts et des défenseurs trop faibles pour les garantir des excursions du peuples du nord, se soulevèrent; en sorte qu'il restait seulement aux Romains, sous les derniers empereurs, quelques petites contrées où les soldats proposés à la garde de cette belle par-

---

(1) *Histoire ecclésiastique*, ve siècle, t. II.

tie de l'Empire s'étaient retirés lorsqu'ils avaient été forcés d'en abandonner le reste aux nations qui étaient venues s'y établir (1). »

Un zélé partisan de la centralisation administrative (2) s'écrie après avoir rappelé cette triste fin des cités Gallo-Romaines : *Voilà l'œuvre des magistratures locales et électives...*

Le savant écrivain oublie que, dans la Gaule réduite en province, le régime municipal n'existait plus que de nom, et que la hiérarchie despotique des officiers de l'Empire avait remplacé les magistratures des cités qui n'offraient plus qu'un vain simulacre d'autonomie.

Étrange système municipal que ce despotisme du Bas-Empire qui offre l'un des plus tristes spectacles que la colère de Dieu ait permis pour la punition des hommes ! Despotisme savant, il est vrai, qui, à la violence de la barbarie, joignait le raffinement de la civilisation, et qui, en pénétrant toutes les sources de la vie sociale, les corrompait toutes également, despotisme à qui ne manquaient ni la brutalité du soldat, ni les exactions du publicain, ni la corruption du magistrat, ni l'anéantissement du commerce et de l'industrie, ni l'abaissement du peuple à la condition servile; despotisme qui, ne laissant au désespoir d'autre force que celle de se taire, de souffrir et de mourir, s'acharna avec une fureur inintelligente contre les mœurs, les institutions et les hommes par lesquels la puissance romaine avait subsisté pendant tant de siècles (3), et qui, selon une loi invariable de l'humanité, fit passer le peuple-roi du joug de ses anciens maîtres sous celui des barbares, fléaux de Dieu.

La rapidité de la marche triomphale des barbares s'ex-

(1) *Mémoires sur la langue celtique*, t. I, p. 15. — (2) M. LEBER, *Histoire critique du pouvoir municipal*, t. I, p. 32. — (3) Moribus antiquis stat re Romana viris que.

plique par le défaut de résistance d'un peuple qui, sous le poids de la tyrannie impériale, se condamnait au rôle de spectateur inquiet d'une guerre dont le résultat se bornait, comme le remarque M. Raynouard (1), à conserver les tyrans militaires auxquels il était habitué ou à essayer des tyrans étrangers.

La faiblesse d'Honorius, la trahison de Stilicon n'ont été que l'occasion d'un événement qu'expliquent des causes plus profondes : la ruine des municipalités libres et la confiscation de leurs biens, les exactions des agents fiscaux, la tyrannie des officiers de l'empire, la barrière imprudemment élevée entre la curie et l'Etat, les désordres des Bagaudes, le découragement et l'inertie des populations désarmées, ruinées et avilies. L'invasion des barbares fut la conséquence et l'expiation du despotisme impérial. Le principe municipal n'est pas plus responsable des abus de pouvoir de l'empire Romain que des abus de la liberté des républiques de la Grèce, il y a plus : C'est à ce principe, fécondé par la double influence du christianisme et de la liberté germanique, que le monde du moyen âge dut sa résurrection et sa réorganisation sociale.

(1) *Histoire du droit municipal*, liv. I, ch. XXXIII.

FIN

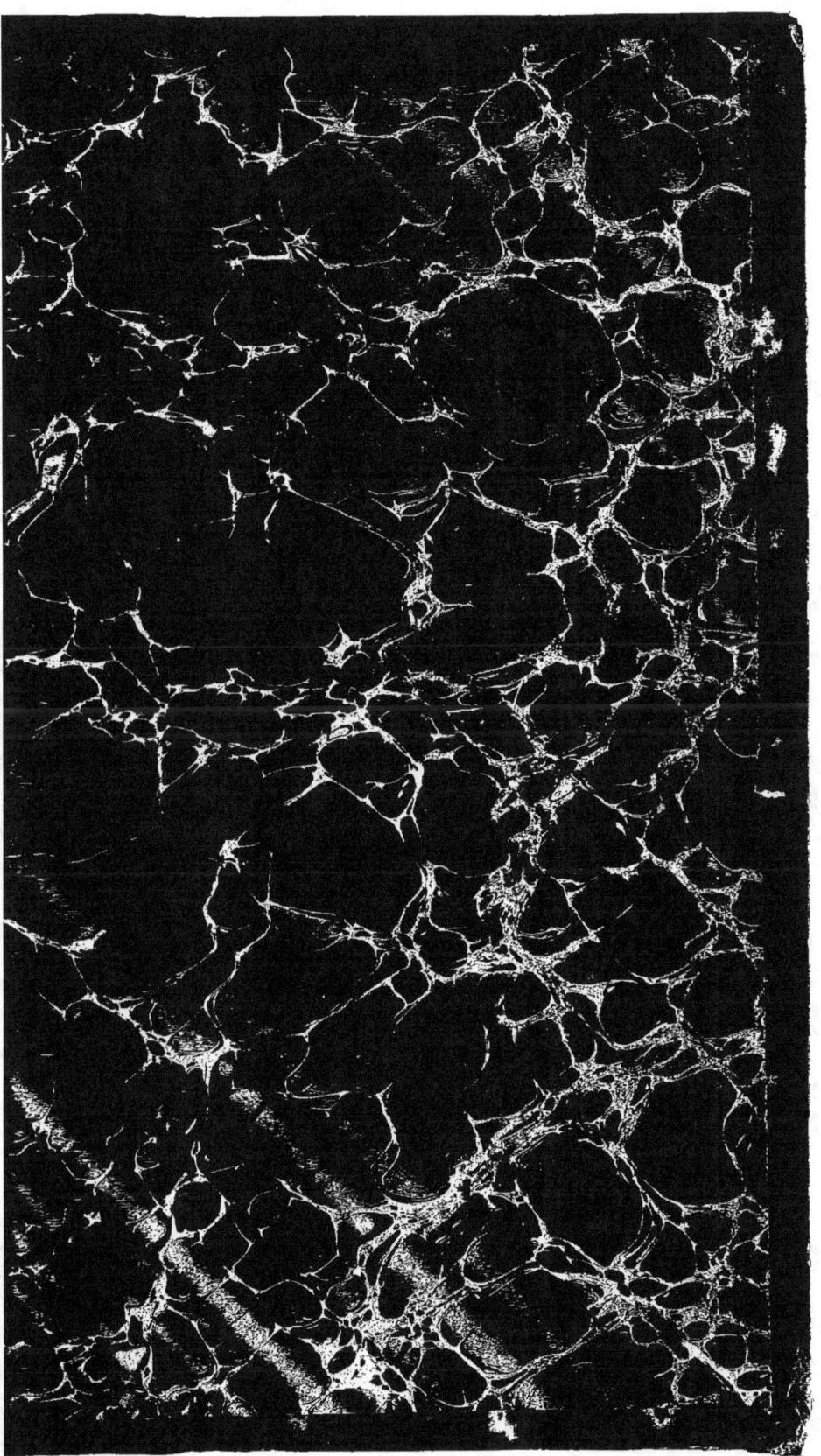

www.ingramcontent.com/pod-product-compliance
Lightning Source LLC
Chambersburg PA
CBHW050317240426
43673CB00042B/1438